KB131679

한국목간학회총서 24

木簡과 文字 연구 24

| 한국목간학회 엮음 |

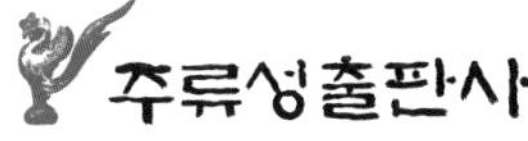

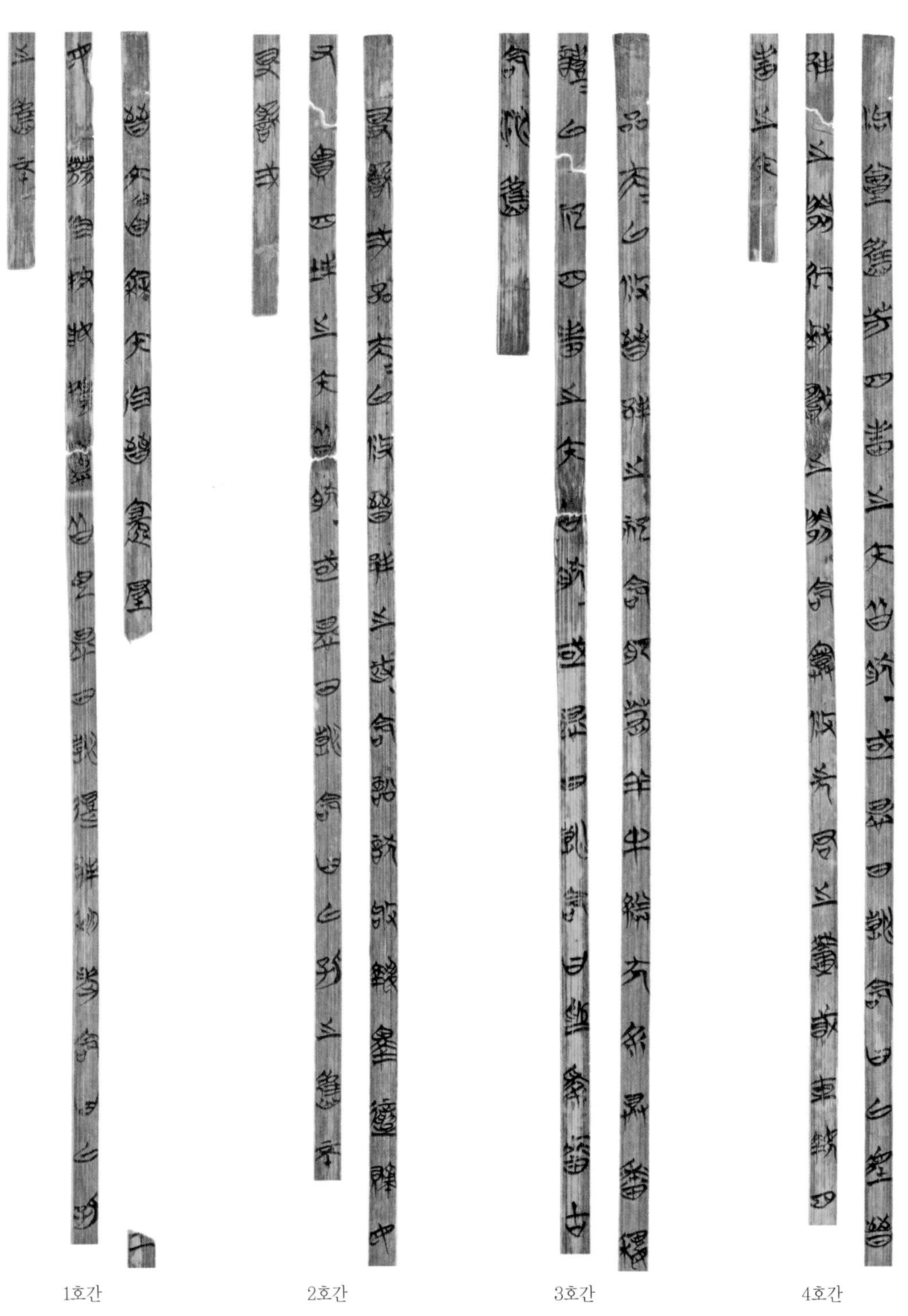

청화간『晉文公入於晉』

5호간 6호간 7호간 8호간

청화간『晉文公入於晉』

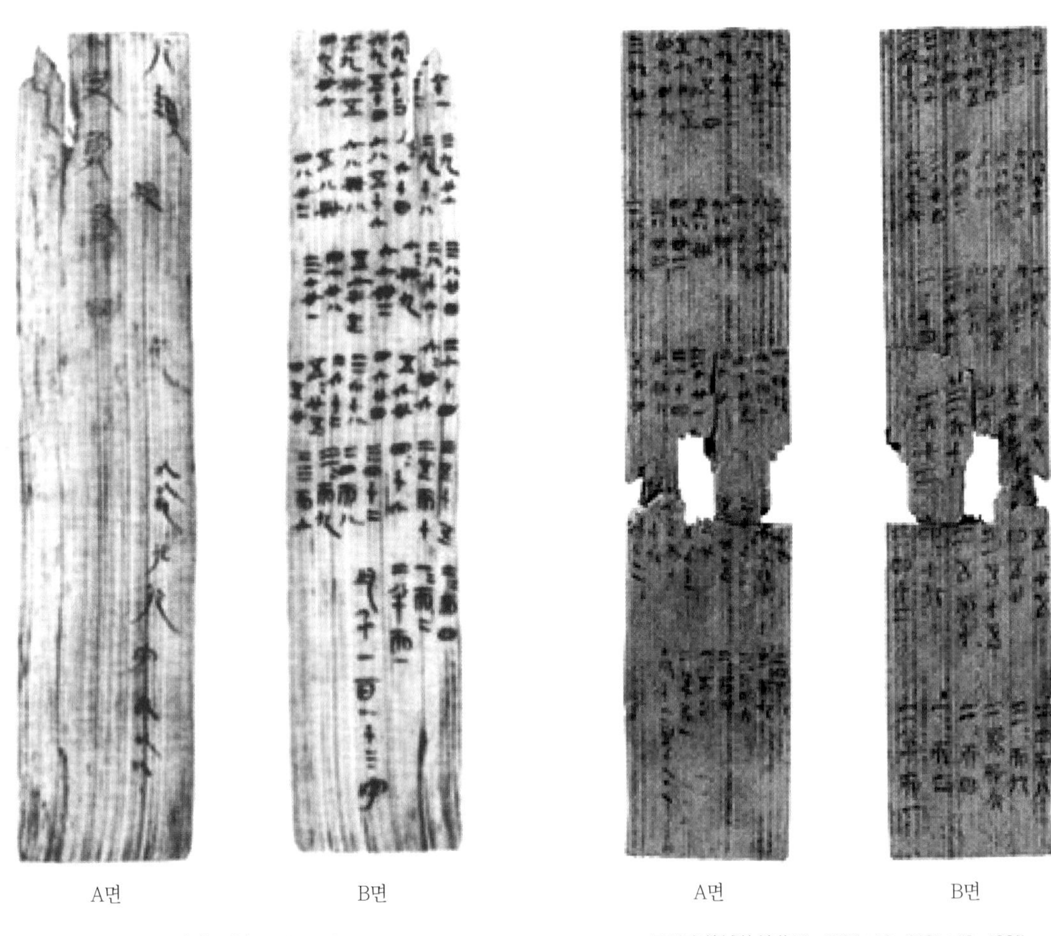
A면　B면　A면　B면

里耶秦簡J1(6)1A面 · B面　　里耶秦簡博物館藏12-2130+12-2131+16-1335

里耶秦簡 구구표 목간

A면　　B면

『肩水金關漢簡(貳)』73EJT26:5

湖南 張家界 古人堤遺址 出土 九九簡

구구표 목간

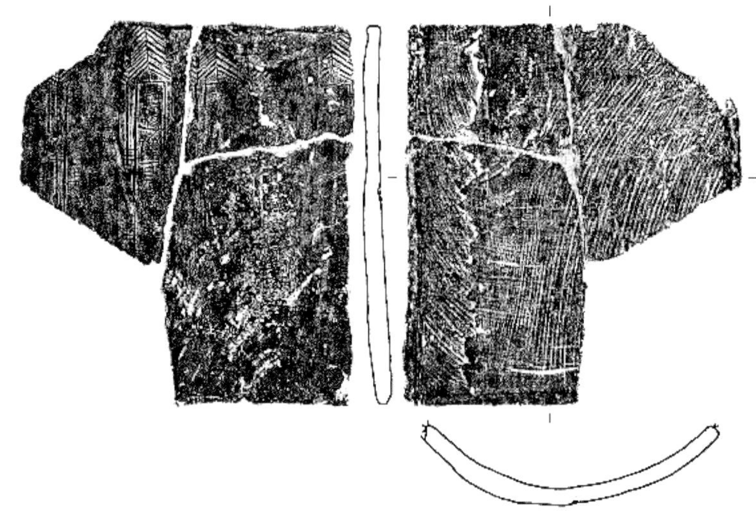
글자기와

글자 세부

계양산성 글자기와
(겨레문화유산연구원 2017: 66, 89)

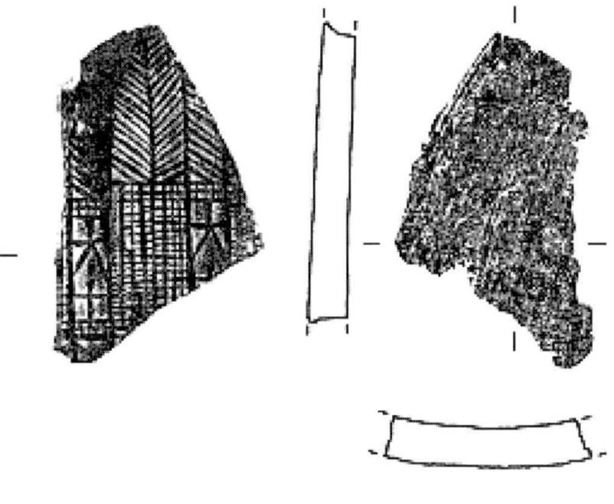

글자기와

글자 세부

계양산성 글자기와
(겨레문화유산연구원 2017: 66, 89)

木簡과 文字

第25號

| 차 례 |

특집 1. 삼국시대 금석문 연구의 현 단계

특집 2. 東아시아 '論語'의 전파와 桂陽山城

논문

함안 성산산성 목간의 고유명사 표기자 분석

「集安高句麗碑」의 建立 목적과 守墓制

백제 미륵사지 서탑 출토 사리봉안기의 정치적 성격

함안 성산산성 목간의 고유명사 표기자 분석*

權仁瀚**

〈국문초록〉

본고는 함안 성산산성에서 출토된 목간을 대상으로 이들에 쓰인 고유명사 표기자들에 대한 분석을 토대로 성모·운모·성조 등의 분포적인 측면에서 이들이 지닐 수 있는 음운사적 의의, 특히 고대 한국한자음 연구에 이바지할 수 있는 바들에 대한 고찰을 이어감에 목표를 둔 것이다.

2장에서는 함안 성산산성에서 출토된 총 245점에 대한 판독안 수립, 원문 구조 분석, 고유명사 표기례 수집(325종 447건) 및 표기자 정리(181자, 연자수 1,031) 등 일련의 과정을 상세히 보였다.

3장에서는 2장에서 수집·정리된 함안 목간 고유명사 표기자의 성모 분포도, 운모 분포도, 성조 분포도 및 疑·來母字 분포도 등을 바탕으로 ①무기음(전청) vs. 유기음(차청)의 비율, ②무성음(전청+차청) vs. 유성음(전탁+차탁)의 비율, ③설두음 vs. 설상음의 비율, ④치두음 vs. 정치음의 비율(이상 성모편), ⑤음성운 vs. 양성운 vs. 입성운의 비율 및 개음절 vs. 폐음절의 비율, ⑥성조의 분포(이상 운모편), ⑦음소 분포 제약 등 각 지표별로 6세기 신라 금석문들과 비교하여 양자 간의 異同 및 일치도를 중심으로 6세기 신라한자음에 관련된 논의를 행하였다.

논의 결과, 함안 목간 및 6세기 신라 금석문의 고유명사 표기자 분석을 통해서 본 신라한자음은 6세기

* 이 논문은 2019년 대한민국 교육부와 한국연구재단의 인문사회분야 중견연구자지원사업의 지원을 받아 수행된 연구임(NRF-2019S1A5A2A01034883). 또한 본고는 2020년 11월 21일 서초동 양지원에서 열린 제28회 한국 한자음 연구회에서 발표한 내용을 수정·보완한 것임도 밝혀둔다.

** 성균관대학교 국어국문학과 교수

전반 광개토왕비문으로 대표되는 5세기 고구려한자음과의 공통성을 유지해오다가 6세기 후반에 들어 몇 가지 차이점들이 나타나면서 점차 신라화의 길을 걸어온 것임을 확인할 수 있었다. 또한 그 주요한 특징으로 1)유기음 발달의 미약, 2)설두음·설상음 및 치두음·정치음의 미분, 3)음절구조상의 개음절성 우위, 4)성조 비율상 평성자 선호, 5)어두 /l-/의 제약 철저 준수 등으로 정리하였다.

▶ **핵심어: 함안 성산산성, 목간, 지명 · 인명 · 관직명, 고유명사 표기자, 신라한자음**

Ⅰ. 머리말

본고는 6세기 신라 금석문 11종에 쓰인 고유명사 표기자 분석론의 자매편으로서 함안 성산산성에서 출토된 목간(이하 "함안 목간"으로 줄임) 245점을 대상으로 한 논의이다. 앞선 논의들과 동일한 방법으로 고유명사 표기례 수집과 표기자 분석 작업을 행한 후, 이를 바탕으로 고대 한국한자음 연구에 이바지할 수 있는 바들에 대한 고찰을 이어가고자 함에 목표를 둔 것이다.

이를 위하여 Ⅱ장에서는 1991년~2016년까지 17차에 걸친 발굴 작업[1]에서 발굴된 함안 목간 245점에 대하여 1)판독 및 구조 분석 작업, 2)고유명사 표기례 수집 및 고유명사 표기자 정리 작업을 행할 것이다. 이를 위하여 국립가야문화재연구소(이하 "가야연"으로 줄임)에서 2017년에 펴낸 『한국의 고대목간 Ⅱ』를 기본 자료로 이용할 것이며, 따라서 목간 번호, 판독 약호 등은 가야연의 체계를 따를 것이다.

Ⅲ장에서는 Ⅱ장에서 수집·정리된 고유명사 표기자들의 성모 분포도, 운모 분포도, 성조 분포도 및 疑·來母字 분포도 등을 바탕으로 ①무기음(전청) vs. 유기음(차청)의 비율, ②무성음(전청+차청) vs. 유성음(전탁+차탁)의 비율, ③설두음 vs. 설상음의 비율, ④치두음 vs. 정치음의 비율(이상 성모편), ⑤음성운 vs. 양성운 vs. 입성운의 비율 및 개음절 vs. 폐음절의 비율, ⑥성조의 분포(이상 운모편), ⑦음소 분포 제약 등 권인한(2020)에서와 동일한 지표와 방법론으로 함안 목간 고유명사 표기자들의 분포적 특징을 추출, 금석문 자료들과의 비교를 통하여 6세기 신라한자음의 대강을 파악하기 위한 논의에 집중하고자 한다.

마지막 Ⅳ장에서는 본론에서의 논의 결과를 정리한 후, 이 글을 포함하여 최근 필자가 행한 일련의 논의들에서 드러난 바를 바탕으로 6세기 신라한자음의 양상과 흐름을 총정리하는 것으로 이 글의 결론으로 삼고자 한다. 이 방면의 연구에 관심있는 분들의 아낌없는 叱正을 바라마지 않는다.

---

1) 연차별 함안 성산산성 목간 출토 현황에 대해서는 박현정(2018: 40)의 표1을 참조. 이에 따르면, 묵서 목간은 단면 161점, 양면 81점, 문서 3점 등 총 245점으로 집계되고 있다.

Ⅱ. 고유명사 표기례 수집 및 표기자 정리

이 장에서는 다음 장의 논의를 위한 기초 작업의 일환으로 함안 목간 245점에 대한 판독안을 세운 후, 원문 구조 분석, 고유명사 표기례 수집 및 표기자 정리 과정을 가감없이 있는 그대로 보이고자 한다.

1. 함안 목간 판독 및 원문 구조 분석

======================================〈범 례〉======================================

1. 이 판독문은 국립가야문화재연구소(2017)에서의 판독안을 기본으로 하면서 기존 논의들 중에서 손환일(편)(2011), 윤선태(2012), 橋本繁(2014) 등 비교적 최근의 판독안들과 비교하여 가능한 한 정확한 판독안을 도출하고자 한 것이다. 네 판독안 간에 차이점이 보일 경우 해당 글자(들)에 밑줄을 그은 후 각주로써 그 異同을 제시함을 원칙으로 한 것이다. 다만, 일부 특이 석문은 반영되지 않은 것도 있을 수 있음을 밝혀둔다.
2. 판독상의 제 기호는 국립가야문화재연구소(2017)의 체계를 따랐다. 다만, 추독자 표시는('( )' 표시자=남아 있는 먹흔으로 추정한 글자들 포함) 전산 처리 편의상 'X⃞'에서 '[X]'로 변경하였음과 '【 】' 안의 부분은 雙行小字文을 '//'으로 행을 구분하여 한 행으로 처리한 것임을 밝혀둔다(小字라도 쌍행이 아닐 때에는 제외).

예) GY0035 「仇利伐 只卽智奴 / 於□支負 V」

⇨ 「仇利伐(A)【只卽智(B1) *奴*(F)//於~~□~~$^{非?}$支(B2)】負(E)V」

GY0033 「仇利伐 上彡者村 波婁 V」

⇨ 「仇利伐(A) 上彡者~~*村*~~(a2) 波婁(B)V」

3. 지명, 인명, 관직명에 취소선을 그은 글자들은 고유명사 표기자 분석 대상에서 제외되는 글자들임을 표시한다. 기본적으로 미상자(□), 한어식 표기자로 판단되는 '~城, ~村' 등의 지명 후부요소들과 '大~, 小~, 上~, 下~, 新~, 前~, 末~' 등의 지명/관명 전부요소들이 이에 해당되는 것들인데, 이 밖에도 '~谷~, ~河~' 등의 한문 요소들과 '文尸(글), 蒜尸(마늘)' 등 훈독 가능성이 농후한 표기례들도 포함시킨 것이다. 또한 'X$^{Y?}$'(X로 판독하되, Y일 가능성도 있음) 판독자에서의 Y도 이에 준하여 처리한 것임도 밝혀둔다.

4. 이 밖에 목간의 구조 분석에 쓰인 제 약호들을 보이면 다음과 같다.

GY: 가야, GH: 김해, JJ: 진주
A: 상위 지명(~城/~伐), a1: 하위 지명1(~村/本波), a2: 하위 지명2(~那/무표시)
B: 인명, C: 관직명, D: 물품명, E: 단위명사, F: 한자어(구), X: 미상
기울임체: 한문/한자어/이두, {XY}: X/Y 상하 합자, //: 행 바꿈, ^X: 이체자 등
*(목간 번호 뒤): 고유명사 표기자 분석 대상에서 제외되는 목간

==

GY0027 「古阤(A) 伊骨利*村*(a1) 阿那(a2) 曰[奐?][2]智(B1) 卜利古支(B2)//「稗(D) 發(E)◎」

GY0028 「古阤(A) *新村*(a1) 智利知(B1) 一尺(C) 那曰(B2)//「豆亏[3]利智(B3) 稗(D) 石(E)」

GY0029 「夷津支(A) 阿那(a2) 古刀羅只豆支(B+)[4]//稗(D)∨」

GY0030 「古阤(A) 一古利*村*(a1) *末*那(a2)//毛羅次尸智(B) 稗(D) 石(E)∨」

GY0031 「上弗刀弥*村*(a1)[5]//加古波曰[孕?][6](B) 稗(D) 石(E)∨」

GY0032 「仇利伐(A)【*彤谷村*(a1)//仇礼支(B) *負*(E)】∨」

GY0033 「仇利伐(A) 上彡者*村*(a1) 波婁(B)∨」

GY0034 「內恩知(B1) *奴人*(F) 居助支(B2) *負*(E)∨」

GY0035 「仇利伐(A)【只卽智(B1) *奴*(F)//於曰[非?][7]支(B2)】*負*(E)∨」

GY0036 ×…內只次(B1) *奴*(F) 須礼支(B2) *負*(E)∨」

GY0037 ×…【[比]曰須(B1) 奴(F)//尒先曰[利/能?][8]支(B2) *負*(E)】∨」

GY0038 「鄒文(A) 比尸*河村*(a1) 尒利牟利(B)∨」

GY0039 「阿卜智*村*(a1) 尒[礼](B) *負*(E)∨」

GY0040 「陳*城*(A) 巴兮支(B) 稗(D)」

GY0041 「及伐*城*(A) 立曰[龍?][9](B) 稗(D) 石(E)」

GY0042 「陽*村*(a1) *文尸*只(B)∨」

GY0043 「上[夢][10]*村*(a1) 居利支(B) 稗(D)∨」

GY0044 「夷[津](A) 阿那(a2) 休智(B) 稗(D)∨」

GY0045 「[及]曰[11][*城*](A) 鄒選[12](a2?) 曰[文?]曰[尸?][13]支(B)

GY0046 「可初智曰須[14](B+) 麦(D) 石(E)∨」

---

2) 손환일(편)(2011): 典, 윤선태(2012): 奐, 橋本繁(2014): □[魚?], 가야연(2017): (衆)

3) 손환일(편)(2011): 于, 윤선태(2012): 兮, 橋本繁(2014): 于, 가야연(2017): 兮
여기에서의 '那□(B2)//豆亏利智(B3)'는 '那□豆亏利智(B2)'로도 분석 가능할 듯하나, 면의 갈림을 기준으로 2인으로 본 것이다.

4) '古刀羅只豆支(B)'는 '古刀羅只(B1)', '豆支(B2)'로도 분석 가능할 듯.

5) 이러한 지명에서의 「上」자를 한어식 표기자로 처리할 수도 있을 것이다. 그러나 그 대가 되는 「下」자로 시작되는 지명의 존재를 확인할 수 없어서 일반 표기자로 처리한 것임을 밝혀둔다. 이하 "上彡者村", "上[夢]村" 등의 경우도 이와 같다.

6) 손환일(편)(2011): □, 윤선태(2012): [孕], 橋本繁(2014): □[字?], 가야연(2017): (孕)

7) 손환일(편)(2011)=윤선태(2012)=橋本繁(2014): 非, 가야연(2017): □

8) 손환일(편)(2011): (那), 윤선태(2012)=橋本繁(2014): 能, 가야연(2017): 利

9) 손환일(편)(2011): 豆(永), 윤선태(2012): [立龍], 橋本繁(2014): 立□[龍?], 가야연(2017): 立(龍)

10) 손환일(편)(2011): 莫, 윤선태(2012): 夢, 橋本繁(2014): □, 가야연(2017): 莫

11) 손환일(편)(2011): (後)(日), 윤선태(2012)=橋本繁(2014): 及□, 가야연(2017): (乃)日

12) 손환일(편)(2011): (延), 윤선태(2012)=橋本繁(2014): 辶, 가야연(2017): (選)

13) 윤선태(2012): □, 손환일(편)(2011)=橋本繁(2014)=가야연(2017): □□

14) '可初智□須(B)'는 '可初智(B1)', '□須(B2)'로도 분석 가능할 듯.
두 번째 글자를 가야연(2017)에서는 「物」자로 판독한 바 있으나, 다수 의견을 좇아 「初」자로 판독한 것이다.

GY0047* ×…[~~邪~~]~~鐵~~(D) ~~十之~~∨」

GY0048* 「ㄷㄱ∨」

GY0049 「^呵盖(a2) ⊟⊟末[15](B?) 稗(D) 石(E)∨」

GY0050 「仇伐(A) 阿那(a2) 舌只(B) 稗(D) 石(E)×

GY0051 「~~大村~~(a1) 主舡(B) 麦(D)」

GY0052 「鄒文(A) ⊟⊟⊟~~村~~(a1) ⊟夲(B) 石(E)」

GY0053* ×ㄷㄱ」

GY0054 「⊟[^呵?][16]盖(a2) ⊟⊟⊟支(B) [稗](D)×

GY0055 「弘帝沒利(B) *負*(E)」

GY0056 「石[17]蜜[日]智私(B+)…//勿利乃文茂[18]支(B+) 稗(D)×

GY0057 「巳珎兮~~*城*~~(A)*下*[19] ⊟…(X)//巳珎兮~~村~~(a1)…×

GY0058 ×…⊟[大?][20]節⊟[屯?][21]家~~*城*~~(A) 夫鄒只(B) ⊟(X)//…[~~*城*~~](A) 稗(D) 石(E)」

GY0059 「⊟⊟⊟[22]支~~村~~(a1)//ㄷㄱ[~~*妻*~~[妾?]][23](B) 稗(D) 石(E) ◎」

GY0060 ×…⊟⊟⊟尸[支][24](B)//…鄒⊟[鄒?][25]∨」

GY0061 「~~弘~~伊伐支(B) ⊟⊟[26](X)…//ㄷㄱ⊟(X) 石(E)…×

GY0062 「甘文[~~城~~](A)[~~下~~]…//[阿][波]⊟(B?)…×

GY0063 ×…加礼⊟(B1)…//…刀(B2) 稗(D)×

GY0064 ×…居珎[只]乙[27]支⊟…(B+)×

GY0065 「千◎竹利(B)…×

GY0066 「千竹利(B)∨」

GY0067 ×…利次(B) 稗(D) 石(E)∨」

GY0068 ×…⊟(B?) {一伐}(C) 稗(D)∨」

---

15) 손환일(편)(2011): □(萬)(祖)(東), 윤선태(2012)=橋本繁(2014): □□支, 가야연(2017): (陽)(村)末

16) 손환일(편)(2011): □, 윤선태(2012)=橋本繁(2014): ^呵, 가야연(2017): □

17) 손환일(편)(2011): 石, 윤선태(2012)=橋本繁(2014): 厄, 가야연(2017): 石

18) 손환일(편)(2011): 文(芼), 윤선태(2012): 「文茂」, 橋本繁(2014): 「文□[茂?]」, 가야연(2017): (亢)花

19) '~*城下*'에 대한 해석은 권인한(2018: 110-111)의 논의를 참조.

20) 손환일(편)(2011)=윤선태(2012)=橋本繁(2014): 大, 가야연(2017): □

21) 손환일(편)(2011): (部)(是), 윤선태(2012)=橋本繁(2014): 節屯, 가야연(2017): 節□

22) 손환일(편)(2011): □□谷, 윤선태(2012): [小][毛][答], 橋本繁(2014): 小□[毛?]答, 가야연(2017): □□□

23) 손환일(편)(2011): □□□妾, 윤선태(2012): ㄷㄱ妾, 橋本繁(2014): ㄷㄱ妻, 가야연(2017): □□□奚

24) 손환일(편)(2011): □(射)(力)(尸), 윤선태(2012): □[叔]予[尺]□, 橋本繁(2014): □叔予□[尺?卩?]支, 가야연(2017): □叔□尸支

25) 손환일(편)(2011): □(小), 윤선태(2012): [稗], 橋本繁(2014): 稗, 가야연(2017): □

26) 손환일(편)(2011): (伐), 윤선태(2012): ㄷ, 橋本繁(2014): 人□[得?], 가야연(2017): □□

27) 손환일(편)(2011): [尺]乙, 윤선태(2012): 只乙, 橋本繁(2014): □[尺?只?]乙, 가야연(2017): 只々

GY0069 ×…[伐](C?) 稗(D) 石(E)…×

GY0070 「及伐城(A) 只智(B) 稗(D) 石(E)∨」

GY0071 ×…[伐](A?) 夫知居兮(B)…×

GY0072 「須伐(A) 本波(a1) 居須智(B)∨×

GY0073 ×…⊟村(a1) 伐⊟[28]介支(B)∨」

GY0074 「伊伐支(a2) ⊟利[須][29](B2) 稗(D)∨」

GY0075 「及伐城(A) ⊟⊟(B) 稗(D) 石(E)∨」

GY0076 ×…伊[智]支(B) 石(E)」

GY0077 ×…[智]支(B)」

GY0078* 「⊟⊟[伐]⊟[30]…(X)×

GY0079 ×…蒜尸支(B?)…×

GY0080 「伊失兮村(a1) ⊟…(X)×

GY0081 ×…密鄒加介支(B) 石(E)」

GY0082* 「⺁…//⊟…(X)×

GY0083 「⊟⊟[毛][㢱]支(B) [{一伐}](C)…×

GY0084 ×…亏利沙⊟…(B?)×

GY0085* ×ㄷㄱ∨」

GY0086 ×…⊟知支(B)…×

GY0088* ×…⊟一(X)∨」

GY0089* ×…⊟…(X)×

GY0090* ×…石(E)//…⊟(X)◎」

GY1590 「甘文城(A)下 麦(D) 本波(a1) 大村(a1) 毛利只(B)//一石(E)∨」

GY1592 「ㄷㄱ//阿[竹][31]只(B) ⊟⊟⊟…(X)×

GY1593 「∨ 夷津(A) 本波(a1) 只那公末⊟(B) [稗](D)」

GY1594 「[仇][利][伐][32](A) ⊟⊟(B1) 奴 //⊟⊟支(B2) 負∨」

GY1595* ×器尺(D) 一[石](E)」

GY1596 「仇利伐(A) ㄷㄱ∨」

GY1597 「陽村(a1) 文尸只(B) 稗(D)∨」

---

28) 손환일(편)(2011): (啓)尺, 윤선태(2012): □□, 橋本繁(2014): 登, 가야연(2017): ({一伐})生

29) 손환일(편)(2011): (覓)利次, 윤선태(2012): □利[負], 橋本繁(2014): □利須, 가야연(2017): □□波

30) 손환일(편)(2011): (居)□, 윤선태(2012): ×, 橋本繁(2014): 召□[卩?]伐, 가야연(2017): □□□□

31) 손환일(편)(2011)=윤선태(2012): 居所, 橋本繁(2014): 阿那, 가야연(2017): 阿竹

32) 손환일(편)(2011): □(未)□, 윤선태(2012): 仇利□, 橋本繁(2014): 仇利伐, 가야연(2017): □□□

GY1598 「買若[33]村(a1) 古光^斯珎于(B)//稗(D) 石(E)∨」

GY1599 「勿利村(a1) 倦益尒利(B)//稗(D) 石(E)∨」

GY1600 「次々支村(a1) 知弥留(B)//稗(D) 石(E)∨」

GY1601* 「好⊟[錢][34] 六入∨」

GY1602* 「∨•丁廾二 益丁四 村…//∨⊟二⊟ 丁十一 村…×

GY1605* 「ㄷㄷ//ㄷㄷ∨」

GY1606 「^呵[盖][35](a2) ⊟⊟[36]利(B) 稗(D)∨」

GY1607 「鄒文村(a1) 內旦利(B) 負∨」

GY1609* 「⊟[荊]白汝⊟[37]…//⊟[月]⊟[38]…×

GY1613 「仇[利][39]伐(A) 比夕智(B1) 奴 先能支(B2) 負 ◎」

GY1614 「王私烏[40]多(a2?) 伊伐支(B1) 卜烋(B2)[41] ◎」

GY1615* ×…大⊟⊟⊟…(X)×

GY1616 ×…[末甘[村][42](a1)//借刀利支(B) 負] ◎」

GY1617* ×ㄷㄷ」

GY1618 ×…⊟⊟⊟…//…[支](B?) [負]…×

GY1619 ×…⊟[礼]只[43](B) [一]⊟[伐?44](C) ⊟[負?]…×

GY1620 ×…⊟[利][45](B) 麦(D) 石(E)×

GY1622* 「ㄷㄷ//ㄷㄷ∨」

GY1623 「古阤(A) 伊骨村(a1) 阿那(a2)//仇利⊟[46]支(B) 稗(D) 發∨」

GY1624 「[仇]利[伐][47](A) ㄷㄷ//一古[48]西支(B) 負∨」

---

33) 손환일(편)(2011)=윤선태(2012)=가야연(2017): 谷, 橋本繁(2014): 荅. ※정현숙(2017): 若
※후속 2051호도 동일함.

34) 손환일(편)(2011): 好(親)(錢), 윤선태(2012)=가야연(2017): 好□□, 橋本繁(2014): 好□鐵

35) 손환일(편)(2011)=윤선태(2012): (前)站, 橋本繁(2014): 呵蓋, 가야연(2017): ^呵□

36) 손환일(편)(2011)=윤선태(2012): 歆□, 橋本繁(2014)=가야연(2017): □□

37) 손환일(편)(2011): □刑白汝□, 윤선태(2012): 之刑白汝, 橋本繁(2014): □□白□, 가야연(2017): □(荊)白汝□

38) 손환일(편)(2011)=윤선태(2012): □月□, 橋本繁(2014)=가야연(2017): □□□

39) 손환일(편)(2011): (只), 윤선태(2012)=가야연(2017): [利], 橋本繁(2014): 利

40) 손환일(편)(2011)=윤선태(2012)=橋本繁(2014): 私烏, 가야연(2017): 松烏

41) "王私烏多伊伐支卜烋"의 구조 분석은 매우 까다롭다. 橋本繁(2014: 119)에서처럼 '지명+인명' 합체로 볼 수도 있겠으나, GH1269호에 "王私烏多伊伐支" 부분이 그대로 나오고 있으므로 현재처럼 잠정 처리한 것임을 밝혀둔다.

42) 손환일(편)(2011): 梢, 윤선태(2012)=橋本繁(2014)=가야연(2017): 村

43) 손환일(편)(2011): □(記)□, 윤선태(2012)=橋本繁(2014): ㄷㄷ, 가야연(2017): □□□

44) 손환일(편)(2011)=가야연(2017): □□, 윤선태(2012)=橋本繁(2014): ㄷㄷ

45) 손환일(편)(2011)=윤선태(2012)=橋本繁(2014): □利, 가야연(2017): □□□

46) 손환일(편)(2011)=윤선태(2012)=橋本繁(2014): 酒, 가야연(2017): 稿

GY1625 「丈□利[49]村(a1) ⊟⊟⊟⊟(X) [石](E)∨」

GY1982 ×…⊟⊟烋弥支(B) 稗(D) 石(E)∨」

GY1985 「^呵盖(a2) 次尒利⊟尒(B) 稗(D)//ㄷㅋ∨」

GY1986 ×…⊟⊟[夫][50]支(B) 石(E)∨」

GY1987 「仇伐(A) 未那(a2) 沙刀[礼][51](B1) 奴//弥次⊟[52](B2) 稗(D) 石(E)∨」

GY1988 「丘伐(A) 稗(E)」

GY1989 ×ㄷㅋ{一伐}(C) 奴人 毛利支(B) 負∨」

GY1990* ×…本⊟[波?53]破智⊟⊟古⊟[54](A+)…//…文書[55] 稗(D) 石(E)×

GY1991 「古阤(A) 新村(a1) ^呵⊟[仁/伐?][那][56]利(B1)//沙□[57](B2?)」

GY1992 「古阤(A) 一古利村(a1) 末那(a2)//殆[58]利夫(B) 稗(D) ⊟[石?](E?)∨×

GY1993 「[伊][59]伐支(a2) 烏利礼(B) 稗(D) 石(E)×

GY1994 「[眞][60]尒密(B1) 奴 那智(B2) 石(E)∨」

GY1995 「古阤(A) 一古[利]村(a1) 末那(a2) 仇⊟[智?]…(B)//稗(D) 石(E)×

GY1996 「勿思伐(A) 豆只(B) 稗(D) 一石(E)∨」

GY1997 「^呵盖(a2) 尒欣[61]弥支(B) 稗(D)∨」

GY1998 「古阤(A) 一古利村(a1) ⊟…(X)//乃兮支(B) 稗(D) 石(E)×

GY1999 「⊟⊟伐(A)【⊟⊟只(B1) ⊟[奴?]//⊟伐支(B2) 負】∨」

GY2000 「赤城(A) [皮][尒][加]羅[62](B) 石(E?)∨」

---

47) 손환일(편)(2011): (伐)利(城), 윤선태(2012): [仇]□[伐], 橋本繁(2014)=가야연(2017): ㄷㅋ

48) 손환일(편)(2011)=윤선태(2012)=橋本繁(2014): [吉], 가야연(2017): 一古

49) 손환일(편)(2011)=윤선태(2012)=가야연(2017): 丈□利, 橋本繁(2014): □□利

50) 손환일(편)(2011)=윤선태(2012): □兒天, 橋本繁(2014): □只夫, 가야연(2017): □皮(弁)

51) 손환일(편)(2011): 沙刀永, 윤선태(2012): 沙刀[礼], 橋本繁(2014): 消禾

52) 손환일(편)(2011)=윤선태(2012)=가야연(2017): 分, 橋本繁(2014): □

53) 손환일(편)(2011)=윤선태(2012): □, 橋本繁(2014): □[破?], 가야연(2017): 波

54) 손환일(편)(2011): 者(福)□(百)□, 윤선태(2012): □□伊古□, 橋本繁(2014): 者□伊古舌, 가야연(2017): 智(福)□古□

55) 손환일(편)(2011): (支)(云), 윤선태(2012): 文□, 橋本繁(2014): 支書, 가야연(2017): 支云

56) 손환일(편)(2011): 呵□□, 윤선태(2012): 呵□[那], 橋本繁(2014): 呵鄒那, 가야연(2017): 呵(斤)□

57) 손환일(편)(2011): □, 윤선태(2012): □, 橋本繁(2014): □, 가야연(2017): 礼

58) 손환일(편)(2011)=윤선태(2012)=橋本繁(2014): □, 가야연(2017): 殆

59) 손환일(편)(2011): (任), 윤선태(2012): □, 橋本繁(2014): □[伊?], 가야연(2017): (伊)

60) 손환일(편)(2011)=윤선태(2012): 太元, 橋本繁(2014)=가야연(2017): 眞
※이 목간으로만 보면, 이 글자는 "太元"으로 판독될 수 있는 특징을 갖추고 있다고 할 수도 있겠으나, 후속 2020호 목간과 필치가 거의 완전히 일치하면서도 해당 목간의 자형으로는 "太元"으로 판독되기 어려운 것으로 보아 「眞」자로 판독한 견해를 따른 것임을 밝혀둔다.

61) 손환일(편)(2011)=윤선태(2012)=橋本繁(2014): 欣, 가야연(2017): (欲)

GY2001 「仇⊟[利?]⊟[伐?](A) ⊏⊐[智](B)◎」

GY2002 ×…⊟豆留只(B) {一伐}(C)∨」

GY2003 「^呵盖(a2) 奈夷利(B) 稗(D)∨」

GY2004 「及伐*城*(A) *支尸*伊(B) 稗(D) 石(E)∨」

GY2005 「及伐*城*(A) *支尸*伊(B) 急伐尺(C) 稗(D) 石(E)∨」

GY2006 「古阤(A) 一古利*村*(a1) 阿那(a2) 弥伊⊟⊟(B)//稗(D) 石(E)∨」

GY2007 ×…[古]心⊟*村*(a1)⊏⊐⊟(B?) [稗](D) 石(E)∨」

GY2008 「仇[利]伐(A)【郝豆智(B) *奴人*//⊟支(B) *負*】∨」

GY2009 「巾夫[63]支*城*(A) 夫酒只(B)//稗(D) 一石(E)∨×

GY2010 「波阤密*村*(a1) 沙毛(B)//稗(D) 石(E)∨」

GY2011 「夷津支(A) 士^斯[64]*石村*(a1) 末⊟⊟仇[65](B)//麦(D)∨」

GY2012 「仇利伐(A) 仇阤知(B1) {一伐}(C) *奴人* 毛利支(B2) *負*∨」

GY2013* 「伊[勿]⊏⊐(X)//⊏⊐∨」

GY2014 「古阤(A) 一古利*村*(a1) *末*那(a2) 沙見(B1)//日糸利(B2) 稗(D) 石(E)∨」

GY2015 「伊大兮*村*(a1) 稗(D) 石(E)∨」

GY2016 「⊟[秋?66] 彡利*村*(a1)//⊟[須?67]⊟只(B) 稗(D) 石(E)∨」

GY2017 「*栗*[68][*村*](a1) 稗(D) 石(E)」

GY2018 「∨仇伐(A) 阿那(a2) 內欣買(B1)*子*//∨一[万][69]買(B2) 稗(D) 石(E)」

GY2019 「古阤(A) ⊟利[70]*村*(a1) ⊟…(B?)//稗(D) 石(E)…×

GY2020 「眞[*村*](a1) ⊟⊟⊟⊟(X)」

GY2021 「巾夫支*城*(A) ⊟[即][71]支(B) [稗](D) 一(E)∨」

GY2022 「[居]利(B) *負*∨」

GY2023 「及伐*城*(A) [登]奴(B?) 稗(D) 石(E)∨」

---

62) 손환일(편)(2011): (安)尒加稗, 윤선태(2012): □尒加稗, 橋本繁(2014): 支村尒羅, 가야연(2017): □□□

63) 손환일(편)(2011): (內)五, 윤선태(2012): 內夫, 橋本繁(2014)=가야연(2017): 巾夫. 두 번째 글자는 후속 2021, 5591호 등에 "巾夫支城"이 보이므로 「夫」자로 판독한 것이다.

64) 손환일(편)(2011)=윤선태(2012)=橋本繁(2014): 末那, 가야연(2017): 士^斯

65) 손환일(편)(2011)=윤선태(2012): 仇, 橋本繁(2014): □[仇?], 가야연(2017): 烋

66) 손환일(편)(2011)=가야연(2017): 秋, 윤선태(2012): [秋], 橋本繁(2014): □[北?]

67) 손환일(편)(2011)=윤선태(2012)=가야연(2017): 須, 橋本繁(2014): 須〃

68) 손환일(편)(2011)=윤선태(2012)=橋本繁(2014): 栗, 가야연(2017): (米)
※홍승우(2018: 81)의 논의도 참조.

69) 손환일(편)(2011): (石), 윤선태(2012): [万], 橋本繁(2014): 万, 가야연(2017): 支

70) 손환일(편)(2011): (謝), 윤선태(2012): □, 橋本繁(2014): ⊏⊐, 가야연(2017): □利

71) 손환일(편)(2011)=윤선태(2012): □, 橋本繁(2014): 即, 가야연(2017): 郎

GY2024 「伊伐支村(a1) ▤只(B) 稗(D) 石(E)∨」

GY2025 「夷津支城(A)下 麦(D) 王▤[72]巳珎兮村(a1)∨//弥次(B) 二石(E)∨」

GY2026 「甘文城(A1)下▤米(D) 十一斗石(E) 喙(A2) 大村(a1) 卜只次(B) 持[去]∨」

GY2027 「小伊伐支村(a1) 能毛礼(B)//稗(D) 石(E)∨×

GY2028 「珎淂智▤ (仇)以稗石∨」

GY2029 「∨丘伐(A) 稗(D) 石(E)」

GY2030 ×…介利(B) 稗(D)∨」

GY2031* 「⊏村(a1)⊐//⊏⊐×

GY2032 「前▤▤谷支(a2) ⊏⊐∨」

GY2033 「鄒文(A) 前那(a2) 牟只村(a1)//伊▤習(B)∨」

GY2034 「仇利伐(A)【習彤[73]村(a1)//牟利之(B) 負】∨」

GY2035 「赤伐支^呵村(a1) 助吏支(B) 稗(D)∨」

GY2036 「仇利伐(A) 今介次(B) 負∨」

GY2037 「屈斯旦利(B1) 今部牟者足只?(X) ▤稗?(D)?×

GY2038 「古阤(A) 本波(a1) 豆[先物?]烈次[74](B1) ▤(X)//[勿]大兮(B2)∨」

GY2039 「伊[智]支村(a1) 彗▤利(B)//稗(D)∨」

GY2042 「蘇智密村(a1) 晏…(B)×

GY2043* ×…[稗](D) 石(E)」

GY2044* ×⊏⊐∨」

GY2045 「伊[竹]支(a2?) ▤切?▤吏?▤(B?) [稗](D) ▤石?(E?)」

GY2046 ×…▤支(B) 負 稗(D)×

GY2047* ×…▤▤▤▤▤…(X)////稗(D)×

GY2048 ×…▤牟知(B)…×

GY2049* ×…▤伊?▤▤…(X)×

GY2050* ×…▤▤(X) [稗](D) 石(E)×

GY2051 「買若村(a1) 物礼利(B1)//^斯珎于(B2) 稗(D) 石(E)◎」

GY2052* 「⊏⊐∨」

GY2054 「上弗刀弥村(a1)//敬麻古(B) 稗(D) 石(E)◎」

GY2055 ×[仇]▤利?[伐][村](a1)【⊏⊐//⊏⊐】×

---

72) 손환일(편)(2011)=윤선태(2012)=가야연(2017): □, 橋本繁(2014): 私

73) 손환일(편)(2011)=윤선태(2012): [服], 橋本繁(2014): 肪, =가야연(2017): 彤

74) 손환일(편)(2011): (出)□(烈)□, 윤선태(2012): □[利]□□, 橋本繁(2014): □□□□, 가야연(2017): 物烈智□

GY2056* 「⊏⊐稗(D) 石(E)」

GY2057 「甘文(A) ⊟[九?]宍大只伐⊟原(B+) 石(E)」

GY2058 「夷[津][支][城](A)*下* 麦(D) 烏列支(B) [*負*]//⊟⊟(X) 二石(E)∨」

GY2060 「[卒]史[村](a1) 於勞尸兮(B)∨」

GY2390 ×…之毛羅(B) 稗(D)∨」

GY2391 ×𪊨旦[新][75]利(B1)//𪊨古(B2) 稗(D) 石(E)∨」

GY2614 「仇⊟⊟[好?][76](B) 稗(D) 石(E)∨」

GY2618 「⊟⊟⊟[77]村(a1) 甘斯(B)//⊏⊐∨」

GY2619 「仇利伐(A) 記本礼支(B) *負*∨」

GY2620* 「仇⊟[之?]⊏⊐(X)◎」

GY2624 ×…智(B) *負*∨」

GY2625 「豆土利[78](B)」

GY2627 「仇利伐(A)//⊟⊟彡⊟[79]村(a1) 伊[面]礼[80]支(B) *負*∨」

GY2628 「⊏⊐[利][智](B) ⊟⊟(X)//稗(D) 石(E)∨」

GY2629* ×⊏⊐×//×⊏⊐×

GY2630 「及伐城(A) 日[81]次利(B) 稗(D) 石(E)∨」

GY2631* 「⊏⊐//⊏⊐∨」

GY2632* ×⊏⊐×

GY2633 「及伐城(A) 文尸⊟(B) 稗(D) 石(E)∨」

GY2635 「^呵盖(a2) 奈⊟…(B)×

GY2636 ×古阤(A) 一古利[村](a1) 本波(a1)//阤々支(B) 稗(D) 發(E)∨」

GY2637* 「⊏⊐∨」

GY2639 「*正月中* 功[82]思伐(A1) 古尸次[83](B1) 阿尺夷(B2) 喙(A2)//羅兮⊟[84](B2) 及伐尺(C) *幷作 前 瓷酒*
(D) *四斗瓮*(E)∨」

---

75) 손환일(편)(2011): 新, 윤선태(2012): [新], 橋本繁(2014): □[新?], 가야연(2017): □

76) 손환일(편)(2011)=윤선태(2012): [世], 橋本繁(2014)=가야연(2017): □

77) 손환일(편)(2011)=윤선태(2012)=橋本繁(2014): □□□, 가야연(2017): □(仇)(賓)

78) 손환일(편)(2011): 古村, 윤선태(2012)=橋本繁(2014): □村, 가야연(2017): [支]村

79) 손환일(편)(2011)=윤선태(2012): 谷, 橋本繁(2014): 答, 가야연(2017): 彡□

80) 손환일(편)(2011): 比, 윤선태(2012)=橋本繁(2014): 酉, 가야연(2017): 面

81) 손환일(편)(2011)=윤선태(2012): 田, 橋本繁(2014)=가야연(2017): 日

82) 손환일(편)(2011)=윤선태(2012)=가야연(2017): 比, 橋本繁(2014): 功

83) 손환일(편)(2011)=윤선태(2012)=橋本繁(2014): 沙, 가야연(2017): 次

84) 손환일(편)(2011): □, 윤선태(2012): [智], 橋本繁(2014): 阿, 가야연(2017): (落)

GY2640* 「∨方⊟日七[冠][85]*村*(a1)//*此負 刀寧負 盜人有*」

GY2641 「帶支村(a1) 烏多支(B) 米(D) 一石(E)∨」

GY2645 「*六月中* □多馮*城*(A) □[者]*村*(a1)*主 敬白之. 烏□□成行之.*//□□智(B) {一伐}(C) *大□□也. 功六□大城 從人士{六十}日//□去[走]石日[率][此]□□更□荷[秀]□//卒日治之. 人此人* 烏馮*城*(A) *置不行遣之白.*∨」[86]

GY2954* 「⊏⊐∨」

GY2956* 「*十一月□□定六十月一卄月十一□五叉//□奇(旅)□□□□□久□□拏及□□□*」

GY4685 「古阤(A) 一古利*村*(a1) 本彼(a1)//阤々只(B) 稗(D) 發(E)∨」

GY4686 「三月中 *鐵由*(a2)*下* 麦(D) 十五斗(E)//*左旅* ⊟河礼*村*(a1+) 波利足(B)∨」

GY4687 「甘文*城*(A)*下* 麦(D) 十五石(E) 甘文//本波(a1) 加本斯(B) [稗](D) 一石(E)*之*∨」

GY4688 「古阤(A) 伊未⊟(B) *上*干(C) 一大兮伐//豆幼去(X)∨」

GY4689 ×…⊟尸⊟力⊟尒兮(B+)∨//⊏⊐∨」

GY4691* ×⊏⊐//⊏⊐∨」

GY4692* ×…⊟[稗](D) 十五斗(E)∨」

GY4693 「蓋*由*(a2) 鄒勿(B) *負* 稗(D)∨」

GY4694 ×…*村*(a1) 虎弥(B) 稗(D) 石(E)∨×

GY4695 ×…吾礼⊟只公(B+)∨」

GY4696 「∨⊟⊟(師?)[87]智…(B)×

GY4697 ×…⊟那只(B) 旆米(D)∨×

GY5581 ×…史*村*(a1)//…⊟利夫(B) [稗](D) 石(E)∨」[88]

GY5582 ×…⊟西毛[礼](B?)∨」

GY5583 「今[卒]巳(B1) 漱[宿]尒斯利支(B2) 稗(D)∨」

GY5584 ×…[方][一][兄](X)⊏⊐//…稗(D) [石](E)」

GY5585 「蓋*村*(a1) 仇之毛羅(B) 稗(D)//⊟∨」

GY5586* 「⊏⊐//⊏⊐∨」

GY5587 「丘伐(A) 未(→*未*)那(a2) 早尸智(B1) 居伐尺(C) *奴*//能利智(B2) 稗(D) 石(E)」

GY5588 ×…[大]身礼豆智(B+)∨」

---

85) 손환일(편)(2011)=윤선태(2012): 方□日冠, 橋本繁(2014): □□□□, 가야연(2017): □皂(冠)

86) 이 문서 목간에 대한 판독안은 잠정적으로 가야연(2017)의 것을 따른 것이다. 아래 2956호 목간의 것도 이와 같다.

87) 가야연(2017): 敢師

88) 이하 GY5581~5601호(2017년 출토본)에 대한 목간 판독안은 권인한(2018)의 논의를 약간 수정하는 선에서 앞의 범례에 맞추어 작성한 것임을 밝혀둔다. 최장미(2017), 손환일(2017), 가야연(2017) 등의 논의들과의 異同에 대해서는 졸고의 논의로 미루고 여기서는 생략함.

GY5589 「仇[利]伐(A)【上彡者[~~村~~](a1) ⊟⊟⊟[奴?]⊟(X)】∨」

GY5590* 「⊏⊐∨」

GY5591 「巾夫支~~城~~(A) 仇智支(B) [稗](D)…//⊏⊐×

GY5592 「丘利伐(A)【卜今智(B1) ~~*去*~~干支(C) *奴*//[徐][利]巳支(B2) *負*】∨」

GY5593 「仇利伐(A)【夫及知(B1) {一伐}(C) *奴[人]*//宍巳礼(B2) *負*】∨」

GY5594 「*沙喙~~部~~*(A) *負*∨」

GY5595 「甘文~~城~~(A)*下* 麦(D) 十五石(E) 甘文本波(a1)//伊次只(B) *去之*×

GY5596 「~~*夬*~~[南]兮~~城~~(A) 麦(D) 十五斗(E) 石大[~~村~~](a1)…×

GY5597 「⊟⊟⊟⊟」

GY5598 「*三月中* 眞乃滅~~村~~(a1)*主* *𢢈怖白*//⊟[~~城~~](A) *在* 弥卽ㅊ智(B) [~~大~~]舍~~*下*~~智(C) *[前]去白之.*//*[卽]白*
先節 {六十}日代法 稚然//伊毛罹(B) 及伐尺(C) [寀]言 *□法卅代告 今卅日食去白之.*」

GY5599 「*壬子年* ⊟⊟~~大村~~(a1) ⊟刀只(B)//米(D) 一石(E)∨」

GY5600 「皮牛利烋⊟(B+)//~~*大*~~[南]⊟⊟[~~城~~](A)∨」

GY5601 「*此發* □𢡟[石]莫(B) *杖之*」

JJ1263 ×仇利伐(A)【上彡者村(a1)「波婁」(B)】」

GH1264 ×…[~~村~~](a1) 介□利(B)◎」

GH1265 ×…知(B) ~~*去*~~干支(C)∨」

JJ1268 「甘文本波(a1) 居[~~村~~][89](a1) 旦利~~村~~(a1) 伊竹伊(B)」

GH1269 「王私烏多(a2) 伊伐支(B) 乞負支(B)∨」

GH1270 「鳥欣弥~~村~~(a1) 卜兮(B) 稗(D) 石(E)∨」

GH1271 「上[夢]~~村~~(a1) 居利支(B) 稗(D)∨」

GH1272 「仇伐(A) 于好[津][90]~~村~~(a1) 卑尸(B) 稗(D) 石(E)◎」

JJ1273 「及伐~~城~~(A) [秀]乃巳(B) 稗(D)∨」

GH1274 「□羅刀[只]支(B+) 稗(D) ⊟[石?](E?)∨」

GH1275 「仇利伐(A) 上彡者~~村~~(a1)//「乞利」(B)」

GH1276 「竹尸□弥牟√于支(B+) 稗(D) 一(E)∨」

GH1277 ×…~~*前谷村*~~(a1) 阿足只(B) [*負*]×

GH1278* 「⊏⊐」

JJ1279 「甘文~~城~~(A)*下* 麦 甘文本波(a1) ~~*王*~~[~~村~~](a1)//[~~新~~][91]~~村~~(a1) ⊟[知?]利兮(B) *負*∨」

---

89) 손환일(편)(2011): 必村, 윤선태(2012)=橋本繁(2014): □[村], 가야연(2017): (居)(村)

90) 손환일(편)(2011): 于好□, 윤선태(2012): 于好[女], 橋本繁(2014): 干好□, 가야연(2017): 干好[津]

91) 손환일(편)(2011)=윤선태(2012)=橋本繁(2014): 新, 가야연(2017): [文]利

GH1280 「言斯[92]只(B) 一石(E)」

GH1282 「陳城(A) ??兮支(B) 稗(D)∨」

JJ1283 「古陁(A) 伊骨利[阿]那[93](a2)//仇仍支(B) 稗(D) 發(E)」

GH1284 「夷津支(A) 土^斯尒利知(B)×

GH1285 ×…家村(a1) ⊟毛⊟(B?)∨」

GH1286 「大村(a1) 伊息智(B) {一伐}(C)∨」

GH1287 「仇利伐(A)【仇陁尒(B1) {一伐}(C)/尒利□(B2) [負]】∨」

JJ1288 「仇利伐(A) □德知(B1) {一伐}(C) 奴人 ⊟塩?…(B2)×

GH1289 「屈仇⊟⊟村(a1) ㄷㄷ//稗(D) 石(E)×

※판독 불가 또는 고유명사 표기례가 없는 목간(* 표시): 40점

⇒분석 대상 목간수: 205점

2. 고유명사 표기례 수집과 정리

A: 상위 지명(~伐/~城/~部/무표시) → 32종 93건

功思伐〈2639〉, 仇利伐[19]〈32, 33, 35, 1263, 1275, 1287, 1288, 1596, 2012, 2034, 2036, 2619, 2627/5593, 1613, 2008, 5589, 1594, 1624〉, 仇⊟利?⊟伐?〈2001〉, 丘利伐〈5592〉, 仇伐[4]〈50, 1272, 1987, 2018〉, 丘伐[3]〈1988, 2029, 5587〉, 勿思伐〈1996〉, 須伐〈72〉, ⊟⊟伐〈1999〉, …[伐]〈71〉// 甘文城[6]〈62, 1279, 1590, 2026, 4687, 5595〉, 甘文〈2057〉, 巾夫支城[3]〈2009, 2021, 5591〉, 及伐城[9]〈41, 70, 75, 1273, 2004, 2005, 2023, 2630, 2633〉, [及]⊟[城]〈45〉, 大[南]⊟⊟[城]〈5600〉, 小[南]兮城〈5596〉, 烏馮城〈2645〉, 夷津支城[2]〈2025, 2058〉, 夷津支[3]〈29, 1284, 2011〉, 赤城〈2000〉, 陳城[2]〈40, 1282〉, 巳珎兮城〈57〉, □[城]〈5598〉, □多馮城〈2645〉, …[城]〈58〉, …⊟大?節⊟屯?家城〈58〉// 沙喙部〈5594〉, 喙[2]〈2026, 2639〉// 古陁[16]〈27, 28, 30, 1283, 1623, 1991, 1992, 1995, 1998, 2006, 2014, 2019, 2038, 2636, 4685, 4688〉, 夷津[2]〈1593, 44〉, 鄒文[3]〈38, 52, 2033〉

a1: 하위 지명1(~村/(~)本波) → 62종 89건

盖村〈5585〉, 居[村]〈1268〉, [仇]⊟利?[伐][村]〈2055〉, 屈仇⊟⊟村〈1289〉, 旦利村〈1268〉, 帶支村〈2641〉, 大村[4]〈51, 1286, 1590, 2026〉, 彤谷村〈32〉, 末甘村〈1616〉, 買若村[2]〈1598, 2051〉, 牟只村〈2033〉, 勿利村〈1599〉, 方⊟日七[冠]村〈2640〉, 比尸河村〈38〉, 士斯石村〈2011〉, 上[夢]村[2]〈43, 1271〉,

92) 손환일(편)(2011)=윤선태(2012)=橋本繁(2014): 斯, 가야연(2017): 貯

93) 손환일(편)(2011): 利那, 윤선태(2012)=橋本繁(2014): 阿那, 가야연(2017): 村□

上弗刀弥村[2]〈31, 2054〉, 上彡者村[4]〈33, 1263, 1275/ 5589〉, 石大[村]〈5596〉, 小伊伐支村〈2027〉, 蘇智密村〈2042〉, 習肜村〈2034〉, 新村[3]〈28, 1991/ 1279〉, 陽村[2]〈42, 1597〉, 烏欣弥村〈1270〉, 王[村]〈1279〉, 王⊟巳珎兮村〈2025〉, 于好[津]村〈1272〉, 栗[村]〈2017〉, 伊[智]支村〈2039〉, 伊骨利村〈27〉, 伊骨村〈1623〉, 伊大兮村〈2015〉, 伊伐支村〈2024〉, 伊失兮村〈80〉, 一古利村[8]〈30, 1991, 1998, 2006, 2014, 4685/ 1995, 2636〉, 丈□利村〈1625〉, 赤伐支^呵村〈2035〉, [卒]史[村]〈2060〉, 眞[村]〈2020〉, 眞乃滅村〈5598〉, 次々支村〈1600〉, 鄒文村〈1607〉, 波阤密村〈2010〉, 巳珎兮村〈57〉, …家村〈1285〉, …史村〈5581〉, …前谷村〈1277〉, □[者]村〈2645〉, ⊟⊟⊟支村〈59〉, ⊟⊟⊟村[2]〈52, 2618〉, ⊟⊟大村〈5599〉, ⊟⊟彡⊟村〈2627〉, ⊟利村〈2019〉, ⊟[秋?]彡利村〈2016〉, …[村]〈1264〉, …⊟村〈73〉, …村〈4694〉, ⊏村〈2031〉// 甘文本波[4]〈1268, 1279, 4687, 5595〉, 本波[5]〈72, 1590, 1593, 2038, 2636〉, 本彼〈4685〉

a2: 하위 지명2(~那/무표시) → 13종 30건

未那[6]〈30, 1987, 1991, 1995, 2014, 5587〉, 阿那[7]〈27, 29, 44, 50, 1623, 2006, 2018〉, 伊骨利[阿]那〈1283〉, 前那〈2033〉// 呵盖[6]〈49, 1606, 1985, 1997, 2003, 2635〉, ⊟[呵?]盖〈54〉, 盖由〈4693〉, 王私烏多〈1614〉, 伊伐支[2]〈74, 1993〉, 伊[竹]支〈2045〉, 前⊟⊟谷支〈2032〉, 鐵由〈4685〉, 鄒選〈45〉

A+: 지명+α → 2종 2건

左旅⊟河礼村〈4685〉, …本⊟[波?]破智⊟⊟古⊟〈1990〉

B: 인명 → 194종 201건

加古波⊟[孕?]〈31〉, 加本斯〈4687〉, ^呵⊟[一/仇?][那]利〈1991〉, 甘斯〈2618〉, [居]利〈2022〉, 居利支[2]〈43, 1271〉, 居須智〈72〉, 居助支〈34〉, 乞利〈1275〉, 敬麻古〈2054〉, 古光^斯珎于〈1598〉, 古尸次〈2639〉, 仇⊟⊟[好?]〈2614〉, 仇⊟[智?]…〈1995〉, 仇礼支〈32〉, 仇利⊟支〈1623〉, 仇仍支〈1283〉, 仇之毛羅〈5585〉, 仇智支〈5591〉, 仇阤尒〈1287〉, 仇阤知〈2012〉, 屈斯旦利〈2037〉, 倦益介利〈1599〉, 今[卒]巳〈5583〉, 今尒次〈2036〉, 記本礼支〈2619〉, 那⊟〈28〉, 那智〈1994〉, 內旦利〈1607〉, 內恩知〈34〉, 內欣買〈2018〉, 乃兮支〈1998〉, 奈夷利〈2003〉, 奈⊟…〈2635〉, 能利智〈5587〉, 能毛礼〈2027〉, 豆[先[物?]]烈次〈2038〉, 豆士利〈2625〉, 豆亏利智〈28〉, 豆只〈1996〉, [登]奴〈2023〉, 羅兮⊟〈2639〉, 立⊟[龍?]〈41〉, 麻古〈2391〉, 麻旦[新]利〈2391〉, 末⊟⊟仇〈2011〉, 毛羅次尸智〈30〉, 毛利只〈1590〉, 毛利支[2]〈1989, 2012〉, 牟利之〈2034〉, 文尸⊟〈2633〉, 文尸伊[2]〈2004, 2005〉, 文尸只[2]〈42, 1597〉, [勿]大兮〈2038〉, 物礼利〈2051〉, 弥伊⊟⊟〈2006〉, 弥即ホ智〈5598〉, 弥次〈2025〉, 弥次⊟〈1987〉, 伐⊟尒支〈73〉, 卜今智〈5592〉, 卜利古支〈27〉, 卜只次〈2026〉, 卜兮〈1270〉, 卜烋〈1614〉, 夫及知〈5593〉, 夫酒只〈2009〉, 夫知居兮〈71〉, 夫鄒只〈58〉, [比]⊟須〈37〉, 比夕智〈1613〉, 卑尸〈1272〉, 士^斯介利知〈1284〉, 沙⊟〈1991〉, 沙見〈2014〉, 沙刀[礼]〈1987〉, 沙毛〈2010〉, ^斯珎于〈2051〉, [徐][利]巳支〈5592〉, 先能支〈1613〉, 舌只〈50〉, 小伊伐支

〈61〉, 漱[宿]尒斯利支〈5583〉, [秀]乃巳〈1273〉, 須礼支〈36〉, 阿[竹]只〈1592〉, [阿][波]⊟〈62〉, 阿足只〈1277〉, 阿尺夷〈2639〉, 晏…〈2042〉, 於⊟[非?]支〈35〉, 於勞尸兮〈2060〉, 言斯只〈1280〉, 烏多支〈2641〉, 烏利礼〈1993〉, 烏列支〈2058〉, 宍巳礼〈5593〉, 伊[面]礼支〈2627〉, 伊[智]支〈76〉, 伊⊟習〈2033〉, 伊毛罹〈5598〉, 伊未⊟〈4688〉, 伊伐支〈1614〉, 伊息智〈1286〉, 伊竹伊〈1268〉, 尒先⊟[利/能?]支〈37〉, 尒[欣]弥支〈1997〉, 尒□利〈1264〉, 尒利□〈1287〉, 尒利牟利〈38〉, 伊次只〈5595〉, 一[万]買〈2018〉, 一古西支〈1624〉, 日糸利〈2014〉, 日次利〈2630〉, 助吏支〈2035〉, 早尸智〈5587〉, 主舡〈51〉, 只那公末⊟〈1593〉, 只卽智〈35〉, 只智〈70〉, 智利知〈28〉, 知弥留〈1600〉, [眞]尒密〈1994〉, 借刀利支〈1616〉, 次尒利⊟尒〈1985〉, 千竹利[2]〈65, 66〉, 鄒勿〈4693〉, 阤々支〈2636〉, 阤々只〈4685〉, 殆利夫〈1991〉, 波婁[2]〈33, 1263〉, 波利足〈4685〉, [皮][尒][加]羅〈2000〉, 郝豆智〈2008〉, 彗⊟利〈2039〉, 虎弥〈4694〉, 弘帝沒利〈55〉, 休智〈44〉, 巳兮支[2]〈40, 1282〉, ⊡德知〈1288〉, ⊏⊐[利][智]〈2628〉, ⊏⊐[智]〈2001〉, ⊏⊐[妻[麦?]]〈59〉, ⊟[礼]只〈1619〉, ⊟[即]支〈2021〉, ⊟⊟[毛][珎]支〈83〉, ⊟⊟[夫]支〈1986〉, ⊟⊟〈75, 1594〉, ⊟⊟⊟支〈54〉, ⊟⊟利〈1606〉, ⊟⊟末〈49〉, ⊟⊟[師?]智…〈4696〉, ⊟⊟支〈1594〉, ⊟⊟只〈1999〉, ⊟⊟智〈2645〉, ⊟⊟烋弥支〈1982〉, ⊟…〈2019〉, ⊟悳[石]莫〈5601〉, ⊟夲〈52〉, ⊟刀只〈5599〉, ⊟利[須]〈74〉, ⊟毛⊟〈1285〉, ⊟[文?]⊟[尸?]支〈45〉, ⊟伐支〈1999〉, ⊟[須?]⊟只〈2016〉, □[塩?]…〈1288〉, ⊟[切?]⊟[吏?]⊟〈2045〉, ⊟[知?]利兮〈1279〉, ⊟支〈2008〉, ⊟只〈2024〉, ⊟[奥?]智〈27〉, …[支]〈1618〉, …[智]支〈77〉, …⊟[利]〈1620〉, …⊟〈68〉, …⊟⊟⊟尸[支]〈60〉, …⊟那只〈4697〉, …⊟豆留只〈2002〉, …⊟利夫〈5581〉, …⊟牟知〈2048〉, …⊟西毛[礼]〈5582〉, …⊟支〈2046〉, …⊟知支〈86〉, …加礼⊟〈63〉, …內只次〈36〉, …刀〈63〉, …利次〈67〉, …密鄒加尒支〈81〉, …蒜尸支〈79〉, …丂利沙⊟…〈84〉, …知〈1265〉, …智〈2624〉, …之毛羅〈2390〉

B+: 인명+α → 12종 12건

可初智⊟須〈46〉, 古刀羅只豆支〈29〉, 勿利乃文茂支〈56〉, 石蜜[日]智私〈56〉, 竹尸□弥牟[√]于支〈1276〉, 皮牛利烋⊟〈5600〉, ⊟[九?]宍大只伐⊟原〈2057〉, □羅刀[只]支〈1274〉, …[大]身礼豆智〈5588〉, …⊟尸⊟力⊟尒兮〈4689〉, …居珎[只]乙支⊟…〈64〉, …吾礼⊟只公〈4695〉

C: 관직명 → 10종 20건

居伐尺〈5587〉, 急伐尺〈2005〉, 及伐尺〈2639, 5598〉, [大]舍下智〈5598〉, 圭干〈4688〉, 圭干支[2]〈1265, 5592〉, {一伐}[10]〈68, 1286, 1287, 1288, 1989, 2002, 2012, 2645, 5593/ 83〉, [一]⊟[伐?]〈1619〉, 一尺〈28〉, …[伐]〈69〉

X: 분석(또는 문맥 파악) 불가 → 고유명사 표기자 분석론 대상에서 제외

仇⊟[之?]⊏⊐〈2620〉, 今部牟者足[只?]〈2037〉, 伊[勿]⊏⊐〈2013〉, 一大兮伐//豆幼去〈4688〉, ⊟⊟[伐]⊟…〈78〉, ⊟⊟⊟[奴?]⊟〈5589〉, …[方][一][兄]〈5584〉, …⊟[伊?]⊟⊟…〈2049〉, …⊟一〈88〉, …大⊟⊟⊟…

〈1615〉, …鄒目鄒?〈60: 습서?〉

⇒ 분석 대상 고유명사 표기수: 총 325종 447건(X류 제외)

3. 고유명사 표기자 및 한어 중고음 음계 정리(가나다순)

加[5] 假開二平麻見

可 果開一上哿溪

呵[8] 果開一平歌曉/果開一去箇曉

家[2] 假開二平麻見

干[3] 山開一平寒見

甘[13] 咸中一平談見

舡 江中二平江溪/山合㊂平仙船

盖[9] 蟹開一去泰見/咸中一入盍匣

居[9] 遇中三平魚見

巾[3] 臻開三平眞見

乞 臻開三入迄溪/止開三去未溪

見 山開四去霰見/山開四去霰匣

敬 梗開三去映見

古[33] 遇中一上姥見

谷 通中一入屋見

骨[3] 臻合一入沒見

公[2] 通中一平東見

功 通中一平東見

冠 山合一平桓見/山合一去換見

光 宕合一平唐見

丘[4] 流中三平尤溪

仇[36] 流中三平尤羣

屈[2] 臻合三入物溪/臻合三入物見

倦 山合三去線羣

今[3] 深中三平侵見

及[13] 深中三入緝羣

急 深中三入緝見

記 止開三去志見

那[20] 果開一平歌泥

南[2] 咸中一平覃泥

乃4 蟹開一上海泥

內[4] 蟹合一去隊泥/咸中一入合泥

奈[2] 蟹開一去泰泥

奴 遇中一平模泥

能[3] 曾開一平登泥

多[3] 果開一平歌端

旦[4] 山開一去翰端

大[5] 蟹開一去泰定/蟹開一去泰透

帶 蟹開一去泰端

德[2] 曾開一入德端

刀[8] 效中一平豪端

彤[2] 通中一平冬定

豆[8] 流中一去候定

登 曾開一平登端

等 曾開一上等端

羅[7] 果開一平歌來

力 曾開㊂入職來

烈 山開㊂入薛來

禮[15] 蟹開四上薺來

婁[2] 流中一平侯來/遇中㊂上屨來

留[2] 流中㊂平尤來

利[84] 止開㊂去至來

吏 止開㊂去志來

罹 止開㊂平支來

立 深中㊂入緝來

麻[3] 假脣二平麻明

莫 宕脣一入鐸明/遇脣一去暮明
萬 山脣三去願微
末[4] 山脣一入末明
買[4] 蟹脣二上蟹明
面 山脣㊂去線明
滅 山脣㊂入薛明
毛[12] 效脣一平豪明
牟[5] 流脣三平尤明
沒 臻脣一入沒明
夢[2] 通脣三去送明/通脣三平東明
茂 流脣一去候明
文[16] 臻脣三平文微/臻脣三去問微
勿[5] 臻脣三入物微
物 臻脣三入物微
彌[12] 止脣三平支明
未 止脣三去未微
密[4] 臻脣三入質明
蜜 臻脣㊂入質明
方 宕脣三平陽非/宕脣㊂上養非
伐[67] 山脣三入月奉
卜[5] 通脣一入屋幫
本[14] 臻脣一上混幫
夫[10] 遇脣三平虞非/遇脣三上麌奉
弗[2] 臻脣三入物非
卑 止脣三平支幫
比[3] 止脣㊂上旨幫/止脣㊂去至並/止脣㊂平脂並
史[2] 止開三上止生
士[3] 止開三上止崇
思[2] 止開㊂平之心/止開㊂去志心
斯[9] 止開㊂平支心
沙[6] 假開二平麻生
私[2] 止開㊂平脂心
舍 假開㊂去禡書/假開㊂上馬書

糸 止開㊂平之心
彡[6] 咸中二平銜生/咸中㊂平鹽心
上[8] 宕開㊂去漾禪/宕開㊂上養禪
徐 遇中㊂平魚邪
西[2] 蟹開四平齊心
夕 梗開㊂入昔邪
石[3] 梗開㊂入昔禪
先[3] 山開四平先心/山開四去霰心
選 山合㊂去線心/山合㊂上獮心
舌 山開㊂入薛船
蘇 遇中一平模心
漱 流中一去候心/流中三去宥生
秀 流中㊂去宥心
須[6] 遇中㊂平虞心
宿 通中㊂入屋心/流中㊂去宥心
習[2] 深中㊂入緝邪
尸[9] 止開㊂平脂書
息 曾開㊂入職心
新 臻開㊂平真心
身 臻開㊂平真書
失 臻開㊂入質書
阿[12] 果開一平歌影
晏 山開二去諫影/山開一去翰影
若[2] 宕開㊂入藥日/假開㊂上馬日
陽[2] 宕開㊂平陽以
於[2] 遇中三平魚影/遇中一平模影
言 山開三平元疑/山開三去願疑
吾 遇中一平模疑
烏[6] 遇中一平模影
王[2] 宕合三平陽雲/宕合三去漾雲
于[6] 遇中三平虞雲
牛 流中三平尤疑
原 山合三平元疑

肉^{2}	通中㊂入屋日	珍^{7}	臻開㊂平眞知
恩	臻開一平痕影	眞^{3}	臻開㊂平眞章
乙	臻開三入質影	陳^{2}	臻開㊂平眞澄/臻開㊂去震澄
伊^{25}	止開㊂平脂影	借	假開㊂去禡精/梗開㊂入昔精
夷^{9}	止開㊂平脂以	次^{14}	止開㊂去至清/止開㊂平脂精
爾^{17}	止開㊂上紙日	尺^{6}	梗開㊂入昔昌
益	梗開㊂入昔影	千^{2}	山開四平先清
一^{22}	臻開㊂入質影	初	遇中三平魚初
日^{4}	臻開㊂入質日	鄒^{8}	流中三平尤莊
仍	曾開㊂平蒸日	陀^{23}	果開一平歌定
者^{5}	假開㊂上馬章	七	臻開㊂入質清
丈	宕開㊂上養澄	殆	蟹開一上海定
赤	梗開㊂入昔昌/梗開㊂入昔清	波^{15}	果脣一平戈幫
前	山開四平先從	破	果脣一去過滂
節	山開四入屑精	巴^{9}	假脣二平麻幫
帝	蟹開四去霽端	馮^{2}	通脣三平東奉/曾脣㊂平蒸並
助^{2}	遇中三去御崇	彼	止脣三上紙幫
早	效中一上晧精	皮^{2}	止脣三平支並
足^{2}	通中㊂入燭精/遇中㊂去遇精	河	果開一平歌匣
卒^{2}	臻合一入沒精/臻合一入沒清	郝	宕開一入鐸曉/梗開㊂入昔書/梗開㊂入昔昌
主	遇中㊂上麌章	兮^{16}	蟹開四平齊匣
酒	流中㊂上有精	彗	蟹開三去祭心/止開三去至邪
竹^{6}	通中㊂入屋知	好	效中一上晧曉/效中一去號曉
卽^{3}	曾開㊂入職精	虎	遇中一上姥曉
之^{3}	止開㊂平之章	弘	曾合一平登匣
只^{30}	止開㊂上紙章	喙^{3}	蟹合三去廢曉
支^{74}	止開㊂平支章	休	流中三平尤曉
智^{31}	止開㊂去寘知	烋^{3}	流中㊂平幽曉/效中二平肴曉
知^{11}	止開㊂平支知/止開㊂去寘知	欣^{3}	臻開三平欣曉
津	臻開㊂平眞精		

⇒ 총 자종(字種): 181, 연자수(延字數): 1,031

이상의 작업 결과로써 보면, 지금까지 함안 성산산성에서 출토된 245점의 목간 가운데 고유명사 표기자 분석 대상의 목간수는 205점이고, 이들에서 추출되는 고유명사 표기례는 총 325종 447건이며, 이들 표기례에 쓰인 표기자수는 자종으로 181자, 연자수로는 1,031회[94]인 것으로 집계되고 있다.

이러한 자종수와 연자수는 6세기 신라 금석문들에서와 비교해보면 확실히 그 수치의 우위를 확보함으로써 고유명사 표기자 분석론에 정확성을 기할 수 있게 되었다는 점에서 그 의의가 상당한 것으로 평가해도 좋을 것이다. 신라 금석문들에서의 자종수가 30(영천청제비)~85자(울진봉평리비), 그 연자수도 64(경주 남산신성 9비)~271회(창녕진흥왕척경비) 정도에 그쳤음과 비교하면, 자종수로는 6.0~2.1배 신장된 수치이고, 연자수로는 16.1~3.8배 신장된 수치를 보이는 셈이므로 그만큼 분석 대상인 고유명사 표기의 모집단 모수가 커짐으로써 이들을 바탕으로 한 통계적/분포적 추론의 신뢰도를 높일 수 있게 되었기 때문이다.

III. 고유명사 표기자 분석과 의의

1. 성모편

먼저 분석 대상의 함안 목간 205점에 쓰인 고유명사 표기자들의 성모 분포도(연자수 기준, 이하 같음)를 제시해보면 다음과 같다(취소선이 그어진 성모는 그에 해당되는 글자가 없음을 뜻함).[95]

표 1. 함안 목간 고유명사 표기자들의 성모 분포도

		전청		차청		전탁		차탁		전청		전탁		계
순음		~~幫非~~ p	54.5	~~滂敷~~ p^h	1.0	~~並奉~~ b	77.5	~~明微~~ m	76.0					209.0
설음	설두	端 t	21.0	透 t^h	2.5	定 d	36.5	~~泥娘日~~ n 來 l	62.0 115.0					237.0
	설상	知 ʈ	55.0	徹 ʈ^h		澄 ɖ	3.0							58.0
치음	치두	精 ts	18.0	清 ts^h	11.5	從 ʣ	1.0			心 s	35.0	邪 z	4.5	70.0
	정치 I	莊 tʂ	8.0	初 tʂ^h	1.0	崇 dʐ	5.0			生 ʂ	12.0	俟 ʐ		26.0
	정치 II	章 tɕ	116.0	昌 tɕ^h	6.8	禪 dʑ	11.0			書 ɕ	12.3	船 ʑ	1.0	147.1
아음		見 k	89.0	溪 k^h	7.5	羣 g	50.0	疑 ŋ	4.0					150.5
후음		影 ʔ	71.0			~~匣雲~~ ɦ	31.0	以 j	11.0	曉 h	20.4			133.4
계			432.5		30.3		215.0		268.0		79.7		5.5	1031.0

94) 6세기 신라 금석문 11종의 연자수 합이 1,460회인 것과 비교해보아도 목간 자료군의 모수가 금석문 자료에 비해 손색이 없는 것임을 확인할 수 있을 것이다.

95) 여기에서 제시된 성모 분포도는 고유명사 표기자들의 漢語 中古音을 바탕으로 하되, 6세기 한어 음계에 최대한 가깝도록 몇 가지의 조정을 거친 것임을 밝혀둔다. 자세한 것은 권인한(2021, 근간)의 각주 14)의 설명으로 미룬다.

표 1의 함안 목간 고유명사 표기자들의 성모 분포도를 기초로 6세기 신라 금석문들과 비교에 집중하여 성모면에서 신라한자음(=고대 한국한자음)의 연구에 이바지할 수 있는 바들에 대한 고찰을 행하고자 한다.

가. 무기음(전청) vs. 유기음(차청)의 비율

◎함안 목간 : 512.2(49.7%) vs. 30.3(2.9%)

==

①중성리비(501) : 94.0(64.8%) vs. 2.5(1.7%)

②냉수리비(503) : 88.0(77.2%) vs. 0.0(0.0%)

③봉평리비(524) : 143.5(59.5%) vs. 7.0(2.9%)

④천전리서석(525/539) : 81.5(68.5%) vs. 4.0(3.4%)

⑤단양적성비(550c.) : 88.0(63.3%) vs. 6.5(4.7%)

⑥창녕비(561) : 183.0(67.5%) vs. 29.5(10.9%)

⑦마운령비(568) : 76.0(70.4%) vs. 4.0(3.7%)

⑧무술오작비(578) : 44.0(48.4%) vs. 6.5(7.1%)

⑨남산1비(591) : 39.0(50.6%) vs. 13.0(16.8%)

⑩남산2비(591) : 56.0(61.5%) vs. 7.5(8.2%)

⑪남산9비(591) : 33.5(52.3%) vs. 7.5(11.7%)

㈠함안 목간에서의 비율 수치를 6세기 신라 금석문 자료와 비교해보면, 전청음의 비율은 ⑧무술오작비(578)나 ⑨남산신성 1비(591)와 가장 가까운 반면, 차청음의 비율은 ③봉평리비(524)와 일치되는 것으로 나타난다(이를 포함하여 각 지표별 일치도가 뜻하는 바에 대해서는 뒤에서 종합할 예정임).

㈡여기서 의미있는 지표는 차청음의 비율인 바, 함안 목간에서의 차청음 수치는 6세기 전반 신라 금석문들(①~⑤)에서의 그것과 비슷하게 5%대 미만의 낮은 비율을 보이고 있음이 중요하다. 이러한 저조한 수치는 유기음 발달의 미약함을 의미함이 분명한 바, 이로써 미루어보면 **함안 목간 시기 신라한자음에서의 유기음도 6세기 전반 금석문들과 마찬가지로 그 발달 정도가 상당히 미약한 것이었음을 확인할 수 있다**는 점에서 그 의의를 말할 수 있다.

나. 무성음(전청+차청) vs. 유성음(전탁+차탁)의 비율

◎함안 목간 : 542.5(52.6%) vs. 488.5(47.4%)

==

①중성리비 : 96.5(66.6%) vs. 48.5(33.4%)

②냉수리비 : 88.0(77.2%) vs. 26.0(22.8%)
③봉평리비 : 150.5(62.4%) vs. 90.5(37.6%)
④천전리서석 : 85.5(71.8%) vs. 33.5(28.2%)
⑤단양적성비 : 94.5(68.0%) vs. 44.5(32.0%)
⑥창녕비 : 212.5(78.4%) vs. 58.5(21.6%)
⑦마운령비 : 80.0(74.1%) vs. 28.0(25.9%)
⑧무술오작비 : 50.5(55.5%) vs. 40.5(44.5%)
⑨남산1비 : 52.0(67.5%) vs. 25.0(32.5%)
⑩남산2비 : 63.5(69.8%) vs. 27.5(30.2%)
⑪남산9비 : 41.0(64.1%) vs. 23.0(35.9%)

㊀함안 목간과 6세기 신라 금석문 자료를 비교해볼 때, 무성음과 유성음의 비율 공히 ⑧대구 무술오작비(578)[96]와 가장 가까운 수치를 보이는 것으로 드러난다.

㊁6세기 신라 금석문들에서의 무성음 vs. 유성음 비율이 평균 7 : 3 정도의 수치를 유지하는 공통점을 보이는 반면, **함안 목간의 경우는 6세기 신라 금석문 중에서 이례적 존재인 무술오작비의 비율 수치와 근사하게 52.5 : 47.5로 나타남이 흥미롭다.** 이러한 이례적 일치가 의미하는 바는 아무래도 함안 목간 자료가 무술오작비와 시간성의 특성을 공유하고 있었을 가능성을 알려준다고 할 것이다.

다. 설두음(端系) vs. 설상음(知系)의 비율

◎함안 목간 : 237.0(23.0%) vs. 58.0(5.6%)
=====================================
①중성리비 : 24.0(16.6%) vs. 15.0(10.3%)
②냉수리비 : 19.0(16.7%) vs. 11.0(9.6%)
③봉평리비 : 47.0(19.5%) vs. 32.0(13.3%)
④천전리서석 : 15.5(13.0%) vs. 20.5(17.2%)
⑤단양적성비 : 23.0(16.5%) vs. 12.0(8.6%)
⑥창녕비 : 21.0(7.7%) vs. 41.0(15.1%)
⑦마운령비 : 10.0(9.3%) vs. 18.0(16.7%)
⑧무술오작비 : 25.5(28.0%) vs. 2.5(2.7%)
⑨남산1비 : 15.5(20.1%) vs. 7.5(9.7%)

96) 대구 무술오작비의 제작 연대에 대해서는 정재영·최강선(2019.12.28.)의 논의를 따른다.

⑩남산2비 : 17.0(18.7%) vs. 3.0(3.3%)
⑪남산9비 : 12.0(18.8%) vs. 3.0(4.7%)

㉠위에서 보면, 6세기 신라 금석문들에서 전반적으로 설두음의 비율이 설상음의 비율을 상회하고 있는데(④ ⑥ ⑦ 예외), 함안 목간도 이러한 경향을 공유하고 있다.

㉡그 구체적인 비율 수치로 보면, 함안 목간에서의 설두음 vs. 설상음의 비율 수치가 가장 가까운 금석문 자료가 ⑧무술오작비라는 점에서 앞서와 마찬가지로 흥미를 불러일으키고 있다. 6세기 금석문들에서는 설상음의 비율이 무술오작비 이후 10%대 이하로 급감하는 흐름을 보여주고 있는 바, 이는 **6세기 후반부터 『東國正韻』의 申叔舟 서문에서 말한 설두음·설상음의 未分 상태가 자리잡았음**을 알려주고 있는데, 함안 목간도 이러한 흐름을 같이하는 수치를 보여주고 있으므로 일단 그 제작 시기를 6세기 후반 어느 시점으로 잡을 수 있다는 점에서 의의를 말할 수 있을 것이다.

라. 치두음(精系) vs. 정치음(莊系+章系)의 비율

◎함안 목간 : 70.0(6.8%) vs. 26+147.1=173.1(16.8%)

==

①중성리비 : 14.0(9.7%) vs. 11+ 14.0= 25.0(17.2%)
②냉수리비 : 20.0(17.5%) vs. 5+ 16.0= 21.0(18.4%)
③봉평리비 : 21.0(8.7%) vs. 8+ 25.0= 33.0(13.7%)
④천전리서석 : 7.0(5.9%) vs. 9+ 16.0= 25.0(21.0%)
⑤단양적성비 : 8.0(5.8%) vs. 9+ 19.0= 28.0(20.1%)
⑥창녕비 : 18.0(6.6%) vs. 24+ 33.0= 57.0(21.0%)
⑦마운령비 : 11.0(10.2%) vs. 0+ 14.0= 14.0(13.0%)
⑧무술오작비 : 4.0(4.4%) vs. 7+ 13.0= 20.0(22.0%)
⑨남산1비 : 9.0(11.7%) vs. 6+ 7.0= 13.0(16.9%)
⑩남산2비 : 2.0(2.2%) vs. 9+ 23.0= 32.0(35.2%)
⑪남산9비 : 4.0(6.3%) vs. 2+ 10.0= 12.0(18.8%)

㉠위에서 보면, 6세기 신라 금석문들에서 전반적으로 정치음의 비율이 치두음의 비율을 상회하는 것으로 나타나는데, 함안 목간도 이러한 경향을 공유하고 있다.

㉡그 구체적인 비율 수치로 보면, 함안 목간에서의 치두음 vs. 정치음의 비율이 가까운 금석문이 ⑪경주 남산신성 9비인 점도 흥미롭다. 치두음의 비율 수치와 근사한 금석문이 ⑥창녕비, 정치음의 그것과 근사한 금석문이 ⑨남산 1비라는 점까지를 염두에 두면, 함안 목간의 제작 시기와 관련하여 또다른 정보

를 제공받을 수 있다.

지금까지 살펴본 성모 관련 여러 지표들에서 함안 목간의 비율치가 대부분 6세기 후반기 금석문들과 비슷한 양상을 보이고 있는 가운데, 특별히 경주 남산신성비가 전청음의 비율이나 치두음 vs. 정치음의 비율 등의 지표에서 함안 목간과 비율치가 근사한 금석문으로 찾아진다는 점이 중요하다. 이는 함안 목간의 제작 시기와 관련하여 17차 조사에서 발굴된 GY5599호 목간에서의 "壬子年"의 연도를 592년으로 보는 견해를 지지할 수 있기 때문이다. 물론 절대적인 증거라 할 수는 없겠지만, 591년에 세워진 경주 남산신성비문 속 고유명사 표기자 분석에서 드러난 지표상의 수치들이 함안 목간의 그것과 상당한 동일성을 보인다는 사실은 "壬子年"의 연도가 532년일 확률보다는 592년일 확률이 그만큼 높다고 판단함에 문제가 없을 것이기 때문이다.

치두 vs. 정치음의 비율에 대한 해석은 6세기 금석문에 대한 논의에서처럼 黃侃의 "照系二等諸母古讀精系說"(照系2等의 정치음Ⅰ 성모들은 상고음에서 精系 즉, 치두음으로 읽는다는 설)과 "照系三等諸母古讀舌頭音說"(照系3等의 정치음Ⅱ 성모들은 상고음에서 설두음으로 읽는다는 설)을 적용하면, 함안 목간의 설두음 vs. 설상음 / 치두음 vs. 정치음의 비율 수치는 다음과 같이 조정될 수 있다.

◎함안 목간 : 384.1(37.3%) vs. 70.0(6.8%) / 96.0(9.3%) vs. 0.0(0%)

===

①중성리비 : 38.0(26.2%) vs. 15.0(10.3%) / 25.0(17.2%) vs. 0.0(0%)
②냉수리비 : 33.0(28.9%) vs. 11.0(9.6%) / 25.0(21.9%) vs. 0.0(0%)
③봉평리비 : 72.0(29.9%) vs. 32.0(13.3%) / 29.0(12.0%) vs. 0.0(0%)
④천전리서석 : 31.5(26.5%) vs. 20.5(17.2%) / 16.0(13.4%) vs. 0.0(0%)
⑤단양적성비 : 42.0(30.2%) vs. 12.0(8.6%) / 17.0(12.2%) vs. 0.0(0%)
⑥창녕비 : 54.0(19.9%) vs. 41.0(15.1%) / 42.0(15.5%) vs. 0.0(0%)
⑦마운령비 : 24.0(22.2%) vs. 18.0(16.7%) / 11.0(10.2%) vs. 0.0(0%)
⑧무술오작비 : 38.5(42.3%) vs. 2.5(2.7%) / 11.0(12.1%) vs. 0.0(0%)
⑨남산1비 : 22.5(29.2%) vs. 7.5(9.7%) / 15.0(19.5%) vs. 0.0(0%)
⑩남산2비 : 40.0(44.0%) vs. 3.0(3.3%) / 11.0(12.1%) vs. 0.0(0%)
⑪남산9비 : 22.0(34.4%) vs. 3.0(4.7%) / 6.0(9.4%) vs. 0.0(0%)

이상의 조정값으로 볼 때, 6세기 신라 금석문들과 마찬가지로 **함안 목간의 경우도 설두음과 치두음의 비율이 각각 설상음과 정치음의 비율을 상회함으로써 설두·설상음 및 치두·정치음의 미분 상태에 근사한 결과가 도출됨을 확인**할 수 있을 뿐만 아니라, 그 비율 수치가 ⑧무술오작비 이후의 6세기 후반 금석문들과 동일한 경향성 즉, 설두·치두음과 설상·정치음 사이의 거리가 좀더 확연한 수치를 보이고 있음도 눈여겨 볼 만하다.

2. 운모편

앞 절에서와 마찬가지로 함안 목간의 고유명사 표기자들의 운모 분포도를 제시하면 다음과 같다.

표 2. 함안 목간 고유명사 표기자들의 운모 분포

운류 / 운미 / 섭 / 성모	음성운						양성운/입성운						계
	-Ø		-i		-u		-m/p	-n/t		-ŋ/k			
	果 假	遇	蟹	止	效	流	咸 深	山	臻	宕 江	曾 梗	通	
순음	16.0 12.0	10.0	4.0	20.0	12.0	6.0	0.0/ 0.0 0.0/ 0.0	2.0/72.0	30.0/14.0	1.0/ 1.0 0.0/ 0.0	0.0/ 0.0 0.0/ 0.0	4.0/ 5.0	209.0
설음	53.0 0.0	1.0	33.0	145.0	8.0	12.0	2.0/ 0.0 0.0/ 1.0	4.0/ 1.0	9.0/ 4.0	1.0/ 2.0 0.0/ 0.0	6.0/ 3.0 0.0/ 0.0	2.0/ 8.0	295.0
치음	0.0 13.0	12.0	3.0	149.0	1.0	11.0	6.0/ 0.0 0.0/ 2.0	7.0/ 2.0	6.0/ 4.0	8.0/ 0.6 0.5/ 0.0	0.0/ 4.0 0.0/11.0	0.0/ 3.0	243.1
아음	1.0 7.0	43.0	4.5	1.0	0.0	41.0	13.0/ 0.0 3.0/14.0	7.5/ 0.0	3.0/ 6.0	1.0/ 0.0 0.5/ 0.0	0.0/ 0.0 1.0/ 0.0	3.0/ 1.0	150.5
후음	21.0 0.0	15.0	23.5	34.0	1.0	4.0	0.0/ 0.0 0.0/ 0.0	1.5/ 0.0	4.0/23.0	4.0/ 0.4 0.0/ 0.0	1.0/ 0.0 0.0/ 1.0	0.0/ 0.0	133.4
계	123.0	81.0	68.0	349.0	22.0	74.0	24.0/17.0	22.0/76.0	52.0/51.0	16.0/ 4.0	8.0/19.0	9.0/17.0	1031.0
	717.0(69.5%)						131.0(12.7%)/183.0(17.8%)						

가. 음성운 vs. 양성운 vs. 입성운의 비율

◎함안 목간 : 717.0(69.5%) vs. 131.0(12.7%) vs. 183.0(17.8%)

==

①중성리비 : 99.0(68.3%) vs. 22.0(15.2%) vs. 24.0(16.6%)
②냉수리비 : 84.5(74.1%) vs. 15.0(13.2%) vs. 14.5(12.7%)
③봉평리비 : 171.5(71.2%) vs. 31.5(13.1%) vs. 38.0(15.8%)
④천전리서석 : 86.0(71.2%) vs. 16.0(13.4%) vs. 17.0(14.3%)
⑤단양적성비 : 101.0(72.7%) vs. 21.0(15.1%) vs. 17.0(12.2%)
⑥창녕비 : 144.0(53.1%) vs. 51.0(18.8%) vs. 76.0(28.1%)
⑦마운령비 : 75.0(69.4%) vs. 16.0(14.8%) vs. 17.0(15.7%)
⑧무술오작비 : 50.0(54.9%) vs. 12.0(13.2%) vs. 29.0(31.9%)
⑨남산1비 : 42.0(54.5%) vs. 24.0(31.2%) vs. 11.0(14.3%)
⑩남산2비 : 62.0(68.1%) vs. 11.0(12.1%) vs. 18.0(19.8%)

⑪남산9비 : 26.0(40.6%) vs. 20.0(31.3%) vs. 18.0(28.1%)

㊁위에서 보면, 함안 목간의 경우도 6세기 신라 금석문과 비슷하게 '음성운〉입성운〉양성운' 순서를 보임으로써(②, ⑤, ⑨, ⑪ 예외) 입성운의 약진을 확인할 수 있다.
㊂그 구체적인 비율로 보면, 함안 목간은 6세기 신라 금석문 중 ①포항 중성리비, ③울진 봉평리비, ⑦마운령 진흥왕순수비, ⑩경주 남산신성 2비 등과 비슷한 수치를 특징을 보여주고 있다. 이를 '개음절(음성운) vs. 폐음절(양성운+입성운)'의 수치로 바꾸어보아도 동일한 경향성을 찾을 수 있다.

◎함안 목간 : 717.0(69.5%) vs. 314.0(30.5%)

==

①중성리비 : 99.0(68.3%) vs. 46.0(31.7%)
②냉수리비 : 84.5(74.1%) vs. 29.5(25.9%)
③봉평리비 : 171.5(71.2%) vs. 69.5(28.8%)
④천전리서석 : 86.0(72.3%) vs. 33.0(27.7%)
⑤단양적성비 : 101.0(72.7%) vs. 38.0(27.3%)
⑥창녕비 : 144.0(53.1%) vs. 127.0(46.9%)
⑦마운령비 : 75.0(69.4%) vs. 33.0(30.6%)
⑧무술오작비 : 50.0(54.9%) vs. 41.0(45.1%)
⑨남산1비 : 42.0(54.5%) vs. 35.0(45.5%)
⑩남산2비 : 62.0(68.1%) vs. 29.0(31.9%)
⑪남산9비 : 26.0(40.6%) vs. 38.0(59.4%)

위에서 보듯이 개음절 vs. 폐음절의 비율상으로는 ⑦마운령 진흥왕순수비와 가장 가까운 수치를 보여주는 가운데, ①포항 중성리비~⑤단양 적성비와 함께 ⑩경주 남산신성 2비와도 비슷한 수치를 보여주고 있기 때문이다. 이는 6세기 **금석문과 목간을 통해서 본 신라한자음의 음절구조가 전반적으로 개음절 우위임을 말해주는 것**으로 그 의의를 삼을 수 있을 것이다.

나. 성조의 분포

	평성	상성	거성	입성
◎함안 목간	492.5(47.8%)	145.0(14.1%)	202.0(19.6%)	191.5(18.6%)
①중성리비	75.0(51.7%)	7.0(4.8%)	39.5(27.2%)	23.5(16.2%)
②냉수리비	65.0(57.0%)	10.0(8.8%)	25.5(22.4%)	13.5(11.8%)
③봉평리비	105.9(43.9%)	16.3(6.8%)	79.0(32.8%)	39.8(16.5%)
④천전리서석	61.0(51.3%)	13.5(11.3%)	28.0(23.5%)	16.5(13.9%)
⑤단양적성비	67.5(48.6%)	19.5(14.0%)	34.5(24.8%)	17.5(12.6%)
⑥창녕비	88.5(32.7%)	14.5(5.4%)	92.5(34.1%)	75.5(27.9%)
⑦마운령비	44.0(40.7%)	7.5(6.9%)	39.5(36.6%)	17.0(15.7%)
⑧무술오작비	29.9(32.9%)	17.3(19.0%)	14.0(15.4%)	29.8(32.7%)
⑨남산1비	38.0(49.4%)	9.0(11.7%)	19.0(24.7%)	11.0(14.3%)
⑩남산2비	43.5(47.8%)	12.0(13.2%)	17.5(19.2%)	18.0(19.8%)
⑪남산9비	33.5(52.3%)	5.0(7.8%)	7.0(10.9%)	18.5(28.9%)

[一]성조의 분포에 있어서 **함안 목간은 6세기 신라 금석문들과 평성자 선호 경향에서 공통점을 보이는 동시에 성조별 비율에 있어서는 "평성〉거성〉입성〉상성"의 순서의 비문들과(①, ②, ③, ④, ⑥, ⑦, ⑨) 그 경향성을 공유**하고 있다.

[二]그런데 위에서 보듯이 **함안 목간과 성조별 비율 수치에 가장 가까운 금석문으로는 ⑩경주 남산신성 2비를 들 수 있음도 흥미를 자아낸다.** 비록 성조별 비율에 있어서 "평성〉입성〉거성〉상성" 순이어서 거성자의 비율이 입성자에 미세하게 뒤지지만 그 수치가 0.6% 차이라 이를 무시해도 좋을 수치로 본다면, 나머지 수치들은 확실히 함안 목간과 근사값을 보이고 있음이 중요하다. 동시에 앞서 본 **음성운 vs. 양성운 vs. 입성운 및 개음절 vs. 폐음절의 비율면에서도 남산 2비가 함안 목간과 근사치를 보이는 금석문이라는 점에서 함안 목간과 남산 2비 사이의 모종의 관계를 상정할 수도 있을 듯하기 때문이다.** 필자는 그것이 지역성의 공통점에 있지 않을까 생각한다. 왜냐하면, 함안 목간 중에서 가장 많은 수효를 보이는 지역 목간이 "仇利伐~丘利伐" 목간(24점 추정)[97]인 바, 이와 동일 계열의 지명인 "仇利城~久利城"이 바로 남산2비에 등장하고 있기 때문이다. 두 지명이 동일한 것으로 보느냐에 대해서 아직 학계에 정설이 확립되어 있지 않은 터라 조심스럽기는 하지만,[98] 함안 목간과 남산2비 간에 보이는 운모

---

97) 박현정(2018), p.43의 표2 참조.
이에 따르면, 함안 목간에는 "仇利伐(24)〉古阤(16)〉及伐城(9)〉甘文城(8)〉仇伐(7)" 등 순으로 지역 목간들이 분포하고 있다.

98) 목간학계에서는 현재 윤선태(1999)의 충북 옥천설과 이경섭(2011)의 경북 안동 임하설로 나누어지는 듯하다. 이경섭(2011)의 주요 논지는 신라에서 550년대에 충북 옥천 지역에서 대규모 수취를 하고 어려웠을 것이라는 점, 소백산 이북 지역이 낙동강 수계 지역에서 먼 점 등을 들고 있으나, 함안 목간이 6세기 말까지로 시대적인 폭이 넓음을 보여주고 있을 뿐만 아니라,

상의 공통점도 지명 비정론의 한 근거로 삼을 수 있으리라 점을 지적해두고자 한다. 요컨대 6세기 금석문과 목간을 통해서 본 신라한자음의 성조체계가 전반적으로 평성자 우위 구조인 동시에 함안 목간의 경우는 광개토왕비문이나 6세기 초기 신라 금석문들에 비하여 평성자의 비율이 다소 하락하여 6세기 중·후반에 가까운 상태였던 것으로 정리해도 좋을 것이다.

이 밖에 운모면에서 한 가지 눈에 띄는 점은 6세기 신라 금석문들에서는 江攝字가 전혀 쓰이지 않고 있었으나, 함안 목간에서는 특정 섭의 글자가 누락됨이 없이 골고루 쓰이고 있다는 사실이다. 따라서 금석문들에 특정 섭의 글자가 누락됨에 특별한 의미를 부여하기 어려움을 다시금 확인할 수 있다. 즉, 고유명사 표기자 및 표기례의 수적인 차이에서 기인한 현상인 것으로 정리해야 할 것이다.

3. 음소 분포 제약

음소 분포 제약이란 특정 음소가 특정한 위치에 나타나지 못하는 제약이 있음을 말하는데, 주요 고찰 대상은 어두에서의 疑母(/ŋ-/), 來母(/l-/)의 존재 여부에 관한 것이다.

가. 疑母字의 분포

	어두	어중
◎함안 목간	言[1] 言斯只〈1280〉	吾[1] …吾礼目只公〈4695〉 牛[1] 皮牛利烋目〈5600〉 原[1] 目[九?]宍大只伐目原〈2057〉
①중성리비	--	--
②냉수리비	--	--
③봉평리비	--	宜[1] 弥宜智
④천전리서석	--	--
⑤단양적성비	--	--
⑥창녕비	--	--
⑦마운령비	--	--
⑧무술오작비	--	--
⑨남산1비	--	--
⑩남산2비	--	--
⑪남산9비	--	--

"赤城"과 같이 소백산 이북 지역의 목간도 출토되었다는 점에서 필자는 여전히 윤선태(1999)의 논지에도 설득력이 있다고 생각한다.

㊀疑母字는 6세기 신라 금석문들에서 어두는 물론 어중에서도 그 존재를 찾아보기 어려웠으나, 함안 목간에서는 어두 및 어중의 존재가 찾아진다는 점에서 큰 차이를 보이고 있다.

㊁이를 액면 그대로 해석하자면, 함안 목간의 경우 어두 및 어중에서 疑母字(/ŋ/)의 제약이 완화되었다고 해야 할지도 모른다. 그러나 疑母字(/ŋ/)의 제약, 특히 어두에서의 제약은 범언어적인 현상인 동시에 함안 목간 이전 자료인 『삼국지』·동이전 및 광개토왕비문은 물론 함안 목간과 동시대 자료인 신라 금석문들에서 疑母字(/ŋ/)의 어두 제약이 철저하였으며, 그 이후의 자료들에서도 동일 상태였던 만큼 위와 같이 해석하기는 어려울 것이다. 이는 疑母가 중국·일본에서와 마찬가지로 한국에서도 점차 제로화의 길을 걷게 되는 존재라는 점에서 함안 목간에서 어두·어중에 걸친 疑母字의 쓰임은 /ŋ-/ 〉Ø(Zero)의 변화[99]를 보여주는 端初로 삼을 수 있을 것이므로 이 점이 오히려 한국한자음의 역사에서 더 큰 의의를 지니는 것으로 보고 싶다.

나. 來母字의 분포

	어두	어중
◎함안 목간	--	羅^{7} 仇之毛羅〈5585〉, [皮][尒][加]羅〈2000〉, …之毛羅〈2390〉, 古刀羅只豆支〈29〉, □羅刀[只]支〈1274〉 등 烈^{1} 豆[先$^{物?}$]烈次〈2038〉 力^{1} …⊟尸⊟力⊟尒兮〈4689〉 禮^{15} 左旅⊟河礼村〈4685〉, 仇礼支〈32〉, 記本礼支〈2619〉, 能毛礼〈2027〉, 物礼利〈2051〉, 沙刀[礼]〈1987〉 등 婁^{2} 波婁^{2}〈33, 1263〉 留^{2} …⊟豆留只〈2002〉, 知弥留〈1600〉 吏^{1} 助吏支〈2035〉 罹^{1} 伊毛罹〈5598〉 利^{84} 仇利伐^{19}〈32, 33, 35, 1263, 1275, 1287, 1288, 1596, 2012, 2034, 2036, 2619, 2627/ 5593, 1613, 2008, 5589, 1594, 1624〉, 丘利伐〈5592〉, 旦利村〈1268〉, 勿利村〈1599〉, 伊骨利村〈27〉 등 立^{1} 立⊟$^{龍?}$〈41〉
①중성리비	--	列^{1} 仇鄒列支 盧^{1} 斯盧 利^{6} 蘇豆古利村, 果西牟利, 斯利, 沙利, 夷斯利, 壹斯利 哩^{1} 心刀哩
②냉수리비	--	盧^{2} 到盧弗, 至都盧 利^{4} 節居利^{3}, 那斯利

99) 疑母는 중세 한국한자음에서 影母(/ʔ-/), 以母(/j-/), 雲母(/ɦ-/) 등과 함께 절대 다수가 /ㅇ/에 대응되고 있음을 참조. 권인한(2019), p.289 牙·喉音의 대응표 참조.

	어두	어중
③봉평리비	--	羅[4] 居伐牟羅[4] 力[1] 勿力智 婁[2] 比須婁, 烏婁次 利[7] 尼牟利, 只斯利, 奈爾利[2], 於卽斤利, 牟珍斯利公 등
④천전리서석	-- cf)(d)麗德〈원명〉	禮[1] 知礼夫知〈추명〉 六[1] □泊六知〈추명〉 利[2] 尒利夫智〈원명〉, 一利□次〈추명〉
⑤단양적성비	--	羅[1] 刀羅兮 力[1] 武力智 禮[2] 內礼夫智, 烏礼兮 婁1 巳珎婁 利[3] 那利村, 奈弗耽郝失利, 又悅利巳 里[1] 非今皆里村 林[1] 高頭林城
⑥창녕비	--	力[2] 甘力智, 另力智 利[2] 碑利城, 弥利⊟次公 里[1] 小里夫智
⑦마운령비	--	良[1] 加良知 力[1] 另力智
⑧무술오작비	--	令[1] 芼令 利[7] 仇利支村, 珎浔所利村, 豆尒利兮, 也浔失利 등 里[2] 另冬里村[2]
⑨남산1비	--	良[4] 阿良(村)[4] 禮[2] 知礼次, 次⊟叱礼 利[1] ⊟知尒利
⑩남산2비	--	利[5] 久利城, 仇利城, 本西利之, 首⊟利之, 兮利之 里[1] 可沙里知
⑪남산9비	--	利[1] 另利丈

[一]위에서 보듯이 來母字의 경우는 6세기 신라 금석문들에서 마찬가지로 함안 목간에서도 어중의 분포는 자유로운 반면, 어두에서는 그 제약이 매우 철저하였음을 확인할 수 있다(예외는 ④천전리서석_원명에서의 漢化 인명으로 추정되는 "麗德").

[二]따라서 『삼국지』·동이전_한계에서 6세기 신라 금석문 및 함안 목간에 이르기까지 來母字의 어두 제약을 어긴 경우가 발견할 수 없으므로 3세기 초~6세기 말에 이르는 고대국어 자료들에서 어두에서 /l-/이 설 수 없었던 음소 분포 제약 즉, 두음법칙의 존재가 굳건하였던 것으로 최종 정리해도 좋을 것이다.

Ⅳ. 맺음말

본고는 6세기 신라 금석문 11종에서의 고유명사 표기자 분석 결과를 바탕으로 함안 목간 총 245점 중 205점에서 수집·정리된 고유명사 표기자 분석 결과와 비교함으로써 고대 한국한자음, 특히 6세기 신라한자음 및 관련 음운현상을 파악하고자 노력하였다. 본론의 논의 내용 및 결과를 정리해보면 다음과 같다.

1. 함안 목간 석문 및 고유명사 표기자 수집·정리

2장에서는 함안 목간 245점에 대한 판독안 수립, 원문 구조 분석, 고유명사 표기례 수집 및 표기자 정리 작업을 행하였다. 그 결과, 판독 불가나 고유명사 표기례가 없는 목간수가 40점으로 나타나 분석 대상 목간수 205점으로 집계되었고, 이들에서 추출된 고유명사 표기례는 총 325종 447건으로 집계되었으며, 여기에 쓰인 고유명사 표기자는 총 자종 181자, 연자수 1,031회로 집계되었다. 이러한 자종수와 연자수는 6세기 신라 금석문들에 비하여 확실히 그 수치상의 우위를 확보함으로써 고유명사 표기자 분석론에 정확성을 기할 수 있게 되었다는 점에서 그 의의가 상당한 것이다.

2. 함안 목간과 6세기 금석문의 지표별 비율 수치 일치도

가. **무기음(전청) vs. 유기음(차청)의 비율**: 전청음의 비율은 ⑧무술오작비(578)나 ⑨남산신성 1비(591)에 가깝고, 차청음의 비율은 ③봉평리비(524)에 가까움.

나. **무성음(전청+차청) vs. 유성음(전탁+차탁)의 비율**: 무성음과 유성음의 비율 공히 ⑧대구 무술오작비(578)에 가장 가까움.

다. **설두음(端系) vs. 설상음(知系)의 비율**: 설두음 vs. 설상음의 비율 수치가 ⑧대구 무술오작비(578)에 가까움.

라. **치두음(精系) vs. 정치Ⅰ+Ⅱ음(莊系+章系)의 비율**: 치두음 vs. 정치음의 비율 수치가 ⑪경주 남산신성 9비(591)에 가까움. 黃侃의 학설에 의한 조정값도 동일함.

마. **음성운 vs. 양성운 vs. 입성운의 비율**: 음성운 vs. 양성운 vs. 입성운 의 비율 수치가 ①포항 중성리비(501), ③울진 봉평리비(524), ⑦마운령 진흥왕순수비(568), ⑩경주 남산신성 2비(591) 등에 가까움. '개음절(음성운) vs. 폐음절(양성운+입성운)'의 수치면에서도 동일한 경향성 보임.

바. **성조의 분포**: 성조별 비율 수치가 ⑩경주 남산신성 2비(591)에 가까움.

사. **음소 분포 제약**: 疑母字의 경우는 6세기 신라 금석문들과는 달리 어두 및 어중에 분포하는 반면, 來母字의 경우는 6세기 신라 금석문들과 동일하게 어두 분포 제약이 매우 철저하였음을 확인할 수 있음.

3. 고대 한국한자음 논의상의 의의

앞서 정리된 6세기 신라 금석문과 함안 목간 사이의 음운학적 지표별 일치도를 보면 疑母字 어두·어중 제약을 제외한 모든 지표상에서 양자간의 일치를 확인할 수 있을 뿐만 아니라, 그 일치도가 높은 금석문으로는 대구 무술오작비(578), 경주 남산신성비(591) 등인 것으로 보아 함안 목간 고유명사 표기자 분석을 통해서 본 신라한자음은 6세기 후반 신라 금석문들에서의 그것과 일치할 확률이 높은 것으로 판단된다.

따라서 6세기 신라 금석문에 대한 논의에서 내린 결론 즉, 신라한자음은 6세기 전반에는 광개토왕비문으로 대표되는 5세기 고구려한자음과의 공통성을 유지해오다가 6세기 후반에 들어 몇 가지 차이점이 나타나면서 점차 신라화의 길을 걸어온 것으로 말할 수 있다고 한 진술의 유효성을 함안 목간을 통하여 재확인할 수 있음을 본고의 의의로 말해도 좋을 것이다.

특히, **함안 목간에서 疑母字의 어두·어중 제약 면제 현상이 관찰되는 바, 이는 고구려한자음과의 확실한 차이로서 여러 가지로 보아 疑母(/ŋ-/)의 제로화에 관한 端初**로 삼을 수 있는 소중한 자료에 해당하므로 6세기 후반 신라한자음의 독자성을 좀더 분명하게 확인할 수 있음도 눈여겨볼 만할 것이다. 이 밖에 **6세기 신라 금석문과 함안 목간의 고유명사 표기자 분석을 통해서 본 6세기 신라한자음의 특징들은 1)유기음 발달의 미약, 2)설두음·설상음 및 치두음·정치음의 미분, 3)음절구조상 개음절 우위, 4)성조상 평성자 선호, 5)어두 /l-/의 제약 즉, 두음법칙의 철저 등으로 정리**할 수 있는 것으로 본다.

한편, 본고의 논의를 통하여 함안 목간 관련 논의들에 이바지할 수 있는 바도 없지 않은 바, 첫째는 함안 목간의 제작 시기 문제와 관련하여 위에서 정리된 대로 함안 목간이 6세기 후반 금석문들과의 일치도가 높다는 점에서 그 제작 시기가 6세기 후반일 가능성을 재확인할 수 있는데, 따라서 가야5595호 목간에서의 "壬子年"도 532년보다는 592년일 가능성이 높다는 점을 들 수 있겠다. 둘째는 함안 목간 속의 지명 비정 문제와 관련하여 함안 목간에서의 음성운 vs. 양성운 vs. 입성운의 비율 및 성조별 비율상 경주 남산신성 2비와 수치상의 일치를 볼 수 있음에서 "仇利伐~丘利伐"의 위치가 경주 남산신성 2비 속의 "仇利城~久利城" 지역(충북 옥천 일대?)로 볼 가능성이 있다는 점도 또다른 의의가 될 것이다.

이상으로 6세기 신라 금석문 및 함안 목간 고유명사 표기자 분석을 통하여 6세기 신라한자음의 큰 흐름을 살펴볼 수 있었다. 이제 남은 과제는 일본에 남아 있는 7~8세기의 불경 음주 및 각필점들을 통한 신라한자음의 추적 논의인 바, 앞으로 이들에 대한 논의를 이어갈 것을 다짐해본다.

투고일: 2020. 10. 22　　심사개시일: 2020. 11. 01　　심사완료일: 2020. 11. 28

참/고/문/헌

국립가야문화재연구소, 2017, 『한국의 고대목간Ⅱ』, 예맥.

권인한, 2008, 「함안 성산산성 목간 속의 고유명사 표기에 대하여」, 『사림』 31.

권인한, 2011, 「『삼국지』·위서·동이전의 고유명사 표기자 분석」, 『구결연구』 27.

권인한, 2015, 『광개토왕비문 신연구』, 박문사.

권인한, 2019, 「한국한자음의 역사」, 국어사대계간행위원회(편), 『국어사 연구1: 계통·문자체계·시대구분·음운』, 태학사.

권인한, 2020, 「6세기 포항중성리신라비의 국어사적 의의 탐색: 신라 3비문의 고유명사 표기자 분석 및 비교를 중심으로」, 국립경주문화재연구소·한국고대사학회(편), 『신라 왕경과 포항중성리신라비』.

권인한, 2021, 근간, 「6세기 신라 금석문들의 고유명사 표기자 분석」, ms.

박현정, 2018, 「함안 성산산성 목간의 개요」, 『목간과 문자』 21.

손환일(편), 2011, 『한국목간자전』, 국립가야문화재연구소.

손환일, 2017, 「함안 성산산성 출토 문서목간의 의미와 서체」, 『한국사학사학보』 35.

윤선태, 1999, 「함안 성산산성 출토 신라목간의 용도」, 『진단학보』 88.

윤선태, 2012, 「함안 성산산성 출토 신라 하찰의 재검토」, 『사림』 41.

이경섭, 2011, 「함안 성산산성 출토 신라 짐꼬리표[荷札] 목간의 지명 문제와 제작 단위」, 『신라사학보』 23.

이승재, 2017, 『목간에 기록된 고대 한국어』, 일조각.

정재영·최강선(2019.12.28), 「무술오작비 3D 스캔 판독」, 구결학회 월례 연구발표회.

정현숙, 2017, 「함안 성산산성 목간의 서체」, 『한국의 고대목간Ⅱ』.

최장미, 2017, 「함안 성산산성 제17차 발굴조사 출토 목간 자료 검토」, 『목간과 문자』 18.

홍승우, 2018, 「함안 성산산성 목간의 물품 기재방식과 성하목간의 서식」, 『목간과 문자』 21.

橋本繁, 2014, 『韓國古代木簡の硏究』, 吉川弘文館.

〈Abstract〉

A Phonological Analysis on the Sinographs for Proper Nouns of Wooden Documents of Haman

Kwon, In-han

Based on the analysis of sinographs for proper nouns used in Wooden Documents from Seongsan Mountain Fortress at Haman(WDSH), in terms of the distribution such as of initials, finals, and tones of sinographs, this paper aims to study their phonological historical significance, and especially to examine what can contribute to research on Ancient Sino-Korean.

In Chapter 2, I have analyzed the original text structure of 205 pieces WDSH, collected proper noun notations(447 cases of 325 kinds), and arranged sinographs(181 letters).

In Chapter 3, based on individual WDs sinographs for proper nouns' initials, finals and tones distribution and yimu and laimu characters(疑・來母字) distribution, as collected and arranged in Chapter 2, I have examined the characteristics and flow of the distribution of sinographs for proper nouns of WDSH in terms of the same indicators and methodologies as in Part 2 of Kwon(2015), such as ①the ratio of unaspirated sounds vs. aspirated sounds, ②the ratio of voiceless sounds(voiceless unaspirated sounds+voiceless aspirated sounds) vs. voiced sounds(voiced obstruents+voiced sonorants), ③the ratio of apico-alveolar plosives(舌頭音) vs. dorso-prepalatal plosives(舌上音), ④the ratio of dental sounds vs. post-alveolar sounds, ⑤the ratio of open syllable sounds vs. nasal-ending sounds vs. stop-ending sounds, and the ratio of open syllables vs. closed syllables, ⑥the distribution of tones, and ⑦phoneme distribution constraints.

In Chapter 4, I have concluded as follows: Sino-Silla viewed from WDSH and 6th century Epigraphs of Silla has the same characteristics such as ①development of aspirated sounds was weak, ② differentiation of apico-alveolar plosives(舌頭音) vs. dorso-prepalatal plosives(舌上音), and that of dental sounds vs. post-alveolar sounds were not established, ③tendency of open syllabicity was strong, ④ratio of Low Tone(平聲) was dominant, ⑤initial /l-/ constraint was very strong etc.

▶ Key words: Wooden Documents, Seongsan Mountain Fortress Site at Haman, Ancient Sino-Korean, Sino-Silla, the distribution of initials, finals and tones

「集安高句麗碑」의 建立 목적과 守墓制*

안정준**

〈국문초록〉

본고에서는 『집안고구려비』(이하 집안비)가 광개토왕대에 각 왕릉의 수묘인 관련 내역을 銘記하여 세운 石碑 가운데 하나라는 입장에 따르는 가운데 수묘제의 성격과 운영 방식을 검토해보았다. 고구려의 수묘제는 종이나 木簡 등의 문서를 통해 수묘인을 파악·관리하는 방식을 기본으로 하여 운영되었을 것이다. 또한 고구려는 국내성 지역으로 遷徙시킨 수묘인들을 대상으로 정기적인 호구현황을 파악하고, 이를 기본으로 하여 課戶를 편성하였다. 집안비의 '연호두'는 바로 이러한 課戶의 대표자를 의미하는 것이었다고 생각된다.

집안비에 보이는 20인의 '연호두'는 각 호의 구성원 현황을 官員에게 신고하는 역할을 수행했는데, 이들이 家戶 구성원의 避役 혹은 매매 사실을 숨길 목적으로 호구현황을 허위로 보고하면서 '差錯', 즉 국가가 파악한 호구현황과 실제 사이의 차이가 발생했다. 이는 장기적으로 수묘제 운영에 심각한 문제를 야기하는 폐단이었을 것이다. 이에 고구려는 '差錯'과 '매매' 현상을 방지하기 위해 '연호두'를 1차 감시 대상으로 설정했던 것이며, 이것이 곧 '연호두'의 인명이 기록된 이유라고 보았다.

한편 집안비에 새겨진 '연호두'의 인명이나 능비에 〈출신지역명+國烟·看烟의 烟戶數〉형태로 새겨진 기록들은 立碑 당시의 현황을 보여줄 뿐이며, 후대에 발생할 다양한 변수들을 감안할 때 실효성 있는 관리대장으로 기능했다고 보기는 어렵다. 중앙 정부의 입장에서 '차착'과 '매매' 문제에 대응하기 위한 가장 근본적

* 이 논문은 2018년도 서울시립대학교 교내 학술연구비 지원을 받아 수행된 연구임.
** 서울시립대학교 국사학과 조교수

인 조처는 철저한 문서행정과 관리·감독의 강화였을 것이다. 그 과정에서 석비에 銘記된 내용을 관리대장으로 한 장기적인 운영 방식은 상정하기 어렵다. 석비의 용도는 향후에도 국가가 수묘인의 관리·감독에 지속적으로 관심을 갖는 가운데, 위반자에 대해서는 엄중하게 처벌할 것임을 현장에 천명하기 위한 용도로 봐야할 것이다. 즉 광개토왕대에 비롯된 '墓上立碑' 조치는 원활한 문서행정을 위한 '부가' 조치에 불과했던 것이다.

▶ **핵심어: 고구려, 집안고구려비(集安高句麗碑), 광개토왕릉비(廣開土王陵碑), 수묘제(守墓制), 연호두(烟戶頭)**

I. 머리말

2013년 1월에 「집안고구려비」(이하 집안비)의 발견 소식이 『中國文物報』를 통해 전해진 이후 탁본의 입수를 통한 판독회가 열렸고, 이후에 여러 차례의 '특집'을 통해 많은 연구논문들이 나왔다. 이 비의 내용을 통해 기존에 「광개토왕릉비」(이하 능비)문의 내용을 중심으로 접근해왔던 왕릉 수묘제에 대한 논의가 한 단계 진전되었을 뿐만 아니라, 4~5세기 고구려의 정치·사회상에 새롭게 접근할 수 있는 계기가 마련되었다고 생각된다.

다만 집안비의 불완전한 판독 문제와 더불어 비의 건립 시기, 건립 목적, 능비의 수묘인연호조 내용과 갖는 차이점 등을 어떻게 이해할 것인지에 대해서는 여전히 의견이 분분하다. 이로 인해 현재까지도 고구려의 수묘제 운영 방식에 대한 구체적인 접근을 이루었다고 보기 어려운 면도 있다. 집안비의 건립 목적과 수묘제의 운영 방식에 대한 의견 차이는 궁극적으로 4세기 고구려의 통치체제와 문서행정의 발전 단계에 대한 시각차를 반영한 것이기도 하다.

고대 동아시아에서 왕릉 수묘는 국가적인 관심 속에 행해져왔다. 특히 왕릉 인근에 수묘인을 遷徙시키고, 이들을 家戶 단위로 파악·관리하는 가운데 정기적으로 역부를 동원하여 고분을 관리하게 했던 방식은 秦·漢代에 정립되어 이후의 한족왕조들뿐만 아니라, 4세기 화북의 後秦·北燕·北魏 등의 왕조들도 답습했던 보편적인 수묘제의 운영방식이었다.[1)]

고구려에서도 왕릉 수묘는 국가적으로 매우 중요시되었을 것이다. 4세기 후반에 정착농경민을 통치하는 시스템을 이미 갖춘 고구려가 수도인 국내성에서 왕릉 1기당 수십 家 정도에 불과한 수묘인들을 대상으로 상세한 호구현황 파악과 그것을 근거로 한 체계적인 인력 동원이 불가능했다고 단정할 필요는 없다고 생각된다. 특히 고구려가 수묘제의 초기부터 석비를 세우지는 않았다는 점에 주목한다면, 기본적으로 문서를 중심으로 이루어졌을 제도운영의 구체적인 실상에도 접근해볼 필요가 있다고 생각된다. 즉 立碑와 수묘인 銘記라는 특수성에만 집중할 것이 아니라, 동아시아의 수묘제가 갖는 보편적 성격과 제도적 틀 속에서

1) 尹在碩, 2013, 「中國古代의 守墓制度」, 『東洋史學研究』 124, pp.40-44.

기본 운영 방식을 논의해야 한다는 것이다.[2)]

한편 기존에는 수묘인연호가 기재된 石碑를 실효성 있는 근거로 삼아 제도를 운영했다고 보는 견해들이 다수였다. 다만 석비의 고정적인 내용을 근거로 어떻게 제도를 장기간 원활하게 운영했는지는 여전히 의문이다. 이러한 석비 문서의 효용과 관련해 고구려의 정치·제도와 문화적 영향을 받은 바 있었던 신라에서 6세기에 제작된 석비의 사례들을 참고해보고, 이를 통해 광개토왕대의 '묘상입비'의 기능과 역할이 무엇이었는지를 새롭게 규명해보고자 한다. 본고에서는 대체로 이러한 점들을 염두에 두는 가운데, 2장에서는 집안비의 내용 구성과 비의 성격 문제를, 3장에서는 수묘인의 파악과 관리가 어떻게 이루어졌으며, 집안비의 궁극적인 건립 목적과 효용은 무엇이었는지를 차례로 검토해볼 것이다.

II. 「집안고구려비」의 성격과 내용 구성

1. 집안비 도입부의 내용 구성

지금까지 집안비에 대한 판독회가 여러 차례 이루어진 바 있다. 필자는 『韓國古代史研究』 70(2013. 6)에서 제시된 탁본과 더불어, 『集安麻線高句麗碑』(張福有 編著, 2013, 文物出版社)의 탁본사진을 주로 참조하여 판독을 시도해보았으나, 새로운 글자들을 찾기는 어려웠으며, 대체로 기존의 판독안을 따르는 수준에 그쳤다.

2) 권정, 2002, 「한·중·일 비교를 통해 본 고대 수묘인의 성격」, 『日語日文學研究』 42, pp.199-210; 김락기, 2006, 「高句麗 守墓人의 구분과 立役方式」, 『韓國古代史研究』 41, pp.201-203.

Ⅹ	Ⅸ	Ⅷ	Ⅶ	Ⅵ	Ⅴ	Ⅳ	Ⅲ	Ⅱ	Ⅰ	
▨	守	▨	▨	▨	▨	▨	▨	▨	▨	1
▨	墓	▨	▨	▨	▨	▨	▨	▨	▨	2
若	之	▨	▨	▨	▨	▨	▨	▨	▨	3
違	民	上	好	▨	▨	▨	▨	子	▨	4
令	不	立	▨	▨	▨	烟	各	河	世	5
者	得	碑	▨	國	王	戶	家	伯	必	6
後	擅	銘	王	追	國	▨	烟	之	授	7
世	買	其	曰	述	岡	劣	戶	孫	天	8
▨	更	烟	自	先	上	▨	以	神	道	9
嗣	相	戶	戊	聖	太	▨	▨	靈	自	10
▨	擅	頭	子	功	王	富	河	祐	承	11
▨	賣	卄	定	勳	▨	▨	流	護	元	12
看	雖	人	律	弥	平	▨	四	蔽	王	13
其	富	名	教	高	▨	轉	時	蔭	始	14
碑	足	以	內	烋	太	賣	祭	開	祖	15
文	之	示	發	烈	王	▨	祀	國	鄒	16
与	者	後	令	繼	神	▨	然	辟	牟	17
其	亦	世	更	古	亡	守	而	土	王	18
罪	不	自	脩	人	▨	墓	世	繼	之	19
過	得	今	復	之	興	者	悠	胤	創	20
	其	以	各	慷	東	以	長	相	基	21
	買	後	於	慨	西	銘	烟	承	也	22

* 음영 표시는 글자 형태가 명확하지 않은 경우

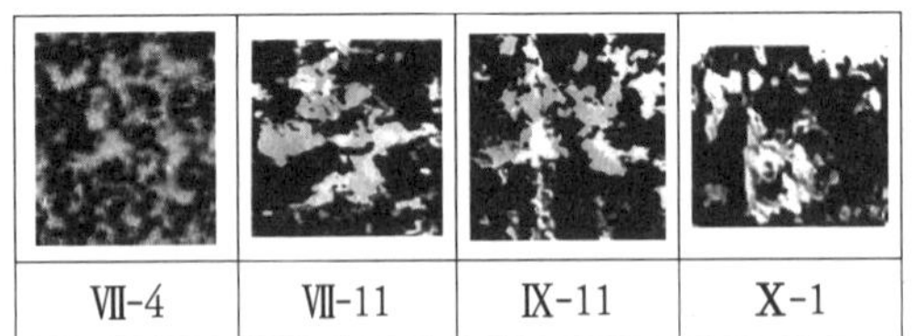

Ⅶ-4	Ⅶ-11	Ⅸ-11	Ⅹ-1

※ 판독 사진은 Ⅶ-11·Ⅸ-11·Ⅹ-1의 경우 『集安麻線高句麗碑』(張福有 編著, 2014, 文物出版社)에서, Ⅶ-4는 于麗群의 탁본B(여호규, 2016, 「韓中日 3國 學界의 集安高句麗碑 硏究動向과 課題」, 『東方學志』 177에 제시된 사진)에서 인용함.

위 판독안의 일부 글자들에 대한 개인적인 의견을 제시하면, 우선 Ⅶ-4는 왼쪽의 '女'가 분명하게 보이며 우측변의 자획도 '子'와 유사하다고 판단되므로 기존의 다수 판독안대로 '好'자로 보았다. Ⅶ-11도 이미 여러 논자들에 의해 지적된 것처럼 '午' 보다는 아래 획이 좌측으로 구부러진 '子'자에 가깝다고 판단했다. 한편 Ⅸ-11은 왼쪽의 자획이 '車'보다는 '扌'변에 가깝다고 보이므로 '擅'자로 판독하는 것이 타당하다고 생각된다.

Ⅹ-1은 그동안 주로 '賣'로 판독해왔는데, 아마도 앞의 글자가 '買'자이므로 문맥상 '買賣'일 가능성이 높다고 본 것 같다. 그러나 이 글자의 상부는 '冖' 혹은 '宀' 형태로 보이며, 능비의 매매금지령에서도 '雖有富足之者 亦不得擅買'라고 했을뿐이므로 이를 '賣'자로 단정할 필요는 없어 보인다. 외형상 '官'자로도 추정할 수 있지만, 현재로서는 판독불가(▨)로 두는 편이 적절하다고 판단했다. 이하의 논의는 위의 판독안을 근거로 진행하겠다.

집안비 명문의 전반적인 내용은 선대의 수묘제 운영에서 벌어졌던 문제점들과 이에 대한 국가 차원의 대응 과정을 서술한 것으로 파악되어왔다. 이 비의 구체적인 성격 및 내용 구성과 관련해 도입부인 Ⅰ·Ⅱ행 내용부터 살펴보겠다.

> Ⅰ ▨▨▨▨世 必授天道 自承元王 始祖鄒牟王之創基也
> Ⅱ ▨▨▨子河伯之孫神靈祐護蔽蔭開國辟土繼胤相承

Ⅰ행의 내용 가운데 가장 눈에 띄는 문구는 '始祖鄒牟王之創基也'이다. '始祖鄒牟王'부터 Ⅱ행 '繼胤相承'까지의 내용은 시조 추모왕께서 天帝의 아들이자 河伯의 자손으로서의 신령의 보호와 도움으로 나라를 창업하셨고, 이후 諸王들이 왕위를 계승하였다는 내용이다. 이것은 고구려 王家의 신성성과 그 재위의 정당성을 드러내면서, 자연스럽게 이어지는 왕릉 수묘제 시행의 명분을 제시하려는 의도로 볼 수 있다.

그런데 Ⅰ행에서 보이는 건국설화 관련 문구를 근거로 집안비의 첫도입부부터 능비와 동일하게 건국설화 내용으로 시작되었을 것으로 보기도 한다. 즉 Ⅰ행의 '▨▨▨▨世 必授天道 自承元王'을 그동안 사료에 보이지 않았던 고구려 건국설화의 일부로 보아야 한다는 것이다.[3] 이에 따라 일단 Ⅰ행의 전체 내용을 고구려 건국설화 내용으로 가정하고 해석해보자. 여기서 '必授天道'는 유교적 표현으로서 天命을 받아 다스리는 王道정치의 이상을 보여주는 문구로 해석될 수 있다.[4] 다만 문제는 이어지는 '自承元王'이다. 이 표현을 과연 뒤에 등장하는 '시조 추모왕'을 수식하는 문구로 해석할 수 있을까.

이에 대해 '天道'와 '元王'은 각각 漢代 董仲舒의 天道論과 元氣論에서 유래한 것으로써, '元王'은 곧 '만물의 본원'인 '元氣'라는 의미이며, 이는 추모왕의 건국이 天帝의 命에 의해 이행됐다는 문헌의 내용과도[5] 상

3) 여호규, 2013, 「신발견 '集安高句麗碑'의 구성과 내용 고찰」, 『韓國古代史硏究』 70, pp.84-89; 趙宇然,, 2013, 「集安高句麗碑에 나타난 왕릉제사와 조상인식」, 『韓國古代史硏究』 70, pp.164-170; 여호규, 2015, 「集安高句麗碑와 광개토왕릉비 序頭의 단락 구성과 서술내용 비교」, 『新羅文化』 45, pp.38-45; 강진원, 2017, 「「集安高句麗碑文」 건국신화의 성립과 변천」, 『史林』 61, pp.49-51.

4) 여호규, 2013, 앞의 논문, pp.87-88; 趙宇然,, 2013, 앞의 논문, pp.164-166.

통한다고 보기도 했다.[6] 즉 '必授天道 自承元王'은 뒤에 나오는 시조 추모왕이 天命을 받은 존재임을 표현한 문구라는 것이다. 다만 이러한 견해는 '元王'이라는 표현이 元氣論과 관련된 추상적 의미로 쓰인 명확한 용례를 제시하지 못한 한계가 있다.

한편 '自承元王'의 '元王'을 시조 추모왕 이전에 존재했던 인격적 존재로 보는 견해들도 있었다. 즉 '元王'은 추모왕 이전에 존재했던 고구려의 또 다른 기원적 존재로서 涓奴部(消奴部)의 前왕족이나 始祖母(유화부인) 혹은 북부여의 건국자인 解慕漱로 보거나,[7] 왕실의 조상신,[8] 혹은 부여계 세력의 원조로 숭배되는 東明으로 보는 설[9] 등도 제기된 바 있다. 다만 '시조'이자 天帝(혹은 日月·皇天)의 아들·河伯의 자손으로 표현된 추모왕의 상위(혹은 先代)에 또 다른 인격적 존재가 등장하는 것은 문맥상 어색한 점이 있으며, 시조의 건국이 갖는 정당성과 신성성을 강조한 부분에 前왕족을 등장시켜 원래의 왕('元王')으로 기술했다고 볼 수 있을 지도 의문이다.[10]

또한 Ⅰ행 도입부의 '▨▨▨▨世'에 들어갈 문구가 무엇이었는지도 문제이다. 이를 능비의 건국설화 내용을 토대로 하여 '[惟剖卵降]世'로 추정하기도 하지만,[11] 능비에는 '惟昔始祖鄒牟王之創基也' 문구 뒤에 '出自北夫餘 天帝之子 母河伯女郎 剖卵降世'의 순서로 전개되고 있다. 즉 집안비에서 추모왕이 알을 깨고 나온 행위가 첫머리부터 전개되었다고 가정한다면, 능비문에서 그 始原적 존재(天帝·河伯女郎)가 먼저 등장하는 전개순서와는 서로 맞지 않는 문제가 발생한다. 요컨대 Ⅰ행의 '▨▨▨▨世 必授天道 自承元王'은 고구려 건국설화의 내용이라고 가정할 경우 그 명확한 내용을 파악하기 어려우며, 특히 표현상 인격적 존재로 보이는 '元王'의 실체도 여전히 모호한 것이 사실이다.

이러한 문제점들과 관련해 Ⅰ행의 도입부인 '▨▨▨▨世 必授天道 自承元王'을 의미하는 바에 대한 다른 관점의 접근이 이루어져야 할 것이다. 이어지는 '始祖鄒牟王之創基也'이하 문구가 능비의 건국설화 내용에 나오는 것은 분명하다. 그러나 능비와 「牟頭婁墓誌」의 시작이 건국설화라는 이유로 집안비 역시 첫머리부터 건국설화의 내용을 기술했다고 단정하는 것은 다양한 목적과 형식으로 작성되었을 고구려의 금석문들에 대한 적절한 접근법이라고 하기 어렵다.

---

5) "天帝授籙 惣諸韓而稱王"(『續日本記』 권40 桓武天皇 延曆9년 秋7月); "我方承景命 欲啓元基"(『三國史記』 고구려본기 동명성왕 즉위년)

6) 여호규, 2013, 앞의 논문, pp.87-88; 여호규, 2015, 앞의 논문, pp.46-48. 여호규는 '元神'이나 '元父'가 天帝를 의미하기도 하므로, '元王'도 董仲舒의 '元'(만물의 본원) 개념을 모티브로 만들어진 天帝의 의미로 볼 수 있다고 추론하였다(여호규, 2016, 「韓·中·日 3國 學界의 集安高句麗碑 硏究動向과 課題」, 『東方學志』 177, p.155).

7) 趙宇然,, 2013, 앞의 논문, pp.168-170에서 '元王'이 涓奴部(消奴部)의 前왕족, 始祖母(유화부인), 解慕漱일 가능성을 제기했으며, 정호섭, 2014, 「광개토왕비와 집안고구려비의 비교 연구」, 『韓國史硏究』 167, p.14에서도 해모수를 가리킨다고 보았다.

8) 권인한, 2016, 「集安高句麗碑文의 판독과 해석」, 『木簡과 文字』 16, p.295.

9) 장병진, 2016, 「고구려 출자 의식의 변화와「集安高句麗碑」의 건국설화」, 『인문과학』 106, pp.231-232.

10) 이에 대한 비판은 강진원, 2013, 「신발견〈集安高句麗碑〉의 판독과 연구 현황」, 『木簡과 文字』 11, p.125과 여호규, 2105, 앞의 논문, pp.45-46을 참조.

11) 여호규, 2013, 앞의 논문, p.88 註95; 홍승우, 2013, 「集安高句麗碑에 나타난 高句麗 律令의 형식과 守墓制」, 『韓國古代史硏究』 72, p.89의 註12.

또한 문장 형식상 Ⅰ행 마지막의 '也'를 유일한 종결사로 판단하여 「Ⅰ행의 첫머리~也」까지의 문장 내용이 단절되지 않고 쭉 이어져야 한다고 보기도 하지만, 집안비 전체의 문장들을 살펴보면 명확하게 문장이 종결된다고 보이는 곳에서도 종결 어조사를 사용한 곳은 보이지 않는다. 예컨대 Ⅷ행의 '銘其烟戶頭卄人名以示後世' 부분도 종결사 없이 '自今以後'로 시작되는 매매금지령의 내용으로 전환되며, Ⅹ행의 마지막 '看其碑文与其罪過' 구문도 명확하게 문장이 종결됨에도 불구하고 별다른 어조사를 붙이지 않았다. 집안비에서 유일하게 보이는 Ⅰ행 말미의 '也'자는 해석에 따라서 능비문에 보이는 동일 구문과 마찬가지로 시조의 창업이 이루어진 대목에 붙인 감탄사로 해석될 수도 있다. 따라서 집안비 Ⅰ행의 첫머리부터 '也'까지를 단번에 이어지는 내용으로 단정할 필요는 없어 보인다. 즉 도입부인 '▨▨▨▨世 必授天道 自承元王'은 이후에 나오는 건국설화 내용과 분리해서 해석하는 것도 가능하다고 생각된다. .

이와 관련해 일단 집안비와 능비의 건립 목적이 갖는 차이점을 주목할 필요가 있다. 능비는 장수왕이 父王인 광개토왕의 행적을 추모하고 현창하는 목적으로 세워졌다. 이 비문에는 立碑 주체인 장수왕의 호칭이 한 번도 등장하지 않는데, 아마도 현창 대상인 父王(광개토왕)을 중심에 두는 가운데 話者의 존재를 최대한 드러내지 않으려는 의도로 풀이된다. 반면 집안비는 능비나 「모두루묘지」와는 달리 수묘 제도에 대한 개정

표 1. 5~6세기 신라에서 제작된 石碑의 冒頭 내용

碑名	건립연대(추정)	冒頭의 내용
포항 중성리비	441년 혹은 501년	"辛巳▨▨▨中折盧亠/喙部習智阿干支沙喙斯德智阿干支教"(후략)
포항 냉수리비	503년	"斯羅喙斯夫智王乃智王此二王教用珍而/麻村節居利爲證尒令其得財教耳/癸未年九月卄五日沙喙至都盧葛文王(인명 나열 부분)此七王等共論教用前世二王教/爲證尒取財物盡令節居利得之教耳"(후략)
울진 봉평신라비	524년	"甲辰年五月十五日喙部牟卽智寐錦王沙喙部斯夫智葛文王(인명 나열 부분)等所教事"(후략)
북한산 진흥왕순수비	555년 혹은 568년	"[일부 글자 마멸(날짜 기재 추정)]眞興太王及衆臣等巡狩▨▨之時記"(후략)
창령 진흥왕비	561년	"辛巳年二月一日立 寡人幼年承基政委輔弼"(후략)
황초령 진흥왕순수비	568년	"[太昌元年歲次戊子][12]八月卄一癸未眞興太王▨▨管境刊石銘記也"(후략)
마운령 진흥왕순수비	568년	"太昌元年歲次戊子▨▨卄一日▨▨▨興太王巡狩▨▨刊石銘記也"(후략)
단양 적성비	진흥왕대	"▨▨▨▨月中王教事大衆等喙部伊史夫智伊干▨(인명 나열 부분)"

12) 본래 '太昌元年歲次戊子' 부분은 마멸되어 보이지 않으나, 같은 내용이 기록됐을 것으로 보이는 「마운령 진흥왕순수비」의 도입부를 통해 추정한 것이다.

사항과 관련 법령을 공표하거나, 혹은 수묘인연호의 목록을 기재하여 공시하기 위한 목적으로 세워졌던 것으로 보인다. 여기서는 오히려 立碑나 敎令의 주체가 매우 중요한 요소였을 것이라는 점을 주목할 필요가 있다.

현재까지 발견된 고구려의 석비들 가운데 국왕의 敎令이나 중앙정부 차원의 조치를 위주로 하여 작성된 비를 비교사례로 제시하기는 어렵다. 다만 4세기 이래로 고구려의 정치·제도·문화적 영향을 받았다고 추정되는 신라에서 5~6세기에 다양한 목적으로 제작된 석비들을 발견할 수 있는데, 이 가운데는 국왕의 敎令 내용이 중심이 되는 비들도 다수 존재한다.

그런데 위 신라 석비들 가운데는 첫머리에 비를 세운 시기[年干支(月日)·年號]와 더불어 立碑(敎令)의 주체를 기재한 사례가 다수 나타난다. 「포항 중성리비」와 「울진 봉평신라비」도 앞에 立碑 시기와 더불어 敎를 내린 주체가 등장하고 있으며, 「포항 냉수리비」도 앞에 '前世二王(斯夫智王·乃智王)'의 敎를 앞세우고 있다는 차이점이 있지만, 곧이어 입비 시기('癸未年九月廿五日')와 '此七王'으로 지칭되는 敎의 주체를 서두에 기록하고 있는 것이 특징이다. 또한 「단양적성비」에서도 비문의 도입부에 날짜와 더불어 국왕이 敎하였음을 먼저 명시하고 있다.

그 밖에 「북한산 진흥왕순수비」와 황초령·마운령순수비의 경우 대체로 입비 날짜와 더불어 국왕의 巡狩와 지역민에 대한 訓示를 언급하고 있다. 이것은 판결과 敎令을 중심으로 하는 위의 다른 석비들과는 성격이 좀 다르다. 그러나 동일하게 도입부에 立碑 시기와 주체를 기록하는 방식은 이 시기 신라 조정에서 敎令에 의거해 비를 세우거나 혹은 王命을 새겨 공시할 때 나름 정형화된 도입부 유형이 존재했다고 볼 수 있는 근거들이다.

위 신라 석비들에서 도입부에 立碑의 시점과 더불어 話者가 누구인지를 드러낸 것은 독자들에게 석비의 話者가 갖는 권위와 함께 비문 내용 속의 敎令과 기타 왕명이 갖는 중요성을 첫머리부터 강조하기 위함이었을 것이다. 집안비 역시 신라의 비들과 단순히 비교하기는 어렵겠지만, 수묘제도와 관련한 국왕의 법령 혹은 교령을 현장에 공표하려는 목적이 뚜렷하다는 점을 주목할 필요가 있다. 또한 현재로서는 집안비의 상단에 별도로 立碑 주체나 연대를 적은 題額(혹은 제기)이 있었던 흔적은 발견되지 않는다.

그렇다면 Ⅰ행의 도입부인 '▨▨▨▨世'는 건국설화의 일부가 아니라, 비문의 도입부에서 立碑 주체를 표현한 문구였을 가능성을 제기해보고자 한다. 즉 석비를 세운 주체(현 국왕)가 기재된 가운데, 그가 왕위를 계승한 행위(世), 혹은 그의 재위기(之世)임을 언급한 문구였다는 것이다. 이어지는 '必授天道 自承元王'에서 그 실체가 불분명했던 '元王'은 보통명사로서 최고 지위인 國王의 의미로 쓰인 사례가 있으며,[13] 前代의 王을 가리키는 의미도 될 수 있다.[14] 그렇다면 집안비의 도입부는 '某王께서 재위하시니 필연적으로 天道를

13) "射其元王 中厥目"(『春秋左傳』 成公16年). 여기서의 '元王'은 최고 지위인 국왕을 의미하는 표현으로서 문맥상 楚共王을 가리킨다.

14) 광개토왕의 先王인 故國壤王을 가리킨다고 보는 견해도 있었다(梁志龍·靳軍, 2013, 「集安麻線高句麗碑試讀」, 『東北史地』 2013-6, p.22).

받으시고, 저절로 元王(국왕의 지위 또는 前代王을 의미)을 승계하셨도다(혹은 '승계하신 분이다')'라고 해석된다. 즉 '必授天道 自承元王'은 앞에 立碑 주체로 등장한 국왕 재위의 정당성, 혹은 그 정통성을 推仰한 문구로 풀이할 수 있다.

여기서 '▨▨▨▨世'에 들어갈 국왕이 누구인지, 그를 어떻게 호칭했는지가 문제로 남는데, 후술하겠지만 본고에서는 집안비가 광개토왕대에 건립되었고 앞면에는 그의 敎令을 전달하는 것이 중심 내용이라고 본다. 따라서 광개토왕의 생시 호칭인 '永樂太王世'로 표현하였거나, 혹은 막연히 현 국왕의 치세기임을 의미하는 '惟太王之世'·'聖太王之世' 등으로 표현되었을 가능성도 열어두고자 한다.[15] 요컨대 집안비는 Ⅰ행 첫머리에 立碑의 주체가 국왕임을 밝히고, 이후 후반부에 수묘제에 대한 敎令을 주요 내용으로 제시함으로써 王命을 통한 제도의 관리의지를 내보이려 했던 것으로 볼 수 있다.

2. 立碑 시기와 비의 성격

한편 Ⅲ행부터 Ⅵ행까지의 내용은 광개토왕대 이전 선대왕들의 수묘제 운영 과정에서 벌어진 문제점들과 이에 대한 국가 차원의 대응을 서술한 것으로 보인다.

Ⅲ ▨▨▨▨各家烟戶以▨河流四時祭祀然而世悠長烟

Ⅳ ▨▨▨▨烟戶▨劣▨▨富▨▨轉賣▨▨守墓者以銘

Ⅴ ▨▨▨▨▨王國岡上太王▨平▨太王神亡▨興東西

Ⅵ ▨▨▨▨▨國追述先聖功勳弥高烋烈継古人之慷慨

Ⅶ ▨▨▨好▨▨王曰自戊子定律教內發令更脩復各於

Ⅷ ▨▨▨上立碑銘其烟戶頭卄人名以示後世自今以後

우선 Ⅲ행에는 '各家烟戶 以▨河流 四時祭祀'라는 내용이 나온다. 이는 수묘인 연호를 두고 이들을 왕릉 제사에도 동원하는 등 수묘제 개시 이후 전개된 상황들을 언급한 것으로 보인다. 그리고 역접의 의미인 '然而'로 이어지는 내용은 오랜 세월이 흐르면서('世悠') 발생한 수묘제 운영상의 어떤 문제점을 가리키는 것으로 보인다.[16] 이에 대해 Ⅳ행의 '富▨▨轉賣'라는 표현으로 미루어 아마도 수묘인 매매와 관련된 어떤 사안에 대응하여 '▨▨守墓者以銘▨▨▨▨'이라는 조치를 한 것으로 해석될 수 있다.[17] 이렇게 본다면 Ⅲ~Ⅳ행

15) '惟太王之世'로 보기도 했으며(耿鐵華·董峰, 2013, 「新發見的集安高句麗碑初步研究」, 『社會科學전선』 2013-5, p.3), 「모두루묘지」 11행에 보이는 표현인 '聖太王之世'로 추정하기도 했다(趙宇然,, 2013, 앞의 논문, p.162). 다만 趙宇然,은 '自承元王'을 '시조 추모왕'을 수식하는 문구로 보았다.

16) 이성제, 2013, 「集安 高句麗碑로 본 守墓制」, 『韓國古代史硏究』 70, p.89.

17) 이때 대응 조치로 언급된 Ⅳ행의 '以銘'이 어느 시기에 어떤 방식으로 이행된 것인지도 문제이다. 집안비는 대체로 시간순으로 전개되고 있으므로 Ⅷ행의 '▨上立碑 銘其烟戶頭卄人名'과는 시간적 선후관계를 갖는 별도의 조처였다고 보아야 할 것이다(임기환, 2014, 「집안고구려비와 광개토왕비를 통해 본 고구려 守墓制의 변천」, 『韓國史學報』 54, pp.105-106; 김창석, 2015, 「고

의 내용은 대체로 시간 순으로 기록되고 있다고 보아도 큰 문제가 없다.

한편 Ⅴ행에는 '▨▨▨王'·'國岡上太王'·'▨平▨太王'의 세 왕이 나열되어 있다. 이 가운데 '國岡上太王'은 「모두루묘지」에서 '▨岡上聖太王' 등으로 지칭된 고국원왕으로 볼 수 있다.[18] 전후의 두 왕이 누구인지는 다소 불명확한데, 크게 집안비의 건립을 광개토왕대로 보는지 혹은 장수왕대로 보는지에 따라 의견 차이가 있다.[19] 그런데 Ⅶ행에 '好▨▨王'이라는 왕호가 보인다. '好▨▨王'은 戊子(年)의 定律로 教內·發令하여 원상대로 '脩復'한[20] 주체로 볼 수 있다. 또한 이어서 Ⅷ행에는 '▨▨▨上立碑 銘其烟戶頭卄人名'이라는 문구가 나오는데, '(묘) 주변에 비를 세우고 그 烟戶頭 20人의 이름을 기록했다'고 해석할 수 있다. Ⅷ행의 1~3자가 잘 보이지 않지만, 일단 묘 주변에 비를 세우고 烟戶頭를 銘記하게 한 주체 역시 앞에 언급된 '好▨▨王'으로 보는 것이 자연스러울 것이다. 그런데 이 '▨上立碑 銘其烟戶頭' 조치는 능비문의 '墓上立碑 銘其烟戶'와 동일한 조처를 가리킨다고 보이므로, Ⅶ행에서 보이는 '好▨▨王'은 國岡上廣開土境好太王, 즉 광개토왕으로 보아야 할 것이다.[21]

그렇다면 시간 순으로 전개되는 집안비의 내용 흐름을 고려할 때, Ⅴ행의 '▨▨▨王'·'國岡上太王'·'▨平▨太王'은 광개토왕 이전의 왕들인 미천왕[22]·고국원왕·소수림왕[23](혹은 고국양왕[24])으로 비정해볼 수 있다. 이 세 왕이 등장한 이후 '神亡'·'□興'으로 이어지는 내용은 대체로 왕릉 제사시설의 亡失과 새로운 제사시설의 作興을 의미하며, Ⅵ행의 '追述先聖功勳'은 제사시설 등에 선왕의 공훈을 기록하였다는 내용으로 추정된다.[25]

한편 Ⅶ~Ⅹ행에서는 광개토왕의 教令 내용과 더불어 이 비의 立碑 배경과 관련된 단서들도 찾을 수 있다.

구려 守墓法의 제정 경위와 布告 방식」, 『東方學志』 169, p.84). 아마도 Ⅴ행에 등장하는 세 왕, 즉 미천왕·고국원왕·소수림왕(혹은 고국양왕)보다 이전의 수묘제 운영과 나타난 문제점과 관련 조치에 대한 언급으로 볼 수 있다. 또한 각 왕릉별로 석비를 세우고 수묘인연호(혹은 연호두 인명)를 銘記한 것은 광개토왕대에 처음 실시된 것이라는 능비의 내용을 감안할 때, Ⅳ행의 '以銘'은 烟戶數나 '연호두' 인명을 銘記한 형태로 보기는 어려울 것이다(강진원, 2016, 「고구려 守墓碑 건립의 연혁과 배경」, 『韓國古代史研究』 83, pp.204-206).

18) 林澐, 2013, 「集安麻線高句麗碑小識」, 『東北史地』 2013-3, p.15; 공석구, 2013, 「『集安高句麗碑』의 발견과 내용에 대한 考察」, 『高句麗渤海研究』 45, pp.37-42; 여호규, 2013, 앞의 논문, p.80.

19) 관련 연구 동향에 대해서는 여호규, 2016, 앞의 논문, pp.157-159을 참조.

20) '脩復'이라는 것은 왕실의 계보 정리를 바탕으로 해당 왕릉을 정비한 일을 가리킨다고 보기도 한다. 즉 시조 추모왕으로부터 이어지는 선조왕들의 왕실계보가 확립된 가운데 이들에 대한 종묘제 정비와 짝하여 왕릉 정비가 이루어진 것을 의미하다는 것이다(李成制, 2013, 앞의 논문, p.202).

21) 공석구, 2013, 앞의 논문, pp.43-44; 여호규, 2013, 앞의 논문, pp.78-79; 임기환, 2014, 앞의 논문, pp.106-107; 김창석, 2015, 앞의 논문, pp.87-89.

22) 여호규, 2013, 앞의 논문, pp.91-92; 李成制, 2013, 앞의 논문, p.196; 趙宇然, 2013, 앞의 논문, p.149.

23) 여호규, 2013, 앞의 논문, pp.91-92; 강진원, 2016, 앞의 논문, p.208.

24) 趙宇然, 2013, 앞의 논문, p.149.

25) 여호규, 2013, 앞의 논문, pp.91-92. 한편 '神亡'을 화재 등으로 말미암아 왕릉이나 묘역 혹은 종묘에 안치된 왕의 신주가 훼손된 일을 가리킨다고 보기도 한다(강진원, 2016, 앞의 논문, p.207).

Ⅶ ▨▨▨好▨▨王曰 自戊子定律 教內發令 更脩復各於

Ⅷ ▨▨▨上立碑 銘其烟戶頭卄人名 以示後世 自今以後

Ⅶ행에서는 '好▨▨王', 즉 광개토왕이 '戊子定律'로부터 教內發令했다고 전한다. 이 '戊子'는 前代인 고국양왕 5년(388)을 가리킨다고 보는 견해가 다수이다.[26] 고국양왕은 말년에 國社를 건립하고 宗廟를 修建하였던 인물인데,[27] 광개토왕은 부왕대에 제정된 법령을 토대로 수묘제를 정비했으며, 그 과정에서 선왕들의 묘 주변에 각각 立碑하고 거기에 '烟戶頭'의 인명을 새긴 것으로 보인다.[28]

여기서 보이는 '烟戶頭'의 의미에 대해서는 중국의 '戶頭' 표현과 관련시켜 개별 연호의 대표자인 戶主의 의미로 보기도 했으며,[29] 수묘의 기층관리자로서 제사와 청소 등 활동을 하위에서 조직하는 자,[30] 혹은 각 왕릉의 여러 수묘인연호들을 인솔하여 수묘역을 실제로 책임지는 역할을 했던 자로[31] 보는 견해도 있었다. 이는 '頭'의 의미와 더불어 집안비의 성격과 건립시기를 어떻게 보느냐에 따라 의견이 갈리는 양상이다.

일단 '연호두' 20인이 '국연'으로서 각 왕릉에서 수묘인연호들을 통솔해 역의 수행을 책임지는 역할을 수행했다고 가정할 경우, 이후에 광개토왕릉이 새롭게 세워졌음에도 불구하고 장수왕대에 국연의 숫자가 최초 20가(국연 20, 간연200)로 설정되었다는 점이 부자연스럽다는 지적이 있었다.[32] 즉 담당할 왕릉의 숫자가 1기가 늘었음에도 '연호두'의 숫자가 이전과 동일하게 20으로 설정된 것은 정황상 어색하다는 것이다. 따라서 '연호두'를 '국연'으로 보는 것에는 동의하기 어렵다.

또한 '연호두'의 역할과 관련해 Ⅹ행의 매매금지령에 보이는 '看其碑文'이라는 표현에 주목해볼 필요가 있다. 후술하겠지만 여기서 '其碑文'이 '연호두'의 인명을 명기한 기록을 가리킨다고 본다면, 그 내역은 수묘인 매매의 감시·관리와도 관련이 있다고 할 수 있다. 이때 매매대상은 수묘인이라고 생각되며,[33] 역을 직접 수행하는 사람들만이 아닌 수묘호의 가구 구성원 전체가 매매 대상이었을 가능성이 높다. 그런데 이러한 수

---

26) 集安市博物館 編著, 2013, 『集安高句麗碑』, 吉林大學 出版部, p.6; 여호규, 2013, 앞의 논문, p.83; 기경량, 2014, 「집안고구려비의 성격과 고구려의 수묘제 개편」, 『韓國古代史研究』 76, p.208.

27) 『삼국사기』 고구려본기 고국양왕 9년 3월조.

28) 여호규, 2013, 앞의 논문, p.83.

29) 여호규, 2013, 앞의 논문, p.127; 공석구, 2013, 앞의 논문, p.43; 홍승우, 2013, 앞의 논문, pp.94-95; 임기환, 2014, 앞의 논문, pp.113-115.

30) 徐建新, 2013, 「中國新出"集安高句麗碑"試析」, 『東北史地』 2013-3, p.28.

31) 정호섭, 2013, 앞의 논문, pp.118-127; 이성제, 2013, 앞의 논문, p.203.

32) 임기환, 2014, 앞의 논문, p.114; 기경량, 2014, 앞의 논문, p.219.

33) 최초 광개토왕비의 수묘제 연구에서 매매의 대상에 대해 수묘인이 매매되었다는 설(金賢淑, 1989, 「廣開土王碑를 통해 본 高句麗守墓人의 社會的 性格」, 『韓國史研究』 65, p.21; 임기환, 1994, 「광개토왕비의 국연(國烟)과 간연(看烟)」, 『역사와 현실』 13, pp.198-199), 그리고 수묘인이 경작하는 토지가 매매됐다고 보는 설(趙法鍾, 1995, 「廣開土王碑文에 나타난 守墓制研究」, 『韓國古代史研究』 8, pp.215-219), 부유한 자들에 의한 수묘역의 代立 행위(김석형, 1993, 『조선 봉건시대 농민의 계급구성』, 신서원, p.251), 수묘인에게 대가를 주고 수묘인들의 노동력을 사고파는 행위로 보는 설(정호섭, 2012, 「廣開土王碑의 성격과 5세기 高句麗의 守墓制 改編」, 『先史와 古代』 37, p.152) 등이 제기된 바 있다. 집안비에도 역시 Ⅸ행에서 '守墓之民'으로 시작하는 매매금지령이 보이는데, 이에 대해 본고에서는 수묘인이 매매 대상이었다는 설에 따르고자 한다.

묘인 매매는 왕릉 현장에서 역을 수행하는 과정에서 벌어졌다고 보기는 어렵다. 그렇다면 그 관리·감시와 관련해 기재된 '연호두'라는 존재도 작업 현장에서 역부들을 조별 편성하고 역을 수행하는 과정보다는, 평상시 수묘인 연호(혹은 수묘인)의 관리·유지 업무와 연관된 존재였을 가능성이 높다고 생각된다.

이에 본고에서는 중국의 '戶頭' 표현과 관련시켜 보았던 기존의 해석에 근거하여 '연호두'를 家戶 단위로 거주하던 수묘인의 유지 및 관리와 관련해 일정한 역할을 하던 개별 연호(家·戶)의 우두머리(혹은 대표자)로 추정해보고자 한다. 특히 연호두 20인이라는 숫자는 국가에 의해 인위적으로 고정되어 관리되는 것처럼 보이기도 하는데, 그 구체적인 의미에 대해서는 후술하겠다.

Ⅷ ▨▨▨上立碑 銘其烟戶頭廿人名 以示後世 自今以後

Ⅸ 守墓之民 不得擅買更相擅賣 雖富足之者 亦不得其買

Ⅹ ▨▨若違令者 後世▨嗣▨▨ 看其碑文 与其罪過[2칸 공백]

又制 守墓人 自今以後 不得更相轉賣 雖有富足之者 亦不得擅買 其有違令 賣者刑之 買人制令守墓之(「광개토왕릉비」)

한편 집안비 Ⅷ행 말미의 '自今以後'로부터[34] Ⅹ행 마지막 부분까지는 수묘인의 매매를 금하는 법령이 기재되어 있다. 이것은 능비문의 매매금지령과 거의 동일한 내용의 앞부분을 공유하고 있는데, 문맥상 Ⅶ행의 '好▨▨王'(광개토왕)이 법령을 내린 주체라고 보는 것이 가장 자연스러울 것이다. 그렇다면 집안비에서 최종적으로 제시한 수묘제 관련 조치는 '▨上立碑 銘其烟戶頭廿人名'과 수묘인 매매금지령이며, 이를 제정하고 공표한 주체는 광개토왕이라고 볼 수 있다.

그런데 집안비의 立碑 시기와 관련하여 두 비의 매매금지령 문구에 차이가 있는 부분, 특히 금령을 위반한 경우('若違令者'·'其有違令')에 대한 조처의 내용이 각각 다르게 나타난다는 점에 착안하여 집안비가 능비보다 늦게 세워졌다는 주장이 제기되기도 했다. 즉 집안비에는 '後世에 ▨嗣▨▨ 그 碑文을 보고 罪過를 주라'고 하였고, 능비에서는 '賣者는 처벌하고, 買人은 하여금 守墓를 담당하게 하라'고 하였다. 이에 대해 능비문의 금령이 상대적으로 자세한 내용을 담고 있다고 보는 가운데, 뒤늦게 세워진 집안비의 '看其碑文'이라는 표현은 능비문의 금령에 새겨진 처벌 내용을 보라는 의미로 해석된다는 주장이다.[35]

---

34) 집안비와 능비의 매매금지령에서는 공히 '自今以後'라는 표현이 있다. 이때 '今'을 立碑 시점으로 잡는다면 두비의 매매금지령이 제정된 시점은 각각 광개토왕대와 장수왕대로 차이가 있게 된다. 이에 대해 임기환은 '自今以後'에 대해 각 비의 건립시점을 가리키는 것이 아니라, 광개토왕대에 만들어진 동일한 법령에서 인용된 문구라고 보기도 했다(임기환, 2014, 앞의 논문, pp.115-116). 필자는 두 비에서 나오는 '自今以後'는 문맥상 광개토왕대에 시행되었음을 강조하는 의미에서 쓰인 문구라고 보았다.

35) 孫仁杰, 2013, 「集安高句麗碑文識讀」, 『東北史地』 2013-3, p.53; 김현숙, 2013, 「集安高句麗碑의 건립시기와 성격」, 『韓國古代史硏究』 72, pp.22-23.

그러나 만약 능비에 적힌 매매금지령 내용이 후대의 중요한 근거가 될 만한 핵심적인 내용이었다면, '其有違令' 뒤의 불과 11글자(賣者刑之買人制令守墓之)를 집안비에서도 그대로 기재하면 그만이지, 굳이 능비의 기록을 찾아보라고 언급한 이유를 알기 어렵다. 구체적으로 집안비에는 령을 위반한 자(若違令者)에 대하여 '後世▨嗣▨▨看其碑文与其罪過'(14자)하라고 표현돼 있는데, 만약 앞부분의 '後世▨嗣▨▨(6자)'가 법령의 내용과 무관하지만 꼭 필요한 내용이라 덧붙였다고 가정하더라도, 나머지 '看其碑文与其罪過'(8자) 뒤의 2칸이 공백 상태이다. 즉 총10자로 違令者에 대한 처벌 규정을 적을 수 있었던 것이다. 그렇다면 능비의 법령을 어긴 자에 대한 처벌 조항인 '賣者刑之 買人制令守墓之'(11자)를 거의 그대로 옮기는 것이 가능했을 것이다. 집안비에서 같은 처벌 조항을 '看其碑文与其罪過(2字 공백)' 형태로 기록할 수밖에 없었다는 주장은 납득하기 어려운 것이다.[36)]

그렇다면 X행에 보이는 '若違令者 後世▨嗣▨▨ 看其碑文 与其罪過'의 '其碑文'은 무엇을 가리키는 것일까. 지시대명사 '其'가 있음을 고려할 때, 일단 비문에서 이미 언급된 내용들을 주목할 필요가 있다. Ⅶ행 이하의 내용을 광개토왕이 戊子年의 定律을 근거로 教內·發令하여 수묘제의 개혁, 즉 각 왕릉별 立碑와 연호두 인명을 銘記하고, 매매금지령을 제정했다는 의미로 읽을 수 있다면, 이어지는 문구에 보이는 '그 비문'('其碑文')은 곧 광개토왕대에 '▨上立碑 銘其烟戶頭卄人名'한 기록을 가리킨다고 보는 것이 자연스러운 해석일 것이다.[37)] 즉 '看其碑文 与其罪過'는 '연호두' 20인명을 기록한 비문을 근거로 매매에 대한 '罪過'를 부여하라는 의미로 해석된다.

한편 위의 '其碑文', 즉 왕릉 옆에 세워서 '연호두' 인명을 銘記한 비가 집안비를 말하는 것인지, 혹은 별도의 다른 비를 가리키는지 여부에 대한 문제가 남는다. 우선 집안비를 광개토왕이 각 왕릉 근처에 세운 '묘상입비'의 하나라고 보는 견해가 있다. 광개토왕대에는 여러 조상왕들의 왕릉 근처에 석비를 세워 수묘인연호를 銘記해두었는데, 이때 세운 비들은 집안비와 앞면의 내용이 동일하며, 뒷면에 각 왕릉에 해당하는 '연호두'의 인명을 새겼을 것으로 추정한 것이다.[38)] 반면 X행의 '其碑文'은 집안비와는 다른 별개의 비라고 보기도 한다. 즉 집안비는 수묘제의 정비와 매매금지 등의 관련 법령을 공시하는 목적으로 세워졌으며, '연호두' 20인명을 새긴 비들은 별도로 세워졌을 것으로 본 것이다.[39)]

---

36) 아마도 집안비와 능비는 각각의 立碑 시점에서 강조하고자 하는 내용을 간략한 형태로 주변에 공표·공시하기 위한 목적에서 세워졌을 것으로 생각된다. 즉 매매금지령의 적용과 집행은 훨씬 복잡하고 다양한 내용이 적혀있는 별도의 문서를 근거로 했을 것이며, 두 비의 처벌 조항은 그 일부일 뿐이라는 것이다. 예컨대 집안비에서는 매매 금령을 위반한 자에 대해 '後世▨嗣▨▨ 看其碑文 与其罪過'라고 하였는데, 이는 후세에 매매가 발생하더라도 처벌할 근거가 있음을 언급한 것일 뿐, 능비문의 '賣者刑之'와 모순되는 내용이 아니며, 능비에서 '買人은 하여금 守墓를 담당하게 한다'고 한 문구 역시 집안비 단계와 비교해 법령 자체가 변경된 근거로 단정하기는 어렵다.

37) 임기환, 2014, 앞의 논문, pp.119-120; 김창석, 2015, 앞의 논문, pp.90-91; 전덕재, 2015, 「373년 고구려 율령의 반포 배경과 그 성격」, 『韓國古代史硏究』 80, pp.58-59.

38) 孔錫龜, 2013, 앞의 논문, pp.43-44; 여호규, 2013, 앞의 논문, p.95; 홍승우, 2013, 앞의 논문, p.88.

39) 김현숙, 2013, 앞의 논문, pp.30-31; 정호섭, 2013, 앞의 논문, pp.124-129; 이성제, 2013, 앞의 논문, p.204; 임기환, 2014, 앞의 논문, pp.120-121; 강진원, 2016, 앞의 논문, pp.213-215.

우선 집안비가 각 왕릉의 근처에 세워진 비('묘상입비')라는 설에 대한 반론으로서 집안비가 발견된 지점이 왕릉급인 초대형적석묘와 다소 거리가 있다는 점이 지적된 바 있다. 집안비가 발견된 지점에서 가장 가까운 천추총도 450m 정도 떨어져 있기 때문에 특정 왕릉과 관련된 비로 볼 수 있는지에 대한 의문을 제기한 것이다.[40] 그러나 집안비 역시 원래의 위치에서 발견된 것은 아니다. 이 비는 하부가 비좌 위에 박혀있던 형태로 보이는데, 주위 300m 지점에서는 해당되는 비좌가 발견되지 않았다. 따라서 집안비는 원래 위치에서 인위적인 개입에 의해 멀리 옮겨졌다고 봐야 할 것이다.

또한 집안비가 187.5㎝의 크기와 464.5㎏의 무게여서 멀리 옮기기 어려웠을 것이라는 의견도 있지만, 천추총·태왕릉·장군총 등 초대형적석총의 분구버팀석들 일부가 없어진 사례는 1톤이 넘는 거대한 석재도 인간의 필요에 의해 멀리 이동될 수 있음을 보여준다.[41] 즉 집안비의 발견 위치를 근거로 왕릉과의 인접 여부나 비의 성격 문제에 접근하는 것은 적절치 않다.

한편 고대사회에서 석비를 세우는 것은 많은 공력이 드는데 앞면의 내용을 공유하는 비들을 국내성 지역에 굳이 여러 기를 세울 필요가 있었는지에 대한 문제제기도 있었다.[42] 그러나 6세기 신라에서 築城役과 관련해 착공 당시 공사구간별(작업 분단별)로 세웠던 「남산신성비」의 경우, 지금까지 제1~10비가 발견된 상태이다. 전체 둘레를 2,854보로[43] 상정할 경우 추정되는 전체 구간들(작업 분단수)이 200여 개 이상이므로 현재 발견된 것보다 훨씬 더 많은 석비가 제작됐을 것으로 추정하고 있다.[44]

또한 남산신성비에는 각기 앞부분에 공통적으로 공사를 충실하게 이행할 것을 서약하는 동일한 문장을 기재한 뒤, 각 구간별 인력 동원을 책임진 지방관과 공사 관리자를 비롯해 村 단위 하급실무자의 職名과 이름까지 새겼다.[45] 이는 축성 현장을 분주히 오가며 작업하는 인부들을 비롯해 하급실무자들을 대상으로 축성역에 대한 책임의식과 더불어 국가의 관리의지를 인지시키려는 용도였다고 생각된다. 「남산신성비」 사례는 역역 동원과 축성 공사의 효율적인 운영을 위해 특정 구간 내에 많은 석비가 세워져 활용될 수 있음을 보여준다. 광개토왕대에 각 왕릉별로 立碑했던 목적이 수묘역을 담당했던 수묘인들과 그곳을 지나는 주민들을 대상으로 광개토왕의 법령과 국가의 수묘인 관리 의지를 명확하게 인지시키려는 의도였다고 한다면, 여러 개의 비 건립이 불필요한 상황이라고 예단할 필요는 없다고 생각된다.

능비에 광개토왕이 각 조상왕들의 능묘 옆에 수묘인연호 내역을 銘記한 비를 세웠다는 기록('묘상입비명기연호')이 있으며, 광개토왕대에 세웠다고 판단되는 수묘인 관련 석비(집안비)가 집안 지역에서 발견되

40) 정호섭, 2013, 앞의 논문, pp.115-116; 강진원, 2016, 앞의 논문, p.214.

41) 강현숙, 2014, 「집안고구려비에 대한 고고학적 추론」, 『高句麗渤海硏究』 50, pp.260-263.

42) 정호섭, 2013, 앞의 논문, pp.122-123.

43) 『삼국사기』 권4 진평왕 13년조.

44) 秦弘燮, 1965, 「南山新城碑의 綜合的考察」, 『歷史學報』 26, p.39; 李鍾旭, 1974, 「南山新城碑를 통하여 본 新羅의 地方統治體制」, 『歷史學報』 64, pp.16-25.

45) 李鍾旭, 1974, 앞의 논문, pp.14-26; 橋本繁, 2018, 「신라 중고기의 지방제도와 축성비」, 『6세기 신라 석비의 세계』, 국립경주박물관, pp.119-131.

었다는 점은 집안비의 성격에 접근하는데 있어서 가장 우선적으로 고려되어야 할 사항이다. 또한 현재로서는 집안비 뒷면의 많은 부분이 마멸된 상태라 그 내용을 제대로 파악할 수는 없지만, 이곳에 '연호두'의 인명을 기록했을 가능성이 충분히 제기될 수 있다.[46] 이에 이 글에서는 집안비를 광개토왕대에 각 왕릉에 세운 '묘상입비'의 하나라는 관점에서 논의하고자 한다.

한편 집안비에는 〈烟戶頭 20人名〉을 銘記한 형태인데 반해, 능비문의 연호목록은 〈지역명+國烟·看烟별 烟戶數〉 형태로 기재되어 있어서 양자가 서술상의 차이를 보인다는 점도 문제로 제기되었다. 특히 두 비의 연호목록 기재 방식이 다르다는 점에 주목하여, 집안비의 건립 이후에 일정한 제도의 변화가 있었고, 바뀐 수묘인연호 관리방식으로 인해 불필요해진 집안비가 폐기된 것으로 보기도 했다.[47] 즉 여러 왕릉 옆에 각각 석비를 세워 연호두의 인명을 새기는 방식이 이후에 여러 수묘비들을 모두 폐기하고 단일한 비에 〈지역명+國烟·看烟별 烟戶數〉를 통합하여 銘記하는 형태로 변화했다는 것이다.

수묘제의 실상을 복원할 때 가장 우선시해야할 것은 현재 남아있는 집안비·능비에 제시된 기록의 문맥을 충실하게 반영하는 것이라고 생각된다. 이와 관련해 능비의 수묘인연호조에는 총 330가에 달하는 수묘인연호의 차정 배경을 밝히고 있다. 만약 광개토왕의 '묘상입비' 이후, 새롭게 적용된 수묘제의 결과로 인해 모든 왕릉의 수묘인연호를 단일한 비에 통합해 銘記하는 방식으로 전환됐다면, 이것은 능비의 건립 근거이자, 330가라는 많은 연호수가 기재된 가장 핵심적인 요인이었을 것이다.

그런데 능비에는 오직 광개토왕이 각각의 선대 왕릉에 비를 세우고 연호를 銘記했다는 사실('묘상입비 명기연호')만을 밝혔을 뿐이며, 이후에 별도의 개정 조치가 이루어졌다는 언급은 보이지 않는다. 그 문맥에 따른다면 광개토왕대에 각 왕릉별로 立碑하여 수묘인 연호를 銘記해왔던 방식('묘상입비 명기연호')은 능비를 세울 단계에 이르러 폐지되거나 큰 변경이 있었다고 보기는 어렵다고 해야 할 것이다. 한편 능비문의 연호목록이 〈지역명+國烟·看烟별 烟戶數〉 형태로 나타난 점에 대해서는 후술하겠다.

III. 수묘제의 운영 방식과 '墓上立碑'의 목적

1. 수묘인의 파악과 관리

『삼국사기』 고구려본기에는 신대왕 15년(179)에 죽은 國相 明臨答夫에 대해 왕이 정사를 7일간 멈추고, 예를 갖춰 質山에 장사지낸 뒤 수묘 20家를 두었다는 기록이 보인다.[48] 명림답부는 신대왕의 즉위와 漢軍

46) 사진상으로 집안비의 뒷면 중앙부의 1행에 '戶'·'合'·'六人'으로 추정되는 글자흔이 보인다고 판단된다(張福有 編著, 2013, 『集安麻線高句麗碑』, 文物出版社, pp.372-376의 圖7~11에 제시된 탁본 사진을 참조). 이 책에서 張福有·孫仁杰은 '□□國烟□守墓烟戶合卄家石工四烟戶頭六人'이라는 비교적 많은 글자를 판독하였는데, 필자는 위 판독안을 그대로 따르기는 어렵다고 판단했다. 다만 圖7~11의 탁본 사진들을 비교해본 결과 '戶'·'合'·'六人'의 글자들이 공통적으로 나타나며, 뒷면에 훨씬 더 많은 내용이 존재했다고 추정된다.

47) 홍승우, 2013, 앞의 논문, pp.110-112; 기경량, 2014, 앞의 논문, pp.233-234; 강진원, 2016, 앞의 논문, p.221.

을 격퇴하는데 큰 공을 세웠기 때문에 왕릉에 준하는 수묘 방식을 적용한 사례로 생각된다.[49] 이때의 '置守墓○家'라는 기록은 주민 遷徙를 통한 수묘호 집락의 형성을 의미하는 것으로 보인다. 또한 능비에도 여러 지역별로 차정된 연호(家) 단위의 수묘인이 보이는데, 이들은 국내성 지역으로 遷徙된 이후에도 家戶 단위로 파악 및 유지·관리되었으며 自己經理가 인정되는 존재였을 것이다.[50] 즉 고구려 조정은 옮겨진 수묘인 연호의 장기적인 생활·주거 유지를 의도했던 것이다.

그렇다면 2세기 후반부터 5세기 초반에 이르기까지 고구려 수묘제의 기본 형태는 장기적으로 거주하는 수묘인 집락을 대상으로 하여 家戶별로 역부를 동원해 수묘역을 담당하게 하는 방식이었을 것이다. 이것은 중국의 漢代 이래 전통적인 수묘제 운영 방식, 즉 수묘인(塚守)을 家戶 단위로 遷徙한 뒤, 이들 家戶의 장기적인 유지를 도모하는 가운데 수묘인을 징발했던 방식과 크게 다르지 않다. 또한 수묘인이 담당했던 직무에 대해 능비문에서는 '守墓'·'洒掃', 집안비에서는 '四時祭祀'·'守墓'로 표현돼 있는데,[51] 이는 漢代 이래로 황제나 황족·제후묘의 수묘인들이 담당했던 직무인 守衛·祭禮·청소(雜役)와[52] 큰 차이가 없다.

고구려가 수묘인들의 장기적인 생활·주거 유지를 의도했고, 수묘인들이 맡은 임무가 중국 漢代 이래의 황제릉이나 황족·제후묘의 수묘인들이 담당했던 그것과 큰 차이를 보이지 않는다는 점은 고구려의 수묘인에 대한 사회적·법제적 처우와 지배·관리 방식에 접근해볼 수 있는 하나의 단서가 된다. 고구려의 수묘인은 국가에 의해 거주·이전의 자유가 제약되어 있고 특정한 역을 의무적으로 부담해야했을 것이라는 점에서 그 사회적 지위를 국내성에 있던 다른 일반민과 대등하게 보기는 어려울 것이다.[53]

다만 중국 漢代 이래의 陵邑과 園邑에 거주했던 주민들 역시 국가의 명령에 의해 이주되었고, 함부로 거주·이전의 자유가 제한되었음에도 그 외의 행정적 처우와 대우는 일반 縣民과 크게 다를 바가 없었다고 한다.[54] 그렇다면 自己經理가 유지되고 家戶 단위로 파악되었던 고구려의 수묘인에 대한 평상시 행정적 파악

---

48) "王自臨慟 罷朝七日 乃以禮葬於質山 置守墓二十家"(『삼국사기』 고구려본기 新大王 15年)

49) 김창석, 2015, 앞의 논문, p.83.

50) 金錫亨, 1974, 「三國時代の良人農民」, 『古代朝鮮の基本問題』, 學生社, pp.95-96.

51) 집안비에 보이는 '四時祭祀'는 각 왕릉 묘주의 忌日과 더불어 절기마다 정기적으로 이루어졌던 제사로 추정된다. 이와 관련된 연구 현황은 강진원, 2017, 「고구려 國家祭祀 연구의 경향 및 쟁점」, 『인문학연구』 34, pp.185-186을 참조.

52) 尹在碩, 2013, 앞의 논문, p.39.

53) 기존에 고구려 수묘인이 왕릉 수호의 국가적 역을 부담해야하는 비자유민이라는 점, 수묘인이 피복속민으로 인식되었다는 점, 매매의 대상이 되기도 했다는 점 등에 주목하여 그 사회적 성격을 일반 良人보다 훨씬 낮은 지위의 존재로 파악하는 견해가 있었다. 구체적으로 수묘인의 처지가 전쟁포로와 같은 존재였고 수묘역도 賤役이었다는 관점에서 노비·노예와 같은 처지였다고 보기도 했으며(白南雲, 1933, 『朝鮮社會經濟史』, 東京: 改造社, p.218; 王健群, 1984, 『好太王碑の研究』, 東京: 雄渾社, p.209), 自己經理가 유지되고 家戶 단위로 파악되었다는 점에서 노예·노비처럼 보기는 어렵다는 지적도 있었다(金錫亨, 1974, 「三國時代の良人農民」, 『古代朝鮮の基本問題』, 學生社, pp.95-96). 다만 이후에도 수묘인은 토착적 기반이 단절된 채 수도로 遷徙되어와 국가적 규모의 力役체제에 조직되었으므로, 이는 정치적으로 무력한 존재이자 사회적으로 천민화된 존재였다고 보기도 했다(武田幸男, 1979, 「廣開土王碑からみた高句麗の領域支配」, 『東洋文化研究所紀要』 78, pp.52-61). 또한 국가에 예속된 비자유민이라는 점에서 일반 양인보다는 낮은 존재로 봐야하지만, 自己經理의 유지 및 법적인 신분 조장이 이루어졌다는 점에서 특수한 職役집단 부락으로 보아야 한다고 주장하기도 했다(김현숙, 1989, 앞의 논문, pp.24-34).

54) 尹在碩, 2013, 앞의 논문, pp.45-48.

과 지배방식이 일반민과 크게 달랐을 것으로 추정하는 것도 다소 성급한 결론이 아닌가 생각된다.

예컨대 집안비의 Ⅸ행에서는 수묘인들을 '守墓之民'으로 분명하게 지칭하고 있어서 적어도 일반민과 호칭상 차별을 둔 것으로 보이지는 않는다.[55] 또한 自賣 등의 방식으로 人身을 매매하는 것은 전근대 시기 일반 양인의 거주지에서도 나타났던 현상인 만큼, 매매 현상만을 근거로 수묘인의 신분적 성격을 파악하는 것은 적절하지 않다.[56]

특히 집안비 Ⅲ행에서는 수묘제의 제정 이후 일정한 세월이 흐른 뒤에 '轉賣'로 지칭되는 매매가 발생했음을 언급하였고,[57] Ⅷ행에서는 광개토왕이 '自今以後'로 수묘인의 매매를 금지한다고 포고했다. 이러한 문맥을 감안할 때, 고구려에서 수묘인 매매금지령은 수묘제가 처음 만들어졌을 당시부터 제정되었다기보다는 세월이 흐른 뒤 매매 현상이 제도 운영에 큰 차질을 줄 수 있음이 자각되었던 시점에 와서야 제정된 것으로 볼 수 있다. 이는 역설적으로 제도 초기에는 수묘인의 '매매'가 금지되지 않았음을 보여주는데, 만약 수묘인의 신분적 처지가 국가에 처음부터 강하게 귀속된 형태였다면 수묘인의 매매 허용이란 있을 수 없는 일이었을 것이다.

또한 능비문과 집안비의 매매금지령에는 수묘인 이외에도 제3의 존재인 '富足之者'가 등장한다. 수묘인과 외부인('부족지자')과의 왕래와 모종의 거래를 상정할 수 있다면, 고구려의 수묘인 거주지는 다른 주민들의 출입이 통제된 폐쇄적인 제한구역이 아닌, 중국의 陵邑처럼 농·상업 등 일반적인 경제활동이 보장되는 가운데 다양한 사람들이 왕래하며 여러 형태의 거래가 허용되었던 공간이었을 가능성이 높다.[58] 아마도 집안비와 능비에 보이는 매매금지령은 기존에 일반민과 같은 사회적 집단 속에서 자유롭게 이루어지던 거래의 일단을 제한하는 조치로 보는 것이 타당하다고 생각된다. 결국 수묘인의 매매는 일반민들 사이에서 벌어진 '自賣' 현상과 같은 성격으로서 수묘인의 본래적 신분이나 사회적 처지를 판단할 수 있는 요소는 아니라고 생각된다.

또한 수묘인이 본거지에서 遷徙되었고 移轉의 자유가 없는 비자유민이라는 점만으로 이들을 일반민과 완전히 다른 형태로 파악하고 지배했다고 보기도 어렵다. 수도인 국내성으로 遷徙되어 온 수묘인들은 국가에 의해 평상시 家戶 단위로 파악되었을 것이며, 향후에도 이들의 장기적인 유지가 요구되는 상황이었다. 또한 수묘인들을 대상으로 정기적으로 역부들이 차출되었을 것인데, 이러한 징집이 호구현황 조사도 없이 장기적으로 진행되었다고 보기는 어렵다. 따라서 담당 관리에 의해 각 家戶 내의 구성원 현황(성별, 연령 등)과 人丁數도 정기적으로 파악되었을 가능성이 높다. 아마도 수묘인들 역시 원칙적으로는 稅役의 수취 대상이었을 것이며, 수묘역도 徭役을 대체하는 형태로 부과되었을 것이다.

---

55) 이용현, 2013, 『신발견 고구려비의 예비적 검토』, 고구려발해학회 제59차 정기발표회 발표집(2013. 2. 22), p.35.

56) 손영종, 1986, 「광개토왕릉비문에 보이는 『수묘인연호』의 계급적 성격과 립역방식에 대하여」, 『력사과학』 1986-3; (재수록)2001, 『광개토왕릉비문 연구』, 중심, p.106

57) "然而世悠長烟(중략)▨轉賣▨▨"(「集安高句麗碑」 Ⅲ~Ⅳ행)

58) 중국의 陵邑도 능읍민들의 농업 활동이 이루어졌고, 타지 출신의 상인도 활동하는 등 일반적인 경제활동이 보장되는 지역으로서, 행정적 지배형태와 주민의 존재양태가 일반 縣과 큰 차이가 없었다고 한다(尹在碩, 2013, 앞의 논문, pp.45-48).

기존 연구에서는 고구려의 수묘제 운영과 관련해 집안비·능비에 기재된 수묘인연호 내역을 실효성 있는 관리의 근거로 이용했다고 보는 견해들이 다수였다. 이처럼 석비를 활용한 관리방식은 곧 고구려의 문서행정 체계가 미비했던 근거로서, 목간 혹은 종이문서가 주류를 이루는 관리 형태의 이전 단계로 보아야 한다는 의견도 있다.[59] 어떤 형태로든 집안비와 능비에 수묘인 관련 내역을 銘記하고 이를 수묘제의 운영 과정에서 실효성 있는 근거 자료로서 일정하게 활용했다는 의견이 대부분이다. 그러나 후술하겠지만 〈20인 정도의 人名〉 혹은 〈징발 지역명+家戶數〉 형태로 적힌 한정적이고 가변적인 내용을 제도 운영의 주요 근거로 두는 가운데 역역의 장기적인 운영 상황을 상정한다는 것은 상식적으로 납득하기 어렵다.

고구려는 국초부터 중국 군현 지역을 공략하는 가운데 영토와 주민을 확보해갔으며, 4세기 초에 낙랑·대방군을, 400년경에 요동군을 완전히 차지하면서 중국 군현들의 영역과 주민을 흡수하였다. 그리고 4세기 이래로 화북의 국가들과 경쟁 및 교류하는 가운데 지배체제를 정비하였는데, 이 과정에서 문서행정을 기반으로 한 통치 시스템이 효율적인 인민 장악을 위한 필수 요소라는 점도 분명하게 인지하고 있었을 것이다. 특히 왕릉의 수묘가 이루어진 곳은 수도인 국내성 지역이었다. 정착농경민을 통치하는 시스템을 갖춘 고구려가 수도에 소재한 왕릉 1기 당 불과 수십 家 정도에 불과한 수묘인들에 대해 별도의 담당 官署를 통한 호구 현황 파악과 관리가 불가능했다고 단정할 이유는 없다.

무엇보다도 고구려가 광개토왕대 이전까지 오랜 기간 동안 석비에 수묘인(연호)의 목록을 銘記하지 않은 채 제도를 운영해왔음을 간과해선 안 된다. 당연히 전체 수묘인들을 관리하는 별도의 문서장부가 존재했을 것이며, 광개토왕대에 이르러 수묘인에 대한 관리 강화의 차원에서 석비에 수묘인 관련 내역을 銘記했다고 하더라도, 이전까지 이루어졌던 문서 기반의 관리 방식을 포기하는 퇴행적 조치를 내렸다고 보기는 어렵다. 즉 집안비와 능비에 銘記된 연호목록의 용도는 이전부터 이루어져왔던 문서 형태의 관리 방식에 '부가'된 형태였을 가능성이 높다.

이와 관련해 집안비의 '烟戶頭卄人名'이라는 표현에 주목해보자. 보통 고구려의 한 왕릉에 배정된 수묘호 규모는 위 표현을 통해 20호로 추정해볼 수 있다. 이때의 20호라는 숫자는 신대왕 15년(179)에 죽은 國相 明臨荅夫의 수묘 20家,[60] 그리고 능비문에서 장수왕이 최초 징발하려했던 國烟 20가와 동일한 숫자이다. 이를 각 왕릉에 배속된 연호수로 보는데 문제가 없다면, 고구려는 179년부터 410년까지 대략 230여 년 동안 20호 규모의 수묘호로 각 왕릉을 수묘해왔던 것이 된다. 즉 20호 규모로 왕릉의 수위·청소·제사 업무를 담당할 인원을 정기적으로 동원하는데 큰 문제가 없었던 것이다.

그런데 이때 수묘인 연호가 어떤 형태로 편성 내지 파악되고 있었는지가 문제이다. 4~5세기 당시에 고구려의 일반 戶가 부부와 자녀 중심의 단혼가족으로 구성됐는지 여부도 불분명하지만, 자연 상태의 취락이

59) 김창석, 2015, 앞의 논문, p.94.

60) 新大王이 國相 明臨荅夫의 공훈을 고려해 수묘인 배정도 왕릉급(20호) 대우를 해준 것으로 추정된다. 무덤 1기당 수묘 20호의 원칙이 늦어도 2세기 후반부터 광개토왕대까지 이어지고 있었던 것으로 생각된다. 『삼국사기』 신라본기 문무왕 4년 2월조에서 여러 왕의 陵園에 각 20호씩을 배정했던 점도 참고가 된다(김창석, 2015, 앞의 논문, p.89).

국가의 인위적 개입 없이 오랜 세월동안 20호라는 동일한 숫자를 계속 유지한다는 것은 불가능한 일이다. 또한 가구 구성원의 나이 변동으로 인해 매년 징발 가능한 人丁의 숫자가 일정하지 않을 수 있다는 것도 문제이다.

예컨대 수묘호인 20호가 自然戶라면 이들을 대상으로 한 번에 최대 징발할 수 있는 인부수가 20명(男丁 기준)을 크게 넘는다고 보기도 어려우며, 심한 경우에는 징발 가능한 역부가 20인에 못 미치는 경우도 발생할 수 있다. 이렇게 불안정한 조건 속에서 왕릉의 守衛·灑掃(잡역)·祭祀에 정기적으로 필요한 인원을 충분히 공급하는데 차질이 없었을지도 의문이다. 만약 부족할 경우 인근의 다른 왕릉을 지키는 인원을 임시로 동원했다고 가정해볼 수도 있지만, 다른 왕릉 역시 동일한 방식이라면 충분한 인원을 보장할 수 없는 것은 마찬가지이다.

또한 '연호두' 20인도 문제이다. 이들은 개별 호의 대표자로서 국가가 어떤 형태로든 관리 의지를 내비친 대상이었으며, 평소에 담당관의 호적 조사나 수묘 인부의 동원 등을 행정적으로 보조하는 등의 기능 수행을 위해 인원수가 고정되어 있었을 가능성이 높다고 생각된다. 아마도 '연호두'는 丁男이었을 것으로 추정되는데, 만약 이들의 근간인 20호가 자연호라면 20인의 '연호두' 인원이 그대로 유지되는 것조차도 보장할 수 없는 상황이 발생할 수 있다.

국가의 개입에 의해 20호가 유지되는 가운데, 이들을 토대로 정기적으로 수위·청소·제사 업무에 일정한 수의 인부를 동원하는 것이 가능했을 것이라는 점, 그리고 '연호두' 인원도 20으로 상시적으로 유지되었을 것이라는 점 등을 고려한다면, 집안비의 20烟戶는 인위적으로 편성된 호일 가능성이 높다고 생각된다. 즉 부역이나 공물의 부과·징수 등을 목적으로 인위적으로 편제된 課戶를 의미한다는 것이다.

또한 수묘역의 동원을 위한 편성이 주요 목적이었다면 이때의 20烟戶는 아마도 人丁數를 기준으로 편성되었을 것으로 추정해볼 수 있다. 만약 세월이 흘러서 각 왕릉의 수묘인 규모가 자연적으로 감소하였을 경우, 課戶數를 기준으로 하여 지방에서 새롭게 징발해 충원하였을 것으로 생각되며, 이를 통해 정기적으로 수묘역에 필요한 장정을 동원하는데 차질이 없게 하였을 것이다.

이 課戶의 존재는 고구려가 평소에 수묘인 집락의 호구 현황은 물론 그 내부의 동원 가능한 課丁과 구성원들의 성별·연령 등을 구체적으로 파악한 상태였고, 이를 근거로 인력 확보와 효율적인 동원을 위한 인위적인 편제가 가능했음을 보여주는 것이다. 아마도 고정적으로 유지 및 파악되었던 '연호두' 20인은 課戶의 대표자를 의미할 것이며, 주기적으로 호구현황을 조사하는데 일정한 역할을 담당하였을 것으로 추정해볼 수 있다.

2. 집안비의 건립 목적과 효용

능비에서는 광개토왕이 조상왕들의 능묘마다 비를 세우고 연호를 銘記한 배경을 수묘인 연호의 '差錯'을 방지하기 위해서라고 기록했다. 집안비에서 '연호두'의 인명을 銘記한 것 역시 이 '差錯'을 방지하기 위한 목적이라고 해석할 수 있다. '差錯'은 '착오' 내지 '어긋남'을 의미하는데, 이것이 정확히 어떤 현상을 의미하며 그 원인이 무엇인지에 대해서는 여전히 논란이 있다.[61]

우선 '差錯'은 광개토왕대에 와서야 적극적인 조치가 이루어진 점으로 미루어 갑작스럽게 발생한 현상으로 보기는 어렵다. 아마도 오랜 운영과정에서 점진적으로 발생한 제도적 이완 현상으로서 시간이 흐르면서 폐해가 더욱 커지는 문제였다고 추정해볼 수 있겠다. 또한 집안비에는 '烟戶頭'의 인명을 기록했을 뿐인데, 각 課戶의 대표 명단을 적은 이 기록은 작업 현장보다는 평상시 연호의 관리나 유지, 혹은 역부 징집 등의 문제와 관련되었을 가능성이 높다고 생각된다.

이와 관련해 집안비의 X행의 매매금지령에서 '연호두' 20인명이 銘記된 내역을 보고('看其碑文') 위반한 자에게 '罪過'를 주라는 문구가 주목된다. '연호두' 명단을 기록한 것은 능비에 의하면 분명 '差錯'을 방지하기 위해서였다. 그렇다면 '차착'과 수묘인의 매매는 분명 다른 종류의 위반 사항이었을 것임에도 불구하고, '연호두' 명단을 통해 두 가지를 모두 방지하는 효과를 기대했다고 해석하는 것이 가능하다. 즉 '차착'과 '매매'라는 문제는 모두 '연호두'가 담당했던 행정적 역할과 관련되었던 것으로 생각된다.

課戶의 대표자로 설정된 '연호두'의 역할과 관련해 국가가 호구현황을 조사하고 관리하는 과정을 생각해볼 필요가 있다. 수묘인들을 대상으로 課戶를 편성하고 동원 가능한 役夫(人丁)數를 상시적으로 파악하기 위해서는 마땅히 각 왕릉별 수묘인들의 인원과 출생·사망·나이 등의 변동 사항 등을 정기적으로 파악하는 호구조사가 이루어졌을 것이다. 그런데 보통 전근대 시대에는 호구 현황을 조사하는 실무 과정에서 관원이 개별 가호들을 일일이 방문하여 구성원 현황을 확인하는 것은 현실적으로 불가능했다.

보통 중국 漢代에도 戶(法制戶)를 단위로 戶主와 그에 귀속된 가족 구성원을 기록한 戶籍을 작성하였는데, 이 경우에 원칙적으로 백성 본인 스스로 신고하는 것(自占)이 원칙이었다.[62] 물론 이는 원칙이었고 구성원이 너무 어리거나 늙어서 거동이 불편한 경우에는 다른 가족이 대신하기도 했는데, 대개는 각 호의 호주가 대표로 구성원 현황을 조사해 신고하는 방식이었다고 보인다.[63]

4세기 후반의 고구려에서도 수묘인을 대상으로 정기적인 호구조사를 실시했다면, 최초에 각 호주가 호구사항을 신고하는 절차가 있었을 것이다. 그렇다면 그 과정에서 課戶의 대표로 보이는 20인의 '연호두'가 각 연호 내의 구성원 현황을 행정적으로 신고하는 최초의 존재였을 가능성이 높다. 즉 이들은 국가의 수묘제 운영과 관련하여 최말단의 행정적 기능을 담당한 존재였던 셈이다.

그런데 앞에서 언급한대로 전근대시대에는 보통 각 가호별로 신고된 호구현황이 사실인지 여부를 상부에서 매번 일일이 확인·대조해보는 것은 현실적으로 불가능했다. 이 때문에 잦은 부정행위가 발생했는데, 특히 각 가호에서 避役 등의 목적으로 출생이나 구성원의 나이 변동 등을 허위로 보고하는 경우들이 빈번

---

61) '차착'에 대해 수묘인으로 이루어진 勞動組들이 역을 수행할 때 발생할 수 있는 순서상의 착오나 錯綜 현상으로 보기도 하였다(金賢淑, 1989, 앞의 논문,p.6). 그러나 능비의 경우 출신지별 연호수가 기재돼 있는데, 이것이 역부를 동원한 이후에 진행된 노역 과정에서 과연 효과적인 관리 근거가 됐을지는 의문이다.

62) 관련 내용은 김병준, 2008, 「樂浪郡 初期의 編戶過程과 '胡漢稍別'」, 『木簡과 文字』 창간호, pp.147-150을 참조.

63) 조선시대 후기까지도 호구조사는 각 호의 戶首(戶主·家主)가 戶口單子를 작성해서 신고하는 방식으로 이루어졌다(山内弘一, 1997, 「李朝後期の戶籍編成について」, 『朝鮮後期の慶尙道丹城縣における社會動態の研究(II)』, 學習院大學 東洋文化研究所; 장경준, 2015, 「조선후기 호적작성과 활용을 통해 본 戶」, 『역사민속학』 48, p.231).

하게 발생했다. 예컨대 漢代에도 각 호에서 호구 현황을 신고할 때 실제 내용과 달리 허위 신고를 하는 경우가 발생하기도 하여 조사담당자인 里正·里典이 책임을 지고 허위 신고자를 고발하는 경우도 있었다.[64] 또 조선시대에도 각 호에서 호구단자를 작성할 때 역시 避役의 목적으로 구성원 나이 등을 허위로 작성하거나 고의로 호구를 누락시켜서 보고하는 일들이 발생했던 것이다.[65]

이는 '연호두'(호주)의 신고 과정에서도 나타날 수 있는 현상이다. 즉 최초로 호구사항을 신고하는 '연호두'가 避役을 목적으로 새로 발생한 구성원을 고의로 누락해 신고하는 등의 부정행위를 하는 경우가 발생할 수 있기 때문이다. 이러한 현상이 방치되어 심화될 경우 결국 수묘역을 담당하는 인원이 점진적으로 감소하는 현상으로 이어질 수 있다.

수묘인의 '賣買' 문제 역시 마찬가지이다. 수묘인이 외부에 人身을 파는 현상은 가구구성원의 성별과 연령을 가리지 않고 발생할 수 있는데, 이를 방치할 경우 장기적으로 전체 수묘인 규모와 人丁의 숫자를 일정하게 유지하기 어렵게 된다. 이때 自賣로 인해 발생하는 연호 구성원의 缺員은 정기적인 호구조사를 통해서 적발할 수 있는데, 만약 호구 현황을 신고하는 '연호두'가 구성원수를 허위로 보고할 경우 매매에 대한 감시와 적발이 제대로 이루어질 수 없다. 세월이 흐르면서 수묘인의 自賣는 수묘제의 정상적인 운영 자체를 위협하게 되었고, 광개토왕대에 이르러 그 심각성이 크게 대두되면서 전면적인 매매금지, 즉 부유한 자(제3자)의 買入 금지 조치로까지 이어지게 되었던 것이다.

그렇다면 '差錯', 즉 '착오'·'어긋남'이라고 하는 것은 국가가 파악하고 있는 수묘인의 호구사항과 실제 현황 사이의 차이를 의미하는 것으로 볼 수 있다. 그리고 그 원인은 '연호두'가 가호 구성원의 避役 목적 내지는 매매 사실을 숨길 목적으로 호구현황을 허위로 보고한데서 비롯되었던 것으로 추정해볼 수 있다. 이는 장기적으로 수묘인의 점진적 감소로 이어져 수묘제 운영에 큰 문제를 야기하는 폐단이 되었던 것이다. 결국 수묘제의 운영과정에서 '差錯'과 '매매' 현상을 방지하기 위해 각 왕릉의 '연호두' 20인이 1차 감시 대상으로 설정되었던 것이며, 이들의 인명기록을 통한 관리는 기존에 문서행정을 통해 이루어지던 수묘인 관리의 보완 조치였던 셈이다.

한편 연호두의 명단을 집안비의 뒷면에 銘記한 조처, 즉 석비를 통한 공시가 어떤 용도였는지에 대해 논의해보겠다. 기존에는 연호두를 銘記한 석비를 각 왕릉 옆에 세워둔 목적은 그 내용을 지속적인 수묘인연호 관리의 근거로 활용하기 위해서였다고 파악하는 의견들이 다수였다. 즉 적어도 석비를 세운 동안은 銘記된 연호목록을 근거로 한 장기적인 제도 운영이 이루어졌을 가능성을 상정한 것이다.[66] 그러나 아래의

64) 김병준, 2008, 앞의 논문, p.148.

65) 권내현, 2001, 「朝鮮後期 戶籍의 作成過程에 대한 分析」, 『大東文化硏究』 39, pp.70-75.

66) 이러한 전제로 수묘인 관리의 제도적 형태가 변경될 경우, 효용이 없어진 집안비를 폐기했을 가능성도 제기되었다(홍승우, 2013, 앞의 논문, pp.110-112; 임기환, 2014, 앞의 논문, pp.118-120; 기경량, 2014, 앞의 논문, p.233; 김창석, 2015, 앞의 논문, p.94). 또한 능비의 건립 이후에는 석비를 통해 인민들에게 포고하는 방식은 종결되었고, 이를 계기로 수묘인연호에 대한 내용은 종이나 목간 형태의 문서로 담당 관리에 관리되는 형태로 전환되었을 것이라는 주장도 있었다(김창석, 2015, 앞의 논문, p.94). 즉 대체로 석비가 세워진 동안은 제도 운영 과정에서 이를 일종의 관리 근거로서 활용했다는 것이다.

기록들은 과연 연호목록이 실효성 있는 수묘인의 관리 근거였는지 여부에 대해서 의문이 들게 한다.

Ⅷ ▨▨▨上立碑 銘其烟戶頭卄人名 以示後世 自今以後
Ⅸ 守墓之民 不得擅買更相擅賣 雖富足之者 亦不得其買
Ⅹ ▨▨若違令者 後世▨嗣▨▨ 看其碑文 与其罪過

위 Ⅷ행에서는 연호두 20인명을 銘記한 뒤 '以示後世'하라고 하였다. 즉 연호두 20인을 銘記한 석비 내역은 오랜 시간이 흐른 뒤에도 보여질 것을 고려해서 기록되었던 것이다. 또한 Ⅹ행에서는 '後世', '嗣' 등의 표현이 나오는데, 이를 통해 후대에 '연호두 인명이 銘記된 내역('其碑文')을 보고 위반자에게 '罪過'를 주라는 의미로 볼 수 있다.

그러나 이미 지적되어온 것처럼 '연호두'가 오랜 시간이 지난 뒤에 모두 생존해있을 가능성이 없으므로 비문에 적힌 내용 자체가 후대의 수묘인 관리대장으로서는 뚜렷한 한계가 있는 것이 분명하다. 능비문의 연호목록도 〈지역명+國烟·看烟별 烟戶數〉 형태로 되어 있을 뿐이다. 혹자는 이것이 출신지와 국연·간연의 구분을 통한 관리대장이라고 추정하기도 하지만, 오랜 세월이 흐르면서 자녀의 分家, 가구 구성원의 질병·사망 등에 따라 본래 A지역 출신의 戶數가 증가하거나 혹은 구성원의 감소로 인한 廢家 등 다양한 변수들이 발생할 수 있다. 그러한 상황에서 출신지의 구분을 통한 고정적 관리 역시 '후세'까지 이어지는 장기적 관리방식으로서 실효성이 있었다고 보기는 어려울 것이다.

특히 고구려는 이미 遷徙된 수묘인 집단의 변동 현황을 정기적으로 파악하였고, 이를 기반으로 課戶를 편성하여 관리하고 있었다. 그런데 이 과정에서 석비에 새겨진 고정적인 출신지·인명 등의 내역을 실제 현황에 꿰어맞추려고 했다면, 오히려 제도의 원활한 운영에 逆行하거나 방해가 될 수밖에 없었을 것이다. 결국 석비에 새겨진 '연호두' 20인의 명단이나 〈지역명+國烟·看烟별 烟戶數〉는 立碑 당시의 현황을 보여줄 뿐, 후대의 관리 근거로 활용됐다고 볼 수는 없다.

중앙 정부의 입장에서 '차착'과 '매매' 문제에 대응하기 위한 가장 근본적인 조처는 철저한 문서행정과 이에 대한 관리·감독의 강화였다고 생각된다. 그렇다면 광개토왕대에 굳이 석비를 활용했던 것은 종이(목독) 문서가 갖는 기능과는 다른, 현장에서의 공시·공표라는 기능과 상징성에 비중을 두는 가운데 검토해야 할 것이다. 王命에 의거해 수묘인 내역들을 관리하고 있음을 현장의 독자들에게 각인시키는 동시에, 향후 철저한 관리·감독을 하겠다는 의지를 수묘인이 있는 현장에 常時 천명함으로써 지금뿐 아니라 '후대'에도 벌어질 수 있는 제도적 이완 현상을 방지하겠다는 것이 주된 목적이었던 것이다.[67)]

이러한 석비의 건립 목적과 관련해 신라의 「남산신성비」 사례를 참고해보고자 한다. 591년 2월에 남산

67) 고구려가 수묘인을 관리하기 위해 활용한 것은 석비가 아닌 호적 등의 장부류였을 가능성이 높다고 보고, 적어도 광개토왕비의 연호목록은 단지 상징적인 의미로 새겨졌을 가능성도 제기된 바 있다(홍승우, 2013, 앞의 논문, p.111 註70). 다만 이 글에서도 집안비의 연호목록은 여전히 인명 기재를 근거로 한 관리 용도로 상정하고 있다.

신성 축성 현장의 여러 구간에 세웠다고 추정되는 이 비는 집안비와 단순하게 비교할 수는 없겠지만, 일단 力役 동원 및 공사 책임과 관련된 비로서 축성역이 시작되는 착공 시점에 작성됐다는 점에서 주목된다. 여러 개의 석비가 동일한 목적으로 공사 구간(작업 분단)별로 세워졌는데, 3년 내에 성이 붕괴될 경우 죄를 받는다는 동일한 형태의 서약문을 공유하고 있으며, 작업 구간의 거리, 구간별 인부의 징발 책임자(道使·邏頭)와 하위 작업관리자(匠尺·工尺·文尺 등)들의 명단이 새겨져 있다.[68] 아마도 立碑 당시에 인부를 징발한 관리와 작업 책임자들, 그리고 인부들의 서약이 이루어지는 의식(ceremony)이 있었을 것으로 추정된다.

「남산신성비」의 내용은 그 자체로 지속적인 관리의 근거로 이용되었을 가능성도 완전히 배제할 수는 없으나, 그보다는 석비에 立碑 당시의 현황들이 매우 상세히 기재되어 있음에 더 주목할 필요가 있다. 예컨대 이 비에는 특정 村(里) 출신 역부들의 축성 담당구간(거리)이 寸단위(2.37㎝)까지[69] 세밀하게 기록되어 있다.[70] 이는 전체 거리에서 작업 분단의 인원수를 고려해 산술적으로 나눈 '계획상'의 수치로서, 현장에서 불규칙한 형태의 석재들을 구해 성벽 쌓는 작업을 마친 후에는 일정한 수치상의 변동이 발생할 수 있다.[71] 또한 지형의 험준함이나 참여한 역부들의 역량 등 착공 시에 미리 예측할 수 없는 상황들에 따른 결과의 차이도 발생할 수 있다. 게다가 비문에 銘記된 郡·村 단위의 하위 관리자들(匠尺·工尺·文尺) 명단의 경우도 축성역이 몇 달 정도 지속되는 과정에서 일부가 불의의 사고나 기타 사유로 인해 교체되었을 가능성도 배제할 수 없다.

이미 여러 차례의 축성 경험이 있는 신라 조정에서 착공 시에 위와 같은 상황들을 미리 예측하지 못해서 석비에 구체적인 수치와 하급관리자 명단을 새겨두었다고 보기는 어렵다. 아마도 석비에 적힌 내역들을 포함해 관리자 이하의 역부 개개인 명단과 숫자, 그들의 작업 일수 등이 별도의 문서로 관리되고 있었을 것이다. 만약 축성 담당거리나 작업 책임자의 변동이 발생할 경우 그에 대한 갱신과 관리 역시 목간이나 종이문서로 이루어졌을 가능성이 높다. 즉 현장에 세워둔 석비 자체가 관리자 명단과 축성 담당구간 등을 고정적으로 관리하기 위한 용도는 아니었다는 것이다.

아마도 「남산신성비」의 용도는 공사가 시작되는 시점에 서약문 낭독과 함께 최초 계획상의 공사구간(거리), 그리고 현장의 관리자 명단 등을 공시함으로써 국가의 엄격한 관리 의사를 알리는 동시에 현장 작업자들(독자)에게 공사에 대한 책임감을 갖게 하려는 의도였다고 생각된다. 즉 그 자체로 사후 관리의 근거로 쓰이지는 않았다는 것이다. 따라서 공사가 시작된 이후 銘記된 내용에 일부 변동사항이 발생했다고 할지라도 추후에 석비 내용을 수정하는 조치는 없었을 것으로 생각된다. 실제로 현재까지 발견된 남산신성비 제

68) 秦弘燮, 1965, 「南山新城碑의 綜合的 考察」, 『歷史學報』 26; 李鍾旭, 1974, 앞의 논문.

69) 이 당시 신라의 寸 단위 길이는 명확하지 않으나, 이성산성 C지구 저수지에서 출토된 자를 기준으로 비교·검토해보면 1촌은 2.37㎝에 해당한다고 볼 수 있다(윤선태, 2002, 「韓國 古代의 尺度와 그 變化」, 『國史館論叢』 98, pp.31-32).

70) 현재까지 발견된 「남산신성비」 제1~10비 가운데 역부가 동원된 村(里)名과 受作거리가 보이는 사례는 제1비(阿良村, 11보 3척 8촌), 제2비(阿大兮村, 7보 4척), 제3비(喙部 主刀里, 21보 1촌), 제9비(伊同城, 6보)이다.

71) 하일식, 1993, 「6세기 말 신라의 역역 동원 체계」, 『역사와 현실』 10, pp.217-218.

1~10비에서 축성 공사구간(거리)이나 담당자의 명단을 수정한 흔적은 보이지 않는다. 이는 고대 사회에서 국가가 제도 운영과 관련해 石碑를 활용했던 사례 가운데 하나로서, 능비와 집안비에 수묘인 연호목록을 銘記한 목적에 대해서도 하나의 실마리를 제공해준다고 생각된다.

문서행정을 통해 각 지역 주민의 호구현황을 파악하고 이를 근거로 稅役을 책정하여 부과하는 것은 定住民 통치를 기반으로 한 국가 운영의 가장 기본이다. 국가 초기부터 중국 군현 지역으로 영토를 넓혀가는 가운데 지배체제를 정비해왔으며, 국내성 지역으로 遷徙된 수묘인들을 오랫동안 관리한 경험이 있는 고구려가 4세기 후반에 石碑의 효용과 한계를 제대로 인지하지 못한 가운데 이를 제도 운영의 근거로 삼았다고 보는 견해에는 동의하기 어렵다. 광개토왕이 '차착'의 방지를 위해 '墓上立碑 銘記烟戶'했던 것은 기본적으로 문서를 통해 호구 현황을 철저히 파악하는 가운데 이루어진 '부가' 조치였을 것이며, 석비의 내용 그 자체를 주된 관리대장으로 삼고자 했다고 보기는 어렵다.

광개토왕대에 수묘인들이 집결하고 작업하는 현장인 각 왕릉의 주변에 석비를 세우고 연호두의 명단을 공시한 것은 수묘인 역부들과 현장의 감독자들, 그리고 왕릉과 수묘인의 주거지를 지나는 이들을 대상으로 하여 국가가 王命으로 행정의 최말단인 연호두 명단을 직접 파악 및 감시하고 있으며, 이들의 부정까지도 꾸준히 관리하겠다는 의지를 보이려는 목적에서 이루어졌다고 생각된다. 아마도 立碑 당시에 수묘인을 비롯해 담당관리 등의 참여 하에 일종의 서약 의식을 치르는 가운데, 향후에도 국가가 이들을 엄중하게 관리·감독할 것임을 천명하는 행위가 이루어졌을 가능성이 높다.[72] 그리고 이후 현장에서 여러 대에 걸쳐 수묘를 담당하는 수묘인들에게 석비는 곧 王命을 통한 감시와 경고의 의미로서 시각적으로 인지되고 있었을 것이다.

한편 집안비와 능비의 연호목록이 각각 〈烟戶頭 20人名〉을 銘記하는 형태와 〈지역명+國烟·看烟별 烟戶數〉 형태로 각각 차이를 보이는 문제에 대해 살펴보자. 보통 그 원인에 대해 광개토왕대의 제도가 능비를 작성할 단계에 이르러 폐지 내지 변경되었다는 입장에서 바라보기도 했다. 즉 기존에 '연호두'의 인명을 기재하는 방식이 이후 관리운영상의 문제점을 드러냈기 때문에 능비 단계에서는 〈지역명+國烟·看烟별 烟戶數〉를 새기는 새로운 방식이 적용되었다고 본 것이다.[73]

그러나 연호두의 인명을 銘記하는 대신에 출신지역명과 연호수를 새기는 방식이 과연 더 개선된 형태였는지, 그것이 수묘제 운영에 긍정적인 영향을 끼쳤는지 여부가 명확하게 해명되었다고 보기는 어렵다. 더욱이 앞서 지적한대로 능비에는 분명히 광개토왕이 처음으로 '묘상입비 명기연호' 조치를 했다고만 언급하

---

72) 고구려에서 後漢 이래의 石碑 문화를 숙지하고 있던 상황에서 규수형비의 시각적 효과와 용도를 참작하여 집안비('묘상입비')를 제작했다고 본 견해도 주목된다. 규수형비를 택한 것은 아마도 수묘인들에게 광개토왕의 敎令을 인지시키고 이를 지킬 것을 맹서하도록 하는 용도였을 것이라고 본 것이다(김병준, 2017, 「'시각 문서'에서 '시각 석비'로」, 『木簡과 文字』 18, pp.132-133). 능비의 경우에는 규수형이 아니지만, 이는 광개토왕의 훈적을 드러내고 동시에 수묘인 연호목록을 공시('묘상입비')하는 두 가지 목적을 동시에 갖춘 비였기에 광개토왕대의 '묘상입비'를 목적으로 한 비들과는 별개의 형태로 제작된 것이 아니었나 생각된다.

73) 공석구, 2013, 앞의 논문, p.49; 홍승우, 2013, 앞의 논문, pp.110-111.

였다. 만약 이것이 이미 폐지된 제도였다면 굳이 능비에 기재하는 것도 어색하지만, 추후에 개정 조치가 이루어졌다는 언급도 없이 바뀐 제도의 결과물(연호목록)을 제시했다는 것도 납득하기 어렵다. 따라서 능비에 銘記된 〈지역명+國烟·看烟별 烟戶數〉 형태의 연호목록은 광개토왕이 제정한 '묘상입비 명기연호' 제도에 의거해 새겨졌다고 보는 것이 문맥에 가장 부합한다.

그렇다면 기본적으로 같은 제도에 의거해서 만들어진 두 비의 연호목록이 각기 다른 형태로 표기된 이유는 무엇일까. 이 문제를 풀기 위해서는 우선 연호목록이 실효성 있는 관리대장이 아닌, 국가의 적극적인 관리의지를 현장에 내보이는 목적으로 새겨졌다는 점, 그리고 두 비가 새겨질 당시의 상황 차이에 주목할 필요가 있다. 광개토왕은 여러 조상왕들의 능묘에 배정된 수묘인 현황에 대한 조사 이후 각 왕릉에 석비를 세우고 20인의 연호두 명단을 각각 銘記했을 것이다.

그런데 광개토왕대의 조치가 있던 시점에 각 왕릉에 배정된 수묘인들은 立碑 시점에 새롭게 징발되어온 자들이 아니었다. 특히 오래전에 조성된 왕릉에 배속돼있던 수묘인들은 여러 대에 걸쳐 살아오는 과정에서 자연히 자녀들이 복수의 分家를 이루거나 혹은 구성원이 줄어서 廢家되는 경우도 발생했을 것이다. 따라서 이들의 최초 출신지역명은 오랜 세월이 흐른 뒤에는 설사 자료가 남아 있었다고 한들 큰 의미가 있었다고 보기 어렵다. 광개토왕대에도 수묘제를 정비하는 과정에서 立碑 당시에 인위적으로 편성되어 있던 課戶의 대표자이자 호구현황 파악에 일정한 역할을 했던 '연호두'의 인명을 기록했던 것이다.

반면에 능비의 연호목록을 새기는 시점은 집안비의 건립 당시와는 상황이 다르다. 일단 능비에 보이는 414년 9월 29일은 능묘를 모두 완성한 뒤에 葬送을 마친 시점일 것이다.[74] 그런데 이때 장송 절차 이외에도 陪塚 설치·樹木·수묘인 배정 등 왕릉의 정비와 수묘 관련 조치들이 추가로 이어졌을 것으로 생각된다. 과연 능비에 들어갈 문구가 확정된 시점에 광개토왕릉에 배정된 수묘인연호를 국내성으로 遷徙하는 작업을 비롯해 課戶가 편성되고, 烟戶頭(호주)의 지정까지 마무리된 상태였는지 여부는 분명히 알 수 없다.[75]

만약 연호목록이 향후 제도운영과 관련한 주요 관리 대장이자 일정한 항목과 기준에 의해 작성되어야만 하는 장부 성격이었다면 능비에 들어갈 문구는 당연히 위의 조치들이 모두 완료된 시점에 기재되어야만 한다. 그러나 課戶의 편성과 이를 통한 정상적인 수묘역 동원은 立碑 시점 보다 늦어졌을 가능성이 있다. 또한 앞서 논의한 것처럼 집안비와 능비의 연호목록은 기본적으로 지속적인 관리대장으로서의 의미가 없었다는 점을 고려할 필요가 있다.

立碑 당시에 수묘와 관련된 위의 조치들이 최종적으로 마무리 되지 않은 상태였다면, 광개토왕릉의 수묘인연호 전체를 일괄할 수 있으며, 비면이라는 한정된 공간에 公示할 수 있는 前단계의 자료는 수묘인연호를 징발했던 지역과 연호수가 적힌 내역이 아니었을까 한다. 이는 집안비에 적힌 내역과 마찬가지로 입비 시점에 확보돼 있던 수묘인 관련 내역이었을뿐, 향후에 지속적으로 활용될 것을 고려한 자료는 아니었

74) "以甲寅年九月廿九日乙酉遷就山陵 於是立碑 銘記勳績 以示後世焉"(「광개토왕비」문)

75) 배총과 제대 설치, 수묘인 배정 등과 관련된 일체의 작업이 완료된 후에 최종 立碑되었을 것으로 보기도 한다(주보돈, 2016, 「廣開土王碑와 長壽王」, 『木簡과 文字』 16, pp.47-48).

다. 그러나 이 내역만을 기재하여도 '묘상입비'제도가 의도했던 소기의 목적, 즉, 국왕의 관리 의지를 현장에 시각적으로 내보이는 기능을 다할 수 있었던 것이다. 결국 '묘상입비 명기연호'는 향후 국가의 수묘인에 대한 철저한 관리·감독 의지의 표명으로서, 기존에 문서를 통해 이루어지던 수묘인의 관리방식을 보조하는 상징적인 조치였다고 보아야 할 것이다.

Ⅳ. 맺음말

본고에서는 집안비가 곧 광개토왕대에 '묘상입비'한 석비 가운데 하나라는 입장에서 그 성격과 내용에 접근하였다. 광개토왕은 기존에 문제가 발생했던 수묘제에 대한 개혁 조치로 각 왕릉 옆에 석비를 세웠다. 이 비에는 앞면에 수묘제의 연혁과 더불어 선대왕들의 제도 운영과정과 광개토왕의 대응 조치에 대한 내용이 새겨졌으며, 뒷면에는 해당 왕릉의 수묘인 인명, 구체적으로 課戶의 대표자인 '연호두' 20인의 인명을 새겨 넣었다. 집안비는 이렇게 세워진 석비들 가운데 하나였을 것이다.

한편 고구려는 국초부터 중국 군현과 접촉하였고, 4세기 초 이래로 낙랑·대방·요동군의 영역과 주민을 다수 흡수하는 가운데, 화북의 前燕·後燕 등의 국가들과 경쟁해왔다. 이것은 필연적으로 定住民 통치의 근간인 문서행정 등 통치 시스템의 선진화를 요구하는 것이었고, 상세한 호구현황 파악과 이를 기반으로 한 균등한 賦稅·賦役은 체계적인 국가통치의 기본 사항이었다. 수도인 국내성 지역에서 이루어진 왕릉의 수묘는 국가적으로 큰 관심을 두고 이루어졌을 것이며, 그 규모도 왕릉 1기 당 수십 家 정도에 불과하였다. 정착농경민을 통치하는 시스템을 갖춘 고구려가 이 정도 규모의 수묘인들을 대상으로 상세한 호구현황 파악과 그것을 근거로 한 체계적인 인력 동원이 불가능했다고 단정할 이유는 없다.

이에 고구려의 수묘인 관리와 유지는 기본적으로 철저한 문서행정을 통해서 이루어졌을 것으로 보았다. 국내성으로 遷徙된 수묘인들에 대해 정기적인 호구현황 파악을 기본으로 하여 課戶를 편성하였고, 이러한 과호의 대표자가 곧 '연호두'였다. 집안비에 보이는 20인의 '연호두'는 각 호의 구성원 현황을 행정적으로 신고하는 최초의 존재였는데, 이들이 가호 구성원의 避役 혹은 매매 사실을 숨길 목적으로 호구현황을 허위로 보고하면서 '差錯', 즉 국가가 파악한 호구현황과 실제 사이의 차이가 발생했다. 이는 점진적으로 수묘제 운영에 심각한 문제를 야기하는 폐단이 되었을 것이다. 따라서 고구려는 '差錯'과 '매매' 현상을 방지하기 위해 '연호두'를 1차 감시 대상으로 설정했던 것이며, 이것이 '연호두'의 인명이 기재된 이유라고 보았다.

한편 집안비에 새겨진 '연호두'의 인명이나 능비에 〈출신지역명+國烟·看烟별 烟戶數〉형태로 새겨진 기록들은 立碑 당시의 현황을 보여줄 뿐, 후대에 발생할 다양한 변수들로 인해 실효성있는 관리대장으로서 기능했다고 보기는 어렵다. 중앙 정부의 입장에서 '차착'과 '매매' 문제에 대응하기 위한 가장 근본적인 조처는 철저한 문서행정과 관리·감독의 강화였다고 생각된다. 석비는 향후에도 국가가 '연호두'를 엄중하게 관리·감독할 것임을 현장에 천명한 '상징적인' 용도로서 원활한 문서행정을 위한 '부가' 조치에 불과했던 것이다. 즉 고구려의 수묘제 운영과 수묘인의 유지 및 관리는 종이(목독) 등을 이용한 문서행정이 중심이었을

것이며, 석비를 통한 운영이 그 본질적인 형태였다고 보기는 어렵다고 생각된다.[76)]

투고일: 2020. 10. 31	심사개시일: 2020. 11. 03	심사완료일: 2020. 11. 30

76) 한 가지 첨언하자면, 기존의 연구에서 집안비의 성격과 관련해 서술상의 편의를 위해 '守墓碑'·'教令碑'·'定律碑' 등의 용어를 만들어 쓰는 경우가 있었다. 그런데 연구가 진행되면서 연구자별로 같은 용어를 쓰면서도 각기 다른 상황과 의미를 부여하는 경우도 없지 않았다. 사료에 없는 용어를 새롭게 만드는 것도 경계할 일이지만, 후속 연구자들이 그 용어로 인해 겪을 혼란도 감안할 필요가 있다. 꼭 필요한 경우가 아니라면 집안비의 성격과 관련해 새로운 용어를 만들거나, 이러한 용어들로 연구 현황을 정리하는 방식은 지양했으면 하는 바람이다.

참/고/문/헌

1. 단행본

김석형, 1993, 『조선 봉건시대 농민의 계급구성』, 신서원.

손영종, 2001, 『광개토왕릉비문 연구』, 중심.

集安市博物館, 2013, 『集安高句麗碑』, 吉林大学出版社.

2. 논문

강진원, 2013, 「신발견 '集安高句麗碑'의 판독과 연구 현황」, 『木簡과 文字』 11.

강진원, 2016, 「고구려 守墓碑 건립의 연혁과 배경」, 『韓國古代史研究』 83.

강진원, 2017, 「집안고구려비문(集安高句麗碑文)」건국신화의 성립과 변천」, 『史林』 61.

강현숙, 2014, 「집안고구려비에 대한 고고학적 추론 -묘상입비와 관련하여-」, 『高句麗渤海研究』 50.

공석구, 2013, 「'광개토왕릉비' 수묘인연호 기사의 고찰」, 『高句麗渤海研究』 47.

공석구, 2013, 「『集安高句麗碑』의 발견과 내용에 대한 考察」, 『高句麗渤海研究』 45.

橋本繁, 2018, 「신라 중고기의 지방제도와 축성비」, 『6세기 신라 석비의 세계』, 국립경주박물관.

권내현, 2001, 「朝鮮後期 戶籍의 作成過程에 대한 分析」, 『大東文化研究』 39.

권인한, 2016, 「集安高句麗碑文의 판독과 해석」, 『木簡과 文字』 16.

권정, 2002, 「한·중·일 비교를 통해 본 고대 수묘인의 성격」, 『日語日文學研究』 42.

금경숙, 2013, 「새로 발견된 '지안고구려비'에 대한 몇 가지 고찰」, 『동북아역사문제』 71.

기경량, 2014, 「집안고구려비의 성격과 고구려의 수묘제 개편」, 『韓國古代史研究』 76.

김락기, 2006, 「高句麗 守墓人의 구분과 立役方式」, 『韓國古代史研究』 41.

김락기, 2016, 「광개토왕비 수묘인연호조의 연구현황과 과제」, 『先史와 古代』 47.

김병준, 2008, 「樂浪郡 初期의 編戶過程과 '胡漢稍別'」, 『木簡과 文字』 창간호.

김병준, 2017, 「'시각 문서'에서 '시각 석비'로」, 『木簡과 文字』 18.

金錫亨, 1974, 「三國時代の良人農民」, 『古代朝鮮の基本問題』, 學生社.

김창석, 2015, 「고구려 守墓法의 제정 경위와 布告 방식」, 『東方學志』 169.

김택민, 2013, 「중국 고대 守陵 제도와 율령」, 『史叢』 78.

김현숙, 1989, 「廣開土王碑를 통해 본 高句麗守墓人의 社會的 性格」, 『韓國史研究』 65.

김현숙, 2013, 「集安高句麗碑의 건립시기와 성격」, 『韓國古代史研究』 72.

김현숙, 2015, 「고구려 수묘제 연구의 현황과 쟁점」, 『국학연구』 26.

李鍾旭, 1974, 「南山新城碑를 통하여 본 新羅의 地方統治體制」, 『歷史學報』 64.

閔斗基, 1957, 「前漢의 陵邑徙民策」, 『歷史學報』 9.

山內弘一, 1997, 「李朝後期の戶籍編成について」, 『朝鮮後期の慶尙道丹城縣における社會動態の研究(II)』,

學習院大學 東洋文化硏究所.
서영수, 2013,「說林 지안 신고구려비 발견의 의의와 문제점」,『高句麗渤海硏究』 45.
孫仁杰, 2013,「集安高句麗碑文識讀」,『東北史地』 2013-3.
孫仁杰, 2013,「집안고구려비의 판독과 문자 비교」,『韓國古代史硏究』 70.
여호규, 2013,「신발견 '集安高句麗碑'의 구성과 내용 고찰」,『韓國古代史硏究』 70.
여호규, 2015,「集安高句麗碑와 광개토왕릉비 序頭의 단락구성과 서술내용 비교」,『新羅文化』 45.
여호규, 2016,「韓·中·日 3國 學界의 集安高句麗碑 硏究動向과 課題」,『東方學志』 177.
윤용구, 2013,「集安 高句麗碑의 拓本과 判讀」,『韓國古代史硏究』 70.
尹在碩, 2013,「中國古代의 守墓制度」,『東洋史學硏究』 124.
이성제, 2013,「集安 高句麗碑로 본 守墓制」,『韓國古代史硏究』 70.
이용현, 2013,『신발견 고구려비의 예비적 검토』, 고구려발해학회 제59차 정기발표회 발표집(2013. 2. 22).
이철호, 1996,「前漢의 陵邑徙民 定策과 豪族」,『震檀學報』 82.
임기환, 1994,「광개토왕비의 국연(國烟)과 간연(看烟)」,『역사와 현실』 13.
임기환, 2014,「집안고구려비와 광개토왕비를 통해 본 고구려 守墓制의 변천」,『韓國史學報』 54.
장경준, 2015,「조선후기 호적작성과 활용을 통해 본 戶」,『역사민속학』 48.
장병진, 2016,「고구려 출자 의식의 변화와「集安高句麗碑」의 건국설화」,『인문과학』 106.
전덕재, 2015,「373년 고구려 율령의 반포 배경과 그 성격」,『韓國古代史硏究』 80.
정호섭, 2012,「廣開土王碑의 성격과 5세기 高句麗의 守墓制 改編」,『先史와 古代』 37.
정호섭, 2013,「集安 高句麗碑의 性格과 주변의 高句麗 古墳」,『韓國古代史硏究』 70.
정호섭, 2014,「광개토왕비와 집안고구려비의 비교 연구」,『韓國史硏究』 167.
趙法鍾, 1995,「廣開土王碑文에 나타난 守墓制硏究」,『韓國古代史硏究』 8.
조우연, 2013,「集安高句麗碑에 나타난 왕릉제사와 조상인식」,『韓國古代史硏究』 70.
주보돈, 2016,「廣開土王碑와 長壽王」,『木簡과 文字』 16.
秦弘燮, 1965,「南山新城碑의 綜合的考察」,『歷史學報』 26.
하일식, 1993,「6세기 말 신라의 역역 동원 체계」,『역사와 현실』 10.
홍승우, 2013,「集安高句麗碑에 나타난 高句麗 律令의 형식과 守墓制」,『韓國古代史硏究』 72.

梁志龙·靳軍, 2013,「集安麻线高句丽碑试读」,『東北史地』 2013-6.
李成市, 2019,「集安高句麗碑から見た広開土王碑の立碑目的」,『古代東アジアの文字文化と社會』, 奈良大學.
林澐, 2013,「集安麻線高句麗碑小識」,『東北史地』 2013-3.
武田幸男, 2014,「集安·高句麗二碑の硏究に寄せて」,「プロジェクト硏究」 9, 早稲田大学総合硏究機構.

〈Abstract〉

The Purpose of Erecting Koguryo Tablet at Jian and System for Tending Royal Tomb

An, Jeong-jun

Based on the view that "Koguryo Tablet at Jian"(hereinafter referred to as Tablet at Jian) is one of the steles erected during the Gwanggaeto period by specifying the details of each guardian of royal tomb(守墓人), this paper examines the characteristics and operation of system for tending royal tomb. The basic form of this system of Koguryo is to identify and manage the guardian of royal tomb through documents such as paper or wooden tablets, but it is difficult to judge that the operation was conducted with the stele as a management register. Koguryo grasped the status of the number of households on a regular basis through the guardians who was moved to Gungnaeseong(國内城) provinces, and organized Gwaho(課戶) based on this. "Yeonhodu(烟戶頭)" mentioned in the Tablet at Jian means the representative of Gwaho.

Twenty Yeonhodu's role shown on Tablet at Jian was to report the status of members of each household to the officials. However, as they falsely reported it to conceal the evasion or trading of forced labor, there was "Chachak(差錯)", which means difference between the status of the household members and the actual situation. It is presumed that this was a negative effect which causes serious problems in the operation of system in the long term. In this regard, Koguryo set Yeonhodu as the primary surveillance target to prevent "Chachak" and "trading", and this was the reason why the name of Yeonhodu was recorded in the tablet.

However, the records of Yeonhodu's name on the Tablet at Jian and records written in the form of 〈region of origin + the number of Yeonho(烟戶數) of Gukyeon(國烟)·Ganyeon(看烟)〉 on the tombstone only show the situation when it was erected. It is difficult to consider that it functioned as an effective management register. This article considers that the most fundamental measures of the central government to cope with the problems of "Chachak" and "trading" were thorough document administration and strengthening of management and supervision. The purpose of the stele was to clarify that the state will continue to pay attention to the management and supervision of the guardians of royal tomb, and that violators will be severely punished. In other words, stele was just an "additional" measure for stable document administration.

▶ Key words: Koguryo(高句麗), Koguryo Tablet at Jian(集安高句麗碑), Tombstone of King Gwanggaeto(廣開土王陵碑), System for tending royal tomb(守墓制), Yeonhodu(烟戶頭)

백제 미륵사지 서탑 출토 사리봉안기의 정치적 성격

장미애*

〈국문초록〉

2009년 미륵사지 서탑에서 「사리봉안기」가 발견되면서 미륵사에 대한 많은 논란이 해결될 것으로 기대하였다. 그러나 이러한 기대와는 달리 여전히 창건 주체와 시기를 비롯하여 미륵사를 둘러싼 논쟁은 지속되고 있다. 본 논문에서는 지금까지 이어진 「사리봉안기」와 관련한 논의를 정리하고 이를 바탕으로 「사리봉안기」가 가지고 있는 정치적 의미를 살펴보았다.

「사리봉안기」에 대한 논란은 미륵사의 조영주체와 조영시기에 대한 논의가 중심을 이루었다. 조영주체에 대해서는 사택왕후설, 선화설, 무왕설 등이 제기되었다. 미륵사의 경우 왕실 원찰을 넘어 당시 백제의 국력을 기울인 사찰이라는 점에서 무왕을 중심으로 한 국가 사찰로써 건립되었다고 보는 것이 타당하다고 생각한다. 한편 조영시기에 대해서는 대체로 미륵사가 오랜 기간 동안 조성되었을 것으로 보는 설에 무게가 실리고 있다. 이는 미륵사의 규모와 고고학적 발굴의 성과에 기반한 추정이라고 할 수 있다.

미륵사는 왕실의 원찰을 넘어 강력한 백제국의 상징으로 건립된 것이라고 생각한다. 이러한 미륵사 조영의 실질적 주체는 무왕이었으며, 사택왕후를 비롯하여 미륵사지 서탑의 사리공에서 발견된 금제소형판 등에 기록된 다양한 사람들은 이러한 무왕의 뜻에 호응하여 미륵사의 조영에 참여한 것이라고 생각한다. 무왕은 이를 통해 백제의 국력을 결집시키고, 보다 강력한 백제의 건설을 기원하였을 것이다.

▶ **핵심어: 사리봉안기, 무왕, 사택왕후, 선화, 의자왕**

* 가톨릭대학교 강사

Ⅰ. 머리말

2009년 1월 14일 미륵사지 서탑을 해체하는 과정에서 1층 최하단 심주석 상면에서 사리공이 발견되었다. 이 사리공에서는 모두 5층위로 구성된 사리장엄이 발견되었으며, 1층위 중앙에 위치한 金銅製舍利外壺의 남측 벽면에서 「金製舍利奉安記」(이하 「사리봉안기」)가 발견되었다.[1] 이후 같은 해 1월 19일 문화재청에서 미륵사지 서탑 출토 사리장엄에 대한 보도자료가 배포되면서[2] 사리봉안기의 내용이 일반인에 공개되었다.

익산 미륵사는 『三國遺事』 武王條의 내용을 통해 선화공주의 발원으로 창건되었다고 알려진 사찰이었다. 그러나 2009년 미륵사지 서탑에서 발견된 「사리봉안기」의 내용은 그간 알려져 있던 것과는 달리 미륵사가 '沙宅積德의 딸'인 백제 왕후의 발원에 의해 창건되었다고 전하고 있어 백제사 연구자들을 비롯하여 학계의 큰 주목을 받았다. 연구자들의 관심을 반영하듯 2009년 1월 처음 사리봉안기의 내용이 알려진 직후부터 2009년 한 해에만 5차례에 걸친 학술발표회가 열렸다.[3] 하나의 주제로 한 해에 이렇듯 많은 학술대회가 개최되는 것은 매우 이례적인 일이라고 할 수 있다. 그러나 이러한 수차례에 걸친 학술대회 및 다수의 연구 논문이 제출되었음에도 불구하고 「사리봉안기」와 관련한 논쟁은 아직까지 합의점을 찾지 못하고 있다. 이는 『삼국유사』 무왕조와 「사리봉안기」의 기록상의 차이를 어떻게 극복할 것인지에 대해 연구자들마다 해석의 차이가 존재하기 때문이다.

이 연구에서는 지금까지 있었던 「사리봉안기」와 관련한 연구를 종합·검토하고, 이를 바탕으로 「사리봉안기」가 가지고 있는 정치적 의미를 무왕~의자왕 대 전반기까지의 정국 운영과 관련하여 살펴보고자 한다. 「사리봉안기」의 의미를 살피고자 하는 필자의 생각이 아직까지 합의점을 찾지 못하고 있는 연구에 또 하나의 견해를 얹는 데 그치는 것이 아닐까 걱정되는 마음이 앞서는 것도 사실이다. 그럼에도 불구하고 「사리봉안기」가 발견된 지 11년의 시간이 지났다는 점에서 그동안의 연구 성과를 정리·검토해 볼 필요가 있다는 생각에서 작성하였다. 이를 통해 무왕~의자왕에 이르기까지 백제의 정치를 이해하는 데 작으나마 디딤돌이 될 수 있기를 바란다.

---

1) 배병선·조은경·김현용, 2009, 「미륵사지 석탑 사리장엄 수습조사 및 성과」, 『목간과 문자』 3, pp.185-189.

2) 문화재청 보도자료 "미륵사지석탑(국보 제11호)에서 백제 사리장엄(舍利莊嚴) 발견"(2009. 01. 19)

3) 2009년 미륵사 사리봉안기와 관련한 학술발표회로는 한국사사상사학회 학술발표회(2009. 03. 14), 신라사학회·국민대학교 한국학연구소 공동학술대회 "익산미륵사지 출토유물에 대한 종합적 검토"(2009. 03. 21), 유네스코 세계문화유산등재를 위한 학술회의 "대발견 사리장엄 미륵사의 재조명"(2009. 04. 24~25), 고려사학회 미륵사지사리장엄 출토기념 학술대회 "익산 백제 미륵사지의 재발견"(2009. 05. 16), 한국학중앙연구원 동아시아역사연구소 제4회국내학술회의 "미륵사 사리장엄 연구의 쟁점과 전망"(2009. 09. 26) 등이 있다.

II. 「사리봉안기」 연구의 주요 쟁점과 「사리봉안기」 검토

1. 「사리봉안기」 발견 이후 연구의 주요 쟁점

미륵사는 오랜 기간 발굴이 이루어졌으며, 그 과정에서 창건 배경, 창건 시기, 창건 주체 등에 대한 연구가 이어졌다. 다만, 『삼국유사』 무왕조 내용의 신빙성을 둘러싸고 미륵사 창건의 주체와 시기 등에 대한 논쟁이 지속되었던 것도 사실이다. 때문에 「사리봉안기」가 발견되자 연구자들은 미륵사 창건의 주체와 시기 등에 대한 논란이 종식될 수 있을 것을 기대하기도 하였다. 그러나 연구자들의 기대와는 달리 「사리봉안기」가 발견된 이후에도 미륵사의 창건 시기 및 주체 등과 관련한 논쟁은 여전히 지속되고 있는 양상이다. 여기서는 우선 2009년 「사리봉안기」가 공개된 이후 전개된 논쟁을 창건 주체 및 시기에 대한 논의를 중심으로 정리함으로써 이어질 「사리봉안기」 논의의 기초로 삼고자 한다.

「사리봉안기」 발견 이후 미륵사와 관련한 논의에서 가장 많은 논란이 되었던 것은 창건 주체에 대한 문제였다. 미륵사의 창건 주체와 관련한 기록은 『삼국유사』 무왕조에 전하는 선화공주의 발원에 의해 미륵사가 창건되었다는 내용이 유일하였으나, 그 내용이 설화적 요소가 강하다는 점에서 선화공주의 성격을 둘러싸고 많은 논란이 있기도 하였다.[4] 「사리봉안기」의 발견 이후 창건 주체에 대한 논란이 종식될 것으로 기대하였으나, 논란은 여전히 지속되고 있다.

미륵사의 창건 주체와 관련하여서는 크게 두 가지 관점으로 나누어 살펴볼 수 있다. 하나는 미륵사 창건의 주체가 「사리봉안기」에 기록된 사택왕후가 유일하다고 보는 관점이며,[5] 다른 하나는 창건 주체가 여럿이었을 것으로 보는 견해이다. 전자의 경우 「사리봉안기」 발견 이후 「사리봉안기」에 기록된 사택왕후가 유일한 발원자로서 淨財를 희사하여 미륵사를 창건하였다고 보는 견해이다. 그러나 이에 대한 반론도 거세다.

「사리봉안기」의 발견 이후 『삼국유사』에 기록된 선화공주의 발원에 의해 미륵사가 창건되었다는 기존의 견해가 부정당하기도 했으나 여전히 미륵사 창건과 관련하여서는 사택왕후 외에 다양한 창건주체가 존재하였을 가능성을 주장하는 견해들도 있다.[6] 이들 견해에서는 사택왕후가 미륵사 창건의 한 주체였다는

---

4) 김주성 역시 「사리봉안기」 출토 이후의 제설을 검토하는 과정에서 『삼국유사』 무왕조를 순수한 설화로 접근할 것인가 사실의 논리로 접근할 것인가, 혹은 사실을 반영하는 설화로 접근할 것인가에 따라 그 결과가 상당히 다르게 나타날 수 있음을 지적하고 있다(김주성, 2009, 「미륵사지 서탑 사리봉안기 출토에 따른 제설의 검토」, 『東國史學』 46, pp.32-33).

5) 김상현(a), 2009, 「백제 무왕대 불교계의 동향과 미륵사」, 『한국사학보』 37; 김상현(b), 2009, 「미륵사 서탑 사리봉안기의 기초적 검토」, 『대발견 사리장엄 彌勒寺의 再照明』, 마한백제문화연구소·백제학회; 김주성, 2009, 「미륵사지 서탑 사리봉안기 출토에 따른 제설의 검토」, 『동국사학』 47; 이용현, 2009, 「미륵사 건립과 사택씨」, 『신라사학보』 17; 신종원, 2011, 「사리봉안기를 통해 본 『삼국유사』 무왕조의 이해」, 『익산 미륵사와 백제』, 일지사.

6) 김수태, 2009, 「백제 무왕대의 미륵사 서탑 사리 봉안」, 『신라사학보』 16; 박현숙, 2009, 「百濟 武王의 益山 경영과 彌勒寺」, 『한국사학보』 36; 정재윤, 2009, 「彌勒寺 舍利奉安記를 통해 본 武王·義慈王代의 政治的 動向」, 『한국사학보』 37; 노중국, 2010, 백제사회사상사』, 지식산업사; 장미애, 2012, 「의자왕대 정치세력의 변화와 대외정책」, 『역사와 현실』 85; 崔鉛植, 2012, 「彌勒寺創建의 歷史的 背景」, 『한국사연구』 159; 강종원, 2015, 「백제 무왕대의 정국변화와 미륵사 조영」, 『백제문화』 54. 한편 김영심의 경우 『삼국유사』 무왕조와 「사리봉안기」에 대한 비교·검토를 통해 미륵사 창건은 왕비의 발원에 의해 이루어진 기억이 전승된 결과로 설명하기도 하였다. 이 과정에서 미륵사 창건 발원과 관련하여서는 서탑의 창건주체는 사택왕후가 분명하나 그

점은 부정하지 않으나 『삼국유사』의 기록과 미륵사의 창건이 장기간에 걸쳐 이루어졌을 가능성이 높다는 점과 서탑에서 발견된 금판에 기록된 人名의 예 등을 통해 다양한 세력들이 미륵사 창건에 참여하였을 가능성이 높은 것으로 설명하고 있다.

미륵사 창건에 다양한 세력이 참여했을 것으로 보는 견해에서 주목할 점은 창건의 주체로서 무왕을 강조하는 점에 있다. 다만 무왕이 창건을 주도한 시점에 대해서는 각 연구자들에 따라 약간씩 차이를 보인다. 먼저 창건 초기에는 『삼국유사』에 이른바 선화공주로 기록된 세력에 의해 창건이 주도되었다가 무왕 후반기에 와서 사씨 세력과의 제휴를 통해 무왕의 주도하에 미륵사가 완성되었다고 보는 견해가 있다.[7] 이와는 달리 창건 초창기에는 무왕이 주도하였으나 무왕 후반기에 와서는 사택 왕후를 대표로 하는 사씨 세력에 의해 미륵사 건립이 주도되었을 가능성을 제시한 견해도 있다.[8] 이러한 견해들은 약간의 시기적 차이를 보이나 미륵사 건립에 무왕의 역할을 강조함으로써 익산경영과 함께 미륵사를 강화된 왕권을 상징하는 것으로 설명하고 있다.

한편 미륵사 창건과 관련한 두 기록인 『삼국유사』 무왕조와 「사리봉안기」에 대한 합리적 해석에 중점을 두고 미륵사 창건의 주체를 설명하는 견해들도 있다. 『삼국유사』에 전하는 미륵사 창건 연기 설화를 통해 볼 때 미륵삼존불의 출현을 동기로 3원 3탑이 조성되었을 것으로 보고, 그 최초 기획자의 여부와 상관없이 사택왕후의 발원이 있은 지 얼마 되지 않은 시점에 서탑이 완공된 것으로 보고 있다. 이는 무왕 후반기 정국 운영을 주도할 새로운 동력으로써 강력한 후원자인 사씨 세력이 대두하였으며, 사씨 세력과 무왕의 타협 속에서 사택왕후가 익산 세력에 의해 추진된 미륵사 건립을 적극 수용하였던 것으로 파악하는 견해가 대표적이다.[9] 이와 함께 중원과 동·서원의 조영 주체를 달리 보면서 미륵사의 초창은 익산 재지 출신의 선

외의 왕비의 존재 가능성을 상정하고 있다는 점에서 미륵사 창건을 발원한 왕비가 사택왕후 이외에도 있었을 가능성도 열어놓고 있다(김영심, 2013, 「舍利器 銘文을 통해 본 백제 사비시기 국왕과 귀족세력의 권력관계」, 『한국사연구』 163, pp.17-20).

7) 김수태는 무왕에 의해 서탑에 사리를 봉안함으로써 통합을 강조했으며, 이는 미륵사의 초기 창건을 주도했던 익산 지역만이 아닌 다른 지역의 중요성도 함께 말하기 위한 것으로 파악하고 있다(2009, 앞의 논문, pp.37-38).

8) 최연식의 경우 『삼국사기』 법왕조에 기록된 왕흥사를 『삼국유사』 무왕조에 기록된 미륵사와 동일한 것으로 보고 미륵사는 법왕에 의해 창건되기 시작한 혜왕계 왕실의 원찰로서 무왕에 의해 완성된 것으로 보았다. 다만, 무왕 후반에는 무왕이 실질적으로 왕권을 행사하기 어려운 상황이 되면서 국정 전반에 상당한 영향력을 행사하고 있던 왕후에 의해 서원과 동원의 건립이 이루어진 것으로 파악하였다(2012, 앞의 논문, pp.3-28). 한편 박현숙의 경우 『삼국유사』 무왕조에 전하는 미륵사 창건의 주체는 무왕이며, 무왕이 아막성 전투의 패전 이후 적극적으로 익산을 경영하고자 하는 과정에서 미륵사 창건이 논의되었을 것으로 보았다. 즉, 미륵사 창건은 무왕의 발원에 의해 시작되어 국가적 차원에서 추진된 것으로 본 것이다. 이후 639년 연로한 무왕의 무병장수를 위해 왕후가 서탑 창건을 발원하면서 「사리봉안기」가 남게 된 것으로 이를 통해 볼 때 미륵사는 왕실의 원찰로 볼 수 있다는 것이다. 그러나 다양한 세력들을 기반으로 익산에 이궁을 건설하고 미륵사 창건을 이끌어낸 실질적 주체는 무왕으로 보아야 함을 강조하고 있다(2009, 앞의 논문, pp.344-348). 한편 전혜빈의 경우 639년 무렵 의자가 무왕을 대신해 미륵사 완공을 주도하였고 이때 의자왕의 왕후 세력인 사씨 세력이 서탑 건립에 참여한 것으로 설명하기도 한다(2016, 「彌勒寺 舍利奉安記를 통해 본 義慈王과 沙氏세력」, 『한국고대사탐구』 22, p.223, 주122). 이는 국왕의 역할을 강조한다는 점에서는 앞선 연구들과 맥락을 같이한다고도 할 수 있으나 앞의 연구들과는 달리 미륵사를 조영하는 데 있어 639년을 기점으로 무왕에서 의자왕으로 그 조영 주체가 변화하였다고 설명하는 점, 사택왕후를 무왕의 왕후가 아닌 의자왕의 왕후로 설명하고 있다는 점에서 큰 차이를 보이고 있다.

화왕비에 의해 추진되어 무왕 20년을 전후한 시점에 완성되었으며, 무왕 후반기에 사택왕후를 중심으로 한 사씨 세력이 동원과 서원을 조영했을 것으로 보는 견해도 있다.[10)]

이상에서 「사리봉안기」의 발견 이후 가장 쟁점이 되었던 문제 중 하나였던 미륵사 창건의 주체 문제에 대한 논의를 살펴보았다. 이들 논의는 「사리봉안기」에 기록된 사택왕후 한 사람만을 미륵사 창건의 주체로 볼 것인가 다양한 주체가 존재하였을 것으로 볼 것인가의 문제로 대별되고 있다. 이는 미륵사의 창건 시기와도 관련한 문제라고 할 수 있다. 『삼국유사』 무왕조에 전하는 미륵사의 또 다른 이름인 王興寺가[11)] 『三國史記』에서는 法王2년(600)에 창건이 시작되어[12)] 무왕35년(634)에 완성된[13)] 것으로 전하고 있는 한편,[14)] 왕흥사 사리감의 발견으로 왕흥사가 위덕왕24년(577)에 창건되었다는 점이 밝혀지면서 많은 혼란을 빚고 있는 것이다.

미륵사의 조영 시기와 관련하여 주목할 연구들로는 고고학적 성과를 바탕으로 한 연구가 있다. 미륵사지의 발굴 성과와 미륵사지 출토 인각와를 바탕으로 미륵사가 장기간에 걸쳐 조영되었을 가능성을 보여주는 연구들이 있다. 미륵사지에 대한 토층조사를 통해 중원 회랑 조영 후 서탑지에서 대지를 성토하고 굴광기단을 축조하였으며, 서탑 조영 이후 석재의 효율적 활용을 위한 구조 변경이 동탑에서 나타나고 있어 미륵사는 중원 지역의 조성→서탑의 조영(639)→동원 석탑의 순서로 조성되어었을 가능성을 제시하였다.[15)] 한편 미륵사지에서 출토된 부여식 수막새가 미륵사지 초창가람의 흔적인지 수리를 위해 사용한 기와인지는 알 수 없으나 미륵사 창건은 부여식 수막새의 편년 기점인 600~620년 무렵에 기획되고 조성이 시작되었을 가능성이 있으며, 미륵사식 수막새가 발견되는 630년 무렵에는 대규모의 건축공사가 있었을 것으로 보기도 한다. 그리고 639년 서탑에 사리가 봉안되고, 을사년(645)으로 편년되는 지지명 인각와가 다량 발견되는 것을 통해 볼 때 통해 볼 때 완성은 의자왕 대로 추정하는 견해도 있다.[16)]

이렇듯 고고학적 성과를 바탕으로 미륵사의 조영이 장기간에 걸쳐 이루어졌을 것임을 주장한 연구들과

---

9) 정재윤, 2009, 앞의 논문, pp.39-49.

10) 노중국, 2010, 앞의 책, pp.436-441; 강종원, 2015, 앞의 논문, pp.294-304. 노중국은 미륵사에서 발견된 간지명 인각와를 근거로 중원의 완공 시점을 629년으로 비정하였다.

11) 『三國遺事』 卷2, 紀異2 武王 "…乃法像彌勒三會殿·塔·廊廡各三所創之, 額曰彌勒寺. 〈国史云王興寺.〉 …."

12) 『三國史記』 卷27, 百濟本紀5 法王 "二年春正月, 創王興寺, 度僧三十人."

13) 『三國史記』 卷27, 百濟本紀5 武王 "三十五年春二月, 王興寺成. 其寺臨水, 彩飾壯麗. 王每乘舟, 入寺行香."

14) 최연식은 『삼국사기』에 전하는 왕흥사를 『삼국유사』의 미륵사와 동일한 것으로 보고 『삼국사기』에 기록된 634년 왕흥사[미륵사]의 완성은 중원이 완성된 것을 기록한 것이며 「사리봉안기」에 보이는 639년은 서탑이 완성된 것을 보여주는 것이며, 동원의 경우 640년 이후 완성되었을 가능성을 언급하였다(2012, 앞의 논문, pp.3-13).

15) 梁正錫, 2009, 「彌勒寺址 塔址의 調査過程에 대한 檢討」, 『한국사학보』 36.

16) 김선기, 2009, 「地支銘 印刻瓦를 통해서 본 미륵사 창건과 몇 가지 문제」, 『대발견 사리장엄 彌勒寺의 再照明』, 마한백제문화연구소·백제학회, p.102; 2011, 「익산지역의 백제 사지」, 『익산 미륵사와 백제』, 일지사, pp.247-254. 한편 노중국은 간지명 인각와가 丁亥·己丑에 집중되어 있다는 점을 들어 정해년부터 기와가 본격적으로 덮이기 시작하여 기축년(629)에 마무리 작업이 이루어지면서 중원의 금당이 완공되었을 것으로 추정하였다. 그리고 10년 뒤인 639년에 서금당과 서탑이 완공되었을 것으로 보았다(2010, 앞의 책, p.441). 김주성 역시 노중국의 견해를 바탕으로 629년 중원 금당이 완공되고 639년 서탑의 사리봉안 의식이 거행되면서 그 후 어느 시점에 서탑이 완공되었을 것으로 보았다(김주성, 2009, 앞의 논문, p.42).

함께 무왕 대 정치 흐름을 바탕으로 미륵사 조영 시기를 추론한 연구도 이어졌다. 이는 미륵사의 초창 시기를 언제로 볼 것인가에 따라 견해가 나뉘는데, 무왕 초기부터 미륵사 조영이 시작되었다는 견해와 무왕 재위 기간 중 특정 시점에 조영이 추진되었을 것으로 보는 견해가 있다. 전자의 경우 신라와의 아막성 전투 패배 직후 위기를 돌파하기 위해 새로운 희망의 공간으로써 익산 경영을 시작하면서 미륵사 역시 조영을 시작하였을 것으로 보는 견해와[17] 시기를 특정하지는 않았지만 무왕 즉위 후 머지않은 시점에 창건이 시작되어 무왕 20년을 전후한 시점에 완성되었을 것으로 보는 견해가[18] 있다. 이와는 달리 미륵사의 초창이 618년 가잠성을 신라에 빼앗긴 익산세력에 의해 추진되기 시작하여[19] 무왕 31년(630)의 사비궁 중수와 33년(632) 의자의 태자 책봉을 계기로 무왕을 중심으로 한 만민의 참여로 변화하였을 것으로[20] 본 견해도 있다.

이상에서 보았듯 미륵사의 창건 시기에 대해서는 그 조영 주체가 누구였는가와 상관없이 대체로 오랜 기간 동안 조영되었을 것으로 보는 견해가 다수를 이루고 있다.[21] 이는 백제사상 최대로 볼 수 있는 미륵사의 규모와 미륵사가 위치한 익산지역이 무왕~의자왕 대에 걸쳐 가지는 역사적·정치적 성격과 밀접한 관련을 가지는 것으로 생각한다. 이하에서는 이러한 선행 연구들을 바탕으로 「사리봉안기」의 내용을 검토함으로써 무왕 후반~의자왕 대 이르는 정국 동향과 관련하여 「사리봉안기」가 가지는 의미를 고찰하기 위한 기초로 삼고자 한다.

2. 「사리봉안기」 검토

「사리봉안기」에는 앞면에 9글자씩 11줄, 뒷면의 경우 11줄 중 첫줄 10자, 마지막 두 줄 각 8자와 4자로 모두 193자가 새겨져 있었다. 「사리봉안기」의 앞, 뒷면 모두 보존 상태가 양호하여 보존처리 후 전자현미경을 통해 확인한 몇 글자를 제외하고는 현장에서 판독이 가능할 정도였다.[22] 다음은 판독 후 원문에 대한 해석이다.

A- 가만히 생각건대, 法王께서 세상에 출현하시어 根機에 따라 赴感하시고, 중생에 응하여 몸을 드러내신 것은 마치 물 가운데 비치는 달과 같았다. 이 때문에 王宮에 의탁해 태어

17) 박현숙, 2009, 앞의 논문, pp.342-343.

18) 강종원, 2015, 앞의 논문, p.296.

19) 김수태, 2010, 「백제 무왕대의 대신라 관계」, 『백제문화』 42, p.81.

20) 김수태, 2009, 앞의 논문, pp.34-38.

21) 주보돈 역시 미륵사의 창건 주체가 누구인가에 대해서는 유보적 입장을 취하고 있으나 창건 발의에서 완성까지 상당한 기간이 소요되었을 것이며, 그 과정에서 사리가 봉안되었을 것으로 보고 있다(주보돈, 2012, 「彌勒寺址 출토 舍利奉安記와 백제의 王妃」, 『백제학보』 7). 다만 이러한 여러 견해들과는 달리 사택왕후가 '造立'하였다는 가람을 서원에 국한시킬 필요가 없으며(김상현(a), 2009, 앞의 논문, p.26), 가람은 금당·강당·승당·중문·회랑·탑·석등 등의 건물은 물론 하나의 사찰이 자리 잡고 있는 경내 도량 전체를 지칭하는 것으로 보아 사리가 봉안된 639년 시점에 미륵사가 낙성된 것으로 보아야 한다는 견해도(김상현(b), 2009, 앞의 논문, pp.145-148) 있다.

22) 배병선·조은경·김현용, 2009, 앞의 논문, p.189.

나시어 娑羅雙樹 아래에서 열반에 드셨는데, 8斛의 舍利를 남겨 三千大天世界를 이익 되게 하셨다. 마침내 [사리가] 五色으로 빛나고 일곱 번을 繞匝하니 그 신통한 변화가 불가사의하였다.

우리 百濟王后께서는 佐平 沙宅積德의 딸로서 오랜 세월[曠劫] 동안 善因을 심으시어 이번 생애에 뛰어난 과보[勝報]를 받으셨다. [왕후께서는] 萬民을 보살펴 기르시고, 三寶의 棟樑이 되셨다. 때문에 ㉠삼가 깨끗한 재물을 희사하시어 伽藍을 세우고 ㉡己亥年 正月 29일 사리를 奉迎하셨다.

원하옵건대 세세토록 공양하여 영원토록 다함이 없이 이 善根으로써 우러러 大王 陛下의 수명은 산악과 같이 굳고, 王位[寶曆]는 천지와 함께 영구하여 위로는 正法을 넓히고 아래로는 蒼生을 교화함을 돕게 하소서.

또 원하옵건대 왕후께서는[卽身] 마음이 水鏡과 같아 法界를 비추니 항상 밝고, 몸은 금강과 같아 虛空같이 不滅하시어 七世를 영원토록 모두 福利를 받고 모든 중생이 佛道를 이루게 하소서.[23)]

「사리봉안기」의 내용은 크게 3가지로 구분하여 볼 수 있다. 첫 번째는 부처의 功德과 사리의 영험함에 대한 찬미, 두 번째는 백제왕후의 재물 희사를 통한 가람의 조영과 사리 봉안, 세 번째는 대왕폐하와 왕비에 대한 발원으로 나눌 수 있다. 이러한 「사리봉안기」의 내용 구성 중에서 특히 주목되는 부분은 사택적덕의 딸인 백제왕후가 기록된 두 번째 부분과 사리 봉안 이후의 발원 내용을 기록한 세 번째 부분이다. 전자의 경우 미륵사 창건의 주체 문제와 관련이 있으며, 후자는 미륵사 창건이 가지는 정치적 의미와 관련이 있다.

우선 전자의 경우 가람을 조성한 주체로 백제왕후가 기록되어 있으며(A-㉠), 己亥年에 사리를 봉안하고 있음이(A-㉡) 이어서 기록되고 있다. 이 부분은 미륵사의 창건 주체 및 창건 시기와 관련하여 가장 중요하게 여겨지는 구절이라고 할 수 있다. 그런데 이와 관련하여 A-㉠과 A-㉡에 기록된 가람을 조성한 것[造立伽藍]과 사리를 봉안한 것[奉迎舍利]이 동시에 이루어진 것이 아니라 선후관계를 가지고 별개로 진행되었을 가능성을 제시한 견해가 있어 주목된다.[24)] 이에 따르면 두 행위가 함께 일어난 일이라면 '己亥年正月廿

23) 이상의 해석문은 김상현의 해석문을(2009(a), 앞의 논문, p.18) 참고하여 일부 수정한 것이다. 아래는 해석문에 따라 「사리봉안기」의 판독문을 단락 구분하여 제시한 것이다.

竊以法王出世, 隨機赴感, 應物現身, 如水中月. 是以託生王宮, 示滅雙樹, 遺形八斛, 利益三千. 遂使光耀五色, 行遶七遍, 神通變化, 不可思議.

我百濟王后, 佐平沙宅積德女, 種善因於曠劫, 受勝報於今生, 撫育萬民, 棟梁三寶. 故能謹捨淨財, 造立伽藍, 以己亥年正月廿九日, 奉迎舍利.

願使世世供養, 劫劫無盡, 用此善根, 仰資　大王陛下, 年壽與山岳齊固, 寶曆共天地同久, 上弘正法, 下化蒼生.

又願王后卽身, 心同水鏡, 照法界而恒明, 身若金剛, 等虛空而不滅, 七世久遠, 並蒙福利, 凡是有心, 俱成佛道.

24) 김영수, 2011, 「사리봉안기의 출현과 「서동요」 해석의 시각」, 『익산 미륵사와 백제』, 일지사, p.97; 주보돈, 2012, 앞의 논문, p.39.

日'이라는 시점을 기록한 부분이 적어도 가람을 조성하였다는 구절 앞에 놓여야 한다는 것이다.

이와 관련하여 백제에서 가람을 창건하고 사리를 봉안하였음을 기록한 두 先例를 살펴볼 필요가 있다.

B-① 百濟昌王十三季太歲在丁亥, 妹兄公主供養舍利.[25]

② 丁酉年二月十五日, 百濟王昌爲亡王子立刹, 本舍利二枚, 葬時神化爲三.[26]

B-①과 ②는 6세기 이후 백제 왕실의 사리 봉안과 관련한 가장 대표적인 기록이다. 이에 따르면 사리가 봉안된 시기를 명확하게 기록하고 있음을 알 수 있다. 특히 B-②의 경우 기록된 내용은 소략하지만 내용 구성에서 발원자, 발원 시기, 사찰과 사리의 봉안 시기, 발원의 내용 등이 기록되어 있다는 점에서 「사리봉안기」의 전체 내용 구성과 유사한 측면을 보여주고 있다. 그 가운데 앞서 살펴본 「사리봉안기」의 두 번째 부분의 내용과 관련하여 주목되는 점이 있다. 즉, B-②에 따르면 사찰을 세우고 사리를 봉안하는 행위의 시점을 문장의 가장 앞에 둠으로써 두 행위가 이루어진 시점이 동일하였음을 보여주고 있다. 이는 「사리봉안기」에서는 '造立伽藍'한 행위에 뒤이어 '奉迎舍利'한 행위의 시점을 기록한 것과 뚜렷한 차이를 보이고 있다. 이러한 서술 구조를 감안할 때 「사리봉안기」에 기록된 내용을 통해 확인할 수 있는 것은 639년에 淨財를 희사한 사택왕후에 의해 사리가 봉안되었다는 사실에 국한된다는[27] 점이다. 따라서 이 부분의 내용만으로 639년에 사택왕후에 의해 미륵사 전체가 창건되었다고 보기는 어려운 측면이 있다고 생각한다.

다음으로 살펴볼 것은 「사리봉안기」의 세 번째 내용 부분인 사리 봉안에 따른 발원의 부분이다. 이는 두 번째 부분에서 사택왕후가 淨財를 희사하여 가람을 세우고, 사리를 봉영한 뒤에 발원한 내용이라는 점에서 무왕으로 추정할 수 있는 대왕폐하와 관련한 내용은 의례적으로 삽입된 것으로 보거나[28] 사원 건립과 사리 봉안에서 대왕의 역할이 언급되지 않음을 들어 부차적이고 형식적으로 묘사되는 데 그쳤음을 지적하기도 한다.[29] 또는 국왕과 왕후의 안녕을 기원했다는 점에서 미륵사를 왕실의 원찰로 보면서도 이와 동시에 왕가인 부여씨와 귀족 사택씨의 영원을 기원한 것으로 보기도 한다.[30]

「사리봉안기」의 내용이 왕후의 淨財 희사를 통한 가람 조영과 사리 봉안, 그에 따른 발원의 형식으로 이루어져 있다는 점에서 사리봉안의 전 과정에서 왕후의 역할이 강조되고 있는 것은 부정할 수 없다. 그러나

25) 부여 능산리사지 석조사리감 명문.

26) 부여 왕흥사지 출토 청동제사리함 명문.

27) 주보돈 역시 기해년이 사리를 봉안하고 탑을 만든 해인 것은 분명하나 그것만으로 미륵사 전체를 같은 해에 조성하였다고 단정하기는 곤란하며, 639년은 사리봉안의 해로만 한정적으로 설정할 필요가 있음을 피력하였다(2012, 앞의 논문, p.37).

28) 전혜빈, 2016, 앞의 논문, p.192.

29) 최연식, 2012, 앞의 논문, p.25. 정재윤의 경우 사택왕후가 대왕폐하의 장수를 기원한 것은 이 시기 정권이 의자에게 넘어가는 것에 대한 견제의 의미라고 하고 있다. 미륵사의 조영이 무왕과 사씨 세력의 타협에 의한 결과로 볼 수 있으나 이는 사택왕후를 중심으로 한 사씨 세력이 중심이 되어 이루어진 것으로서 무왕은 부차적 존재로 상정하고 있는 것으로 보인다(2009, 앞의 논문, pp.49-52).

30) 이용현, 2009, 앞의 논문, p.72; 박현숙, 2009, 앞의 논문, p.347.

이를 다시 생각한다면 왕후의 주도 하에 이루어진 가람의 조영과 별도로 사리 봉안을 통한 발원 대상이 대왕의 장수와 치세의 영원함을 우선 기원하고 있다는 점을 주목할 필요가 있다. 가람의 조영과 사리 봉안의 주체는 왕후 1인에 국한되어 있는 것으로 보이나 그 뒤에 이어지는 발원의 대상에는 대왕과 왕후가 함께 기록되고 있다는 점에서 미륵사는 왕실의 원찰적 성격을 지니는 것으로 볼 수 있다.[31)]

종교적 聖物을 정치적 선전물로 사용하는 것은 역사상 빈번하게 이루어지는 일이었다. 사리 역시 부처의 열반 후 남은 신체의 일부라는 점에서 불교 최고의 성물로 여겨졌으며, 사리를 자신의 권력을 정당화하기 위한 정치적 선전물로 이용하기도 하였다. 특히 중국에서는 사리를 정치적 선전물로 이용할 때 대규모의 조형물을 제작하고 의례를 동원하였다.[32)] 이러한 조형물 제작과 의례의 과정에 대규모 인력을 동원함으로써 사회를 통합함과 동시에 왕실의 권위를 과시하는 기회로 이용한 것이다.[33)] 이는 미륵사 역시 크게 다르지 않았을 것으로 보인다.

「사리봉안기」에 따르면 가람의 조영이 이루어진 이후 사리가 봉안되고 있다. 이 사리를 봉안하는 의식에는 매우 다양한 사람들이 참여하였을 가능성이 높다. 「사리봉안기」가 발견된 사리공 안에서 '中部德率支受施金一兩'과 시주자의 이름이 새겨진 3점을 비롯하여 금제소형판이 22점 발견되었고, 이외에도 은제관식, 칼, 원형합, 구슬 등 다양한 유물이 수습되었다.[34)] 금제소형판에 새겨진 내용을 통해 보면 사비 도성에 있었던 사람들이 석탑의 사리봉안 의식에 참여했을 가능성을 보여주고 있다.[35)]

앞서 언급하였듯 모든 사리의 봉안 과정이 정치적 상징성을 가지고 있는 것이었다면, 사리공 안에서 발견된 금제소형판에 기록된 사람들 역시 이러한 정치적 상징 의식을 인지하고 있었을 가능성이 크다. 이러한 측면에서 살펴보았을 때 사리를 봉안하는 목적을 가장 직접적으로 드러내고 있는 「사리봉안기」의 내용에서 발원의 첫 번째 대상이 대왕폐하였다는 점은 대왕과 관련한 내용이 의례적으로 삽입되었다거나 혹은 대왕의 역할이 수동적이었을 것이라고 하기는 어렵지 않을까 생각한다. 더욱이 왕후의 안녕을 염원하는 것이 왕후의 출신 세력인 사씨 세력의 영원을 비는 것으로까지 해석하는 것은 지나친 해석으로 보인다.[36)]

---

31) 오명지, 2015, 「中國 歷代 王朝의 舍利奉安 연구」, 동국대학교 박사학위논문, p.97. 다만, 다음 장에서 보다 자세히 논하겠으나 미륵사를 왕실의 원찰로만 볼 수 있을 것인가에 대해서는 의문이 있다. 미륵사의 창건 과정과 규모, 당시 백제의 대내외적 상황을 종합해 볼 대 미륵사는 국가적 목적에서 창건되었을 가능성이 보다 크다고 생각한다.

32) 주경미, 2003, 「中國 古代 皇室發願 佛舍利莊嚴의 정치적 성격」, 『東洋學』 33, p.378.

33) 오명지, 2015, 위의 논문, p.2.

34) 배병선·조은경·김현용, 2009, 앞의 논문, pp.193-201.

35) 배병선·조은경·김현용, 2009, 앞의 논문, p.193.

36) 이와 관련하여서는 '七世久遠'의 해석이 문제가 된다. 이를 '七世의 부모'(김상현(b), 2009, 앞의 논문, p.143) 혹은 '7世의 부모와 먼 과거의 친속들'(최연식, 2012, p.22)로 해석하여 사리 봉안의 공덕을 과거의 부모로부터 찾고 있다. 이를 통해 사리 봉안을 통해 福利를 받아야 할 존재는 왕후 하나가 아닌 먼 과거의 부모로부터 현재 왕후의 부모로까지 이어지는 것이며, 이는 곧 왕후만이 아닌 왕후의 출신 세력까지 발원의 대상을 넓히고 있다. 그러나 이와는 달리 七世를 7번의 轉生을 의미하는 '七生'으로 보고, 「사리봉안기」에 기록된 발원의 내용은 사리를 봉안하는 왕후의 공덕을 칭송하고 왕후가 그 공덕으로 인해 果報의 수혜자가 되기를 바란 것이라는 견해도 있다(임혜경, 2015, 「彌勒寺址 出土 文字資料」, 『한국고대문자자료연구 백제(상)-지역별-』, 주류성, p.378, 주17). 「사리봉안기」의 기록에 왕후가 오랜기간 善因을 쌓았다던가 淨財의 희사를 통해 가람을 건립하고

또한 「사리봉안기」의 발원 내용에 따르면 대왕과 왕후의 안녕과 함께 대왕은 '위로는 正法을 넓히고 아래로는 蒼生을 교화'하며, 왕후와 함께 '모든 중생이 佛道를 이루기를' 기원하고 있다. 이 역시 의례적 표현일 수 있으나 다른 한편으로 생각할 경우 국가의 통치에 있어서 대왕과 왕후의 역할을 나누어 각각의 역할에 맞는 통치를 해주기를 바라는 염원이 표현되고 있는 것으로도 생각할 수 있다. 즉, 대왕의 경우 직접적 통치 행위로서 正法에 의한 통치와 교화를 시행하며, 왕후는 정신적 구심점으로서 역할을 기대하고 있었던 것이 아닌가 한다. 이는 대왕과 왕후를 중심으로 한 국가의 통치를 상징하는 것이며, 미륵사는 왕실의 원찰을 넘어 국가적 구심점으로써 역할을 하였을 가능성을 보여주는 것이라고 생각한다.[37]

이상과 같은 추론이 가능하다면 「사리봉안기」의 내용은 639년 시점에 왕후의 공덕에 의해 건립된 가람에 사리를 봉안하였으며, 그것을 통해 대왕폐하와 왕후의 안녕과 그들에 의한 통치의 영원을 기원하고 있음을 보여주는 것이라고 생각한다. 그렇다면 이러한 「사리봉안기」가 작성되게 되는 배경은 무엇이었는가에 대해 살펴볼 필요가 있다. 이는 미륵사의 창건이 어떠한 목적에 의해 이루어졌는가와 밀접한 관련을 가진다. 다음 장에서는 무왕 후반~의자왕 즉위를 전후한 시점까지 정국을 살펴봄으로써 미륵사 창건의 목적에 대해 알아보도록 하겠다.

III. 무왕 후반~의자왕 초반 政局과 「사리봉안기」의 의미

미륵사 서탑에 사리가 봉안된 639년은 무왕이 薨去하기 2년 전이다. 이러한 시점에 사리와 함께 봉안된 「사리봉안기」에는 가람의 조성과 사리 봉안 과정에서 무왕의 역할이 전혀 기록되지 않고 있음에도 불구하고 '大王陛下'로 표현된 무왕의 안녕을 기원하고 있다는 점으로 인해 무왕 대 후반기 정국의 동향과 관련하여 연구자들 사이에 다양한 논의를 불러왔다. 이는 무왕 대 후반 이후 무왕의 왕권과 관련한 인식의 차이에서 비롯된 것이라고 할 수 있다. 결국 「사리봉안기」의 내용을 이해하기 위해서는 무왕 후반~의자왕 즉위를 전후한 시점까지 백제의 정국 상황에 대한 면밀한 검토가 수반되어야 함을 보여주는 것이라고 할 수 있다. 이 장에서는 의자가 태자로 책봉되는 632년을 전후하여 의자왕이 즉위하여 이른바 '親衛政變'으로 일컬어지는 교기를 비롯한 유력 정치 세력의 추방에 이르기까지 백제의 정치적 흐름을 살펴보고, 이를 토대로 「사리봉안기」의 내용이 품고 있는 정치적 의미에 대해 생각해 보고자 한다.

사리를 봉안했다는 등의 내용을 '七世久遠'의 주체 역시 왕후로 보는 것이 보다 합리적이지 않을까 한다. 그렇다면 발원의 대상 역시 사씨 세력을 포괄하는 것이 아닌 왕후만 해당하는 것으로 보는 것이 보다 합리적이라고 생각한다.

37) 박현숙 역시 미륵사 창건에 있어서 중심적 역할을 한 것은 무왕이었을 것으로 추론하고 있다. 그에 따르면 미륵사 창건의 발원 주체는 단계별로 설정할 수 있으며, 미륵사 창건의 시작은 아막성 전투 이후 무왕이 발원하면서 국가적 차원에서 추진되었을 것으로 보았다. 이후 서탑은 왕후가 발원하였을 것으로 보고, 이렇듯 왕과 왕후의 발원으로 창건된 미륵사는 왕실 원찰의 성격을 가진 것으로 설명하였다. 무왕은 익산 경영과 미륵사 창건을 통해 彌勒佛國의 이상을 실현하고 국력을 통합하는 데 영향을 주고 하였을 것으로 설명하고 있다(박현숙, 2009, 앞의 논문, pp.344-350).

무왕 후반기 정치적 변화와 관련하여 가장 주목되는 사건은 의자의 태자 책봉이라고 할 수 있다. 다음은 의자의 태자 책봉을 전후한 시기 무왕 대 주요한 사건을 전하는 기사이다.

C-① 31년(630) 봄 2월에 사비의 궁전을 중수하였다. 왕이 熊津城으로 갔다. 여름에 가뭄이 들어 사비의 궁전을 중수하는 일을 중지하였다. 가을 7월 왕이 웅진에서 돌아왔다.[38] (『三國史記』 권27, 百濟本紀5 武王)

② 33년(632) 봄 정월 元子 義慈를 封하여 太子로 삼았다.[39] (『三國史記』 권27, 百濟本紀5 武王)

③ (33년; 632) 왕이 生草의 들판에서 사냥하였다.[40] (『三國史記』 권27, 百濟本紀5 武王)

④ 35년(634) 봄 2월에 왕흥사가 완성되었다. 그 절은 강가에 있었으며 채색과 장식이 웅장하고 화려하였다. 왕이 매번 배를 타고 절에 들어가서 향을 피웠다.[41] (『三國史記』 권27, 百濟本紀5 武王)

⑤ (36년; 635)3월에 왕이 측근 신하들을 데리고 泗沘河 북쪽 포구에서 잔치를 베풀었다. 포구의 양쪽 언덕에 기암괴석이 서있고, 그 사이에 진기한 화초가 있어 그림 같았다. 왕이 술을 마시고 몹시 즐거워, 거문고를 켜면서 노래를 부르자 수행한 자들도 여러 번 춤을 추었다. 당시 사람들이 그곳을 이르러 大王浦라고 하였다.[42](『三國史記』 권27, 百濟本紀5 武王)

⑥ (37년; 636) 가을 8월에 왕이 望海樓에서 群臣에게 잔치를 베풀었다.[43] (『三國史記』 권27, 百濟本紀5 武王)

⑦ 39년(638) 봄 3월에 왕이 嬪御들과 함께 큰 못에 배를 띄웠다.[44] (『三國史記』 권27, 百濟本紀5 武王)

C-①~⑦은 의자의 태자 책봉을 전후하여 백제 내부, 특히 무왕의 행적을 알려주는 주요한 기록들이다. 이에 따르면 의자가 태자로 책봉되는 632년(무왕33) 이후 무왕은 사냥이나 佛事, 宴會 등을 제외하고는 특별한 정치적 행위를 하지 않는 것으로 보인다. 이 때문에 무왕이 집권 후반기에 들어 정치 일선에 물러난

---

38) 三十一年, 春二月, 重修泗沘之宮. 王幸熊津城. 夏旱, 停泗沘之役. 秋七月, 王至自熊津.

39) 三十三年, 春正月, 封元子義慈爲太子.

40) 王田于生草之原.

41) 三十五年春二月, 王興寺成. 其寺臨水, 彩飾壯麗. 王每乘舟, 入寺行香.

42) 三月, 王率左右臣寮, 遊燕於泗沘河北浦. 兩岸奇巖怪石錯立, 間以奇花異草, 如畫圖. 王飮酒極歡, 鼓琴自歌, 從者屢舞. 時人謂其地爲大王浦.

43) 秋八月, 燕羣臣於望海樓.

44) 九年, 春三月, 王與嬪御泛舟大池.

것으로 파악하기도 한다.[45] 무왕의 행적은 정치 일선에서의 후퇴를 보여주는 듯하지만, 이것이 곧 무왕이 모든 정치행위에서 물러났음을 의미하는 것으로 보기는 어렵지 않을까 한다.

무왕 대 주요 정치적 활동은 크게 두 가지 방향에서 이루어지고 있었다. 그 하나는 對신라전의 전개이고, 다른 하나는 수·당과의 교섭이라고 할 수 있다. 특히 무왕 24년을 기점으로 신라와의 전쟁이 본격화하고 있다. 이는 무왕 후반기에 들어서면서 나타나는 가장 대표적인 정국의 변화라고 할 수 있다.[46] 이 과정에서 C와 같이 무왕의 행적이 佛事나 宴會에 집중되어 있는 것은 어떻게 생각해야 할까? 다소 억측일 수도 있으나 신라와의 전쟁이 한창인 상황에서 무왕이 이와 같이 여유로운 모습을 보일 수 있었던 것은 당시 무왕이 왕권에 대해 매우 자신감을 가지고 있었음을 보여주는 것이 아닌가 한다. 왕의 이러한 행위는 한편으로는 스스로의 왕권에 대한 자신감의 발로이면서 동시에 이를 통해 당시 백제의 臣民들에게 백제의 힘을 상징적으로 보여주는 행위라고도 할 수 있는 것이다.[47] 이와 관련하여 주목되는 것이 C-⑤에 보이는 '대왕포'라는 지명과 「사리봉안기」의 '대왕폐하'라는 칭호이다.

C-⑤의 '대왕포'와 「사리봉안기」의 '대왕폐하'라는 칭호를 통해 볼 때 이 시기 무왕은 '대왕'으로 호칭되고 있었음을 알 수 있다. 이와 관련하여 이 시기 무왕이 대왕으로 칭해진 것을 태자인 의자에 의한 국정 운영이 현실화되면서 무왕이 上王으로서 현실정치에서 물러나 있었던 것으로 파악하기도 한다.[48] 그러나 백제뿐 아니라 고구려 광개토왕이 생전에 '永樂太王'으로 불렸으며,[49] 신라의 법흥왕이 '聖法興大王'이라고 불리는[50] 등 생전에 활발한 활동을 하던 왕에 대한 '대왕' 칭호를 현실정치에서 물러나 있는 上王으로 보아야 하는 것인가에 대해서는 의문이 남는 점이 있다. 오히려 무왕에 대한 '대왕' 칭호는 당시 사람들이 무왕에 대해 어떻게 인식하고 있었는가를 보여주는 것으로 이해하야 하는 것이 아닌가 한다. 이와 관련하여 무왕 중·후반에 좌평의 성격이 변화했음을 보여주는 사례로써 6좌평이 설치를 들고, 이를 통해 이 시기에 왕권이 보다 강화되었음을 설명한 견해가 주목된다.[51]

---

45) 姜種元, 2011, 「百濟 武王의 太子 冊封과 王權의 變動」, 『백제연구』 54, pp.157-169; 최연식, 2012, 앞의 논문, pp.26-27; 전혜빈, 2015, 앞의 논문, p.208; 강종원, 2016, 앞의 논문, p.300; 노중국, 2018, 『백제정치사』, 일조각, p.471.

46) 장미애, 2012, 앞의 논문, p.237.

47) 무왕의 왕권에 대해서는 무왕 대 전체를 통괄하고 있는 수·당과의 교섭 및 무왕35년(634)에 이루어지는 왕흥사의 완성을 통해서도 짐작할 수 있다. 위덕왕 대에 이루어지는 陵寺·王興寺의 창건과 적극적 대외교섭이 안정된 국정 운영을 바탕으로 했을 때 가능했을 것이라는 견해를(김영심, 2013, 앞의 논문, p.8) 통해 보면 무왕 대 이루어지는 수·당과의 교섭과 왕흥사의 완성, 나아가 미륵사의 창건 역시 같은 맥락에서 이해할 수 있지 않을까 한다.

48) 강종원, 2011, 앞의 논문, p.160.

49) 「廣開土王碑」 "…遝至十七世孫國罡上廣開土境平安好太王二九登祚, 號爲永樂大王.…."

50) 울주천전리각석 乙卯銘 "乙卯年八月四日聖法興大王節道人比丘僧安及以沙彌僧首乃至居智伐村衆士□人等見記"

51) 정동준, 2013, 『동아시아 속의 백제 정치제도』, 일지사, pp.274-286. 다만, 6좌평의 설치가 곧 좌평제의 시행을 의미하는 것은 아니라고 생각한다. 여기서의 6좌평은 최고위 관등으로서 좌평이 아닌 관료적 성격을 지니는 관직으로서의 의미를 지니는 것으로 볼 수 있으며, 이는 국왕과 '좌평'으로 대표되는 귀족들의 관계가 어떻게 설정될 수 있는가의 문제라고 할 수 있다. 좌평이 관직적 성격으로 전환되었다고 한다면 국왕과 귀족의 관계는 정치적으로 견제·대립하는 형식이 아닌 상하 관계로 전환해 가는 단계였을 가능성을 생각해 볼 수 있지 않을까 한다.

이에 따르면 기존 정사암회의를 구성하는 최고결정기관의 구성원으로서의 좌평이 관료화되면서 22부사의 상위 조직인 관료적 성격의 6좌평으로 변모함으로써 왕권과 22부사 사이의 매개자로서 역할하게 되었다고 설명한다. 그리고 이는 정사암회의에 소속된 좌평들을 관료화시킴으로서 국정 전반이 아닌 특정 직무에 종사시킴으로서 왕권에 대립되는 존재가 아닌 왕권에 종속되는 성격으로 변모시켰던 것으로 이해하고 있다.[52] 이와 같은 제도의 시행이 가능했다는 것은 무왕 후반기에도 최고 지배자로서 무왕의 권력이 살아 있었음을 보여주는 것이라고 할 수 있다.[53]

무왕 후반기 정국에서 중요하게 여겨지는 의자의 태자 책봉은 백제의 대외 정책 변화와 이에 따른 정치세력의 변동 과정에서 이루어진 것이라고 생각한다. 그리고 이러한 모든 변화에는 무왕의 의지가 작용하였을 가능성이 크다. 앞서 624년을 전후하여 백제의 대신라전이 본격화되었음을 언급하였다. 무왕이 즉위한지 얼마 되지 않은 602년(무왕3) 백제는 4만의 大兵으로 신라 아막산성을 공격하였으나 실패하였다.[54] 이후 611년까지 신라에 대한 백제의 공격은 보이지 않는다. 이는 백제가 신라와의 잠정적 휴전을 유지하고 있는 것으로[55] 보인다. 이 시기는 隋의 통일 이후 동아시아 정세가 급변하고 있었던 시기이기도 하였다. 이러한 상황에서 백제는 수와 교섭하는 한편, 고구려에 대한 견제에 힘쓰고 있었던 것으로 보인다. 이와 관련하여 다음 두 사료가 주목된다.

> D-① (45년; 598) 왕이 수나라가 요동전쟁을 일으킨다는 것을 듣고 사신을 파견하여 표문을 바치고, 軍道가 되기를 요청하였다. 황제가 조서를 내려 "왕년에 고구려가 조공을

---

52) 정사암회의를 귀족평의체제의 합의제적 전통의 유제이면서 22부사 성립 이전에는 행정조직 전체, 성립 이후에는 외관 전체를 통솔하였던 것으로 볼 수 있는가(정동준, 2013, 위의 책, p.171)에 대해서는 유보적인 입장이다. 다만, 좌평이 일종의 귀족회의인 정사암회의의 주요 구성원으로서 국정 운영 전반에 영향을 미쳤을 가능성은 충분하다고 생각한다. 그러한 측면에서 보았을 때 이 시기 이러한 귀족회의의 주요 구성원으로서 좌평의 역할을 국가 행정 조직 체계 내에 편제시킴으로써 왕권에 귀속된 관료적 존재로 변화시키고자 했다면, 이는 무왕 대 왕권을 보여주는 대표적인 예로서 주목할 만하다고 생각한다.

53) 남정호 역시 의자의 태자 책봉으로 무왕이 현실 정치에서 한 발 물러섰을 가능성은 있으나 이것이 무왕의 왕권이 약화되었다고 보기는 어렵다는 견해를 제시하였다. 즉, 의자가 국정을 주도하였다고 하더라도 무왕의 태자로서 국정을 위임받은 것으로 최종 결정은 무왕에 의해 이루어졌을 것이라고 본 것이다(남정호, 2016, 『백제 사비시대 후기의 정국 변화』, 학연문화사, pp.164-165).

54) 『三國史記』 卷27, 百濟本紀5 武王 "三年, 秋八月, 王出兵, 圍新羅阿莫山城[一名母山城]. 羅王眞平遣精騎數千拒戰之, 我兵失利而還. 新羅築小陁·畏石·泉山·甕岑四城, 侵逼我疆境. 王怒令佐平解讎, 帥步騎四萬, 進攻其四城. 新羅將軍乾品·武殷, 帥衆拒戰. 解讎不利, 引軍退於泉山西大澤中, 伏兵以待之. 武殷乘勝, 領甲卒一千, 追至大澤, 伏兵發急擊之. 武殷墜馬, 士卒驚駭, 不知所爲. 武殷子貴山大言曰, "吾嘗受教於師曰, '士當軍無退. , 豈敢奔退, 以墜師教乎." 以馬授父, 即與小將箒項, 揮戈力鬪以死. 餘兵見此益奮, 我軍敗績, 解讎僅免, 單馬以歸."

55) 이에 대해 김수태는 익산이 군사적 요충지로서 대신라전을 위한 인적·물적 자원의 제공처였을 것이라고 추정하고, 이로 인한 익산 지역의 피해가 심화되면서 익산 세력이 신라와의 대립보다는 우호를 주장하면서 신라와의 전쟁이 소강상태로 접어든 것으로 설명하였다(김수태, 2010, 앞의 논문, pp.80-81), 그러나 신라와의 전쟁으로 인한 익산 지역의 인적·물적 피해가 곧 백제의 대외 정책의 방향을 선회시킬 수 있는 변수로 작용하였을 것인가에 대해서는 의문이 있다. 당시 백제의 대외 정책의 방향은 백제 내부의 정세와 함께 백제를 둘러싼 諸國의 동향과 아울러 파악할 필요가 있다. 이러한 대외 정책의 방향의 추이는 백제 내부 정치 세력의 변화에 영향을 미쳤을 것으로 생각한다.

바치지 않고 신하로서의 예절을 갖추지 않았기에 장군들로 하여금 그들을 토벌케 하였는데, 高元의 신하들이 겁을 내며 잘못을 시인하기에 내가 이미 용서하였으니 그들을 칠 수는 없다"고 말하고, 우리 사신을 후대하여 돌려보냈다. 고구려가 그 일을 모두 알고 군사를 보내 우리 국경을 침략하였다.[56] (『三國史記』 卷27, 百濟本紀5 威德王)

② 8년(607) 봄 3월 扞率 燕文進을 수나라에 보내 조공하게 하였다. 또한 佐平 王孝隣을 보내 공물을 바치면서 고구려를 치자고 요청하였다. 煬帝가 이를 허락하고 고구려의 동정을 살피라고 하였다. 8년 여름 5월 고구려가 松山城을 공격하다가 함락시키지 못하고 다시 石頭城을 습격하여 남녀 3천 명을 사로잡아 돌아갔다.[57] (『三國史記』 卷27, 百濟本紀5 武王)

D-①은 무왕 대의 일은 아니나 무왕 전반기까지 이어지는 백제의 대외 정책과 일관된 관련성을 가지고 있다. D-①·②에 따르면 백제는 수에 대해 지속적으로 고구려 공격을 요청하고 있으며, 이것이 원인이 되어 백제에 대한 고구려의 공격이 이어지고 있다. 이 시기 고구려는 수의 건국 이후 요서를 둘러싸고 수와의 대립이 지속되고 있었다.[58] 이 과정에서 백제의 수에 대한 고구려 공격 요청은 고구려에게 있어서는 큰 위협이 될 수밖에 없는 행위였다는 점에서 고구려의 백제에 대한 공격은 당연한 결과라고 할 수 있다.

그렇다면 이 시기 백제가 왜 이러한 위험을 감수하고 수에 고구려 공격을 요구하고 있는 것인가가 문제가 된다. 이는 백제의 대신라 정책과 밀접한 관련을 맺고 있다고 할 수 있다. 554년 관산성 전투에서의 패배 이후 백제의 주요한 적대국은 신라였다고 할 수 있다. 다만, 신라와의 전쟁이 본격화할 경우 예상되는 고구려의 군사 행동에 대해 대비할 필요가 있었다. 백제의 수를 통한 고구려에 대한 견제는 이를 염두에 둔 행동이었을 가능성이 크다. 그러나 이러한 백제의 의도와는 무관하게 백제의 행동은 오히려 고구려의 공격을 촉발하는 계기가 되었다.[59] 이러한 고구려의 공격은 백제의 대신라전에도 영향을 미쳤을 가능성이 있다. 백제의 의도와는 달리 수를 통한 고구려 견제가 실질적 효과를 보이지 못한 상황에서 오히려 고구려에 의해 공격을 받게 되자 475년 고구려의 공격으로 인한 한성 함락의 경험을 떠올리지 않을 수 없었을 것이

56) 王聞隋興遼東之役, 遣使奉表, 請爲軍道. 帝下詔曰, "往歲高句麗不供職貢, 無人臣禮, 故命將討之, 高元君臣恐懼, 畏服歸罪, 朕已赦之, 不可致伐." 厚我使者而還之. 高句麗頗知其事, 以兵侵掠國境.

57) 八年, 春三月, 遣扞率燕文進, 入隋朝貢. 又遣佐平王孝隣, 入貢兼請討高句麗. 煬帝許之, 令覘高句麗動靜. 夏五月, 高句麗來攻松山城, 不下, 移襲石頭城, 虜男女三千而歸.

58) 이정빈, 2018, 『고구려-수 전쟁』, 주류성.

59) 다만, 이때 이루어지는 고구려의 공격은 475년 장수왕의 한성 함락과 같은 대대적인 공격은 아니었던 것으로 보인다. 『삼국사기』에 전하는 598년, 607년의 공격은 각각 백제의 변경에 대한 공격, 송산성·석두성에 대한 공격에 국한되고 있다. 이는 수와의 대립이 격화되어 가던 상황에서 고구려 역시 이전과 같이 백제에 대한 대대적 공격을 시도하지는 못한 것으로 이해할 수 있다. 즉, 고구려는 수를 통해 자신들을 견제하고자 하는 백제의 시도에 대해 경고를 보내는 정도에서 백제 공격을 감행하고 있었던 것으로 보인다. 더욱이 이 시기 고구려와 백제의 경우 직접적으로 국경을 맞대고 있지 않은 상황이었다는 점에서 고구려에 의한 대규모 공격은 매우 어려운 것이었다고 생각할 수 있다(정동준, 2002, 「7세기 전반 백제의 대외정책」, 『역사와 현실』 46).

다. 이로 인해 백제는 신라에 대한 공격을 본격화하기 보다는 방어를 위한 노력에 더 힘을 기울였을 가능성이 있다고 생각한다.

이와 함께 602년 전투에서의 대패로 인한 후유증도 신라에 대한 공격이 소강상태로 접어들게 만든 원인이 되었을 것으로 보인다.[60] 무왕은 아막산성에 대한 공격이 실패한 뒤 신라가 小陀, 畏石, 泉山, 甕岑을 쌓고 백제의 변경을 침입한 데 대한 반격으로 좌평 解讎에게 4만의 병사를 이끌고 가서 신라를 공격하도록 한다. 그러나 이 전투에서 백제군은 대패하고 해수만이 겨우 단신으로 돌아왔다. 이 전투에서 4만이라는 대규모의 병력을 상실하게 된 것이다. 이로 인해 백제는 상당한 사회적 혼란을 겪을 수밖에 없었을 것이다.[61] 관산성 전투에서 대략 3만의 병사를 잃었던 백제가 이후 국가적 위기를 극복하는 데 상당한 기간이 소요되었음을 생각할 때 사회적 혼란을 수습하는 데 많은 시간이 필요했을 것임은 쉽게 짐작할 수 있다. 이후 백제에서 약 10여 년간 대외 전쟁이 거의 없었던 것을 통해서도 알 수 있다.[62]

이상에서 살펴보았듯 무왕 전반기에는 고구려와의 관계, 아막성 전투에서의 대패 등이 요인이 되어 신라와의 전쟁이 소강상태에 접어들고 있다. 이러한 상황으로 인해 무왕 전반기에는 대신라전에 소극적인 입장을 띠고 있었던 세력이 보다 활발히 활동할 수 있는 기반을 가졌을 것으로 생각한다.[63] 그러나 554년 이후 백제의 주요한 적대국이 신라였음을 부정할 수 없다면, 백제의 신라에 대한 소극적 정책이 지속될 가능성은 크지 않았다. 앞서 언급하였던 고구려와의 관계 변화와 602년 전투에서의 피해가 어느 정도 복구되었다면 신라에 대한 공격은 언제든 재개될 수 있었다.

고구려와 수의 관계는 598년 고구려의 요서 공격과 이에 대한 수의 대응 이후 607년까지 대체로 和義를 유지했던 것으로 보인다. 그러나 이는 표면적인 현상에 불과한 것이었다.[64] 607년 8월 수 煬帝가 동돌궐 순행 중 啓民可汗의 장막에서 고구려 사신을 맞닥뜨린 사건은[65] 이후 고구려와 수의 관계에서 변화를 불러왔다. 그리고 612년, 고구려와 수 사이에 본격적인 전쟁이 시작되었다. 이 전쟁은 614년 8월 4일 수 양제가 회군하면서 사실상 종료되었다. 113만 3,800명의 병사를 동원한 수의 피해도 컸으나 이를 막아내야 했던 고구려의 피해도 결코 작은 것이 아니었다. 또한 이후에도 수 양제의 고구려 공격 의지가 지속되고 있었던 만큼 고구려는 수의 재침에 대비하면서 전후수습에 주력할 수밖에 없었다.[66] 이러한 상황은 백제에게 고구

60) 박종욱, 2013, 「602년 阿莫城 戰鬪의 배경과 성격」, 『한국고대사연구』 69, p.202.

61) 김주성, 1990, 「百濟 泗沘時代 政治史 硏究」, 전남대학교 대학원 박사학위논문, p.102.

62) 602년~624년까지 백제의 전쟁 상황을 살펴보면, 백제에 의한 선제공격은 611년 신라 가잠성 공격, 616년 신라 모산성 공격, 623년 신라 늑로현 공격까지 총 3차례에 그친다. 624년 이후 신라와 백제 사이에서의 전쟁은 대부분 백제의 선제 공격에 의한 것이었던 것(장미애, 2012, 앞의 논문, p.237; 박종욱, 2013, 위의 논문, p.205)과 비교할 경우 이는 매우 적은 숫자라고 할 수 있다.

63) 이와 관련하여 신라와의 공존을 주장한 이들이 선화공주로 대표되는 익산 세력이었을 것이라고 하는 견해가 참고 된다(김수태, 2010, 앞의 논문, pp.76-80; 장미애, 2010, 「무왕의 세력기반으로서 익산의 위상과 의미」, 『한국고대사연구』 60, p.184).

64) 이정빈, 2018, 앞의 책, pp.127-138.

65) 『三國史記』 卷20, 高句麗本紀8 嬰陽王 "十八年, 初煬帝之幸啓民帳也, 我使者在啓民所. 啓民不敢隱, 與之見帝.…."

66) 이정빈, 2018, 앞의 책, p.220.

려의 공격을 크게 염려하지 않아도 되는 여건을 마련해 주었을 것이다.[67]

또한 백제는 602년 이후 신라에 대비한 방어 체계를 구축하고 있었던 것으로 보인다. 이와 관련하여서는 605년 각산성을 쌓았다는[68] 기록이 참고 된다. 각산성의 위치에 대해서는 임실 성미산성으로 추정하는 견해가 있다. 이에 따르면 출토된 五部銘 인각와 등을 바탕으로 성미산성이 백제 사비시기 주요 관방시설로 추정된다고 한다.[69] 백제가 임실 방면에 성을 쌓았다는 것은 아막성 전투에서의 패배 이후 섬진강 以西 지역에 대한 방어에 집중하고 있었음을 보여주는 것이라고 할 수 있다.[70] 백제의 이러한 대신라 방어선은 다른 한편으로는 신라에 대한 공격이 본격화할 때 전진기지로서의 역할도 하였을 가능성이 있다.

이상에서 살펴본 바와 같이 백제가 대신라전을 재개할 수 있는 조건은 갖추어져 가고 있었다. 이는 623년 늑로현에 대한 공격과 연이어 速含을 비롯한 6城을 함락시킴으로써[71] 신라 공격을 본격화하기 시작한다. 이러한 백제의 대외 정책 기조의 변화는 곧이어 백제 내부의 정국 구도에도 영향을 주었을 것으로 보인다. 이를 알아보기 위해서는 624년 이후 무왕 대에 백제에서 활동하고 있는 이들에 대한 검토가 필요할 것으로 보인다.

표 1. 624~641년 주요 인물과 활동 내용

시기	이름	주요 활동 내용
627(무왕28)	沙乞	신라 서부 변경의 두 성을 함락시키고 남녀 300명을 포로로 잡음
627(무왕28)	福信	왕의 조카. 당에 사신으로 파견
631(무왕32/舒明3)	豊章	백제왕 의자에 의해 왜에 質로 파견
636(무왕37)	于召	신라 독산성 공격. 옥문곡에서 신라 장군 閼川에게 사로잡힘

67) 이와 관련하여 주목할 점은 611년(무왕12) 백제에서 수에 國智牟를 보낸 일이다. 이때 백제에서는 수의 고구려에 대한 행군 일자를 묻고 수에서는 席律을 보내 무왕과 상의하도록 하고 있다(隋煬帝將征高句麗, 王使國智牟入請軍期, 帝悅厚加賞錫, 遣尚書起部郎席律, 來與王相謀.). 그런데 이전 백제가 고구려 공격을 요청한 이후 고구려가 백제에 대한 공격을 단행했던 것과는 달리 고구려는 백제의 행동에 대해 별다른 조처를 취하지 않고 있다. 이는 수와의 전쟁이 임박한 상황에서 백제에 대한 군사 행동을 할 여유가 없었음을 보여주는 것이라고 할 수 있다.

68) 『三國史記』 卷27, 百濟本紀5 武王 "六年春二月, 築角山城."

69) 박종욱, 2013, 위의 논문, p.203.

70) 한편 611년 8월에 백제는 赤嵒城을 쌓고 있는데(秋八月, 築赤嵒城.), 적암성의 위치가 정확히 어느 곳인지는 알려져 있지 않다. 다만, 적암성을 쌓기 전 611년 2월에는 백제가 수의 고구려 행군 기일을 묻고 있으며, 그 직후인 10월에는 신라 가잠성을 공격하여 함락시키고 있다. 이때 백제가 함락한 가잠성이 대체로 안성시 죽산면 일대로 비정되고 있다는 점(김태식, 1997, 「백제의 가야지역 관계사: 교섭과 정복」, 『백제의 중앙과 지방』, 충남대 백제연구소, p.77; 김병남, 2002, 「백제 무왕대의 영역 확대와 그 의의」, 『한국상고사학보』 38, pp.62-63; 김주성, 2009, 「백제 무왕의 대야성 진출 기도」, 『백제연구』 49, p.43)을 통해 볼 때 백제가 611년 8월에 쌓은 적암성은 고구려에 대한 방비와 신라 가잠성으로의 진출이 가능한 위치에 있었을 가능성이 있지 않을까 한다. 다만, 이 이상 적암성의 위치를 추정할 수 있는 단서가 없어 정확한 위치를 비정하기는 어렵다.

71) 『三國史記』 卷27, 百濟本紀5 武王 "(25年) 冬十月, 攻新羅速含·櫻岑·歧岑·烽岑·旗懸·冗柵等六城, 取之."

624년~641년까지 백제에서 활동한 주요 인물 중 이름이 명확히 기재된 인물은 [표 1]과 같이 4명에 불과하다. 이 가운데 2명은 신라와의 전쟁에서 활약했던 인물이라는 점에서 의미가 있다. [표 1]에 따르면 624년 이후 벌어진 신라와의 전쟁 중 가장 먼저 그 이름이 기록된 이가 將軍 沙乞이었다. 대부분의 전쟁 기사에서 장수의 이름조차 기록되지 않았던 것을 생각한다면 사걸의 이름이 특기된 것이 주목된다.[72)]

627년 사걸의 등장에 대해 이 시기에 사씨 세력의 활동이 본격화하였을 것으로 보는 데에는 큰 이견이 없는 듯하다.[73)] 특히 이때 사걸의 등장과 관련하여 사씨 세력이 무왕 후반기 신라와의 전쟁을 주도하였다고 보는 경우가 많다. 신라전의 본격화와 함께 사걸의 신라전에서의 활약이 기록되었다는 점에서 이는 타당한 추론이라고 할 수 있다. 또한 「사리봉안기」에 따르면 사택왕후의 아버지인 沙宅積德은 백제 최고 관등인 佐平이었다. 신라전에서 사걸의 활약, 사택왕후와 '좌평' 사택적덕의 존재 등은 무왕 후반기에 사씨 세력이 백제 중앙 정치의 중심 세력이었음을 보여주는 것이라고 할 수 있다.[74)]

무왕 후반기 정치적 변동에서 또 주목되는 이로는 의자왕이 있다. 의자왕은 632년(무왕33)에 태자에 책봉되면서 정치 일선에 등장하였다. 다음은 의자왕이 태자로 책봉되기까지 5년 동안 백제 내부의 사정을 전하는 사료이다.

E-① 28년(627) 가을 7월 왕이 장군 沙乞에게 명하여 신라 서부 변경의 두 성을 함락시키고, 남녀 3백여 명을 사로잡았다. 왕이 신라가 侵奪한 땅을 회복하기 위하여 크게 군사를 일으켜 웅진에 주둔하였다. 신라왕 眞平이 그것을 듣고 唐에 사신을 보내 위급함을 말하였다. 왕이 그것을 듣고 중지하였다.[75)](『三國史記』 卷27, 百濟本紀5 武王)

② (28년; 627) 8월에 왕이 조카 福信을 당에 보내 조공하니, 태종이 백제와 신라가 대대로 원수를 맺어 서로 자주 침공한다고 하면서 왕에게 조서를 보내 말했다. …. (『三國史記』 卷27, 百濟本紀5 武王)

③ 31년(630) 봄 2월에 사비의 궁전을 중수하였다. 왕이 熊津城으로 갔다. 여름에 가뭄이

---

72) 무왕 전반기라고 할 수 있는 624년 이전의 기록에서도 백제와 신라의 전쟁에서 활동한 장수의 이름이 기록된 경우는 602년 해수와 616년(무왕17) 母山城을 공격한 苩奇만이 보인다. 이 가운데 백기가 참전한 모산성 전투가 이루어진 616년은 이 시기를 즈음하여 백제 주변의 정세가 신라에 대한 강경노선으로의 전환이 이루어질 수 있는 여건이 마련되기 시작하였다는 점에서 백기 역시 무왕 전반기의 신라에 대한 우호적 입장의 정치 세력과는 다른 입장에 서 있었던 인물이었을 가능성을 생각해 볼 수 있다.

73) 김수태, 2010, 앞의 논문, p.83; 강종원, 2011, 앞의 논문, p.153; 장미애, 2012, 앞의 논문,p.231; 김영심, 2013, 앞의 논문, p.28; 남정호, 2016, 앞의 책, p.168.

74) 이와 함께 생각해 볼 수 있는 것은 『隋書』 권81, 東夷列傳46 백제전에 전하는 大姓八族과 관련한 내용(「國中大姓有八族, 沙氏·燕氏·劦氏·解氏·貞氏·國氏·木氏·苩校.」)이다. 이에 따르면 대성팔족 중 가장 앞에 沙氏가 기록되어 있다. 『隋書』의 기록이 대체로 7세기를 전후한 시기의 것으로 볼 수 있다면, 사씨가 대성팔족의 首位에 위치하고 있는 것은 당시 백제의 정치 권력 구조에서 사씨의 위치를 보여주는 것으로도 생각할 수 있다.

75) 二十八年秋七月, 王命將軍沙乞, 拔新羅西鄙二城, 虜男女三百餘口. 王欲復新羅侵奪地分, 大擧兵, 出屯於熊津. 羅王眞平聞之, 遣使告急於唐. 王聞之, 乃止.

들어 사비의 궁전을 중수하는 일을 중지하였다. 가을 7월 왕이 웅진에서 돌아왔다.[76)] (『三國史記』 卷27, 百濟本紀5 武王)

④ (3년; 631) 3월 庚申초하루 백제왕 義慈가 왕자 豊章을 들여보내 質로 삼았다.[77)] (『日本書紀』 卷23, 舒明天皇)

⑤ 33년(632) 봄 정월 元子인 의자를 太子로 책봉하였다.[78)] (『三國史記』 卷27, 百濟本紀5 武王)

632년 의자의 태자 책봉은 그가 무왕의 원자였음에도 불구하고 매우 늦은 시기에 이루어진 것이라고 할 수 있다. 이로 인해 이미 많은 연구자들이 의자를 태자로 책봉하는 과정에서 정치적 문제가 있었을 가능성을 지적한 바 있다.[79)] 의자의 태자 책봉 당시 나이가 이미 40대[80)] 혹은 그에 가까운 나이였을 것이라는 점,[81)] 무왕의 재위 후반기에 가서야 태자에 책봉될 수 있었다는 점 등을 통해 볼 때 의자의 태자 책봉 과정에 정치적 문제가 있었다는 점은 충분히 타당한 지적이라고 할 수 있다. 이와 관련하여 E-④에서 풍장을 質로 파견한 주체가 '백제왕 의자'라고 기록되어 있어 많은 논란이 있었다.[82)] 무왕의 재위 기간임에도 불구하고 백제의 왕을 의자로 기록한 것은 쉽게 납득이 되지 않는 측면이 있다. 다만, 무왕 후반기 정치 세력의 변동 속에서 의자가 태자로 책봉되기 직전의 상황이라는 점을 통해 볼 경우 아직 태자로 책봉되지는 않았으나 의자가 국정에 적극적으로 참여하고 있었을 가능성이 있으며, 이로 인한 오해가 E-④와 같은 기록으로 남은 것이 아닌가 생각한다.[83)]

의자의 태자 책봉은 의자를 지지하는 세력이 있었기에 가능했을 것이라고 생각한다. 이러한 측면에서 볼 때 의자의 태자 책봉을 전후하여 사씨 세력의 활동이 두드러지고 있다는 점이 주목된다.[84)] 의자와 사씨의 관계가 명확하게 드러나지는 않지만, 사씨 세력의 활동과 함께 의자의 태자 책봉 직전 사비궁의 중수가 이루어지고 있다는 것(E-③) 역시 어느 정도 사씨 세력과의 관계를 추론할 수 있는 근거가 될 수 있을 것으로 보인다. 무왕 대는 미륵사와 제석사, 왕궁의 조영과 같이 익산에 대한 경영이 활발하게 이루어지던 시기였다. 이런 가운데 갑자기 사비궁에 대한 중수가 이루어졌다는 것은 정치적 의도를 생각하지 않을 수 없다.

---

76) 三十一年春二月, 重修泗沘之宮. 王幸熊津城. 夏旱, 停泗沘之役. 秋七月, 王至自熊津.

77) 三月庚申朔 百濟王義慈入王子豊璋爲質

78) 三十三年春正月, 封元子義慈爲太子.

79) 金壽泰, 1992, 「百濟 義慈王代의 政治變動」, 『한국고대사연구』 5, pp.59-62; 강종원, 2011, 앞의 논문, pp.147-152; 장미애, 2012, 앞의 논문, pp.227-230; 남정호, 2016, 앞의 책, pp.166-170; 노중국, 2018, 앞의 책, pp.476-480.

80) 남정호, 2016, 앞의 책, p.189.

81) 강종원은 태자책봉 당시 의자의 나이를 30대 후반으로 추정하였다(강종원, 2011, 앞의 논문, p.149).

82) 諸說에 대해서는 남정호, 2016, 앞의 책, pp.189-190 주9 참고.

83) 장미애, 2012, 앞의 논문, p.230.

84) 필자는 이미 의자의 태자 책봉이 사씨 세력과의 관계 속에서 이루어진 것임을 지적한 바가 있다(장미애, 2012, 앞의 논문, pp.231-232).

이와 관련하여 사씨의 세력 기반을 사비지역으로 추정하는 견해를[85] 참고한다면 무왕이 사비지역에 대한 정비를 통해 사씨 세력과 그들을 지지기반으로 하고 있는 의자에게 힘을 실어주기 위한 조치를 취한 것이 아닐까 생각한다.[86]

의자의 태자 책봉에 있어서 사씨가 의자의 지지기반이었다는 점 외에 보다 중요한 것은 무왕의 의지였을 것으로 생각한다. 의자의 태자 책봉이 늦었던 점은 무왕이 당시 정치 세력 사이의 대립을 제어하기 위한 수단으로 태자 문제를 활용했을 가능성도 있다. 태자의 책봉이 후계 구도를 안정시킴으로써 왕권을 안정시킬 수 있다는 측면도 있으나 다른 한편으로는 태자를 중심으로 세력 집중이 이루어지고 이로 인한 정치적 대립이 심화되는 경우도 있을 수 있었다. 무왕에게 여러 명의 왕비가 있었을 가능성을 생각한다면 여러 왕비 소생을 중심으로 태자에 대항하는 정치 구도가 형성될 수도 있기 때문이다.[87] 때문에 무왕은 자신이 제어할 수 있는 범위 내에서 태자 책봉을 미루고 있었을 가능성도 생각해 볼 수 있다. 그렇다면 왜 무왕 후반기에 들어 의자를 태자로 책봉하였는가의 문제가 남는다. 이와 관련하여서는 의자왕이 가지고 있었던 대외 정책과 관련이 있을 것으로 생각한다. 이는 의자왕의 즉위 직후 대외 정책을 통해서 살펴볼 수 있다.

『삼국사기』를 통해 알 수 있는 의자왕 즉위 초반기인 의자왕5년(645)까지의 대외 정책을 살펴보면 [표 2]와 같다.

표 2. 의자왕 초반 대외 정책

연대	주요 내용
641	8월 당에 사신 파견
642	2월 당에 사신 파견
	7월 親征을 통해 신라 獼猴城 등 40여 성 함락

85) 盧重國, 1988, 『百濟政治史硏究』, 일조각, p.186. 사비지역을 사씨의 세력 근거지로 볼 수 있는가에 대해서는 의문이 제기되기도 하였다(문동석, 2007, 『백제 지배세력 연구』, 혜안, p.193). 사비로의 천도가 재지세력과의 이해 관계에서 벗어난 지역이었기 때문에 가능했으며 그 과정에서 사씨 혹은 목씨 등의 역할이 컸을 것이라고 하는 점을 통해 본다면(양기석, 2007, 「백제의 사비천도와 그 배경」, 『백제와 금강』, 서경문화사, pp.59-63; 정재윤, 「사비 천도의 배경과 시행 과정에 대한 고찰」, 『선사와 고대』 55, p.59) 사비 천도 이후 사씨 세력은 사비지역을 근거로 활동하였을 가능성을 생각해 볼 수 있다.

86) 이와 관련하여 논문 심사 과정에서 사비궁 중수의 경우 가뭄을 이유로 하긴 하였으나 결국 중단된 것에 대한 의미를 설명할 필요가 있음이 지적되었다. 사비궁의 중수가 중단되었다는 것 자체로만 볼 경우 이는 당시 反의자 세력의 영향을 생각할 수도 있다. 그러나 본문에서 언급하였듯 反의자 세력의 중심이 익산을 기반으로 한 세력이었다고 볼 경우 당시 진행 중이던 익산 지역에 대한 개발이 중단되고 사비궁에 대한 대대적 중수가 시도되었다는 것 자체만으로도 무왕의 의자에 대한 지지의사가 분명하게 전달되었을 가능성을 생각할 수 있지 않을까 한다. 그러나 사비궁 중수 역시 시작된 지 얼마 지나지 않아 중단되었다는 것은 심사자의 견해와 같이 反의자 세력의 저항이 거셌을 가능성은 충분하다고 본다. 더불어 이러한 저항이 이후 의자왕의 즉위 직후 벌어진 이른바 친위정변까지 이어졌을 가능성을 생각할 수 있지 않을까 한다.

87) 고구려에서는 안원왕 사후 中夫人과 小夫人의 아들을 둘러싸고 麤群과 細群의 대립이 있었으며, 의자왕 대에도 隆과 孝를 중심으로 한 정치 세력 사이의 대립이 있었다. 특히 융의 경우 의자왕4년(644) 태자로 책봉되었음에도 불구하고 효가 태자로 기록되기도 하는 등 의자왕 대 태자 문제는 매우 복잡한 양상을 띠고 있다(관련 연구는 윤진석, 2011, 「백제멸망기 '태자'문제의 재검토」, 『지역과 역사』 29, pp.124-129 참고).

연대	주요 내용
642	8월 장군 尹忠을 보내 대야성 공격
643	1월 당에 사신 파견
	11월 고구려와 화친. 고구려와 함께 신라 당항성 공격
644	1월 당에 사신 파견
	9월 김유신이 침입하여 7성을 빼앗음
645	5월 당의 고구려 공격에 신라가 참전하였다는 소식을 듣고 신라를 습격하여 7성 획득

[표 2]를 통해 보면 의자왕의 즉위 직후 5년 동안의 대외 정책 방향은 크게 당과의 교섭과 신라에 대한 공세, 두 가지로 나뉘고 있음을 알 수 있다. 특히 644년 9월 김유신의 7성 攻取를 제외하면 모두 백제의 선제공격이었다는 점을 통해 의자왕 초반 신라에 대한 공세가 매우 거세게 이루어지고 있었다고 할 수 있다. 이러한 의자왕 초반기의 대신라 정책은 무왕 후반기의 그것을 계승한 것이라고 생각한다.[88]

이와 같은 의자왕 초반기의 대외 정책 방향을 무왕 대 의자의 태자 책봉과 관련하여 생각할 경우 무왕은 의자가 자신의 대외 정책을 계승할 인물이라고 판단하였기 때문에 의자를 후계자로 지목한 것으로 생각할 수 있지 않을까 한다.[89] 이러한 무왕의 결정에는 의자를 지지하고 있던 사씨 세력의 대신라전의 참전이라는 것도 영향을 끼쳤을 가능성이 있다.

그렇다면 마지막으로 남은 문제는 왜 사택왕후가 미륵사 조영에 참여하였을 것인가의 문제가 남는다.[90]

88) 장미애, 2012, 앞의 논문, p.237.

89) 무왕 역시 즉위 직후 아막산성 공격을 명하는 것을 통해 볼 때 기본적으로는 신라에 대해 攻勢的 입장을 가지고 있었을 가능성이 크다고 생각한다. 관산성에서의 패전은 3만의 병사를 잃었다는 것뿐만 아니라 聖王의 죽음이 주는 충격이 매우 컸을 것으로 생각한다. 이는 백제 왕실에게 있어서는 반드시 설욕해야 하는 사건이었을 가능성이 크며, 무왕 역시 이러한 백제 왕실의 기본적 입장에서 벗어나 있지 않았을 것이다. 다만, 앞서 언급하였듯 국내외적 상황으로 인해 신라에 대한 공세가 소강상태를 맞을 수밖에 없었으나, 일정한 조건이 형성되자 무왕은 다시 신라에 대한 공세를 본격화했던 것으로 보인다. 이와 함께 생각해 볼 수 있는 것은 무왕 후반기 국정 운영의 이원화의 가능성이다. 무왕은 의자를 태자로 삼은 후 대 신라전에 대한 부분은 의자에게 일임하는 한편, 대 중국 교섭에 대해서는 자신이 직접 챙겼을 가능성도 있다. 이와 관련해서 무왕 사후 당 태종이 무왕의 죽음을 애도하며 현무문에서 거애례를 행한 것은 당시 무왕의 대 중국 교섭의 성과로 볼 수 있지 않을까 한다. 즉, 무왕은 의자가 태자로서 대 신라전에 집중하는 사이 자신은 이를 뒷받침하기 위한 방법으로서 당나라와의 교섭에 많은 힘을 쏟았던 것으로 생각할 수 있다.

90) 미륵사의 창건에 사택왕후가 발원자로 나선 것에 대해 왕권과의 경쟁에 따른 결과로 보기도 한다(김영심, 2013, 앞의 논문, pp.24-32). 그러나 『삼국유사』 무왕조에 보이는 미륵사 창건 과정의 경우 왕비의 발원이 이루어진 이후에 왕의 동의, 지명법사의 신통력을 바탕으로 한 미륵사 창건의 준비 등의 경우 왕비 개인의 발원과 淨財 희사만으로 이루어진 것이라고 보기는 어려운 측면이 있다. 『삼국유사』의 기록이 일정 정도의 사실을(왕비의 참여) 반영하여 변개된 것이라고 한다면, 무왕의 참여 가능성 역시 충분히 설정이 가능하다. 또한 「사리봉안기」에 보이는 '七世久遠' 역시 앞서 살펴본 바와 같이 왕후의 부모 혹은 그 조상을 지칭한다기 보다 7번의 轉生을 의미하는 것으로 볼 경우(각주 36번 참고) 이를 사택왕후에 의한 사씨 세력 전체에 대한 발원으로 보기는 어려운 측면이 있다. 오히려 왕과 왕후의 안녕과 함께 그들의 치세의 영원함을 빌었다는 점에서 본다면 사택왕후는 사씨 세력의 일원으로서 보다는 왕후로서의 역할을 보다 중시하였을 가능성이 크다고 생각한다.

이는 미륵사의 상징성과 연결되는 문제라고 생각한다. 미륵사를 왕실의 원찰 혹은 왕실과 사씨 세력의 영원을 염원하는 공간으로 보는 것은 미륵사가 가지는 상징성을 축소하는 것이 아닌가 생각한다. 앞서 살펴보았듯 미륵사는 오랜 기간에 걸쳐 다양한 세력들이 참여하여 만들어진 백제 최대의 사찰이었다. 이는 미륵사 서탑의 사리공에서 발견된 금제소형판 등에 다양한 사람들의 이름이 기록되어 있는 것을 통해서도 짐작할 수 있다. 따라서 미륵사의 조영은 왕실을 넘어 백제 국가 전체의 염원을 담고 있었을 것이라고 생각한다. 이러한 미륵사 조영의 주체는 선화 혹은 사택왕후 등이 아닌 무왕이었을 가능성이 크다. 무왕은 미륵사 조영을 통해 백제의 국력을 결집시키고 보다 강력한 국가로의 발돋움을 기원하였던 것이라고 생각한다. 「사리봉안기」에 무왕의 치세가 영원하고 정법으로 통치되어 창생이 교화되기를 기원한 것과 왕후가 만민을 불도를 이루도록 이끌기를 바라는 마음이 기록된 것은 왕과 왕후에 의한 백제 국가의 온전한 통치의 염원을 담아낸 것이었다. 익산이 사씨 세력과 이렇다 할 친연성이 없는 지역임에도 불구하고 사택왕후가 미륵사의 조영에 동참한 것은 무왕을 중심으로 한 미륵사 조영에 참여함으로써 자신들의 정치적 입지를 보다 확고히 할 수 있는 기반을 마련하기 위한 것이었다고 생각한다.

Ⅳ. 맺음말

2009년 미륵사지 서탑에서 「사리봉안기」가 발견되면서 학계에서는 미륵사의 창건 배경을 비롯하여 무왕 대 백제사에서 정치·불교의 단면이 보다 명확해질 것으로 기대하였다. 그러나 이러한 기대와는 달리 여전히 창건 주체와 시기를 비롯하여 미륵사를 둘러싼 논쟁은 지속되고 있다. 이는 『삼국유사』에 전하는 미륵사 창건 연기 설화의 내용이 미륵사지에 대한 발굴조사를 통해 일정 부분 사실을 담고 있다는 점, 미륵사의 조영과 관련한 정치·사회적 배경의 복잡함 등을 「사리봉안기」의 내용만으로는 모두 해결할 수 없는 측면이 있기 때문이라고 할 수 있다. 다만, 「사리봉안기」를 통해 639년 왕후의 공덕으로 서탑에 사리를 봉안하였으며, 이를 통해 대왕폐하와 왕후의 안녕과 그들에 의한 통치의 영원을 기원하였음은 분명히 알 수가 있었다.

「사리봉안기」는 당대 백제인들이 남긴 기록이라는 점에서 백제사를 이해하는 데 매우 소중한 자료라고 할 수 있다. 이러한 「사리봉안기」를 보다 잘 이해하기 위해서는 미륵사가 창건되고 사리가 봉안되는 시기라고 할 수 있는 무왕 대, 특히 무왕 후반~의자왕 초반에 대한 백제의 정치적 상황에 대한 검토가 함께 이루어져야 할 것으로 판단하였다.

무왕은 재위 기간 내내 '대왕'으로 불릴 만큼 강력한 왕권을 유지하고 있었다. 이러한 가운데 아막산성 전투 이후 소강상태에 접어들었던 대신라전을 본격화 하면서 이를 안정적으로 계승할 수 있는 의자를 태자로 책봉하였던 것으로 보인다. 의자의 태자 책봉은 무왕의 의지와 함께 당시 의자를 지지했던 사씨 세력의 활동이 본격화된 것도 영향을 미쳤을 것으로 추정하였다. 신라와의 전쟁이 본격화되면서 여기에 적극적으로 참여하였던 사씨 세력은 무왕 후반기부터 의자왕 대까지 백제 중앙 정치에서 중심 세력으로 활약하였다. 이러한 사씨 세력의 활동 가운데 미륵사 조영에의 참여도 있었다고 할 수 있다.

사택왕후의 미륵사 조영에의 참여는 미륵사가 가지는 상징성을 통해서 짐작할 수 있다. 미륵사는 왕실의 원찰을 넘어 강력한 백제국의 상징으로 건립된 것이라고 생각한다. 이러한 미륵사 조영의 실질적 주체는 무왕이었으며, 사택왕후를 비롯하여 미륵사지 서탑의 사리공에서 발견된 금제소형판 등에 기록된 다양한 사람들은 이러한 무왕의 뜻에 호응하여 미륵사의 조영에 참여한 것이라고 생각한다. 무왕은 이를 통해 백제의 국력을 결집시키고, 보다 강력한 백제의 건설을 기원하였을 것이다. 무왕 대 후반 이후 지속된 대신라전에서의 우위는 이러한 무왕의 바람이 어느 정도 실현되었던 것이 아닌가 생각한다.

투고일: 2020. 10. 26　　심사개시일: 2020. 11. 03　　심사완료일: 2020. 11. 30

참/고/문/헌

1. 사료

『三國遺事』

『三國史記』

2. 단행본

盧重國, 1988, 『百濟政治史硏究』, 일조각.

盧重國, 2010, 백제사회사상사』, 지식산업사.

盧重國, 2018, 『백제정치사』, 일조각.

남정호, 2016, 『백제 사비시대 후기의 정국 변화』, 학연문화사.

문동석, 2007, 『백제 지배세력 연구』, 혜안.

이정빈, 2018, 『고구려-수 전쟁』, 주류성.

정동준, 2013, 『동아시아 속의 백제 정치제도』, 일지사.

3. 논문 및 자료

姜種元, 2011, 「百濟 武王의 太子 冊封과 王權의 變動」, 『백제연구』 54.

姜種元, 2015, 「백제 무왕대의 정국변화와 미륵사 조영」, 『백제문화』 54.

김병남, 2002, 「백제 무왕대의 영역 확대와 그 의의」, 『한국상고사학보』 38.

김상현(a), 2009, 「백제 무왕대 불교계의 동향과 미륵사」, 『한국사학보』 37.

김상현(b), 2009, 「미륵사 서탑 사리봉안기의 기초적 검토」, 『대발견 사리장엄 彌勒寺의 再照明』, 마한백제문화연구소·백제학회.

김선기, 2009, 「地支銘 印刻瓦를 통해서 본 미륵사 창건과 몇 가지 문제」, 『대발견 사리장엄 彌勒寺의 再照明』, 마한백제문화연구소·백제학회.

김선기, 2011, 「익산지역의 백제 사지」, 『익산 미륵사와 백제』, 일지사.

金壽泰, 1992, 「百濟 義慈王代의 政治變動」, 『한국고대사연구』 5.

金壽泰, 2009, 「백제 무왕대의 미륵사 서탑 사리 봉안」, 『신라사학보』 16.

金壽泰, 2010, 「백제 무왕대의 대신라 관계」, 『백제문화』 42.

김영수, 2011, 「사리봉안기의 출현과 「서동요」 해석의 시각」, 『익산 미륵사와 백제』, 일지사.

김영심, 2013, 「舍利器 銘文을 통해 본 백제 사비시기 국왕과 귀족세력의 권력관계」, 『한국사연구』 163.

김주성, 1990, 「百濟 泗沘時代 政治史 硏究」, 전남대학교 대학원 박사학위논문.

김주성, 2009, 「미륵사지 서탑 사리봉안기 출토에 따른 제설의 검토」, 『東國史學』 46, pp.32-33.

김주성, 2009, 「백제 무왕의 정국운영」, 『대발견 사리장엄 彌勒寺의 再照明』, 마한백제문화연구소·백제학회

김주성, 2009, 「백제 무왕의 대야성 진출 기도」, 『백제연구』 49.
김태식, 1997, 「백제의 가야지역 관계사: 교섭과 정복」, 『백제의 중앙과 지방』, 충남대 백제연구소.
문화재청 보도자료 "미륵사지석탑(국보 제11호)에서 백제 사리장엄(舍利莊嚴) 발견"(2009. 01. 19).
박현숙, 2009, 「百濟 武王의 益山 경영과 彌勒寺」, 『한국사학보』 36.
박종욱, 2013, 「602년 阿莫城 戰鬪의 배경과 성격」, 『한국고대사연구』 69.
배병선·조은경·김현용, 2009, 「미륵사지 석탑 사리장엄 수습조사 및 성과」, 『목간과 문자』 3.
신종원, 2011, 「사리봉안기를 통해 본 『삼국유사』 무왕조의 이해」, 『익산 미륵사와 백제』, 일지사.
양기석, 2007, 「백제의 사비천도와 그 배경」, 『백제와 금강』, 서경문화사.
양기석, 2009, 「彌勒寺址 塔址의 調査過程에 대한 檢討」, 『한국사학보』 36.
오명지, 2015, 「中國 歷代 王朝의 舍利奉安 연구」, 동국대학교 박사학위논문.
윤진석, 2011, 「백제멸망기 '태자'문제의 재검토」, 『지역과 역사』 29.
이용현, 2009, 「미륵사 건립과 사택씨」, 『신라사학보』 17.
임혜경, 2015, 「彌勒寺址 出土 文字資料」, 『한국고대문자자료연구 백제(상)-지역별-』, 주류성.
장미애, 2010, 「무왕의 세력기반으로서 익산의 위상과 의미」, 『한국고대사연구』 60.
장미애, 2012, 「의자왕대 정치세력의 변화와 대외정책」, 『역사와 현실』 85.
장미애, 2019, 「5세기 후반~6세기 중반 백제의 대외 정책과 백제-신라 관계의 추이」, 『사림』 68.
전혜빈, 2016, 「彌勒寺 舍利奉安記를 통해 본 義慈王과 沙氏세력」, 『한국고대사탐구』 22.
정동준, 2002, 「7세기 전반 백제의 대외정책」, 『역사와 현실』 36.
정재윤, 2009, 「彌勒寺 舍利奉安記를 통해 본 武王·義慈王代의 政治的 動向」, 『한국사학보』 37.
정재윤, 2018, 「사비 천도의 배경과 시행 과정에 대한 고찰」, 『선사와 고대』 55.
주경미, 2003, 「中國 古代 皇室發願 佛舍利莊嚴의 정치적 성격」, 『東洋學』 33.
崔鉛植, 2012, 「彌勒寺 創建의 歷史的 背景」, 『한국사연구』 159 .

〈Abstract〉

The political character of the Sharira Dedication Record of Mireuksa Stupa

Jang, Mi-ae

The discovery of the Sharira Dedication Record of Mireuksa Stupa in 2009 was expected to resolve many controversies over Mireuksa Temple. Contrary to these expectations, however, the debate over Mireuksa Temple continues, including who and when it was founded. In this paper, discussions related to the "The Sharira Dedication Record" have been summarized and, based on this, the political meaning of the "The Sharira Dedication Record" has been examined.

The controversy over "The Sharira Dedication Record" was mainly centered on discussions with the people who built Mireuksa Temple and when it was built. About the people who built Mireuksa Temple, the theory of Queen Sataek, Seonhwa, and King Mu were raised. It is reasonable to think that Mireuksa Temple was built as a national temple centered on King Mu in that it was not a royal temple but looked like a temple devoted to the power of Baekje at the time. On the other hand, the theory that Mireuksa Temple may have been built for a long time is gaining weight.

Mireuksa Temple was built as a symbol of the powerful Baek Empire, not as a royal temple. King Mu was at the center of the construction of Mireuksa Temple. In response to King Mu's wishes, various people recorded in the gold miniature plates found in sarira reliquary of the West Stupoa of Mireuksa Temple participated in the construction of Mireuksa Temple. Through this, King Mu would have united Baekje's national strength and wished for the construction of a more powerful Baekje.

▶ Key words: The Sharira Dedication Record of Mireuksa Stupa, King Mu(武王), Queen Sataek(沙宅王后), Seonhwa, King Uija(義慈王)

특집 2

계양산성 발굴과 문자자료

서봉수*

〈국문초록〉

이 글은 지금까지 10여 차례에 걸쳐 계양산성에서 조사된 수많은 성격의 유구와 유물 중에서 문자자료에 주목하여 논지를 진행하였다. 특히 계양산성에서는 목간을 비롯하여 수많은 기와에서 글자가 확인되어 문자자료의 가치가 상당히 높기 때문이다. 글은 지금까지의 계양산성 발굴결과를 토대로 문자자료를 정리하고 특히 글자기와의 고고학적 속성과 연관시켜 그 특성 및 구체적인 편년안을 제시하였다.

결과적으로, 계양산성 글자기와는 크게 음각 부호 글자기와와 '주부토(主夫吐)' 관련 글자기와, 그리고 '구암앙일시(견)성(九嵒仰一是(or 見)成)' 관련 글자기와이다. 총 세 단계 구분이 가능하다. 일반 평기와는 전반적인 고고학적 속성과 계통성 안에서 크게 6세기 중후반에 제작되기 시작하여 10세기 전반까지 시기별로 변화양상을 나타낸다. 여기서 음각 부호 글자기와는, 몇 점의 앞선 시기도 있지만, 줄무늬나 격자무늬를 중심 무늬로 하며 단판의 두드림판으로 부분 또는 전면두드림하였다. 또한 측면의 자르기 흔적은 대부분 한번에 기와칼로 그어 분리하거나 2~3회 조정한 것들이다. 이러한 글자기와들의 고고학적 속성을 토대로 음각 부호 글자기와들은 7세기 중반에서 8세기 전반을 중심시기로 편년하였다. 음각 부호의 성격에 대하여는 조심스럽게 압자(押字)의 형태가 아닐까 추정해보았다.

다른 부류는 '주부토(主夫吐)' 관련 글자기와들이다. 고고학적 속성은 장판화된 줄무늬나 솔잎무늬, 격자무늬가 복합된 형태 등으로 두드림판은 중판 또는 장판화되고 측면 자르기는 내에서 외로 향하거나 교차

* 백두문화재연구원 원장

자르기하는 형태를 나타내고 있어 8세기 후반에서 9세기 후반까지로 편년이 가능하다. 이러한 글자기와는 통일신라 후반 지방호족의 등장과 함께 옛 삼국의 지명을 재사용하는, 즉 지방마다 고구려와 백제를 계승한다는 차원에서 이루어진 지명의 복고현상으로 파악하였다.

마지막 부류는 '구암앙일시(견)성(九嵒仰一是(or 見)成)' 관련 글자기와이다. 고려시대 전기에 해당하는 기와들로 사찰과 관련된 것들로 판단된다.

▶ **핵심어: 계양산성, 문자자료, 글자기와, 음각 부호, 주부토**

I. 머리말

우리나라의 대표성을 갖는 유적을 일컫는 말 중, '산성의 나라'가 있다. 고대 국가인 고구려, 백제, 신라를 비롯하여 통일신라, 고려, 조선에 이르기까지 산성은 우리 역사의 중요한 자리를 차지하며 선조들의 삶과 생존에 지대한 영향을 미치며 존폐를 거듭해 왔기 때문이다. 따라서 그 흔적은 우리나라 곳곳 중요 거점이나 교통로상에서 어김없이 나타난다. 이렇게 산성은 중앙 또는 지방 통치를 위해서, 적 또는 외세 침략의 방어에 중요한 역할을 담당하여 왔다. 산성은 고고학적으로도 중요한 위치를 차지하는데 유적의 성격이 통치의 기반이자 전쟁시에는 수성의 요새로서 복합적인 성격을 갖기 때문에 확인되는 유구나 출토되는 유물도 도성급 또는 관청급의 높은 수준을 보이고 있다.

한편, 각 시대별로 중요한 역사적, 고고학적 지위를 갖는 산성이지만 자연적, 지리적 천혜의 조건이라는 것은 시대를 달리해도 변하지 않는다. 따라서, 수많은 산성 조사에서 확인되는 것처럼, 한정된 지리적 조건 내에서 시대를 달리하며 산성을 사용하였기 때문에 산성의 주체 세력이나 초축 세력에 대한 해석에는 때에 따라 서로 다른 의견이 존재하는 것도 사실이다. 특히, 한강 유역은 고대 삼국이 한반도의 패권을 차지하기 위해 중요한 거점으로 생각했던 곳이다. 그만큼 각 국이 남겨놓은 유적도 많다. 산성을 비롯하여 고분, 생활 유적, 생산 유적 등 다양하다. 그런데 다른 유적과 달리 산성은 그 활용성 면에서 사용 주체가 변하여도 다시 사용되는 사례도 있어 그 주체 세력 또는 초축 세력에 대한 해석이 신중할 수 밖에 없다. 최종적으로 한강 유역을 확보한 신라가 고구려, 백제와는 달리 거점성적인 측면에서 더욱 많은 산성을 축조하고 이용하였지만 앞선 백제나 고구려의 산성도 다시 사용했으리라는 것은 어느 정도 유추가능한 해석일 수 있기 때문이다. 이러한 논쟁의 대표 유적으로는 한강 유역에서 파주 덕진산성, 연천 호로고루, 포천 반월산성, 인천 계양산성, 이천 설봉산성, 이천 설성산성 등을 들 수 있다.

하지만 고고학은 실증이다. 조사된 유구와 출토된 유물을 바탕으로 일차적인 해석을 하는 것이 기본이다. 역사적 정황이나 추론은 이차적인 부분이다. 이 논고는 이러한 문제의식을 가지고 인천 계양산성을 다루어 보고자 한다. 주지하듯이 인천 계양산성은 지금까지의 조사결과, 특정 유구나 유물의 해석을 통해서 그 초축세력을 백제로 보기도 하고 고구려로 보기도 하기 때문이다. 이 글에서는 계양산성에서 조사된 수

많은 성격의 유구와 유물 중에서 문자자료에 주목하여 논지를 진행하려고 한다. 특히 계양산성에서는 목간을 비롯하여 수많은 기와에서 글자가 확인되어 문자자료의 가치가 상당히 높다. 이 글은 지금까지의 계양산성 발굴결과를 토대로 문자자료를 정리하고 특히 글자기와의 고고학적 속성과 연관시켜 그 특성 및 구체적인 편년안을 제시하고자 한다. 이를 통해 계양산성의 사용 주체세력 및 중심시기를 파악하는 단서를 제공할 수 있을 것이다.

II. 계양산성 발굴조사 현황과 문자자료 종류

1. 발굴조사 현황

인천 계양산성은 현 인천광역시 계양구에 위치한 계양산(395m) 중봉(中峰, 202m)의 동쪽 능선에 위치하고 있다. 이 지역은 한강 유역을 중심으로 넓게 펼쳐진 김포평야와 부천, 양천구 일대를 조망할 수 있는 교통의 요충지이다. 계양산성은 인천의 대표적 성곽으로 문학산성[1]과 함께 중요한 교통로상의 거점성으로서 인식되어 왔다. 지금까지 십여 차례에 이르는 조사가 진행되었으며 대략의 현황은 다음 표와 같다. 총 2차례의 지표조사와 10차례에 이르는 발굴조사를 통해 어느 정도 계양산성에 대한 발굴조사는 마무리되는 듯 한데 주요 유구 및 출토 유물에 대한 의견은 발굴자에 따라 또는 학자에 따라 상이하다.

일차적으로 중요한 쟁점이 되는 부분은 3차 발굴까지 선문대학교 고고연구소에 의해 진행된 조사결과에서 확인된 물저장고(집수정)와 출토 목간, 그리고 백제토기로 추정한 둥근바닥짧은목항아리(원저단경호)이다. 조사자는 물저장고 안에서 목간과 함께 확인된 층위에서 수습된 목제 시료의 AMS 측정 결과, 방사성탄소연대를 B.P.1640±60(시료 1)과 B.P.1580±60(시료2)으로 제시하여 보정연대를 A.D.400년과 A.D.480년으로 규정하였다. 따라서 이와 함께 출토된 목간과 둥근바닥짧은목항아리도 서체와 제작기법으로 보아 4~5세기대 백제 유물로 판단하였다. 더불어 연화무늬 막새는 백제와 신라의 영향을 동시에 받은 6세기대 유물로, '주부토(主夫吐)' 관련 글자기와들은 7세기대 유물로 판단하였다(선문대학교 고고연구소 2008).

이후, (재)겨레문화유산연구원에서 진행된 4차 조사에서는 일부 고구려(계) 토기편과 적색계통의 통쪽와통 기와를 토대로 고구려 또는 백제의 영향 가능성도 언급된 바이다.[2] 한편, 8차 조사에서는 그동안 출토된 기와를 제작기술의 차이에 따라 총 5군의 형식으로 분류하고 특히 A군의 형식적 특징을 ① 기와 내면에 연결흔 없는 통쪽흔만 남은 암키와 성형틀의 특징, ② 글자 및 기호, 그림 등을 외면에 선각하는 방식, ③ 건조

1) 인천의 진산(鎭山)인 문학산(213m)에 위치한 둘레 577m의 테뫼식 석성이다. 옛 문헌에 비류와 관련한 성터와 비판(扉板)이 있다고 전하나 자세한 발굴조사가 진행된 바가 없어 확인할 길은 없다. 현재로서는 신라시대의 석성으로 알려져 있다. 하지만 문학산이 인천의 주산(主山)인 만큼 삼국시대 이래로 인천의 주요 산성으로서 그 역할을 담당하여 온 것으로 파악된다(인천광역시사편찬위원회, 2003, 『인천의 역사와 문화』, pp.36-38).

2) 겨레문화유산연구원, 2015, pp.285-287.

지도 1. 계양산성의 위치

표 1. 계양산성 조사 현황

	조사구분	조사대상	주요성과	주요유물	조사기관
1	지표(1997)	축조위치, 방법, 성내시설 유존파악	현황파악		㈜유성건축 사무소
2	지표(2001)	전체	치, 건물지, 문지	삼국시대 토기 및 기와편	선문대 고고연구소
3	1차발굴 (2003)	서벽 육각정	내외벽 4m	기와, 토기, 철기 등	선문대 고고연구소
4	2차발굴 (2004, 2005)	동문추정지 및 주변	1, 2집수정	문확석, 목간	선문대 고고연구소
5	3차발굴 (2006)	동문추정지, 성벽, 집수시설	3집수정	토기, 기와	선문대 고고연구소
6	4차발굴 (2009)	북문추정지, 치성지, 주변 건물지	북문 현문 구조, 보축시설	글자 및 부호 기와, 토기	(재)겨레문화 유산연구원
7	5차발굴 (2013)	내부 건물지	건물지, 수혈	기와, 토기 등	(재)겨레문화 유산연구원
8	6차발굴 (2014)	건물지	건물지 9동, 구들 2기, 수혈 3기	기와, 토기 등	(재)겨레문화 유산연구원
9	7차발굴 (2015)	건물지, 추정 치성부	건물지, 토심석축 치성	기와	(재)겨레문화 유산연구원
10	8차발굴 (2016)	건물지	집수시설, 제의유구, 담장지	기와	(재)겨레문화 유산연구원
11	9차발굴 (2017)	성벽, 집수시설	4호 집수시설	기와, 토기	(재)겨레문화 유산연구원
12	10차발굴 (2019)	성벽	협축성벽, 기단보축 등	기와, 토기	(재)겨레문화 유산연구원

전 자르기면 조정 방식, ④ 점토띠소지를 사용하여 사절흔 및 점토판 접합흔이 확인되지 않는 점 등으로 정리하고 고구려의 조와기술로 판단한 바도 있다.[3] 이러한 다양한 견해는 계양산성을 비롯한 인천지역이 백제가 처음 점유하고 고구려의 남진으로 인한 영향을 받으며 6세기 중반 이후 신라가 한강유역을 경영한 역동적인 상황을 그대로 나타내 주는 것이기도 하다. 하지만, 앞서 언급하였듯이, 보고자의 판단을 그대로 인정하더라도 특정 유물 몇 편에 의해 산성의 축조세력과 역사적 정황을 그대로 연결시키는 것은 다소 위험한 판단이라 생각한다.

현재, 출토 목간 및 토기에 대해서는 그 편년 및 성격에 대해서 학회를 비롯한 학계의 다양한 의견이 제시되고 있는 바이니 따로 구체적인 언급은 하지 않겠다. 여기에서는 계양산성에서 출토된 모든 문자자료를 발굴보고 중심으로 정리하고 그 중 글자기와를 대상으로 학계의 연구 성과를 토대로 고고학적 분석을 하려고 한다.

2. 문자자료 종류

이 장에서는 계양산성에서 출토된 모든 문자자료의 내용을 보고자의 내용을 바탕으로 출토 층위와 함께 정리하였다.

1) 목간

목간은 계양산성의 제1물저장고 바닥에서 2차와 3차 조사에서 각각 1매씩 출토되었다. 보고자에 따르면, 제1물저장고의 퇴적토층의 맨 아래층인 Ⅶ층 바닥 남측 벽면에 가까운 지점의 둥근바닥짧은목항아리(원저단경호) 주변에서 확인되었다(선문대학교 고고연구소, 2008: 262)고 한다.

(1) 목간 1(5각형 목주)[4]

1면: ... 賤君子 .. 人 ...
2면: .... 吾斯之未能信子設
3면: .... 也不之其仁也赤也 ..
4면: ..... 十 ....
5면: ..... 子曰吾 ....

(2) 목간 2

1면: ... 子 ...

3) 겨레문화유산연구원, 2019, 『계양산성 Ⅳ』, pp.135-154.

2) 글자기와

다양한 형태의 음각 부호 글자와 두드림판 글자 등이 출토되었다. 4차 조사시에 가장 많은 수가 출토되었는데 당시 조사 층위는 크게 4개층으로 구분되었다. 이 중 음각 부호 글자는 마지막 Ⅳ층인 적갈색 사질점토층에서 주로 출토되었다. 상대적으로 두드림판 글자 기와는 그 위층인 Ⅱ층의 황갈색 사질점토층과 Ⅲ층의 암갈색 사질점토층에서 확인된다.[5]

(1) 음각 부호 글자

① 4차 조사: 'ォ', 'ㅗ', 'ラ', 'ア', '丰', '木', '()', '之'
② 5차 조사: 'キ'형, '⊘'형, 'X'형, '一 '형 부호

(2) 두드림판 글자

① 4차 조사: '主', '主夫', '主夫十夫口大(?)', '口十夫口', 主夫十夫(?) - 主夫吐 관련
'月', '官', '草', '瓦草', '天(?)'
② 5·6차 조사: '官草', '寺', '主夫土夫口大(?)', '口土夫口', 主夫土夫(?)
③ 7차: '九嵒仰一是(or 見)成' - 가. 구암이 우러르니 한꺼번에 (다) 이뤄졌다.
나. 구암이 우러러 한번 보고 만들었다.
'大十' - '도(夲)', '본(本)'??

Ⅲ. 계양산성 출토기와의 고고학적 속성[6]

이 장에서는 계양산성에서 출토된 많은 유물 중에서 기와의 고고학적 속성 및 편년을 살펴보려고 한다. 앞서, 계양산성 4차 발굴조사결과를 발표하면서 출토된 기와의 편년을 크게 세 단계로 구분한 바가 있다.[7] 여기서는 좀 더 심층있는 기와 분석을 통해 구체적인 편년안을 마련하는 것이 목적이다. 이를 위해 우선, 지금까지 이루어진 발굴조사 자료 중에서 4차 발굴조사에서 출토된 기와들을 중심으로 고고학적 속성을 분석하여 이를 대상으로 구체적인 편년안을 마련하고 출토된 글자기와들의 성격을 살펴볼 것이다.

---

4) 자세한 설명은 다른 논문에서 상세히 정리하였으므로 여기서는 생략한다.
5) 겨레문화유산연구원, 2011, 『계양산성 Ⅱ』, pp.37-38.
6) 이 장은 본인의 학위논문 중에서 부분발췌하여 가감하였다(서봉수, 2020).
7) 서봉수·박종서·김우락·박햇님, 2010, pp.109-132.

1. 출토기와 속성

1) 분석기준

4차 보고서에 기록된 유물번호를 중심으로 유물의 종류, 무늬, 두드림판 크기, 두드림 방법, 측면 자르기 방법, 두께 등을 분석하였고 비고에는 내면 조정 여부를 비롯한 참고할 만한 사항들을 속성으로 적었다. 기술된 형식은 최종 결과를 분류한 것이다.

총 297점의 기와를 분석하였다. 대상 유물들은 인천 계양산성 4차 발굴조사에서 출토된 기와 중 분석 요건을 갖춘 기와들을 선정한 것이다. 그 분류 기준은 크게 기와 외면의 무늬, 와통의 형태, 두드림판(타날판) 크기, 두드림(타날) 방법, 측면 자르기 방법이고 부가적으로 끝다듬기(단부조정) 방법, 내면 조정 자국, 두께 등을 기술하였다.

(1) 외면 무늬

외면 무늬는 대분류의 기준으로 삼고 민무늬(Ⅰ), 꼰무늬(Ⅱ), 줄무늬(Ⅲ), 격자무늬(Ⅳ), 기타무늬(Ⅴ)로 구분하였다. 삼국시대 이래 통일신라시대까지 나타나는 무늬 대부분은 Ⅰ~Ⅳ의 범주 안에 들어오며 특히

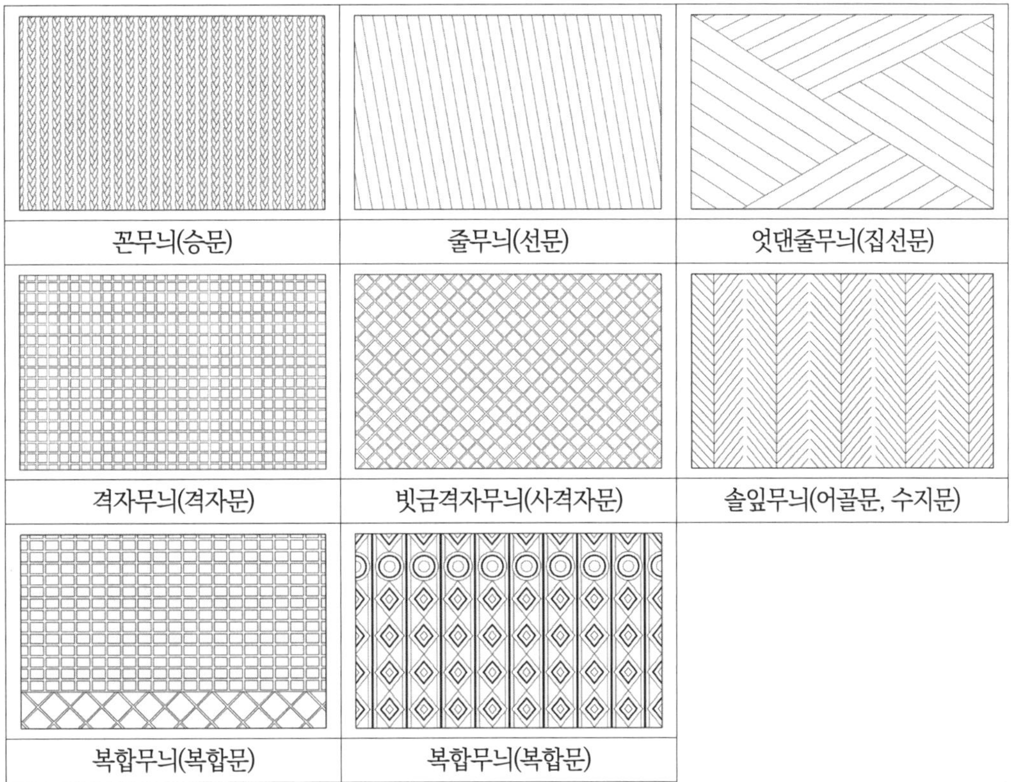

도판 1. 각종 무늬 도안

통일신라 후반에 나타나기 시작하는 솔잎무늬(어골문)와 톱니무늬 등과 함께 복합무늬는 기타 무늬(V)로 통합하였다.

도판 2. 외면 무늬 종류

(2) 두드림판 크기

두드림판 크기는 단판(A), 중판(B), 장판(C)으로 구분하여 중분류의 기준으로 삼았다. 두드림판의 크기는 단판에서 중판, 중판에서 장판으로의 변화가 인정되어[8] 두드림 방법의 변화와 함께 어느 정도 시간적 선후를 반영하는 요소로서 지역차와 계통차를 반영한다고 하였다.

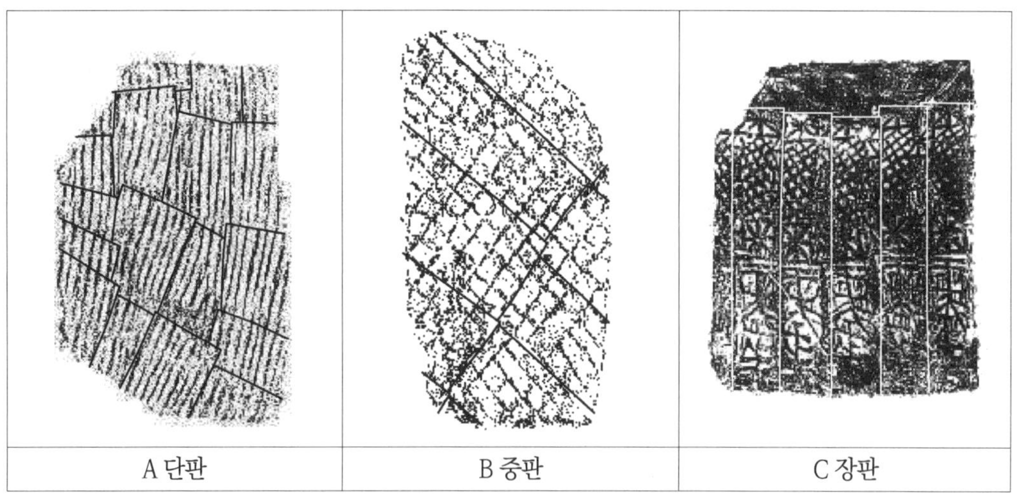

A 단판	B 중판	C 장판

도판 3. 두드림판 크기 형태

(3) 두드림 방법

두드림 방법은 필자의 분류 기준에서 중요하다고 판단하여 채택된 속성으로 소분류의 중요 기준으로 삼았다. 즉, 기와의 외면에 두드림판으로 다소 불규칙적으로 부분적인 두드림을 했는지, 기와 외면 전면에 걸

a 부분두드림	b 전면두드림

도판 4. 두드림 방법 차이

쳐서 정연하게 겹치기 두드림을 했는지를 구분한 것이다. 이에 따라 부분두드림(a), 전면두드림(b)으로 구분하였다.

(4) 측면 자르기 방법

측면 자르기 방법 역시 필자 나름대로 중요한 시기 구분의 분류 기준으로 판단하여 최종적인 세분류의 기준으로 삼은 것이다. 기와 측면을 전면 또는 두 번 조정하는 경향은 고구려[9]나 백제[10] 시기에도 나타나는 시대적 현상이기도 하고 측면을 2~3차례 다듬는 것을 초기 기와(7세기 후반)로 생각하는 경우[11]도 있지만 계양산성을 비롯한 한강 유역의 신라기와에서는 다양한 측면 자르기 자국이 특정시기별로 나타나고 있다. 따라서 기와 측면에 남아있는 기와칼자국(와도흔)이 기와 내면에서 외면(또는 외면에서 내면)으로 부분적으로 남아 있는지, 전면에 걸쳐 자르기했는지, 자르기 후 내외로 추가적인 조정을 했는지에 따라서 '내-> 외 부분(1)', '전면(2)', '두 번 이상(3)', '외->내(4)'로 구분하였다.

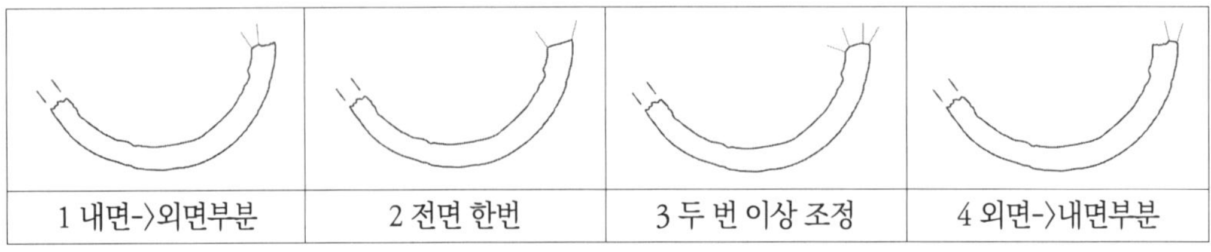

도판 5. 측면 자르기 방법

보조 속성 분석으로는 기와 내면에 나타나는 다양한 제작 자국 중 내면의 조정 여부에 따라 무조정한 것과 조정한 것을 구분하여 민무늬 기와 중 조정한 것에 '-1'을 부기하였다. 이와 함께 기와의 두께도 참고하였다.

2) 분석 결과

다음의 표는 그 분석 결과를 정리한 것이다.

8) 최태선, 1993, 「平瓦製作法의 變遷에 대한 硏究」, 경북대학교대학원 석사학위논문, p.43; 이재명, 2016, 「경남지역 삼국~고려시대 평기와 연구」, 경상대학교대학원 석사학위논문, pp.36-38.

9) 한국토지공사 토지박물관, 2007, 『漣川 瓠盧古壘 Ⅲ(제2차 발굴조사보고서)』, pp.318-319.

10) 서울역사박물관·한신대학교박물관, 2008, 『풍납토성 Ⅸ-경당지구 출토 와전류에 대한 보고-』; 국립문화재연구소, 2009, 『風納土城 XI -풍납동 197번지(舊 미래마을)시굴 및 발굴조사 보고서 1-』.

11) 심광주, 2019, 「용인 할미산성의 축성법과 역사적 의미」, 『용인 할미산성-문화재적 가치와 위상-』, 용인시, p.33.

표 2. 계양산성 출토 기와 속성 분석

번호	유물번호	종류	무늬	두드림판	두드림법	측면	두께	색조	형식	비고
1	계양2-26	암	줄무늬	단판	전면	전면	2.15	갈	ⅢAb2	내면빗질
2	계양2-29	암	격자무늬	단판	전면	전면	1.95	명갈	ⅣAb2	빗질
3	계양2-76	수	민무늬	무	무	내-->외	1.75	명갈	Ⅰ1-1	글자 부관대, 빗질
4	계양2-77	암	민무늬	무	무	내-->외	2.15	회청	Ⅰ1-1	글자 주부
5	계양2-80	암	민무늬	무	무	내-->외	1.95	명갈	Ⅰ1-1	글자 부
6	계양2-81	암	민무늬	무	무	내-->외	1.8	암적	Ⅰ1-1	글자 부, 빗질
7	계양2-82	암	민무늬	무	무	전면	1.8	적	Ⅰ2-1	부호, 빗질
8	계양2-89	암	줄무늬	단판	전면	세번	1.9	적	ⅢAb3	부호, 빗질
9	계양2-91	암	민무늬	무	무	내-->외	1.65	회청	Ⅰ1-1	글자 초, 빗질
10	계양2-92	수	민무늬	무	무	내-->외	2.2	갈	Ⅰ1-1	글자 관
11	계양2-93	수	민무늬	무	무	외-->내	1.7	갈회	Ⅰ4-1	물손질
12	계양2-94	수	줄무늬	단판추정	전면	네 번	1.6	적갈	ⅢAb3	물손질
13	계양2-95	수	줄무늬	단판추정	전면	전면	1.8	명회	ⅢAb2	빗질
14	계양2-96	수	줄무늬	단판추정	전면	전면	1.25	적	ⅢAb2	물손질
15	계양2-97	수	줄무늬	단판	전면	외-->내	1.4	적	ⅢAb4	
16	계양2-98	수	엇댄줄무늬	중판추정	전면	전면	2	명갈	ⅢBb2	빗
17	계양2-99	수	줄무늬	단판	전면	내-->외	1.65	갈	ⅢAb1	물손질
18	계양2-100	수	복합무늬	중판추정	전면	전면	2.6	회청	ⅤBb2	물손질, 줄무늬+솔잎
19	계양2-102	암	줄무늬	단판	전면	내-->외	1.4	연적	ⅢAb1	물손질, 빗질
20	계양2-103	암	추상무늬	중판추정	전면	전면	2.8	황갈	ⅤBb2	빗질
21	계양2-104	암	복합무늬	중판추정	전면	내-->외	1.65	회	ⅤBb1	줄무늬+격자, 빗질
22	계양2-169	암	엇댄줄무늬	장판추정	전면	내-->외	1.85	회청	ⅤCb1	글자 주부+엇댄줄, 빗질
23	계양2-176	수	줄무늬	단판	전면	전면	1.3	청회	ⅢAb2	물손질
24	계양2-177	수	줄무늬	단판	전면	전면	1.8	회청	ⅢAb2	빗질
25	계양2-178	수	줄무늬	단판	전면	전면	1.8	명회	ⅢAb2	물손질
26	계양2-179	수	줄무늬	단판	전면	외-->내	1.1	회청	ⅢAb4	물손질,빗질, 양쪽분할
27	계양2-180	수	격자무늬	단판	전면	외-->내	1.5	명적	ⅣAb4	빗질
28	계양2-181	수	격자무늬	단판	전면	내-->외	1.4	명회	ⅣAb1	빗질
29	계양2-182	수	격자무늬	단판	전면	내-->외	1.65	회청	ⅣAb1	물손질
30	계양2-183	수	격자무늬	단판추정	전면	내-->외	1.7	회청	ⅣAb1	물손질
31	계양2-184	수	톱니무늬	중판추정	전면	외-->내	1.5	적	ⅤBb4	빗질
32	계양2-185	수	추상무늬	중판이상	전면	외-->내	1.75	회청	ⅤBb4	물손질
33	계양2-186	수	추상무늬	중판이상	전면	두 번	1.7	회흑	ⅤBb3	물손질
34	계양2-187	암	줄무늬	단판	전면	내-->외	2	흑	ⅢAb1	빗질
35	계양2-188	암	줄무늬	단판	전면	전면	1.8	명갈	ⅢAb2	빗질
36	계양2-189	암	줄무늬	단판	전면	전면	2	명회	ⅢAb2	빗질
37	계양2-190	암	줄무늬	단판	전면	내-->외	1.75	명갈	ⅢAb1	빗질
38	계양2-191	암	줄무늬	단판	전면	내-->외	1.95	명회	ⅢAb1	빗질
39	계양2-192	암	줄무늬	단판	전면	내-->외	1.75	자	ⅢAb1	빗질

번호	유물번호	종류	무늬	두드림판	두드림법	측면	두께	색조	형식	비고
40	계양2-193	암	줄무늬	단판	전면	전면	1.5	명갈	ⅢAb1	물손질
41	계양2-194	암	줄무늬	단판	전면	내-->외	1.95	암회청	ⅢAb1	
42	계양2-195	암	줄무늬	단판	전면	전면	1.8	명갈	ⅢAb2	빗질
43	계양2-196	암	엇댄줄무늬	중판이상	전면	내-->외	2.4	적,회청	ⅢBb1	물손질, 빗질
44	계양2-197	암	엇댄줄무늬	단판	전면	내-->외	1.55	연적	ⅢAb1	빗질
45	계양2-198	암	격자무늬	단판	전면	내-->외	2.05	명회	ⅣAb1	빗질
46	계양2-199	암	격자무늬	단판	전면	전면	1.3	회백	ⅣAb2	빗질
47	계양2-200	암	빗금격자무늬	단판	전면	전면	1.8	명갈	ⅣAb2	빗질
48	계양2-201	암	빗금격자무늬	중판추정	전면	전면	1.3	명갈	ⅣBb2	물손질
49	계양2-202	암	솔잎무늬	장판	전면	내-->외	1.65	적갈	ⅤCb1	물손질, 빗질
50	계양2-203	암	줄무늬	단판	전면	두 번	1.75	명회	ⅢAb3	물손질
51	계양2-204	암	복합무늬	장판	전면	내-->외	2	갈	ⅤCb1	빗질
52	계양2-223	암	민무늬	무	무	내-->외	1.6	회흑	Ⅰ1-1	글자 주, 빗질
53	계양2-228	암	엇댄줄무늬	장판	전면	내-->외	1.95	자작	ⅢCb1	빗질
54	계양2-229	암	격자무늬	단판	전면	내-->외	1.75	회갈	ⅣAb1	빗질
55	계양2-230	암	빗금격자무늬	중판이상	전면	내-->외	1.85	암회청	ⅣBb1	빗질
56	계양2-231	암	복합무늬	장판추정	전면	내-->외	1.8	암회청	ⅤCb1	빗질, 물손질
57	계양2-280	암	줄무늬	단판	전면	두 번	1.2	명갈	ⅢAb3	부호, 물손질
58	계양2-281	암	줄무늬	단판	전면	두 번	1.6	적	ⅢAb3	부호, 통쪽, 물손질
59	계양2-294	암	줄무늬	단판	전면	전면	1.05	적	ⅢAb2	부호, 물손질
60	계양2-295	암	줄무늬	단판	전면	두 번	1.2	적	ⅢAb3	부호
61	계양2-296	암	줄무늬	단판	전면	세 번	1.75	적	ⅢAb3	부호, 통쪽
62	계양2-300	암	격자무늬	단판	부분	내-->외	1.45	연적	ⅣAa1	부호, 빗질
63	계양2-305	암	민무늬	무	무	내-->외	1.35	회청	Ⅰ1-1	글자, 빗질
64	계양2-306	암	민무늬	무	무	내-->외	1.5	회청	Ⅰ1-1	글자 인(팔)
65	계양2-307	암	민무늬	무	무	내-->외	1.65	갈	Ⅰ1-1	글자
66	계양2-309	암	민무늬	무	무	내-->외	1.95	회청	Ⅰ1-1	글자
67	계양2-311	수	줄무늬	단판	전면	두 번	1.35	적흑	ⅢAb3	물손질
68	계양2-312	수	줄무늬	단판	전면	두 번	1.7	적	ⅢAb3	물손질
69	계양2-313	수	줄무늬	단판	전면	두 번	1.2	적	ⅢAb3	통쪽, 물손질
70	계양2-314	수	빗금격자무늬	단판	전면	내-->외	1.6	회	ⅢAb1	빗질
71	계양2-315	수	줄무늬	단판	전면	두 번	1.45	적	ⅢAb3	바깥와도, 물손질
72	계양2-317	수	복합무늬	단판	전면	전면	1.75	회청	ⅤAb2	줄무늬+격자, 빗질
73	계양2-318	암	줄무늬	단판	전면	전면	1.55	적	ⅢAb2	
74	계양2-319	암	줄무늬	단판	전면	세 번	1.55	적	ⅢAb3	통쪽
75	계양2-320	암	줄무늬	단판	전면	전면	1.55	회백	ⅢAb2	빗질
76	계양2-321	암	엇댄줄무늬	중판이상	전면	내-->외	1.7	흑회	ⅢBb1	
77	계양2-322	암	엇댄줄무늬	중판이상	전면	전면	1.75	회갈	ⅢBb2	빗질
78	계양2-323	수	빗금격자무늬	중판이상	전면	외-->내	1.75	회	ⅣBb4	물손질
79	계양2-324	암	솔잎무늬	중판이상	전면	내-->외	2.05	회	ⅣBb1	빗질, 물손질

번호	유물번호	종류	무늬	두드림판	두드림법	측면	두께	색조	형식	비고
80	계양2-325	암	줄무늬	중판이상	전면	내-->외	2.1	갈	ⅢBb1	빗질
81	계양2-326	암	추상무늬	중판이상	전면	내-->외	2.1	적	ⅣBb1	빗질
82	계양2-346	수	민무늬	무	무	내-->외	2.1	명갈	Ⅰ1-1	글자 부
83	계양2-347	수	줄무늬	단판	전면	두 번	1.6	적	ⅢAb3	부호
84	계양2-349	암	줄무늬	단판	전면	전면	1.65	적	ⅢAb2	부호
85	계양2-351	암	줄무늬	단판	전면	전면	1.85	적	ⅢAb2	부호
86	계양2-356	암	격자무늬	단판	전면	전면	1.6	연적	ⅣAb2	부호, 물손질
87	계양2-361	수	줄무늬	단판	전면	세 번	1.4	적	ⅢAb3	부호, 물손질
88	계양2-364	수	민무늬	무	무	외-->내	1.4	회청	Ⅰ4-1	물손질
89	계양2-365	수	민무늬	무	무	두 번	1.45	적	Ⅰ3-1	물손질
90	계양2-366	수	민무늬	무	무	외-->내	1.1	암회	Ⅰ4-1	빗질
91	계양2-367	수	줄무늬	단판	전면	두 번	1.35	적	ⅢAb3	물손질
92	계양2-368	수	줄무늬	단판	전면	두 번	1.5	적	ⅢAb3	물손질
93	계양2-369	수	줄무늬	단판	전면	전면	1.8	적	ⅢAb2	빗
94	계양2-370	수	줄무늬	단판	전면	전면	1.2	적	ⅢAb2	
95	계양2-371	수	솔잎무늬	장판추정	전면	외-->내	1.5	적	ⅤCb4	
96	계양2-373	수	복합무늬	중판이상	전면	외-->내	1.65	회청	ⅤBb4	물손질
97	계양2-374	암	줄무늬	단판	전면	두 번	1.25	적	ⅢAb3	
98	계양2-375	암	줄무늬	단판	전면	세 번	1.45	적	ⅢAb3	
99	계양2-376	암	줄무늬	단판	전면	두 번	1.45	적	ⅢAb3	
100	계양2-379	암	줄무늬	단판	전면	내-->외	1.95	적	ⅢAb1	완형, 통쪽, 물손질
101	계양2-380	암	줄무늬	단판	전면	전면	1.1	적	ⅢAb2	빗질
102	계양2-383	암	줄무늬	단판	전면	내-->외	1.8	회청	ⅢAb1	
103	계양2-384	암	줄무늬	단판	전면	내-->외	2.15	명갈	ⅢAb1	빗질
104	계양2-385	암	줄무늬	단판	전면	두 번	1.15	적	ⅢAb3	통쪽, 물손질
105	계양2-386	암	줄무늬	단판	전면	두 번	1.7	적	ⅢAb3	통쪽, 물손질
106	계양2-387	암	격자무늬	단판	전면	전면	1.95	적	ⅣAb2	물손질
107	계양2-388	암	격자무늬	단판	전면	전면	2.15	적	ⅣAb2	물손질
108	계양2-390	암	빗금격자무늬	중판추정	전면	내-->외	1.6	회청	ⅣBb1	물손질
109	계양2-419	암	민무늬	무	무	내-->외	1.5	회청	Ⅰ1-1	글자 주부
110	계양2-421	암	민무늬	무	무	내-->외	2.1	회청	Ⅰ1-1	글자 부, 물손질
111	계양2-425	수	줄무늬	단판	전면	외-->내	1.85	회청	ⅢAb4	물손질
112	계양2-427	수	빗금격자무늬	장판	부분	내-->외	1.45	회청	ⅣCb1	빗질
113	계양2-431	암	민무늬	무	무	내-->외	1.3	회청	Ⅰ1-1	빗질
114	계양2-432	암	민무늬	무	무	내-->외	2.05	회	Ⅰ1-1	물손질
115	계양2-434	암	복합무늬	중판	부분	내-->외	2.1	암갈	ⅤBa1	빗질
116	계양2-446	수	민무늬	무	무	내-->외	1.3	회청	Ⅰ1-1	물손질
117	계양2-447	수	민무늬	무	무	내-->외	2.25	회청	Ⅰ1-1	빗질
118	계양2-448	수	민무늬	무	무	내-->외	2	회청	Ⅰ1-1	물손질, 빗질
119	계양2-450	암	엇댄줄무늬	단판	전면	전면	1.5	암회청	ⅢAb2	빗질

번호	유물번호	종류	무늬	두드림판	두드림법	측면	두께	색조	형식	비고
120	계양2-451	암	엇댄줄무늬	중판이상	전면	내-->외	1.7	회청	ⅢBb1	빗질
121	계양2-457	암	민무늬	무	무	내-->외	1.9	회청	Ⅰ1-1	글자 부, 빗질
122	계양2-458	수	솔잎무늬	중판이상	전면	외-->내	1.65	회청	ⅤBb4	글자 부, 물손질
123	계양2-459	암	솔잎무늬	중판이상	전면	내-->외	1.85	명갈	ⅤBb1	글자 부
124	계양2-460	암	솔잎무늬	중판이상	전면	내-->외	1.35	적갈	ⅤBb1	글자 부, 빗질
125	계양2-461	암	솔잎무늬	중판이상	전면	내-->외	2.05	회청	ⅤBb1	글자 부, 빗질
126	계양2-465	수	민무늬	무	무	내-->외	1.95	회청	Ⅰ1-1	물손질, 빗질
127	계양2-466	수	민무늬	무	무	내-->외	2.05	회청	Ⅰ1-1	빗질
128	계양2-467	수	민무늬	무	무	내-->외	2.35	회청	Ⅰ1-1	물손질, 빗질
129	계양2-469	암	엇댄줄무늬	중판추정	전면	내-->외	1.75	회청	ⅢBb1	물손질
130	계양2-470	암	격자무늬	단판	전면	내-->외	1.8	갈	ⅣAb1	빗질
131	계양2-471	암	빗금격자무늬	중판추정	부분	내-->외	1.8	갈	ⅣBa1	물손질, 빗질
132	계양2-472	암	줄무늬	단	전면	전면	2.2	명갈	ⅢAb2	하단 무늬, 빗질
133	계양2-473	암	복합무늬	중판이상	전면	내-->외	1.8	암회	ⅤBb1	격자+빗금격자, 빗질
134	계양2-506	수	민무늬	무	무	내-->외	1.9	회청	Ⅰ1-1	글자 십부관
135	계양2-507	암	민무늬	무	무	내-->외	1.6	명적	Ⅰ1-1	글자 부관대
136	계양2-509	암	솔잎무늬	중판이상	전면	내-->외	1.65	암회	ⅤBb1	글자 주
137	계양2-510	암	솔잎무늬	중판추정	전면	내-->외	1.8	회청	ⅤBb1	글자 부, 물손질
138	계양2-511	암	민무늬	무	무	내-->외	1.85	회	Ⅰ1-1	글자 부, 빗질
139	계양2-512	암	솔잎무늬	중판이상	부분	내-->외	1.45	회	ⅤBa1	글자 부, 빗질
140	계양2-513	암	솔잎무늬	중판이상	전면	내-->외	1.6	회청	ⅤBb1	글자 부
141	계양2-514	암	솔잎무늬	중판이상	전면	전면	1.75	회청	ⅤBb2	글자 부, 물손질
142	계양2-515	암	솔잎무늬	중판이상	전면	외-->내	1.75	회청	ⅤBb4	글자 부
143	계양2-516	암	솔잎무늬	중판이상	전면	내-->외	1.65	회청	ⅤBb1	글자 부, 물손질
144	계양2-517	수	솔잎무늬	중판이상	전면	외-->내	1.55	회청	ⅤBb1	글자 부, 물손질
145	계양2-520	암	민무늬	무	무	내-->외	1.95	회청	Ⅰ1-1	글자 초
146	계양2-522	수	민무늬	무	무	내-->외	1.5	회청	Ⅰ1-1	빗질
147	계양2-523	수	민무늬	무	무	내-->외	2.05	회청	Ⅰ1-1	물손질, 빗질
148	계양2-525	수	줄무늬	단판	전면	전면	1.75	명갈	ⅢAb2	
149	계양2-526	수	줄무늬	단판	전면	내-->외	2.45	회청	ⅢAb1	
150	계양2-527	수	줄무늬	단판	전면	전면	2.1	명황	ⅢAb2	빗질
151	계양2-528	수	엇댄줄무늬	중판	전면	외-->내	2	회청	ⅢBb4	
152	계양2-529	수	엇댄줄무늬	중판이상	전면	전면	1.75	회청	ⅢBb2	물손질
153	계양2-530	수	격자무늬	중판이상	전면	외-->내	1.9	명갈	ⅣBb4	
154	계양2-531	수	민무늬	무	무	전면	1.7	회청	Ⅰ2-1	물손질, 빗질
155	계양2-534	수	빗금격자무늬	중판이상	전면	내-->외	1.9	명회	ⅣBb1	물손질, 빗질
156	계양2-547	수	복합무늬	중판이상	전면	외-->내	2.1	회녹	ⅤBb4	종선+솔잎
157	계양2-550	수	복합무늬	장판	전면	내-->외	1.75	회청	ⅤCb1	물손질
158	계양2-551	암	민무늬	무	무	내-->외	1.35	청회	Ⅰ1-1	물손질
159	계양2-552	암	줄무늬	단판	전면	내-->외	1.95	명회	ⅢAb1	물손질

번호	유물번호	종류	무늬	두드림판	두드림법	측면	두께	색조	형식	비고
160	계양2-553	암	줄무늬	단판	전면	전면	1.8	흑	ⅢAb2	빗질
161	계양2-554	암	줄무늬	단판	전면	내-->외	1.5	회청	ⅢAb1	물손질
162	계양2-555	암	줄무늬	단판	전면	내-->외	1.55	명회	ⅢAb1	빗질
163	계양2-556	암	줄무늬	중판	전면	내-->외	2.05	명황	ⅢBb1	물손질
164	계양2-557	암	엇댄줄무늬	중판	전면	전면	2.05	적	ⅢBb2	빗질
165	계양2-558	암	엇댄줄무늬	중판	전면	내-->외	1.8	회청	ⅢBb1	빗질
166	계양2-559	암	엇댄줄무늬	중판	전면	내-->외	1.6	회청	ⅢBb1	물손질
167	계양2-560	암	엇댄줄무늬	중판추정	전면	전면	1.8	명적	ⅢBb2	빗질
168	계양2-561	암	엇댄줄무늬	중판추정	전면	내-->외	2.1	회	ⅢBb1	빗질
169	계양2-562	암	엇댄줄무늬	중판추정	전면	내-->외	2.1	회청	ⅢBb1	빗질
170	계양2-563	암	빗금격자무늬	단판추정	전면	전면	2.05	명적	ⅣAb2	
171	계양2-564	암	빗금격자무늬	단판	전면	두 번	2.05	명갈	ⅣAb3	빗질
172	계양2-565	암	빗금격자무늬	단판추정	전면	전면	1.85	명적	ⅣAb2	물손질
173	계양2-567	암	빗금격자무늬	중판추정	전면	전면	2.1	명회황	ⅣBb2	빗질
174	계양2-568	암	빗금격자무늬	중판이상	전면	내-->외	1.65	회	ⅣBb1	빗질
175	계양2-569	암	빗금격자무늬	중판이상	전면	내-->외	2.15	명자갈	ⅣBb1	
176	계양2-570	암	빗금격자무늬	중판	전면	내-->외	1.85	회청	ⅣBb1	
177	계양2-571	수	빗금격자무늬	중판	부분	외-->내	1.05	회	ⅣBa4	빗질
178	계양2-572	암	솔잎무늬	중판이상	전면	내-->외	2.15	암회	ⅤBb1	
179	계양2-574	수	솔잎무늬	중판	전면	전면	1.9	연적	ⅤBb2	
180	계양2-575	수	솔잎무늬	중판이상	전면	전면	1.65	연	ⅤBb2	빗질
181	계양2-576	암	솔잎무늬	중판이상	전면	두 번	2.55	갈	ⅤBb3	물손질
182	계양2-577	암	솔잎무늬	중판이상	전면	내-->외	2.25	암회청	ⅤBb1	빗질
183	계양2-578	암	추상무늬	중판이상	전면	내-->외	2.05	암회청	ⅤBb1	빗질, 물손질
184	계양2-579	암	복합무늬	중판이상	전면	내-->외	1.85	회청	ⅤBb1	솔잎+줄, 물손질
185	계양2-580	암	복합무늬	중판이상	전면	내-->외	1.8	회청	ⅤBb1	솔잎+줄, 물손질
186	계양2-582	암	복합무늬	중판	부분	내-->외	2.15	회청	ⅤBa1	물손질
187	계양2-583	암	복합무늬	중판이상	전면	내-->외	2.55	회	ⅤBb1	빗질
188	계양2-588	암	복합무늬	중판추정	부분	내-->외	1.7	회	ⅤBa1	물손질
189	계양2-589	암	복합무늬	중판	부분	내-->외	1.3	회	ⅤBa1	
190	계양2-590	암	복합무늬	중판	부분	내-->외	1.25	회청	ⅤBa1	빗질
191	계양2-591	암	복합무늬	중판이상	전면	내-->외	2	명갈	ⅤBb1	
192	계양2-596	암	복합무늬	중판이상	전면	내-->외	1.9	회청	ⅤBb1	글자 부, 솔잎+줄
193	계양2-599	수	민무늬	무	무	내-->외	2.45	회청	Ⅰ1-1	물손질
194	계양2-602	수	솔잎무늬	중판이상	전면	외-->내	1.8	명갈	ⅤBb4	글자 주부, 물손질
195	계양2-607	수	빗금격자무늬	단판	전면	내-->외	1.7	회청	ⅣAb1	물손질, 빗질
196	계양2-608	암	줄무늬	단판	전면	내-->외	2.1	회	ⅢAb1	물손질
197	계양2-609	암	엇댄줄무늬	중판이상	전면	내-->외	2	암회청	ⅢBb1	물손질
198	계양2-610	암	엇댄줄무늬	장판	부분	내-->외	2.4	회청	ⅢCa1	빗질
199	계양2-611	암	빗금격자무늬	단판	전면	두 번	2.5	암회	ⅣAb3	물손질, 빗질

번호	유물번호	종류	무늬	두드림판	두드림법	측면	두께	색조	형식	비고
200	계양2-612	암	솔잎무늬	장판	부분	내-->외	1.6	회청	VCal	빗질
201	계양2-613	암	복합무늬	장판추정	부분	내-->외	2.2	회청	VCa1	추상+방곽
202	계양2-650	암	민무늬	무	무	내-->외	2.05	회청	I 1-1	글자 주부, 물손질
203	계양2-651	암	민무늬	무	무	전면	1.5	회청	I 1-1	글자 부관대, 빗질
204	계양2-653	수	복합무늬	중판이상	전면	내-->외	1.35	회청	VBb1	글자 주, 물손질
205	계양2-659	수	복합무늬	중판이상	전면	외-->내	1.4	회청	VBb4	글자 부
206	계양2-661	암	줄무늬	단판	전면	전면	2.2	적	ⅢAb2	부호
207	계양2-663	암	민무늬	무	무	내-->외	2.05	회청	I 1-1	글자 초관
208	계양2-670	암	민무늬	무	무	내-->외	1.5	회청	I 1-1	글자 ?주, 물손질
209	계양2-675	수	줄무늬	단판	부분	전면	2.4	적	ⅢAa2	물손질
210	계양2-676	수	줄무늬	단판	전면	전면	1.4	회청	ⅢAb2	빗질
211	계양2-677	수	줄무늬	단판	전면	전면	1.25	회황	ⅢAb2	빗질
212	계양2-681	수	꼰무늬	장판	전면	두 번	1.25	명갈	ⅡCb2	
213	계양2-685	수	줄무늬	단판	전면	전면	1.8	회	ⅢAb2	빗질
214	계양2-686	수	복합무늬	중판이상	전면	내-->외	1.7	회청	VBb1	물손질
215	계양2-687	수	복합무늬	중판이상	부분	내-->외	1.4	회청	VBa1	빗금격자무늬+방곽,빗질,물손질
216	계양2-688	수	복합무늬	중판이상	전면	내-->외	1.65	적	VBb1	엇댄줄+X
217	계양2-689	수	복합무늬	장판	전면	내-->외	1.7	회	VBb1	엇댄줄+솔잎?
218	계양2-691	암	줄무늬	단판	전면	두 번	2.35	청회	ⅢAb2	물손질
219	계양2-693	암	격자무늬	단판	전면	전면	1.4	명회	ⅣAb2	물손질
220	계양2-694	암	엇댄줄무늬	중판이상	전면	내-->외	2.05	적	ⅢBb1	
221	계양2-695	암	엇댄줄무늬	단판	전면	내-->외	1.65	회청	ⅢAb1	빗질
222	계양2-696	암	엇댄줄무늬	단판	전면	내-->외	1.65	회청	ⅢAb1	빗질
223	계양2-697	암	엇댄줄무늬	단판	전면	내-->외	2.35	회청	ⅢAb1	빗질
224	계양2-698	암	엇댄줄무늬	단판	전면	내-->외	2.05	회청	ⅢAb1	물손질
225	계양2-699	암	엇댄줄무늬	단판	전면	내-->외	1.9	암회청	ⅢAb1	빗질
226	계양2-700	암	엇댄줄무늬	단판	전면	내-->외	1.45	회청	ⅢAb1	
227	계양2-702	암	엇댄줄무늬	단판	전면	내-->외	1.55	회청	ⅢAb1	빗질
228	계양2-704	암	격자무늬	단판	전면	전면	1.5	적	ⅣAb2	통쪽, 물손질
229	계양2-705	암	빗금격자무늬	단판	전면	두 번	2.7	명회	ⅣAb3	물손질, 빗질
230	계양2-706	암	빗금격자무늬	중판	전면	내-->외	1.8	녹회	ⅣBb1	물손질
231	계양2-707	암	빗금격자무늬	중판추정	전면	내-->외	2	회청	ⅣBb1	물손질
232	계양2-708	암	빗금격자무늬	중판이상	전면	내-->외	2.15	회적	ⅣBb1	물손질
233	계양2-709	암	빗금격자무늬	중판이상	전면	내-->외	1.95	회청	ⅣBb1	빗질
234	계양2-712	암	빗금격자무늬	중판	전면	내-->외	1.7	회청	ⅣBb1	빗질
235	계양2-713	암	꼰무늬	중판이상	전면	두 번	1.2	회청	ⅡBb2	
236	계양2-714	암	솔잎무늬	중판이상	전면	내-->외	2.05	회적	ⅣBb1	빗질
237	계양2-715	암	솔잎무늬	장판	전면	내-->외	1.9	적	VCb1	빗질
238	계양2-716	암	솔잎무늬	중판이상	전면	내-->외	2.05	적	ⅣBb1	물손질
239	계양2-717	암	솔잎무늬	중판이상	전면	전면	2.1	적갈	ⅣBb1	빗질

번호	유물번호	종류	무늬	두드림판	두드림법	측면	두께	색조	형식	비고
240	계양2-718	암	솔잎무늬	중판이상	전면	전면	2.05	적갈	ⅣBb2	빗질
241	계양2-719	암	톱니무늬	중판이상	전면	전면	1.5	연갈	ⅣBb2	
242	계양2-721	암	추상무늬	단판추정	부분	내-->외	1.8	명회청	ⅣAa1	
243	계양2-722	암	추상무늬	중판이상	전면	두 번	1.8	암회갈	ⅣBb2	
244	계양2-724	암	복합무늬	장판	전면	내-->외	2.7	회갈	ⅤCb1	격자+솔잎, 빗질
245	계양2-725	암	복합무늬	중판	전면	내-->외	1.85	회청	ⅤBb1	격자+방곽,물손질,빗질
246	계양2-727	암	복합무늬	중판추정	전면	내-->외	1.45	회청	ⅤBb1	격자+솔잎, 빗질
247	계양2-728	암	복합무늬	중판이상	전면	내-->외	1.9	회청	ⅤBb1	솔잎+동심원, 빗질
248	계양2-729	암	복합무늬	장판	전면	내-->외	1.9	회	ⅤCb1	솔잎+추상+격자
249	계양2-730	암	복합무늬	중판이상	전면	내-->외	1.85	적	ⅤBb1	솔잎+격자, 물손질
250	계양2-731	암	복합무늬	중판이상	전면	내-->외	1.45	회청	ⅤBb1	솔잎+방곽, 물손질
251	계양2-732	암	복합무늬	장판	전면	내-->외	1.75	적갈	ⅤCb1	엇댄줄+X
252	계양2-764	수	솔잎무늬	장판	전면	외-->내	1.45	적회	ⅤCb4	글자 부,물손질, 빗질
253	계양2-765	암	솔잎무늬	단판	전면	내-->외	2.5	회청	ⅤAb1	글자 부, 빗질
254	계양2-767	수	솔잎무늬	단판	전면	외-->내	1.8	회청	ⅤAb4	글자 부
255	계양2-779	수	민무늬	무	무	내-->외	2.1	회청	Ⅰ1-1	물손질
256	계양2-781	수	줄무늬	단판	전면	외-->내	1.7	적갈	ⅢAb4	물손질
257	계양2-782	수	줄무늬	단판	전면	외-->내	1.7	적갈	ⅢAb4	내외분할, 물손질, 빗질
258	계양2-783	수	줄무늬	단판	전면	전면	1.35	회청	ⅢAb2	외측분할, 빗질
259	계양2-784	수	줄무늬	단판	전면	전면	1.5	회	ⅢAb2	외측분할, 물손질
260	계양2-785	수	줄무늬	단판	전면	전면	1.75	회	ⅢAb2	외측분할, 빗질
261	계양2-786	수	줄무늬	단판	전면	전면	1.35	적갈	ⅢAb2	외측분할, 물손질
262	계양2-787	수	줄무늬	단판	전면	전면	1.55	명회	ⅢAb2	빗질
263	계양2-788	수	줄무늬	단판	전면	전면	1.85	회	ⅢAb2	물손질
264	계양2-789	수	엇댄줄무늬	중판	전면	외-->내	1.3	회청	ⅢBb4	물손질
265	계양2-790	수	격자무늬	단판	전면	외-->내	1.65	적	ⅣAb4	
266	계양2-791	수	격자무늬	단판	전면	전면	1.85	회청	ⅣAb2	물손질, 빗질
267	계양2-792	수	격자무늬	단판	전면	내-->외	1.7	명회	ⅣAb1	
268	계양2-793	수	격자무늬	단판	전면	외-->내	1.9	명황갈	ⅣAb4	빗질
269	계양2-794	수	빗금격자무늬	단판	전면	전면	2.15	명적	ⅣAb2	물손질
270	계양2-795	수	꼰무늬	단판	전면	전면	1.65	회청	ⅡAb2	
271	계양2-796	수	솔잎무늬	장판	전면	외-->내	1.45	회청	ⅤCb4	내외분할, 빗질
272	계양2-797	수	솔잎무늬	장판	전면	외-->내	1.8	회청	ⅤCb4	내외분할, 빗질
273	계양2-799	수	복합무늬	단판	전면	외-->내	1.85	회청	ⅤAb4	격자+줄무늬, 물손질
274	계양2-800	수	복합무늬	단판	전면	전면	1.7	회청	ⅤAb2	격자+줄무늬,빗질,물손질
275	계양2-801	수	복합무늬	단판	전면	전면	1.8	회	ⅤAb2	격자+줄무늬, 물손질
276	계양2-803	수	복합무늬	단판	전면	전면	1.75	회	ⅤAb2	격자+줄무늬, 물손질
277	계양2-805	수	복합무늬	단판	전면	내-->외	1.65	회흑	ⅤCb1	솔잎+방곽, 빗질
278	계양2-806	암	민무늬	무	무	세 번	2.2	적	Ⅰ3-1	빗질
279	계양2-808	암	줄무늬	단판	전면	전면	1.45	적	ⅢAb2	물손질

번호	유물번호	종류	무늬	두드림판	두드림법	측면	두께	색조	형식	비고
280	계양2-810	암	줄무늬	단판	전면	내-->외	2.15	회청	ⅢAb1	빗질
281	계양2-811	암	줄무늬	단판	전면	내-->외	1.75	백	ⅢAb1	빗질
282	계양2-812	암	줄무늬	단판	전면	내-->외	2.3	명회	ⅢAb1	빗질
283	계양2-813	암	엇댄줄무늬	단판	전면	내-->외	1.35	회청	ⅢAb1	물손질
284	계양2-814	암	엇댄줄무늬	단판	전면	내-->외	1.75	회청	ⅢAb1	빗질
285	계양2-816	암	엇댄줄무늬	중판이상	전면	내-->외	2.05	적	ⅢAb1	빗질
286	계양2-817	암	톱니무늬	단판	전면	네 번	2.05	명회	ⅤAb3	물손질
287	계양2-818	암	엇댄줄무늬	중판이상	전면	내-->외	2.3	회	ⅢBb1	빗질
288	계양2-819	암	격자무늬	단판	전면	내-->외	1.9	명회청	ⅣAb1	빗질
289	계양2-820	암	격자무늬	단판	전면	내-->외	1.75	명황갈	ⅣAb1	물손질
290	계양2-821	암	격자무늬	단판	전면	전면	1.45	명갈	ⅣAb2	빗질
291	계양2-823	암	격자무늬	단판	전면	두 번	2.2	명회	ⅣAb3	빗질
292	계양2-824	암	빗금격자무늬	단판	전면	전면	1.8	회	ⅣAb2	빗질
293	계양2-825	암	빗금격자무늬	단판	전면	전면	1.75	명적	ⅣAb2	빗질
294	계양2-830	암	솔잎무늬	중판추정	전면	내-->외	1.7	명회청	ⅤBb1	빗질
295	계양2-831	암	솔잎무늬	중판추정	전면	내-->외	2.3	명회청	ⅤBb1	빗질
296	계양2-832	암	꽃무늬	중판추정	전면	내-->외	2.3	회청	ⅤBb1	물손질
297	계양2-833	암	줄무늬	단판	전면	내-->외	1.8	회청	ⅢAb1	빗질

표 3. 한강 유역 출토 기와 속성 분석 결과(서봉수 2020: 77 전재)[12)]

대분류	중분류	소분류	세분류	형식	형식내용
Ⅰ			Ⅰ1	Ⅰ1	민무늬, 내->외 부분자르기, 내면 무조정
				Ⅰ1-1	민무늬, 내->외 부분자르기, 내면 조정
			Ⅰ2	Ⅰ2-1	민무늬, 전면자르기, 내면 조정
			Ⅰ3	Ⅰ3-1	민무늬, 두 번 이상 조정, 내면 조정
			Ⅰ4	Ⅰ4	민무늬, 외->내 부분자르기, 내면 무조정
				Ⅰ4-1	민무늬, 외->내 부분자르기, 내면 조정
Ⅱ	ⅡA	ⅡAb	ⅡAb2	ⅡAb2	꼰무늬, 단판, 전면두드림, 전면자르기
	ⅡB	ⅡB2	ⅡBb2	ⅡBb2	꼰무늬, 중판, 전면두드림, 전면자르기
	ⅡC	ⅡCb	ⅡCb2	ⅡCb2	꼰무늬, 장판, 전면두드림, 전면자르기
Ⅲ	ⅢA	ⅢAa	ⅢAa1	ⅢAa1	줄무늬, 단판, 부분두드림, 내->외 부분자르기
			ⅢAa2	ⅢAa2	줄무늬, 단판, 부분두드림, 전면자르기

12) 이 표에서 Ⅰ1형식, Ⅰ4형식, ⅢAa1형식, ⅢCb3형식, ⅤCb3형식 등 5종을 제외하고는 40종의 형식이 계양산성에서 모두 나타난다.

대분류	중분류	소분류	세분류	형식	형식내용
Ⅲ	ⅢA	ⅢAb	ⅢAb1	ⅢAb1	줄무늬, 단판, 전면두드림, 내->외 부분자르기
			ⅢAb2	ⅢAb2	줄무늬, 단판, 전면두드림, 전면자르기
			ⅢAb3	ⅢAb3	줄무늬, 단판, 전면두드림, 두 번 이상 조정
			ⅢAb4	ⅢAb4	줄무늬, 단판, 전면두드림, 외->내 부분자르기
	ⅢB	ⅢBb	ⅢBb1	ⅢBb1	줄무늬, 중판, 전면두드림, 내->외 부분자르기
			ⅢBb2	ⅢBb2	줄무늬, 중판, 전면두드림, 전면자르기
			ⅢBb4	ⅢBb4	줄무늬, 중판, 전면두드림, 외->내 부분자르기
	ⅢC	ⅢCa	ⅢCa1	ⅢCa1	줄무늬, 장판, 부분두드림, 내->외 부분자르기
		ⅢCb	ⅢCb1	ⅢCb1	줄무늬, 장판, 전면두드림, 내->외 부분자르기
			ⅢCb3	ⅢCb3	줄무늬, 장판, 전면두드림, 두 번 이상 조정
Ⅳ	ⅣA	ⅣAa	ⅣAa1	ⅣAa1	격자무늬, 단판, 부분두드림, 내->외 부분자르기
		ⅣAb	ⅣAb1	ⅣAb1	격자무늬, 단판, 전면두드림, 내->외 부분자르기
			ⅣAb2	ⅣAb2	격자무늬, 단판, 전면두드림, 전면자르기
Ⅳ	ⅣA	ⅣAb	ⅣAb3	ⅣAb3	격자무늬, 단판, 전면두드림, 두 번 이상 조정
			ⅣAb4	ⅣAb4	격자무늬, 단판, 전면두드림, 외->내 부분자르기
	ⅣB	ⅣBa	ⅣBa1	ⅣBa1	격자무늬, 중판, 부분두드림, 내->외 부분자르기
			ⅣBa4	ⅣBa4	격자무늬, 중판, 부분두드림, 외->내 부분자르기
		ⅣBb	ⅣBb1	ⅣBb1	격자무늬, 중판, 전면두드림, 내->외 부분자르기
			ⅣBb2	ⅣBb2	격자무늬, 중판, 전면두드림, 전면자르기
			ⅣBb4	ⅣBb4	격자무늬, 중판, 전면두드림, 외->내 부분자르기
	ⅣC	ⅣCb	ⅣCb1	ⅣCb1	격자무늬, 장판, 전면두드림, 내->외 부분자르기
Ⅴ	ⅤA	ⅤAb	ⅤAb1	ⅤAb1	복합무늬외, 단판, 전면두드림, 내->외 부분자르기
			ⅤAb2	ⅤAb2	복합무늬외, 단판, 전면두드림, 전면자르기
			ⅤAb3	ⅤAb3	복합무늬외, 단판, 전면두드림, 두 번 이상 조정
			ⅤAb4	ⅤAb4	복합무늬외, 단판, 전면두드림, 외->내 부분자르기
	ⅤB	ⅤBa	ⅤBa1	ⅤBa1	복합무늬외, 중판, 부분두드림, 내->외 부분자르기
		ⅤBb	ⅤBb1	ⅤBb1	복합무늬외, 중판, 전면두드림, 내->외 부분자르기
			ⅤBb2	ⅤBb2	복합무늬외, 중판, 전면두드림, 전면자르기
			ⅤBb3	ⅤBb3	복합무늬외, 중판, 전면두드림, 두 번 이상 조정
			ⅤBb4	ⅤBb4	복합무늬외, 중판, 전면두드림, 외->내 부분자르기
	ⅤC	ⅤCa	ⅤCa1	ⅤCa1	복합무늬외, 장판, 부분두드림, 내->외 부분자르기
		ⅤCb	ⅤCb1	ⅤCb1	복합무늬외, 장판, 전면두드림, 내->외 부분자르기
			ⅤCb3	ⅤCb3	복합무늬외, 장판, 전면두드림, 두 번 이상 조정
			ⅤCb4	ⅤCb4	복합무늬외, 장판, 전면두드림, 외->내 부분자르기

이러한 기와 분석 결과에 의해 계양산성 출토기와에는 삼국 말 신라시대부터 통일신라시대까지 총 40개의 형식이 다양하게 나타남을 확인하였다. 앞선 글[13]에서 주 분석대상이 된 서울 독산동 유적이 5개의 형식이 나타나고 포천 반월산성 유적이 13개의 형식만이 나타나는 것에 비해 매우 다양한 것이다. 이는 인천 계양산성이 최초 유적이 형성된 시점부터 통일신라 말까지 시기를 달리하며 계속적으로 사용되었음을 알 수 있게 한다.

신라 기와의 무늬는 줄무늬, 격자무늬, 꼰무늬[14]를 공유하였고 이는 통일신라시대까지도 주 무늬대로 유행하였다고 보았다.

두드림판의 크기도 단판에서 중판, 중판에서 장판으로의 변화양상을 보인다.

두드림 방법은 부분두드림에서 전면두드림으로의 변화를 인정할 수 있다.

측면 자르기 방법은 부분 자르기에서 전면 자르기, 이어서 2~3회 조정, 그리고 다시 부분 자르기 혼용으로의 속성 변화를 감지하였다.

3) 편년

발굴 보고자는 신라가 한강 유역에 진출한 후 3단계의 과정을 거치며 변화한 것으로 파악한 바 있고[15] 나아가 필자는 앞서 제기한 형식을 순서배열하여 5단계의 시기구분을 하였다.[16] 이상의 결과를 정리하면 다음과 같다.

제1기는 6세기 중반에서 7세기 전반에 해당한다. 유물적 속성으로 무늬는 꼰무늬(Ⅱ), 줄무늬(Ⅲ), 격자무늬(Ⅳ)로 대변되는데 계양산성에서는 앞선 단계의 민무늬(Ⅰ) 계열은 출토되지 않고 꼰무늬와 줄무늬, 격자무늬와 함께 단판(A)으로 부분 또는 전면 두드림(a, b)하고 측면을 부분 자르기한(1) 형식이 나타난다. ⅡAb2, ⅢAb1, ⅣAa1, ⅣAb1 등 4개 형식이 이에 해당한다.

제2기는 7세기 중반에서 7세기 후반까지이다. 유물적 속성으로 역시 무늬는 꼰무늬, 줄무늬, 격자무늬, 민무늬가 대표되며 복합무늬 형식인 Ⅴ형식이 7세기 후반대, 즉 통일직후 등장한다. 초기의 복합무늬 단계는 서로 다른 두드림판에 줄무늬+줄무늬, 또는 줄무늬+격자무늬의 형태이다. 통일전 삼국말까지의 무늬 구성대는 전 단계인 제1기와 동일하며 두드림판은 단판(A)형식이 주류이긴 하나 중판(B)도 동시성을 보이며, 특히 두드림 방법에 있어 부분두드림 방식(a)보다는 전면두드림 방식(b)이 주류를 나타낸다. 가장 두드러진 특징으로는 측면 자르기 방법에 있어 한 번에 잘라서(2) 말린 뒤 사용하는 방식이 대부분으로 이 시기를 구분짓는 대표적인 속성으로 판단할 수 있겠다. Ⅰ2-1 형식과 함께 ⅡBb2, ⅡCb2, ⅢAa2, ⅢBb2, Ⅳ

13) 서봉수, 2020, 앞의 논문, pp.78-89.

14) 꼰무늬 기와는 신라시기에서 고구려, 백제시기보다 상대적으로 출토량이 적었으나 최근 이루어진 아차산성 발굴조사 결과(한강문화재연구원, 2020), 다량의 꼰무늬 기와가 출토되어 주목되며 이로써 고대 삼국은 민무늬, 꼰무늬, 줄무늬, 격자무늬를 서로 공유하였음을 확인할 수 있게 되었다.

15) 겨레문화유산연구원, 2011, 앞의 책, pp.285-287.

16) 서봉수, 2020, 앞의 논문, pp.127-132.

표 4. 시기 구분(서봉수 2020: 131 전재)

1기	2기	3기	4기	5기
6c중 ~ 7c전	7c중 ~ 7c후	8c전 ~ 8c후	9c전 ~ 9c후	10c전
← Ⅰ1 →				
← Ⅰ4	→			
	← Ⅰ2-1 →			
		← Ⅰ3-1 →		
		←	Ⅰ4-1	→
			← Ⅰ1-1	—
← ⅡAb2	→			
←	ⅡBb2 →			
	← ⅡCb2	→		
← ⅢAa1 →				
←	ⅢAa2 →			
← ⅢAb1	→			
	← ⅢAb2	→		
	←	ⅢAb3 →		
		ⅢAb4	→	
	← ⅢBb2	→		
		← ⅢBb1	→	
			← ⅢBb4	→
		← ⅢCb3 →		
		←	ⅢCa1	→
			← ⅢCb1	→
ⅣAa1 →				
← ⅣAb1	→			
	← ⅣAb2	→		
	←	ⅣAb3 →		
		ⅣAb4	→	
	← ⅣBb2	→		
		←	ⅣBa1 →	
			← ⅣBa4	→
		←	ⅣBb1 →	
			← ⅣBb4	→
			←	ⅣCb1 —
	← ⅤAb2	→		
		← ⅤAb3 →		
		←	ⅤAb1 →	
			← ⅤAb4	→
	←	ⅤBb2 →		
		← ⅤBb3 →		
		←	ⅤBa1 →	
			← ⅤBb1	→
			← ⅤBb4	→
			←	ⅤCa1 —
		← ⅤCb3 →		
			← ⅤCb4	→
			←	ⅤCb1 —

(Ⅰ민무늬, Ⅱ꼰무늬, Ⅲ줄무늬, Ⅳ격자무늬, Ⅴ기타무늬 ; A단판, B중판, C장판 ; a부분두드림, b전면두드림 ; 1측면내->외자르기, 2전면자르기, 3두세번조정, 4외->내자르기 ; -1내면조정)

Ab2, ⅣBb2, ⅤAb2 등 9개 형식이다.

제3기는 8세기 전반에서 8세기 후반에 이른다. 무늬대는 줄무늬와 격자무늬의 지속적인 사용과 함께 복합무늬의 양상이 좀 더 다양해지고 있다. 두드림판의 형식도 단판과 중판이 지속되나 장판이 등장하여 혼재한다. 두드림 방법에 있어서는 기와 외면에 전면두드림하는 것이 보편적 방법으로 자리잡는다. 측면 자르기 방법은 더욱 다양해져 와통에서 기와를 분리한 뒤 부분 자르기하여 곧바로 2~3회 조정, 낱건조를 시키는 것이다. Ⅰ3-1 형식과 함께 ⅢAb3, ⅢAb4, ⅢBb1, ⅢCb3, ⅣAb3, ⅣAb4, ⅤAb3, ⅤBb2, ⅤBb3, ⅤCb3 등 총 11종의 형식이 나타나 전 시기에 비해 좀 더 다양한 형식이 공존한다.

제4기는 9세기 전반에서 9세기 후반까지로 전통적인 단위 무늬인 줄무늬, 격자무늬의 마지막 단계로 파악되며 다양한 복합무늬와 함께 각종 무늬 형식이 활발히 등장하는 시기이다. 두드림 방법은 역시 기와 외면에 전면두드림하는 것이 보편적이며 일부 부분두드림이 이루어지는 장판의 두드림판은 시기 구분상에서는 무의미한 것으로 판단된다. 두드러진 양상은 측면 자르기 방법에 있어서 부분 자르기 방식(1)이 재등장하여 보편화되고 그 세부적인 양상에서도 다른 한쪽은 기와 외면에서 내면으로 향하는 형식(4)이 8세기 후반에 등장한 이래 공존한다. Ⅰ4-1, Ⅰ1-1 형식을 비롯하여 ⅢBb4, ⅢCa1, ⅢCb1, ⅣBa1, ⅣBa4, ⅣBb1, ⅣBb4, ⅤAb1, ⅤAb4, ⅤBa1, ⅤBb1, ⅤBb4, ⅤCb4 등 총 15종의 다양한 형식이 유행한다.

제5기는 10세기 전반에 해당하며 통일기의 마지막 단계로서 전통적인 단위 무늬대는 거의 사라지고 다양한 복합무늬와 솔잎무늬가 본격적으로 사용되기 시작한다. 측면 자르기 방법에서는 전 단계에 나타났던 기와 내외면을 서로 다르게 자르기했던 방식이 사라지고 내면에서 외면으로의 자르기(1)형식으로 통일되는 양상이 나타난다. ⅣCb1 형식과 ⅤCa1, ⅤCb1 형식 등 단 3종만이다.

표 4는 계양산성을 비롯한 한강 유역에서 나타난 형식들을 순서배열하여 얻은 시기 구분표이다. 총 45종의 형식 중 계양산성 기와에서는 앞서 말했듯이 40종의 형식이 나타나 대표적이다. 해당 시기마다 유행한 기와 형식들을 정리하고 각각의 형식이 크게 유행한 시기와 함께 그 상한과 하한을 고려하여 제시하였다. 표에서 알 수 있듯이, 각 형식들이 해당 시기에만 유행한 것은 아니다. 많은 형식들이 이미 그 전 시기에 나타나기도 하며 중심 유행시기를 지나 다음 시기까지도 꾸준히 이용되기도 한다.

Ⅳ. 계양산성 글자기와의 편년 및 특성

이번 장에서는 앞장에서 정리한 기와의 편년 기준에 글자기와의 속성을 대비하여 글자기와의 시기를 조명하고 그 글자가 갖는 특성을 살펴보려 한다.

1. 음각 부호 글자기와

앞서도 언급하였지만 계양산성에는 많은 글자기와가 출토되었다. 크게 층위와 무늬를 두드린 방법에서 두 가지 종류로 구분이 가능하다. 하나는 적갈색 점토층에서 출토된 적색류의 기와로 다양한 음각 부호 글자기와가 그것이다. 부호인지 글자인지 명확한 뜻을 알 수는 없으나 외면 무늬로는 줄무늬와 격자무늬 계열로 구분할 수 있다. 대부분 크기가 작아 정확한 두드림판의 크기는 알 수 없으나 단판계열로 추정되며 두드림방법은 부분두드림한 것 일부와 전면두드림한 것으로 나뉜다. 측면은 기와칼(瓦刀)로 한번에 자르기한 것과 2~3회 조정한 것이며 내면에 통쪽흔이 나타나는 것도 있다. 보고자는 계양산성 출토기와 중 가장 이른 시기의 것으로 보고 신라가 한강유역을 점유한 후 통일기 초반에 이르기까지 조성한 것으로 대강의 시기를 설정한 바 있다.[18]

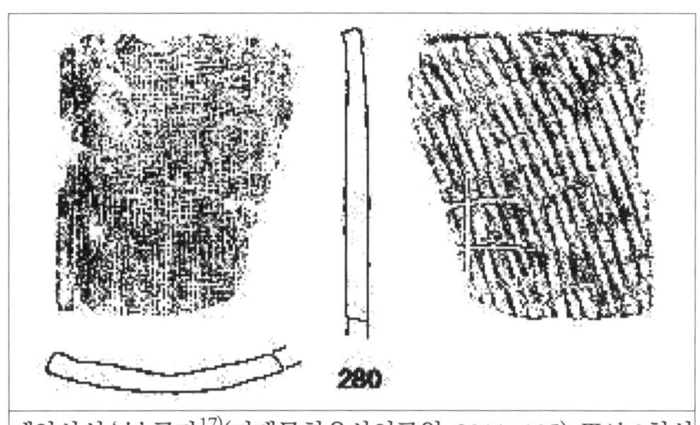

계양산성 '末' 글자[17](겨레문화유산연구원, 2011: 105)-ⅢAb3형식

도판 6. 계양산성 글자기와 1

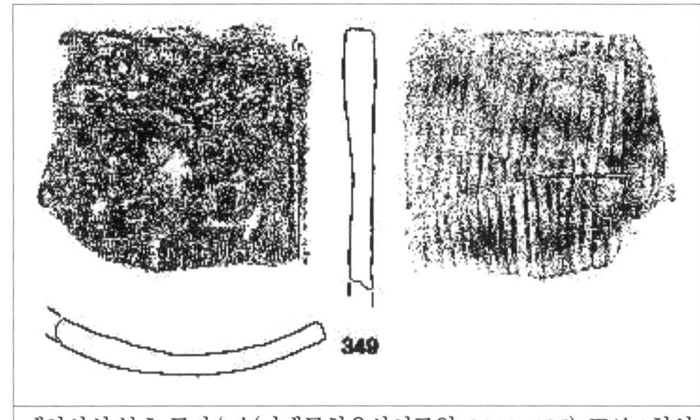

계양산성 부호 글자 'P' (겨레문화유산연구원, 2011: 125)-ⅢAb2형식

도판 7. 계양산성 글자기와 2

이 글에서 분류한 형식에 의하면 줄무늬 계열은 'ⅢAa2'형식에서 'ⅢAb3'형식으로 분류가 가능하며 격자무늬 계열은 "ⅣAb2'형식에서 'ⅣAb3'형식으로 파악되어 구체적인 시기는 2기와 3기를 걸치는 단계에 해당된다. 구체적 시기는 7세기 중반을 전후하여 8세기 전반까지 설정이 가능하다.

한편, 한 점이긴 하나 부호 글자기와 중 격자문에 단판으로 부분두드림하고 측면을 안에서 밖으로 기와칼로 반가량 그어 분리한 'ⅣAa1'형식이 있다. 이 기와는 통쪽흔이 남아있는 기와 중, 역시 한 점인데, 줄무늬에 단판으로 전면두드림하고 측면을 양쪽 다 반가량으로 그어 분리한 'ⅢAb1'형식과 함께 가장 앞선 1기에서 2기 전반의 단계로 파악되며 구체적 시기는 6세기 말에서 7세기 초중반이 되겠다.

중요한 것은 이 단계 기와가 측면 자르기 형식을 달리하며 다음 시기로 자연스럽게 계승된다는 점에서 일관된 계통성을 인정할 수 있다는 것이다.

---

17) 보고서에는 '夫'로 읽었으나 이 글에서는 '末'로 판단하였다.

18) 겨레문화유산연구원, 2011, 앞의 책, p.285

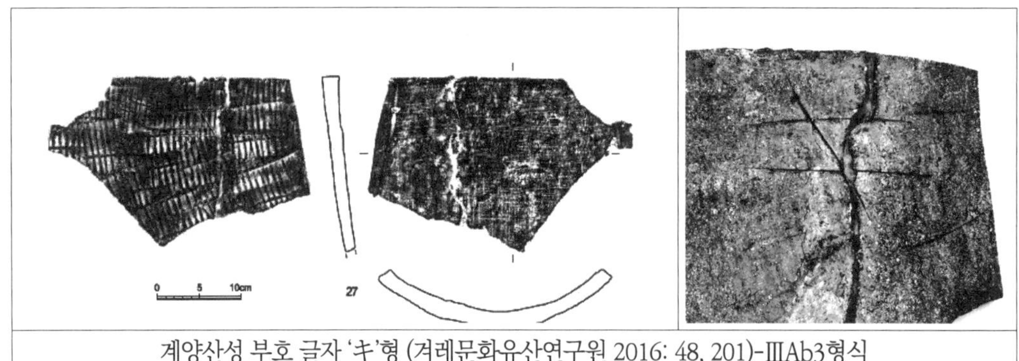

계양산성 부호 글자 'キ'형 (겨레문화유산연구원 2016: 48, 201)-ⅢAb3형식

도판 8. 계양산성 글자기와 3

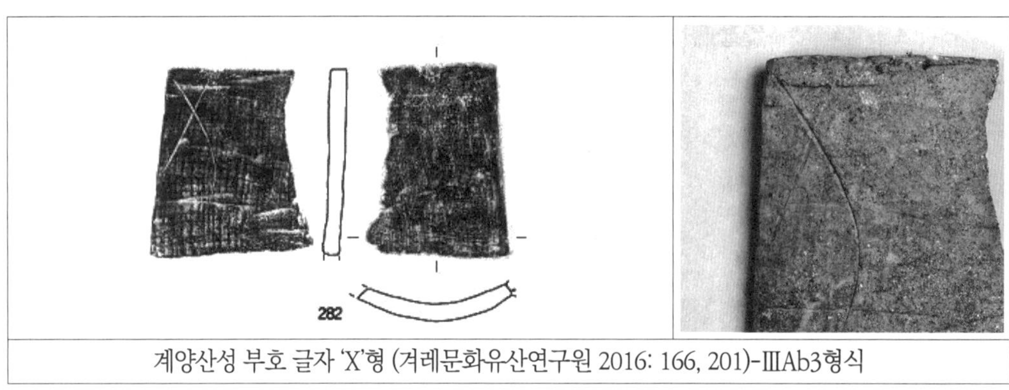

계양산성 부호 글자 'X'형 (겨레문화유산연구원 2016: 166, 201)-ⅢAb3형식

도판 9. 계양산성 글자기와 4

계양산성 부호 글자 '⊘'형 (겨레문화유산연구원 2016: 103, 201)-ⅣAb3형식

도판 10. 계양산성 글자기와 5

이런 음각 부호 글자기와는 어떤 의미가 있을까? 혹 압자(押字)[19]의 형태는 아니였을까?하는 것이 필자의 생각이다. 자세한 것은 선학의 연구를 기대할 수 밖에 없는 입장이지만, 당시 신라의 군현성 중 하나였던 계양산성 관리들 간에 이루어진 물품 인수 수결의 형태가 아닐까 한다. 즉, 이름의 한자를 파자하여 각서한 형태, 본인만의 부호로 각서한 형태로 생각할 수 있다.

2. '주부토(主夫吐) 글자기와

또 다른 한 종류로는 '주부토(主夫吐)와 관련된 것들로 수많이 출토되었다. 주지하듯이 '주부토'는 인천 계양산성이 옛 고구려 또는 백제와 관련있음을 반증하는 지명이다. 하지만 계양산성 출토 관련 글자기와들은 다른 '월(月)', '관(官)', '초(草)', '와초(瓦草)'[20], '천(天)' 등의 글자기와와 함께 주 무늬는 주로 솔잎무늬와 엇댄줄무늬, 복합무늬 기와에서 나타나고 있으며 두드림판은 글자와 무늬가 조합된 중판 이상으로 추정된다. 특히 '주부토'글자기와는 측면 자르기 자국이 한쪽은 내면에서 외면으로, 다른 한쪽은 외면에서 내면으로 교차자르기한 것들이다.[21]

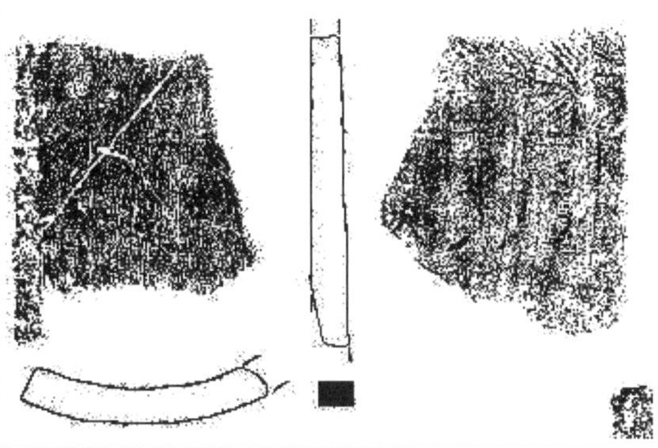

계양산성 '主夫' 글자(겨레문화유산연구원 2011: 77)-ⅢCb1형식

도판11. 계양산성 글자기와 6

이 글의 편년안에 의하면 엇댄줄무늬 계열은 'ⅢBb1', 'ⅢBb4', 'ⅢCb1'형식에 포함되어, 이르면 8세기 후반, 늦으면 9세기 후반까지 편년이 가능하다. 솔잎무늬나 복합무늬 계열도 'VBa1', "VBb1', 'VBb4', 'VCb4'형식에 해당하여 9세기 전반에서 후반에 걸쳐 유행한 것임을 알 수 있다.

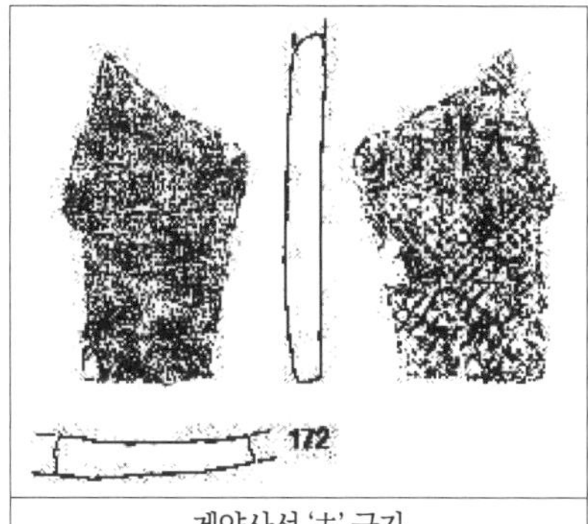

계양산성 '夫' 글자
(겨레문화유산연구원 2011: 77)-VCb1(4)형식

도판 12. 계양산성 글자기와 7

'주부토' 관련 글자기와들은 통일신라 후반, 즉 8세기 후반부터 대두된 정치·사회적 모순이 9세기 전반에 이르러 극심해지면서 지방호족들이 등장, 성장함으로 인해 각 지역마

19) 압(押)은 대개 화압(花押)을 뜻하기도 하는데 수결(手決), 수촌(手寸), 서압(署押), 화서(花書), 화자(花字)등으로 일컬어졌다. 문서의 수수(授受)나 권리 관계의 이동을 표시할 때 본인임을 믿게 하기 위하여 붓으로 직접 서명한 것이라 하였다. 당나라에서 시작해 전래된 것으로 신라시대부터 조선 말기까지 유지되었다. 이름의 한자를 파자하는 경우, 한자를 파자하고 위에 성을 앉히는 방식 등 다양하나 안정되고 쓰기 쉽게 하는 것이 통례였다.(한국민족문화대백과)

20) 이 역시 보고서에서는 '범초(凡草)'로 해석하였으나 필자는 '와초(瓦草)'로 보았다.

21) 보고자는 9세기의 특징으로 파악한 바 있다(겨레문화유산연구원, 2011, 앞의 책, p.285).

다 남아 유지되고 있던 고구려나 백제의 옛 지명들이 그 세력에 의해 복고현상의 하나로 현상화한 것으로 파악된다.[22)]

3. 기타 글자기와

한편, 7차 발굴조사에서는 비교적 문장형태의 글자기와가 출토된 바 있다. 글자는 폭 2.5㎝의 장방형 액 내에 '九嵒仰一是(or 見)成'을 우서(右書)로 양각하였다. 유물적 속성은 주무늬대가 격자무늬와 함께 솔잎무늬가 복합된 기타무늬로 분류할 수 있고 장판의 두드림판으로 전면두드림하였다. 측면자르기 방법은 내에서 외 방향으로 'VCb1'형식이다. 이르면 9세기 후반, 늦으면 10세기 전반 이후로 편년이 가능하다. 하지만 통일신라 후반의 복합무늬 형태가 줄무늬+줄무늬, 줄무늬+격자무늬, 줄무늬+솔잎무늬인 것과 달리 이 글자기와는 솔잎무늬를 주 무늬대로 한 격자무늬가 복합된 형태인 것으로 보아 앞서의 복합무늬 계열보다 더 늦은 고려 전기의 기와인 것으로 판단된다.

글자의 해석은 보고자가 두 가지를 제시하였는데, '구암이 우러르니 한꺼번에 (다) 이뤄졌다.' 또는 '구암이 우러러 한번 보고 만들었다.'[23)]라고 하였다.[24)]

계양산성 글자기와(겨레문화유산연구원 2017: 66, 89)	글자 세부

도판 13. 계양산성 글자기와 8

22) 대표적인 예로 포천 반월산성의 '마홀(馬忽)'글자기와를 들 수 있다. 이 기와는 속성에 따라 7세기 중반과 8세기 전반을 중심 시기로 편년한 바이다(서봉수, 2020, 앞의 논문, pp.109-110). 이렇듯 백제나 고구려의 지명이 신라가 그 지역을 점유한 후에도 남아있는 사례는 점차 증가하고 있는 추세이다. 이 글의 목적은 계양산성 출토 기와의 편년속에서 글자기와의 속성을 대비하는 것이 주목적이므로 통일신라 한주와 관련된 지명 글자기와에 대한 자세한 분석과 내용은 향후 다른 글에서 다루고자 한다.

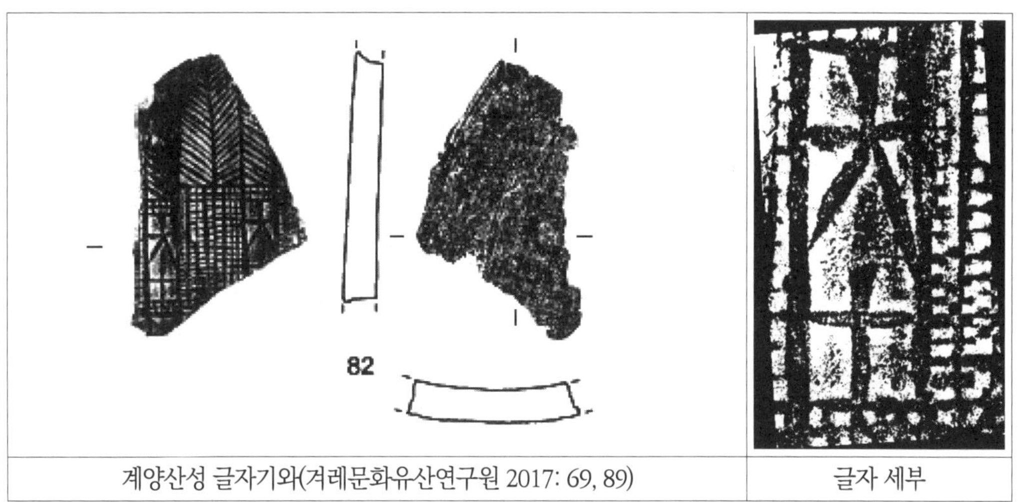

계양산성 글자기와(겨레문화유산연구원 2017: 69, 89) | 글자 세부

도판 14. 계양산성 글자기와 9

이 외에도 '夫', '寺', '大十' 글자기와도 출토되었는데 이 중 '大十'은 정확한 뜻을 파악하기는 어려우나 '도(夲)', '본(本)'으로도 해석이 가능할 것 같다.[25] 이 글자기와 역시 솔잎무늬와 격자무늬가 결합된 전형적인 10세기 이후 고려전기 기와로 판단된다.

계양산성 글자기와(겨레문화유산연구원 2017: 63, 89) | 글자 세부

도판 15. 계양산성 글자기와 10

위 '夫'명 기와는 엇댄줄무늬와 솔잎무늬가 결합된 형태로 솔잎무늬의 형태가 초기적인 형식이고 줄무늬

23) 글자의 해석은 발굴당시 겨레문화유산연구원에서 신종원(한국학중앙연구원 명예교수)과 강문석(한국학중앙연구원 박사)에게 해독을 의뢰하여 작성된 안이다.

24) 겨레문화유산연구원, 2017, 『계양산성 Ⅳ』, p.89.

25) 겨레문화유산연구원, 2017, 위의 책, p.89.

계열과 복합된 것으로 보아 'VCb1'형식으로 추정된다. 순서배열상으로는 고려전기에서도 다소 앞선 시기로 판단된다.

아래 '寺'명 기와는 남아있는 형태로 보아 솔잎무늬만이 남아 있으나 글자 아래에 다른 무늬가 복합된 형태일 가능성이 많다. 측면의 형태는 알 수 없으나 역시 'VCb1'형식으로 추정할 수 있다.

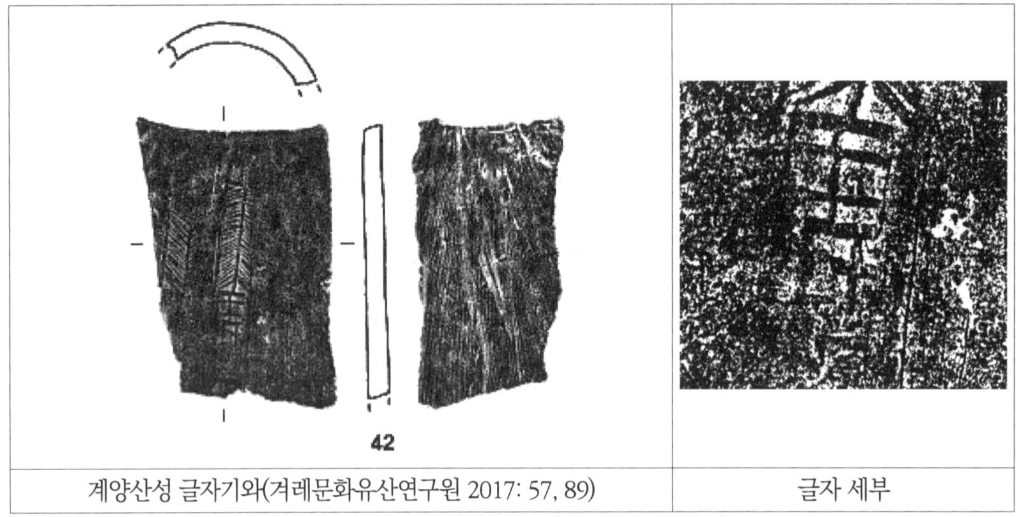

계양산성 글자기와(겨레문화유산연구원 2017: 57, 89)	글자 세부

도판 16. 계양산성 글자기와 11

V. 맺는말

이 글은 지금까지 10여 차례에 걸쳐 계양산성에서 조사된 수많은 성격의 유구와 유물 중에서 문자자료에 주목하여 논지를 진행하였다. 특히 계양산성에서는 목간을 비롯하여 수많은 기와에서 글자가 확인되어 문자자료의 가치가 상당히 높기 때문이다. 글은 지금까지의 계양산성 발굴결과를 토대로 문자자료를 정리하고 특히 글자기와의 고고학적 속성과 연관시켜 그 특성 및 구체적인 편년안을 제시하였다.

결과적으로, 계양산성 글자기와는 크게 음각 부호 글자기와와 '주부토(主夫吐)' 관련 글자기와, 그리고 '구암앙일시(견)성(九嵒仰一是(or 見)成)' 관련 글자기와이다. 총 세 단계 구분이 가능하다. 일반 평기와는 전반적인 고고학적 속성과 계통성 안에서 크게 6세기 중후반에 제작되기 시작하여 10세기 전반까지 시기별로 변화양상을 나타낸다. 여기서 음각 부호 글자기와는, 몇 점의 앞선 시기도 있지만, 줄무늬나 격자무늬를 중심 무늬로 하며 단판의 두드림판으로 부분 또는 전면두드림하였다. 또한 측면의 자르기 흔적은 대부분 한 번에 기와칼로 그어 분리하거나 2~3회 조정한 것들이다. 이러한 글자기와들의 고고학적 속성을 토대로 음각 부호 글자기와들은 7세기 중반에서 8세기 전반을 중심시기로 편년하였다. 음각 부호의 성격에 대하여는 조심스럽게 압자(押字)의 형태가 아닐까 추정해보았다.

다른 부류는 '주부토(主夫吐)' 관련 글자기와들이다. 고고학적 속성은 장판화된 줄무늬나 솔잎무늬, 격자무늬가 복합된 형태 등으로 두드림판은 중판 또는 장판화되고 측면 자르기가 내에서 외로 향하거나 교차자르기하는 형태를 나타내고 있어 8세기 후반에서 9세기 후반까지로 편년이 가능하다. 이러한 글자기와는 통일신라 후반 지방호족의 등장과 함께 옛 삼국의 지명을 재사용하는 측면에서 이루어진 현상으로 파악하였다.

마지막 부류는 '구암앙일시(견)성(九嵒仰一是(or 見)成)' 관련 글자기와이다. 고려시대 전기에 해당하는 기와들로 사찰과 관련된 것들로 판단된다.

결론적으로 계양산성 출토 기와를 통해 산성의 중심 사용시기는 7세기 중반에서 9세기 후반에 이르기까지 주로 신라말 및 통일신라에 해당하는 것으로 파악된다. 이는 계양산성이 신라가 한강유역에 진출한 후 그 지역의 행정적, 군사적 치소로서 역할하였음을 입증하는 것이라 생각하며 향후 이에 대한 부족한 논거는 다른 글에서 다루어 보고자 한다.

투고일: 2020. 10. 24 심사개시일: 2020. 11. 01 심사완료일: 2020. 11. 29

참/고/문/헌

1. 발굴보고서

국립문화재연구소, 2009, 『風納土城 XI -풍납동 197번지(舊 미래마을)시굴 및 발굴조사 보고서 1-』.

겨레문화유산연구원, 2011, 『계양산성Ⅱ』.

겨레문화유산연구원, 2016, 『서울 독산동 유적-서울 금천구심 도시개발사업구 내 유적 시·발굴조사 보고서』.

겨레문화유산연구원, 2017, 『계양산성 Ⅳ』.

겨레문화유산연구원, 2019, 『계양산성Ⅴ』.

서울역사박물관·한신대학교박물관, 2008, 『풍납토성 Ⅸ-경당지구 출토 와전류에 대한 보고-』.

鮮文大學校 考古硏究所, 2008, 『桂陽山城』.

심광주, 2019, 「용인 할미산성의 축성법과 역사적 의미」, 『용인 할미산성-문화재적 가치와 위상-』, 용인시.

인천광역시사편찬위원회, 2003, 『인천의 역사와 문화』.

한강문화재연구원, 2020, 『아차산성』.

한국토지공사 토지박물관, 2007, 『漣川 瓠盧古壘 Ⅲ(제2차 발굴조사보고서)』.

2. 논저

백종오, 2006, 『고구려 기와의 성립과 왕권』, 주류성출판사.

서봉수, 2020, 『한강유역의 신라기와 연구-한주(漢州)영역을 중심으로-』, 한국학중앙연구원 한국학대학원 박사학위논문.

이재명, 2016, 「경남지역 삼국~고려시대 평기와 연구」, 경상대학교대학원 석사학위논문.

최태선, 1993, 「平瓦製作法의 變遷에 대한 硏究」, 경북대학교대학원 석사학위논문.

〈Abstract〉

Excavation and Texting data of Gyeyangsanseong Fortress

Seo, Bong-su

Among the numerous ruins and relics of that have been investigated in Gyeyangsanseong Fortress over 10 times so far, this article focused on textual materials. Especially in Gyeyangsanseong Fortress, letters have been identified in numerous tiles, including wooden tablets, and the value of text materials is quite high.

Based on the results of the excavation of Gyeyangsanseong Fortress so far, the text materials were compiled and related to the archaeological properties of the letter-rooftiles, suggesting its characteristics and specific chronology for the specil.

As a result, the letter-rooftiles of Gyeyangsanseong Fortress are largely divided into sign symbols and 'jubuto' related letters. And it is the writing related to "Guamangilshi(or gyeon)seong." A total of three levels can be distinguished. The general average period began to be produced in the mid- to late 6th century in a large scale within the overall archaeological properties and systematicality, and changed period by period until the first half of the 10th century. Here, the inscriptions and inscriptions include several preceding periods, but they are partially or front-end patched with a single-plate tapping plate with stripes or plaid patterns. In addition, most of the segmentation marks on the sides are either drawn with a tile knife at a time or made two or three adjustments. Based on the archaeological properties of these characters, the types were first dated from the mid-7th century to the early 8th century. As for the nature of the types, we carefully assumed that they might be in the form of a signs.

The other types are "jubuto" related letters. Archaeological properties include a combination of long plate stripes, pine needles, and lattice patterns, and the knurled board represents a form of middle or long plate and side division facing or cross-splitting within, enabling it to be spread from the late 8th to the late 9th century. These writings were identified as the retrograde phenomenon of geographical names, which was achieved by reusing the names of the three ancient kingdoms, namely the succession of Goguryeo and Baekje in each province, with the emergence of local residents in the latter half of the Unified Silla Period.

The last category is the writing related to "Guamangilshi(or gyeon)seong." These tiles, which correspond to the early Goryeo Dynasty, are believed to be related to the temple.

▶ Key words: Gyeyangsanseong Fortress, textual materials, letters, inscriptions, phonetic symbols, Jubuto

한국고대 산성의 집수시설과 용도

-한강유역 석축 집수지를 중심으로-

백종오*

〈국문초록〉

이 글에서는 한국 고대 산성의 집수시설과 그 기능 및 용도에 대하여 인천 계양산성과 하남 이성산성, 안성 죽주산성, 충주 남산성 등 한강유역 산성의 발굴 사례를 중심으로 구조적인 측면과 의례적인 측면으로 나누어 살펴보았다.

먼저 집수시설은 체성 축조나 성내 시설물 조성 등 모든 城役에 필요한 용수를 저장하고 성곽 유지에 필요한 용수를 공급하는 것이 고유 기능이다. 하지만 구조적인 측면에서 성내 저지대이자 유수에 취약한 구간의 체성부에 가해지는 자중과 횡압력을 저감시키는 기능이 우선 고려되었다고 할 수 있다. 그리고 인천 계양산성과 충주 남산성의 집수지는 上圓下方形을 기본 평면으로 하고 있다. 이러한 평면과 단면 형태는 지형의 경사도와 고저차에 따른 토압과 수압을 반영한 결과로 보는 것이 타당하다고 판단된다. 안성 죽주산성의 집수시설 6기는 다단계 저류 공간을 통해 수량과 유속을 조절하고 있다. 大小의 장방형, 방형, 타원형 등의 각종 평면에 段差를 둔 것은 조경의 기능도 고려했기에 가능하다고 생각된다.

다음으로 의례적인 측면에서는 집수시설과 의례유구, 집수시설 출토유물인 목간, 수막새, 수골 등의 儀禮性을 언급하였다. 성내의 제사나 의례와 관련된 유구는 집수지를 비롯하여 다각형 건물지, 방단 석축유구, 적석유구, 암반, 수혈 등이 있다. 집수지는 점토 집수지 보다는 석축 집수지에서, 건물지는 8각, 9각, 12각 등 다각형 건물지에서 좀 더 제의적 흔적이 강한 유물들이 출토되고 있다. 목간이나 수막새, 수골 등이

* 한국교통대학교 교수

대표적이다.

계양산성의 경우, 바닥층 출토 목간은 동일 층위와 출토 양상으로 보아 원저단경호 내에 목간들이 담겨져서 매납되었을 가능성이 매우 크다고 생각한다. 이를 방증하듯 하남 이성산성 A지구 2차 저수지 출토 목간들은 병이나 호 안에서 출토되는 특징이 있다. 편구형 소병(3차 발굴) 안에서 목간 3점과 대부장경병 안에서 목간 4점이 발견되었으며 이들 병은 구연부를 돌려가며 타결한 흔적이 남아있다. 2차 저수지의 남쪽 둑 바닥 뻘층에서 단경호(4차 발굴)가 수습되었는데 그 안에 목간 5점이 담겨진 채로 출토되었다. 이 단경호는 흑회색 연질 토기로 정치된 상태로 보아 인위적인 매납이나 투기 등이 이루어진 것으로 추정된다. 이처럼 이성산성 2차 저수지 출토 목간들이 일정한 공간이나 층위에 집중되는 경향성을 보여주고 있다. 창녕 화왕산성 연지 출토 단경호와 나무뚜껑, 경주 안압지 등의 사례가 있다. 이외 목제 인물상과 목제 인면상, 舟形, 鳥形, 木簡形, 팽이형, 톱형 등 이형 목제품들과 수막새들이 같은 유구에서 공반되는 점 역시 집수지의 의례성을 반영한다고 할 수 있다.

연화문 수막새의 주연부를 타결한 毁棄 瓦當은 계양산성과 이성산성, 죽주산성 등 집수지 내 중앙부의 바닥층에서 1점씩 출토되는 공통점이 나타난다. 그리고 집수지를 중심으로 문지, 성벽, 건물지 등의 초축이나 수개축에 훼기 와당을 매납하거나 투기하는 사례는 당시 고대인들의 사유체계에 접근할 수 있는 단초가 된다고 생각한다.

▶ **핵심어: 고대 산성, 집수시설, 집수지, 의례, 목간, 훼기와당**

Ⅰ. 머리말

우리의 옛 집이나 옛 마을에는 꼭 우물이 있었고 옛 성에도 우물이나 물을 모으는 집수시설[1)]이 있었다. 인간 생활의 필수 요소가 물인 만큼, 성곽에서 防禦나 籠城 등 守城時 꼭 필요한 시설이 용수나 음료와 관련된 유구이다. 이렇게 물을 모으는 것을 集水(water catchmant), 取水(water intake, water inlet, water catch), 貯水(impoundment) 등의 단어를 통해 표현한다.

1) 집수시설에 대한 명칭과 사전적 정의는 개별 사전이나 개설서 등에 다르게 나오고 있다.
예컨대, '집수정'과 '집수지'(문화재청, 2007, 『한국성곽용어사전』), '음수시설'(손영식, 2009, 『한국의 성곽』) '저수시설'(국립문화재연구소, 2011, 『한국고고학전문사전-성곽·봉수편-』), '용수시설'(최병화, 2010, 「백제산성 용수시설에 대한 검토」, 『한국상고사학보』 69, 한국상고사학회) 등의 명칭을 사용하고 있다. 그 정의는 '성내 용수 확보와 우수시 유속을 줄여 성벽 및 문지의 보호를 목적으로 물을 모아 놓은 시설' 이라고 기술하고 있다.
또한 이글에서는 발굴조사보고서에 수록된 개별 집수시설의 명칭인 집수정, 저수지, 집수지, 지당, 연지, 연못, 원지 등 그대로 사용하고자 한다. 이는 현재의 개념으로 재정리한 용어를 사용하였을 때 독자들의 혼란을 피하고자 하는 의도이다. 그러나 인용 보고서 이외에는 집수지, 저수조, 우물 등을 포괄하는 '집수시설'이라는 명칭으로 통칭하고자 한다.

또 集水와 못(池, bassin, pond)의 합성어가 集水池(a receiving reservoir, a collecting basin)다. 『표준국어대사전』에는 '한 곳으로 물이 모임 또는 그렇게 모이게 함'을 집수, '넓고 오목하게 팬 땅에 물이 괴어 있는 곳'을 못이라고 정의한다. 『廣韻』에는 '池는 물이 멈추면 池'라 하였다. 『中文大辭典』에는 '땅을 파서 물을 모으는데 둥근 것은 池이고 네모난 것은 塘'이라 하였다. 그리고 城池는 성과 못의 합성어이다. 일반적으로 '성과 그 주변에 파놓은 못' 즉 垓子를 말한다. 하지만 우리나라는 산지와 구릉지가 국토의 70% 이상을 차지하기 때문에 지형 여건상 성 밖에 해자를 시설하기는 쉽지 않다. 우리나라 산성의 외측에는 隍 혹은 外隍, 乾濠 등 마른 도랑을 두는 경우가 일반적이다. 해자는 평지성에 많이 시설하나 역시 물의 공급이 원활하지 않기 때문에 구간에 따라 못(池) 정도로 머무는 경우가 많은 것이다. 경주의 월성 해자도 5개의 석축 연못이 연결되어 하나의 해자를 이룬다는 것이 확인된 바 있다. 중국의 후청허(護城河)나 청하오(城壕), 서양의 중세 성곽이나 일본의 근세 성곽처럼 웅장한 규모의 해자인 모우트(moat)나 호리(ほり, 堀, 濠, 壕 ;そうほり外堀, じょうご 城濠·城壕) 등과는 차이가 많다. 그래서 우리나라의 城池는 '성과 그 안의 못'이라는 말 그대로의 개념이 보다 적절한 것으로 생각된다.

그동안 삼국시대부터 통일신라시대까지의 집수시설에 대한 구조와 특징 검토, 형식 분류를 통한 입지별 시·공간적 특성, 용수시설의 입지와 입수방법에 따른 집수유구의 구분, 석축 집수지의 축조공정과 단계별 변화양상, 집수시설의 지역적 특징과 영향관계 등에 대한 연구가 진행되었는데, 집수시설의 구조적 특징과 변천과정 파악에 집중하는 경우가 대부분이었다.[2] 이외에 산성은 제사와 전쟁의 공간이며 그 제사의 증거로 집수유구와 그 출토유물의 의례성에 주목한 연구가 있었다.[3]

본고에서는 한강유역 고대 산성에 조영된 집수시설의 발굴 사례를 정리한 후 그 기능 및 용도에 대해 구조적인 측면과 의례적인 측면으로 나누어 살펴보고자 한다. 그 대상은 한강유역의 인천 계양산성을 중심으로 하남 이성산성, 안성 죽주산성, 충주 남산성 등의 석축 집수지로 제한하였다. 그 이유는 이들 석축 집수지가 점토 집수지에 비해 토기류와 기와류는 물론 목제품, 철제품, 토제품 등 각종 유물들을 풍부하게 포함

2) 김윤아, 2007, 「고대 산성의 집수시설에 대한 연구」, 한양대 석사논문.
오승연, 2007, 「신라 산성지의 기능과 전개」, 『경문논총』 창간호, 경남문화재연구원.
정인태, 2008, 「삼국~통일신라시대 산성 집수지에 관한 연구」, 동아대 석사논문.
이명호, 2009, 「백제 집수시설에 관한 연구」, 목포대 석사논문.
최병화, 2010, 「백제산성 용수시설에 대한 검토」, 『한국상고사학보』 69, 한국상고사학회.
권순강·이호열·박운정, 2011, 「석축 산성의 계곡부 체성과 못(池)에 관한 연구-거창 거열성과 함안 성산산성을 중심으로-」, 『건축역사연구』 76, 한국건축역사학회.
황대일, 2014, 「고대산성내 석축집수지의 구조와 변천」, 『야외고고학』 19.
金世宗, 2017, 「湖南地方 古代 石築山城 硏究」, 목포대 석사논문.
全赫基, 2017, 「古代 城郭 集水施設의 性格과 變遷」, 한신대 석사논문.
최병화, 2018, 「百濟城郭 內 우물의 登場과 造成過程에 대한 硏究」, 『先史와 古代』 55, 韓國古代學會.

3) 정의도, 2007, 「제장으로서 산성 연구」, 『문물연구』 11, 동아시아문물연구학술재단·한국문물연구원.
백종오, 2008, 「남한 내 고구려 유적 유물의 새로운 이해」, 『先史와 古代』 28, 한국고대학회.
백종오, 2015, 「韓日 古代 集水遺構 出土遺物의 儀禮性 硏究」, 『先史와 古代』 46, 한국고대학회.

하기 때문이다.[4]

II. 집수시설의 사례 검토

1. 인천 계양산성

인천 계양산성에서는 모두 4기의 집수시설이 확인되었다.[5] 그중 2005년~2006년까지 2·3차 발굴을 진행하여 제1집수정과 제3집수정을[6], 2017년 9차 발굴에서 4호 집수시설을 조사하였다.[7]

성내 동남향하는 계곡부의 하단에는 제1집수정, 중단에는 제2집수정, 상단에는 제3집수정이 일렬로 배치되어있다. 제1집수정의 하부는 말각 방형이고 상부는 원형으로 축조된 上圓下方形이다. 상부 외연 직경은 13m, 하부 직경은 6m, 깊이는 5m 정도이다. 바닥면은 풍화암반층 위에 70㎝ 내외의 점토다짐층을 채운 점토바닥이며 상부 호안석축 사이로도 점토를 채우는 찰쌓기로 누수를 방지하였다. 제3집수정은 한 변의 길이가 10.5m인 정방형으로 바닥은 풍화암반층을 그대로 사용하였다. 깊이는 3m이다. 4호 집수시설은 성내 북동 사면부의 계곡부에 위치하며 평면은 장방형이다. 모두 2차례의 개축 과정이 확인되었고 인접 체성부 외측에 2기의 토심석축형 치성이 발굴된 바 있다. 수혈선은 장축 17m, 단축 12.1m로 장단비는 1.4:1이다. 초축은 장축 13.1m, 단축 8.8m(장단비1.5:1), 1차 개축은 장축 11.7m, 단축 8.4m(장단비1.4:1), 2차 개축은 장축 9.3m, 단축 6.1m(장단비1.5:1) 정도이다. 바닥면은 탐색 피트에서 목재 일부가 관

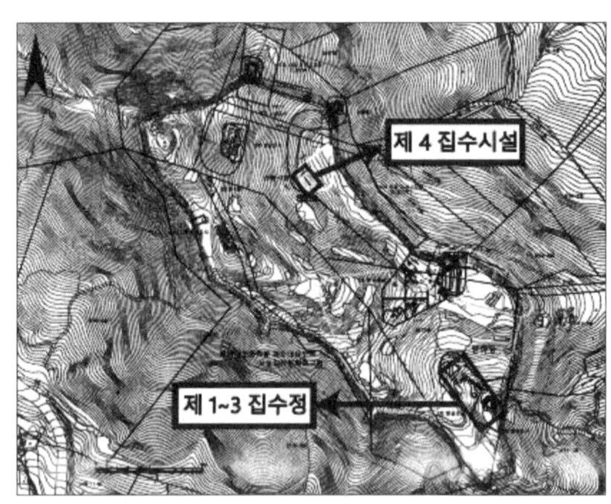

그림 1. 계양산성 내 집수시설 위치

4) 점토집수지에서 출토된 고구려 유물은 장동호, 옹, 동이, 완, 종지, 접시 등 토기류가 대부분이며 그 출토량도 많지 않다. 서울 홍련봉1·2보루, 아차산3·4보루, 시루봉보루 등과 청원 남성골유적 목곽고 등이 있다. 백제의 경우도 호, 옹, 소호, 완, 삼족기, 개 등의 토기류가 소량으로 수습되었다. 홍성 신금성 목곽고, 서천 봉선리 목곽고, 금산 백령산성 목곽고, 광양 마로산성 1호 점토집수정, 순천 검단산성 점토집수정2 등이 있다.

5) 인천광역시 1999, 『계양산성 지표조사 보고서』.
선문대학교 고고연구소, 2001, 『계양산성 일대 문화유적 지표조사 보고서』; 2008, 『桂陽山城 發掘調査報告書』.
겨레문화유산연구원, 2013, 『계양산성 II-4차 시·발굴조사 보고서』; 2016, 『계양산성 III-인천 시도기념물 제 10호 계양산성』; 2017, 『계양산성 IV-인천 계양산성 7차 시·발굴조사 보고서』; 2019, 『계양산성V- 인천 계양산성 8차 발굴조사 보고서』; 2020, 「인천 계양산성 제10차 발굴조사 완료 약보고서」.

6) 선문대학교 고고연구소, 2008, 앞의 책.

7) 겨레문화유산연구원, 2019, 앞의 책.

찰되었으나 하층까지 조사하지는 못하였다. 북쪽 경사면 4m 거리에 별도의 축대시설을 조성하였다. 4호 집수시설의 북편 20m 지점에서 제의유구가 확인되었는데 이곳에서 제3집수정 출토품과 동범와로 추정되는 훼기와당[8] C형인 단판 연화문 수막새가 수습되었다.

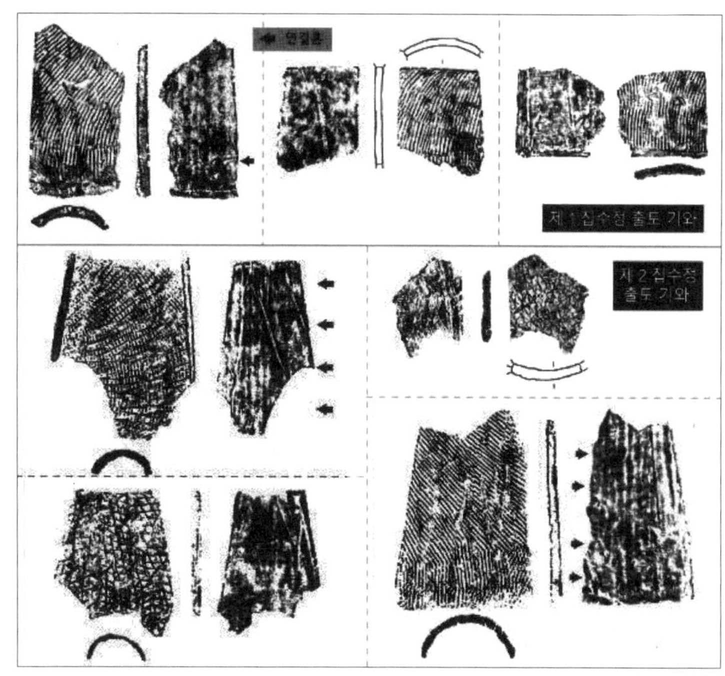

그림 2. 계양산성 제1 · 2 집수정 출토 기와

제1집수정과 제3집수정에서는 단판 연화문 수막새, 원통형와통의 암키와와 竹狀形瓦桶의 토수기와가 세트로 출토된 점이 주목된다. 특히 죽상형와통 수키와는 이들 집수정에서 집중 출토되었다. 내면에는 통보 혹은 갈대와 함께 죽상의 성형틀 흔적인 통쪽흔이 관찰되는데 한 개체당 4곳 정도의 횡방향 연결흔이 남아있다. 이들 수키와의 배면에는 평행선문, 격자문, 사격자문 등이 중복 타날되었다. 암키와는 모두 원통형와통을 사용하였고 점토판 성형, 양측면 완전분할 후 조정 등은 수키와의 양상과 동일하게 나타난다. 그리고 단판연화문수막새는 볼륨감 있는 반구형 자방에 판단이 뾰족한 연판과 편평하게 마무리한 간판을 배치한 양식이다. 수키와피복접합기법과 함께 종치형압날시문법의 가능성을 보여준다.[9] 유사 사례로 서울 아차산성과 충주 탑평

---

8) 훼기와당의 유형은 아래와 같이 크게 4종류로 나누어진다.

① a형 : 주연부를 완전히 타결,

② b형 : 주연부를 일부분 타결,

③ c형 : 주연부 타결후 막새면을 1/2~1/3 절단(c-1식), 1/4이하로 깨뜨려 절단(c-2식)

④ d형 : 주연부를 그대로 둔 채 막새 자체를 절단

a형	b형	c형	d형

(백종오, 2010, 「百濟 및 韓國古代瓦當의 比較 硏究」, 『百濟瓦塼과 古代 東Asia의 文物交流』, 한국기와학회, pp.82-83.)

리유적 출토품이 있다.

4호 집수시설 출토 토기류 중 시기구분이 가능한 기종은 단각고배와 대형호류, 편병, 주름무늬병 등이다. 먼저 단각고배는 대각의 형태로 보아 7세기 중·후엽, 대형호류는 경부의 파상문 형태로 보아 8세기 중엽에서 9세기 중엽, 편병은 동체가 편형하게 2면 이상의 각을 둔 형태로 9세기대, 주름무늬병은 9세기 중·후엽의 특징을 보여준다. 기와류도 집수시설 1층은 어골문과 종선문, 사격자문, 2층에서는 종선문, 격자문, 승선문, 3층에서는 종선문만 수습되었다.[10] 이는 통일신라의 종선문과 나말여초의 어골문, 격자문, 사격자문의 양상과도 동일하다.

2. 하남 이성산성

하남 이성산성에서는 모두 3기의 집수시설이 확인되었다.[11] 그중 1990년~1991년 3·4차 발굴조사에서 A지구 1차 저수지와 2차 저수지를, 1999년 C지구 저수지와 1차 저수지 호안에 대한 조사가 진행되었다. A지구 저수지는 성내 동남향 계곡을 막아서 두 차례 조성하였는데 1차 저수지가 자연 매몰된 후 다시 그 안에 2차 저수지를 축조한 양상이다. 1차 저수지는 장축 54m, 단축 30m이고 평면은 북동-남서방향이 장축인 타원형이다. 저수지의 북쪽 한계는 2차 저수지의 북서쪽 호안석축과 같으며 남쪽은 성벽으로, 서쪽은 곡부 개울까지로 여겨진다. 저수지 바닥인 암반까지는 지표하 408~420㎝이고 토층은 모두 33개 층으로 나누어진다. 만수시 깊이는 2m 정도이다. 2차 저수지는 장방형의 평면으로 북안 석축이 남안 석축보다 약간 긴 梯形에 가까우며 장축은 북동 남서향이다. 전체 둘레는 84.65m로, 동안 석축은 26.55m, 서안 석축은 26.6m, 남안 석축은 15.1m, 북안 석축은 16.4m이다. 깊이는 평균 2m 정도이다. C지구 저수지는 1호 장방형 건물지 동편에 위치하며 평면은 장방형이다. 동서 21m, 남북 14m로 서벽과 북벽의 붕괴가 심한 편이다.

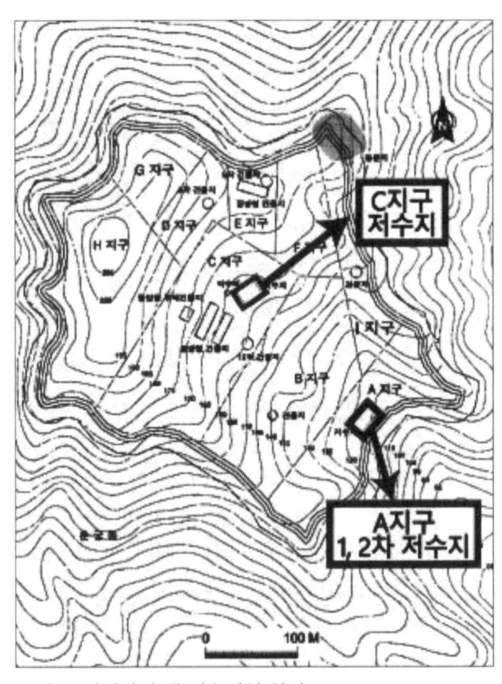

그림 3. 이성산성 내 집수시설 위치

9) 최영희, 2018, 「계양산성 출토 기와에 대한 검토」, 『계양산성의 역사적 가치와 쟁점에 대한 검토』.

10) 겨레문화유산연구원, 2019, 앞의 책, pp.60-61.

11) 漢陽大學校, 1991, 『二聖山城 三次發掘調査報告書』; 1992, 『二聖山城 四次發掘調査報告書』.
漢陽大學校 博物館, 1999, 『二聖山城 6次發掘調査報告書』; 2002, 『二聖山城 9次發掘調査報告書』.

유물은 1차 저수지의 경우, 16층과 21층의 유기물층에서 목간과 칠기, 고판 등과 토기류가 다량으로 수습되었다. 2차 저수지에서도 수골, 목제 조각품, 목간, 짚신 등과 함께 토기류와 기와류가, C지구 저수지에서는 묵서명 뚜껑, 목제품, 원판형 제품(58점) 등이 출토되었다. 기와류는 1차 저수지에서 보이지 않던 것에 비해 2차 저수지 남안 석축의 주변에서 집중되고 있으며 1차 저수지와 2차 저수지 모두 훼기와당인 단판 연화문 수막새가 1점씩 출토된 점이 주목된다.[12)]

3차 발굴조사에서 초축 성벽과 관련되는 1차 저수지 안에서 길이 15㎝의 '戊辰年正月十二日朋南漢城道使'명 목간이 확인되었다. 공반유물은 단각고배류와 삼각집선문이 시문된 고배뚜껑, 호형토기 등이다. 여기서 무진년은 608년으로, 남한성은 이성산성의 원래 명칭이자 한산주의 치소성의 명칭으로 추정하였다. 한강 북안의 아차산성에서 '北漢'명 명문기와가 출토되어 한강 남안의 이성산성에 대응하는 위치와 명칭으로 보고 있다. 이성산성의 초축과 사용시기는 6세기 중엽에서 9세기 중엽으로 비정하는데, 이는 신라가 한강 유역을 점유하는 553년에 가까운 시기의 출토 유물인 고배나 목간 명문, 절대 연대 측정치를 반영한 것이다. 즉 역사적 상황과 결부시켜, 신주 설치 이후 한산주 또는 한주로 명칭이 바뀌게 되면서 삼국통일 이후 발달된 새로운 석재 가공기술을 동원하여 보다 안정적인 2차 성벽을 구축하게 되었고 건물지의 영조척도 고구려척에서 당척으로 변화하며 건물의 규모도 커지고 화려해지는 양상으로 파악하였다.[13)]

3. 안성 죽주산성

안성 죽주산성에서는 모두 8기의 집수시설이 확인되었다.[14)] 2006년부터 2010년까지 2차~4차 발굴을 진행하여 신라시대의 S1~S6 집수시설과 조선시대의 C1, C2집수시설[15)]을 조사하였다. 죽주산성은 산정상부를 중심으로 테뫼식으로 축조된 내성이 있고, 다시 내성의 주변을 감싸는 테뫼식의 중성이 있으며, 중성에서 동북쪽으로 형성된 깊은 계곡을 막아 축조한 포곡식 외성이 있다. 집수시설이 위치한 곳은 중성 내부 저지대의 개활지로 서쪽에서 내려온 곡간부가 동문지쪽으로 완만하게 형성된 지역에 해

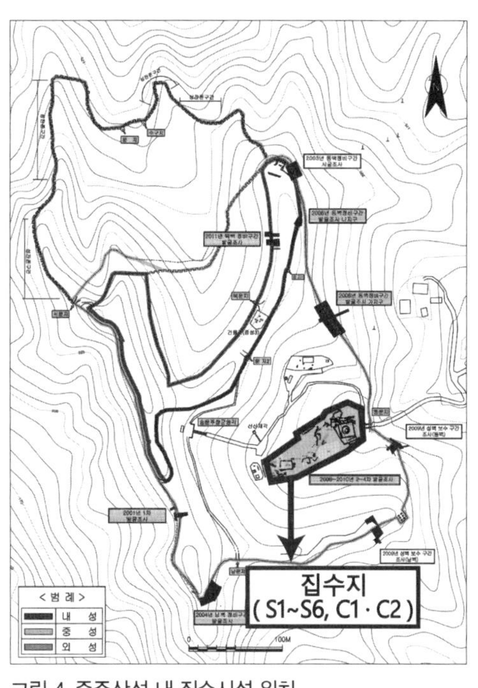

그림 4. 죽주산성 내 집수시설 위치

12) 백종오, 2011, 「韓國古代瓦當의 毁棄樣相 檢討」, 『韓國史學報』 43, 고려사학회.

13) 심광주, 2015, 「이성산성과 하남시 고대유적의 성격」, 『고대동아시아의 왕성과 풍납토성』, 국립문화재연구소, pp.93-94.

14) 한백문화재연구원, 2012, 『안성 죽주산성 2~4차 발굴조사보고서』.

15) 조선시대 집수시설에 대해서는 다음의 논문이 참고된다.
오창희, 2020, 「조선시대 관아의 지당 조성기법 연구」, 세종대 석사논문.

당한다. 신라시대 집수시설은 곡간부를 따라 평면 'S'자 형태의 계단식 단차를 둔 배치이다. 위쪽 집수시설이 만수되면 그 아래쪽 집수시설로 흘러 넘치는 구조로 되어 있다.

S1~S4 집수시설은 곡간부 방향으로 일직선이지만, S4 집수시설 아래의 화강 암반을 피해 원지형을 최대한 활용하여 지형이 낮은 북쪽에 S5~S6 집수시설을 배치하고 있다. 죽주산성의 집수시설은 축조양상이 부실한 반면 여러 기를 조성하여 운영한 것이 특징이다. 신라시대 집수시설의 현황은 다음의 표 1과 같다.

표 1. 죽주산성 신라시대 집수시설 현황[16)]

유구명		규모(㎝) 장축×단축×깊이	평면	출토유물	비고
S1	1차	1180~1330 × 850 × 10~115	장방형	대부장경호 굽다리, 뚜껑, 견부압날문 토기편, 목간, 각종 목제류	
	2차	1330 × 730 × 55~250	방형	고배, 인화문토기, 목제공구	
S2	1차	460 × 630 × 13~110	장방형	뚜껑, 발형토기,	
	2차	520 × 519 × 60~90	장방형	고배, 인화문토기	
S3		740 × 560 × 20~50	방형	인화문 뚜껑, 고배, 목제품, 토제목걸이	
S4		510 × 201 × 10~35		뚜껑, 고배, 대형호 구연부	
S5	2차	860 × 380 × 70	타원형	연화문수막새, 대부완, 완, 호형토기, 목제품, 수골	바닥 소형 할석
S6	2차	708 × 420 × 90~160	장방형	고배, 뚜껑, 대부완, 장경호, 인화문토기, 목간, 묵서명 목제품, 각종 목제류, 수골	바닥 소형 할석

유물은 토기류와 기와류, 목제품, 석제품, 토제품 등으로 분류된다. S1 집수시설의 경우 바닥 상부인 4층에서 목간, 첨기, 결합부재 등의 목제품들이 수습되었으며 3층에서는 출수구 개폐에 사용된 것으로 보이는 목제 물마개가 확인되었다. S5 집수시설의 6~8층은 집수시설의 폐기층으로 연화문수막새와 암키와, 뚜껑 손잡이, 고배 저부, 동이 구연부, 완, 잔, 대부호 저부, 원형토제품 등이, 9~14층은 집수시설 사용 당시의 바닥층으로, 주로 11층에서 뚜껑, 고배, 완, 병, 호, 파수 등 각종 토기류와 함께 다수의 수침 목재와 뼈 등이 출토되었다.

16) 한백문화재연구원, 2012, 위의 책, pp.604-605, 표 1을 참조하였다. 그런데 旣 회의자료와 보고문에는 잔존 규모와 평면형태, 출토 유물이 일부 다르게 기술되어 있었으므로, 최종 발굴조사 보고서를 기준으로 정리하였음을 밝혀둔다. 그리고 저자의 拙稿(白種伍, 2015, 「韓日古代 集水遺構 出土遺物의 儀禮性 硏究」, 『先史와 古代』 46, 韓國古代學會)를 작성시 죽주산성의 규모에 대해서는 기존 자료를 인용하였기에 拙稿, p.242, 표 1과는 차이가 있다. 아울러 같은 쪽 하단의 "A2 집수시설 1차 유구는 평면형태가 방형으로 잔존 규모는 동서 4m, 남북 4m, 높이 0.46m 정도이다. 유물은 훼기 연화문수막새 1점을 비롯하여 뚜껑·발형토기가 출토되었다."고 서술하였다. 그러나 기존 보고문과 달리 발굴조사보고서(pp.195-206)에는 연화문수막새가 S5집수시설의 8층에서 출토된 것으로 확인되었기에 이 역시 수정하였음을 명시한다.

S6 집수시설도 6~7층은 집수시설이 본격적으로 폐기가 진행될 당시의 퇴적층이고 8층은 집수시설 사용 당시의 퇴적층으로 다수의 토기편과 수침목재, 뼈 등이 수습되었다. 9층은 S6-2차 집수시설의 바닥층으로 목간 등의 목제품이 확인되었다.

이들 신라시대 집수시설에서 출토된 유물 중 고배, 뚜껑, 대부완 등은 6세기 중반에서 7세기 중반으로 편년된다. 한강유역의 이단투창고배는 6세기 중반 이후부터, '∧'자 종장연속문이 시문된 대부완은 7세기 중엽 이후부터 나타나는데 비해 반구형 뚜껑은 7세기 중반 이후에는 등장하지 않는다. 그 하한은 줄무늬병, 편병 등을 통해 9세기 중반으로 볼 수 있다. 연대 측정치 역시 A.D. 540~690년의 결과치를 보여주므로 집수시설의 축조 및 운영시기는 6세기 중엽에서 7세기 중후반으로 추정되었다.[17)]

4. 충주 남산성

충주 남산성에는 동쪽 계곡부의 체성 내측에서 1기의 집수시설이 조사되었다. 2001년 시굴조사와 2002년~2003년의 발굴조사를 통해 남북방향 12.2m, 동서방향 13.4m 크기의 3단 계단식 저수지를 확인하였다.[18)] 평면은 바닥을 사다리꼴로 조성한 다음 계단식으로 쌓아 올렸으며 중단을 넘어서면서부터 말각다각형으로 변화하는데 전체적인 상단의 평면은 원형을 기본으로 하고 있다. 계곡부에 접한 남서쪽 모서리는 후대 개축이 이루어졌다. 이처럼 평면형태가 불규칙한 것은 성내 유수가 동쪽 계곡부로 집중하는 지형적 요인과 함께 그 고저차가 심하게 작용했기 때문으로 생각된다. 사다리꼴의 첫 번째 석축은 남북 370㎝, 동서 450㎝이고 두 번째 석축은 남북 445㎝, 동서 570㎝이다. 세 번째 석축은 남북 545㎝, 동서 670㎝로 모서리의 모를 확연하게 없앤 형태를 보여주고 있다. 불규칙하지만 대체로 抹角多角形을 이룬 3중의 석축은 바깥에서 안쪽으로 차례로 층단을 이루어 내려가는 계단식 보호석축이다. 바닥면은 암반위에 회백색 뻘을 채운 후 얇은 판석을 깔아 부석하여 담수의 효과를 높이고 있다. 이에 비해 바닥 정상부 쪽은 암반을 그대로 이용하고 있어 바닥 최고점과 최저점의 높이 차이는 120㎝에 이른다. 성내에서 가장 큰 동쪽 계곡부의 유수는 저수지내 일정 수위에 오르면 수로를 통해 수구로 배출되는 구조이다. 충주산성 수구는 성벽통과식으로 입수구와 출수구는 계단식으로 조성되었으며 그 경사도는 27.5도로 계측된다. 동문지 문도부 바닥에도 수구가 별도로 구비되어 있다. 유물은 복환식 경판의 재갈, 사행상 철기, 철제 가위, 철도자 등의 철제류,

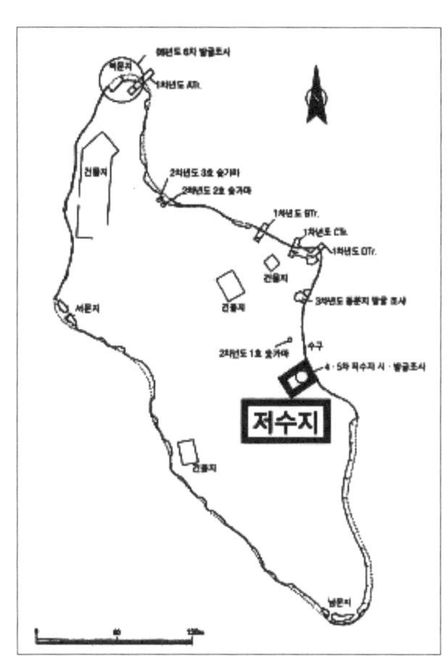

그림 5. 남산성 내 집수시설 위치

17) 한백문화재연구원, 2012, 앞의 책, pp.623-624.

18) 忠北大學校 中原文化硏究所, 2005, 『忠州山城 - 東門 南側 貯水池 試·發掘調査 報告書-』.

나무망치와 절구공이 모양의 목제류, 완이나 호, 단각고배 등의 토기류와 선조문계열의 기와류 등이 있다. 특히 단각고배, 태선문 기와편 등은 6세기 중엽에서 7세기 때의 유적에서 보편적으로 출토되며 산성 경영과 관련된 시기의 폭이 좁은 것으로 보았다.[19]

III. 집수시설의 기능 및 용도

산성 내 집수시설의 일차적인 기능은 성내 생활에 필요한 '물'을 모으고 저장하는 것이다. 저수된 '물'은 飮用水, 用水, 防火水 등 다양한 용도로 사용된다. 따라서 집수지는 평상시 성곽을 유지·관리하고, 전쟁시 수성전과 농성전 등의 전투를 수행하는 데에 반드시 필요한 시설이라고 할 수 있다.

이 장에서는 지표수를 모아 저장하는 집수시설의 기능과 용도에 대해 살펴보고자 한다. 구조적인 측면에서 산성 내에 집수지를 설치하는 것이 체성부의 안전성에 어떠한 영향을 주는지를 검토해 볼 것이다. 아울러 의례적인 측면은 집수시설과 의례유구를 바탕으로 집수시설에서 출토된 목간과 훼기와당, 수골 등을 통해 용도를 언급하도록 하겠다.

1. 구조적인 측면

1) 집수시설과 체성

성내 용수 관련 시설은 크게 집수시설[20]과 배수시설로 나누어진다. 집수시설은 샘과 우물, 저수조, 집수지 등으로 대별된다. 샘은 성내와 성외에, 우물은 대수층 형성지에, 저수조는 능선 정상부나 능선 사면에, 그리고 집수지는 계곡의 곡간부에 입지하는 경향이 강하다. 배수시설은 집수시설에 저장된 물이 체성부를 거쳐 성외로 배출되는 구간에 시설된다. 물을 배수하는 시설은 導水路(headrace, driving channel)와 餘水路(spillway), 입수구와 출수구 등으로 구성된다. 도수로는 수원에서 집수시설까지 물을 유도하는 시설이다. 여수로는 집수시설의 수위 및 유량이 일정량 이상이 되었을 때 여분의 물을 배출하기 위한 수로이다. 여수로와 도수로는 지표면을 기준으로 축조되는 위치에 따라 명거식과 암거식으로 분류된다. 유수가 체성

19) 忠北大學校 中原文化硏究所, 2005, 앞의 책, p.53.

20) 일반적으로 산성은 성벽이 봉우리를 돌아가는 방식에 따라 테뫼식과 포곡식, 그리고 이들을 결합한 복합식 산성으로 구분된다. 이 분류법은 日帝强占期 東京帝國大學 造家學科 교수였던 세키노 타다시(關野貞)가 제시한 것으로 현재에도 이를 그대로 따르고 있다. 테뫼식은 산정상부를 둘러친 것이며, 포곡식은 계곡을 포함하는 것이다. 테뫼식에는 저수조, 포곡식에는 집수지의 적용이 가능하다(최병화, 2010, 앞의 글; 2018, 「百濟城郭 內 우물의 登場과 造成過程에 대한 硏究」, 『先史와 古代』 55, 韓國古代學會). 이러한 적용법은 정약용과 신관호의 산성 분류법인 蒜峰, 紗帽峰, 馬鞍峰, 栲栳峰에도 대입할 수 있다. 저수조는 마늘 어깨를 두른 것과 같이 산 정상부를 둘러친 산봉식과 紗帽와 같이 높고 낮은 봉우리와 능선을 감싼 사모봉식에 주로 시설된다. 집수지는 사방이 높고 중간부가 낮은 고로봉식에 설치되는 것으로 이해된다. 저수조와 집수지를 함께 활용하는 경우는 말안장처럼 능선 정상과 계곡부를 모두 포함하는 마안봉식 산성에서 확인된다. 추후 별고를 통해 정리하고자 한다.

부에서 배수되는 방식에 따라 체성부 越流式과 체성부 通過式으로 나누고, 체성부 통과식은 다시 城壁通過式과 城門通過式 등으로 세분된다. 즉 도수로 → 집수지 → 여수로 → 수구 순으로 정리된다.

집수지는 대부분 지표수를 효과적으로 모을 수 있는 곡간부나 계곡부에 위치한다. 흔히 산성을 보수하거나 정비할 때 가장 먼저 살펴보아야 하는 것이 바로 排水體系라고 말할 수 있다. 산성 정비와 보수는 배수체계의 파악에서부터 시작되어야 한다. 그래야 성벽, 문지, 수구 등의 성벽 시설물과 건물지, 집수시설 등의 성내 시설물이 우수에 의해 훼손되는 것을 방지할 수 있기 때문이다. 성곽을 지속적으로 관리하기 위해서도 배수체계를 잘 이해해야만 한다.

성내 계곡부는 유수의 영향을 가장 많이 받는다. 계곡부의 체성은 온전히 유지되기가 가장 어려운 구간으로 우리는 대부분 이를 붕괴된 상태로 접하게 된다. 집수지는 유수의 집중에 의한 체성부의 이완이나 붕괴를 최소화하는 역할을 한다. 다시 말해 집수지는 성내 계곡부로 집중되는 유수를 모으는 고유의 기능뿐만 아니라 유속을 낮추거나 토압을 분산시켜 횡압력으로 인한 성벽 훼손을 방지하는 기능도 가지고 있는 것이다. 또한 유수가 운반한 퇴적물을 집수지에 저류시키면서 물과 퇴적물을 분리시킨 후 유속이 감소된 물만 출구수로 배출시키는 역할도 한다. 산성 계곡부의 체성은 자중과 함께 횡압력이 크게 작용한다. 이때 성내 집수지는 수압을 저감시키며 체성 사이의 간격을 넓게 유지하는 방법으로 단면적을 증대시킨다는 연구 결과[21]는 성곽의 구조를 이해하는데 있어 그 시사하는 바가 크다.

요컨대, 집수지의 고유 기능은 평시나 전시에 필요한 용수를 저장·공급하는 것이다. 아울러 구조적인 측면에서 볼 때 성내 가장 저지대이자 유수에 의해 붕괴 위험성이 높은 지점의 체성부에 가해지는 자중과 횡압력의 감소, 단면적을 증대시켜 지내력을 확보하는 기능도 함께 가지고 있었다고 할 수 있다.

2) 집수시설과 평면

여기에서는 집수시설의 평면 형태가 계곡부의 경사도와 고저차 및 위치에 따라 어떻게 변화하는지 언급해 보고자 한다. 결론부터 말하면 집수지의 평면 형태는 성내 지형 및 체성부 조성지점과 일정한 관련성이 있는 것으로 보인다.

집수지의 평면 행태는 원형, 타원형, 정방형, 장방형 등으로 분류된다. 하지만 이러한 일반적인 형태가 아닌 上圓下方形의 집수지가 인천 계양산성과 충주 남산성에서 확인되었다.

먼저 계양산성은 계양산(해발 395m)의 주봉에서 동향하는 능선을 따라 내려온 중봉(해발 202m)에 위치한다. 중봉에 인접한 육각정 옆의 해발 188.4m의 봉우리에서부터 동남향하는 계곡부와 동북향하는 계곡부로 나누어진다. 동남향 계곡부는 제1집수정과 제3집수정이 있고, 동북향 계곡부에 제4집수시설이 시설되었다. 제1집수정은 호안 상단이 해발 116m, 바닥이 111m 정도이다. 집수정이 설치된 곳이 최고지점은 아니더라도 곡간부 형성에 영향을 주는 해발 168.4m 지점과의 레벨 차이는 53.4m~57.4m 정도이다.

---

21) 권순강·이호열·박운정, 2011, 「석축 산성의 계곡부 체성과 못(池)에 관한 연구-거창 거열성과 함안 성산산성을 중심으로-」, 『건축역사연구』 76, 한국건축역사학회, pp.19-20.

실질적인 곡간부는 해발 139.2m~150m의 등고선에서부터 광범위한 면적에 걸쳐 있다. 따라서 계양산성 내 유수의 집중점은 제1집수정이나 제3집수정으로 추정할 수 있다. 제4집수시설도 성내 최고점인 중봉과 해발 188.4m의 봉우리와 55m 내외의 레벨 차이를 보인다. 제1집수정의 평면은 기본적으로 상원하방형으로 생각되는데, 하단은 방형에 가깝고 중단은 방형과 원형을 혼용한 抹角 형태이고 상단은 원형으로 축조하였다.

다음으로 충주 남산성 저수지의 평면 형태는 바닥은 제형, 중단은 말각다각형, 상단은 원형 등 호안석축의 부위별로 다르게 확인되었다. 이러한 구조는 계양산성 제1집수정과 유사하다. 여기에는 계곡부의 경사도와 고저차, 이에 따른 토압과 수압의 증가 그리고 체성부와 집수시설의 인접성 등 모든 지형과 환경적 요인이 작용하였을 것으로 짐작된다. 성내 최고지점인 해발 635m의 정상부와 연결되는 해발 632.2m의 봉우리가 동쪽으로 급경사를 이루며 최저지점인 계곡부 해발 561.5m~564m에 집수지가 형성되었다. 집수지 바닥 해발은 561.5m, 서안 석축은 해발 564m, 동안 석축은 체성 내측성벽과 같은 해발 563.5m 정도이다. 특히 저수지의 바닥은 암반이 노출된 서편과 점토 충전 후 판석을 설치한 동편의 높이차가 120㎝를 넘는다. 정상부의 두 봉우리와 집수지 바닥의 레벨 차이는 60.7m ~ 63.5m 정도로 매우 큰 격차를 보인다. 다른 산성에 비해 계곡부로 집중되는 유수의 가중치가 높을 수 밖에 없다. 현재의 충주산성 집수지의 평면과 단면의 부위별 차이는 바로 이와 같은 상황을 반영하고 있는 것으로 생각된다.

따라서 저수지의 바닥 평면을 제형으로 조성한 다음 계단식으로 올리면서 중단을 넘어서 말각다각형으로 변화하고 상단은 원형에 가깝게 축조하는 상원하방형의 복잡한 형태는 경사가 급한 지형 및 고저차에 따른 토압과 수압을 극복하기 위한 결과로 보는 것이 타당하다고 판단된다.

3) 집수시설과 조경

지금까지 산성에서 확인된 집수시설에 관한 연구는 막연히 용수 확보와 배수체계 등 기본적인 기능을 해명하는 방향으로 진행되었다. 물론 이는 지극히 당연한 일이라고 생각된다. 하지만 이제 집수지가 가지는 다양한 용도에 주목할 필요가 있다. 그중 하나가 구조 분석에 따른 조경이나 수경적인 요소를 밝히는 것으로 생각된다.

앞서 언급한 바와 같이, 죽주산성의 6기 집수시설 모두 평면 S자 형태로 배치되었다. 각각의 집수시설은 단차가 있지만 도수로를 통해 연결되는 구조이다. 집수시설이 위치한 계곡부는 동쪽의 동문지 방향으로 형성되었는데, 이곳은 서쪽의 계곡 상류뿐만 아니라 남북 양쪽 사면부의 우수가 집결되는 곳이다. 집수시설의 서쪽 상단면의 S1 집수시설 서북쪽에는 수량이 풍부한 샘이 있다. 이 샘은 도수로로 S1 집수시설과 연결된다. 집수시설 서남쪽에는 집수시설로 유입되는 토사 등을 방지하기 위한 보호석축의 기능을 가진 적석이 확인된다. 계곡부에는 대형 암반이 2군데 돌출되어 있는데, S1 집수시설은 서쪽의 대형 암반에 의지해 조성되었다. 이 암반 서쪽으로 약 30m 정도 거리에 길이 25m 가량의 대형 암반이 돌출되어 있고, 암반 동쪽으로 약 30m 정도 이격되어 동문지가 자리하고 있다. 집수시설은 계곡부의 대형 암반 사이에 배치되어 있다. S1~S4 집수시설은 이 암반 사이에 서-동 방향으로 연결하여 설치되었고, S5 집수시설은 중간의 암반

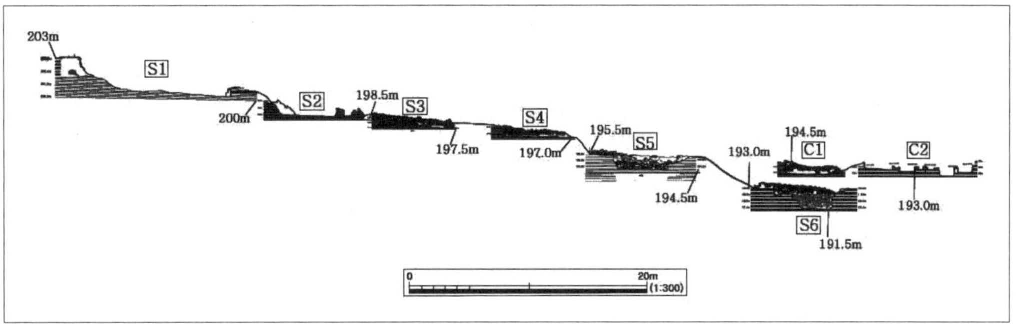

그림 6. 죽주산성 삼국시대 및 조선시대 집수시설 단면도

북쪽으로 돌려서 조성하였다. 이후 S6 집수시설은 동문지 쪽으로 다시 방향을 틀어서 배치하였다. S6 집수시설과 동문지 사이는 약 30m 정도 이격된 상태이기에 추가적인 집수시설이 존재할 가능성을 배제하기 어렵다. 다만 그 위쪽의 조선시대 집수시설이 존재하고 있어 더 이상의 조사가 진행되지 않았다고 한다. 이렇듯 죽주산성 집수시설은 다른 산성의 집수시설과 달리 평면적으로 펼쳐놓은 듯한 특이한 평면 구조를 가지고 있다. 발굴조사 보고서에는 집수시설의 배치와 구조를 검토한 후 주요 기능은 식음료의 확보였고 체성부에 미치는 횡압력 감소, 그리고 제의적인 기능도 함께 언급하였다.

그런데, 발굴조사 보고서에 수록된 죽주산성 집수시설의 평면도를 보았을 때 배치의 특이성과 함께 집수시설 간의 단차를 상정해 볼 수 있었다. 그래서 〈그림 6〉과 같이 집수시설의 단면을 도면상에 표현해 보았다.[22] 그 결과, 서쪽의 S1 집수시설 바닥은 해발 200m, 동쪽의 S6 집수시설의 바닥은 해발 191.5m 정도임을 확인할 수 있었다. 도면을 보면 S2~S4 집수시설은 서쪽에서 동쪽으로 계곡부의 지형에 따라 조성된 것과 같이 큰 段差를 보이지 않는다. 그러나 S1과 S2 집수시설 바닥의 높이 차이는 약 2m 정도이고, S4와 S5 집수시설은 2.5m, S5와 S6 집수시설은 최대 3m 내외의 레벨 차이가 있는 것으로 파악되었다.

즉 유수는 S1에 집수된 후 S2~S4 집수시설에서 貯留하다가 S5와 S6 집수시설로 급격하게 떨어진다. 특히 S1 집수시설에서 출토된 〈그림 7〉의 목제 물마개는 S1 집수시설에서 다른 집수시설로 유입되는 물의 양을 조절하였던 사실을 말해 준다. 죽주산성 집수시설은 모두 S1 집수시설 서북쪽에 위치한 샘을 수원으로 삼는다. 지금도 사시사철 풍부한 수량을 보여주고 있기에 수자원 확보는 문제가 되지 않는다. 다단계 집수시설은 유속을 감소시키는 저류 효과가 있다. 따라서 죽주산성은 우기에도 우수 관리가 적절하게 이루어졌을 것으로 판단된다.

집수시설에서 수위를 조절하는 물마개는 경주 안압지에서도 수습된 바 있다(〈그림 7〉).[23] 이것은 월지로 유입되는 수량을 조절하기 위해 사용한 것으로 보인다. 신라에서 수량의 조절과 관계된 유적으로는 경주

22) 해당 발굴조사 보고서(한백문화재연구원, 2012, 앞의 책)에는 유구 전체에 대한 종횡 단면이 표시되지 않았기 때문에 필자가 별도로 김호준 박사와 이동휘 연구원(충북문화재연구원)의 도움을 받아 재작성해 보았다. 힘써 준 두 분께 고마움을 전한다.
23) 한백문화재연구원, 2012, 앞의 책, p.619 삽도20 전재.

월성 해자와 포석정 등이 있다. 이 유적들은 모두 물의 흐름을 이용한 조경 기능을 가지고 있다.

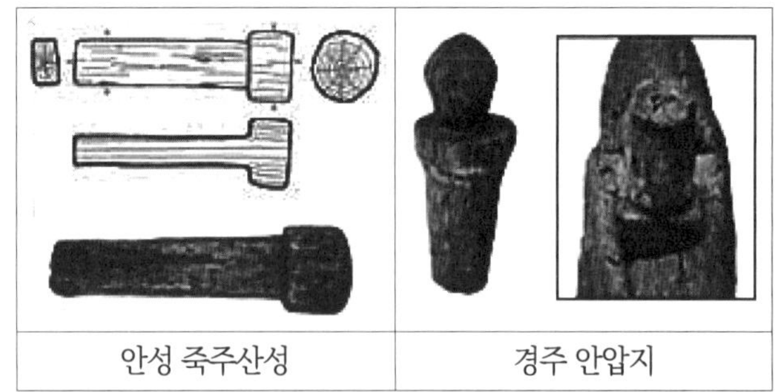

그림 7. 죽주산성 S1 집수시설 출토 물마개와 안압지 출토 물마개 (축척부동)

그렇다면 죽주산성의 집수시설 또한 기존 산성들의 집수지와의 차이를 고려하였을 때 조경의 기능을 지니고 있었을 것으로 상정해 볼 수 있다. 죽주산성의 집수시설은 大小의 장방형, 방형, 타원형 등의 평면 형태에 단차이를 두고 있다. 이러한 배치 구조는 다단계 저류 공간을 통해 수량을 조절하는 데 유리할 뿐만 아니라 집수시설에 조경의 기능이 부여되었음을 반증한다.

최근, 수원 화성의 『華城城役儀軌』의 내용과 「華城全圖」의 도면을 분석하여 池, 溝 등의 위치 및 공간구성 요소와 조성방법 등을 밝힌 연구가 있었다.[24] 이 연구에 따르면 池 주변에는 느릅나무와 버드나무, 池 내부에는 마름, 홍련과 백련 등을 식재한 것으로 보인다. 죽주산성의 삼국시대 집수시설 상층에 위치한 조선시대 집수시설은 방지에 원도, 혹은 원도와 정자 등이 조성되었을 것으로 상정할 수 있다.

또한 집수시설에서는 목제삽과 방망이, 자귀, 나막신 등이 출토되었다. 이러한 목제류는 부여 사비도성과 궁남지, 순천 검단산성, 함안 성산산성, 창녕 화왕산성, 거제 둔덕기성, 아산 갈매리 유적, 광주 신창동 유적 등 성내 집수시설과 저습지에서 주로 검출된다.

목제삽은 6세기 후엽 이전부터 철제날을 단 삽과 가래 등이 사용되었다. 방망이는 목제품 가공용, 물마개용, 탈곡용 초본류나 포목류를 다듬는 용도 등 쓰임새가 다양하다. 자귀는 물마개와 말목 등 목재유물에서 자귀흔이 확인되어 木材를 가공할 때 사용된다고 한다. 원삼국~삼국시대의 목제 기경구는 점성이 높은 토양 즉 저습지의 개간 또는 물이 고여 있는 상태의 경작지의 기경에 이용되었다고 보고 있다.[25] 특히 목제삽은 수로를 파거나 흙을 파서 뒤집는 데 사용하는 도구이다. 그래서 죽주산성의 집수시설에서 출토된 목제삽과 방망이, 자귀 등은 저습지의 농기구로 볼 수 있다. 이러한 점은 죽주산성 집수시설 내부와 그 주변의 수경 재배와도 연관 지을 수 있다고 생각된다.

따라서 구조적인 측면에서 죽주산성 내 삼국시대 집수시설은 다단계 집수공간과 단차를 이용한 전통 조경의 水景 요소를 그대로 포함하고 있으며 출토 목제 기경구를 통해 성내 곡간부와 집수시설을 이용한 水耕의 가능성도 매우 높은 것으로 판단된다. 이는 다음과 같은 몇 가지 사실을 통해서 추정할 수 있다.

24) 백종철, 2020, 「수원 화성 미복원 수(水) 공간의 전통조경 조성방법 연구」, 『韓國傳統造景學會誌』 38-1, 한국전통조경학회, pp.21-27.

25) 김도헌, 2016, 「고대의 목제 기경구 연구」, 『중앙고고연구』 21, 중앙문화재연구원, pp.81-121.

첫째, 죽주산성의 집수시설에는 수경 요소인 流水와 止水가 있다. 유수는 폭포와 간수, 수로 등이 있고 지수는 池塘, 석지나 연지, 泉井 등으로 구성된다. 죽주산성 집수시설은 풍부한 수원을 가진 최고점의 샘을 필두로 다양한 평면과 크기를 가지고 있다. 이에 더하여 계곡부를 이용한 배치와 단차를 이용한 낙수, 그리고 이를 연결하는 도수로 등을 통해 수경의 요소를 모두 충족하고 있다.

둘째, 6기 이상의 각기 다른 집수시설과 돌출된 암반이 주는 경관적인 다채로움이 있다. 낙차가 없는 S2~S4 집수시설은 물이 담수되어 연꽃류와 수경식물이 자생하기 유리한 곳이다. 이러한 수경 식물류는 자체적인 시각적인 요소를 지니고 있다. 이와 더불어 집수시설 주변의 암반과 식재된 나무 역시 전통 조경의 요소로서 계절적인 감성을 불러일으키기 충분하였을 것이다.

셋째, 집수시설 간의 단차를 이용한 낙수 소리는 폭포를 연상하게 한다. S1 집수시설에서 흘러내리는 물은 높은 곳에서 낮은 곳으로 구불구불 흐른다. 말 그대로 流觴曲水가 된다. 집수시설간 단차가 2m 이상 되는 부분을 3군데에 두고 있어 여기에서 각각의 물의 흐름과 낙차로 인해 생기는 물소리와 함께 시각적인 요소인 물안개, 무지개, 물거품 등을 동시에 느낄 수 있으며, 물보라를 통한 물 향기와 서늘한 물의 느낌을 만족하는 五感 體驗을 할 수 있다.

이처럼 집수시설은 水景과 水耕, 心象 등 총체적 여흥을 즐길 수 있는 조경의 의미를 품고 있다.

2. 의례적인 측면

집수시설은 '용수 저장 시설'이라는 고유의 기능과 함께 '의례 공간' 또는 '제장'이라는 상징성이 강한 유구이다. 이는 '물=생명+부활', '城=生命+保障處"와 같은 등식을 보여주기 때문이라고 생각한다. 성곽은 성곽의 축조기술이 발달하고, 지방제도가 정착되면서 정기적인 제사와 의례의 공간으로 변모되었다. 이때 祭場으로 활용된 주요 공간이 바로 집수시설과 그 주변이라고 할 수 있다.

제장에는 어떠한 행위 과정의 흔적이 물질자료로 남게 된다. 제사 행위는 태우고, 깨고, 묻고, 던지는 행위로 귀결되기 때문에 출토유물이나 유구에서 관찰이 가능하다. 그러면 어떻게 일반 유물과 제사 유물을 구분할 수 있을까 하는 궁금증이 생긴다. 구석기 유물인 석기를 자연유물과 구분할 때는 의도성을 가지고 떼었다는 규칙성을 강조한다. 마찬가지로 제사와 의례 때에는 신에게 바쳐진 제물이나 공헌물은 神聖性을 유지하기 위해 대부분 불에 태우거나 깨버리게 된다. 그런 후 일정한 장소에 묻거나 던지는 과정을 거치게 되는데 그 결과 타결이나 훼기된 유물을 매납과 투기의 유구에서 발굴하게 되는 것이다.

그런데, 우리나라에서의 제사고고학은 초보적인 단계에 있다. 특히 제장으로서 산성은 크게 주목받지 못하였다. 성곽은 전쟁의 공간이라는 고정된 관념이 앞서기 때문이다. 물론 산성은 전시에 전쟁을 수행한다. 清野入保, 堅壁守城, 籠城, 引兵出擊 등의 수성전이 산성에서 이루어진다. 하지만 평상시 산성을 어떻게 활용하는지 고민하지 않는다. 그 답은 지역 통합이다. 의례를 통해 지역민을 하나로 뭉치게 하는 것이다. 사실 전시도 마찬가지이다. 전시에는 평상시보다 더 강한 지역민들의 결속력이 필요하다.

산성 내에서 전시와 평시에 지역민을 통합하기 위해 시행되는 의례는 '물'과 관련된 집수지에서 행해지는 경우가 많다. 신에게 바쳐지는 제물이나 공헌물은 신성하다. 따라서 이를 인간이 다시 사용하지 못하게 깨거나 태우는 행위를 하게 되는 것이다. 공헌물의 종류는 토기류, 기와류, 목제품, 철제품, 토제품 등으로 우리가 흔히 말하는 '異形 遺物'이 많다. 이때 훼기와 타결 같은 의도성을 가지는 규칙적인 흔적들이 유물에 남게 된다. 토기의 경우 구연부나 구순부를 돌아가며 타결한다든지, 기대나 대각은 남기고 기신은 타결해 떼어 낸다든지, 아니면 토기 손잡이만 남긴다든지 하는 다양한 사례가 있다. 그리고 기와편이나 토기편을 사용해서 원형이나 원반형 토제품을 만들기도 한다.[26)]

이러한 흔적을 유구와 유물 속에서 찾는 작업은 과거 인류의 생각과 의식의 결과를 추적하는 과정이다. 그리고 그것이 행해진 장소 안에서 집단의 공동체 의식도 추정이 가능하다. 특히 집수지는 물과 뻘 등의 安定化(stabilization)된 환경 속에서 목제품, 각종 뼈와 씨앗류, 꽃가루, 기생충 등의 유기물들이 그대로 출토된다는 특성이 있다. 이 유기물들은 고대인들의 당시 생활상은 물론 그 속에서 펼쳐진 제의 행위, 자연환경 등까지도 복원해 낼 수 있는 소중한 자료이다.

이 절에서는 집수지의 의례성을 추적하기 위해 집수시설과 의례유구의 관계, 그리고 집수지 출토 목간과 훼기와당, 수골 등으로 나누어 언급해 보고자 한다.

1) 집수시설과 의례유구

성내의 제사나 의례와 관련된 유구는 집수지를 비롯하여 다각형 건물지, 방단 석축유구, 적석유구, 암반, 수혈 등이 있다. 집수지는 점토 집수지 보다는 석축 집수지에서, 건물지는 8각, 9각, 12각 등 다각형 건물지에서 좀 더 제의의 흔적이 강한 유물들이 출토되고 있다. 적석이나 석단 그리고 암반이 단독 혹은 결합되면서 신앙의 공간이 되기도 한다.

계양산성에서는 2016년 8차 발굴조사시 4호 집수시설 옆에서 제의유구가 확인되었다. 제의유구는 집수시설의 북편 20m 지점으로 해발 137.6~144.8m의 사면부에 조성되었으며 집수시설과 동일한 해발을 보이는 점이 주목된다. 규모는 길이 12.2m, 너비 4.2m로 내부는 자연암반을 다듬어 평탄면을 조성한 후 20~30㎝의 석재를 이용해 석축단을 이루는 형태이다. 모두 3단이 계단상을 이루는데 너비 1.3~1.5m 내외의 공간을 확보하게 된다. 자연암반층은 너비 1.5~2m 정도로 평탄하게 굴착한 다음 자연면을 그대로 활용하였다. 역시 하단부에는 기단렬과 같이 석축을 돌리고 있다. 이중 최상단의 석렬 내부에서 대부완과 완, 접시 등이 매납되었으며 주변에서는 토기 및 기와류가 다량 출토되었다. 그 중심 시기는 7세기 후반~8세기 후반으로 편년된다. 현재까지 집수시설의 하층부는 조사되지 않아 그 사용 시기를 논하기에는 이른 감이 있다. 하지만 집수시설과 제의유구가 등고선과 평행한 방향으로 동일한 해발 고도에 위치하고 있다는 점도 유의할 필요가 있다. 동일시기에 동일한 유구를 한 공간에 조성하는 것이 일반적이기 때문이다. 그리고 제3집수정 출토 연화문수막새와 동범와로 추정되는 반구상의 단판 연화문 수막새(훼기와당 C형)가 제사유구에서도 출토되었다.[27)] 토기류 역시 7세기 중·후엽부터 9세기 후엽에 이르는 점 등으로 보았을 때 집

26) 백종오, 2015, 앞의 글, pp.270-275.

27) 이성산성 2002년 6차 발굴조사시 I지구 TR-E의 적석유구1과 적석유구2가 노출되었는데, 이 트렌치 동쪽끝 표토 아래층에서

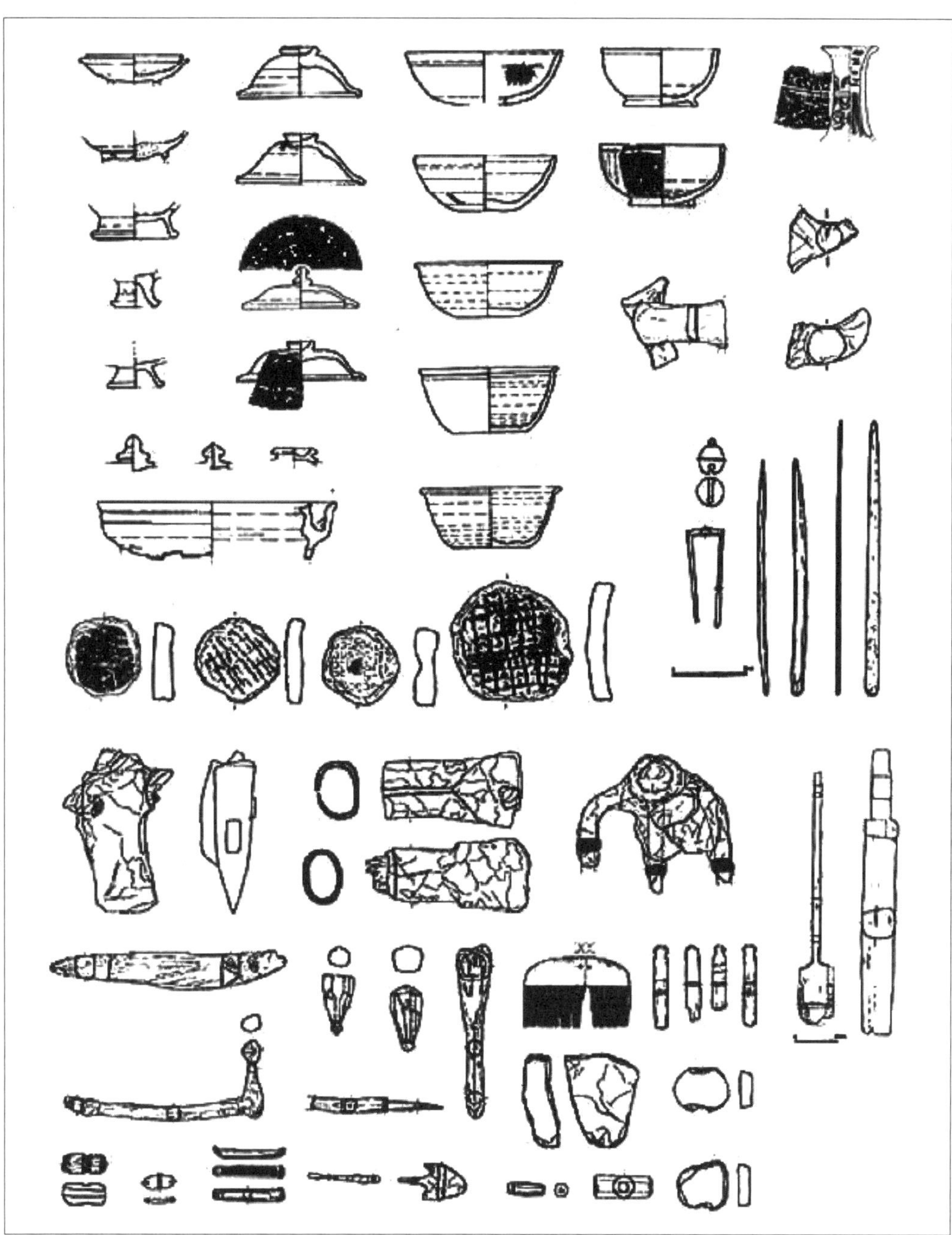

그림 8. 이성산성 출토 유물 (축척부동)

훼기와당 C형인 8엽 단판 연화문 수막새편이 수습되었다. 2001년 9차 조사시 동문지 집수지 윗층에서 출토된 수막새와 동범와로 추정된다(한양대학교 박물관, 2003, 『이성산성 10차 발굴조사보고서』, pp.145-146.)

수시설과 석단형 제의유구, 대벽건물지는 같은 통일신라시대 전 기간에 걸쳐 조영되었으며 그 중심 시기는 8세기 중반이지 않을까 한다. 이성산성의 경우 저류지 형태의 1차 저수지가 자연퇴적 되면서 그 안의 대수층을 이용해서 2차 저수지가 축조되었다. 이 시기의 E지구 건물지, C지구 1, 2호 건물지 등이 창고의 기능에서 의례용의 건물로 변화되는 것으로 파악하며 이성산성의 전략적 의미는 감소되지만 문화적인 기능은 강화된 것으로 보았다. 그 변화 시기는 『삼국사기』에 성덕왕 17년(718)에 한산주 도독 관내 여러 성을 쌓았다는 기록에 근거해 8세기 초엽으로 보았다.[28] 또 이성산성의 E지구의 장방형 건물지를 사이에 두고 대칭을 이루며 배치된 8각 건물지와 9각 건물지는 독특한 구조로 주목을 받았다. 8각 건물지는 중심부에 4개의 둥근돌이 세워져 있어 사직단으로 추정되었으며 동편의 9각 건물지는 9라는 숫자가 하늘을 상징하는 숫자임을 감안할 때 하늘에 제사를 지내는 천단으로 추정되었다.[29] 그리고 신앙유적은 C지구 1호 장방형 건물지와 E지구 장방형 건물지에 위치하고 있다. 형태는 건물의 초석이나 초석의 가까운 곳에 높이 100~150㎝ 가량의 돌을 놓고 주변에 잔돌을 쌓은 모습이다. 이런 신앙석 아래의 할석들 사이에서 토제마와 철제마 편이 출토되어 무속신앙과 관련되는 것으로 보았다.[30]

2) 집수시설 출토 목간

다음으로 계양산성과 이성산성, 죽주산성 출토 목간들의 층위와 출토 상태, 공반유물을 살펴 투기나 매납 등 인위적인 의례 행위의 요소를 추적해 보도록 하겠다.

계양산성 제1집수정의 층위는 깊이 350㎝로 모두 9개 층으로 나누어진다. Ⅰ층은 표토, Ⅱ층부터 Ⅳ층까지는 적갈색, 황갈색, 암갈색의 사질점토, Ⅴ층과 Ⅵ층은 암청색, 암회색 점토, Ⅶ층은 암황색 사질점토, Ⅷ층은 암갈색 뻘 다짐점토, Ⅸ층은 풍화암반층으로 구성된다. 이 중 Ⅵ층에 목재와 나뭇가지 등 유기물이 깔려 있었으며 Ⅶ층에서는 목간Ⅰ과 목간Ⅱ, 獸骨, 貝殼類, 과일 씨앗, 원저단경호, 원형토제품, 토제 방추차, 기와류 등이 출토되었다. 목간은 오각형의 杌(觚) 형식이다. 목간은 동남 호안석축에서 가까운 곳에서 발견되었으며 바로 옆에서는 원저단경호 한 개체분이 수습되었다. 이 목간에는 『論語』 제5편 公冶長의 일부가 쓰여진 것으로 확인되었다. 1면은 '賤君子□□人□□', 2면은 '吾斯之未能信子說', 3면은 '也不知其仁也赤也', 4면은 '□□□□十□□□', 5면은 '□□□□子曰吾□'로 판독된다. 목간Ⅱ는 흑화현상으로 1면만 '□□□子□□□'로 읽을 수 있다. 그리고 남동쪽에서 龜甲이 온전한 상태로 출토되었다. Ⅷ층은 집수정 바닥을 조성하기 위한 점토 충전층이고 그 아래는 원지반인 풍화암반토이다. 여기에서 목간과 단경호, 구갑 등이 주목된다. 특히 목간은 출토 층위 및 양상으로 볼 때 원저단경호 내에 담겨진 상태로 매납되었을 가능성이 매우 크다고 생각한다. 이와 유사한 사례는 하남 이성산성 A지구 2차 저수지와 창녕 화왕산성 연지 출토 단경호와 나

28) 한양대학교, 1991, 『이성산성 3차 발굴조사보고서』, pp.468-469.

29) 한양대학교 박물관, 2002, 『이성산성 9차 발굴조사보고서』, pp.260-261.
심광주, 2015, 앞의 글, p.92.

30) 한양대학교 박물관, 2002, 앞의 책, p.262.

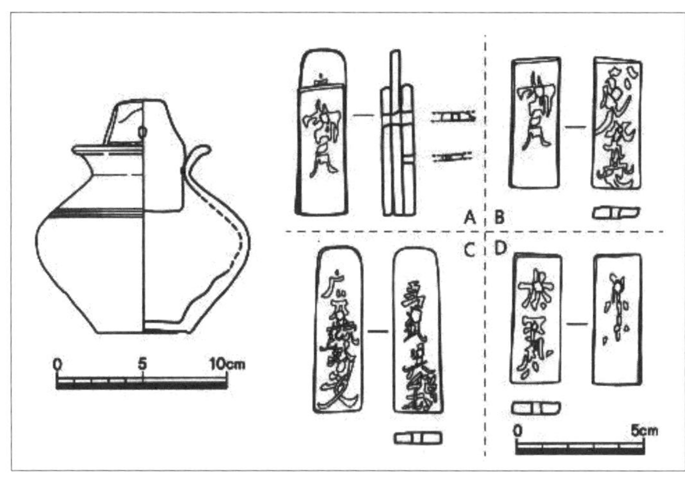

그림 9. 화왕산성 출토 토기 내부에 담긴 목간

무뚜껑(그림 9),[31] 경주 안압지 등에서 확인되었다.

이성산성에서는 3차 조사시 1차 저수지 S1E3 피트 L318㎝ 지점의 14층과 15층 사이에서 목간이 출토되었다. 전면에는 '戊辰年正月十二日朋南漢城道使... ', 측면에는 '須城道使村主前南漢城...', 후면에는 '..蒲...' 라고 쓰여 있다. 먼저 목간1(무진년)이 출토된 1차 저수지의 토층 상황을 보면, 14층은 지표하 295~302㎝에 흑갈색 sand clay 층이고 15층은 지표하 285~295㎝에 흑갈색 organic sand clay 층이다. 저수지 내 퇴적층은 모두 33개 층으로 분류되는데, 각 층은 1~2㎝ 두께에서 10㎝까지 다양한 사질토층과 뻘층이 반복되었다. 보고서에는 "유물은 주로 12층 이상에서 출토되기 시작하며 1층에서 11층까지는 유물이 거의 출토되지 않고 있다"[32]고 기록한 것으로 보아 1차 저수지 조성시 바닥은 점질토층(silty clay)과 사질토층(sand)을 교대로 85~100㎝ 내외를 充塡하였던 점토층일 가능성도 있지 않을까 한다.

그리고 2차 저수지 출토 목간들은 병이나 호 안에서 출토되는 특징이 있다. 3차 조사시 목간 3·4·5는 N2W1피트 L318㎝ 지점의 편구형 소병 안에서, 목간 7·8·9·10은 N1EO 피트 L280㎝ 지점의 대부장경병 안에서 발견되었다.[33] 목간이 확인된 병은 구연부를 돌려가며 타결한 흔적이 남아있다. 4차 조사시에도 2차 저수지의 남쪽둑 L254㎝ 지점의 바닥 뻘층에서 〈그림10〉과 같이 단경호가 수습되었는데 그 안에 목간 1~5로 명명된 5점의 목간이 담긴 채로 출토되었다.[34] 이 단경호는 흑회색 연질 토기로 정치된 상태로 보아 인위적인 매납이나 투기 등이 이루어진 것으로 추정된다.

그림 10. 이성산성 집수지 목간 담긴 호 출토 모습

그렇다면 2차 저수지의 목간 출토 사례 중 토

31) 경남문화재연구원, 2009, 『昌寧 火旺山城內 蓮池』.

32) 漢陽大學校 博物館, 1991, 앞의 책, pp.46-52.

33) 漢陽大學校 博物館, 1991, 앞의 책, pp.108-117.

34) 漢陽大學校, 1992, 앞의 책, pp.99-102, pp.145-146.

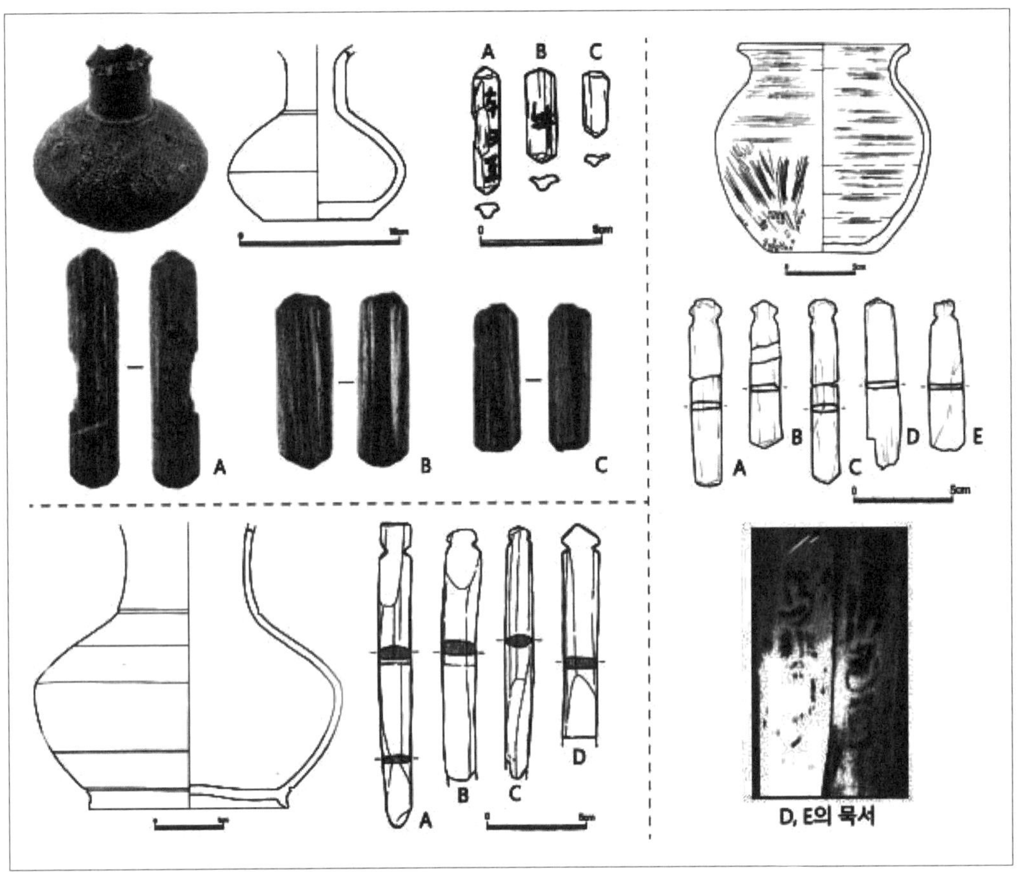

그림 11. 이성산성 출토 토기 내부에 담긴 목간

기 내부에 담긴 것을 제외한 개별 목간들의 출토 지점은 어떠한지 살펴볼 필요가 있다. 3차 조사시 목간 2와 목간 6은 N2W1 피트 L317㎝의 동일한 레벨에서, 목간 11은 N2E1 피트 L299㎝ 지점에서, 목간 12는 S3E1 피트 L299㎝ 지점에서 확인된다. 목간 11과 12는 유물이 출토된 피트는 달랐지만 같은 레벨에서 수습되었다. 따라서 이성산성 내 2차 저수지 출토 목간은 저수지의 북안 석축에 인접한 북편부에서 대부분 출토되었다는 특징이 있으며 일부 목간만이 호안의 북동모서리와 남동모서리 피트에서 수습되는 양상이다. 출토 레벨은 3차 조사를 기준으로 할 때, L254~318㎝로 두께 59㎝의 범위 안에 분포한다. 이는 비교적 균일한 깊이에 목간 포함층이 형성되었다는 것을 의미한다. 그리고 편구형병이나 단경호 속의 공반 목간은 L254~318㎝이고 개별 목간은 L299~317㎝로 양분되고 있는데, 개별 목간들이 공반 목간보다 좀 더 깊고 넓은 범위에서 출토되는 점 또한 흥미롭다.

이상과 같은 목간의 출토 상황을 고려할 때 2차 저수지 출토 목간들은 일정한 공간이나 층위에 집중되는 경향성을 보이는 것으로 이해할 수 있다. 목간 이외에 목제 인물상, 목제 인면상, 舟形, 鳥形, 木簡形, 팽이형, 톱형 등 각종 이형 목제품들과 훼기 와당들이 같은 유구에서 공반되어 그러할 가능성을 더욱 높여 준

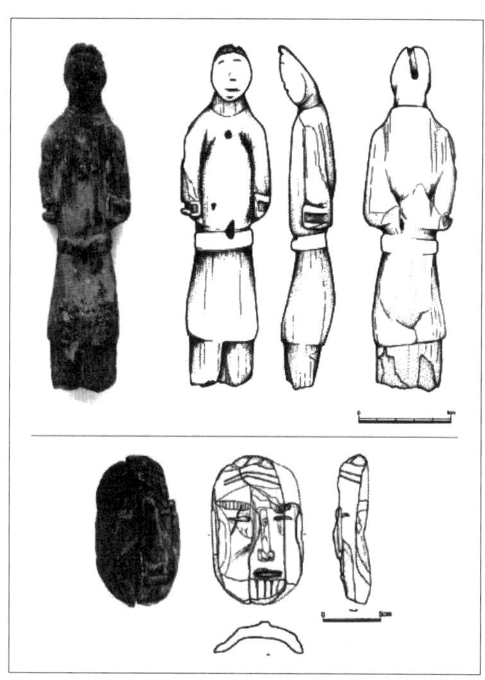

그림 12. 이성산성 집수시설 출토 인물상

다. 각종 이형 목제품들의 출토 레벨 범위나 2차 저수지 한가운데의 암반층과 뻘층이 접하는 지점에서 1점만 수습된 훼기와당 등 유구와 유물들이 가지는 특성들을 고려할 때 우연히 빠트리거나 자연적으로 쓸려 들어갔다고 보기에는 의도성이 너무 강하다.

참고로 나주 복암리 고분군 주변유적의 1호 수혈유구에서 목간 30여 점과 함께 참외, 살구, 밤, 솔방울 등 씨앗류와 바구니, 대형의 멍에형 목제유물, 동물뼈 등 유기질의 유물과 함께 백제계 선문기와, 대형 호, 발형토기, 개배, 자배기 등 토제품 및 철제 슬래그 덩어리, 숫돌, 금동제이식 등이 공반되었다. 그리고 바로 옆의 수혈유구에서 제례의식과 깊은 관련이 있는 소 1개체분의 뼈가 출토되었는데, 소의 頭部를 절단해 꼬리부분에 놓은 채로 노출되었다. 유적의 중심 시기는 7세기 초반으로 편년된다.[35]

3) 집수시설 출토 수막새

여기에서는 집수시설 출토 수막새에 대해 알아보도록 하겠다. 그간 집수시설 내 출토유물 중 주연부가 훼기된 와당(이하 毁棄瓦當)의 의례성은 몇 편의 논고를 통해 살펴본 바 있다.[36] 이들 훼기와당은 해자, 우물, 연못, 집수정, 원지 등의 집수시설, 주변 지형여건상 유입수나 침투수의 영향을 많이 받는 성토대지나 매축지, 배수로와 측구, 건물지 하부의 축기부나 기단토 내부, 성벽이나 문지 등의 성곽 시설물, 고분의 적석부 상면, 폐와무지층이나 수혈구덩이, 주거지 등 다양한 출토 양상을 보여주고 있다. 이 중 집수유구(32.2%)와 건물지(22.8%) 등에서 가장 많은 출토율(55%)을 보여주고 있다. 특히 집수유구는 물[水]과 관련되는 시설이므로 그 안에 연꽃 무늬의 훼기와당을 매납이나 투기함으로써 당시 고대인들의 염원이었던 蓮花化生을 간절히 기원하였던 것이다. 연화화생은 인간만이 아니라 연못, 고분, 건물, 성곽 등 모든 사물을 대상으로 한다. 주요 유적으로 집안 태왕릉과 천추총, 경주 월성 해자, 공주 공산성, 익산 미륵사지, 부여 능

35) 金聖範, 2009a, 「나주 복암리 유적 출토 백제목간과 기타 문자 관련 유물」, 『백제학보』 창간호, 백제학회; 2009b, 「羅州 伏岩里 遺蹟 出土 百濟木簡」, 『고대의 목간 그리고 산성』, 국립가야문화재연구소·국립부여박물관, p.63.

36) 백종오, 2008, 「남한 내 고구려 유적 유물의 새로운 이해」, 『先史와 古代』 28, 한국고대학회; 2010, 「百濟 및 韓國古代瓦當의 比較 硏究」, 『百濟瓦塼과 古代 東Asia의 文物交流』, 한국기와학회; 2011, 「韓國古代瓦當의 毁棄樣相 檢討」, 『韓國史學報』 43, 고려사학회; 2012, 「高句麗 瓦當의 毁棄와 그 象徵的 意味」, 『韓國古代史硏究』 66, 한국고대사학회; 2015, 「韓日 古代 集水遺構 出土遺物의 儀禮性 硏究」, 『先史와 古代』 46, 한국고대학회.

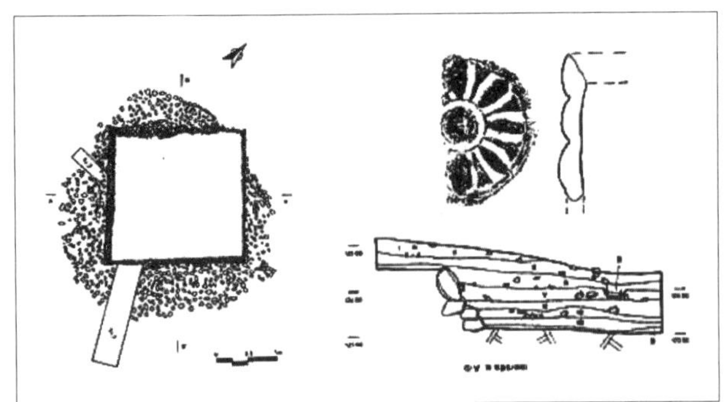
그림 13. 계양산성 집수시설 출토 훼기와당

산리사지, 경주 분황사, 충주 탑평리사지, 제천 장락사지 등이 있다. 이 항에서는 계양산성, 이성산성, 죽주산성의 집수시설내 출토 훼기와당의 층위와 그 수습 상태를 살펴보고자 한다.

계양산성 제3집수정 내 토층은 모두 Ⅰ~Ⅸ층의 9개 층위로 구분된다. 훼기와당 B형인 8엽 단판연화문수막새는 풍화암반층(Ⅸ층) 바로 위층인 Ⅷ층 암회색 점질토층에서 반 정도 결실된 상태로 1점이 출토되었는데, 주연부는 완전히 탈락되었고 화판은 현재 5엽만이 남아 있다. 화판과 자방은 高浮彫이다. 그리고 2009년 북벽과 북문지에 대한 발굴시에도 북벽 내벽부에 설치한 트렌치 두 곳에서 주연부가 결실된 연화문수막새가 1점씩 수습되었다. 북문지 3번 트렌치 출토품은 내벽의 중간부에 엎어진 상태로 통일신라시대의 8엽 중판 연화문 수막새이고, 북문지 남편 6번 트렌치 출토품은 반파된 상태로 배면에 불에 탄 흔적이 남은 훼기와당 B형인 단판 연화문 수막새이다. 이것은 제3집수정 출토품과 동범와로 여겨진다.[37] 그리고 배면의 불에 그을린 흔적을 통해 매납시에 이루어진 의도된 행위를 어렵지 않게 추정할 수 있다.

이성산성에서는 A지구 1차 저수지(1996년 6차) 남벽에서 훼기와당 A형인 8엽 단판연화문수막새 1점이, A지구 2차 저수지(1991년 4차)에서 반파된 훼기와당 B형인 연화문수막새 1점이, C지구 2호 장방형 건물지(1987년 2차)에서 훼기와당 A형인 10엽 단판연화문수막새 1점이, 동문지 집수지(2001년 9차) 윗층에서 훼기와당 A형인 8엽 단판연화문수막새 1점 등이 출토되었다. 이 중 A지구 2차 저수지 출토품과 동문지 출토품은 同一范으로 추정된다. 또 동문지 내 I지구 적석유구 트렌치에서 훼기와당 C형의 단판연화문수막새 편이 1점 출토되었다.

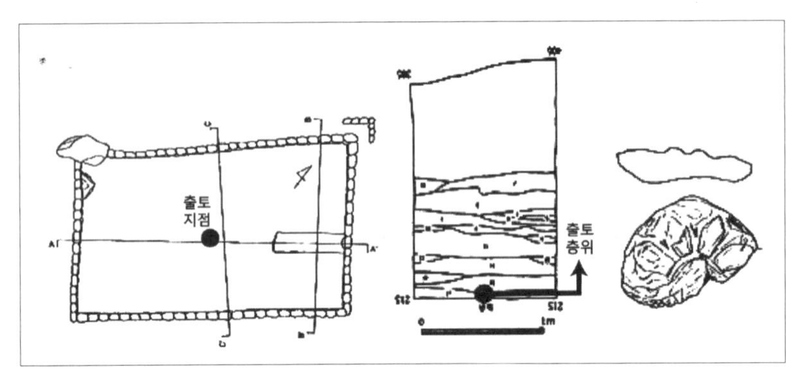

그림 14. 이성산성 집수시설 출토 훼기와당

죽주산성에서는 모두 6기의 집수시설이 조사되었는데 그중 S5 집수시설에서 훼기와당 A형인 단판 연화

37) 겨레문화유산연구원, 2011, 『계양산성Ⅱ』, pp.76-77·pp.111-112.

문 수막새와 이형 목제품, 수골 등이 확인되었다.[38] 이들 집수시설의 내부 층위를 중심으로 유물을 수습하고 기록하였기 때문에 층위간의 형성과정과 공반유물 등보다 다양한 정보들을 얻을 수 있었다.

〈그림 15〉에서 보듯이, 11층은 흙갈색 점토층이 30~46㎝ 정도 남아있는데 집수시설의 바닥 퇴적층이다. 이층에서는 신라시대 각종 토기류와 함께 개 아래턱뼈 2점, 소 윗어금니 1점 등이 수습되었다. 그 위 8층은

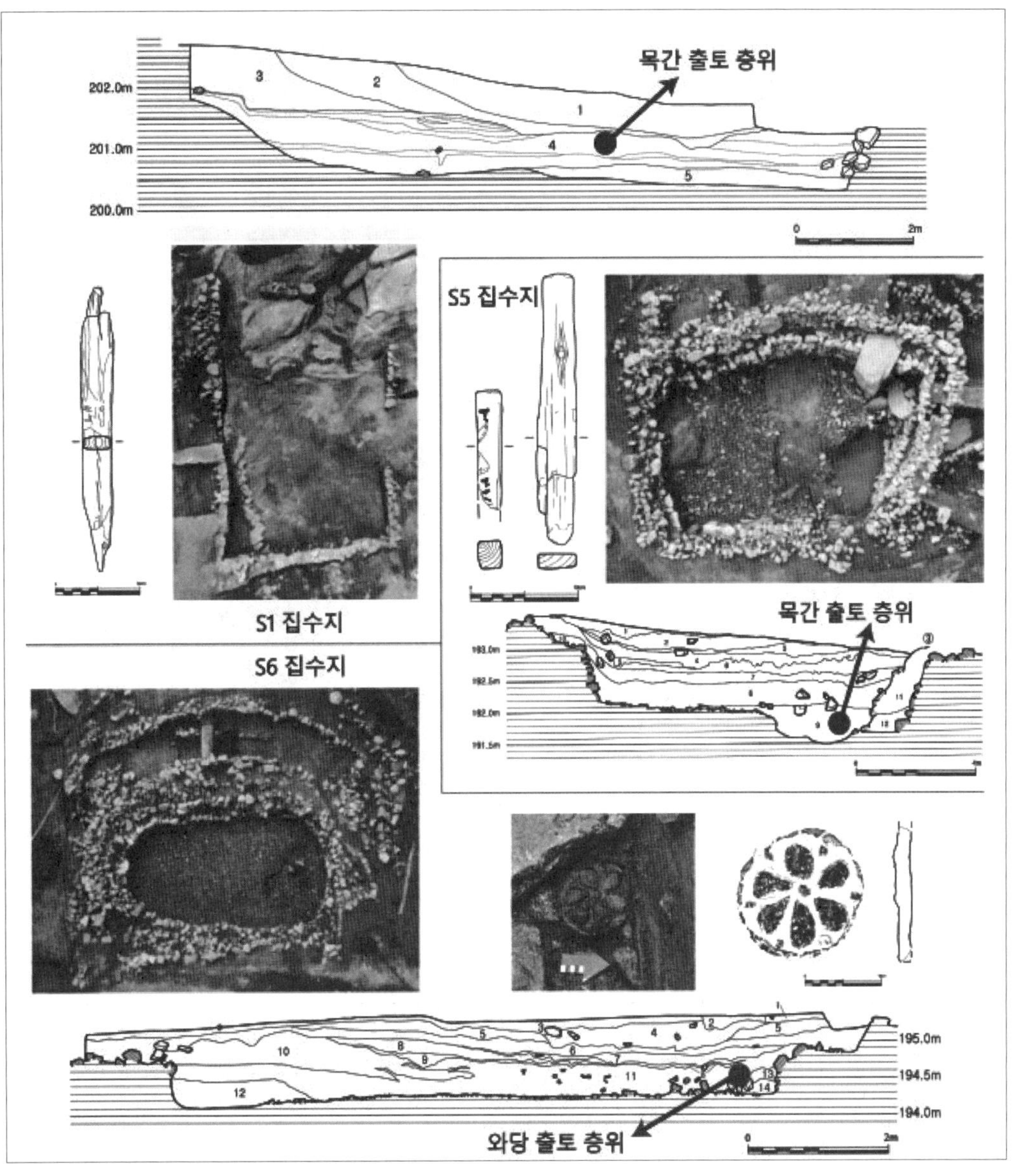

그림 15. 죽주산성 집수시설 출토 훼기와당 및 목간

38) 한백문화재연구원, 2013, 앞의 책, pp.195-225.

연회색 모래층으로 5~20㎝ 두께인데 이 층에서 연화문수막새 한 점이 주연부가 훼기된 상태로 출토되었다. 출토 당시의 사진을 보았을 때 수막새는 막새면을 하늘을 향해 정치된 상태였고, 그 주위로 단각편과 동체부편 등이 있어 연꽃이 집수지에서 활짝 핀 모습을 연상할 수 있었다. 보고서에는 6~8층을 S5 집수시설의 폐기층으로 파악하였다. 따라서 집수지 폐기와 관련된 모종의 의례 행위가 있지 않았을까 생각된다. 이와 함께 8층에서는 뚜껑 손잡이편과 고배 단각편 각 5점, 완, 잔, 대부완 대각편, 대부호 저부편, 동이 구연부, 대옹 동체편, 우각형 파수, 원형 토제품 등 10여 기종 정도의 다양한 토기가 파편으로 출토되었다. 11층에서는 뚜껑편 17점, 고배편 23점, 완, 대부완, 병, 발형토기, 호, 소호, 대옹, 시루, 우각형파수, 원반형 토제품, 갈돌 등 12기종의 토기편이 출토되었다. 11층에서 출토된 토기는 8층보다 수량이 많으며 기종 또한 더 다채롭게 구성되어 흥미롭다. 물론 고배는 단각편이 대다수이다. 그리고 11층의 목제품 중 용도미상(발굴조사 보고서 사진 549와 550)으로 분류한 유물은 'V'자형 1회 굴절과 2회 굴절의 평면을 보여주고 있다. 길이는 132㎝이다. 결합부재(발굴보고서 사진 551) 목제품도 공반되었다. 이들 수침 목재의 보존 처리 전 상태조사를 보면, 용도미상 목제품 두 점은 이상재를 가공하였으며 유물의 양단부에서 부분적인 탄화 흔적이 보인다고 하였다. 또 결합부재 역시 일부 표면에서 탄화 흔적이 남아있다고 기록하였다.[39] 이러한 탄화흔적은 목제품을 제작할 때의 흔적일 수도 있고 집수지에서 이루어진 어떠한 행위의 결과일 수도 있다. 현재 S5 집수시설에서 출토된 고

그림 16. 훼기 와당의 사례

39) 한백문화재연구원, 2012, 앞의 책, pp.720-721.

배와 뚜껑 중심의 10여 종의 토기는 대부분 편으로, 그 기종은 주로 단각, 대각, 파수 등으로 구성되어 있다. 특히 주연부를 훼기한 단판연화문수막새, 개 아래턱뼈와 소 윗어금니 등의 수골 그리고 같은 층의 탄화흔적이 남은 이형 목제품 등은 집수지에서 진행된 일련의 제의 행위의 결과로 남겨진 흔적들이 아닌가 한다.

현재까지 계양산성에서 출토된 연화문수막새는 모두 4점으로 훼기와당 A형이 1점, B형이 2점, C형이 1점이다. 훼기와당 B형과 C형은 동범와로 추정되는데, 집수지와 북문지 남벽 6번트렌치 등에서 출토되는 것으로 보아 같은 시기에 사용된 것으로 보인다. 이 유물들은 집수지와 북벽 등이 연화화생하기를 바라는 염원이 들어있다고 이해된다. 다만 이것이 초축인지 수축인지는 좀 더 검토가 필요하다. 이성산성도 마찬가지다. 모두 5점의 연화문 수막새가 출토되었는데 훼기와당 A형 3점, B형인 1점, C형 1점 등이다. A지구 1차 저수지와 2차 저수지의 훼기와당 A형과 B형, 동문지 집수지의 훼기와당 A형은 모두 동범와로 여겨진다. 이들 유구는 동시기에 수개축된 것으로 생각된다. 유물은 A지구 2차 저수지의 뻘층 아랫부분과 암반층에 접해서 저수지의 정중앙부에서 검출되었다. 물론 동문지 출토품은 집수지 윗층에서 노출되었기 때문에 동문지 수개축과 연결시켜야 하는지 집수지 폐기와 관련되는지에 대한 구체적인 검토가 요구된다. 여하튼 A지구 1차 저수지와 2차 저수지, 동문지 집수지와 I지구 적석유구, C지구 장방형 건물지 등에서 각 유구별로 1점씩의 훼기와당이 형식을 달리하며 1점씩 수습되었다는 점으로 볼 때, 훼기와당 투기 및 매납의 규칙성과 의도성이 농후한 것으로 이해된다. 죽주산성도 S5 집수시설에서 훼기와당 A형인 단판연화문수막새 1점이 바닥 위층에서 수습되었다. 서울 아차산성의 경우도 서벽 내벽 중간부에 엎혀진 채로 훼기와당 A형인 단판연화문 수막새 1점이, 그리고 남벽 내벽에서 홍련봉1보루 출토 훼기와당 A형인 단판연화문수막새와

표 2. 이성산성 출토 훼기와당 (해당 보고서 전재)

와당	0 5㎝	0 5㎝	0 5㎝	0 5㎝
연도 /위치	198년 2차 C지구 2호 건물지	1991년 4차 2차 저수지	1999년 6차 A지구 1차 저수지	2001년 9차 동문지 집수지 윗층
특징	*10엽 단판(單瓣) *자방지름 4.2㎝, 14개 연자 *회갈색 연질로 굵은 모래가 많이 섞여있음. *지름10㎝, 두께 1.8~2.6㎝	*4장의 연판만 남음. *판단의 모양이 삼각형. *흑회색의 정선된 태토. *지름 12.2㎝, 두께 1.6~2.8㎝	*8엽 단판(單瓣) *자방 지름 3㎝, 연자 없음. *판단 모양이 삼각형 *연판과 자방이 모두 볼륨 있음. *회색 경질 *지름 12.9㎝	*8엽 단판(單瓣) *자방 지름 3.1㎝, 연자 없음. *판단 모양이 삼각형. *갈색, 연질이나 단단함. *지름 13.3㎝, 두께 1.4~3.0㎝

동일한 양식의 고구려 수막새가 출토된 바 있다.

따라서 계양산성과 이성산성, 죽주산성 등 집수지 출토 훼기와당은 대부분 집수지 내 중앙부의 바닥층에서 출토되는 공통점이 나타난다. 그리고 집수지를 중심으로 문지, 성벽, 건물지 등의 초축이나 수개축에 훼기와당을 투기하거나 매납하는 사례는 당시 고대인들의 사유체계에 한 단계 더 접근할 수 있는 단초가 된다고 할 수 있다.

4) 집수시설 출토 짐승뼈

다음으로 집수시설에서 출토된 짐승뼈에 대해 계양산성, 이성산성, 죽주산성의 순으로 정리해보고자 한다. 먼저 계양산성의 제1집수정 발굴시 Ⅶ층인 암황색 사질 점토층에서 목간을 비롯한 각종 목제품, 수골, 패각류, 씨앗 등과 바닥 남동쪽에서 구갑 1구가 비교적 온전하게 남아있었다. 수골은 3점으로 동정은 알 수 없다.[40)]

그림 17. 이성산성 집수지 자라뼈 출토 모습

이성산성에서는 1990년 3차 조사시 2차 저수지에서 출토된 181점의 수골을 대상으로 동물종과 신체 부위 판정을 실시하여 소, 말, 돼지, 개 등과 함께 종류 미상인 물고기뼈 1점 등을 동정하였다. 빈도는 개, 소, 돼지, 말 순이다. 돼지는 이빨 형태로 보아 모두 멧돼지이며 최소 2개체 이상으로 보인다. 소는 3개체분인데 부위별로 고르게 남아있다. 개뼈는 가장 많은 6개체 이상이며 전체의 1/3 정도이다. 이 뼈들은 저수지가 폐기되기 이전에 유입되었을 것으로 보인다. 만약 폐기 행위가 존재했다면 보다 많은 양의 다양한 뼈들이 나와야 한다.[41)] 자연적으로 들어갔는지, 의식의 한 과정으로 투입되었는지는 면밀한 검토가 요구된다.

죽주산성에서는 S1 집수시설에서 목간 1점, S6 집수시설에서 목간과 묵서명, 용도 미상 목제품 각 1점, 각종 수골 등이 출토되었다. S1 집수시설은 암반 위에 기저부 조성층인 흑갈색점토+모래+잡석층이 30㎝ 두께로 형성되었다. 그 위 4층은 회청색 점토+모래층으로 집수시설 사용시의 내부 퇴적층에 해당한다. 이 층은 두께 70~90㎝로 목간 1점과 자귀, 삽, 방망이, 말목, 첨기, 결합부재, 용도미상 목제품, 미완성 목제품 등이 다양하게 수습되었다. 또한 S6 집수시설의 8층은 두께 20~65㎝의 흑갈색점토층으로 다량의 토기편과 목재류, 수골 등이 수습되었다. 9층은 두께 20~60㎝의 흑갈색 점토 + 모래(석립) + 할석층으로 S6-2차 집수시설의 바닥층이다. 유물은 이층에서 묵서명 용도 미상 목제품(발굴조사 보고서 사진745, 도면697)과 목간이 출토되었다. 그리고 북벽 외벽 피트에서는 외면에 '井'자 명문이 시문된 토기 동체부편, 나막신, 봉

40) 선문대학교 고고연구소, 2008, 앞의 책, pp.133-134, pp.310-311.

41) 漢陽大學校, 1991, 앞의 책, pp.301-332.

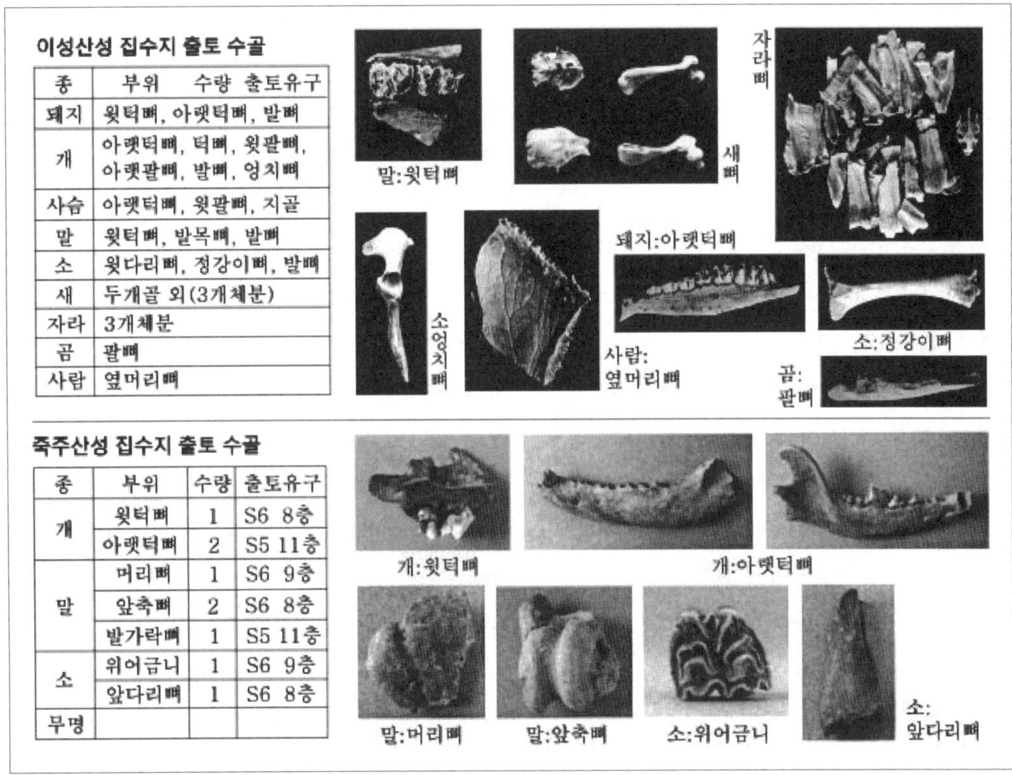

이성산성 집수지 출토 수골

종	부위 수량 출토유구
돼지	윗턱뼈, 아랫턱뼈, 발뼈
개	아랫턱뼈, 턱뼈, 윗팔뼈, 아랫팔뼈, 발뼈, 엉치뼈
사슴	아랫턱뼈, 윗팔뼈, 지골
말	윗턱뼈, 발목뼈, 발뼈
소	윗다리뼈, 정강이뼈, 발뼈
새	두개골 외(3개체분)
자라	3개체분
곰	팔뼈
사람	옆머리뼈

죽주산성 집수지 출토 수골

종	부위	수량	출토유구
개	윗턱뼈	1	S6 8층
	아랫턱뼈	2	S5 11층
말	머리뼈	1	S6 9층
	앞축뼈	2	S6 8층
	발가락뼈	1	S5 11층
소	위어금니	1	S6 9층
	앞다리뼈	1	S6 8층
무명			

그림 18. 이성산성 · 죽주산성 출토 각종 수골

형 목제품, 결합부재 등의 목제품들이 확인되었다. 이들 8층과 9층에서는 개, 소, 말 등의 수골 7점이 수습되었다. 특히 앞서 언급한 S5 집수시설에서는 훼기와당과 수골, S6 집수시설에서는 목간과 수골 등이 같은 층에서 공반된다는 점이 특이하다. 조금 더 많은 사례가 조사되기를 기대한다.

남산성 출토유물 중에는 마구류인 재갈과 사행상 철기가 있다. 재갈은 복환식 경판으로 얇은 경판과 좁은 선단을 중앙하단에서 둥글게 인동초 모양으로 감고 있다. 좌우가 작은 원을 그리며 돌아간다. 재갈은 가는 철봉의 양단을 꼬아서 8자의 고리에 연결하면서 경판과 고삐이음대를 끼우고 있다. 출토 사례가 드문 편으로 6세기의 1/4~2/4분기에 유행한 것으로 보고 있다.[42]

이 집수지 출토 재갈은 말을 제어하는 마구로서 말을 상징하는 유물이다. 집수지에 재갈을 투기하는 행위는 말 희생의 대용품으로 본 것이다. 일본에서는 기우제를 지낼 때 水神에 대한 제물로서 우마를 사용하므로 마구를 통하여 기우제와의 관련성을 제기하기도 한다.[43]

42) 忠北大學校 中原文化硏究所, 2005, 앞의 책, p.169.

43) 김재홍, 2009, 「창녕 화왕산성 龍池 출토 木簡과 祭儀」, 『목간과 문자』 4, 한국목간학회, pp.115-116.

Ⅳ. 맺는말

지금까지 한국 고대 산성의 집수시설의 그 기능 및 용도에 대하여 인천 계양산성과 하남 이성산성, 안성 죽주산성, 충주 남산성 등 한강유역의 발굴 사례를 중심으로 구조적인 측면과 의례적인 측면으로 나누어 살펴보았다.

먼저 집수지는 구조적인 측면에서 체성 축조나 성내 시설물 조성 등 모든 城役에 필요한 용수를 공급하고 성곽 유지에 필요한 저장하는 것이 고유 기능이다. 뿐만 아니라 성내 가장 저지대이자 유수에 의한 취약지점인 체성부에 가해지는 자중과 횡압력을 저감시키는 기능이 구조적인 측면에서 우선 고려되었다고 할 수 있다. 그리고 인천 계양산성과 충주 남산성은 집수지는 上圓下方形을 기본 평면으로 하고 있다. 이러한 평·단면 형태는 지형의 경사도와 고저차에 따른 토압과 수압을 반영한 결과로 보는 것이 타당하다고 판단된다. 또 안성 죽주산성의 집수시설은 다단계의 저류 공간을 통해 수량과 유속을 조절하고 있다. 大小의 장방형, 방형, 타원형 등의 집수시설은 段差를 두며 유속을 조절하는 조경의 기능도 고려했기에 가능하다고 생각된다.

다음으로 의례적인 측면에서는 집수시설과 의례유구, 집수시설 출토유물인 목간, 수막새, 짐승뼈 등의 의례성을 언급하였다.

성내의 제사나 의례와 관련된 유구는 집수지를 비롯하여 다각형 건물지, 방단 석축유구, 적석유구, 암반, 수혈 등이 있다. 집수지는 점토 집수지 보다는 석축 집수지에서, 건물지는 8각, 9각, 12각 등 다각형 건물지에서 좀 더 제의적 흔적이 강한 유물들이 출토되고 있다. 목간이나 와당, 수골 등이 대표적이다.

계양산성의 경우, 바닥층 출토 목간은 동일 층위와 출토 양상으로 보아 원저단경호 내에 목간들이 담겨져서 매납되었을 가능성이 매우 크다고 생각한다. 이를 방증하듯 하남 이성산성 A지구 2차 저수지 출토 목간들은 병이나 호 안에서 출토되는 특징이 있다. 3차 조사때 편구형 소병 안에서 목간 3점과 대부장경병 안에서 목간 4점의 발견되었다. 이들 병은 구연부를 돌려가며 타결한 흔적이 남아있다. 4차 조사시에도 2차 저수지의 남쪽둑 바닥 뻘층에서 단경호가 수습되었는데 그 안에 목간 5점이 담겨진 채로 출토되었다. 이 단경호는 흑회색 연질 토기로 정치된 상태로 보아 인위적인 매납이나 투기 등이 이루어진 것으로 추정된다. 이들 2차 저수지 출토 목간들이 일정한 공간이나 층위에 집중되는 경향성을 보여주고 있다. 이외 목제 인물상과 목제 인면상, 舟形, 鳥形, 木簡形, 팽이형, 톱형 등 각종 이형 목제품들과 훼기 와당들이 같은 유구에서 공반되는 점 역시 집수지의 의례성을 반영한다고 할 수 있다. 창녕 화왕산성 연지 출토 단경호와 나무뚜껑, 경주 안압지 등의 사례가 있다.

연화문 수막새의 주연부를 타결한 훼기와당은 계양산성과 이성산성, 죽주산성 등 집수지 내 중앙부의 바닥층에서 1점씩 출토되는 공통점이 나타난다. 그리고 집수지를 중심으로 문지, 성벽, 건물지 등의 초축이나 수개축에 훼기와당을 투기하거나 매납하는 사례는 당시 고대인들의 사유체계에 한 단계 더 접근할 수 있는 단초가 된다고 할 수 있다.

이렇듯 집수시설은 용수 저장이라는 고유한 기능, 체성 보호와 지형의 경사도와 고저차에 따른 평면형태 변화, 조경적 요소 등 구조적인 측면이 있다. 이와 함께 '의례 공간' 또는 '제장'이라는 상징성이 강한 유구이기도 하다. 이는 성곽의 발달과 지방제도의 정착 등이 이루어지면서 정기적인 제사와 의례의 공간으로 변모하게 되는데 그 주요 공간으로서 집수시설과 그 주변이 祭場의 역할을 하게 되는 것이다.

(餘滴)

1996년 경기도박물관 개관 준비를 위해 하남 이성산성 출토 유물을 대여하여 전시한 바 있다. 이때 목제 인물상, 인면상을 비롯한 각종 토기류와 기와류 그리고 異形 유물들을 보면서 어떤 과정을 거쳤기에 이러한 생김새와 모습으로 남았는지가 궁금해졌다. 흔하지 않은 유물들이기에 더욱 흥미로웠다. 그 궁금증을 풀어보기 위해 관심과 애정을 가지고 대하니 무엇인가 하나 둘씩 의문들이 풀려가는 느낌이 든다. 그때는 30대초였다. 지금은 50대 중반에 들어섰다. 이성산성 출토품들이 하나하나 더욱 소중해진다. 오래전 한양대 박물관 전시실에 갔다. 이성산성 특별전이 있어서다. 그때 쇼케이스 안에 목간과 항아리, 거북뼈 등이 함께 전시되어 있었다. '아!! 공반유물이였구나.' 그 뒤 계양산성의 보고서를 뒤지니 목간과 항아리, 자라뼈가 같은 층에 있었다. 요즘 보고서를 보면 유물의 출토 맥락을 알기 어렵다. 학부시절 중요 유물들은 좌표나 층위, 공반유물 등을 유구 내에서 파악할 수 있어야 한다고 고고학 강의시간에 배웠다. 지금도 그렇게 가르친다. 그러나 실제는 그렇지 않은 경우가 대부분이다. 이번 대상인 목간과 연화문 수막새만 보더라도 그 출토 위치나 층위, 공반유물을 알기는 쉽지 않다. 보고서의 칼라 화보로 막새를 실으면서도 정작 보고문에는 그런 내용이 없다. 그러다보니 정확한 기록인 사진, 도면, 기술은 기대하기 힘들다. 또 이를 통해 그 맥락을 이해한다는 것도 여간한 인내심 없이는 어렵다. 2010년 와당의 의례성을 찾기 위해 700여 권의 보고서를 뒤진 적이 있다. 출토지점, 층위 등을 잘 안쓰는구나. 2014년 역시 일본 고대 유적에서 출토된 훼기와당을 찾기 위해 교토대로 갔다. 문학부 도서관의 방대한 장서에 묻혀 1년을 보냈다. 평성궁 보고서도 마찬가지다. '일본도 그렇구나. 어디서 배웠나 했네.' 그때마다 기억나는 보고서가 있다. 1987년 公州師範大學 博物館에서 펴낸 『公山城 百濟推定王宮址發掘調査報告書』 이다. 지금은 작고하신 안승주 선생님과 이남석 선생님께서 쓰셨다. 보고서의 내용만 가지고도 훼기와당을 도면에 표시할 수 있었다. 깊은 감사드린다. 이것을 알게 된 것도 행운이다.

투고일: 2020. 10. 30	심사개시일: 2020. 11. 03	심사완료일: 2020. 11. 28

참/고/문/헌

1. 사전 및 보고서

겨레문화유산연구원, 2011, 『계양산성Ⅱ』.

겨레문화유산연구원, 2013, 『계양산성 Ⅱ-4차 시·발굴조사 보고서』.

겨레문화유산연구원, 2016, 『계양산성 Ⅲ-인천 시도기념물 제 10호 계양산성』.

겨레문화유산연구원, 2017, 『계양산성 Ⅳ-인천 계양산성 7차 시·발굴조사 보고서』.

겨레문화유산연구원, 2019, 『계양산성Ⅴ- 인천 계양산성 8차 발굴조사 보고서』.

겨레문화유산연구원, 2020, 「인천 계양산성 제10차 발굴조사 완료 약보고서」.

경남문화재연구원, 2009, 『昌寧 火旺山城內 蓮池』.

국립문화재연구소, 2011, 『한국고고학전문사전-성곽·봉수편-』.

문화재청, 2007, 『한국성곽용어사전』.

선문대학교 고고연구소, 2001, 『계양산성 일대 문화유적 지표조사 보고서』; 2008, 『桂陽山城 發掘調査報告書』.

인천광역시 1999, 『계양산성 지표조사 보고서』.

忠北大學校 中原文化硏究所, 2005, 『忠州山城 - 東門 南側 貯水池 試·發掘調査 報告書-』.

한백문화재연구원, 2012, 『안성 죽주산성 2~4차 발굴조사보고서』.

漢陽大學校, 1991, 『二聖山城 三次發掘調査報告書』; 1992, 『二聖山城 四次發掘調査報告書』.

漢陽大學校 博物館, 1999, 『二聖山城 6次發掘調査報告書』; 2002, 『二聖山城 9次發掘調査報告書』.

한양대학교 박물관, 2002, 『이성산성 9차 발굴조사보고서』.

한양대학교 박물관, 2003, 『이성산성 10차 발굴조사보고서』.

2. 논문 및 단행본

권순강·이호열·박운정, 2011, 「석축 산성의 계곡부 체성과 못(池)에 관한 연구-거창 거열성과 함안 성산산성을 중심으로-」, 『건축역사연구』 76, 한국건축역사학회.

김도헌, 2016, 「고대의 목제 기경구 연구」, 『중앙고고연구』 21, 중앙문화재연구원.

金聖範, 2009a, 「나주 복암리 유적 출토 백제목간과 기타 문자 관련 유물」, 『백제학보』 창간호, 백제학회.

金聖範, 2009b, 「羅州 伏岩里 遺蹟 出土 百濟木簡」, 『고대의 목간 그리고 산성』, 국립가야문화재연구소·국립부여박물관.

金世宗, 2017, 「湖南地方 古代 石築山城 硏究」, 목포대 석사논문.

김윤아, 2007, 「고대 산성의 집수시설에 대한 연구」, 한양대 석사논문.

김재홍, 2009, 「창녕 화왕산성 龍池 출토 木簡과 祭儀」, 『목간과 문자』 4, 한국목간학회.

백종오, 2008, 「남한 내 고구려 유적 유물의 새로운 이해」, 『先史와 古代』 28, 한국고대학회.

백종오, 2010, 「百濟 및 韓國古代瓦當의 比較 硏究」, 『百濟瓦塼과 古代 東Asia의 文物交流』, 한국기와학회.
백종오, 2011, 「韓國古代瓦當의 毁棄樣相 檢討」, 『韓國史學報』 43, 고려사학회.
백종오, 2012, 「高句麗 瓦當의 毁棄와 그 象徵的 意味」, 『韓國古代史硏究』 66, 한국고대사학회.
백종오, 2015, 「韓日 古代 集水遺構 出土遺物의 儀禮性 硏究」, 『先史와 古代』 46, 한국고대학회.
백종철, 2020, 「수원 화성 미복원 수(水) 공간의 전통조경 조성방법 연구」, 『韓國傳統造景學會誌』 38-1, 한국전통조경학회.
손영식, 2009, 『한국의 성곽』, 주류성.
심광주, 2015, 「이성산성과 하남시 고대유적의 성격」, 『고대동아시아의 왕성과 풍납토성』, 국립문화재연구소.
오승연, 2007, 「신라 산성지의 기능과 전개」, 『경문논총』 창간호, 경남문화재연구원.
오창희, 2020, 「조선시대 관아의 지당 조성기법 연구」, 세종대 석사논문.
이명호, 2009, 「백제 집수시설에 관한 연구」, 목포대 석사논문.
정의도, 2007, 「제장으로서 산성 연구」, 『문물연구』 11, 한국문물연구원.
정인태, 2008, 「삼국~통일신라시대 산성 집수지에 관한 연구」, 동아대 석사논문.
全赫基, 2017, 「古代 城郭 集水施設의 性格과 變遷」, 한신대 석사논문.
최병화, 2010, 「백제산성 용수시설에 대한 검토」, 『한국상고사학보』 69, 한국상고사학회.
최병화, 2018, 「百濟城郭 內 우물의 登場과 造成過程에 대한 硏究」, 『先史와 古代』 55, 韓國古代學會.
최영희, 2018, 「계양산성 출토 기와에 대한 검토」, 『계양산성의 역사적 가치와 쟁점에 대한 검토』.
황대일, 2014, 「고대산성내 석축집수지의 구조와 변천」, 『야외고고학』 19, 한국문화유산협회.
황보경, 2016, 『삼국과 한강』, 주류성.
황보경, 2015, 「한강유역 古代 우물에 대한 試論的 연구」, 『新羅史學報』 33, 신라사학회.

〈Abstract〉

Water Collecting Facilities and Their Uses of Ancient Mountain Fortress of Korea

Baek, Jong-Oh

This article examined the structural and ritual aspects on the functions and uses of the water collection facilities of ancient mountain fortresses of Korea, focusing on the excavation cases of the Han River basin such as Gyeyang Fortress in Incheon, Iseong Fortress in Hanam, Jukju Fortress in Anseong, Nam Fortress in Chungju.

The intrinsic function of the collecting basin is to store water required for building castle such as building facilities or constructing walls, and to supply water necessary for the maintenance of the fortress. However, the main structural aspect is to secure bearing capacity through reduction of vertical stress and lateral pressures applied to the wall part, which is the low-lying area and the vulnerable point caused by running water. In case of Gyeyang Fortress in Incheon and Nam Fortress in Chungju, the basic plane of collecting basin is circular top and square bottom shape(上圓下方形). It is considered reasonable to understand that complex plane was a result of reflecting the earth pressure and water pressure according to the steep slope and the difference of elevation. In addition, six units of water collecting facilities in Jukju Fortress in Anseong control the quantity and flow through a multi-level storage space. It is thought that the structure in which the flow velocity is adjusted with different steps in various planes such as various sizes of rectangles, squares, and ovals was possible because the function of the landscape was also considered.

In terms of rituals, this article mentioned ritual properties such as water collecting facilities and ritual sites, wooden tablets excavated in the facilities, damaged roof-end tiles, and animal bones. Sites related to ancestral rites and rituals in the fortress include collecting basin, polygonal building site, square stonework site, piled stone site, bedrock, and pit. Relics have been excavated in the stone collecting basin rather than the clay collecting basin, and the polygonal building sites such as octagonal, nonagonal, and dodecagonal sites show strong ritual characteristics. Wooden tablets, roof-end tiles, and animal bones are typical relics.

In the case of Gyeyang Fortress, it is presumed that the wooden tablets excavated in the bottom layer were buried in a short-necked jar with round bottom(圓底短頸壺), considering the pattern of excavation of the same layer. As a proof of this, the wooden tablets excavated from the second reservoir in the A district of Iseong Fortress, Hanam, are characterized by being buried in bottle or jar. During the third investigation, three pieces of the wooden tablets were found in the oblate-shaped small bottle, and four pieces were found in the mounted long-necked bottle(臺付長頸瓶). These bottles have traces of making patterns by turning the mouth of the bottles. During the fourth investigation, short-necked jar was collected from the bottom of the south bank of the second reservoir, and five pieces of wooden tablets were contained. This jar is a gray-black soft earthenware, and presumed that it was buried or dumped judging from its status. The wooden tablets excavated from these second reservoirs tend to be concentrated in a certain space or level. There is another example of short-necked jars, wooden lids excavated from lotus pond of Hwawang Fortress in Changnyeong, and Anap Pond in Gyeongju. In addition, the fact that various wooden works such as wooden figures, wooden faces, ship figures, bird figures, wooden tablets, top figures, saw figures, and various types of damaged roof-end tiles were in the same sites reflects the ritual properties of the collecting basin.

A damaged roof-end tiles with patterns on the rim of roof-end tile with lotus design, was excavated from the bottom layer of the central part of the collecting basin in Gyeyang Fortress, Iseong Fortress, and Jukju Fortress. The case of dumping or burying damaged roof-end tiles in the first or several renovations of the gates, walls, and buildings centered on the collecting basin provides a clue for accessing the thoughts of ancient people at that time.

▶ Key words: Ancient Mountain Fortress, Water Collecting Facilities, Collecting Basin, Rituals, Wooden Tablets, Damaged Roof-end Tiles(Heogi Wadang)

古代 日本 論語 木簡의 特質

-한반도 출토 論語 木簡과의 비교를 통해서-

三上 喜孝 著*
오택현 譯**

〈국문초록〉

본고는 古代 日本의 『論語』 수용과 그 特質을 論語 木簡의 검토를 통해 살펴보는 것이다. 여기서 말하는 論語 木簡이란 論語의 일부를 기록하고 있는 木簡과 「論語」라고 하는 글자가 쓰여 있는 木簡 등을 말한다.

日本에서는 지금까지 30점이 넘는 論語 木簡이 출토되었다. 論語 木簡이 출토된 지역별 수량을 살펴보면 飛鳥지역에서 6점, 藤原宮·京에서 4점, 平城宮·京에서 14점, 都城 이외에서 11점이 출토되었다. 작성 시기는 7세기 후반에서 8세기 전반에 집중되어 있어, 문자의 習得과 論語 木簡의 존재가 밀접하게 관련되고 있다고 생각된다.

日本에서 출토된 論語 木簡에는 몇 가지 공통된 특징이 있음을 지적할 수 있다. 첫 번째는 論語 木簡이 출토된 유적의 성격이다. 이미 지방 출토 論語 木簡에 대해서는 초기 国府가 두어졌던 것으로 알려진 유적과 중앙 관인이 왕래한 駅家로 알려진 유적 등 중앙에서 관인이 파견된 유적에서 論語 木簡이 출토되는 경향이 있다. 따라서 7세기 후반 『論語』의 지방 전파는 国司의 전신인 国宰가 커다란 역할을 하지 않았을까 생각한다.

또 『論語』뿐만 아니라 중국의 古典 등의 문자 텍스트(서적 및 교과서)가 변경의 城柵 유적에서 발견되는 것도 주목된다. 국가의 경계와 접해 있는 城柵 유적에서는 지배의 先進性과 문명 세계의 상징으로서 중국 텍스트(경전 및 교과서)의 수용이 적극적으로 이루어졌던 것이 아닐까. 한국 계양산성에서 출토된 論語 木

* 日本 國立歷史民俗博物館 教授
** 동국대학교 국사학과 강사

簡도 이러한 관점에서 볼 수 있을 것이다.

두 번째는 論語 木簡의 習書 패턴을 보면 學而篇의 첫 구절을 기록한 것이 다수 출토되는 등 그 경향이 편중되어 있음을 알 수 있다. 이러한 특징은 텍스트를 실용적으로 습득하기보다 오히려 텍스트의 첫 구절을 암송하거나 문자화할 수 있는 데 큰 의미가 있었음을 보여준다. 왜냐하면 『論語』는 문자 문화를 습득하는 관인들에게 상징적인 의미를 지녔던 텍스트였기 때문이다.

세 번째는 寺院 유적에서도 論語 木簡이 출토된다는 점이다. 유교의 문자 텍스트(서적 및 교과서)가 불교의 경전과 함께 寺院에서 학습 대상이 되었던 것은 불교와 유교가 지배자 집단 사이에 널리 퍼져 국가의 지배이념을 가진 사상으로 자리 잡고 있었다고 하는 역사적 배경과 큰 관련이 있는 것은 아닐까 생각된다.

古代 日本의 論語 木簡의 이러한 특징은 중국에서 『論語』가 전해진 한반도에서도 공통되는지 아닌지는 아직 한국의 사례가 많지 않아 확실하지 않지만 이후 발굴 사례가 증가하면 추후 검토가 가능해질 것이다.

▶ **핵심어: 논어, 논어목간, 교과서**

I. 들어가며

본고는 古代 일본의 『論語』 수용과 그 特質을 論語 木簡의 검토를 통해 살펴보고자 한다. 여기에서 말하는 論語 木簡이란 論語의 한 구절이 쓰여 있거나, 「論語」라고 하는 명칭이 기록되어 있는 목간 등을 의미한다.

論語 木簡은 지금까지 일본에서 30점 이상 출토되었다. 하지만 출토 지역은 도성 유적을 비롯해 일본 열도 각지에 걸쳐있다. 게다가 중국의 문자 텍스트(서적 및 교과서)를 옮겨 적은 목간으로는 論語 木簡이 가장 많은 수량이 출토되었다. 즉 『論語』는 7세기 후반부터 8세기에 걸쳐 널리 퍼진 典籍이었던 것이다.

그렇다면 『論語』는 언제 일본에 전파되었을까. 잘 알려진 것은 『古事記』 応神天皇 조에 보이는 전승이다. 앞서 언급한 『古事記』 応神天皇 조는 백제의 照古王(근초고왕)이 보낸 和邇吉師(王仁)에 의해 『論語』 10권과 『千字文』 1권이 전해졌다고 한다.

応神天皇이 실존했다고 한다면 이 시기는 『宋書』 倭国伝에 보이는 「倭 五王」의 시기에 해당하는 것이므로, 5세기 전반의 기사로 볼 수 있다. 그러나 이 기사에 보이는 『千字文』은 6세기 초 南朝 梁 시대에 편찬된 사서이기에 엄밀하게 말하면 5세기 후반의 応神天皇 시대에 『千字文』이 전래되었다고 하는 것은 명백한 모순이다. 그러므로 이 기사는 사실을 전하고 있다고 보기는 어렵다.

그러나 최근 한국에서 일본과 같은 패턴으로 작성된 論語 木簡이 출토되고 있어,[1] 『古事記』 応神天皇 조

1) 東野治之, 「近年出土の飛鳥京と韓国の木簡」, 『日本古代史料学』, 2005(초판 2003); 橋本繁, 「金海出土『論語』木簡と新羅社会」, 『朝鮮学報』 193, 2004; 橋本繁, 「金海出土『論語』木簡について」, 朝鮮文化研究所編, 『韓国出土木簡の世界』, 雄山閣, 2007; 橋本繁, 「古代朝鮮における『論語』受容再論」, 『韓国出土木簡の世界』, 雄山閣, 2007; 橋本繁, 『韓国古代木簡の研究』, 2014.

가 가지는 의미에 대해 주목할 필요가 있다.[2] 물론 해당 기사는 전승에 지나지 않지만, 『古事記』가 편찬되었던 7세기 후반에서 8세기 전반에 걸친 인식을 보여주고 있다는 점은 인정해도 좋다.

『論語』와 함께 기록되고 있는 『千字文』 역시 중국에서는 초학자용 텍스트로 알려져 있다. 『千字文』은 중국 南朝 梁의 周興嗣가 작성한 것으로, 1000개의 문자를 중복되지 않게 4자 1구로 운문 한 것이다. 『千字文』을 기록한 木簡은 현재 일본에서 17점이 확인되고 있으며, 典籍 習書로는 論語 木簡 다음으로 출토량이 많다. 正倉院 문서 중에도 『千字文』을 기록한 習書의 사례는 7개이다.

8세기 초에 현저하게 보이는 『論語』, 『千字文』 習書의 존재는 이 시기의 문자 문화 수용이라는 문제를 생각하는 데 있어 시사하는 바가 있다. 이미 지적한 것과 같이 7세기 후반부터 8세기 전반에 현저하게 보이는 習書 木簡(『論語』, 『千字文』 「難波津의 노래」)은 모두 백제 王仁에 의한 전승과 깊은 관계가 있고, 문자 문화가 백제에서 전래되었다고 하는 의식이 문자를 습득하고자 하는 사람들 사이에서도 널리 존재하고 있었다고 볼 수 있다.[3] 있는 그대로 보아도 7세기 후반에서 8세기 초에 걸쳐 일본의 문자 문화는 백제의 영향을 크게 받았음이 확실하다. 그러므로 典籍을 기록한 木簡 중에서 論語 木簡과 千字文 木簡이 현저하게 보이는 사실은 일본의 초기 문자 문화가 백제에서 전래되었다고 하는 당시 의식과 밀접한 관계가 있는 것으로 생각된다.

II. 한반도에서 출토된 논어 목간

고대 일본의 論語 木簡에 대해 검토하기 전에 한국에서 출토된 論語 木簡에 대해서 간단하게 살펴보고자 한다. 한국에서는 論語 木簡이 경상남도 김해시 봉황동 지구, 인천광역시 계양산성, 충청북도 부여군 쌍북리 유적에서 각각 1점씩 출토되었다. 나아가 조선민주주의인민공화국의 평양에서는 낙랑시대의 고분에서 『論語』가 기록된 冊書(편철간 형태)가 출토되었다고 한다. 이는 해당 지역에서 문자가 이용되기 시작한 시기와 관련되어 있다고 생각된다. 한국에서 출토된 3점의 論語 木簡을 살펴보면 아래와 같다.

○ 한국 경상남도 김해시 봉황동 지구 출토 목간

· ×不欲人之加諸我吾亦欲无加諸人子×

· ×文也子謂子産有君子道四焉其×

· ×已□□□色旧令尹之政必以告新×

· ×違之何如子曰清矣□仁□□曰未知×

(209)×19×19

---

2) 東野治之, 「『論語』『千字文』と藤原宮木簡」, 『正倉院文書と木簡の研究』, 塙書房, 1977(초판1976).

3) 三上喜孝, 「習書木簡からみた文字文化受容の問題」, 『歴史評論』 680, 2006.

○ 한국 인천광역시 계양산성 출토 목간

·賤君子[ ]

·吾斯之未能信子□

·□不知其仁也求也

·[ ]

·[ ]子曰吾

(138)×18.5

○ 한국 충청북도 부여군 쌍북리 출토 목간

·□子曰学而時習之不亦説□〔乎〕

·有朋自遠方來. 不亦樂□〔乎〕

·人不知而不慍. 不亦□〔君〕

·子乎有子曰其為人也

한국에서 출토된 3점의 論語 木簡은 모두 단편적이다. 하지만 그 형태가 같다는 특징을 가지고 있어 흥미롭다. 긴 나무 표면을 4면 혹은 5면으로 하는 다면체로 가공하여 여기에 논어의 문장을 1행씩 기록하는 형식으로 제작하였다. 전체 길이를 복원하면 1m 정도가 된다.

더구나 이 3점의 목간 중 2점에는 『論語』의 公冶長 구절이 쓰여 있고, 1점에는 學而篇의 첫 부분이 쓰여 있다. 뒤에서 서술하겠지만, 이는 고대 일본의 論語 木簡과 공통되는 요소이다.

이렇게 낙랑군 시대 한반도 북부와 신라라고 하는 한반도 남부 지역에서도 문자 텍스트로서 『論語』의 존재가 확인되기 때문에, 『論語』는 바로 동아시아 세계에서 문자 문화의 확장을 상징하는 텍스트라고 할 수 있다.

III. 고대 일본에서 출토된 논어 목간

다음으로는 일본에서 출토된 論語 木簡에 대해서 살펴보고자 한다.

지금까지 일본에서 출토된 論語 木簡의 수량은 30점 정도이다. 출토된 지역을 살펴보면 飛鳥 지역에서 출토된 것이 6점, 藤原宮·京에서 출토된 것이 4점, 平城宮·京에서 출토된 것이 14점, 都城 이외에서 출토된 것이 11점이다(표 참조). 그 시기는 7세기 후반에서 8세기 전반에 집중되어 있어, 문자 습득과 論語 木簡의 존재는 밀접한 관계가 있다고 생각된다.

일본 각지에서 출토된 論語 木簡을 살펴보면 몇 가지 공통된 특징을 지적할 수 있다. 그러므로 고대 일본의 論語 木簡 특징에 대해서 살펴보고자 한다.

1. 출토 유적의 성격

고대 論語 木簡의 공통된 특징 중 하나는 출토된 유적의 성격이다. 飛鳥京, 藤原京, 平城京 등 도성에서 출토된 것이 대다수이지만, 지방의 유적에서 출토된 목간도 유적의 성격에서 공통성이 보인다. 지방 유적에서 출토된 목간에 대해서는 그 내용을 소개하는 선에서 그 유적의 성격에 대해 생각해보고자 한다.

徳島県 徳島市 観音寺 유적에서 출토된 논어 목간은 그 형태가 흥미롭다. 긴 목간을 사각형 막대기 형식으로 만들어 『論語』 學而篇의 첫 부분을 써놓았다. 이 형태는 한국에서 발견된 3점의 논어 목간과 매우 비슷하다. 다만 글자 모양은 典籍에 보이는 것처럼 근엄한 문자라고는 할 수 없는 무너진 글자 모양이다.

○ 徳島県 観音寺 유적 출토 목간(『木簡研究』 20)

·□□依□□乎□止□所中□□□ (オモテ面)

·子曰　学而習時不孤□乎□自朋遠方来亦時楽乎人不□亦不慍 (左側面)

·□□□□乎 (裏面)

·[　　] 用作必□□□□□□人[　　] □□□ (右側面)

(635)×29×19　081

観音寺 유적은 7세기 후반에서 8세기 전반에 걸친 官衙 유적으로, 지방행정과 관련된 다수의 목간이 출토되었다. 習書 木簡으로 『論語』를 기록한 목간 외에 「難波津의 歌」라고 불리는 노래 한 구절이 기록된 것도 출토되고 있다. 観音寺 유적은 초기 阿波国府가 아닐까 추정된다.

兵庫県 袴狭 유적에서는 행정과 관련된 목간이 다수 출토되고 있는 점에서 但馬国府의 관련성이 지적되고 있다. 이 유적에서는 2점의 論語 木簡이 출토되었는데, 주목되는 것은 행정용으로 기록했던 목간 외에 『論語』의 한 구절과 표제가 쓰여 있다는 점이다.

○ 兵庫県 袴狭 유적 출토 목간(『木簡研究』 22)

·「『子謂公冶長可妻』」

·「右為蠲符捜求□」

(196)×26×五 ○一九

앞면에는 『論語』 公冶長篇의 첫 구절이 習書되어 있다. 뒷면의 「蠲符」는 課役의 면제와 관련된 문서를 가리키는 말로, 즉 행정문서와 관련된 문구이다. 목간을 살펴보면 우선 행정문서와 관련된 내용(뒷면)이 먼저 작성된 후에 論語의 習書(앞면)가 이루어졌다고 생각된다.

○ 兵庫県 袴狭 유적 출토 목간(『木簡研究』 22)

入日下部国□　□□ [　　]　静成女

·□□日大□□□□□　□□部酒継　入□□水中知　□□□

[　]当女　入安万呂□当女　入[　]

「　□□

·□□　論語序何晏集□」

(332)×(32)×5　081

판으로 된 나무의 양면에 문자를 기록했는데, 앞면은 사람 이름을 나열한 帳籍이 쓰여 있고, 뒷면에는 『論語』 習書가 쓰여 있다. 앞면에 보이는 「大□」는 「大帳」으로 판독될 가능성이 있다고 한다면 이것은 課役 집계 帳簿으로, 国府가 작성한 大帳과 관련된 목간일 가능성이 있다. 이 목간의 경우도 우선 帳簿 목간으로 작성된 후 論語의 習書가 이루어졌다고 생각된다.

다음으로 長野県 千曲市의 屋代 유적군에서 출토된 論語 木簡이다. 여기에는 『論語』 學而篇의 첫 부분이 기록되어 있다.

○ 長野県 屋代 유적군 출토 목간(『木簡研究』 22)

子曰学是不思」

(202)×21×4　019

○ 長野県 屋代 유적군 출토 목간(『木簡研究』 22)

·亦楽乎人不知而不慍

·　[　]

(196)×(10)×7　019

屋代 유적에서도 7세기 후반에서 8세기 전반에 걸쳐 행정과 관련된 목간이 다수 출토되고 있어, 초기 信濃国府가 두어졌던 장소로 추측하는 견해가 있다.

더욱이 兵庫県의 柴 유적과 深江 北町 유적에서도 『論語』 學而篇의 첫 부분이 쓰인 목간이 출토되고 있다.

○ 兵庫県 柴 유적 출토 목간(『木簡研究』 23)

·悦乎　有朋自

·子乎　有子

(100)×24×7　081

『論語』 學而篇을 판으로 된 나무의 앞·뒤 양면에 기록한 목간이다. 앞면에는 첫 부분의 한 구절이 쓰여 있고, 뒷면은 앞면에 이어지는 부분이 쓰여 있다. 현재 남겨진 상태를 보면 위·아래 부분이 파손되어 있는데, 양면에 문자가 쓰인 것으로 볼 때, 한 면에 20~21자가 쓰여 있으며, 문자가 쓰인 부분은 40㎝가 조금 안된다. 파손된 것을 감안한다면 목간의 전체 길이는 40㎝ 이상이었을 것으로 추정된다.

柴 유적은 출토된 목간의 기재 내용으로 보아 駅家와 관련된 유적이 아닐까 생각된다. 駅家란 중앙의 관인이 지방과 왕래할 때 사용한 官道沿에 설치된 시설로 30里(약16㎞)마다 두어졌다. 駅家는 国府가 관리했던 것으로 생각되며, 그 의미에서도 国府 수준의 관인이 관여하고 있던 시설이라 할 수 있다.

○ 兵庫県 深江北町 유적 출토 목간(『木簡研究』 36)

遠方来不亦楽乎人不知而不慍不亦君子乎

270×30×5　011

파손이 없는 완벽한 형태를 가지고 있는 목간으로 『論語』 學而篇 제1의 「子曰, 学而時習之, 不亦説乎. 有朋 自遠方来, 不亦楽乎. 人不知而 不慍, 不亦君子乎」의 일부를 기록하고 있다. 지금은 문자가 남아 있지 않지만, 반대편에도 전반부가 쓰여 있었을 가능성이 있다.

深江北町 유적은 이 유적 부근에 고대 官道의 하나인 山陽道가 통과하고 있어 근처에 葦屋駅家가 8~9세기에 존재하고 있었다고 상정하고 있다. 그렇다면 이 유적도 마찬가지로 国府 차원의 관인이 관여하고 있었을 가능성이 있다.

이들 유적에서 공통되는 특징 중 흥미로운 점은 이른바 초기 国府 혹은 国府 관인과 어떠한 관련을 가진 유적이라고 생각되는 점이다.[4] 徳島県 観音寺 유적은 초기 阿波国府가 두어진 것이 아닌가 생각된다. 兵庫県의 袴狭 유적도 但馬国府과 관계가 고려되고 있다. 長野県 千曲市의 屋代 유적군 역시 여기에 초기 信濃国府가 있었던 것이 아닐까 하는 가능성이 지적되고 있다. 兵庫県의 柴 유적과 深江北町 유적은 중앙에서 파견된 관인이 왕래할 때에 이용했던 駅家과 관련된 유적으로, 이 역시 国府가 관할하던 시설이다. 출토된 다른 목간의 내용에서도 당시의 행정구역이라고 하는 것이 郡 단계보다도 한 단계 위인 국가적 단계의 행정이 행해졌던 것 같다는 추측이 나오고 있다.

福岡県 太宰府市의 国分松本 유적에서도 『論語』 學而篇의 일부를 習書했다고 생각되는 목간이 출토되고 있는데, 이 유적도 筑前国府의 전신 시설이었던 筑紫大宰에 관련 시설이었을 가능성이 상정되고 있다.

○ 福岡県 太宰府市 国分松本 유적 출토 목간(『木簡研究』 33)

·「□〔論〕語学×

『□□〔論而〕第一』

·「□□□〔五〕

(76)×27.5×65 019

---

4) 三上喜孝, 「古代地方社会と文字文化-学ぶ·記録する·信仰する-」, 『古代日本と古代朝鮮の文字文化交流』, 大修館書店, 2014.

国分松本 유적에서는 호적 작성 후 戸口의 변동을 기록한 목간이 출토되었다. 해당 목간은 그 기재 내용으로 보아 庚寅年籍(690년) 이후, 大宝令制定(701년) 이전의 단계에 작성된 것으로 알려져 있다. 호적 작성에 관련된 목간이 출토되었다는 점에서도 이 유적이 관아이었던 것은 의심할 여지가 없다. 게다가 이 목간에 기재된 「嶋評」라고 하는 지명은 8세기 이후에는 筑前国 嶋郡의 땅에 속하게 되며, 国分松本 유적이 소재한 御笠郡이란 다른 郡이다. 이 때문에 国分松本 유적은 郡보다도 위인 국가 차원의 행정이 이루어졌던 곳이었다는 것은 명백하다.

○ 福岡県 太宰府市 国分松本 유적 출토 목간(『木簡研究』 35)

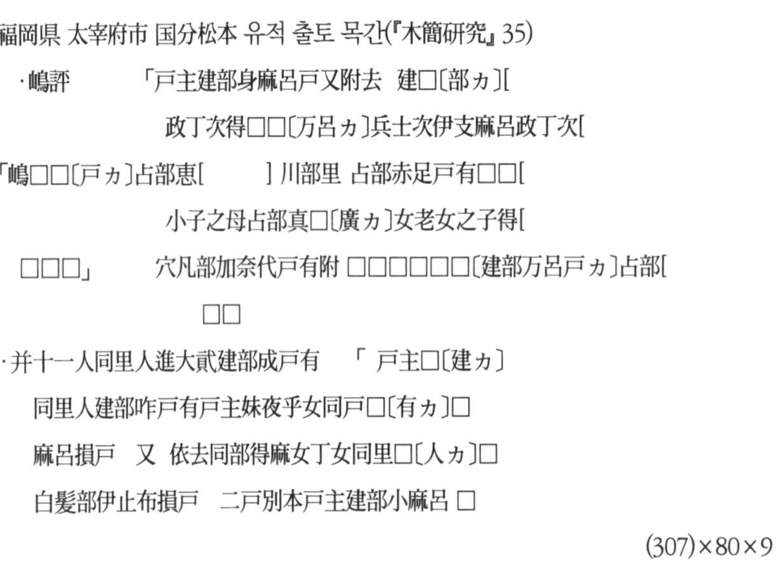

·嶋評　　「戸主建部身麻呂戸又附去　建□〔部ヵ〕[

政丁次得□□〔万呂ヵ〕兵士次伊支麻呂政丁次[

「嶋□□〔戸ヵ〕占部恵[　　] 川部里 占部赤足戸有□□[

小子之母占部真□〔廣ヵ〕女老女之子得[

□□□」　　穴凡部加奈代戸有附 □□□□□□〔建部万呂戸ヵ〕占部[

□□

·并十一人同里人進大貮建部成戸有　「 戸主□〔建ヵ〕

同里人建部咋戸有戸主妹夜乎女同戸□〔有ヵ〕□

麻呂損戸　又 依去同部得麻女丁女同里□〔人ヵ〕□

白髪部伊止布損戸　二戸別本戸主建部小麻呂 □

(307)×80×9　081

観音寺 유적, 袴狭 유적, 屋代 유적, 柴 유적, 深江北町 유적, 国分松本 유적 등 논어 목간이 출토된 지방의 유적은 행정과 관련된 기록 및 문서 목간이 동시에 출토되고 있어 論語를 習書하는 곳과 문서 행정이 있었던 곳이 일치하고 있다는 것을 알 수 있다.

게다가 논어 목간이 소위 国府의 전신 시설과 초기 国府, 혹은 官道沿의 駅家와 관련된 유적에서 출토되고 있다는 사실은 간과할 수 없다. 이것은 7세기 후반에 『論語』가 지방사회에 확산된 배경에는 그 당시 중앙에서 지방으로 파견된 国宰라고 하는 役人이 담당했던 역할이 크다는 것을 암시한다.

『論語』뿐만 아니라 중국의 古典 등의 문자 텍스트는 8세기 이후에도 지방의 거점인 관아를 중심으로 확대되고 있었다. 동북지방의 고대 城柵 유적을 예로 들면 宮城県 多賀城市의 市川橋 유적은 고대 陸奥国의 城柵인 多賀城 바로 남쪽에 펼쳐진 유적인데, 이 유적에서는 중국 唐나라 시기에 작성된 書簡 模範文例集 『杜家立成雑書要略』의 첫 부분이 쓰인 習書 목간이 출토되었다. 참고로 奈良의 東大寺 正倉院 보물에서도 光明皇后가 서사했다고 전해지는 『杜家立成』 사본이 전해진다.

○ 宮城県·市川橋 유적 출토 목간(古代陸奥国 多賀城 관련 유적)(『木簡研究』 21)

·杜家立成雑　書要□□〔略雑ヵ〕書□〔略ヵ〕□□□□〔成立家ヵ〕

·杜家立成雑書事要略一巻雪寒呼知故酒飲書

360×36×6　011

이 외에도 秋田県 秋田市의 秋田 유적에서는 중국 梁나라 시대에 작성된 『文選』의 한 구절이 쓰인 목간이, 岩手県 奥州市의 胆沢 유적에서는 『孝経』의 注釈書인 「古文孝経」이 쓰인 漆紙文書가 출토되었다.

○ 秋田県·秋田城 유적 출토 목간(古代 出羽国의 城柵 유적)(『木簡研究』 1)

·*而察察察察察察察察察之之之之之之之之灼灼灼灼灼灼若若*

·*若若若若若若夫夫夫藻藻藻出緑緑波波波波醴醴醴醴*

458×26×9　011

城柵과 중국 문자 텍스트는 언뜻 보면 연결되지 않는다고 생각할 수도 있지만, 지방사회 중에서도 선진화 된 지방거점에서는 중국 문자 텍스트의 수용이 필요불가결이었음을 보여주고 있다. 특히 고대 동북지방(陸奥国·出羽国)은 고대 국가 경계영역이며, 경계 밖에 있는 집단에 선진성을 과시할 필요가 있었다고 생각된다. 그 선진성의 상징으로서 중국의 古典 등의 문자 텍스트가 고대 城柵에서 빈번히 학습되고 있었던 것이다. 『論語』는 그중에서도 가장 기초적인 텍스트로서 자리 잡고 있었던 것이며, 지방거점에 널리 수용되고 있었던 것이다.

따라서 한반도의 경우를 고려한다면 계양산성에서 출토된 논어 목간도 같은 의미를 가능다고 볼 수 있지 않을까. 한국 고대 산성에서 論語 木簡이 출토되는 것과 일본 고대 城柵에서 중국 문자 텍스트를 習書한 목간이 출토되는 것은 산성과 城柵이 군사적 거점일 뿐만 아니라 선진적인 문명 세계를 의식했던 장소였다는 것도 보여준다고 생각된다.

김해시 봉황동에서 출토된 목간을 살펴보면 이 목간은 文武王 20년(680)에 두어진 「金官小京」과 관련성을 지적하는 견해도 있다.[5] 小京은 州 다음으로 중요한 지방 지배의 거점이며, 骨品身分의 귀족들이 移住되었다고 하는 기록이 있다.[6] 김해시 출토 論語 木簡의 사례는 일본에서는 초기 国府와 駅家과의 관계가 상정되는 각지의 유적에서 출토된 논어 목간과의 공통성을 살펴볼 수 있을 것이다.

2. 논어 목간의 습서 방식

고대 일본의 논어 목간의 두 번째 특징은 學而篇, 그것도 첫 부분을 기록하는 사례가 두드러지게 많다고 하는 점이다. 첫 부분을 기록하는 경향은 『論語』에 한정된 것이 아닌, 이 외의 문자 텍스트를 기록한 목간에

---

5) 橋本繁, 「金海出土『論語』木簡について」, 朝鮮文化研究所編, 『韓国出土木簡の世界』, 雄山閣, 2007.

6) 『三国史記』 40 職官志, "文武王十四,, 以六徒真骨出居於五京九州"

서도 비슷하게 보인다.

『論語』와 함께 중국 텍스트를 옮겨 적은 목간으로 『千字文』이 있다. 현재까지 남겨진 목간과 正倉院 문서에 보이는 『千字文』 習書를 살펴보면 역시 첫 부분을 기록한 것이 대부분이다.

이러한 특징은 텍스트를 실용적으로 습득하기보다 오히려 텍스트의 첫 부분을 암송할 수 있거나 문자화할 수 있다는 것에 큰 의미가 있었음을 보여주는 것이다. 즉 『論語』는 문자 문화를 습득한 관인들에게 상징적인 의미가 있는 텍스트였던 것이다. 이것은 7세기 무렵 일본 열도 사회의 문자 문화의 특징과 밀접하게 관련된 문제이다.

7세기 후반 지방사회에 왜 『論語』가 널리 퍼지게 되었는가. 수용 배경으로 율령국가의 성립에 의한 지배 논리의 전환이 있었다는 것은 쉽게 생각할 수 있지만, 그러한 지배 논리의 전환이란 구체적으로 국가가 유교적인 합리주의에 기반에서 토지와 인민을 지배하는 것을 의미한다.

중앙에서 지방으로 파견된 国宰들에 의해 지방사회에 유입된 『論語』는 지배 논리의 전환을 강요받은 지방호족들에게도 적극적으로 수용되고 받아들여졌다고 생각된다. 『論語』를 적극적으로 배우는 자세를 보였던 것은 지방호족들이 율령국가의 지배윤리에 따라가기 위해서는 불가결이었던 것이다. 이때 전부를 암기하는 것이 아니라 첫 부분을 문자화할 수 있는 것만으로도 상당히 큰 의미를 가지고 있었던 것을 아닐까.

또 현재까지 일본에서 學而篇을 習書한 것이 10건, 公冶長篇을 習書한 것이 3건이며, 이 외 八佾篇이 1건, 為政篇이 1건, 堯曰篇이 1건, 憲問篇이 1건이다. 즉 學而篇과 公冶長篇의 수가 두드러지는데, 이것은 한국에서 출토된 論語 木簡이 公冶長篇과 學而篇인 것과도 공통된다.

3. 사원과 논어 목간

고대 일본의 論語 木簡 특징 중 3번째는 사원과 관계가 있다는 것이다. 우선 飛鳥池 유적에서 출토된 다음 목간을 살펴보고자 한다.

○ 飛鳥池 유적 北地区 출토 목간(『木簡研究』 21)

·観世音経巻

·支為□支照而為 (左側面)

·子曰学 [ ]是是

(145)×21×20 011

飛鳥池 유적은 일본 고대에서 가장 처음 만들어진 사원인 飛鳥寺(6세기 말 건립)의 동남쪽에 위치한 유적으로, 유적의 성격은 飛鳥寺에 부속된 공방이었다고 생각되고 있다. 7세기 말에서 8세기 초에 만들어진 목간이 다수 출토되고 있다.

「観世音経」이라는 글자의 習書와 『論語』 學而篇의 첫 부분(「子曰, 学而時習之…」)의 習書가 동일한 목간에 쓰여 있는데, 특히 「観世音経」라는 글자에서 유적 주변에 위치한 飛鳥寺와의 관계를 생각해볼 수 있다.

불교의 경전 이름과 유교의 텍스트인 論語가 동일한 목간에 쓰여 있다는 것은 고대 일본의 불교와 유교 수용의 특질을 생각하는 데 있어 시사하는 바가 있다. 불교와 유교도 중국에서 유래되어 동아시아로 확대되었던 종교이며, 일본으로 전해진 것은 6세기 중엽으로 생각된다. 이 두 가지는 확연히 구별되어 수용되었다고 보기보다 오히려 그것들이 혼연일체가 되어 수용되었음을 이 목간이 보여주고 있다. 『日本書紀』 推古紀에 보이는 유명한 聖徳太子의 「十七条憲法」이 유교와 불교를 비롯한 다양한 사상을 습합하고 있다는 것도 관련이 있을 것이다.[7)]

推古紀와 사원의 관계는 8세기 이후에도 보인다.

○ 奈良県·東大寺 출토 목간(『木簡研究』 16)

·○　東大之寺僧志尺文寺得□〔得ヵ〕

　　　　　　尊

·　　　作心信作心　第　為　□　為是□是

　○　論語序一「寺」□　第

　　　　　　信心　哥第　為為為為為羽[　　]

(266)×24×8

東大寺는 8세기에 건립된 사원으로 平城京의 동쪽에 위치한 奈良時代의 大寺院이다. 목간 앞면에는 「東大之寺僧…」이라고 쓰여 있으며, 뒷면에는 「論語序一」이라고 쓰여 있다. 전체는 習書 목간이라고 생각되지만, 이 목간 또한 사원과 論語의 관계를 보여주는 사료이다.

○ 平城京 右京　一条　三坊(西大寺 旧境内) 출토 목간

·論論語巻巻巻巻

·[　　　]　　□

(144)×24×10　019

○ 平城京　右京　一条　三坊(西大寺 旧境内) 출토 목간

□□論語

091

西大寺는 756년에 孝謙天皇의 발원에 의해 창건된 사원이다. 西大寺의 旧境内에서는 다수의 목간이 출토되었는데, 그중에서 『論語』라는 명칭을 기록한 習書 목간이 2점 출토되었다.

이렇게 論語 木簡 출토 유적의 특징 중 하나로 사원을 들 수 있다는 것도 주목하고 싶다. 유교의 문자 텍

7) 三上喜孝, 「文字がつなぐ古代東アジアの宗教と呪術」, 『古代東アジアと文字文化』, 同成社, 2016.

스트가 경전과 함께 사원 안에서 학습 대상이 되었다는 것을 말해준다. 이것은 불교와 유교가 먼저 지배자층 사이에 널리 펴져 국가의 지배이념을 뒷받침하는 사상으로서 혼연하고 있었다고 하는 역사적 배경이 크게 관련되어 있는 것은 아닐까. 비록 한국에서는 아직 사원 유적에서 論語 木簡이 출토되었다는 사례가 확인되지 않았지만, 이후 이러한 사례가 확인될 가능성이 있다.

Ⅳ. 나오며

이상으로 지금까지 출토된 고대 일본 論語 木簡을 언급하면서 그 특징에 대해 고찰해보았다. 지금까지 살펴본 것을 정리하면 다음과 같다.

첫째, 論語 木簡이 출토된 유적의 성격에 주목해 공통성을 살펴보았다. 7세기 후반~8세기 전반의 것으로 확인되는 論語 木簡은 도성을 중심으로 출토되는 것 이외에도 지방에서 출토되는 論語 木簡이 있다. 지방에서 출토된 논어 목간에 대해서도 초기 国府가 두어졌다고 상정되는 유적과 중앙 관인이 왕래한 駅家로 상정되는 유적 등 중앙에서 관인이 파견되는 유적에서 출토되는 경향이 있음을 지적하였다. 7세기 후반에 『論語』의 지방 전파에는 国司의 전신인 国宰가 큰 역할을 하지 않았을까 생각된다.

또 『論語』뿐만 아니라 중국 古典 등의 문자 텍스트가 변경 城柵 유적에서 발견되는 의미에 대해서도 고찰했다. 国家의 경계 밖과 접하는 城柵 유적에서는 지배의 선진성과 문명 세계의 상징으로서 중국 문자 텍스트의 수용이 적극적으로 이루어졌던 것이 아닐까. 한국의 계양산성에서 論語 木簡이 출토된 것의 의미도 이러한 관점에서 찾을 수 있을 것이다.

둘째, 論語 木簡의 習書 방식에 주목하여 學而篇의 첫 부분을 기록하고 있는 것이 다수 출토되고 있는 등 그 경향이 편중되어 있음을 언급했다.

이러한 특징은 텍스트를 실용적으로 습득하기보다 오히려 텍스트를 암송하거나 문자화하는 것에 큰 의미를 두고 있었던 것을 보여준다. 즉 『論語』는 문자 문화를 습득한 관인들에게 상징적인 의미를 가지는 텍스트였던 것이다.

셋째, 사원 유적에서도 論語 木簡이 출토된다는 점에 주목했다. 유교의 문자 텍스트가 경전과 함께 사원 안에서 학습 대상이 되었다는 것은 불교와 유교가 먼저 지배자층 사이에 널리 펴져 국가 지배이념을 뒷받침하는 사상으로서 혼연히 자리 잡고 있었다고 하는 역사적 배경과 관련이 깊은 것으로 추정했다.

고대 일본의 論語 木簡의 이러한 특징이 동일하게 중국에서 『論語』가 전해져 한반도에서도 공통되는 것인지 아닌지는 한국에서의 사례가 아직 매우 적어서 확인할 수 없지만, 이후 발굴 사례가 증가한다면 검토가 가능해질 것이다.

투고일: 2020. 11. 01 심사개시일: 2020. 11. 03 심사완료일: 2020. 11. 30

〈부록〉

일본의 논어목간 출토 목록표

	本文	篇·章	法量(㎜)	型式	出典	遺跡名
1	論論語		(40),4	91	明日香風17	奈良県·飛鳥京跡
2	亦楽乎	学而1		91	飛鳥藤原京1	飛鳥池遺跡北地区
3	礼論□語礼□礼		(92),(19),1	81	飛鳥藤原京1	飛鳥池遺跡北地区
4	·観世音経巻 ·支為□〔照ヵ〕支照而為（左側面) ·子曰学□□是是	学而1	145,21,20	11	木研21	飛鳥池遺跡北地区
5	論語学			91	飛17	奈良県·石神遺跡
6	·乎　有朋自遠方来　□ ·「大大大大□□□〔大ヵ〕」(左側面)	学而1	(259),(11),18	81	木研27	奈良県·石神遺跡
7	糞土墻墻糞墻賦	公冶長10	(188),22,4	81	藤原宮出土木簡概報	藤原宮北辺地区
8	·子曰学而不□ ·□水明□　□	学而1	(85),(18),2	81	木研1	藤原宮跡東方官衙北地区
9	·　有有　必必必 【□　有有　有有】 必者　者者者 ·□	憲問14	122,59,8	11	藤原宮4	藤原宮跡西面南門地区
10	而時習	学而1		91	木研25	藤原京左京七条一坊西南坪
11	·□□□□□〔秦忌寸諸人ヵ〕大□〔田ヵ〕 「□論語」 ·□□　□□		(122),(23),4	81	平城宮2	平城宮東院地区西辺
12	·青青青秦秦秦謹謹申 ·謹論語諫許計課許謂諟誰		(235),.(29).5	11	平城宮4	平城宮宮域東南隅地区
13	·論語序論□·論□		128,7,4	51	木研4	平城宮宮城南面西門(若犬養門)地区
14	論語語□□			91	平城京1	平城京左京三条二坊一·二·七·八坪長屋王邸
15	□□□□〔語論語ヵ〕			91	城33	平城京左京三条二坊八坪二条大路濠状遺構(南)
16	□□□□□〔論語ヵ〕			91	城30	平城京左京二条二坊五坪二条大路濠状遺構(北)
17	□□五美 □道皇五五□ 道道皇五 □	堯曰7		91	城30	平城京左京二条二坊五坪二条大路濠状遺構(北)
18	·□□□□□□□　□□□□□□□□〔則ヵ〕又曰猶吾大夫崔子也□有有有有有有 人道財指指財長長長長長可可及不及　武　章　章　帰　帰　帰　不 章帰道章帰長路章　章　章　帰　帰　帰　帰　所　□　有　道 ·　帰　帰□　事　事 大大大天天天大天天天天天天天天天有道章事　飛 □□□□□○□者　有有　有	公冶長19	444,(28),10	81	平城京3	平城京左京二条二坊五坪二条大路濠状遺構(北)
19	[　　]　何晏集解　子曰□		(203),(15),4	81	城29	平城京左京二条二坊五坪二条大路濠状遺構(北)
20	·曰上 [　　　]　不□我学 □子曰学而時習之□ ·□□識　　　　　子曰	学而1	(310),42,4	19	木研20	平城京左京二条二坊十·十一坪二条条間路北側溝
21	孔子謂季氏八□〔佾ヵ〕□ □□	八佾1		91	木研20	平城京左京二条二坊十·十一坪二条条間路北側溝
22	·論論語巻巻巻巻 ·[　　]　　□		(144),24,10	19	木研35	平城京右京一条三坊十三·十四坪(西大寺旧境内)
23	□□論語			91	木研35	平城京右京一条三坊十三·十四坪(西大寺旧境内)

	本文	篇·章	法量(㎜)	型式	出典	遺跡名
24	·○　東大之寺僧志尺文寺得□〔得ヵ〕 尊 ·　　作心信作心　第　為　□　為是□是 ○　論語序一「寺」□　第 信心　哥第　為為為為為羽［　］		(266),24,8	81	木研16	奈良県·東大寺
25	□□夫子之求之与其諸異乎	学而10	(253),21,7	81	木研16	奈良県·阪原阪戸遺跡
26	·『子謂公冶長可妻』 ·右為𨭬符捜求□	公冶長1	196,26,5	19	木研22	兵庫県·袴狭遺跡
27	·（省略） ·　　□□ □□　論語序何晏集□〔解ヵ〕		(332),(32),5	81	木研22	兵庫県·袴狭遺跡
28	·悦乎　有朋自 ·子乎　有子	学而1	(100),24,7	81	木研23	兵庫県·柴遺跡
29	·□〔冀ヵ〕□依□□〔夷ヵ〕乎□□〔還ヵ〕止□〔耳ヵ〕所中□□□（表面） ·□□□□乎（裏面） ·子曰○学而習時不孤□乎□自朋遠方来亦時楽乎人不知亦不慍（左側面） ·　］用作必□□□□□〔兵ヵ〕□人［　］□□□〔刀ヵ〕（右側面）	学而1	(653),29,19	65	木研20	徳島県·観音寺遺跡
30	·　之子　左右　我　□□□ 論語□「論□論天」天　道　「天」 天　我我我我　□道天　□ ·（裏面略）		331,48,10	65	木研8	滋賀県·勧学院遺跡
31	論□〔語ヵ〕		(22),(8),0.5	91	木研2	静岡県·城山遺跡
32	子曰学是不思	為政15	(202),21,4	19	木研22	長野県·屋代遺跡群
33	·亦楽乎人不知而不□〔慍ヵ〕 ·　［　　］	学而1	(196),(10),7	19	木研22	長野県·屋代遺跡群
34	遠方来不亦楽乎人不知而不慍不亦君子乎	学而1	270,30,5	11	木研36	兵庫県·深江北町遺跡
35	·□〔論ヵ〕語学 『□□〔論而ヵ〕【第一】』 ·□□□〔五ヵ〕		(76),27.5,6.5	19	木研33	福岡県·国分松本遺跡

※ 出典の「木研」は『木簡研究』,「飛」は『飛鳥藤原宮発掘調査出土木簡概報』,「城」は『平城宮発掘調査出土木簡概報』,「飛鳥藤原」は『飛鳥藤原京木簡』,「藤原宮」は「藤原宮木簡』,『平城宮」は『平城宮木簡』,「平城京」は『平城京木簡』

참/고/문/헌

東野治之, 「『論語』『千字文』と藤原宮木簡」, 『正倉院文書と木簡の研究』, 塙書房, 1977(초판1976).

東野治之, 「近年出土の飛鳥京と韓国の木簡」, 『日本古代史料学』, 2005(초판 2003).

橋本繁, 「金海出土『論語』木簡と新羅社会」, 『朝鮮学報』 193, 2004.

橋本繁, 「金海出土『論語』木簡について」, 朝鮮文化研究所編, 『韓国出土木簡の世界』, 雄山閣, 2007.

橋本繁, 「古代朝鮮における『論語』受容再論」, 『韓国出土木簡の世界』, 雄山閣, 2007.

橋本繁, 『韓国古代木簡の研究』, 2014.

三上喜孝, 「習書木簡からみた文字文化受容の問題」, 『歴史評論』 680, 2006.

三上喜孝, 「古代地方社会と文字文化-学ぶ·記録する·信仰する-」, 『古代日本と古代朝鮮の文字文化交流』, 大修館書店, 2014.

三上喜孝, 「文字がつなぐ古代東アジアの宗教と呪術」, 『古代東アジアと文字文化』, 同成社, 2016.

〈Abstract〉

Characteristics of ancient Japanese The Analects Of Confusius(論語) Wooden Documents

Mikami yoshitaka

The purpose of this report is to consider the acceptance of "The Analects Of confusius" in ancient Japan and its characteristics, focusing on the examination of so−called The Analects Of confusius Wooden Documents. The term "The Analects Of confusius" here refers to a Wooden Documents in which a passage of The Analects Of confusius is written, or a Wooden Documents in which the title "The Analects Of confusius" is written.

The number of excavated points of The Analects Of confusius Wooden Documents in Japan has exceeded 30 so far. Looking at the breakdown, 6 points were excavated in the Asuka area, 4 points were excavated in Fujiwara Palace·Kyo, 14 points were excavated in Heijo Palace·Kyo, and 11 points were excavated outside Miyakonojo. The period is concentrated in the latter half of the 7th century to the first half of the 8th century, and it can be said that the acquisition of letters and the existence of The Analects Of confusius Wooden Documents are closely related.

If you look at The Analects Of confusius Wooden Documents excavated from various parts of Japan, you can point out some common characteristics. First, it is the nature of the ruins where The Analects Of confusius Wooden Documents was excavated. In particular, The Analects Of confusius Wooden Documents excavated in rural areas tend to be excavated from archaeological sites where officials are dispatched from the center, such as archaeological sites where the early Kokufu was supposed to be located and archaeological sites where central officials come and go. It can be pointed out that there is. It is thought that the predecessor of the Kokushi, the Kokushi, played a major role in the local spread of "The Analects Of confusius" in the latter half of the 7th century.

It is also noteworthy that not only "The Analects Of confusius" but also Chinese classics and other texts have been found at the remote castle fence ruins. At the castle fence ruins, which borders outside the borders of the nation, the Chinese texts may have been actively accepted as a symbol of the advanced rule and the civilized world. The meaning of the excavation of The Analects Of confusius Wooden Documents from Gyeyang Mountain Castle in South Korea can be understood from such a viewpoint.

Secondly, paying attention to the pattern of The Analects Of confusius Wooden Documents study book, it can be seen that the tendency is biased, such as the excavation of many articles with the beginning of the essay. These characteristics show that it was more important to be able to recite or transliterate the beginning of the text, rather than to learn the text practically. In other words, "The Analects Of confusius" was a text that had a symbolic meaning for officials who mastered the character culture.

Thirdly, it is noteworthy that The Analects Of confusius Wooden Documents was excavated from the temple ruins. Along with the Buddhist scriptures, Confucian texts were the subject of study in the temple, as Buddhism and Confucianism first spread among the rulers, and they were taken as an idea that supported the rule of the nation. It is thought that the historical background that it was being used is greatly related.

Whether or not these characteristics of the ancient Japanese The analects Of Confusius Wooden Documents are common to the Korean Peninsula, where "The Analects Of confusius" was also transmitted from China, is still rare in South Korea, but it will be examined as the number of excavation cases increases in the future. Will be possible.

▶ Key words: The Analects Of Confusius(論語), The Analects Of confusius Wooden Documents, Textbook

논문

청화간『晉文公入於晉』의 역주와 신빙성 문제

新羅 舍利函記와 皇龍寺

중국 출토 구구표 자료 연구

고대 동아시아 목간자료를 통해 본 "參"의 이체자와 그 용법

논 문

청화간 『晉文公入於晉』의 역주와 신빙성 문제*

심재훈**

<국문초록>

전국시대 楚簡 문헌 『晉文公入於晉』은 19년 동안의 유랑을 끝내고 晉으로 돌아온 文公이 내정을 바로 잡고 군사를 정비하여 패자가 되기까지의 과정을 서술한다. 이 글은 『晉文公入於晉』에 대한 역주이다. 그 문헌을 둘러싼 해석상의 쟁점들을 정리하며, 필자의 견해를 제시했다. 나아가 『晉文公入於晉』에 언급된 전시 깃발 규정을 『周禮』의 규정과 비교하여 전자에 더 원초성이 보존되어 있음을 논증했다.

▶ **핵심어: 청화간, 초간, 『진문공입어진』, 『주례』**

Ⅰ. 晉系 문헌과 『晉文公入於晉』

전국시대 楚簡의 발견과 정리가 중국 고대사 연구를 위한 소중한 자료를 더해주고 있다. 2020년까지 총 열 책이 출간된 『清華大學藏戰國竹簡』에는 총 55편의 새로운 문헌이 정리되어 있다.[1] 특히 2017년 출간된

* 이 논문은 2020년도 단국대학교 대학연구비 지원으로 연구되었음.
** 단국대학교 사학과 교수

『清華大學藏戰國竹簡』(柒)에는 춘추시대 晉과 관련된 문헌 『子犯子餘』[2]와 『晉文公入於晉』, 『趙簡子』[3] 세 편이 수록되어 있다. 『上海博物館藏戰國楚竹書』(五)에 수록된 『苦成家父』[4]와 함께 晉을 소재로 한 죽간 문헌이 네 편으로 늘어난 셈이다. 청화간 전체에서 三晉 문자의 특징이 두드러진다고 보는 李守奎는 『清華大學藏戰國竹簡』(參)에 수록된 『良臣』도 확실히 晉系 문헌으로 추정한 바 있다.[5] 李守奎의 견해를 더욱 구체화한 王永昌은 청화간 7권까지 수록된 34편의 문헌 중 『晉文公入於晉』을 비롯한 24편이 晉系 문자의 특징을 지닌다고 본다. 원래 三晉 지역에서 晉系 문자로 서사된 底本이 楚에 유입되어 초 문자로 傳寫되었지만 그 전사가 철저하지 못했다고 추정하는 것이다.[6]

이 글은 그중 하나인 『晉文公入於晉』(馬楠 책임 정리)에 대한 역주이다. 이 문헌은 전체 8매 죽간, 320자 정도로 상당히 짧은 편에 속한다. 각 간의 길이는 약 45㎝, 너비는 0.5㎝ 정도이다. 1호간과 5호간의 일부 잔결자들을 제외하면 기본적으로 잘 보존되어 있다. 원래 간에 제목과 순서 번호가 없었지만, 현재의 제목과 간의 순서는 간문의 내용에 의거하여 임의로 정한 것이다. 간문은 晉 文公이 19년 동안의 유랑을 끝내고 晉나라로 돌아온 후, 내정을 바로 잡고, 刑獄을 감독 관리하며, 제사를 정비하고, 농사를 장려하며, 군비를 확충하여, 城濮의 전투에서 패자가 되어 河東의 제후들을 얻었음을 서술하고 있다. 그 내용이 『左傳』이나 『國語』 등 여러 문헌을 통해 입증될 뿐만 아니라, 병제를 논한 부분은 특히 상세하여 史籍에서 누락된 부분을 보완해준다고 본다(清華大學出土文獻研究與保護中心編 2017, 100).[7] 이 글에서는 먼저 죽간의 원문과 한국어 번역을 제시하고 그 내용에 따라 8단락으로 나누어 상세히 역주한 뒤, 이 문헌의 성격을 신빙성 문제에 초점을 맞추어 살펴볼 것이다.

---

1) 2008년 清華大學에 기증된 이른바 清華簡은 모두 2500매로, 형체가 온전한 完簡이 1700~1800매, 일부 훼손된 斷簡이 700~800매이다. 현재까지 完簡을 기준으로 총 1009매가 정리되었다. 절반 이상 정리가 끝난 셈인데, 앞으로 20여 편 더 정리될 예정이다. 清華簡의 입수 경위와 정리과정, 형태와 내용 등에 대한 상세한 소개는 김석진, 2011, 「중국 清華大學 소장 戰國시대 竹簡」, 『목간과 문자』 7, pp.169-191; 劉國忠, 2011, 『走近清华简』, 北京: 高等教育出版, pp.35-64 참조. 清華簡의 수량 및 『漢書』 「藝文志」의 體例에 따른 최신 분류, 정리를 기다리고 있는 문헌에 대해서는 李守奎, 2015, 『古文字與古史考: 清華簡整理研究』, 上海: 中西書局, pp.104-109 참조.

2) 『子犯子餘』는 전체 15簡으로 이 글에서 역주할 『晉文公入於晉』과 형태나 글자가 서로 동일하여, 두 문헌이 동시에 서사되었을 것으로 본다. 간문의 성질은 『國語』와 유사하다. 重耳(文公)가 유랑 중 마지막 행선지인 秦에 머무를 때 그의 신하인 子犯과 子餘가 秦 穆公의 詰問에 대답하고, 穆公과 重耳가 각각 蹇叔과 정사에 대해 문답을 나누는 형식이다(清華大學出土文獻研究與保護中心編, 2017, 100, pp.91-99).

3) 전체 11簡으로 이루어진 『趙簡子』는 춘추시대 후기 晉의 유력자인 范獻子가 라이벌인 趙簡子에게 告誡한 내용과 함께 晉의 大夫 成剸(鱄)과 趙簡子의 대화로 구성되어 있다(清華大學出土文獻研究與保護中心編, 2017, pp.106-111).

4) 죽간 10매로 이루어진 『苦成家父』 편에는 『左傳』 '成公 17년'(기원전 574년)에 언급된 三郤의 亂과 동일 사건이 기록되어 있다. 연구자들은 苦成家父를 고문헌에 나타나는 春秋시대 晉 厲公(580~573 B.C.)대의 인물인 郤犨와 동일시한다. 『苦成家父』의 정리자 李朝遠은 이 문헌이 『左傳』과 같은 사건을 기록했음에도 불구하고 그 세부적인 내용에 차이가 있고, 三郤(郤錡, 郤犨, 郤至)의 입장에 동정적이라고 본다(馬承源 主編, 2005, 『上海博物館藏戰國楚竹書』(五), 上海: 上海古籍出版社, pp.239-249).

5) 李守奎, 2015, p.109.

6) 王永昌, 2018, 「清華簡文字與晉系文字對比研究」, 吉林大學 博士學位論文, pp.153-158.

7) 이하 『晉文公入於晉』과 직접 관련된 연구는 일일이 각주를 달지 않고 본문에서 위의 형식으로 注記할 것이다.

II. 원문

[1] 晉文公自秦內(入)於晉, 褍(端)𠃊(冕)□□□□□□□□□□□王母=(母, 毋)䢅(𨐨)於妞(好)妝(莊)嬶(媥)𡢖(娭)皆見. [2] 㫜(明)日朝, 逗(屬)邦利(耆)老, 命曰: "以孤之舊(久)不[1호간]𣎵(得)繇(由)弍(二)厽(三)夫=(大夫)以攸(修)晉邦之政■, 命訟訞(獄)攺(拘)執睪(釋), 遰(滯)責母(毋)又(有)𧴪(塞), 四𡉚(封)之內皆肰(然)■." [3] 或㫜(明)日朝, 命曰: "以孤之舊(久)不𣎵(得)繇(由)弍(二)[2호간]厽(三)夫=(大夫)以攸(修)晉邦之祀, 命肥蒭羊牛·豢犬豕, 具黍(黍)稷醴=(酒醴)以祀, 四𡉚(封)之內皆肰(然)■." [4] 或㫜(明)日朝, 命曰: "爲豪(稼)嗇(嗇)古(故), 命汌(淪)舊[3호간]沟(溝)、增舊芳(防), 四𡉚(封)之內皆肰(然)■." [5] 或㫜(明)日朝, 命曰: "以虗(吾)晉邦之閼(間)凥(處)戱(仇)戳(讎)之閼(間), 命𩁹(蒐)攸(修)先君之𩣡(乘)、貣(忒)車𤜾(甲), 四𡉚(封)之內[4호간]皆肰(然)■." [6] 乃乍(作)爲羿(旗)勿(物): 爲陞(升)龍之羿(旗)䢵(師)以進, 爲降龍之羿(旗)䢵(師)以退■, 爲右(左)□□□□□□□□□□□□□□□□□□□[5호간]爲𧢲(角)龍之羿(旗)䢵(師)以戰(戰), 爲交龍之羿(旗)䢵(師)以豫(舍), 爲日月之羿(旗)䢵(師)以舊(久), 爲熊羿(旗)夫=(大夫)出, 爲䶂(豹)羿(旗)士出, 爲蕘䈂之羿(旗)𢦔(侵)糧者[6호간]出. [7] 乃爲三羿(旗)以成至(制). 遠羿(旗)死, 中羿(旗)荆(刑), 忻(近)羿(旗)罰. 成之以兔(抶)于蒿(郊)三, 因以大乍(作)■. [8] 元年克蒝(原), 五年啟東道, 克曹·五䴪(鹿), [7호간] 敗楚䢵(師)於𡒼(城)僕(濮), 𢏚(建)𧗿(衛), 成宋, 回(圍)䛘(許), 反奠(鄭)之厡(陴), 九年大𣎵(得)河東之者(諸)侯■.[8호간]

III. 한국어 번역

[1] 晉 文公이 秦으로부터 晉에 들어와 의관을 정제하고.....祖母를 .... 귀천을 따지지 않고 모두 알현하도록 했다. [2] 다음 날 아침 나라의 원로들을 모아 명하여 이르기를 "제가 오랫동안 여러 대부들을 모시고 晉나라의 정사를 돌볼 수 없었으니, 訟獄으로 잡혀 구속되어있는 자들을 석방하고 누적된 부채 상환을 정지시키도록 명합니다. 국내에 모두 그렇게 하십시오." [3] 또 다음 날 아침 명하여 이르기를, "제가 오랫동안 여러 대부들을 모시고 晉 나라의 제사를 돌볼 수 없었으니, 초식하는 양과 소, 곡식으로 사육하는 개와 돼지를 살찌우고 黍稷과 酒醴을 갖춰 제사 지내도록 명합니다. 국내에 모두 그렇게 하십시오." [4] 또 다음 날 아침 명하여 이르기를, "농사를 위한 연유로 오래된 도랑들을 정비하고 오래된 제방을 증설하도록 명합니다. 국내에 모두 그렇게 하십시오." [5] 또 다음 날 명하여 이르기를, "우리 진나라는 원수들 사이에 있어서, 군사를 소집하여 선군의 전차부대를 정비하고 병거와 갑옷을 교체하도록 명합니다. 국내에 모두 그렇게 하십시오." [6] 곧이어 여러 종류의 기를 만들었다. 상승하는 용이 그려진 기를 만들어 군사를 전진하게 하고, 하강하는 용이 그려진 기를 만들어 군사를 후퇴하게 하며, 왼쪽....의 기를 만들어.....,각축하는 용들이 그려진 기를 만들어 군대가 전투하도록 하고, 어울려 있는 용들이 그려진 기를 만들어 전투를 멈추게 하며, 해와 달이 그려진 기를 만들어 군대가 대기하게 하고, 곰이 그려진 기를 만들어 大夫가 나오도록 하고, 표범이 그려진 기를 만들어 士가 나오도록 하며, (땔감과 꼴 용) 초목이 그려진 기를 만들어 양식 탈취자들이 나오

도록 했다. [7] 곧이어 三旗를 만들어 제도를 완성했다. 먼 기는 사형으로, 중간 기는 刑으로, 가까운 기는 罰로 (처벌)했다. 교외에서 세 명을 태형에 처함으로써 군사 소집을 완결하고 이로 인해 크게 흥성했다. [8] 원년에 原에 승리했고, 5년에 東道를 열고 曹와 (衛의) 五鹿에 승리하여 城濮에서 楚의 군대를 패주시켰다. 衛를 세우고 宋을 보전했으며 許를 포위하고 鄭의 성벽 위에 부속된 담장(䅫墻)을 무너뜨렸다. 9년에 河東의 제후들을 크게 얻었다.

Ⅳ. 역주

[1] 晉文公自秦內(入)於晉, 耑(端)𡊄(冕)①□□□□□□□□□□王母=(母, 毋)②𢻢(辩)③於妞(好)妝(莊)④媥(姉)𥁕(嫉)⑤皆見.

① 정리자는 「𡊄」을 "冃"로 구성된 글자로, 「耑𡊄」에 대해서는 "端坐" 혹은 "端冕"으로 읽을 수 있다고 보았다. 王挺斌(2017)은 "端坐"로 읽을 경우, 두 글자에서 각각 "衣"와 "冃"의 義符 역할을 상실한다고 본다. 특히 [𡊄]에 대해 상부의 冠을 쓴 모양을 音符로 하는 "冕"으로 隸定하여 "端冕"를 玄衣와 大冠으로 구성된 고대 帝王이나 귀족의 예복으로 이해한다. 紫竹道人(鄔可晶)은 「𡊄」을 "冃"로 구성된 "跪"聲字로, "委"로 읽을 수 있다고 본다. "危"와 "委"의 음이 통하기 때문이다. 고서 중에 "端委"라는 표현이 자주 나타나는데 본 간문에서의 "委"는 冠의 일종으로 파악한다(心包, 2017, 12樓[8]). 子居(2017)도 같은 의견을 제시한다. 王挺斌의 설을 따르는 藤本思源(滕勝霖)은 「𡊄」을 會意字로 보고, 鄔可晶의 주장처럼 "跪"聲字로 본다면 "冐"가 "冃"聲을 기초로 발전한 것이기 때문에 이 글자는 雙聲字가 되어버려, "冕"으로 읽는 게 타당하다고 한다. "端冕" 역시 전래문헌에 자주 나타나고, 이 글자가 楚簡의 "冠"([字形] 包山 2, 156; [字形] 上博[2] 容成氏 52[명문은 필자 추가])[9]자와도 아주 가깝다고 본다(心包, 2017, 46樓). 鄔可晶 역시 藤本思源의 반박을 보고 자신의 주장을 철회하고 있다(心包, 2017, 47樓). "端冕"으로 읽고 "衣冠을 정제했다"는 의미로 파악할 수 있을 것이다.

② 정리자는 「母」 앞의 잘린 글자를 「王」으로 보고 "王母"로 읽고 "祖母"로 추정했다. 宗親과 命婦(封爵을 받은 부인)를 祖父母 세대까지 好惡에 상관없이 모두 알현했으리라는 의미로 이해한다. 대체로 이견이 없는 듯하지만 子居(2017)은 「母」자 하부 오른쪽의 잘린 부분에 있는 필획([字形])의 흔적을 重文부호로 보는 정리자와 달리 斷口의 흔적으로 추정한다. 原雅玲(2019) 역시 이를 따른다. 필자 역시 도판으

---

8) 武漢大學의 簡帛網 簡帛論壇에서 『清華大學藏戰國竹簡』(柒)이 출간된 직후 「清華七《晉文公入於晉》初讀」이라는 제목의 토론방(http://47.75.114.199/forum/forum.php?mod=viewthread&tid=3457)을 만들어서 여러 학자들이 『晉文公入於晉』의 해석을 둘러싸고 논쟁을 벌였다. 층의 의미인 樓는 게시글의 순서이다. 1樓에서 첫 번째 의견을 제시한 이가 心包라는 닉네임이어서 이하 "心包, 2017"로 표기한다. 2017년 4월 23일에 시작된 이 토론방은 2017년 12월 28일까지 모두 47樓의 의견이 제시되었다. 2020년 9월 10일 현재까지 17,483명이 이 토론방을 방문했다.

9) 滕壬生, 2008, 『楚系簡帛文字編』, 武漢: 湖北教育出版社, p.714.

로만 봤을 때 이들의 추정이 일리가 있어 보였지만, 清華簡(柒)의 字形表(p.218)에 실린 적외선 촬영을 거친 같은 글자( )의 오른쪽 하부에는 중문부호의 흔적이 비교적 명확히 드러난다(清華大學出土文獻硏究與保護中心, 2017, p.208). 다양한 측면에서 검토했을 정리자의 해독과 독법에 문제가 없어 보인다.

③ 정리자는 「䰜」를 "察"로 읽었다. ee(單育辰)는 이 글자의 하부가 "刀"로 구성되어 있어서 "察"자의 자형과 다르기 때문에, "辡"으로 隸定하고 "辨" 혹은 "別"로 읽을 수 있다고 본다. "잘잘못을 분별하지 않고 모두 접견했다"는 의미로 이해한다(心包, 2017, 2樓). 心包 역시 이를 따르며 郭店楚簡 『五行』의 37호간과 39호간, 馬王堆帛書 『五行』에 나오는 "辯"字가 그 생략된 형태라고 본다(心包, 2017, 40樓). 小寺敦(2020)은 晉 文公이 차별 없이 모두를 만났다는 의미이기 때문에, "察"과 "辨" 모두 문맥상 가능하다고 본다. 다만 이 글자의 하부가 三體石經의 "辠"자 하부와 유사하여 좌우 양방이 "辛"인 이 글자를 ee와 心包의 주장처럼 "辡(辨)"으로 보는 것이 더 유력하다고 한다.

④ 정리자는 「妞妝」를 "好臧"으로 읽었다. 蕭旭(2017)은 「妝」을 "莊"으로도 읽을 수 있다고 보아 "善"이나 "美", "好"의 의미로 파악했다. 心包는 「妝」을 "臧"으로 읽으면 앞의 "好"와 중복되므로 그 글자 그대로 읽길 제안한다. 『禮記』 「緇衣」의 "毋以嬖御人疾莊后"(총애하는 첩으로 인해 正妃에게 고통을 주지 말라)에 상응하는 郭店楚簡 『緇衣』에서는 "莊后"를 바로 "妝后"(정당한 황후[10])로 쓰고 있음을 제시한다(心包, 2017, 1樓). 세 해석 모두 의미상 큰 차이는 없어 보이지만 필자는 心包의 주장처럼 「緇衣」에 용례가 있는 "妝(莊)"으로 읽는다. 학자들은 대체로 이어지는 「嫚㜸」(醜)에 대응하는 "美"의 의미로 보고 있지만(주 ⑤ 참조), 文公에게 호감을 가지고 지지하던 사람들이나 조정 내에서 지위가 높은 사람들을 이렇게 표현했을 수도 있다.

⑤ 정리자는 「嫚」를 "媥"으로 읽고 『說文』에 "輕貌"로 풀이된 것을 인용한다. 「㜸」에 대해서는 "㞋"聲일 가능성과 함께 『說文』에서 "灰"나 "賄"와 같이 읽고 있음을 지적하며 『說文』에 "醜貌"의 의미로 나오는 "婓"로 석독한다. ee는 「㜸」를 "有"에서 소리를 얻은 "醜"로 읽고, 王寧은 「嫚㜸」를 "顰頞"로 읽을 수 있다고 보아, 앞의 "好臧"과 상대적 의미인 "醜"로 파악한다(心包, 2017, 28樓, 29樓). 石小力(2017)은 「㜸」가 "娭"聲으로 고음이 匣母之部이므로 滂母微部인 "婓"와 통용될 수 없다고 본다. 따라서 曉母之部인 "娭(애)"로 읽고 『說文』에 "娭"가 "卑賤名也."로, 『集韻』 '之

1호간

10) 池田知久 감수, 『郭店楚簡の思想史的考察』 第四劵, 2000년 6월, p.21 「緇衣」 제11장 口語譯(渡邊大 정리) 참조.

韻'에 "娭, 婦人賤稱"로 나타남을 인용한다. 반면에 蕭旭(2017)은 「䀽」가 "䋖"의 誤寫일 가능성을 제기하고 「嬶䀽」를 "婏娟", "便娟", "婏嬛", "便嬛" 등으로 읽고, 음의 전이에 따라 "嬋娟", "蟬蜎"로도 읽을 수 있어서 "輕麗貌"나 "美麗貌"의 의미로 추정한다. 北大漢簡(四) 『妄稽』의 "嫖蓂便圜."을 비슷한 용례로 인용한다. 小寺敦(2020)은 石小力의 "媥娭"를 취하면서도 이를 앞의 "好臧"과 함께 "美醜"를 상대적으로 표현하는 것으로 보고, 後宮의 여성에 대한 서술로 추정하기도 한다. 필자 역시 石小力의 독법을 따르지만, 그 의미에 대해서는 단순히 외모가 아닌 文公에 대한 好惡나 조정 내에서 지위의 귀천과 관련이 있을 것으로 본다. "毋辨於好妝媥娭皆見"을 "귀천을 따지지 않고 모두 알현하도록 했다"로 해석한다.

[2] 昷(明)日朝, 逗(屬)⑥邦利(耆)老⑦, 命曰: "以孤之舊(久)不[1호간]㝵(得)繇(由)弍(二)厽(三)夫=(大夫)以攸(修)晉邦之政■⑧, 命訟試(獄)敂(拘)執睪(釋), 適(滯)責⑨母(毋)又(有)貞(塞)⑩, 四圤(封)之內⑪皆肰(然)■."

⑥ 楚簡에서 "豆"나 "逗", "跿"는 "屬"과 通假된다.[11]

⑦ 정리자는 「利」를 "耆"로 읽고, 『尙書』 「西伯戡黎」의 "黎"가 출토문헌에 旨聲으로 나타나는 경우가 많아 이와 같은 용례라고 한다. 暮四郎(黃傑)은 "黎"로 읽고 『國語』 「吳語」의 "今王播棄黎老, 而孩童焉比謀(지금 왕은 老臣들을 방기하고 무지한 아이들과 함께 함께 도모하여)"와 『墨子』 「明鬼下」의 "播棄黎老, 賊誅孩子(노인들을 방기하고 아이들을 살해하고)"를 인용한다(心包, 2017, 5樓). 子居(2017)과 原雅玲(2019) 역시 "黎"가 더욱 합당하다고 보지만, 전래문헌에 자주 나타나는 "耆老"로 읽어도 무방해 보인다.

⑧ 정리자는 「繇」를 "由"로 읽고 『尙書』 「盤庚」의 孔傳에 "用"의 의미로 풀이된 것을 인용한다. 易泉은 "謀"의 의미인 "猷"로(心包, 2017, 10樓), 子居(2017)은 "從"의 의미로 파악한다. 暮四郎은 "由二三大夫"를 "여러 대부들을 모시고(跟從)"로 이해한다. 당시 國君과 신하의 관계가 秦 통일 이후의 專制와 달라서 이러한 겸양의 표시가 내정이나 외교에 자주 나타나므로, 晉國으로 막 돌아온 문공 입장에서 더욱 그럴 수밖에 없었으리라 본다(心包, 2017, 39樓). 정리자의 독법과 暮四郎의 해석이 타당해 보인다. 문공이 오랫동안 대부들을 모시고 진나라의 정사를 돌볼 수 없었음을 언급한 것이다.

⑨ 정리자는 「適」에서 끊어 읽는데, "折"로 읽고 "斷"의 의미로 보아 『尙書』 「呂刑」의 "非佞折獄, 惟良折獄(바르지 못한 이가 심판하지 않고 오직 바른 이가 심판한다)"을 인용한다. 石小力(2017)은 「適」와 병렬된 "拘、執、釋"은 모두 訟獄裁決의 결과이지만 "折"은 재결의 과정을 의미하기 때문에 정리자의 해석은 따를 수 없다고 한다. 나아가 「適」와 "釋"의 의미가 가까울 것으로 보아 「適」를 "遣"으로 읽고 『說文』에 의거하여 "縱"의 의미로 파악한다. 易泉은 "滯"로 隷定할 수 있다고 보고, 정리자의 斷句와 달리 "滯責"에서 끊어 읽고, 이를 "滯積"으로 보아, 『國語』 「鲁语」의 "不腆先君之币器, 敢告滯積, 以紓執事(선군이 남겨준 조야한 그릇을 지니고 감히 貴國에 누적되어 남은 곡물을 요청하여 관리자의 우려를 해소시키고자 합니다)."에 나오는 "滯積"과 유사한 의미로 파악한다. 위 인용문의 경우 누적된 곡물을 의미하지만 본 간문은 오래 누적된 獄案으

11) 白於藍 編著, 2017, 『簡帛古書通假字大系』, 福州: 福建人民出版社, p.232, p.234.

로 이해한다(石小力, 2017, 12樓). 馮勝君(2017)도 易泉과 마찬가지로 「適」를 “滯”로 읽고 “積聚”나 “積壓”의 의미로 이해하지만, 易泉과 달리 “滯責” 앞에서 끊어 읽고 이를 누적된 부채로 이해한다. 주 ⑩에서 명시하듯이 馮勝君의 해석이 타당해 보인다.

⑩ 정리자는 「貴」를 “畀”로 읽을 수 있다고 보았다. 『說文』에 “畀”가 “舉”의 의미로 나타나므로, 본 구문 “責毋有所舉”를 『國語』 「晉語四」에 언급된 晉 文公 復國 직후 시책 중 하나인 “棄責簿斂”(빚을 탕감하고 세금을 낮추다)”과 『左傳』 ‘成公 18년’에 나오는 晉 悼公의 “施舍已責(덕을 베풀어 빚을 탕감하다)”와 같은 의미로 이해한다. “棄責”에 대한 韋昭의 注 “除宿責也(오래된 빚을 면제하다).”를 인용하며 정리자는 본 구문을 채무의 면제로 파악한다. 韋昭의 주해는 ⑨의 「適」를 “折”로 끊어 읽은 정리자의 해석보다 “滯責(積)”으로 읽은 易泉과 馮勝君의 해석이 더 타당함을 보여준다. 「貴」에 대해서는 다른 해석들도 제시되었는데, “息”으로 읽은 易泉은 “止”의 의미로 파악했고(心包, 2017, 11樓), 難言과 王寧도 “息”으로 보지만 “이자”의 의미로 추정한다(心包, 2017, 13樓, 33樓). 趙平安(2017)은 “貫”으로 훈독하고 “게으름(懈怠)”으로 이해하여 “責毋有貫”을 “직책에 대해 나태하지 말라”로, 子居(2017)은 정리자의 “畀”에 동의하면서도 이를 “付與”의 의미로 보아 “契債毋有畀”로 읽고, “晉人의 채무 면제”로 이해한다. 馮勝君(2017)의 해석은 더 구체적이다. 즉 「貴」는 “貝”로 구성된 “由”聲 글자로, “由”가 “思”字의 聲符이기 때문에, “塞” 혹은 “賽”와 통할 수 있다고 본다. 실제로 『尙書』 「堯典」의 “欽明文思安安”에 나오는 “思”가 典籍에서 “塞”로 대체된 경우가 꽤 있다고 한다. “賽”는 包山楚簡에 자주 나타나는 “過期不賽金(기한을 초과했지만 상환할 금액이 없다)”(105~114호간)의 용례를 통해서 볼 때, 이미 李家浩와 裘錫圭가 명확히 제시했듯이,[12] “상환”의 의미가 분명하다고 한다. 나아가 『韓詩外傳』 卷10의 “及母死三年, 魯興師, 卞莊子請從. 至見於將軍曰, ‘前猶與母處, 是以戰而北也, 辱吾身. 今母沒矣, 請塞責.’”(모친께서 돌아가시 3년이 되고 노나라가 군사를 일으키자 변장자는 그 전쟁에 종군하길 청했다. 장군을 만나 이렇게 말했다: “전에는 모친과 함께 살았기 때문에 전쟁에 나가 패하고 제 스스로를 욕되게 했습니다. 이제 모친께서 돌아가신 만큼 그 빚을 갚길 청합니다.”)을 인용한다. 정리자의 해석 “舉”를 따라 “부채는 거론하지 말라”로 해석해도 무리는 없지만, 馮勝君의 문자 해석이나 斷句, 전래문헌의 용례 제시가 더 설득력이 있어 보인다.

⑪ “四封之內”는 先秦兩漢 문헌에 한 국가의 영역으로 자주 등장하는 표현이다. 『左傳』에는 ‘襄公 21년’에 다음과 같이 “四封”이라고만 나타난다: “季孫曰: 我有四封,

2호간

12) 李家浩, 1994, 「包山二六六號簡所記木器研究」, 『國學研究』 第二卷, p.535; 裘錫圭, 2012, 「釋戰國楚簡中的“”字」, 『裘錫圭學術文集·簡牘帛書卷』, 上海: 復旦大學出版社, pp.456-464.

而詰其盜, 何故不可?”([魯의] 季武子가 말하기를: “사방에 경계가 있는데 그 도적들을 막는 게 왜 불가능한가?). 『國語』「越語下」에 나라를 맡아달라는 越王의 요청에 대한 范蠡의 대답에서 “四封之內”라는 표현이 “四封之外”와 함께 다음과 같이 나타난다: “四封之內, 百姓之事, (范)蠡不如(文)種也. 四封之外, 敵國之制, 立斷之事, (文)種亦不如(范)蠡也.” 백성을 관장하는 “四封之內”의 일과 적국과의 교섭인 “四封之外”의 일을 명확히 구분하고 있어서, 각각 국내와 국외를 의미함을 알 수 있다. 『莊子』와 『韓非子』, 『管子』 등에도 나타나는 것으로 보아 전국시대 후기부터 상용하던 표현임을 알 수 있다.

[3] 或昷(明)日朝, 命曰: “以孤之舊(久)不旻(得)繇(由)弍(二)【2호간】厽(三)夫=(大夫)以攸(修)晉邦之祀, 命肥蒭羊牛·豢犬豕⑫, 具黍(黍)稷醴=(酒醴)以祀, 四畫(封)之內皆肰(然)■.”

⑫ 정리자는 『孟子』「告子上」의 “猶芻豢之悅我口”와 『古今韻會』에 “羊曰芻, 犬曰豢, 皆以所食得名.”으로 풀이된 것을 인용한다. 芻는 草食, 豢은 곡식으로 우리에서 양육되는 동물을 이르는 것으로 보았다. 子居(2017)은 “芻豢”을 협의의 종묘제사를 지칭하는 것으로 본다. 정리자의 해석을 따른다.

[4] 或昷(明)日朝, 命曰: “爲豪(稼)嗇(嗇)古(故)⑬, 命淵(瀹)⑭舊【3호간】泃(溝)、增舊芳(防), 四畫(封)之內皆肰(然)■.”

⑬「嗇」에 대해 정리자는 『說文』에 나오는 “嗇”의 고문으로 보았다. 嗇은 “穡”으로, “稼嗇”은 농사를 의미한다. 이어지는 정리자의 斷句(爲稼嗇, 故命...)에 이견이 제시되어 있다. 悅園은 『左傳』에 수차례 나타나는 “宋爲乘丘之役故, 侵我, 公禦之.”(莊公 11年)와 같은 용례들을 인용하며, “爲稼嗇故, 命...”로 끊어 읽는다(心包, 2017, 15樓). 子居(2017) 역시 悅園의 단구를 따른다. 위에 언급된 두 命이 “命曰: ...., 命...”의 형식을 취했기 때문에, 필자 역시 悅園의 지적이 타당하다고 본다.

⑭ 정리자는 「淵」를 (형태상) 생략된 “潮”의 소리를 따른다고 보고 “瀹(약)”으로 읽었다. 『孟子』「滕文公上」의 “禹疏九河, 瀹濟漯而注諸海(우가 아홉 개의 강을 통하게 하고 제수와 탑수를 瀹하여 바다로 흘러들게 했다)”에 대한 趙岐의 注에 “瀹, 治也.”로 주해된 의미를 취한다. 悅園은 「淵」를 “舟”聲으로 구성된 글자로 보고 “固”와 통할 수 있다고 보았다. “固溝”를 溝池를 견고하게 수리하는 것으로 이해한다. 이와 유사한 용례로 『禮記』「禮運」의 “城郭·溝池以爲固.”와 『周禮』「夏官」‘掌固’의 “掌固掌脩城郭·溝池·樹渠之固.” 등을 들고 있다(心包, 2017, 16樓). 子居(2017)은 「淵」를 “淯”로 보아 “決”로 읽고 “疏導”의 의미로 파악한다. 『說文』의 “決, 行流也”와 함께 『山海經』「大荒北經」의 “先除水道, 決通溝瀆”, 『管子』「立政」의 “決水潦, 通溝瀆,

3호간

修障防, 安水藏, 使時水雖過度, 無害于五谷."을 유사한 용례로 인용한다. 세 해석 모두 가능해 보이는데 일단 정리자의 해석을 따른다.

[5] 或昷(明)日朝, 命曰: "以虗(吾)晉邦之閼(間)凥(處)穀(仇)戬(讎)之閼(間)⑮, 命蠢(蒐)攸(修)先君之韲(乘)、貣(忒)車虩(甲)⑯, 四啚(封)之內【4호간】皆肰(然)■."

⑮ 紫竹道人은 본 구문의 앞에 나오는 "間"자를 抄寫 중에 실수로 들어간 衍文으로 본다(心包, 2017, 6樓). 小寺敦(2020)은 "間" 앞의 "之"까지 衍文일 가능성을 제기하면서도, 그 間이 晉國 영역의 폭을 나타내는 것일 수도 있다고 본다.

⑯ 정리자는 「蠢」자가 鄭季蠢車盤과 匜(集成, 10109, 10234)에도 나타나고 같은 글자를 鄭季宿車盆(集成 10337)에는 "宿"으로 隸定했음을 주목한다. 『金文編』에서 이 글자를 "從宀蒐聲"으로 보고 있으므로, 『爾雅』「釋詁」에 "蒐"가 "聚"로 주해된 것과 『左傳』 '宣公 14년'의 "蒐焉而還"에 대해 杜預가 "蒐, 簡閱車馬."로 주해한 것을 인용한다. 정리자는 또한 韲貣車虩」을 "乘式車甲"으로 보고 "命蒐修先君之乘式車甲"까지 連讀한다. 정리자가 "式"의 의미에 대해 모호하게 처리했지만, 그것을 각각 명사와 동사로 이해하는 두 가지 해석이 가능할 것이다. 우선 명사의 경우 "先君之" 뒤의 네 글자는 모두 선군의(선군이 남긴) 군사장비로 볼 수 있어서 "선군의 乘, 式, 車, 甲을 모아 정비하도록 명한다."로 해석 가능하다. "之" 뒤의 "乘式"을 명사화된 동사로 보는 경우는 "선군이 乘하고 式했던 병거와 갑옷을 모아 정비하도록 명한다."로 이해할 수 있을 것이다. 厚予를 제외한 대부분의 연구자는 정리자의 斷句를 따르지 않는다. 정리자가 "式"으로 본 「貣(弋)」에 대한 해석 차이 때문이다. 일단 "式"을 명사로 보는 厚予는 「韲貣車虩」 네 글자 모두 兵器로 보아, 「貣」을 "弋"으로 읽고 繩이 붙은 짧은 화살로 이해하여 『莊子』「應帝王」의 "鳥高飛以避矰弋之害(새는 높이 날아 화살의 해를 피한다)"를 인용한다(心包, 2017, 8樓). 子居(2017)은 "蒐修"를 연속 동사로 보는 듯한 정리자와 달리 "蒐"를 명사로 보아 "蒐"에서 끊어 읽는 게 더 적절하다고 한다. "蒐"를 軍禮의 일종인 "大蒐禮"로 이해하는 原雅玲(2019)가 子居의 해석을 수용한다. 다른 학자들은 대체로 乘에서 끊어 읽고, 「貣」을 동사로 보아 몇 가지 이견을 제시하고 있다. 暮四郎은 「貣」을 "載"로 읽을 수 있다고 보고 『左傳』 '僖公 33년의 "鄭穆公使視客館, 則束載, 厲兵, 秣馬矣(정 목공이 사람을 보내 손님들이 묵고 있는 처소를 엿보게 하니, [그들이] 정말 장비를 전차에 묶어 싣고 병기를 날카롭게 했으며 말을 잘 먹였다)"를 인용한다(心包, 2017, 3樓). 先君이 남긴 전차를 정비하여 車甲을 실으라고 명한 것으로 이해한다. ee는 「貣」이 "弋"으로 구성된 글자고, 楚 문자에서 "弋"과 "戈"가 혼용되기 때문에 정리자의 隸定을 따를 수 있다고 한다. 다만 그 글자를 "飾"이나 "飭(칙)"으로 읽고 전래문헌에 자주 나타나는 "飾(혹은 飭)車"나 "飾(혹은 飭)甲"과 같은 의미로 파악한다. 그러한 용례로 『戰國策』「趙策2」의 "繕甲厲兵.

4호간

飾車騎, 習馳射."나 『漢書』「枚乘傳」의 "梁王飭車騎.", 『春秋繁露』「治水五行」의 "飭甲"을 들고 있다. "飾(飭)車甲" 즉, 병거와 갑옷을 정비했다는 의미로 이해한다(心包, 2017, 3樓). cbnd는 「貣」을 "賦"의 생략된 형태로 추정한다. 『左傳』 '襄公 8년'에 나오는 "乃及楚平, 使王子伯駢告于晉. 曰: '君命敝邑: '修而車賦, 儆而師徒, 以討亂略'"(이에 초와 화평이 이루어져서 왕자 백변을 보내 진에 고하도록 했다: "군께서 저희의 초라한 읍에 명하셨습니다: '車賦를 정비하고 군대가 경비를 서게 해서 혼란과 일탈을 바로잡으라')."에 대한 楊伯峻의 注에 "車賦"를 "車乘"과 같은 의미로 보고 있으므로, 군대 역시 "賦"로 칭해질 수 있다고 한다. 위의 『左傳』 '襄公 8년'의 인용문에 이어지는 "蔡人不從, 敝邑之人不敢寧處, 悉索敝賦, 以討于蔡."와 『國語』「魯語下」의 "我先君襄公不敢寧處, 使叔孫豹悉帥敝賦, 踦跂畢行, 無有處人, 以從軍吏."에 나오는 "敝賦"도 자신의 군대에 대한 겸칭이므로, 본 간문 중의 "乘貣(賦)車甲" 역시 晉國의 전차와 군대로 이해한다. 특히 淸華簡(柒) 『越公其事』 27-28호간의 "縱輕遊民, 不稱貣役、泑塗溝塘之功, ……."에 나오는 "貣役"을 "賦役"으로 보고 兵賦와 徭役의 의미로 이해한다(心包, 2017, 35樓). 小寺敦(2020) 역시 cbnd의 "賦"를 취하지만 ee의 斷句를 따라 "命蒐修先君之乘, 賦車甲."으로 읽고, "先君의 兵車를 모아 정비하고, 군대를 징발하도록 명한다."로 해석한다. 林少平은 「貣」을 "忒"으로 읽을 수 있다고 보는데 고문에 두 글자가 假借되는 경우가 많기 때문이다. 『說文』에도 "忒, 更也."로 나오고, 段注는 "忒之叚借, 或作貣."라고 하여 두 글자가 상통함을 알 수 있다. 『詩經』「魯頌」에 '閟宮'에 나오는 "享祀不忒."에 대해 鄭箋에서 "變也."로 주해한 것을 인용하면서 "忒車甲"을 兵車와 鎧甲을 교체(更換)하는 것으로 파악했다. 앞의 "蒐修先君之乘"에 대응하는 구문으로 보는 것이다(心包, 2017, 5樓). 나아가 자신의 설을 더 강화하여 "擇練"의 의미로 수정하는데, "忒"이 『廣韻』에 "差"의 의미로 나타나기 때문이다. 이러한 용례로 『詩經』「大雅」 '蕩之什'의 "昊天不忒."에 대해 鄭箋에서 "不差忒也."로 주해된 것을 들고 있다. 또한 『禮記』「月令」의 "必以法故, 毋(無)或差貸(貣)."가 『呂氏春秋』「六月紀」에는 "必以法故, 無或差忒"으로 나타난 것을 들어 "貸(貣)"와 "忒"이 통용되는 증거를 추가하고 있다. 나아가 『爾雅』「釋詁」에 "差"가 "擇"으로 풀이되어 있어서, 『詩經』「小雅」 '吉日'의 "旣差我馬."에 나오는 "差"를 "擇練"의 의미로 본다. 따라서 본 구문의 "貣車甲"이 "擇練兵車, 鎧甲"을 의미하여 앞의 "蒐修先君之乘"을 더욱 구체적으로 설명하는 것으로 이해한다(心包, 2017, 42樓). 지금까지 살펴본 「貣」을 동사로 보는 견해들에는 한가지 약점이 존재한다. 앞에서 전차를 정비(修先君之乘)했는데 뒤에서 또 車(兵車)에 관한 처리(貣)가 나오는 것은 부자연스럽기 때문이다. 이를 인식한 金宇祥(2017)이 앞의 "乘"은 평화 시의 용도인 "乘車"로, 뒤의 "車"는 전쟁용인 "兵車"로 구분한다. 반면에 林少平은 "乘"을 兵種, 즉 車兵 전체로 보고, 뒤의 "車"를 거기에 속하는 "兵車"로 보기도 한다(心包, 2017, 42樓). "乘"에 "병거를 탄 군사"의 의미도 있으므로[13] 林少平의 해석이 일리 있어 보인다. 나아가 「貣」과 "式", "飾", "飭"의 가차 가능성을 전적으로 부인하기는 어렵지만, 실상 그 뚜렷한 용례는 나

5호간

타나지 않는다. 이와 달리「貣」과 "忒"의 가차는 비교적 명확히 입증되는 것으로 보인다. 林少平은 전래문헌의 용례만 제시했지만,「貣」와 "忒"의 가차는 楚簡에도 용례가 나타난다.[14] 清華簡(5)의『湯處於湯丘』12호간의 "有夏之德, 事貨以惑, 春秋改則, 民人趣貣(忒)."과『殷高宗問於三壽』11호간의 "龜筮孚貣(忒), 五寶變色, 而星月亂行."이 그것이다. 두 문헌의 정리자는『詩經』'鳲鳩'에 나오는 "忒"에 대해 毛傳에서 "疑"로 주해한 것을 인용하고 있다.[15] 林少平은『詩經』에 '閟宮'에 나오는 "忒"에 대해 鄭箋을 인용하여 "變"의 의미로 보고, 본 간문에서는 "更換"이나 "擇練"으로 해석했다. 전거가 비교적 명확한 林少平의 해석을 따르면 "선군의 전차부대를 검열 정비하고 병거와 갑옷을 교체(혹은 선별)하도록 명한다." 정도로 볼 수 있을 것이다.

[6] 乃乍(作)爲羿(旗)勿(物)⑰: 爲陞(升)龍之羿(旗)師(師)以進, 爲降龍之羿(旗)師(師)以退⑱■, 爲右(左)□□□□□□□□□□□□□□□□□□□⑲【5호간】爲輇(角)⑳龍之羿(旗)師(師)以戰(戰), 爲交龍之羿(旗)師(師)以豫(舍)㉑, 爲日月之羿(旗)師(師)以舊(久)㉒, 爲熊羿(旗)夫=(大夫)出, 爲豹(豹)羿(旗)士出㉓, 爲蕘蓽之羿(旗)㉔戠(侵)糧者【6호간】出㉕.

⑰ 정리자는「羿勿」을 "旗物"로 읽고 여러 旗의 통칭으로 본다. 이를 위해 다음과 같은『周禮』의 구절들을 인용한다:「夏官司馬」, '大司馬'의 "辨旗物之用(깃발의 사용을 구분한다)"과「地官司徒」'鄉師'의 "以司徒之大旗致眾庶, 而陳之以旗物(사도의 큰 깃발로 무리를 이르도록 하여 깃발로 열을 세운다)",「春官宗伯」'巾車'의 "掌公車之政令, 辨其用與其旗物而等敘(公車에 관한 정령을 관장하여 그 사용과 거기에 꽂는 깃발을 분별하고 등급으로 서열을 매긴다)",「春官宗伯」'司常'의 "及國之大閱, 贊司馬、頒旗物(국가의 큰 사열이 있을 때 사마를 보좌하여 깃발을 구분한다).", '司常' 九旗의 "日月爲常, 交龍爲旂, 通帛為旜(전), 雜帛爲物, 熊虎爲旗, 鳥隼爲旟, 龜蛇爲旐, 全羽爲旞, 析羽爲旌." 孫詒讓은 金榜의『禮箋』에 의거하여 "通帛爲旜, 雜帛爲物", "全羽爲旞, 折羽爲旌"(해석은 V장 참조)이 모든 제후들에게 통용되는 旗의 제도로 본다. 또한 "日月爲常"의 색은 纁(분홍)으로 中黄의 象, "交龍爲旂"의 색은 青, "熊虎爲旗"의 색은 白, "鳥隼爲旟"의 색은 赤, "龜蛇爲旐"의 색은 黒으로 각각 五方의 색을 나타낸다고 한다. "通帛爲旜, 雜帛爲物"의 "通帛"은 縿斿一色을 이르고, 純色이기 때문에 雜帛보다 존중받았다고 한다. 정리자와 달리 小寺敦(2020)은 본 간문과 유사한 "旗"에 대한 용례로『容成氏』20-21호간의 "禹然後始爲之號旗, 以辨其左右, 思民毋惑. 東方之旗以日, 西方之旗以月, 南方之旗以蛇, 中正之旗以熊, 北方之旗以鳥."(해석은 V장 참조)를 들고 있다. 禹가 방위에 따라 호령용의 旗를 정했다고 언급되어 있다. 그는 또한『晉文公入於晉』의 해제에서 정리자가『周禮正義』에 언급된 九旗와 본 간문에 나오는 旗의 종류를 대조했지만, 그것들이 그다지 일치하지 않음을 강조한다. 따라서『周禮』의 내용이 전국시대 이전의 정보를 포함하지만 秦漢시기 이후 추가로 정리되었을 가능성이 크다고 주장한다. 본 구문에 이어지

13) 단국대학교동양학연구소, 1999,『漢韓大辭典』1, 단국대학교출판부, p.511.

14) 李守奎 編著, 2003,『楚文字編』, 上海: 華東師範大學出版社, p.381; 劉信芳, 2011,『楚簡帛通假彙釋』, 北京: 高等教育出版社, p.90; 白於藍 編著, 2017, p.591.

15) 清華大學出土文獻研究與保護中心編, 2015, p.138, p.154.

는 내용이 춘추시대 晉의 전쟁 시 깃발 규정을 반영한 것으로 볼 수 있다면, 『周禮』에는 그 양상의 일부만 상당히 다르게 나타남이 분명해 보인다(V장에서 상술).

⑱ 정리자는 鄭玄이 "交龍爲旂"에 대해 "諸侯畫交龍, 一象其升朝, 一象其下復也"로 주해한 것을 인용하여, 두 용 중 하나는 升, 하나는 降을 이르는 것으로 보았다.

⑲ 정리자는 5호간 말미의 "爲右(左)" 뒤의 잔결자를 17자로 보았다. 子居(2017)은 이 부분이 앞에 나온 "旗章制度"는 아닐 것으로 보고, "行師旗制"와 관련된 내용으로 보고 "為左[□□□師以左, 為右□□□師以右]"로 읽을 수 있다고 본다. 小寺敦(2020)은 잔결자를 16자로 보고 "為左[□□之旗師以□, 爲右□□之旗師以□]"로 보충한다. 군대의 진격 방향과 관련된 깃발로 보인다.

⑳ 정리자는 「䝱」을 "角"이나 "遘"로 읽고 두 용이 조우하여 角鬪하는 것으로 파악했다.

㉑ 「豫」에 대해서 정리자는 『周易』 繫辭傳의 "豫卦"에 대한 설명인 "重門擊柝, 以待暴客"에 대한 韓康伯의 주해 "取其備豫"를 인용했다. 石小力(2017)은 「豫」를 "舍"로 읽고 "止息"의 의미로 파악한다. 楚簡의 "豫"는 上博楚簡(四) 『曹沫之陣』 18-19호간의 "臣之聞之, 不和於邦, 不可以出豫(舍). 不和於豫(舍), 不可以出陣. 不和於陣, 不可以戰."의 사례처럼 많은 경우 "舍"로 읽고 군대가 하룻밤을 묵는 것을 의미한다고 보아, 『左傳』 '莊公 3년'의 "凡師, 一宿爲舍, 再宿爲信, 過信爲次."를 인용한다. 군대의 휴식을 나타내는 것으로 본다. 또한 『漢書』 「韓信傳」에도 "未至井陘口三十里, 止舍"라는 구절이 나오는데, 顏師古가 "舍, 息也."로 주해한다. 程浩(2017) 역시 「豫」를 "舍"로 읽고 "止戰"의 의미로 이해한다. 清華簡 『繫年』에 자주 나타나는 "豫"가 모두 "舍"로 석독되기 때문이다. 다만 『繫年』의 "豫"는 "楚王豫圍"(42호간), "秦人豫戍"(45호간), "楚人豫圍"(117호간) 등처럼 "舍"로 읽을 수 있지만 釋放이나 捨棄의 의미로, 본 간문의 의미와 일치하지는 않는다. 본 간문의 경우 6호간에 나오는 "升龍"과 "降龍"이 각각 "進"과 "退"로 반대 의미를 지니므로, "角龍"과 "交龍"도 각각 "戰"과 "舍"(止戰)의 대립되는 개념으로 볼 수밖에 없다는 것이다. "止戰回營"의 의미로 파악한 程浩의 해석이 타당해 보인다.

㉒ 정리자는 「日月」에 대해서 『周禮』 「春官宗伯」의 '司常'에서 "大常에 그려진 것"으로 간주했다고 한다. 정리자는 또한 「舊」를 "久"로 읽었는데 王挺斌은 이를 "久留" 혹은 "等待"의 의미로 보았다. 이와 같은 용례로 上博楚簡(六) 『孔子見季桓子』 22호간의 "迷(悉)言之, 則恐舊吾子"와 清華簡(陸) 『鄭武夫人規孺子』 13호간의 "女(汝)慎重君葬而舊之於三月"를 제시한다(石小力, 정리 2017). 초간의 전거를 활용한 王挺斌의 해석이 타당해 보인다.

6호간

㉓ 정리자는 "熊"과 "豹"가 『周禮』 「春官宗伯」 '司常'의 "熊虎爲旗"에 대응하고, 『周禮』 '大司馬'와 '司常'에 명시된 직급에 부합한다고 본다.

㉔「蕘蕫之羿」에 대해서 정리자는 “蕘採之旗”로 읽고 군대가 刈草하여 땔감(薪)을 채취하는 일로 본다. 이와 유사한 용례로 『左傳』 ‘昭公 6년’에 楚公子 棄疾이 鄭을 지나다 “禁芻牧採樵, 不入田, 不樵樹, 不采蓺, 不抽屋, 不強匄(芻牧으로 하여금 땔감 채취를 금하여 밭에 들어가지 말고, 나무를 베지 말며, 곡식을 수확하지 말고, 집에서 목재를 빼내지 말며, 억지로 청하지 말라고 했다.)”와 『左傳』 ‘昭公 13년’에 諸侯들이 邾南에서 治兵하며 衛地에 주둔했을 당시, 晉의 叔鮒가 위나라에 재화를 요구하며 “淫芻蕘者(꼴과 땔감 채취자들을 마음대로 다니게 했다)”라 한 것을 인용한다. 蕭旭(2017)은 정리자의 해석 “蕘採”는 따를 수 있지만 이를 위해 인용한 『左傳』의 두 구절은 부적절하다고 본다. 대신 『墨子』「旗幟」의 “守城之法……薪樵為黃旗…….城上舉旗, 備具之官致財物, 物足而下旗.”과 『通典』 卷152의 “須檑木樵葦, 舉黃旗”를 “蕘採之旗”에 부합하는 사례로 들고 있다. 悅園은 정리자의 해석에 문제가 있다고 보는데, 특히 “事”와 “采”가 通假될 수 없기 때문에, 「蕫」를 “蒔”로 읽고 種植(재배)로 파악한다. 나아가 “蕘”를 동사로 보아 “割草”의 의미로 추정한다(心包, 2017, 18樓). 이후 心包가 의 아래 부분이 “弁”일 가능성을 제시하자(心包, 2017, 19樓), 悅園이 이를 수용하여 “弅”으로 예정하고 “畚(분)”으로 읽어 양식을 담는 그릇(盛糧器)으로 자신의 견해를 수정한다(心包, 2017, 20樓). 明珍은 의 하부가 “人”과 “土”로 구성된 “堯”와 달리 “屮”과 “人”으로 구성되어, 劉釗의 『甲骨文字考釋十篇』에 나오는 疑母宵部의 “寿”자로 “堯” 역시 疑母宵部에 속하므로 “蕘”와 통가될 수 있다고 본다. 정리자가 “蕫”로 예정한 글자의 하부가 “史”와 유사하고 楚簡의 “事”와 “史”는 구분되기 때문에 정리자의 해석에 회의적이다(心包 2017, 27樓). 王寧은 첫 번째 글자는 明珍의 해석에 따라 “菽”로 읽고, 두 번째 글자는 心包를 따라 “弁”으로 읽는다. 앞에서 나온 旗들에 모두 동물 이름이 나오기 때문에, 이 두 글자도 “麫獌” 혹은 “獟獌”으로 『爾雅』「釋獸」에 언급된 “貙獌”으로 추정하기도 한다(心包, 2017, 31樓). “蕘”의 석독 자체에는 대체로 이견이 없지만, 동사 혹은 명사로서의 그 쓰임새에 대해서는 이견이 있다. “蕫”에 대한 해석은 불명확해 보인다. 悅園이 지적했듯이 “事”와 “采”가 通假되는 사례를 찾기 어렵고, 설사 그 통가를 따른다고 해도 명사(蕘)와 동사(採)의 위치가 도치되어 정리자의 해석에는 문제가 있다. 따라서 悅園은 “蕘”를 동사로 보고 「蕫」를 “蒔”로 읽어 “割草”의 의미로 이해하지만, 이 역시 『說文』에 나오는 “蕘”의 원래 의미인 땔나무(薪)가 상실되는 문제가 있다. 다만 초목의 일종일 「蕫」와 역시 草의 의미를 지니는 “蒔”의 음운상 유사성을 토대로 한 假借 가능성을 배제할 수는 없을 것이다. 따라서 필자는 “蕘”는 땔감용 나무, “蕫”는 말 등 행군 시 필요한 가축을 위한 꼴(芻)용 풀로 추정한다. 정리자가 인용한 『左傳』 ‘昭公 13년’의 구절에 晉의 군대에 부속된 “芻”와 “蕘”를 함께 담당하는 무리가 나타나고,[16)]『詩經』「大雅」 ‘板’에도 “詢于芻蕘(꼴과 땔감 채취자에게 상의하라[17)])”라 하여 둘이 동시에 언급되어 있다. 『左傳』 ‘僖公 33년’에는 秦의 군대가 鄭 지역에서 행군 시 물자 조달에 관한 이야기가 나온다. 즉, 鄭의 상인 弦高가 秦의 군대를 마주치자 소 12마리 등을 우선 바치며 “不腆敝邑, 為從者之淹, 居則具一日之積(보잘 것 없이 누추한 우리 邑이지만 수행자들의 유

16) 楊伯峻, 1981, 『春秋左傳注』, 北京: 中華書局, p.1354.

17) Karlgren, Bernard, 1950, *The Book of Odes: Chinese Text, Transcription and Translation*(Stockholm: The Museum of Far Eastern Antiquity), p.213.

숙을 위해서 [우리 읍에서] 거하신다면 하루분의 물자를 제공하겠습니다.)"라고 말한다. 杜預는 "積"에 대해 "芻, 米, 禾, 薪"으로 주해했고, 楊伯峻은 "牛羊 등 육식품을 포함한 芻와 米 위주의 日食에 필요한 여러 물품"으로 이해한다.[18] 하루 식사에 필요한 물품으로 사람을 위한 양식만이 아닌 말 등 가축을 위한 芻와 취사를 위한 薪도 포함시키고 있다. 따라서 이어지는 구절에 나오는 '侵糧者"의 "糧"에 꼴과 땔감이 주요소일 것으로 보고, 필자는 "蕘葷之旗"를 "(땔감과 꼴 용) 초목이 그려진 기"로 이해한다.

㉕ 정리자는 「戠」을 "侵"으로 읽어, 비록 전체 구문의 의미에 대한 언급은 없지만, "爲蕘葷(採)之羿(旗)戠(侵)糧者出"에 대해 땔감 채취 기를 만들어 (행군 시의) 양식을 공략하는 사람들을 출격시킨다는 의미로 파악하는 듯하다. 悅園은 「戠」가 "帚"를 聲符로 하는 글자로 "歸"자가 簡文에 통상 "逯"로 나타나므로 「戠」와 통가될 수 있다고 본다. "歸糧"을 "饋糧", 즉 식량 공급으로 보아, 『孫子』 「作戰」의 "凡用兵之法, 馳車千駟, 革車千乘, 帶甲十萬, 千里饋糧, 則內外之費, 賓客之用, 膠漆之材, 車甲之奉, 日費千金, 然後十萬之師舉矣."와 『史記』 「淮陰侯列傳」의 "臣聞千里餽糧, 士有饑色, 樵蘇後爨, 師不宿飽."(제가 듣건대 식량을 천 리 떨어진 먼 곳에서 공급하면 군사들에게서 주린 빛이 돌고, 땔감과 풀을 채취하여 밥을 짓는다면 군사들이 배불리 밤을 날 수 없습니다)를 인용한다(心包, 2017, 18樓). 주 ㉔에서 언급한 대로 「葷」를 "畚"으로 읽어 그릇의 일종으로 이해한 그는 "蕘畚之旗"를 군인들에게 양식을 공급하는 그릇이 그려진 기로 추정한다. 蕭旭(2017)이 이를 따르고, 小寺敦(2020)도 이 부대를 庶人으로 구성된 양식 수송 담당으로 이해하면서 아래의 王寧 해석도 일리가 있다고 본다. 王寧은 "侵糧者"를 "侵掠者"나 "侵略者"로 읽을 수 있다고 보아 작전 시에 적국의 士卒에 대한 침략자로 이해한다(心包, 2017, 31樓). 필자가 보기에 悅園의 견해는 주 ㉔의 "蕘"자에 대한 해석이 모호하고, 王寧의 해석은 굳이 士卒만을 공략하는 "侵糧(掠)者"라는 부대가 존재했을지 회의적이다. 춘추시대를 비롯한 고대의 전쟁에서 草糧의 확보가 중요했음은 주지의 사실이다. 주 ㉔에서 명시한대로, 정리자가 인용한 左傳』 '昭公 6년'의 기록에서 楚軍에 속한 芻牧을 확인할 수 있다. 『左傳』 '昭公 13년'의 晉의 叔鮒가 "芻蕘者"를 풀어 衛地를 노략질하게 했다는 기록 역시 晉의 군대에 속한 "芻蕘者"의 존재를 입증해준다. 그들을 본 간문의 "侵糧者"와 마찬가지로 낮은 신분을 의미하듯 "者"로 표기하고 있으므로, 이들을 땔감과 꼴을 비롯한 행군 시의 양식을 공략하는 무리로 추정한 정리자의 해석이 타당해 보인다.

[7] 乃爲三羿(旗)以成至(制)㉖: 遠羿(旗)死, 中羿(旗)刑(刑), 忻(近)羿(旗)罰㉗. 成之以兔(抶)于蒿(郊)三㉘, 因以大乍(作)㉙■.

㉖ 「至」에 대해 정리자는 기일에 이른 것으로 보고, 『周禮』 「地官司徒」 '族師'의 "若作民而師田行役, 則合其卒伍, 簡其兵器, 以鼓鐸、旗物帥而至, 掌其治令、戒禁、刑罰."(백성을 일으켜 군사훈련이나 사냥, 부역을 시행하려면 그 卒과 伍를 합하고 병기를 골라 북과 목탁, 깃발로 인솔하여 이른다. 그 법에 정해진 명령과 戒禁, 형벌을 관장한다.)을 인용한다. akashi는 상고음이 章紐質部에 속하는 "至"와 章紐月部에 속하는 "制"가 통가될 수 있다고 보고, 制度나 法度의 의미로 파악한다. 『荀子』 「正論」의 "夫是之謂視形埶而制械用, 稱遠近而

18) 楊伯峻, 1981, p.459.

等貢獻, 是王者之至也."(무릇 이것을 일러 형세를 살펴 기구의 쓰임을 제정하고 원근을 헤아려 공물에 차등을 둔다고 하는데, 이것이 왕의 至[제도]인 것이다)에 대해 王念孫(1744~1832)이 『讀書雜志』에서 "王者之至"를 "王者之制"로 해석한 것을 그 증거로 든다. 나아가 『國語』「越語下」에 "必有以知天地之恒制, 乃可以有天下之成利,"라는 구절이 있고, 韋昭 注에 "制, 度也"라고 한다. "成制"에 대해서는 『鶡冠子』「度萬」의 "水火不生, 則陰陽無以成氣, 度量無以成制, 五勝無以成埶, 萬物無以成類."를 인용한다(心包, 2017, 43樓). 林少平도 "致"로 읽지만 "制"의 의미로 본다. 『管子』「白心」의 "以致(政)爲儀"에 대한 尹知章(669~718)의 "致者, 所以節制其事, 故爲儀."라는 주해를 인용한다(心包, 2017, 44樓).[19] 原雅玲(2019)은 大蒐 중에 兵員들에 대한 징벌제도를 수립한 것으로 이해한다. 小寺敦(2020)은 모든 해석이 문제가 있다고 보고 "成"이 명사로 쓰였을 가능성을 제기하며 "세 종류의 기를 만들면 군대의 편성이 완성에 이른다."고 해석한다. 필자가 파악하기에 akashi와 林少平의 해석이 간문의 전체 맥락에 부합해 보이는데, 이들이 제시한 전래문헌 상의 "至"와 "制"의 통가 사례가 드물지만, 楚簡에도 "至"와 "制"가 통가되는 사례가 있다.[20] 上博楚簡(二)『容成氏』 51호간에 나오는 "至約者侯"에 대해 李零은 "至"와 "制"의 음이 가까워서 "制約諸侯"로 읽을 수 있다고 본다.[21] 따라서 "至"와 "制"의 통가를 수용할 수 있다면, 전투 시에 사용할 다양한 깃발을 만든 후에 이어지는 깃발 세 개를 더 만들어 그 제도를 완성했다는 의미로 파악할 수 있을지도 모른다. 그러나 각주 23)에서 언급하듯 "至"를 다음 구절의 서두로 斷句할 수도 있다고 본다.

㉗ 정리자를 비롯한 대부분의 연구자들이 이 구문에 대해서 주해하지 않고 있지만 실상 그 의미가 불분명하다. 필자는 각각 遠, 中, 近을 표시하는 세 기가 그 거리에 따라 형벌의 경중에 차이가 있음을 주목한다. 본 간문의 군사 관련 명령의 서두에 나오는 "蒐"는 군대의 소집 및 검열과 함께 "習武", 즉 훈련까지 포괄하기도 한다.[22] 진 문공은 군사 소집을 명하여 전차부대를 정비하고 전시에 활용할 깃발 규정을 완성한 다음 그에 따른 실제 훈련으로 그 규정의 완수 여부를 검열했을 수 있다. 여기서 한 가지 중요한 사실은 주 ㉘에서 명시하듯 춘추시대의 "蒐師"나 "治兵" 등 전쟁 준비를 위한 군대의 검열이 동원된 군사에 대한 처벌로 마무리되었다는 점이다. 따라서 필자는 본 구문에 나오는 遠中近의 세 기는 목표지점에 이르지 못한 이들을 그 도달 정도에 따라 처벌하는 규정과 관련 있을 것으로 본다. 즉 "遠旗死"는 즉 목표지점에서 가장 멀리 떨어진 기까지 도달한 이들에 대한 중한 처벌 규정으로 볼 수 있을 것이다.[23] 목표지점에서 중간에 미친 이는 刑, 가까이 미친 이는 罰에 해당하는 처벌을 받았을 것이다. 刑과 罰에 대한 세부 규정은 알 수 없지만 주 ㉘에서 언급하듯 이 훈련은 경미한 처벌로 마무리된 것으로 보인다.

---

19) 『管子』「白心」편의 서두에 나오는 "以致爲儀"의 "致"는 "政"으로 보기도 한다. 『新釋漢文大系』에서는 이 부분을 "以政爲儀"로 보고, "일을 바르게 정돈하는 것을 원칙으로 한다"로 해석한다(遠藤哲夫, 1992, 『管子』, 東京: 明治書院, pp.705-707).

20) 劉信芳, 2011, 『楚簡帛通假彙釋』, 北京: 高等教育出版社, p.281.

21) 馬承源, 主編 2002, 『上海博物館藏戰國楚竹書』(二), 上海: 上海古籍出版社, p.290.

22) 楊伯峻, 1981, 『春秋左傳注』, p.42.

23) 필자는 주 ㉖에서 언급한 "至"와 "制"의 통가 사례가 드문 만큼, 그 구문을 "成"에서 끊어서 "乃爲三旗以成,"으로 읽고, 본 구문은 필자가 추정하는 의미에 맞게 "至遠旗死, 中旗刑, 近旗罰."로 읽을 가능성도 배제하지 않고 있다.

㉘ 난해한 부분이다. 정리자는 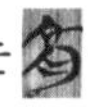 을 "象"으로 예정하고, 이에 대해 『周禮』 「春官宗伯」 '司常'에 "及國之大閱, 贊司馬頒旗物. 王建大常, 諸侯建旂, 孤卿建旃, 大夫·士建物, (師)[帥]都建旗, 州里建旟, 縣鄙建旐, 道車載旞, 斿車載旌. 皆畫其象焉, 官府各象其事, 斿州里各象其名, 家各象其號."를 인용한다. 각각의 신분이나 위치에 따라 다른 象을 기에 그린 것으로 이해하는 듯하다. 또한, 이 글자의 자형이 清華簡 『周公之琴舞』와 『殷高宗問於三壽』에 나오는 "象"字와 달라서, "兔"로 고석하고 "逸"의 省形으로 "縱"의 의미를 지닐 수도 있다고 본다. 「三」에 대해서는 문공의 재위 중 세 번에 걸친 군사 행위, 즉 문공 4년 被廬에서의 蒐와 5년의 三行 설치, 8년 清原에서의 蒐를 의미하는 것으로 추정한다. 이 주해만을 토대로 정리자의 해석을 제대로 파악하기 어렵다. 小寺敦(2020) 역시 정리자를 따라 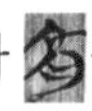을 "象"으로 보고, "郊三"을 앞 구문에 나온 세 종류의 형벌을 나타내는 세 기에 대한 상징으로 추정한다. 앞에서 遠中近의 거리에 따른 처벌 규정을 정했으므로 교외의 세 곳에 그 상징을 세워서 군사 검열을 완성한 것으로 보는 듯하지만, 小寺敦 스스로도 이 해석 불명확함을 인정하고 있다. 이러한 측면에서 程浩(2017)은 완전히 다른 해석을 내놓고 있다. 그는 일단 에 대한 정리자의 두 번째 독법 "兔"가 확실히 타당하다고 믿는다. 楚簡의 "象"인 (『筮法』 52호간)과 위에 제시한 본 간문의 "兔"는 하부가 각각 "勿"과 "肉"으로 구성되어 명확히 구분 가능하다고 보기 때문이다. 나아가 上博楚簡(九) 『成王為城濮之行』에 나타나는 유사한 글자()가 쓰인 구절을 주목한다. 『成王為城濮之行』의 갑본과 을본에 城濮戰 직전에 楚 成王이 子文과 子玉에게 군사 활동에 대해 명한 내용으로 아래와 같은 구문이 나온다:

7호간

> 子文遉(受/蒐/閱)[24]師於汥(睽?[25]), 一日而畢, 不敓一人. 子玉受師, 出之蔿, 三日而畢, 斬三人. (甲1~甲2호간)
>
> 君王命余遉(受/蒐/閱)師於汥(睽?), 一日而畢, 不敓一人. 子玉出之蔿, 三日而畢, 斬三人. (乙1~乙2호간)

두 판본이 약간 다르지만 子文이 汥에서 군사 활동을 하루 동안 마치고 한 사람도 敓하지 않았고, 子玉은 蔿에서 3일 동안 군사 활동을 마치고 세 명을 참수했다는 내용이다. 아래에 제시된 『左傳』 '僖公 27년'에도 위의 두 구문과 유사한 내용이 나온다.

---

24) 정리자가 「」로 隸定한 에 대해 "受", "蒐", "閱" 등 다양한 견해가 제시되어 있다. 다만 그 의미에 대해서는 군대의 검열과 열병 등 큰 전쟁을 위한 준비로 파악하는데 이견이 없다 (季旭昇·高佑仁 主編, 2017, 『上海博物館藏戰國楚竹書[九]讀本』, 臺北: 萬卷樓, pp.12-15).

25) 정리자가 "汥"로 隸定한 에 대해서는 아래의 『左傳』 '僖公 27년'의 내용에 의거하여 "睽"로 보기도 하지만, 역시 "兆+殳"나 "申+殳(攵)", "尋", "陳", "尋+攵" 등 다양한 견해가 제시되어 있다(季旭昇·高佑仁, 2017, pp.15-18).

楚子將圍宋, 使子文治兵於睽, 終朝而畢, 不戮一人. 子玉複治兵於蔿, 終日而畢, 鞭七人, 貫三人耳
초의 군주[成王]는 송을 포위하려고 자문을 보내 睽에서 군사훈련을 하도록 했다. 아침이 끝날 무렵 훈련이 종료되었을 때 한 사람도 처벌받지 않았다. 자옥도 蔿에서 군사훈련을 재개하여 날이 저물 무렵 훈련을 종료했을 때 일곱 명이 채찍질을 당하고 세 명이 귀가 뚫리는 형벌을 받았다.

두 문헌의 인용 구절 모두 睽?와 蔿에서의 "蒐師" 혹은 "治兵" 등 군사 활동의 경과를 설명하고 있다. 程浩는 『成王為城濮之行』에 나오는 "不散一人"의 "散"이 아래의 『左傳』에 나오는 "不戮一人"의 "戮"에 상응하는 글자로 파악한다. 나아가 "兔"를 聲部로 하는 이 글자를 "抶(질)"로 고석한 曹方向 등의 해석이 정확하다고 본다.[26] 『繫年』 58호간에 나오는 "用搀宋公之御"의 "兔"를 성부로 하는 "[illegible](搀)"에 대해서도 그 정리자가 『說文』에 "笞擊"으로 풀이된 "抶"로 읽고 있어서[27] 이를 뒷받침한다. 따라서 위의 "不抶一人"은 한 사람도 처벌받지 않았다는 의미로 『左傳』의 "不戮一人"과 그 의미가 상통한다. 위의 세 구문에서 군대의 검열이나 治兵의 성과 판단 기준이 "不戮一人", "斬三人", "鞭七人" 등의 형벌로 나타나기 때문에, 『晉文公入於晉』의 4호간에서 "命蒐"로 시작하는 晉 文公의 군사 검열 역시 "成之以抶于郊三"으로 끝나서, 그 결과를 3인에 대한 笞刑으로 이해할 수 있다는 것이다. 이 해석 역시 "三"이 구문의 말미에 있어서 문법적으로 문제가 없는 것은 아니다. 다만 현재까지 제기된 다른 해석들에서도 "三"을 "抶"에 해당하는 글자의 목적어로 보는 만큼, 도치 가능성을 배제할 수 없을 것이다. 따라서 필자는 비교적 뚜렷한 근거를 제시한 程浩의 해석을 따라서 이 구문을 "교외에서 세 사람을 태형에 처함으로써 그것을 완수했다." 정도로 해석해둔다. 진 문공이 입국해서 실시한 군사 검열이 주 ㉘에서 언급한 목표지점에의 도달 여부에 따른 처벌로 끝났음을 암시한다. 그 훈련이 3인에 대한 태형이라는 경미한 형벌로 마무리될 정도로 성공적이어서, 결국 후술할 큰 성공으로 이어졌을 것이다.

㉙ 子居(2017)은 "大作"을 "興作大事"로, 통상 모두 軍政 대사를 지칭하여 아래에 열거되는 전과들이라고 한다.

[8] 元年克葲(原)㉚, 五年啟東道, 克曹·五麋(鹿),【7호간】 敗楚師(師)於坙(城)僕(濮), 逮(建)衛(衛), 成宋㉛, 回(圍)鄦(許), 反奠(鄭)之陴(陴)㉜, 九年大旻(得)河東之者(諸)侯㉝■.【8호간】

㉚ 정리자는 「葲」을 "原"으로 읽는다. 같은 글자가 郭店楚簡 『性自命出』 47호간에도 나옴을 지적한다. 『左傳』 '僖公 24년'에 重耳가 복국했을 때 叔帶와 狄人이 난을 일으켜 周 襄王 鄭으로 피신했다. 이듬해인 문공 2년 진의 군대가 왕을 다시 모셔왔고 숙대를 살해했다. 양왕이 진에 陽樊과 温, 原, 欑茅之田을 하사했음을 언급한다. 간문에 문공 원년에 "克原"으로 언급된 것과 달리 『左傳』과 『國語』에는 모두 이 사건을 문공 2

26) 曹方向, 2013, 「上博九〈成王為城濮之行〉通釋」, 簡帛網 2013년 1월 7일. 季旭昇·高佑仁(2017)도 이 해석을 따른다(pp.21-22).
27) 清華大學出土文獻研究與保護中心編, 李學勤主編, 2011, 『清華大學藏戰國竹簡』(貳), 上海: 中西書局, p.161.

년(魯 僖公 25년)으로 기술하고 있다. 『呂氏春秋』「離俗覽」에도 原에 대한 정벌을 文公 2년의 사건으로 기술하고 있어서, 鄔可晶, 郭永秉(2017)은 이 모순이 문공의 原 정벌이 2년에 걸쳐 이루어진 탓에 기인한 것으로 본다.

㉛ 心包는 「成宋」을 "城宋"으로 추정하고 宋에 대한 포위를 푼 이후의 조처로 이해한다. 물론 정리자처럼 "成宋"으로 읽고, 宋國을 보전한 것으로 볼 수도 있다고 한다(心包, 2017, 41樓).

㉜ 정리자는 「反」을 "顚覆"의미로 본다.[28] 「厍」에 대해서는 "陴"로 읽고 『國語』「晉語四」의 "反其陴"에 대해 韋昭가 "陴, 城上女垣"라고 주해한 것을 인용한다. 文公이 鄭을 공격하여 그 성벽 위의 矮墻을 무너뜨린 사건이다. 魯 僖公 28년, 晉 文公 5年 春, 晉의 군대는 동쪽으로 曹를 정벌하려 하며 衛에 假道를 요청했다. 衛人들이 불허하자 진의 군대가 서쪽으로 우회하여 남쪽에서 黃河와 濟水를 건너 河南 淇縣 남쪽 棘津에 이르렀다. 正月 戊申에 衛의 五鹿을 취했지만, 棘津에서 五鹿까지 衛의 땅을 縱貫했으니, 『商君書』「賞刑」과 『呂氏春秋』「簡選」, 『韓非子』「外儲說右上」에 "東衛之畝"라고 이르렀다. 또 동남쪽으로 향해 曹를 정벌하고 2월에 齊侯와 斂盂에서 맹약을 맺었다. 晉의 군대는 曹를 포위하고, 三月 丙午에 曹로 들어가 비밀리에 曹와 衛를 회복시켜, 曹와 衛가 楚와의 관계 단절을 통고하자, 북쪽을 향해 三舍로 퇴각했다. 四月 己巳에 楚의 子玉과 衛의 城濮에서 전투를 벌였다. 晉의 군대는 3일 동안 휴식하며 남아 있던 초의 곡물을 소비하고 癸酉에 군대를 돌려 甲午에 鄭의 衡雍에 이르러 踐土에 왕궁을 지었다. 五月 丙午에 晉과 鄭이 衡雍에서 맹약을 맺었다. 六月에 衛侯를 복귀시켰다. 冬에 温에서 회합했다. 十月 丁丑에 제후를 거느리고 許를 포위했다. 간문에 따르면 "成宋"은 六月 衛를 회복시킨 후의 일로, 『國語』「晉語四」 등에 기재되어 있는 "伐鄭, 反其陴"는 十月 丁丑의 許 포위 이후의 일이다. 『史記』는 이 "伐鄭"을 晉 文公 7년 秦과 晉이 정을 포위한 일로 봤지만 이는 틀린 것이라고 한다. 『韓非子』「外儲說右上」에 "文公見民之可戰也, 於是遂興兵伐原, 克之. 伐衛, 東其畝, 取五鹿, 攻陽. 勝虢. 伐曹. 南圍鄭, 反之陴. 罷宋圍. 還與荊人戰城濮, 大敗荊人. 返爲踐土之盟, 遂成衡雍之義. 一擧而八有功."라고 전한다. 晉 獻公 때의 사건인 "攻陽"과 "勝虢"이 잘못 끼어든 것을 제외하면, 그 나머지는 간문과 비슷하다고 본다.

㉝ 「九年」에 대해서 정리자는 『春秋』 '僖公 32년'이 晉 文公 9년이라 하고, 거기에 언급된 "冬十有二月己卯, 晉侯重耳卒."을 인용한다.

8호간

28) 李守奎, 「據清華簡〈繫年〉「克反商邑」釋讀小臣單中的「反」與包山簡中的「鈑」」, 『簡帛』 第九輯, 2014, pp.129-132에 의거한 것이다.

V. 『晉文公入於晉』은 신빙성 있는 문헌인가?

『晉文公入於晉』은 정리자들이 정한 제목처럼 기원전 636년 文公의 복국 직후 여러 시책을 주로 다루지만 실상 문공 재위 9년인 628년 그의 사망까지 전체 재위기를 총괄하고 있다. 패자 문공의 핵심 업적을 간략하게 정리한 문헌이다. 고고학적 분석에 따르면, 『晉文公入於晉』이 속한 청화간은 기원전 4세기 후반 초나라에서 유통되었다.[29] 『晉文公入於晉』은 三晉 지역에서 산출되어 초로 유입되었을 가능성이 크므로,[30] 그 成書 시기를 그보다 올려잡을 수 있을 것이다. 따라서 이 문헌을 물리적, 문헌학적 분석에 따라 전국시대의 산물로 본다면, 문공의 재위기(636~628 BC)와는 대체로 200여 년 이상의 시차가 존재한다.

李零은 先秦 秦漢시대의 簡帛 문헌을 '六藝類'와 '史書類', '諸子類', '詩賦類', '兵書類', '數術類', '方技類'의 7종으로 나누었다.[31] 2018년까지 발견된 초간 서적류 145편을 위의 분류에 따라 분석한 김석진은 '사서류'가 총 65편으로 전체 45%에 달한다고 보았다. 그는 또한 '사서류'를 '檔案類(書類)'와 '春秋類(紀年類)', '世類(譜牒類)', '語類(古事類)'로 나누는데, 『晉文公入於晉』이 속하는'語類(古事類)'가 총 42편으로 전체 사서류의 압도적 다수인 64%를 차지한다. '고사류'는 죽간 매수가 상대적으로 적은 단편인 경우가 많고, 그 중요도 역시 중간 이하인 경우가 다수이다. 등장인물의 대화나 논설을 통한 짧지만 완결된 이야기를 구비한 이러한 고사류 문헌들이 『左傳』이나 『國語』 등이 편찬되는 근간을 이루며 문학적인 재미까지 더해주었을 것으로 본다.[32]

이러한 측면에서 유리 피네스(Yuri Pines)는 교훈적 逸話 중심의 도덕적 서술 경향이 뚜렷한 이러한 고사류 문헌에서 신빙성을 인정받을 만한 記事 부분과 달리 다수를 차지하는 記言 부분은 유사역사 설화(quasi-historical lore)로 보고 있다.[33] 데이비스 스카버그(David Schaberg) 역시 이러한 고사류 문헌들이 교훈적 측면을 중시하다 보니 그 역사적 사실성 여부는 큰 고려의 대상이 아니었을 것으로 추정한다.[34]

이를 염두에 두고 『晉文公入於晉』의 내용을 살펴보면 문공이 복국 직후 시행한 여러 시책 중 대화체의 記言 부분은 刑獄과 제사, 농사, 군대 정비 등 충분히 예측 가능한 상투적인 내용으로 문헌이 산출된 당대의 관점이 투영된 것으로 보인다. 그렇지만 마지막에 사건 중심의 (제2) 記事 [8]에 언급된 文公의 실제 업적은

29) 淸華簡 죽간의 시대성과 관련해서, 2008년 12월에 진행된 (글자가 없는) 淸華簡 잔편에 대한 AMS C_{14} 연대 측정과 樹輪校正 결과에 따르면 죽간의 연대는 B.C. 305±30(335년~275년), 즉 戰國 중기 후반에서 후기의 전반에 해당하는 것으로 나타났다 (淸華大學出土文獻研究與保護中心 編, 2010, 『淸華大學藏戰國竹簡』(壹), 上海: 中西書局, 前言 p.3).

30) 王永昌, 2018, pp.157-158.

31) 李零, 2008, 『簡帛古書與學術源流』, 北京: 三聯書店, pp.216-227.

32) 김석진, 2018, 「戰國 楚簡 역사류 연구 試論」, 『中國古中世史研究』 48, pp.7-21.

33) Pines, 2017, "History without Anecdotes: Between the *Zuozhuan* and the *Xinian* Manuscript," *Between History and Philosophy: Anecdotes in Early China*, edited by Paul van Els and Sarah A. Queen(Albany: State University of New York), pp.264-289.

34) Schaberg, 2011, "Chinese History and Philosophy," *The Oxford History of Historical Writing, Volume 1: Beginnings to AD 600*, edited by Andrew Feldherr and Grant Hardy (Oxford, Oxford University Press), p.398.

『左傳』 등 전래문헌의 내용과도 일맥상통하여 그 사실성이 충분히 인정된다(〈표 1〉 참조).

표 1. 『晉文公入於晉』의 서사 분류

	『晉文公入於晉』
(제1) 記事	[1] 晉文公自秦內(入)於晉, 褍(端)翚(冕)□□□□□□□□□□王母=(母, 毋)䢅(辡)於妞(好)妝(莊)嫎(媥)䀝(娭)皆見.
記言	[2] 昷(明)日朝, 逗(屬)邦利(耆)老, 命曰: "以孤之舊(久)不[1호간]旻(得)繇(由)弍(二)厽(三)夫=(大夫)以攸(修)晉邦之政■, 命訟試(獄)敂(拘)執睪(釋), 滯(滯)責母(毋)又(有)賁(塞), 四坶(封)之內皆肰(然)■." [3] 或昷(明)日朝, 命曰: "以孤之舊(久)不旻(得)繇(由)弍(二)[2호간]厽(三)夫=(大夫)以攸(修)晉邦之祀, 命肥蒭羊牛·豢犬豕, 具畬(黍)稷醴=(酒醴)以祀, 四𡉚(封)之內皆肰(然)■." [4] 或昷(明)日朝, 命曰: "爲豪(稼)畬(嗇)古(故), 命洲(瀹)舊[3호간]泃(溝)、增舊芳(防), 四𡉚(封)之內皆肰(然)■." [5] 或昷(明)日朝, 命曰: "以虗(吾)晉邦之閯(間)尻(處)𢧵(仇)戳(讎)之閯(間), 命𩃬(蒐)攸(修)先君之𨌲(乘)、貣(忒)車𩊂(甲), 四𡉚(封)之內[4호간]皆肰(然)■."
(제2) 記事	[6] 乃乍(作)爲羿(旗)勿(物): 爲陞(升)龍之羿(旗)帀(師)以進, 爲降龍之羿(旗)帀(師)以退■, 爲右(左)□□□□□□□□□□□□□□□□□□□□[5호간]爲䊷(角)龍之羿(旗)帀(師)以戳(戰), 爲交龍之羿(旗)帀(師)以豫(舍), 爲日月之羿(旗)帀(師)以舊(久), 爲熊羿(旗)夫=(大夫)出, 爲豹(豹)羿(旗)士出, 爲蕘葦之羿(旗)䢦(侵)糧者[6호간]出. [7] 乃爲三羿(旗)以成至(制). 遠羿(旗)死, 中羿(旗)刑(刑), 忻(近)羿(旗)罰. 成之以兔(抶)于蒿(郊)三, 因以大乍(作)■. [8] 元年克蒝(原), 五年啟東道, 克曹·五𪋻(鹿),[7호간] 敗楚帀(師)於𡐦(城)僕(濮), 𦘳(建)𢕝(衛), 成宋, 回(圍)䚷(許), 反奠(鄭)之𨸏(陴), 九年大旻(得)河東之者(諸)侯■.[8호간]

여기서 필자가 한 가지 주목하고 싶은 점은 본 문헌 (제2) 記事 [6]-[7]에 나타나는 군사 관련 깃발 규정이다. 앞의 주 ⑰에서 『周禮』의 成書 문제에 대한 小寺敦의 지적을 언급했듯이, 『晉文公入於晉』과 『周禮』의 깃발 규정을 비교 검토해 볼 필요가 있다. 정리자가 그 비교를 위해 인용한 『周禮』 「春官宗伯」 '司常'의 내용은 다음과 같다(주 ⑰과 ㉘ 참조):

> 司常은 아홉 가지 깃발의 物名을 관장한다. 각각 소속이 있게 하여 국가의 사무에 대기한다. 日月로 常을 삼고, 交龍으로 旂를 삼고, 通帛으로 旜을 삼고, 雜白으로 物을 삼고, 熊虎로 旗를 삼고, 鳥隼으로 旟를 삼고, 龜蛇로 旐를 삼고, 全羽로 旞를 삼고, 析羽로 旌을 삼는다. 국가의 큰 사열이 있을 때 司馬를 보좌하여 旗物을 구분한다. 왕은 大常을 세우고, 제후는 旂를 세우고, 孤와 卿은 旜를 세우고, 大夫와 士는 物을 세우고, 師都는 旗를 세우고, 州里에서는 旟를 세우고, 縣鄙에서는 旐를 세우고, 道車에는 旞를 싣고, 斿車에는 旌을 싣는다. 모두 그 상징을 그리는데 官府에서는 각각 그 하는 일을 본뜨고, 州里에서는 각각 그 이름을 본뜨고, 家에서는 각각 그 명칭을 본뜬다.

정리자가 부록으로 제시한 『周禮』 「夏官」 '大司馬'에도 다음과 같이 군사 관련 깃발 규정이 담겨 있다:

中秋에 군사훈련을 하는데...旗物의 사용을 구분한다. 왕은 (전차에) 大常을 꽂고, 제후는 旂를 꽂고, 軍吏는 旗를 꽂고, 師都는 旜를 꽂고, 鄕遂는 物을 꽂고, 郊野에서는 旐를 꽂고, 百官은 旟를 꽂는데 각각 맡은 일과 호칭을 적어서 내건다. 그 밖의 것은 다 군대를 정비할 때와 똑같이 한다.

위의 두 인용문은 司常과 大司馬의 업무 중 깃발에 관한 것으로, 앞에서 살펴본 『晉文公入於晉』의 전시 깃발 규정과 상당히 다르다. 두 문헌이 제시하는 맥락이 다르니 규정도 다르게 나타남이 당연할 수 있을 것이다. 그렇지만 위 인용문의 밑줄 친 부분에 나타나는 日月과 交龍, 熊은 『晉文公入於晉』에도 주요 깃발 형상으로 나타난다. 정리자는 이를 통해 두 문헌 사이의 연관성을 강조하는 듯하지만, 그 내용에는 실상 큰 차이가 있다. 『周禮』에서 왕의 전차에 꽂았다는 大常의 표식인 日月은 『晉文公入於晉』에는 전투 중 "久留" 혹은 "等待"의 표식이다. 전자에서 제후의 전차에 꽂았다는 旂의 표식인 交龍은 후자에서는 "止戰"의 표식이다. 역시 전자에서 軍吏의 전차에 꽂았다는 旗의 표식인 熊(虎)은 후자에서는 大夫가 出하라는 표식이다(주 ㉑~㉓ 참조). 『晉文公入於晉』에서의 전시 깃발 도상이 『주례』에서 일종의 도식화된 신분 표식으로 나타나는 양상이 흥미롭다. 이를 어떻게 이해해야 할까?

이와 관련하여 주 ⑰에서 언급했듯이 『晉文公入於晉』과 비슷한 시기의 문헌인 『容成氏』 20~21호간에도 다음과 같이 깃발 규정이 나타난다:

禹가 그 후에 처음으로 號旗를 만들어서 그 좌우를 명확히 하여 백성들이 미혹되지 않게 했다. 日을 동방의 기로, 月을 서방의 기로, 蛇를 남방의 기로, 熊을 중앙의 기로, 鳥를 북방의 기로 했다.[35]

號旗의 의미가 불분명하지만[36] 『容成氏』의 저자는 禹가 최초로 日, 月, 蛇, 熊, 鳥의 도상을 지역에 따른 방위 표식으로 규정했을 것으로 본다. 비슷한 시기의 문헌인 『晉文公入於晉』에서 日月과 熊의 도상이 전시 깃발 규정으로 나타나는 것과 달라서, 전국시대에 이미 깃발에 대한 다른 인식(들)이 존재했음을 알 수 있다. 그렇지만 위의 『周禮』에서는 『容成氏』에서 방위를 규정하는 도상들 역시 결국 신분 표식으로 수렴되어 나타난다. 『周禮』의 깃발 규정은 전국시대인들이 옛날의 방식으로 이해했을 다양한 깃발 용례를 결합한 것일 가능성이 커 보인다. 그 문헌의 편자들이 여러 방식으로 인식되던 기존의 깃발 도상들을 자신들이 추구하던 고대의 이상적 신분 질서에 맞춰 도식적으로 재배치한 것은 아닐까.

후한대 이래로 『周禮』의 成書 시점에 대한 논의가 이어지고 있음은 주지의 사실이다. 윌리엄 볼츠(William Boltz)는 칼그렌(Karglen)의 기원전 2세기 중엽 설과 顧頡剛 및 郭沫若의 전국시대 후기 설을 인용하

35) 李承律, 2005, 「上海博物館藏戰國楚竹書『容成氏』譯注(上)」, 『出土文獻と秦楚文化』 第二號, pp.198-200 참조.

36) 李零은 號旗를 古人이 旗旌에 여러 가지 사물을 그려서 만든 徽號로 추정한 바 있다(馬承源 主編, 2002, p.265).

며, 漢代보다 이른 시기 설이 설득력 있다고 보고 있다.[37] 위에서 살펴본 『周禮』의 깃발 규정 역시 두 전국시대 초간 문헌에 나오는 내용보다 후대에 만들어졌음을 보여주어, 이 주장을 뒷받침한다. 대략 200년 정도 되어 보이는 그 成書 연대 차이가 문헌의 신빙성을 판단하는 절대적 기준이 될 수는 없을 것이다. 그러나 위에서 살펴본 대로 두 초간 문헌의 상이한 깃발 규정이 『周禮』에서는 신분 표식으로 도식화되는 사실은 그 늦은 시대성과 함께 실제 역사성마저 의심케 한다. 따라서 깃발 규정에 관한 한 『周禮』보다 『晉文公入於晉』에 더 원초성이 보존되어 있을 가능성이 크다.

이러한 측면에서 필자는 『晉文公入於晉』의 작자가 문공의 군사적 성공과 함께 패자가 된 주요 요인으로 군사 관련 깃발 규정을 강조하고 있음에도 주목한다. 문공 사후 200여 년 이후, 전국시대에 서술된 이 문헌에 그 당대의 상황이 반영되었을 것임은 이론의 소지가 없지만, 군사 관련 깃발 규정에 춘추시대의 양상이 남아 있을 가능성을 부인하기도 어려울 것이다. 특히 주 ㉔와 ㉕에서 언급한 초목 형상 깃발과 관련된 侵糧者가 『左傳』의 용례로도 입증되는 점은 춘추시대에 실제로 그러한 유형의 군사 조직이 있었음을 보여준다. 記言과 記事 양식이 혼합된 『晉文公入於晉』이라는 문헌의 특성과 함께 그 사료적 가치 역시 무시해서는 안 될 이유가 여기에 있다.[38]

투고일: 2020. 10. 26	심사개시일: 2020. 11. 01	심사완료일: 2020. 11. 28

37) Loewe ed. 1993, *Early Chinese Texts: A Bibliographical Guide*, (Berkeley, The Society for the Study of Early China), pp.25-29.

38) 이 논문의 작성에 도움을 준 단국대 박사과정 김석진 선생은 자신이 '古事類'로 분류한 『晉文公入於晉』이, 약간의 편집을 거치면, 『國語』 「晉語」의 한 부분으로 편입되어도 어색하지 않을 정도로 유사한 구조를 취하고 있다고 본다. 설득력 있는 주장이다.

참/고/문/헌

1. 『晉文公入於晉』 전문 연구

金宇祥, 2017, 「〈清華七·晉文公入於晉〉札記二則: 愆責毋有塞、命蒐修先君之乘」, 武漢大學簡帛研究中心網站, http://www.bsm.org.cn/show_article.php?id=2926, 2017년 10월 17일.

滕勝霖 2017, 「〈晉文公入於晉〉“冕”字續考」, 復旦大學出土文獻與古文字研究中心網站, http://www.gwz.fudan.edu.cn/Web/Show/3110, 2017년 9월 24일.

馬楠, 2017, 「〈晉文公入於晉〉述略」, 『文物』 2017-3.

石小力, 2017, 「清華簡第七冊字詞釋讀札記」, 『出土文獻』 11.

石小力 정리, 2017, 「清華七整理報告補正」, 清華大學出土文獻研究與保護中心網站, http://www.tsinghua.edu.cn/publish/cetrp/6831/2017/20170423065227407873210/20170423065227407873210_.html, 2017년 4월 23일.

小寺敦, 2020, 「清華簡『晉文公入於晉』譯注」, 『東洋文化研究所紀要』 177.

蕭旭, 2017, 「《清華簡(七)校補(一)」, 復旦大學出土文獻與古文字研究中心網站, http://www.gwz.fudan.edu.cn/Web/Show/3055, 2017년 5월 27일.

心包, 2017, 「清華七《晉文公入於晉》初讀」, 簡帛網.

鄔可晶, 郭永秉, 2017, 「從楚文子“原”的異體談到三晉的原地與原姓」, 『出土文獻』 11.

王挺斌, 2017, 「〈晉文公入於晉〉“冕”字小考」, 清華大學出土文獻研究與保護中心網站, http://www.tsinghua.edu.cn/publish/cetrp/6831/2017/20170424221641251174134/20170424221641251174134_.html, 2017년 4월 24일.

原雅玲, 2019, 「清華簡《晉文公入于晉》整理研究」, 東北師範大學 碩士學位論文.

子居, 2017, 「清華簡〈晉文公入於晉〉解析」, 中國先秦史網站, http://xianqin.tk/2017/07/14/386/, 2017년 7월 14일.

程浩, 2017, 「清華簡第七輯整理報告拾遺」, 『出土文獻』 10.

趙平安, 2017, 「清華簡第七輯字詞補釋(五則)」, 『出土文獻』 10.

清華大學出土文獻研究與保護中心編, 李學勤主編, 2017, 『清華大學藏戰國竹簡』(柒), 上海: 中西書局.

馮勝君, 2017, 「清華七〈晉文公入於晉〉釋讀札記一則」, 復旦大學出土文獻與古文字研究中心網站, http://www.gwz.fudan.edu.cn/Web/Show/3008, 2017년 4월 25일.

2. 관련 연구

季旭昇·高佑仁 主編, 2017, 『上海博物館藏戰國楚竹書[九]讀本』, 臺北: 萬卷樓.

裘錫圭, 2012, 「釋戰國楚簡中的“”字」, 『裘錫圭學術文集·簡牘帛書卷』, 上海: 復旦大學出版.

김석진, 2011, 「중국 清華大學 소장 戰國시대 竹簡」, 『목간과 문자』 7.

김석진, 2018, 「戰國 楚簡 역사류 연구 試論」, 『中國古中世史研究』 48.
滕壬生, 2008, 『楚系簡帛文字編』, 武漢: 湖北教育出版.
馬承源 主編, 2002, 『上海博物館藏戰國楚竹書』(二), 上海: 上海古籍出版社.
馬承源 主編, 2005, 『上海博物館藏戰國楚竹書』(五), 上海: 上海古籍出版社.
白於藍 編著, 2017, 『簡帛古書通假字大系』, 福州: 福建人民出版社.
楊伯峻, 1981, 『春秋左傳注』, 北京: 中華書局.
王永昌, 2018, 「清華簡文字與晉系文字對比研究」, 吉林大學 博士學位論文.
劉國忠, 2011, 『走近清华简』, 北京: 高等教育出版社.
劉信芳, 2011, 『楚簡帛通假彙釋』, 北京: 高等教育出版社.
李家浩, 1994, 「包山二六六號簡所記木器研究」, 『國學研究』 第二卷.
李零, 2008, 『簡帛古書與學術源流』, 北京: 三聯書店.
李守奎 編著, 2003, 『楚文字編』, 上海: 華東師範大學出版社.
李守奎, 2015, 『古文字與古史考: 清華簡整理研究』, 上海: 中西書局.
李承律, 2005, 「上海博物館藏戰國楚竹書『容成氏』譯注(上)」, 『出土文獻と秦楚文化』 第二號.
曹方向, 2013, 「上博九〈成王為城濮之行〉通釋」, 簡帛網 2013년 1월 7일.
池田知久 감수, 『郭店楚簡の思想史的考察』 第四劵(2000년 6월).
清華大學出土文獻研究與保護中心編, 李學勤主編, 2010, 『清華大學藏戰國竹簡(壹)』, 上海: 中西書局.
清華大學出土文獻研究與保護中心編, 李學勤主編, 2011, 『清華大學藏戰國竹簡』(貳), 上海: 中西書局.
清華大學出土文獻研究與保護中心編, 李學勤主編 ,2015, 『清華大學藏戰國竹簡』(伍), 上海: 中西書局.
Karlgren, Bernard, 1950, *The Book of Odes: Chinese Text, Transcription and Translation* (Stockholm: The Museum of Far Eastern Antiquity).
Loewe, Michael ed., 1993, *Early Chinese Texts: A Bibliographical Guide*, (Berkeley, The Society for the Study of Early China).
Pines, Yuri, 2017, "History without Anecdotes: Between the *Zuozhuan* and the *Xinian* Manuscript," *Between History and Philosophy: Anecdotes in Early China*, edited by Paul van Els and Sarah A. Queen (Albany: State University of New York).
Schaberg, David, 2011, "Chinese History and Philosophy," *The Oxford History of Historical Writing, Volume 1: Beginnings to AD 600*, edited by Andrew Feldherr and Grant Hardy (Oxford, Oxford University Press).

〈Abstract〉

An Annotated Translation of the *Jin Wen Gong's Entering into Jin* in the Tsinghua Bamboo Slips and the Authenticity of the Text

Shim, Jae-hoon

The *Jin Wen Gong's Entering into Jin* (*Jin Wen Gong ru yu Jin* 晉文公入於晉), a bamboo text of the Chu state in the Warring States period, narrates Wen Gong's returning to the Jin state, his reforms for the domestic and military affairs, and finally the process he became the hegemon. This article is an annotated translation of the text, introducing many scholars' arguments about the problematic passages and proposing the author's own ideas. Furthermore, comparing the wartime regulations of the flags in the *Jin Wen Gong's Entering into Jin* with those in the ***Rites of Zhou***, the author argues the former should have been an earlier version than the latter.

▶ Key words: Tsinghua Bamboo Slips, Chu Bamboo Slips, Jin Wen Gong's Entering into Jin, Rites of Zhou

논 문

新羅 舍利函記와 皇龍寺

李泳鎬*

<국문초록>

한국 고대의 사리함은 백제와 신라, 발해에서 발견되었다. 명문이 있는 사리함은 백제에서 먼저 나타나고, 이어 신라에서 유행하였다. 신라 舍利函記는 8종 가량 확인되고 있는바 그 가운데서 가장 자세한 기록을 남기고 있는 皇龍寺 舍利函記를 분석하였다,

황룡사 사리함기는 1972년 황수영에 의해 처음 학계에 소개되었다. 여기서는 이 자료와 황룡사 특별전에서의 실물 사진과 연구를 바탕으로 문서의 서식과 기왕의 판독들을 재검토하였다. 그래서 글자의 정확한 판독은 물론 글자의 위치까지도 바르게 표시한 모범 판독문을 작성하였다. 이로써 935자에 이르는 전문을 거의 확정할 수 있었다.

내용 분석에서는 선덕대왕대의 창건 공사를 단계별로 이해하였다. 자장의 9층탑 건립 건의 후 2년간의 준비, 645년 3월의 始構建, 4월 8일의 立刹柱, 그리고 이듬해의 畢功으로 정리하였다. 더욱이 찰주를 세운 날이 밝혀짐으로써 『삼국유사』의 백제인 아비지 설화의 사실성을 더할 수 있게 된 것은 이 글의 성과였다.

9층탑 건립 이후 195년이 지나 문성왕대가 되었다고 한 것도 중요한 사실이었다. 문성왕 즉위 이전에 탑이 이미 기울었으며, 그의 즉위를 계기로 9층탑 개조를 준비하였지만, 헌안왕을 거쳐 경문왕대에 비로소 중수가 이루어졌음을 밝혔다.

* 경북대학교 사학과 교수

9층탑 중수공사는 경문왕 11년(871) 8월 12일에 철거를 시작하여 이듬해 7월 필공하였다. 그러나 찰주가 움직이지 않는 문제가 발생하였으므로 하자 보수 기간을 거쳐 873년 9월에 최종 완성하였음을 밝혔다. 또한 그간 모호하게 처리하였던 구절들에 대해서도 새로운 해석을 할 수 있었다. 大德 현량과 보연, 重阿干 김견기를 其人이라 한 점을 근거로 其人에 대한 해석을 새로이 할 수 있었고, 사리함기를 새긴 (小)連全을 통해 姓氏 小氏에 대해 주목하게 된 것도 이 글의 부수적 성과였다.

▶ **핵심어: 경문왕(景文王), 기인(其人), 김위홍(金魏弘), 사리함기(舍利函記), 찰주본기(刹柱本記), 황룡사(皇龍寺)**

Ⅰ. 머리말

『삼국사기』에는 불교 관련 자료가 소략하다. 삼국 불교의 전래나 주요 사찰에 대한 단편적 기록만이 간간이 나타날 뿐이다. 유학자 김부식의 사관에 입각하다 보니 불교 관련 내용이 많이 빠져버렸던 것이다. 따라서 『魏書』에서 볼 수 있는 「釋老志」가 없음은 물론, 『삼국사기』 열전에 단 한 명의 승려도 입전되지 못하였다. 그런 점에서 일연이 지은 『삼국유사』는 이를 보완한다는 측면에서 중요하다.

『삼국유사』의 각 편목은 불교 관련 사실들을 매우 풍부하게 전하고 있다. 『삼국유사』 그 자체 한국 고대 불교문화사로 인정받고 있는 것이다. 그러나 후대의 시각으로 정리되었다는 점에서 보다 구체적인 모습은 당대의 실물자료에 의지하지 않을 수 없다. 연구자들이 당대의 金文이나 石文, 銘文瓦, 木簡 등의 1차 사료에 주목하는 것은 바로 이 때문이다. 물론 해당 자료들도 많지 않은 것이 아쉽지만, 그래도 이를 잘 활용한다면 문헌자료에서 알 수 없는 사실들을 상당 부분 밝혀낼 수 있다고 생각된다.

불교 관련 문자자료로서 승려들의 碑銘, 佛像造成記, 鍾銘, 塔誌, 舍利函記 등을 들 수 있다. 여기서는 이 가운데 舍利函記에 대한 분석을 시도하고자 한다. 잘 알듯이 舍利란 석가모니나 고승이 입멸한 후의 화장한 유골을 말한다. 나아가 사리함이란 이 같은 사리를 담는 容器를 가리킨다고 하겠다. 한국 고대에서 사리함은 불교의 융성에 따라 적지 않은 수가 발견되었다. 고구려에서는 아직 보고가 없지만, 백제와 신라, 그리고 발해에서는 모두 그 사례가 확인되었다. 석가의 사리와 이를 모신 사리함의 존재는 부처에 대한 숭배심과 당시 왕실·귀족들의 불교 신앙을 살펴볼 수 있는 좋은 자료가 된다고 하겠다.[1)]

사리함의 발견으로 우선 사리 봉안의 방법이 밝혀질 수 있다. 그 가운데서도 명문이 있는 것은 사리장치의 실태뿐 아니라, 그 전후의 사정을 잘 알 수 있게 해준다는 점에서 중요하다. 여기서는 이 같은 舍利函記의 실태를 파악한 뒤, 가장 자세한 기록을 남기고 있는 皇龍寺 九層木塔 舍利函記를 주목하고자 한다. 이는

1) 한국 고대 사리함의 현황에 대해서는 다음 자료가 주목된다.
국립중앙박물관, 1991, 『佛舍利莊嚴』.
신대현, 2003, 『한국의 사리장엄』, 혜안.

황룡사가 신라에서 차지하는 비중만큼이나 중요한 사실들을 많이 전한다고 생각하기 때문이다.

II. 舍利函記의 실태

사리함은 재료에 따라 석제와 금동제, 은제, 금제 등으로 나뉘고, 모양에 따라 舍利壺, 舍利函, 舍利盒 등 여러 종류로 나뉜다. 그 가운데 사리를 봉안하면서 명문을 남긴 舍利函記는 불교사나 미술사뿐만 아니라 역사학의 측면에서도 중요하다. 한국 고대에서 사리함기는 먼저 백제에서 그 사례를 찾을 수 있다.

1995년 부여 능산리사지에서 昌王銘石造舍利龕이 출토되었다. 명문은 "百濟昌王十三季 太歲在丁亥 妹兄公主供養舍利"로서 백제 창왕 13년 정해년에 매형공주가 사리를 공양하였다는 간단한 내용이었다. 석조 감실의 좌·우 양쪽에 각각 중국 남북조시대의 서체인 예서풍의 글자가 10자씩 새겨져 있는데, 창왕은 聖王의 아들인 餘昌 곧 위덕왕을 말한다.

사리를 봉안한 인물은 창왕의 매형공주로서, 성왕의 딸이자 창왕의 여자형제인데, 사리를 봉안한 연대인 창왕 13년은 『삼국사기』를 따를 경우 566년이고, 정해년을 중시할 경우 그 이듬해인 창왕 14년인 567년이다. 학계에서는 대체로 후자로 이해한다. 이 석조 사리감은 내함은 없어지고 외함만 남았지만 명문을 통해 백제에서 사리 봉안의 첫 사례를 확인하였다는 점에서 의미가 있다.

2007년에 부여 王興寺址에서 명문 舍利函이 출토되었다. 밖에서부터 금동제사리합-금제사리호-유리사리병의 순으로 봉안된 사리장치에서 금동제사리합 외면에 6행 29자의 명문이 적혀 있다. 이는 "丁酉年二月十五日 百濟王昌爲亡王子立刹 本舍利二枚葬時神化爲三"으로, 정유년 2월 15일 백제왕 창이 죽은 왕자를 위하여 刹柱를 세우고 본래 사리 2매를 묻었을 때 신의 조화로 셋이 되었다는 내용이다. 사리 봉안자와 그 대상을 알 수 있고, 정유년이 위덕왕 24년인 577년인 사실도 알게 되었다.

다음은 2009년에 발견된 미륵사지 서석탑 출토 사리봉영기이다. 사리용기는 밖에서부터 금동제사리외호-금제사리내호-유리사리병의 순서로 3중구조로 이루어졌는데, 명문은 서석탑 심초석 안의 원공에서 출토된 금판에 별도로 적혀 있다. 내용은 佐平 沙乇積德의 딸인 百濟王后가 大王陛下의 수명과 태평성대, 俱成佛道를 기원한 것이다. 공양주와 그 대상을 알 수 있고, 사리를 봉안한 시기도 "己亥年正月卄九日奉迎舍利"라 하여 무왕 40년(639) 1월 29일임을 밝힐 수 있게 되었다. 이는 사리용기에 명문이 새겨진 것은 아니지만, 사리공 안에 별도로 금판을 넣고 명문을 새긴 것이므로 사리함기와 같은 범주에서 이해해도 무방하리라 생각된다.[2)]

이처럼 백제의 경우 사리함기는 6세기 말부터 나타났으며, 기원자는 국왕과 왕비, 공주 등으로서 왕실 관계자들이었다. 그리고 그 대상도 국왕과 왕실, 망 왕자 등으로 이들의 복을 기원한 것이었다. 또한 국왕이나 왕비 등이 사원을 창건하거나 탑을 건립하면서 사리를 봉안하고 명문을 새겼다. 백제 사리함기의 이

2) 백제 사리장엄구는 이 외에도 더 있는바 이에 대해서는 국립부여문화재연구소, 2017, 『(특별전) 百濟 王興寺』, p.98 도표 참고.

러한 경향은 신라에서도 볼 수 있다.[3)]

신라의 사리함기는 백제보다 늦은 8세기부터 등장하였다.[4)] 성덕왕 5년(706)년에 제작된 경주 황복사 금동사리함기는 신라에서 조성된 가장 이른 시기의 것이다. 1942년 경주시 구황동 황복사지 석탑을 해체 복원할 때 2층 탑신 윗면에 있는 방형 舍利孔에서 금제불상 2구, 사리, 구슬, 금은제 고배 등과 함께 사리함이 발견되었다. 사리함의 구조는 밖에서부터 금동외함-은함-금함-유리병의 순서로 되어 있는데, 명문은 금동외함의 뚜껑 안쪽에 새겨져 있다. 명문은 사방으로 칸을 그어 칸마다 한 자씩 글자를 새겼다. 전체 18행에 1행 20자로 쓴 해서체로 자경은 1㎝이다. 그리고 금동외함의 네 면에는 소탑 99기를 점선묘로 그렸다. 명문에 따르면 신문왕의 사후에 신문왕비와 효소왕이 삼층석탑을 건립했고, 그 후에 성덕왕이 돌아간 신문왕과 신문왕비, 효소왕을 위해 佛舍利 넷과 순금제 미타상 1구, 무구정광대다라니경 1권을 석탑 속에 봉안하였다고 한다. 사리함은 국립중앙박물관에 전시되어 있으며 기문의 찬자와 서자는 미상이다.[5)]

神龍二年銘 金銅舍利函記 또한 신라 성덕왕 5년(706)에 제작된 것이다. 원래 일본인 鮎貝房之進이 가졌던 것인데 뒤에 일본인인 三井家現이 소장하였다고 한다. 국내에서는 국립중앙박물관에 있는 『梅原考古資料』의 사진을 통하여 그 모습을 볼 수 있다. 사리함의 뚜껑 안쪽에 8줄의 墨書가 있는데 일부 글자만 겨우 판독이 가능하다. 이 사리함의 주인공과 원래의 출토지 등은 결락이 심하여 알 수 없다. 門徒로서 梵兮라는 승려의 이름이 보인다.

永泰二年銘 蠟石舍利裝置記는 신라 혜공왕 2년(766)에 탑을 조성한 사실을 새긴 뒤 고려 성종 12년(993)에 중수한 내용을 추가한 것이다. 이 유물은 1966년 경기도 安城郡 二竹面 彌勒堂에 있는 석탑에서 발견되었다고 하며, 명문은 가로 11.3㎝, 세로 10.5㎝, 높이 4.5㎝의 납석제 방형 舍利裝置 받침에 새겨져 있다. 사리장치 받침의 표면 중앙에는 지름 2.5㎝, 깊이 2.4㎝의 圓孔이 있고 그 곳에 높이 6.5㎝, 밑지름 2.2㎝, 몸지름 4.0㎝의 청동제 舍利圓壺가 고정되어 사리장치 전체를 이룬다고 한다. 명문이 있는 석판을 따로 마련하여 사리구와 함께 장치하였던 유물이란 점에서 주목되는데,[6)] 이는 현재 동국대 박물관에 소장되어 있다. 原銘은 납석제 받침의 側面 사방에 음각하고, 追銘은 바닥면에 음각하였다. 자료의 찬자와 서자는 미상이다.

敏哀王石塔 舍利盒記는 경문왕 3년(863, 함통 4)에 만들어졌다. 黑漆한 납석제의 작은 원형 盒으로, 대구 동화사 비로암 삼층석탑 안에서 발견되었다. 표면에 가는 선으로 39행 8줄의 네모 칸을 긋고 그 안에 해서로 7자 38행의 기문을 적었다. 그러나 항아리가 4조각으로 깨어져 전체를 판독할 수는 없으나 「八公山桐華

3) 경주 감은사지 삼층석탑 동탑사리함, 경주 감은사지 삼층석탑 서탑사리함, 경주 불국사 삼층석탑 사리장엄구, 경주 나원리 오층석탑 사리장엄구, 칠곡 송림사 오층전탑 사리장엄구, 구미 도리사 세존사리탑 금동사리기 등 훌륭한 작품들이 많으나 명문이 없다.

4) 이하 서술하는 사리함기는 韓國古代社會研究所 編, 1992, 『譯註 韓國古代金石文(Ⅲ)』, 駕洛國史蹟開發研究院, pp.346-377, '제6장 사리함 명문'의 개관을 많이 참고하였다. 황복사 금동사리함기, 신룡 2년명 금동사리함기, 영태 2년명 납석사리장치기, 민애왕석탑사리합기, 축서사 납석사리합기, 황룡사 9층목탑 사리함기, 중화 3년명 금동사리기기 등 7종이 실려 있는데, 여기에 청도 운문사 鵲鴨殿 출토 사리호 명문을 추가하였다.

5) 이에 대한 최근의 연구는 한정호, 2006, 「慶州 九皇洞 三層石塔 舍利莊嚴具의 再照明」, 『미술사논단』 22, 한국미술연구소 참조.

6) 黃壽永, 1965, 「新羅 塔誌石과 舍利壺」, 『美術資料』 10; 1999, 『黃壽永全集 4 -금석유문-』, 혜안.

寺蹟碑銘」을 근거로 일부 보완이 가능하다. 9세기에는 왕실, 귀족을 중심으로 원찰, 원탑의 건립이 유행하였다. 이 사리합 명문은 이 같은 경향을 보여주는 자료로서 동화사가 신라 왕실의 원당이었음을 추정케 한다.[7] 민애왕을 추복하기 위한 塔의 조성은 헌덕왕의 아들 心智(心地)가 주관한 것으로 보인다. 舍利盒記는 동국대 박물관에 보관되어 있는데, 이를 내장하였던 金銅方函 4매는 국립대구박물관에 소장되어 있다.

鷲棲寺 蠟石舍利盒記는 경문왕 7년(867)에 만들어진 것이다. 사리합은 경상북도 奉化郡 物野面 皆丹里 鷲棲寺에 전해오던 것으로, 원래 축서사 삼층석탑에 봉안되었던 유물로 추정된다.[8] 일제 강점기인 1920년대 초 유물조사를 하던 일본인에 의해 발견되었고, 지금은 국립경주박물관에 소장되어 있다. 蠟石으로 만들었으며 높이는 10㎝이다. 합의 주위와 밑면에 명문이 있다. 이 시기에는 이와 비슷한 사리기와 無垢淨小塔들이 많이 제작되고 있어 당시 불교의 無垢淨塔 신앙의 유행을 보여주는 자료로서 주목된다.[9]

皇龍寺 九層木塔 舍利函記는 탑지 심초석 사리공 안에서 발견된 것이다. 경문왕 11년(871) 8월 12일부터 시작된 중수 공사를 적은 것으로, 사리내함의 내면 3개 면과 외면 3개 면에 900여 자의 글자를 새겼다. 내외면 가운데 내면이 주문이다. 내면에는 선덕여왕대의 구층탑의 건립과 경문왕대의 중수 사실을 서술하였고, 외면에는 成典, 道監典, 俗監典과 維那 등의 순서로 관여한 사람들의 명단을 적었다. 신라에서 글자 수가 가장 많은 사리함기이다. 각 금동판의 크기는 가로 23.5㎝, 세로 22.5㎝이고, 글자 크기는 내면이 약 1㎝, 외면이 0.8㎝이다.[10] 황룡사는 그 위상에 걸맞게 문헌자료가 풍부한 편이어서 많은 연구가 이루어졌다. 지금도 사지 발굴조사가 진행되고 있고, 출토 유물도 많다. 정치사회적, 불교사적 측면에서 매우 소중한 사찰인 만큼 사리함기에 대한 철저한 분석이 필요하다.

仲和三年銘 金銅舍利器記는 헌강왕 9년(883)에 제작되었다. 길이 17㎝, 지름 4.2㎝의 원통형 사리기 겉면에 글씨 크기 0.8㎝의 雙鉤體 행서로 명문이 새겨져 있다. 1964년에 도굴된 황룡사 9층탑 사리장치를 1966년 회수할 때 함께 수습되었다. 석탑을 조성하고 봉안한 사리용기의 조성기이므로 원래 황룡사 사리장치는 아니다. 그러나 황룡사 9층탑 사리공 안에서 이의 뚜껑이 수습되어 883년 이후 어느 시기 사리공 안에 봉안된 것은 사실인 듯하다.[11] 명문에 따르면 이 사리기가 소장되었던 원탑은 裕神 角干을 위해서 조성되었다고 한다. 이 자료의 찬자와 서자는 미상이고, 사리기는 현재 국립중앙박물관에 소장되어 있다.

끝으로 淸道 雲門寺 鵲鴨殿 출토 舍利石壺 銘文이다. 방형사리석함에서 발견된 납석제 사리석호의 뚜껑 안쪽에 명문이 있다. 外緣에 시계바늘 방향으로 "咸通六年塔治節舍利二身"이, 중앙에 "刻生訓"이 각각 새겨져 있다.[12] 함통 6년은 경문왕 5년인 865년으로, 1987년 雲門寺 鵲鴨殿 해체수리 때에 출토되었다.

이상에서 살펴본 신라의 사리기는 8종이었다. 시기적으로는 성덕왕대부터 경문왕대까지 8세기 초부터

7) 黃壽永, 1969, 「新羅敏哀大王石塔記」, 『史學志』 3; 1999, 『黃壽永全集 4 -금석유문-』.

8) 한정호, 2011, 「통일신라시대 蠟石製舍利壺의 발생과 전개에 대한 고찰」, 『古文化』 77, p.72.

9) 최근 이를 언급한 연구로 임영애, 2017, 「봉화 축서사 석조비로자나불좌상과 목조광배 -축서사와 왕경 진골 귀족, 그리고 황룡사-」, 『梨花史學硏究』 55 참조.

10) 黃壽永, 1973, 「新羅 皇龍寺 九層木塔 刹柱本記와 그 舍利具」, 『東洋學』 3, p.274.

11) 韓政鎬, 2008, 「〈皇龍寺刹柱本記〉와 불사리장엄구 연구」, 『美術資料』 77, p.20.

9세기 말에 이르는 자료들이었다. 이 가운데 9세기 후반에 집중적으로 출현하였다. 글자 수로는 청도 운문사 작압전 출토 사리석호 명문이 가장 짧고 황룡사 구층목탑 사리함기가 가장 길었다. 금동판에 글자를 새긴 명문이 황복사 금동사리함기, 황룡사 구층목탑 사리함기, 중화삼년명 금동사리기기 등 3점, 납석에 새긴 명문이 영태이년명 납석사리장치기, 민애왕석탑 사리합기, 축서사 납석사리합기 등 3점, 그리고 금동사리함에 적혔으면서도 묵서명은 신룡이년명 금동사리함기 1점이었다. 지금까지 검토한 내용에 유의하면서 명문의 작성시기, 발원자, 기원의 대상(목적) 등을 연대순으로 정리하면 다음 표와 같다.

이름	작성시기	발원자	기원의 대상(목적)	비고
皇福寺 金銅舍利函記	성덕왕 5년(706)	성덕왕	신문대왕과 신목왕후, 효조대왕의 명복 기원, 성덕왕과 왕비의 복을 기원	사리, 순금미타상, 무구정광대다라니경 안치
神龍二年銘 金銅舍利函記	성덕왕 5년(706) 3월 8일	梵兮 등	미상	묵서명
永泰二年銘 蠟石舍利裝置記	혜공왕 2년(766, 993년에 추기)	朴氏와 두 승려	미상	석탑 건립
閔哀王石塔 舍利盒記	경문왕 3년(863)	경문왕	민애왕 추복	桐藪願堂에 석탑 건립
雲門寺 鵲鴨殿 出土 舍利石壺銘	경문왕 5년(865)	生訓?	사리봉안	
鷲棲寺 蠟石舍利盒記	경문왕 7년(867)	僧 彦傅	모친의 정토왕생, 속세의 생령들을 이롭게 함	건탑, 불사리 봉안, 무구정경에 따라 법회 개최
皇龍寺 九層木塔 舍利函記	경문왕 12년(872)	경문왕	9층탑 중수. (삼한통합, 군신안락의 상징)	창건 시 사리 재봉안. 사리 100매, 법사리 2종 추가
仲和三年銘 金銅舍利器記	헌강왕 9년(883)	普門寺 玄如大德	裕神 角干	건탑. 무구정광경에 따라 소탑 77구와 眞言 77본 봉안

12) 金吉雄, 1990, 「雲門寺 鵲岬殿出土 舍利具에 대하여」, 『慶州史學』 90.
黃壽永, 1994, 『韓國金石遺文』 第五版, 1994; 1999, 『黃壽永全集 4 -금석유문-』, p.265.
중앙의 문자를 김길웅은 '利生訓'으로, 황수영은 '刻生訓'으로 읽었다. 여기서는 후자를 따른다.

III. 皇龍寺 舍利函記의 판독

황룡사 9층목탑 사리함기는 금동판에 '황룡사찰주본기'라 적혀 있는 것으로 한국고대사, 불교사, 미술사, 고고학, 건축사 등 여러 분야에서 많은 연구자들의 관심의 대상이 되어 왔다. 이 자료가 학계에 처음 소개된 것은 1972년 10월 28일, 황수영의 「新羅皇龍寺九層塔誌-刹柱本記에 대하여-」라는 강연을 통해서였다.[13] 사리함은 황룡사 9층목탑지 心礎石 舍利孔 안에 안치되어 있었으나 1964년 12월 17일에 도굴꾼에 의해 탈취되었다. 그 후 우여곡절을 거쳐 1966년에 민간 소장에서 국고로 귀속되고 국립중앙박물관에 보관되었다. 현재는 국립경주박물관 미술관 황룡사실에 상설 전시되어 있다.

이 금동 사리함에는 4개 면의 안쪽과 바깥쪽에 각각 그림과 글자가 새겨져 있다. 정면은 2장의 門扉로 앞면 양쪽에 金剛力士像이, 뒷면 양쪽에 神將像이 각각 線刻되어 있고, 앞면 중앙에는 잠금장치용 고리가 달려 있다. 나머지 3개 면 앞뒤에는 雙鉤體의 명문이 음각되어 있다. 바닥판이 있었지만 삭아서 없어졌고, 뚜껑은 다행히 남았다. 황수영의 글에 따르면, 오래되어 처음 이들은 각판이 분리되어 있었고, 하단부는 침식되었으며, 양면은 녹이 두껍게 덮여서 단 몇 자도 판독할 수가 없었다. 다행히 원자력연구소 김유선 씨에게 의뢰하여 녹을 제거함으로써 각 면 내외의 전문을 거의 읽을 수 있게 되었다고 한다. 이로써 금동사리함 안쪽과 바깥쪽 양면 명문의 전모가 밝혀졌고, 황룡사 9층탑의 창건과 재건, 그리고 관련자들에 대한 자세한 정보를 얻을 수 있게 되었다. 그 후 정병삼이 전문을 처음으로 해석함으로써 이의 연구에 크게 기여하였다.[14]

그러나 이 사리함기는 황수영에 의해 처음 보고된 이후 명문 판독을 검증할 만한 변변한 사진자료가 공개된 적이 없었다. 뿐만 아니라 보물 제1870호로 지정된 해당 유물의 열람은 용이하지 않았고, 육안으로 글자 관찰은 더욱 쉽지 않았다. 따라서 이에 대한 종래의 판독은 본격적 검증없이 각종 연구의 토대가 되어

---

13) 黃壽永, 1972년 10월 28일, 「新羅皇龍寺九層塔誌 -刹柱本記에 대하여-」, 『東洋學學術講演會鈔』, 檀國大學校 東洋學硏究所 주최 제2회 동양학학술강연회 자료집, pp.53-61(1973, 『東洋學』 3, pp.499-507에 재수록).

이 학술강연회 발표문은 1972, 『考古美術』 116에 그대로 실렸다고 하나 처음 발표문과 몇 자 차이가 있다. 또한 뒤에 나온 자료에서도 사리함기의 내용을 소개하고 있으나 글자의 열과 판독이 약간씩 다르다.

黃壽永, 1972, 「新羅皇龍寺九層塔誌 -刹柱本記에 대하여-」, 『考古美術』 116.

黃壽永, 1973, 「新羅 皇龍寺 九層木塔 刹柱本記와 그 舍利具」, 『東洋學』 3.

黃壽永, 1973, 「新羅 皇龍寺 刹柱本記 -九層木塔 金銅塔誌-」, 『美術資料』 16.

黃壽永, 1976, 『韓國金石遺文』, 일지사.

黃壽永, 1984, 「新羅 皇龍寺 九層木塔의 刹柱本記와 舍利具」, 『皇龍寺 遺蹟發掘調査報告書 I』, 문화재관리국 문화재연구소.

황수영, 1999, 『黃壽永全集 4 -금석유문-』.

여기서는 동양학학술강연회 이후 『考古美術』에 실린 것부터 순서대로 황수영(1972), 황수영(1973a), 황수영(1973b), 황수영(1976), 황수영(1984), 황수영(1999)로 구별한다. 내용으로 보면 황수영(1984)가 최종 판독문이다. 황수영(1999) 「1부 금석유문」에서는 『韓國金石遺文』의 처음 판독문을 그대로 실었으나 「2부 한국의 금석문」에서는 황수영(1972)와 황수영(1973a)의 논문을 재수록하면서도 판독문은 뒤에 수정한 것을 실었다.

14) 鄭炳三, 1992, 「皇龍寺 九層木塔 舍利函記」, 『譯註 韓國古代金石文(Ⅲ)』.

온 것이 현실이었다.[15)]

그러던 중 국립경주박물관에서 처음으로 '皇龍寺 특별전'을 개최하였다. 2018년 5월 25일부터 9월 2일까지 열린 이 행사에서는 1976년부터 1983년까지 8년간 이루어진 발굴조사와 그 후 조사한 유물들을 전시하였다.[16)] 이와 더불어 같은 해 7월 6일(금)에는 국립경주박물관 주최로 '황룡사 특별전' 연계 학술대회가 열려 황룡사 연구의 제반 문제와 사리함기 명문 검토가 있었다.

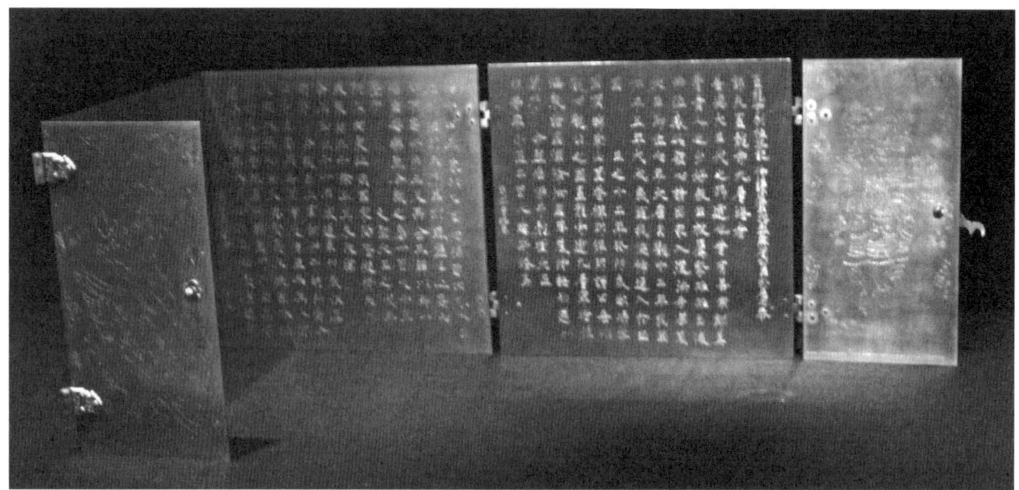

황룡사 9층목탑 사리함기 모형(국립경주박물관 복제)

잘 알듯이 황룡사 9층목탑 사리함기는 크고 작은 5개의 동판을 연결한 것이다. 안쪽 면과 바깥 면에 모두 글자가 있으나, 주문인 안쪽 면이 글자 크기 약 1㎝로서 바깥쪽 면의 0.8㎝보다 크다. 이 글에서는 황수영의 첫 판독을 기준으로 하면서, 최근의 도록 사진과 이용현의 판독을[17)] 중점적으로 검토하려 한다. 그리하여 기왕의 성과를 종합적으로 살핌으로써 글자의 판독은 물론, 글자의 위치까지도 세밀히 정리하여 모범 판독문을 작성하고자 한다. 먼저 종서를 횡서로 바꾼 황수영의 첫 판독문을 제시하면 다음과 같다.

---

15) 李鎔賢, 2018, 「皇龍寺刹柱本記의 再檢討」, 『新羅文物硏究』 11, p.110.

16) 국립경주박물관, 2018, 『(특별전) 皇龍寺』, 비에이디자인.

17) 李鎔賢, 2018, 「皇龍寺刹柱本記의 再檢討」, 『新羅文物硏究』 11.

(第一板 內面)

①②③④⑤⑥⑦⑧⑨⑩⑪⑫⑬⑭⑮⑯⑰⑱⑲⑳㉑

1 皇龍寺刹柱本記侍讀右軍大監兼省公臣朴居勿奉

2 詳夫皇龍寺九層塔者

3 善德大王代之所建也昔有善宗郎眞

4 骨貴人也少好殺生放鷹擎雉雉出淚

5 而泣感此發心請出家入道法號慈藏

6 大王即位七年大唐貞觀十二年我國

7 仁平五年戊戌歲隨我使神通入於西

8 國　　　王之十二年癸卯歲欲歸本

9 國頂辭南山圓香禪師禪師謂曰吾以

10 觀心觀公之國皇龍寺建九層窣堵波

11 海東諸國渾降汝國慈藏持語而還以

12 聞乃　命監君伊干龍樹大匠□濟□

13 非等率小匠二百人造斯塔焉

鐫字僧聰惠

(第二板 內面)

1 其十四年歲次乙巳始構建四月□□

2 立刹柱明年乃畢功鐵盤已上高□□

3 已下高卅步三尺果合三韓以爲□□

4 君臣安樂至今賴之歷一百九十□□

5 暨于　　　　　文聖大王之代□□

6 旣久向東北傾國家恐墜擬將改□□

7 致衆材三十餘年其未改構

8 今上即位十一年咸通辛卯歲恨其□

9 傾乃　命親弟上宰相伊干魏弘爲□

10 臣寺主惠興爲聞僧及脩監典其人□

11 大統政法和尙大德賢亮大統兼政法

12 和尙大德普緣康州輔重阿干堅其等

13 道俗以其年八月十二日始廢舊造新

鐫字臣小連全

(第三板 內面)

1 其中更依無垢淨經置小石塔九十九
2 躯每躯納　舍利一枚陀羅尼四種經
3 一卷卷上安　舍利一具於鐵盤之上
4 明年七月九層畢功雖然刹柱不動
5 上慮柱本　舍利如何令臣伊干承
6 旨取壬辰年十一月六日率群僚而往
7 專令擧柱觀之礎臼之中有金銀高座
8 於其上安　舍利琉璃瓶其爲物也不
9 可思議唯無年月事由記○廿五日還
10 依舊置又加安　舍利一百枚法舍利
11 二種專　命記題事由略記始建之源
12 改作之故以示萬劫表後迷矣
13 　　　咸通十三年歲次壬辰十一月廿五日記
14 　　　崇文臺郞兼春宮中事省臣姚克一奉　教□
　　　　　　鐫字助博士臣連全

(第三板 外面)

1 成典
2 監脩成塔事守兵部令平章事伊干臣金魏弘
3 上堂前兵部大監阿干臣金李臣
4 　　倉府卿一吉干臣金丹書
5 赤位大奈麻臣新金賢雄
6 青位奈麻臣新金平矜　奈麻臣金宗猷
7 　　奈麻臣金歆善　　大舍臣金愼行
8 黃位大舍臣金兢會　　大舍臣金勛幸
9 　　大舍臣金審卷　　大舍臣金公立
10 道監典

(第二板 外面)

1 　　前國統僧惠興
2 　　前大統政法和尙大德賢亮前大統政法和尙大德普緣
3 　　大統僧談裕　　　　　政法和尙僧神解

4 普門寺上座僧隱田 當寺上座僧允如

5 僧榮梵 僧良嵩 僧然訓 僧昕芳

6 僧溫融

7 維那僧勛筆 僧咸解 僧立宗 僧秀林

8 俗監典

9 浿江鎭都護重阿干臣金堅其

10 執事侍郎阿干臣金八元

(第一板 外面)

1 內省卿沙干臣金咸熙

2 臨關郡太守沙干臣金昱榮

3 松岳郡太守大奈麻臣金鎰

4 當寺大維那

5 僧香□ 僧□□ 僧元強 當寺都維那□□

6 感恩寺都維那僧芳另 僧連嵩

7 維那僧達摩 僧□□ 僧賢義 僧良秀

8 僧教日 僧珎嵩 僧又宗 僧孝淸

9 僧允皎 僧□□ 僧嵩惠 僧善裕

10 僧□□ 僧□□ 僧聰惠 僧春□

□舍利臣忠賢

위 판독문은 추독이 들어가지 않은 금동판 자체에 대한 1차 판독으로 중요성이 있다.[18] 내용, 글자의 크기, 배열상태 등으로 보아 이 글의 주문은 사리함 안쪽의 명문이다. 주문인 제1판 내면, 제2판 내면, 제3판 내면을 순서대로 검토한 뒤, 이어서 관련자 명단을 열거한 제3판 외면, 제2판 외면, 제1판 외면을 살피고자 한다. 글자를 밀착해서 쓰거나 띄어 쓴 경우와 같은 서식을 먼저 살피고, 이어서 글자 판독을 검토하기로 한다.

먼저 한 행에 다수의 글자가 밀착되어 적힌 경우다. 사리함기 내면 3곳(제1판 내면 제1행, 제3판 내면 제13행과 제14행)과 외면 3곳(제2판 외면 제2행, 제1판 외면 제5행과 제6행)이 그것이다. 제1판 내면의 첫 행은 황룡사찰주본기라는 제목과 찬자 박거물의 관직명과 성명을 모두 적다보니 글자가 21자 이상이 되었고, 제3판 내면 제13행과 제14행도 글의 작성시기와 서자 요극일의 관직을 각각의 행에 한꺼번에 적다보

18) 제1판 외면 제8행 '僧珎嵩 僧又宗'은 원래 '僧珎 嵩僧又宗'으로 되어 있었으나 조판 시 실수로 보여 수정하였다.

니 글자 수가 많아졌다. 따라서 이들은 부득이한 조치였을 것이다.

제2판 외면 제2행은 22자로서 전직 大統政法和尙인 현량과 보연 등 승려 2명의 직명과 법명을 적었다. 11자씩 2행으로 나눠 표기할 수도 있었을 텐데, 굳이 글자를 밀착하여 1행으로 정리하였다. 한 행에 이들의 직명과 법명을 모두 적기 위함일 것이지만, 궁색한 느낌을 지울 수 없다. 제1판 외면 제5행 말미의 當寺都維那나 제6행 서두의 感恩寺都維那僧芳另 또한 밀착해서 적었다. 행을 적절히 바꾸거나 글자 간격을 조절하면 될 것인데, 갑자기 밀착해서 쓴 이유를 알기 어렵다. 모두 글자 안배를 사전에 세밀히 구상하지 못한 결과가 아닐까 생각한다.

다음은 띄어 쓴 경우다. 띄어쓰기는 문서의 서식을 유추할 수 있게 한다는 점에서 중요하다. 먼저 왕과 관련한 용어가 나올 때 띄어쓰기를 하고 있다. 제1판 내면의 '善德大王', '大王', '王', 왕명을 나타내는 '命', 제2판 내면의 '文聖大王', 당시의 왕을 뜻하는 '今上', 왕명을 나타내는 '命', 제3판 내면의 今上을 뜻하는 '上', 왕의 뜻(敎旨)를 의미하는 '旨', 왕명을 나타내는 '命', 그리고 왕의 명을 받들어 글을 짓고 썼다는 내면 서두의 '奉 [敎撰]'과 말미의 '奉 敎[書]'가 그것이다.[19] 그러나 띄어 쓴 글자의 칸 수(空隔)는 일정하지 않다, 대체로 한 글자 이지만, 곧바로 왕을 가리킬 때에는 3자, 5자, 6자까지 띄어쓰기 하거나 아예 줄을 바꾸었다. '王'자로 시작할 때는 3자를 띄어쓰기 하였지만, '善德大王'으로 시작할 때는 6자의 공간이 있는데도 줄을 바꾸었고, '文聖大王'을 적을 때는 5자를 띄어 썼다. '文聖大王'의 경우 행을 바꾸지 않은 것은 1행 늘어나지 않게 하기 위함일 것이다.

다음은 '舍利'란 용어가 나올 때 띄어쓰기를 하고 있다. 사리란 단어 앞에 1자씩 띄어쓰기 한 것은 불사리에 대한 존경심을 표현한 것이다. 이는 당시 신라의 사리신앙을 보여주는 좋은 사례라고 하겠다. 그러나 法舍利 앞에는 띄어쓰기를 하지 않았다. 이는 사리와 법사리가 종류가 다른 것이었음을 시사한다.

또한 제3판 내면 말미의 글을 쓴 시기와 서자는 3글자씩 내려서 시작하였다. 당시의 문서 서식에 따른 것이라고 생각된다.

제1판 내면과 제2판 내면, 제3판 내면에는 각 판별로 글자 새긴이를 적고 있다. 鐫字僧聰惠, 鐫字臣小連全, 鐫字助博士臣連全이 그들이다. 그러나 이들은 모두 6자 내려서 적고 작은 글자로 되어 있어 주문과는 차원이 다르다. 부수적으로 새긴 데 불과하다. 또한 제3판 외면과 제2판 외면에는 새긴이를 밝히지 않고 제1판 외면 말미에 □舍利臣忠賢을 적고 있다. 이는 小字로서 이 금동판에서 유일하게 쌍구체가 아니다. 이 또한 부수적으로 새긴 데 불과할 것이다. 기왕의 연구에 따르면 □舍利臣忠賢은 이 금동판의 글씨를 새긴이가 아니라 사리공 안에 있던 緣起法頌 은판을 새긴이라고 한다.[20] 따라서 1, 2, 3판 내면을 새긴 이가 각판 외면의 글자도 함께 새겼다고 한다.[21]

---

19) 제1판 내면 6행 서두의 '大王'처럼 앞 행이 마지막 글자로 마무리되어 글이 끝났을 경우에는 그럴 필요가 없었다. 행을 바꿔 첫 자부터 적었다.

20) 韓政鎬, 2008, 「〈皇龍寺刹柱本記〉와 불사리장엄구 연구」, 『美術資料』 77, p.28.

21) 韓政鎬, 2008, 「〈皇龍寺刹柱本記〉와 불사리장엄구 연구」, 『美術資料』 77, pp.36-37. 정면 내외면과 제1판 내외면은 승 총혜, 2판 내외면과 3판 내외면은 소연전(연전)이 각각 분담하여 각 2판씩 새겼다고 추정하였다.

다음은 글자의 판독에 대해 살피기로 하자.

(제1판 내면)

제1行: 황수영은 처음 皇龍寺刹柱本記侍讀右軍大監兼省公臣朴居勿奉으로 판독하였다. '刹柱本記'는 실제로는 '刹柱夲記'로 적혔다. 제3판 외면의 '柱本' 또한 '柱夲'으로 쓰였다. '夲'자는 '本'자의 이체자인데, 포항중성리신라비나 백제 왕흥사지 출토 舍利函記에서도 확인할 수 있다. 황수영(1973a)은 말미의 '奉'자 바로 다음 글자를 '敎'자로 추가 판독하였다. 그러나 다시 황수영(1984)은 1자 띄어쓰기 하여 '奉□'로 판독하였다. 어느 쪽을 따르더라도 敎자 다음에는 '撰'자가 와야 할 것이다. 금동판에는 奉 다음 글자가 비어 있으므로, '敎[撰]'으로 추독해도 흔히 볼 수 있는 '奉敎 撰'이 아닌 '奉 敎撰'이라고 하겠다.[22)]

5행: 法號慈藏에서 號는 '号'자로 쓰였다. 당시 유행한 글자를 엿볼 수 있는 단서이기도 하다.

제8~9행 王之十二年癸卯歲欲歸本國頂辝南山圓香禪師에서 '辝'자를 '辭'로 판독한 경우가 많다. 그러나 이는 분명히 '辝'자로 쓰였다.

제12~13행: 命監君伊干龍樹大匠□濟□非等率小匠二百人造斯塔焉에서 '□濟□非'는 황수영(1973a, p.278)이 '[百]濟[阿]非'로 복원하였다. 『삼국유사』 권3, 황룡사구층탑 조의 기록과 대비하면 올바른 판독임을 쉽게 알 수 있다. 다만 『삼국유사』에서는 백제 대장의 이름이 阿非知라 하였으나 阿非가 본래 이름이고[23)] 知는 신라에서 붙인 존칭접미사일 것이다.

제13행 다음에 小字로 쓰인 鐫字僧聰惠는 주문이 아니라 글자 새긴이를 밝힌 附記라고 하겠다.

(제2판 내면)

제1~2행: 其十四年歲次乙巳始構建四月□□立刹柱明年乃畢功에서 其十四年의 '其'자는 '具'로 쓰였다.[24)] 잘못 새긴 글자일 것이다.[25)] 찬자나 서자의 잘못이라기보다는 글자를 새긴 연전의 부주의로 보인다. '□□'는 황수영(1984)이 '八日'로 판독하였다. 금동판에서 '八'자가 명확히 보이고 '日'자는 상단 부분이 보이므로[26)] '八日'로 읽어 무리가 없다고 하겠다.

제2~3행: 鐵盤已上高□□已下高卅步三尺에서 '□□'는 황수영(1973a, p.278)이 '七步' 복원하였다. 그러나 뒤에 황수영(1984)은 다시 '七□'로 판독하였다. 금동판의 탈락 때문일 것이다. '七步' 판독은 『삼국유사』 권3, 황룡사 구층탑 조의 "刹柱記云 鐵盤已上高四十二尺, 已下一百八十三尺"기사를 참고한 것인데, 실제 금동판에서 '七'자가 보이므로 의심의 여지가 없다. 이 기사를 주목한 황수영(1973a, pp.278-279)은 『삼국유사』에서 말하는 刹柱記야말로 이 刹柱本記가 틀림없다고 하였다.

---

22) 李鎔賢, 앞의 논문, p.100.

23) 秦弘燮, 1987, 「三國遺事에 나타난 塔像 -皇龍寺塔像을 중심으로-」, 『三國遺事의 綜合的 檢討』, 한국정신문화연구원,p.278.

24) 李鎔賢, 앞의 논문, p.111.

25) 사리함기에 적힌 전체 10개의 '其'자 중 이 글자만 잘못 새겼다.

26) 이용현, 앞의 논문, p.111.

제3~4행: 果合三韓以爲□□君臣安樂至今賴之에서 '□□'를 황수영(1984)이 '一□'로 판독하였다. 그 후 '一家?'가 아닐까 추측한 견해가 나왔다.[27] 금동판에서 '一'자가 명확히 보이므로 뒷 글자는 '家'자로 추독하고자 한다.[28]

제4~5행: 歷一百九十□□暨于文聖大王之代는 황수영(1984)이 '□□'를 '五□'로 판독하였다. 금동판에서도 '五'자가 확인된다. 따라서 그 다음 글자는 내용으로 보아 '年'자일 가능성이 크다.[29]

제5~6행: □□旣久向東北傾에서 '□□'를 황수영(1984)이 '年□'로 판독하였고, 금동판을 살필 때도 같다. 이용현은 뒤에 이어지는 글자를 '月'로 보아 '年月'로 추정하였다.[30] 세월이 오래되었다는 뜻이 되어야 하므로 가능성이 크다고 생각된다.

제6~7행: 國家恐墜擬將改□□致衆材三十餘年其未改構에서 앞의 '□'를 황수영(1984)이 '作'자로 읽었다. 물론 금동판에서도 확인된다. 이어지는 글자는 □致衆材 三十餘年으로 읽혀질 것이지만, '□'는 알 수 없다.

제8행: 今上即位十一年咸通辛卯歲恨其□에서 '□'는 읽을 수 없지만 문맥상 '塔'자로 추정한다. 그렇다면 恨其塔傾으로 읽어 9층탑이 기울어진 것을 한스럽게 여겼다는 뜻이 된다.

제9~10행: 乃 命親弟上宰相伊干魏弘爲□臣에서 '□臣'을 황수영(1984)이 '今臣'으로 판독하였다.[31] 그러나 이용현은 금동판을 세밀히 살펴 '令臣'으로 읽었다.[32] 그렇다면 제3판 내면의 '令臣 伊干'과 정확히 일치하는데, '令臣' 판독은 이용현의 炯眼이다.

제10~11행: 寺主惠興爲聞僧及脩監典 其人□大統政法和尙大德賢亮 大統兼政法和尙大德普緣에서 '□'를 황수영(1984)이 '前'자로 다시 읽었고,[33] 금동판에서도 확실하게 보인다. 그러나 이를 앞뒤 글자와 연결시켜 제대로 해석한 경우는 없었다. 자세한 것은 뒤에서 살피기로 한다. 대덕 현량과 보연의 경우, 대덕 현량은 前大統政法和尙이고 대덕 보연은 大統兼政法和尙이었다. 현량은 전직이고 보연은 현직인데, 보연에게 굳이 '兼'자를 덧붙인 것은 글자 수를 같게 하여 제13행의 끝 글자를 맞추려 한 것이 아닐까 한다. 말미의 鐫字臣 小連全은 주문보다 약간 작은 中字로 쓰였다. 주문 내용과는 상관이 없지만 앞서의 鐫字僧聰慧처럼 글자 새긴이를 밝히기 위함일 것이다.

(제3판 내면)

논란이 되는 글자가 거의 없다. 금동판의 글자가 양호하게 읽혀지는 부분이다.

제1~2행: 小石塔九十九軀 每軀納舍利一枚에서 '躯'자는 모두 정자체인 '軀'로 쓰였다.

---

27) 鄭炳三, 1992, 「皇龍寺 九層木塔 舍利函記」, 『譯註 韓國古代金石文(III)』, p.368.

28) 『삼국사기』 권43, 열전 김유신 "三韓爲一家" 등 참조.

29) 이용현, 앞의 논문, p.118.

30) 이용현, 앞의 논문, p.118.

31) 金煐泰, 1992, 『三國新羅時代佛敎金石文考證』, 民族社, p.181도 이와 같다.

32) 이용현, 앞의 논문, p.111.

33) 주 31)과 같음.

제9행: 卄五日 앞에 1자 띄어 썼다. 그러나 자세히 살피면 띄어 쓴 부분에 큰 동그라미 '○'가 아니라 작은 동그라미 '◦' 를 새겼다.[34] 부호의 의미를 알기 어렵지만, 같은 11월이란 뜻으로 이해하면 어떨까 한다.

제12행: 以示萬劫表後迷矣로서 주문의 전체 문장이 끝났다. 여기서 '萬'자는 '万'으로 쓰였다. 이로써 당시 유행한 글자를 짐작할 수 있다.

제14행: 崇文臺郎兼春宮中事省臣姚克一奉에서 이어지는 글자를 황수영(1984)은 1자 띄어서 '敎□'로 판독하였다. 이용현은 금동판을 세밀히 살펴 '敎□'를 '敎書'로 읽었다.[35] 요극일은 신라 말기의 유명한 서예가로, 『삼국사기』 열전에는 그의 전기가 金生傳에 附傳되어 있다. 따라서 사리함기의 서자로서 잘 부합한다고 하겠다. 찬자의 경우와 같이 서자도 '奉敎 書'가 아닌 '奉 敎書'의 형태를 취하고 있음이 유의된다.

말미의 鐫字助博士臣連全은 금동판에 글자를 새긴이를 밝힌 부분이다. 제2판 내면을 새긴 鐫字臣小連全과의 관계가 궁금하다. 같은 인물로 보는 견해도 있고[36] 다른 인물로 보는 견해도 있다.[37] 필자는 전자가 옳다고 생각한다. 앞에서 '小氏' 성을 적었으므로[38] 여기서는 이를 생략하고 이름만 기록했고, 助博士라는 직명을 밝혔다고 여기기 때문이다.

이상은 주문인 사리함 안쪽 면에 대한 검토였다. 이제부터는 사리함 바깥쪽 면을 살피기로 하자. 일부 관인과 다수의 승려 법명이 기록되어 있으나 안쪽 면과는 달리 논란이 되는 글자가 적다. 관인은 문헌에서 이력이 대략 파악되고, 승려의 경우는 일부 외에는 아예 파악할 수 없기 때문이다. 따라서 몇몇을 제외하고는 판독이 그리 문제되지 않는다.

(제3판 외면)

관원들의 직명과 성명을 열에 맞춰서 정연하게 기록하였다. 成典의 관직인 감수성탑사,[39] 상당, 적위, 청위, 황위는 첫 칸부터 글자를 쓰고 있다. 판독 미상 글자는 없지만, 倉部를 倉府로 적고 있다. 倉府 용례는 855년에 작성된 昌林寺 無垢淨塔願記에도 보인다.[40] 上堂에 전직 兵部大監인 阿干 金李臣이 현직 倉府卿 일길찬 김단서보다 먼저 기록되었다. 관등의 차이 때문일 것이다.[41] 적힌 인물들은 모두 金氏지만, 新金氏가 2명 등장하였다. 연대를 확인할 수 있는 금석문에서 新金氏가 보이는 첫 사례이다. 제2~5행 각행에는 1명

---

34) 이용현, 앞의 논문, p.112,

35) 이용현, 앞의 논문, p.112.

36) 丁元卿, 1992, 「新羅 景文王代의 願塔建立」, 『박물관연구논집』 1, 부산시립박물관, p.92.
韓政鎬, 2008, 「〈皇龍寺刹柱本記〉와 불사리장엄구 연구」, 『美術資料』 77, p.37.

37) 이용현, 앞의 논문, p.127.

38) 단국대 동양학연구소, 2001, 『漢韓大辭典』 권4, p.559에 "『萬姓統譜, 篠韻』 小, 見姓苑"이라 하여 小가 姓의 하나라고 하였다.

39) 성전 관원에 감수성탑사는 없다. 그러나 장관인 금하신(검교사)이 당시 감수성탑사였을 것이다. 邊善雄, 1973, 「皇龍寺 9層塔誌의 硏究 -成典과 政法典 問題를 中心으로-」, 『國會圖書館報』 제10권 제10호.

40) 韓國古代社會硏究所 編, 1992, 『譯註 韓國古代金石文(Ⅲ)』, pp.329-330.

41) 전직 병부대감임을 밝힌 것은 상당이 원래 겸직이었음을 나타내는 것으로 보인다. 李泳鎬, 1983, 「新羅 中代 王室寺院의 官寺的 機能」, 『韓國史硏究』 43. 李泳鎬, 1993, 「新羅 成典寺院의 成立」, 『新羅文化祭學術發表會論文集』 14; 2014, 『신라 중대의 정치와 권력구조』, 지식산업사, p.321.

씩의 관원을 소개한 데 비해 하위 관원을 열거한 6행부터는 1행에 2명씩의 관원을 적었다. 그러다 보니 靑位인 나마 신 新金平矜은 아래의 金歆善과 공간이 일치하도록 밀착해서 적고 있다. 열을 맞추는데 힘을 기울였음을 보여주는 대목이다. 맨 마지막 행에는 道監典이 기록되었다. 내용상으로는 제2판 외면에 기록되어야 하지만, 1행의 여유가 생겨 제목을 이곳에 미리 적었다고 하겠다.

(제2판 외면)

道監典 관련 승려들을 열거하였다. '도감전' 관명은 제3판 외면에 적었으므로 1행부터 소속 승려들의 승관과 법명을 적었다. 그러나 제8행부터는 다시 俗監典과 관련 인물들을 열거하였다. 이같이 내용이 혼재한 양상은 각 면별 분량의 차이 때문일 것이다. 제1~2행에 전직 승관들을 먼저 적고 있음이 유의된다. 前國統僧惠興」 前大統政法和尙大德賢亮 前大統政法和尙大德普緣」이 그들이다. 제3행은 談裕와 神解로 각각 大統과 政法和尙의 승려였다. 이로써 국통, 대통, 정법화상으로 이어지는 僧階를 확인할 수 있다. 성전에서는 감수성탑사가 첫 자부터 쓰였으나 도감전, 속감전에서는 위의 승려들을 비롯한 해당 인물들을 2자씩 내려서 적었다. 새긴이의 실수가 아니라면 도감전, 속감전의 위상이 성전보다 낮았음을 말하는 것이다.

제4~6행은 상좌들을 열거하여 普門寺上座僧隱田 當寺上座僧允如」 僧榮梵 僧良嵩 僧然訓 僧昕芳」 僧溫融」으로 행을 구분하였다. 그러나 이는 普門寺上座僧隱田」 當寺上座僧允如 僧榮梵 僧良嵩」 僧然訓 僧昕芳 僧溫融」 과 같이 배열하였더라면 이해가 쉬웠을 것이다. 보문사 상좌가 1명인데 비해 황룡사 상좌는 6명이었다. 보문사 상좌가 황룡사 상좌보다 먼저 적힌 것은 불교계에서의 위상이 높거나 앞서 황룡사를 거쳐 간 승려일 가능성이 있다.

제7행 維那僧勛筆은 첫 칸부터 글쓰기를 시작하고 있다. 僧勛筆을 앞 행의 僧溫融과 열을 맞추기 위해서일 가능성과 새긴이의 실수일 가능성 모두를 상정할 수 있다. 제8~10행의 俗監典 또한 첫 칸부터 시작한데 비해 소속 관원인 浿江鎭都護重阿干臣金堅其와 執事侍郎阿干臣金八元은 2자 띄어 글쓰기를 시작하였다.

(제1판 외면)

속감전에 소속된 관원과 大維那, 都維那, 維那를 열거한 부분이다. 제1~3행 內省卿沙干臣金咸熙」 臨關郡太守沙干臣金昱榮」 松岳郡太守大奈麻臣金鎰」은 앞부분과 같이 2자씩 띄우고 글쓰기를 시작하였다. 제4~5행은 當寺大維那」 僧香□ 僧□□ 僧元強 當寺都維那 □□」였다. 當寺大維那만 적고 행을 바꾼 것이 어색하다. 이는 當寺大維那 僧香□ 僧□□ 僧元強」 當寺都維那 □□」으로 행을 나누어 새겼다면 보다 쉽게 이해되었을 것이다. 더구나 제4행 當寺大維那와 제7행의 維那는 특이하게 맨 위 칸부터 적었다. 그런데 제5행 말미의 當寺都維那는 갑자기 글자를 밀착해서 적었다. 이어지는 '□□'도 2자 아닌 3자로서 '僧□□'이 되어야 형식에 맞지만,[42] 적을 공간이 거의 없다. 글자가 있어도 무척 붙여 썼을 것이다.[43] 그러나 금동판의

42) 許興植, 1984, 「皇龍寺九層木塔刹柱本記」, 『韓國金石全文(古代篇)』, 아세아문화사, p.196. 이용현, 앞의 논문, p.112 및 p.116.

43) 이용현은 제5행 하단의 當寺都維那가 다음 행의 첫 자부터나 2자 띄우고 써야 서식에 맞는데 그러지 않았으며 僧□□는 원래

상태로 보아 글자의 흔적을 파악하기가 매우 힘들다.[44] 글자 배열의 소홀함을 지적하지 않을 수 없겠다. 다만 제5행의 '僧香□'은 '僧香素'로 판독되고(황수영, 1984), 제6행 感恩寺都維那僧芳另 僧連嵩은 다시 2자 내려서 적고 있다. 그러나 感恩寺都維那僧芳另는 약간 작은 글자로 밀착되어 쓰였고, 이어지는 僧連嵩는 다시 일반 글자와 크기가 같아지고, 제5행의 僧元強과 열이 맞다. 그러다 보니 僧連嵩 아래에는 공간이 많이 남았다.

當寺大維那는 황룡사 대유나로서, 대유나가 신라 자료에서 처음 출현하였다는 점에서 주목되고,[45] 當寺都維那 다음에 感恩寺都維那가 적혀 있어 황룡사 도유나가 감은사 도유나보다 서열이 위였던 듯하다. 維那僧達摩 이하 16명의 승려들은 모두 그 법명을 적은 것이다. 僧達摩는 그 이름으로 보아 중국 선종의 초조 達磨를 연상케 한다. 그렇다면 이는 황룡사의 선종적 성격을 짐작케 하는 작은 실마리가 될 수도 있겠다. 제10행 서두의 '僧□□'과 말미의 '僧春□'는 황수영(1984)의 수정 판독처럼 '僧幸林'과 '僧太逸'로 읽는 것이 실제에 가까워 보인다.

말미의 □舍利臣忠賢의 판독은 유의할 필요가 있다. 일찍이 황수영(1973b, p.13)이 □舍利를 '法舍利'로 읽은 바 있는데,[46] 최근 한정호가 금동판을 정밀 촬영하여 살핀 결과 法자 앞에 한 글자가 더 있음을 밝혀내었다. 그리고 그 글자를 '鐫'자로 읽어 '鐫法舍利臣忠賢'으로 판독하였다.[47] 한정호의 '鐫'자 판독은 중요한 성과다. 그래야만 앞서 언급한 鐫字僧聰惠, 鐫字臣小連全, 鐫字助博士臣連全과 함께 표기상의 일관성을 갖게 된다고 생각한다.

이상을 정리하면 다음과 같다. 사리함 안쪽은 제1판 내면 13행+小字 1행(글자 새긴이), 제2판 내면 13행+中字 1행(글자 새긴이), 제3판 내면 14행+小字1행(글자 새긴이)이고, 각행은 15자가 원칙이었다. 글자 수가 이를 넘어설 경우 글자 간격을 줄여서 밀착해서 적었다. 일찍이 황수영(1973b)은 각행 15자임을 주장하면서 각판 내면이 14행이라고 하였다. 옳은 견해이다. 그렇지만 이는 주문과 글자 새긴이를 구별치 않았다. 필자는 각 면 13행, 각 행 15자였으며, 말미에 작은 글씨로 1행씩 글자를 새긴이를 덧붙였다고 생각한다.

또한 사리함 바깥쪽은 제3판 외면 10행, 제2판 외면 10행, 제1판 외면 10행+小字 1행이었다. 각 면 10행이 원칙이었던 것이다. 단 제1판 외면은 글자 새긴이를 추가했기 때문에 1행이 늘어났다. 직명과 성명을 열

글자를 새길 수 없는 면인데 궁색하게 작게 써넣었다고 하였다. 그리하여 "當寺都維那 僧□□" 부분은 나중에 새겨 넣었을 가능성이 크며, 끼워 넣은 것이라고 보았다. 이용현, 앞의 논문, p.123.

44) 제1판은 하단부의 부식 정도가 경미해 내면의 글자를 모두 파악할 수 있었다. 그렇다면 반대쪽인 외면 하단의 '僧□□' 부분은 추독일 뿐 글자가 없었을 가능성도 배제할 수 없다. 아주 작은 글자로 밀착해서 적었거나 위에 열거된 승려들 중 일부와 當寺都維那의 직명이 도치되어 쓰였을 가능성이 있다.

45) 當寺大維那는 當寺大都維那의 잘못이 아닌가 한다.

46) 이용현은 舍利를 새기려다 오각으로 舍를 두 번 잘못 판 것으로 이해하였다. 이용현, 앞의 논문, p.113, p.122.

47) 한정호, 2019, 「황룡사 구층탑 창건기 사리장엄구와 경문왕대의 공정」, 『불교미술사학』 28, p.670.

거한 부분이기 때문에 성전 관원을 제외하면 글자 수도 일정치 않고 글자 간의 간격도 주문처럼 정연하지 못하였다. 그럼에도 부분적으로 일관성을 유지하려는 노력은 있었다고 여겨졌다.

이와 같은 검토를 바탕으로 글자의 위치와 서식을 고려하면서 확인한 글자 수는 모두 935자였다. 곧 제1판 내면 195자, 제2판 내면 191자, 제3판 내면 209자, 제3판 외면 109자, 제2편 외면 109자, 제1판 외면 122자였다.[48] 글자가 확실한 곳은 판독이 어렵더라도 포함하고, 띄어 쓴 부분은 제외하였다. 지금까지 정리한 판독문을 제시하면 다음과 같다.

(第一板 內面)

①②③④⑤⑥⑦⑧⑨⑩⑪⑫⑬⑭⑮⑯⑰⑱⑲⑳㉑㉒㉓㉔

(第一板 內面) 195자

1 皇龍寺刹柱本記侍讀右軍大監兼省公臣朴居勿奉■教[撰] (글자 밀착)
2 詳夫皇龍寺九層塔者■■■■■■
3 善德大王代之所建也昔有善宗郎眞
4 骨貴人也少好殺生放鷹摯雉雉出淚
5 而泣感此發心請出家入道法号慈藏
6 大王即位七年大唐貞觀十二年我國
7 仁平五年戊戌歲隨我使神通入於西
8 國■■■王之十二年癸卯歲欲歸本
9 國頂辝南山圓香禪師禪師謂曰吾以
10 觀心觀公之國皇龍寺建九層窣堵波
11 海東諸國渾降汝國慈藏持語而還以
12 聞乃■命監君伊干龍樹大匠[百]濟[阿]
13 非等率小匠二百人造斯塔焉■■■
■■■■■■鐫字僧聰惠 (小字로 쓰임)

(第二板 內面) 191자

1 其十四年歲次乙巳始構建四月八日
2 立刹柱明年乃畢功鐵盤已上高七[步]
3 已下高卅步三尺果合三韓以爲一[家]
4 君臣安樂至今賴之歷一百九十五[年]

48) 제1판 외면에서 當寺都維那 아래의 글자가 없다면 3자가 줄어 119자가 되고, 전체 글자 수도 932자가 된다.

5 暨于■■■■■文聖大王之代年[月]

6 旣久向東北傾國家恐墜擬將改作□

7 致衆材三十餘年其未改構■■■■

8 今上即位十一年咸通辛卯歲恨其[塔]

9 傾乃■命親弟上宰相伊干魏弘爲令

10 臣寺主惠興爲聞僧及脩監典其人前

11 大統政法和尙大德賢亮大統兼政法

12 和尙大德普緣康州輔重阿干堅其等

13 道俗以其年八月十二日始廢舊造新

■■■■■■鐫字臣小連全 (中字 밀착)

(第三板 內面) 209자

1 其中更依無垢淨經置小石塔九十九

2 軀每軀納■舍利一枚陀羅尼四種經

3 一卷卷上安■舍利一具於鐵盤之上

4 明年七月九層畢功雖然刹柱不動■

5 上慮柱本■舍利如何令臣伊干承■

6 旨取壬辰年十一月六日率群僚而往

7 專令擧柱觀之礎臼之中有金銀高座

8 於其上安■舍利琉璃甁其爲物也不

9 可思議唯無年月事由記。廿五日還

10 依舊置又加安■舍利一百枚法舍利

11 二種專■命記題事由略記始建之源

12 改作之故以示万劫表後迷矣■■■

13 ■■■咸通十三年歲次壬辰十一月廿五日記 (小字 밀착)

14 ■■■崇文臺郎兼春宮中事省臣姚克一奉■教書 (小字 밀착)

■■■■■■鐫字助博士臣連全 (小字 밀착)

(第三板 外面) 109자

1 成典

2 監脩成塔事守兵部令平章事伊干臣金魏弘

3 上堂前兵部大監阿干臣金李臣

4 ■■倉府卿一吉干臣金丹書

5 赤位大奈麻臣新金賢雄

6 青位奈麻臣新金平矜　奈麻臣金宗猷

7 ■■奈麻臣金歆善　　大舍臣金愼行

8 黃位大舍臣金兢會　　大舍臣金勛幸

9 ■■大舍臣金審卷　　大舍臣金公立

10 道監典

(第二板 外面) 109자

1 ■■前國統僧惠興

2 ■■前大統政法和尙大德賢亮 前大統政法和尙大德普緣 (글자 밀착)

3 ■■大統僧談裕　　　　　　政法和尙僧神解

4 ■■普門寺上座僧隱田　　　當寺上座僧允如

5 ■■僧榮梵　　僧良嵩　　　僧然訓　　僧昕芳

6 ■■僧溫融

7 維那僧勛筆　　僧咸解　　　僧立宗　　僧秀林

8 俗監典

9 ■■浿江鎭都護重阿干臣金堅其

10 ■■執事侍郞阿干臣金八元

(第一板 外面) 122자

1 ■■內省卿沙干臣金咸熙

2 ■■臨關郡太守沙干臣金昱榮

3 ■■松岳郡太守大奈麻臣金鎰

4 當寺大維那

5 ■■僧香素　僧□□　僧元強　當寺都維那 □□□ (當寺都維那 이하 글자 밀착)

6 ■■感恩寺都維那僧芳另　僧連嵩 (感恩寺都維那僧芳另 글자 밀착)

7 維那僧達摩　僧□□　僧賢義　僧良秀

8 ■■僧敎日　僧珎嵩　僧又宗　僧孝淸

9 ■■僧允皎　僧□□　僧嵩惠　僧善裕

10 ■■僧幸林　僧□□　僧聰惠　僧太逸

■■■■■鑄法舍利臣忠賢 (小字 밀착, 쌍구체 아님)

주: 띄어쓰기 한 부분은 ■로, 추독한 부분은 [ ]로 표시함.

Ⅳ. 皇龍寺 舍利函記의 내용 분석

앞장에서 제시한 판독문을 참고하면서 그 내용을 순서대로 살피기로 하자. 정면은 2개의 門扉로 앞뒤 면에 金剛力士像과 神將像이 한 쌍씩 새겨져 있다. 내면에는 시계바늘 반대방향으로 명문이 적혀 있고, 외면에는 시계바늘이 움직이는 방향으로 적혀 있다. 금동판을 펼쳤을 때 좌측에서 우측으로 가면서 글을 작성하였음을 나타내는데, 이는 한문 문서작성의 일반적 관례와 같다. 따라서 주문은 제1판 내면 → 제2판 내면 → 제3판 내면의 순으로 읽고, 인명을 열거한 부분은 제3판 외면 → 제2판 외면 → 제1판 외면의 순으로 읽는다.

먼저 제1판 내면 제1행에서 제목과 찬자를 기록하면서 모두 24자를 밀착해서 적고 있다. 이는 다음 행과 글자의 길이를 맞추기 위함일 것이다. 皇龍寺刹柱本記는 제목인데, 刹柱本記라고 한 것은 '刹柱本의 記' 또는'刹柱의 本記'란 뜻으로 해석할 수 있다. 만약 후자라면 別記의 존재도 상정해야 할 듯하다. 侍讀 右軍大監 兼 省公 臣 朴居勿奉敎撰은 찬자 박거물의 직명과 성명을 밝히고 왕명을 받들어 찬하였음을 밝힌 내용이다. 侍讀은 翰林 계통의 관직으로 당의 侍講學士에 견주어지는 侍讀學士로 추정된다.[49] 右軍大監은 문헌에서 확인된 바 없다. 신라의 병부대감이 2인이었음을 감안하면[50] 左軍大監과 右軍大監이 상정된다. 마지막의 省公은 신라 말에 등장한 근시기구인 中事省, 宣敎省 등의 관인일 가능성이 있다.[51] 그러나 궁중 사무를 총괄하는 內省이나 御龍省의 관원일 가능성도 배제할 수 없다. 박거물은 『삼국사기』 권28에 "朴居勿撰 姚克一書 三郎寺碑文" 운운한 데서 보듯이 당시 찬자로서 이름 난 인물이었는데, 관등을 기록하지 않았다.[52]

詳夫皇龍寺九層塔者 善德大王代之所建也는 황룡사 9층탑이 선덕여왕 때 건립한 것임을 밝힌 것인데. '善德王'이 아닌 '善德大王'으로 표기하였다. 善宗郞은 眞骨貴人이며 법호가 慈藏이었음을 말하였다. 자장은 蘇判 茂林의 아들로서 진골이었고,[53] 貴人은 진골 이상의 신분에게 쓰인 것이다.[54] 자장은 어려서 살생을 좋아하여 매를 놓아 꿩을 잡았는데, 꿩이 눈물 흘리는 것을 보고 발심하여 불문에 들었다. 삼국시대에 매사냥이 유행했음을 말해주는 자료로서 주목되나 『삼국유사』에 전하는 출가 동기와는 다르다. 『삼국유사』 권4, 자장정률 조에서는 일찍 부모를 여읜 뒤 처자를 버리고 출가하였으며 조정의 부름에 나아가지 않고 불문에 들었다고 하였다. 그의 출가동기에 대해 몇 갈래의 전승이 있었다고 하겠다.

大王即位七年 大唐貞觀十二年 我國仁平五年戊戌歲 隨我使神通入於西國은 자장의 입당유학을 설명한 부

---

49) 李基東, 1978, 「羅末麗初 近侍機構와 文翰機構의 擴張 -中世的 側近政治의 志向-」, 『歷史學報』 77; 1984, 『新羅 骨品制社會와 花郞徒』, 一潮閣.

50) 『삼국사기』 권38, 직관(상) 兵部.

51) 정병삼, 1992, 「황룡사 구층목탑 사리함기」, 『역주 한국고대금석문(Ⅲ)』, p.366.

52) 兵部大監의 관등이 급찬~아찬이고, 內省의 卿이 나마~아찬, 監이 나마~사찬임을 고려하면, 대략 급찬~아찬의 관등을 소지하지 않았을까 한다.

53) 『삼국유사』 권3, 탑상4, 慈藏定律.

54) 『삼국사기』 권33, 雜志, 車騎 "六頭品 褥子用絹已下 坐子用絹布 無緣 前後幰 若隨眞骨已上貴人行 則不設 但自行則用竹簾若莞席緣以絹已下 絡網用布 色以赤青 牛勒及用布 環用鍮銅鐵."

분이다. 먼저 입당 시기를 신라 대왕 즉위 몇 년, 대당 연호 몇 년, 신라 연호 몇 년의 순으로 적어서, 연대를 적는 방법을 알 수 있다. 당은 大唐으로 표현하였고, 신라 연호 仁平이 나타나 유의된다. 인평은 선덕여왕 3년(634) 정월부터 시작하여 진덕여왕이 즉위하여 太和로 개칭할 때까지 사용하였는데[55] 금석문에서 이를 확인하였다는 점에서 주목된다.[56] 자장이 입당한 선덕대왕 즉위 7년은 638년으로[57] 자장이 신라 사신 神通을 따라가서 유학했음을 밝히고 있다.[58]

王之十二年 癸卯歲는 선덕대왕 즉위 12년으로 643년이다. 앞서 '선덕대왕'이라 하다가 '대왕'으로 표기하였는데, 여기서는 다시 '왕'이라고 하였다. 또한 앞서는 대왕 즉위 7년이라 하였으나 여기서는 王之十二年으로 표기하였다. 국왕의 칭호와 王代 표기 방법의 변화가 유의된다. 欲歸本國 頂辞南山圓香禪師 禪師謂曰 吾以觀心 觀公之國 皇龍寺建九層窣堵波 海東諸國 渾降汝國에서 南山圓香禪師는 終南山 원향선사를 말하는데, 종남산을 '南山'으로 표기하였다. 원향선사는 관심법으로 신라국의 사정을 보고 자장에게 황룡사에 9층탑을 세우면 해동제국이 항복할 것임을 알려주었다. 이로써 당시 중국에서 관심법이 유행한 사실과, 신라 황룡사의 중요성을 살필 수 있다. 慈藏持語 而還以聞은 자장이 원향선사의 말을 듣고 돌아와 왕에게 알렸음을 말한 대목이다. 『삼국사기』에 따르면 자장의 귀국은 선덕여왕 12년(643) 3월이었다.[59] 또한 『삼국유사』에서는 정관 17년 癸卯 16일에 당 황제가 준 佛經·佛像·袈裟·幣帛 등을 가지고 본국으로 돌아와 탑 세울 일을 왕에게 알렸다고 한다.[60] 정관 17년 계묘는 선덕여왕 12년(643)이므로, 『삼국유사』에서 16일이라 한 것이 3월 16일임은 『삼국사기』의 기록에서 미루어 짐작할 수 있다.[61] 따라서 황룡사 구층탑 건립은 바로 이 시점부터 준비되었다고 하겠다.

乃命監君伊干龍樹 大匠百濟阿非等 率小匠二百人 造斯塔焉은 자장이 귀국한 뒤 왕이 명령하여 9층탑을 세웠음을 말한 부분이다. 그러나 왕이 명령을 내린 대상과 소장 200인을 거느린 주체에 대한 해석은 약간씩 다르다. "이에 伊干 龍樹를 監君으로 하여 大匠인 백제 阿非 등과 小匠 이백여 인을 거느리고 탑을 만들도록 하였다"고 하거나,[62] "이에 (왕은) 監君 伊干 龍樹와 大匠 百濟 阿非 등에게 명하여 小匠 200명을 데리고 이 탑을 만들도록 하였다."고 해석하였다.[63] 또한 "감군 이간 용수에게 명을 내려, 대장 백제 아비 등이 소장 2

55) 『삼국사기』 권5, 善德王 3년 조 및 眞德王 2년 조.

56) 마운령 진흥왕순수비의 '太昌'은 삼국시대 금석문에 신라 연호가 적힌 유일한 예이다. 간지 아닌 연호를 새겼다는 점에서 매우 특수한 사례이며, 오히려 예외적 현상으로 이해해야 할 것이다. 李泳鎬, 2016, 「蔚珍 聖留窟 巖刻 銘文의 검토」, 『木簡과 文字』 16, p.253.

57) 자장의 입당 유학 연도에 대해서는 선덕여왕 5년(636: 『삼국사기』 권5, 선덕왕 5년조 및 『삼국유사』 권3, 자장정률) 설과 7년(638: 『삼국유사』 권3, 황룡사 9층탑 및 『속고승전』 권24, 자장 전) 설이 있다. 사리함기의 내용을 보면 선덕여왕 7년 설이 옳음을 알 수 있다.

58) 신통을 인명으로 파악하지 않고 부사로 보아 "신통하게 서국에 들어갔다"고 해석한 경우가 있다(이용현, 앞의 논문, p.117). 중국에 유학한 이가 자장이 처음도 아닌데, 그러한 해석은 부자연스럽다.

59) 『삼국사기』 권5, 선덕왕 12년조 "三月 入唐求法高僧慈藏還".

60) 『삼국유사』 권3, 탑상4, 황룡사 9층탑.

61) 허인욱, 2014, 「『三國遺事』 皇龍寺九層塔條의 編年 검토」, 『史學硏究』 113, p.8.

62) 정병삼, 1992, 「황룡사 구층목탑 사리함기」, 『역주 한국고대금석문(Ⅲ)』, p.373.

백인을 거느리고 이 탑을 만들었다"고도 해석하였다.[64] 문법상으로는 용수가 백제인 아비와 함께 소장 200인을 거느리고 공사를 했다고 풀이된다. 그러나 監君으로[65] 2등관인 伊干 龍樹가 백제인 아비와 동열일 수는 없으므로, 실제 왕이 명한 대상은 감군인 이간 용수 한 사람이었을 것이다. 그렇다면 내용상으로는 왕은 감군 이간 용수에게 명을 내렸고, 이에 大匠 百濟 阿非 등이 小匠 200人을 거느리고 탑을 만들었다고 이해할 수 있을 것이다.[66] 또한 당시 공장들은 大匠과 小匠으로 구분되었으며, 백제 아비 등의 大匠들은 200명의 小匠들을 일정 수로 나눠서 일을 시켰다고 하겠다.[67]

마지막 구절인 鐫字僧聰惠는 주문이 아니고 글자 새긴이를 밝힌 부분이다. 聰惠는 제1판 외면에 보이는 維那 僧 聰惠와 같은 인물로 추정되는데,[68] 鐫字僧聰惠는 '글자를 새긴 승(鐫字僧) 총혜'와 '글자를 새긴이(鐫字) 승 총혜'의 2가지 해석을 상정할 수 있다. 전자가 옳다는 견해가 있지만,[69] 필자는 후자의 해석이 바르다고 생각한다.

다음은 제2판 내면이다. 其十四年歲次乙巳始構建 四月八日立刹柱 明年乃畢功에서 其十四年은 당의 정관 14년이나 신라 인평 14년이 아니라, 신라 선덕대왕 즉위 14년인 645년이다. 황룡사 9층탑의 건립은 始構建 → 立刹柱 → 畢功의 단계를 거쳤으며, 그 기간은 대략 1년 정도였다고 하겠다. 공사를 시작한 구체적 시기는 나타나 있지 않다. 그러나 『삼국사기』에서 선덕여왕 14년 3월에 황룡사탑을 '創造'하였다고 한 것은[70] '始構建' 단계를 말할 것이다.[71] 더구나 자장이 선덕여왕 12년 3월 16일에 9층탑 건립을 건의하였으므로, 만 2년간의 준비를 거쳐 비로소 공사가 시작되었다고 하겠다.

황룡사 9층탑의 찰주를 세운 날은 4월 8일이었다. 이날은 석탄일로 불교계 최대의 명절이었다. 찰주 건립과 관련해서는 『삼국유사』 권3, 황룡사 9층탑 조에 다음과 같은 이야기가 전한다.

---

63) 최희준, 2011, 「『三國遺事』 皇龍寺九層塔條에 대한 재검토와 阿非의 출자」, 『한국학논총』 36, 국민대, p.45.

64) 이용현, 앞의 논문, pp.121-122.

65) 監君의 직책이 궁금하다. 문맥으로 보아 황룡사 9층탑 창건을 위해 임시로 부여한 직책 같지는 않다. 그렇다면 태자, 내성사신, 병부령 등의 고위 관직 가운데 어느 하나일 것이다. 君을 칭한 것을 보면 태자나 이에 준하는 직위일 가능성이 커 보인다.

66) 南武熙, 2009, 「자장의 생애 복원」, 『韓國學論叢』 32, p.180에서도 "大匠인 아비 등이 小匠 200인을 거느리고 이 탑을 세우도록 하였다"라고 하였으나. 그 앞부분을 "이에 이간 용수를 감군으로 임명하고"라고 해석하여 監君을 9층탑 건립을 위한 임시 직명처럼 이해하였다.

67) 大匠의 수효를 알 수 없음이 유감이다. 大匠들에게 小匠 200명이 고르게 배속되었다면 대장은 2명, 또는 4의 배수나 5의 배수일 가능성이 있으며, 아비는 그 대표였다고 추측된다. 『삼국유사』 3, 탑상4, 황룡사 9층탑 조에서는 小匠을 이끈 匠人으로 阿非知만 언급하고 있다.

68) 朴南守, 1996, 「사원성전과 불사의 조영체계」, 『新羅手工業史』, 신서원, p.175.
한정호, 2008, 「〈皇龍寺刹柱本記〉와 불사리장엄구 연구」, 『美術資料』 77, p.37.
李鎔賢, 앞의 논문, p.127.

69) 박남수, 1996, 「승장의 활동과 그 사상적 기반」, 『新羅手工業史』, pp.243-245.

70) 『삼국사기』 권5, 선덕왕 14년조 "三月 創造皇龍寺塔 從慈藏之請也".

71) 始構建을 정병삼은 "처음 건립하기 시작하여"로 해석하였다(정병삼, 1992, 「황룡사 구층목탑 사리함기」, 『역주 한국고대금석문(Ⅲ)』, p.373). 그러나 그러한 해석은 애매한 측면이 있다. 구체적으로 어떠한 단계인지 알 수 없기 때문이다. 필자는 '(건립을 위한) 구조물을 세우고' 정도 해석하면 어떨까 생각한다. 본격적 건설에 앞선 준비 단계로 이해하는 것이다.

처음 찰주를 세우던 날, 공장은 꿈에 본국 백제가 멸망하는 형상을 보았다. 공장은 의심이 나서 일손을 멈추었다. 갑자기 땅이 진동하더니 어두컴컴한 속에서 老僧 한 사람과 壯士 한 사람이 金殿門으로부터 나와서 그 刹柱를 세우고 승과 장사는 사라지고 보이지 않았다. 공장은 이에 마음을 고쳐먹고 그 탑을 완성하였다.[72)]

『삼국유사』의 이 구절은 황룡사 사리함기를 통해 645년 4월 8일의 일이었음이 밝혀졌다고 하겠다. 물론 위의 기사가 사실 그대로인지 어떤지는 확인할 수 없다. 그러나 그건 그리 중요한 문제가 아니다. 석탄일에 생겨난 이 같은 이야기가 확산됨으로써 立刹柱 행사는 더욱 신비감을 더하였을 것이다. 더구나 그날은 자장이 가져온 사리를 봉안하는 날이었고,[73)] 또한 그의 출생일이었으므로,[74)] 이 행사는 황룡사 9층탑 건립의 염원을 담은 거국적 이벤트였다고 하겠다. 공사는 이듬해 畢功했다고 한다. 그러나 필공의 월일을 알 수 없음이 유감이다.

9층탑의 높이는 鐵盤 이상 7보 3척, 이하 30보 3척으로 모두 225척이었다. 이후 果合三韓 以爲一[家] 君臣安樂 至今賴之라고 하여, 과연 3한이 합해져 一家가 되고 군신이 안락하여 지금에 이른 것은 이 탑에 힘입었다고 믿었다. 歷一百九十五年 暨于文聖大王之代는 탑을 세운지 195년이 지나 문성왕대에 이르렀다는 말이다. 문성왕은 839년에 8월에 즉위하여 19년간 재위하다 857년 9월에 훙거하였다. 문성왕이 즉위한 해인 839년을 기준으로 계산하면 탑의 건립은 완성 연도인 646년이 아니라 645년이 되어야 한다. 그렇다면 신라에서 탑 건립의 기준은 찰주를 세운 것으로부터 헤아렸음을 알 수 있다고 하겠다.

年[月]旣久 向東北傾 國家恐墜 擬將改作 □致衆材 三十餘年 其未改構는 9층탑이 오래 전부터 동북쪽으로 기울어진 상태였음을 말한다.[75)] 나라에서는 무너질까 염려하여 改作하려고 30여 년간 재목을 모았으나 改構하지 못하였다고 한다. 처음 창건 시의 공사를 '始構建'이라 한데 비해 고쳐 세우거나 그러지 못한 것을 '改作' 또는 '未改構'라고 표현하였다. 문성왕이 839년 즉위 즈음부터 재목을 모으기 시작하였다면 9층탑 공사를 시작한 871년에는 30년이 넘어 사리함기와 잘 부합한다. 그렇다면 9층탑은 문성왕 때에 비로소 기울어진 것이 아니라 이전에 이미 동북쪽으로 기울어진 상태였으며, 문성왕은 즉위를 계기로 이를 재건할 계획을 가졌다고 하겠다.[76)] 그러나 후술하듯이 이에 착수한 것은 문성왕과 헌안왕을 거쳐 경문왕 11년에 이

---

72) "初立刹柱之日 匠夢本國百濟滅亡之狀 匠乃心疑停手 忽大地震動 晦冥之中 有一老僧一壯士 自金殿門出 乃立其柱 僧與壯士皆隱不現 匠於是改悔 畢成其塔".

73) 『삼국유사』 권3, 탑상4, 황룡사 9층탑.

74) 『삼국유사』 권3, 흥법3, 자장정률.

75) 기왕의 모든 연구자들은 9층탑이 문성왕대에 동북쪽으로 기울어진 것으로 이해하였다.

76) 『삼국유사』 권3, 탑상4, 황룡사 9층탑 조에서는 9층탑 중수 연혁을 다음과 같이 정리하고 있다. "又按國史及寺中古記 眞興王癸酉創寺後 善德王代 貞觀十九年乙巳 塔初成. 三十二孝昭王卽位七年 聖曆元年戊戌六月霹靂(寺中古記云 聖德王代 誤也 聖德王代無戊戌) 第三十三聖德王代庚申歲重成. 四十八景文王代戊子六月 第二霹靂 同代第三重修 (하략)". 곧 경문왕 8년인 868년 무자 6월에 벼락을 맞아 동왕대에 중수했다는 것이다. 그렇다면 탑 건립 후 문성왕대까지 195년이 되었다든가, 30여 년간 衆材를 모았다든가 하는 사리함기의 내용과 잘 연결되지 않는다. 필자는 四十八景文王代戊子六月 앞에 일부 글자가 빠진 것이 아닌가

르러서였다. 더욱이 경문왕 8년에 떨어진 벼락이[77] 황룡사 9층탑 중수를 더욱 촉진시켰다고 하겠다.

今上即位十一年 咸通辛卯歲 恨其[塔]傾은 경문왕이 즉위 11년에 그 탑이 기울어진 것을 한스럽게 여겼다는 내용이다. 乃 命親弟上宰相伊干魏弘爲令臣 寺主惠興爲聞僧 及 脩監典 其人前大統政法和尙大德賢亮 大統兼政法和尙大德普緣 康州輔重阿干堅其等 道俗以其年八月十二日 始廢舊造新은 이때 왕명을 받아 일을 처리한 사람들과 중수에 착수한 시기를 말한 것이다. 親弟인 上宰相 伊干 魏弘을 令臣(왕의 명령을 받드는 신하)로 삼고, 寺主 惠興을 聞僧(아뢰는 승려) 및 脩監典[78]으로 삼았다. 그리고 其人인 前 大統政法和尙大德賢亮, 大統兼政法和尙大德普緣, 康州輔重阿干堅其 등의 道俗이 그해 8월 12일 비로소 廢舊造新했다고 한다.

그렇다면 이들은 어떻게 해서 9층탑 중수에 참여할 수 있었을까? 위홍은 경문왕의 친제로서 상재상 이간이었으므로 令臣으로서 모자람이 없다. 또한 승 혜흥은 황룡사 사주로서 당연히 중수 공사에 참여해야 할 것이다. 그런데 대덕 현량과 대덕 보연은 각각 前職 대통정법화상과 現職 대통정법화상이었다. 또한 堅其는 康州輔로서 重阿干이었다. 종래에는 '其人'을 잘 해석하지 못하였다. 其人에 이어지는 '□'가 '前'자임이 이미 판명되었는데도 이를 간과하여 '그들'로 모호하게 처리하거나,[79] 바르게 읽었다 하더라도 인명으로 파악하였다.[80] 그러나 '其人'은 其人 그대로 해석하는 것이 옳다고 생각한다. 기인에 대해서는 다음 자료가 주목된다.

> 內省, 景德王十八年, 改爲殿中省, 後復故. 私臣一人, 眞平王七年, 三宮各置私臣. 大宮和文大阿湌, 梁宮首肹夫阿湌, 沙梁宮弩知伊湌. 至四十四年, 以一員兼掌三宮, 位自衿荷至太大角干, 惟其人則授之, 亦無年限. 景德王又改爲殿中令, 後復稱私臣. 卿二人, 位自奈麻至阿湌爲之. 監二人, 位自奈麻至沙湌爲之. 大舍一人, 舍知一人. (『삼국사기』 권39, 志8 職官 中)

內省은 왕궁의 업무를 총괄하는 관부였다. 그 장관인 私臣은 衿荷에서 太大角干에 이르는 관등 소지자가 임명되었다. 그런데 여기에는 오직 其人만이 임명되었으며 정해진 임기도 없었다고 한다. 종래 其人에 대한 국내외의 해석은 거의 모두 '적임자'로 풀이하였다.[81] 그렇다면 적임자 아닌 사람을 주요 관직의 장관에 임

생각한다.

77) 『삼국사기』 권11, 경문왕 8년 하6월 조 및 『삼국유사』 권3, 탑상4, 황룡사 9층탑.

78) '감독하는 이' 정도의 직명이 아닌가 한다. 어미에 典자로 끝나는 직명의 예로는 古奈末典(창녕 진흥왕척경비), 奈夫通典과 及伐斬典(마운령 진흥왕순수비), 幢典(『삼국유사』 권2, 기이2, 孝昭王代 竹旨郞) 등의 예가 있다.

79) 정병삼, 1992, 「황룡사 구층목탑 사리함기」, 『역주 한국고대금석문(III)』, p.373 "왕의 친동생인 上宰相 이간 金魏弘이 책임자가 되고 寺主인 惠興을 聞僧이자 脩監典으로 삼아 그들과 …… 大統이자 政法和尙인 大德 賢亮과 대통이자 정법화상인 대덕 普緣 그리고 康州輔인 중아간 金堅其 등 승려와 관인들이 그 해 8월 12일 처음으로 낡은 것을 없애고 새 것을 만들도록 하였다."

80) 이용현, 앞의 논문, p.118 "이에 명을 내려 친동생인 상재 이간 위홍을 책임자(令臣)으로 삼고, 사주 혜흥을 문승으로 삼고, 또 수감전 기인, 전 대통 정법화상 대덕 현량, 대통 겸 정법화상 대덕 보연, 강주보 중아간 견기 등 도속으로 하여금" 운운.

81) 이재호, 1979, 『삼국사기(2)』, 한국자유교육협회, p.265에서만 "오직 그 사람에게만 이를 주었으며, 또 연한은 없었다."라고 해석하였다.

명하는 경우가 있다는 것일까? 그리고 이를 굳이 단서를 붙여 명시할 필요가 있었던 것일까? 단순히 적임자라고만 하는 것은 어딘가 모호하다고 생각된다. 그렇다면 其人의 사례를 좀 더 찾아보기로 하자.

(상략) 登法空座作 傳燈之□ 再轉法輪者 誰其能之 我誓幢和尙 其人也(경주 고선사 서당화상비)
(상략) 神通也不可以識 識智慧也 不可以知知者乎 則禪師 其人也(곡성 대안사 적인선사비)
(상략) 俾挺生君子國 特立梵王家者 我大師 其人也(보령 성주사 낭혜화상비)
(상략) 擧玄網而 弘闡眞宗 唯我大師 則其人也(창원 봉림사 진경대사비)
(상략) 不行而至此土也 不嚴而治 七賢孰取譬 十住難定位者 賢鷄山 智證大師 其人也(문경 봉암사 지증대사비)

위의 자료는 신라 고승의 비문에서 해당 부분을 가려 뽑은 것이다. 이들 비문에서는 해당 승려의 인물 됨됨이를 설명하면서 '其人'이라고 묘사하였다.[82] 이들 비문은 대부분 왕명을 받들어 지은 奉教撰의 글이었다. 곡성 대안사 적인선사비는 872년에 崔賀가, 보령 성주사 낭혜화상비와 문경 봉암사 지증대사비는 최치원이, 창원 봉림사 진경대사비는 경명왕이 각각 찬술하였다. 고선사 서당화상비는 비문의 탈락으로 알 수 없지만 봉교찬의 비석이었을 가능성이 크다. 그렇다면 이들 비문의 신뢰성은 대체로 인정할 수 있다고 하겠다. 그런데 여기서의 '其人'은 글자 그대로의 '그 사람'이란 뜻보다는, '여러 사람 가운데서도 아주 특별한 사람' 정도로 풀이할 수 있지 않을까 한다.[83] 그렇다면 대덕 賢亮과 普緣, 중아간 堅其 등은 여러 승려·관인 가운데서도 왕의 신임을 받은 아주 특별한 사람으로 추정해도 무방할 것이다.[84]

9층탑 중수 공사에서 871년 8월 12일은 의미 깊은 날이었다. 이 때의 중수를 始廢舊造新이라 압축해서 표현하였다.[85] 선덕대왕대의 9층탑 창건공사가 始構建→ 立刹柱→ 畢功의 단계를 거쳤음을 감안하면, 처음으로 廢舊造新하였다는 것이 어느 단계에 해당하는지 궁금하다. 경문왕 11년 정월에 황룡사탑 改造의 명령이 내린 것을 보면,[86] 8월 12일은 탑을 헐기 시작한 단계가 아니었을까 생각된다.[87]

---

82) "夫大師其人"(남원 영원사 수철화상비)도 참고할 수 있다. 비석의 탈락이 심하나 '師其'는 분명하다. 최경선, 2016, 「「영원사수철화상비」의 판독과 찬자(撰者)·서자(書者)에 대한 검토 -신라 말 당 관제의 수용과 정치운영과 관련하여-」, 『역사와 현실』 101, p.208.

83) 단국대학교 동양학연구소, 1999, 『漢韓大辭典』 권2, p.259 참고. 한편, 寺主인 惠興은 僧이라 하면서도 賢亮과 普緣은 大德이라 한 점도 주목된다. 이는 俗監典에서도 마찬가지인데, 현재로서는 其人이란 점 외에 달리 이유를 찾기 어렵다.

84) 고려시대 其人制度에서 '其人'의 어원은 여기서 비롯된 것이 아닌가 생각한다. 기인에 대해서는 『삼국유사』 권2, 기이2, 文虎王法敏; 동 권4, 의해5, 寶壤梨木; 『고려사』 권75, 志29, 選擧, 銓注, 其人 조 등 참고.

85) 秦弘燮, 1987, 「三國遺事에 나타난 塔像 -皇龍寺塔像을 중심으로-」, 『三國遺事의 綜合的 檢討』, p.278에서는 全面改修 보았다. 그러나 기울어져 문제가 있는 부분만 해체하여 수리하였다고 이해하거나(권종남, 2006, 「황룡사 9층목탑의 구조와 의장」, 『皇龍寺九層塔』, 미술문화, p.202), 동북쪽으로 기울어진 목탑을 바로잡는 보수공사로서 심초석에 사리장엄구를 추가하지 않았고 찰주가 원위치에 고정된 상태에서 중수가 진행되었다는 주장도 있다(한정호, 2019, 「황룡사 구층탑 창건기 사리장엄구와 경문왕대의 공정」, 『불교미술사학』 28, p.663). 필자는 전면개수였다 하더라도 지상의 건물에 한정한 중수로, 심초석이나 찰주에 대한 공사는 시도하지 않았다고 생각한다.

말미의 鐫字臣小連全은 글자 새긴이를 밝힌 부분이다. 주문이 아니라 附記한 부분임은 이미 지적한 바와 같다.

제3판 내면에서는 사리봉안 모습과 봉안처, 공사 마친 시점 등을 설명하였다. 먼저 其中更依無垢淨經 置小石塔九十九軀 每軀納 舍利一枚 陀羅尼四種經一卷卷上安舍利一具 於鐵盤之上은 『무구정경』에 의거하여 99구의 소석탑에 사리 1매씩 납입하고 사리 1구를 철반 위에 안치한 것은 의견이 같다. 그러나 가운데 부분인 陀羅尼四種經一卷卷上은 띄어 읽기를 포함하여 제가의 해석에 차이가 많다. 이에 대한 기왕의 해석은 다음과 같다.

황수영(1973a): 『無垢淨經』에 따라서 소석탑 99구를 안치하였으며 그 소탑마다 사리 1매와 다라니 사종을 넣었으며 또 경 1권을 넣어서 그 위에 사리 1구를 안치하였으되 그 장소로서는 '鐵盤之上'이라 하였다.

정병삼(1992): 그 안에 다시 『無垢淨經』에 의거하여 작은 석탑 99개에 각각의 석탑마다 사리 하나씩을 넣고, 다라니 네 가지와 경전 1권을 책 위에 사리 1구를 안치하여 철반의 위에 넣었다.[88)]

곽승훈(2001): 그 안에 다시 『무구정경』에 의거하여 소석탑 99구를 안치하고 매구마다 사리 1매를 넣고, 다라니 4종, 경전 1권을 두루 말은 사리 일체를 철반 위에 안치하였다.[89)]

한정호(2008): 그 안에 다시 『無垢淨經』에 의거 하여 작은 석탑 99개를 안치하고 각각의 석탑마다 사리 1매와 4종의 다라니경을 넣었다. (무구정광대다라니)경 1권의 卷上에는 사리 1구를 안치하여 철반 위에 넣었다.[90)]

이용현(2018): 그 가운데 더욱이 『무구정경』에 의거하여 소석탑 99구를 안치하였는데, 소석탑 마다 사리 1매와 다라니사종경 1권을 매납하여 말아 올렸다. 사리 1구는 철반 위에 안치하였다.[91)]

위에서 본 것처럼 해석이 다양하고 내용도 잘 이해하기 어렵다. 사리 1매와 사리 1구의 차이도 설명이

---

86) 『삼국사기』 권11, 경문왕 11년조 "春正月, 王命有司 改造皇龍寺塔".

87) 기왕의 연구는 모두 공사 시작 날로 이해하고 있다. 그러나 '시작'이란 개념이 모호한 것임은 이미 언급한 바와 같다. 그해 정월부터 몇 달 간을 준비 기간으로 본다면, 8월 12일은 낡고 기울어진 탑을 헐기 시작한 날로 생각할 수 있겠다. 「佛國寺無垢淨光塔重修記」에서 大平 4년(고려 현종 15) 2월 17일 吉日을 택하여 석탑을 해체한 사실이 참고 된다. 노명호·이승재, 2009, 「釋迦塔에서 나온 重修文書의 判讀 및 譯註」, 『불국사 석가탑 유물 2 -重修文書-』, 국립중앙박물관·대한불교조계종, p.53.

88) 정병삼, 1992, 「황룡사 구층목탑 사리함기」, 『역주 한국고대금석문(Ⅲ)』, p.373.

89) 곽승훈, 2001, 「신라 황룡사 승려들의 활동」, 『新羅文化祭學術論文集』 22; 2006, 『新羅金石文硏究』, 한국사학, p.167.

90) 韓政鎬, 2008, 「〈皇龍寺刹柱本記〉와 불사리장엄구 연구」, 『美術資料』 77, pp.21-22.

91) 이용현, 앞의 논문, p.118.

없다. 이 가운데 필자는 사리 일체를 철반 위에 안치하였다는 곽승훈의 해석에 매력을 느낀다. 其는 탑을 가리키고 經은 卷子本『무구정경』으로, 사리 1具를 사리 한 세트[92] 정도로 이해하여, 다음과 같이 해석하면 어떨까 한다.

> 탑 안에 다시『무구정경』에 의거 小石塔 99軀를 두고, 매 軀마다 사리 1매와 다라니 4종을 납입하여,『[무구정]경』1권의 두루마리 위에다 [이 같은] 사리 1구(세트)를 철반 위에 안치하였다.

明年七月 九層畢功은 872년 7월에 9층탑 중수 공사가 끝났다는 것이다. 전년 8월 12일에 공사가 시작되었으므로 공사기간은 대략 1년 정도였고, 선덕대왕대의 첫 창건 때와 기간이 거의 같았다. 이때의 공사도 선덕대왕 때의 창건처럼 始構建→ 立刹柱→ 畢功과 같은 단계를 거쳤을 것임은 앞서 언급한 바와 같다. 다만 중수의 경우에는 옛 목탑을 철거하는 단계가 먼저 있다고 하겠다.

雖然 刹柱不動 上慮柱本舍利如何는 찰주가 움직이지 않아서 임금께서 주본 사리가 어떤지 염려하였다고 한다. 이로 보아 찰주는 본래 움직일 수 있게 만들어졌다고 하겠다.[93] 上은 경문왕을 말한다. 앞서 今上이라 한 것을 여기서는 上으로 줄여 썼다. 이어지는 令臣伊干承旨 取壬辰年十一月六日 率群僚而往은 해석이 엇갈리는 부분이다. 기왕의 견해는 令臣의 令을 사역의 뜻으로 해석하면서 承旨를 인명으로 파악하였다. "伊干인 承旨에게 임진년 11월 6일에 여러 신하를 이끌고 가보도록 하였다"라고 해석하였던 것이다.[94] 그러나 띄어쓰기의 용법으로 보아 承旨는 인명이 아니라는 주장이 제기되었다. 이용현은 한 칸 띈 서법으로 볼 때 '旨'는 '국왕의 뜻'으로 해석해야 마땅하다고 보았다.[95] 이는 옳은 판단으로, 필자 또한 서법 상 承旨가 인명이 될 수 없다고 생각한다. '令臣 伊干'은 '令臣 伊干 魏弘'임이 분명하다. 영신인 이간 위홍이 왕의 뜻을 받들어 임진년(872) 11월 6일을 택해 群僚를 거느리고 가보았다고 해석된다. 경문왕이 직접 군료를 이끌고 가서 보았다는 해석도 있으나[96] 명문에서 확인할 수는 없다.[97]

專令舉柱觀之는 令臣인 위홍이 찰주를 들어올리게 하여 살펴보았다는 뜻이고, 礎臼之中 有金銀高座 於其

---

92) 소석탑 99구에 각각 납입한 것을 舍利一枚라 한데 비해 맨 뒤에 철반 위에 안치한 것을 舍利一具라고 표기하였다. 단위 枚와 具를 구별한 것을 보면 枚는 알(개)의 뜻이고, 具는 세트 정도로 이해된다.

93) 중수공사가 9층까지 완료된 상태에서도 탑의 구조체에 무리를 주지 않고 심주를 들어 올리는 것이 가능한 방식이었으며, 심주는 그 기능상 목탑 구조체를 지지하지 않았으며, 형식상 여러 개의 단주가 연결된 것으로 이해한 견해가 참고 된다. 권종남, 2006,「황룡사 9층목탑의 구조와 의장」,『皇龍寺九層塔』, p.194.

94) 정병삼, 1992,「황룡사 구층목탑 사리함기」,『역주 한국고대금석문(Ⅲ)』, p.373.

95) 이용현, 앞의 논문, p.119 및 p.122. 그러나 "책임자(令臣)인 이간 [김위홍]이 뜻을 받들도록 하였다."와 "영을 내려 신 이간에게 뜻을 받들어 취하도록 하였다."의 두 가지로 해석하였다.

96) 황수영의 앞의 논문들 및 金相鉉, 1992,「皇龍寺 9層塔考」,『中齋 張忠植博士華甲紀念論叢(Ⅰ)』; 1999,『신라의 사상과 문화』, 一志社, pp.204-205.

97) 이용현, 앞의 논문, p.123. 한편, 이용현은 사리공 안에 들어 있던 사리장엄구를 가지고 궐내 임금께 가져갔다고 하였으나, 명문에서는 그런 내용을 찾을 수 없다.

上安舍利琉璃瓶 其爲物也 不可思議는 礎臼 곧 심초석 사리공 안에 사리가 봉안된 장면을 묘사한 것이다. 礎臼 안에 金銀高座가 있고, 그 위에 사리가 든 유리병이 있었는데, 그 물건이란 것이 불가사의하였다고 한다. 唯無年月事由記。廿五日還依舊置 又加安舍利一百枚 法舍利二種은 오직 연월과 사유를 적은 기록이 없었으므로 25일에 지난 날 안치된 대로 되돌려 놓고 또 사리 1백 매와 법사리 2종을 추가 봉안하였다고 한다. 專命記題事由 略記始建之源 改作之故 以示万劫 表後迷矣는 왕의 명령으로, 공사한 사유를 기재하고 始建之源과 改作之故를 약기하여, 만급에 나타내 보여줌으로써 후세의 미혹한 사람들에게 드러나도록 하였다고 해석된다. 이는 찰주본기 작성 이전에는 사리함 내에 記文이 없었음을 말한다. 다시 말해 창건 당시 사리함에는 기문을 새기지 않았던 것이다.

咸通十三年歲次壬辰十一月廿五日記는 사리함기를 경문왕 12년(872) 11월 25일에 적었음을 밝힌 것이다.[98] 崇文臺郎兼春宮中事省臣姚克一奉　教書는 서자 요극일의 현직을 말한 부분이다. 崇文臺郎으로서 春宮中事省의 관원을 겸하였다고 해석된다. 비록 春宮中事省에서의 직명을 밝히지는 않았지만, 낭에 버금가는 관직일 것이다.

말미의 鐫字助博士臣連全은 글자 새긴이를 밝힌 부분이다. 연전이 조박사였음을 밝혔는데, 그는 앞서 나온 소연전과 같은 인물일 것임은 앞에서 지적한 바와 같다.

그러면 탑의 건립 공사는 언제 끝이 났을까? 사리함기에서는 함통 13년인 872년 7월에 畢功하였다고 하였다. 그러나 『삼국유사』 황룡사 9층탑 조에서는 단지 경문왕대 "重修"라고 한 데 비해 『삼국사기』에서는 경문왕 13년인 873년 9월 "皇龍寺塔成"으로 되어 있다.[99] 사리함기를 중시하면 『삼국사기』의 기사는 착오라고 하겠다. 이에 대해 진홍섭은 872년 11월25일은 창건 시에 納置한 사리를 점검 완료한 해이므로 완성은 다음해로 보아야 할 것이라고 하였다.[100] 그러나 필공의 의미를 생각하면 단순히 그렇게만 생각할 수 없을 듯하다. 필공의 사례로는 다음의 경우가 있다

> 春二月, 祇園·實際二寺成. 立王子銅輪爲王太子. 遣使於陳貢方物. 皇龍寺畢功. (『삼국사기』 권4, 진흥왕 27년)
>
> 新羅第二十四 眞興王 卽位十四年癸酉二月, 將築紫宮於龍宮南, 有黃龍現其地, 乃改置爲佛寺, 號黃龍寺, 至己丑年, 周圍墻宇, 至十七年方畢. (『삼국유사』 권3, 塔像4, 皇龍寺丈六)

『삼국사기』에서는 진흥왕 27년(566)에 황룡사를 필공하였다고 한데 비해 『삼국유사』에서는 주위에 담장을 쌓아 기축년인 진흥왕 30년(569)에 17년 걸려 겨우 필공(方畢)하였다고 하였다. 『삼국사기』의 기록은

---

98) 이를 따른다면 사리함기가 사리공 안에 봉안된 것은 그날 또는 그 이후의 일일 것이다. 그러나 11월 25일은 실제 쓴 날이 아니라 사리 봉안 예정일에 짜 맞춘 날짜로 보는 견해가 있다. 한정호, 2019, 「황룡사 구층탑 창건기 사리장엄구와 경문왕대의 공정」, 『불교미술사학』 28, p.664.

99) 『삼국사기』 권11, 경문왕 13년 조 "秋九月 皇龍寺塔成, 九層, 高二十二丈".

100) 秦弘燮, 1987, 「三國遺事에 나타난 塔像」, 『三國遺事의 綜合的 檢討』, p.279.

황룡사의 주요 시설이 갖추어진 시기이고, 『삼국유사』의 그것은 담장 등 마무리 공사가 완전히 끝난 것을 뜻하므로, 황룡사가 완공된 해는 진흥왕 30년으로 이해해야 한다는 견해가 있다.[101] 이를 따른다면 진흥왕 27년 2월에 황룡사를 필공하였다고 한 것은 왕자 동륜을 왕태자로 책봉한 사실 때문일 것이다. 다시 말해 태자 책봉을 기념하기 위해 서둘러 황룡사를 필공했다고 선언한 것으로 해석된다는 것이다. 따라서 필공은 공사의 완료를 뜻하며 관련 시설까지 포함한 최종적 완성을 뜻하지는 않는다고 하겠다. 이는 『삼국사기』에서 기원사, 실제사와는 달리 황룡사만 필공이라 한 것에서도 짐작할 수 있다.[102]

그러면 경문왕대의 황룡사 9층탑 공사 일정은 구체적으로 어떻게 이해하여야 할까? 사리함기에서 관련 내용을 열거하면 다음과 같다.

> 其十四年歲次乙巳始構建 四月八日立刹柱 明年乃畢功 鐵盤已上高七步 已下高卅步三尺.
> 今上即位十一年 咸通辛卯歲 (중략) 其年八月十二日始廢舊造新 (중략) 明年七月九層畢功 雖然 刹柱不動.
> 令臣伊干承旨 取壬辰年十一月六日 率群僚而往 專令擧柱觀之 (중략) 廿五日還依舊置.
> 咸通十三年歲次壬辰十一月廿五日記.

871년 8월 12일 9층탑 廢舊造新을 시작하고, 이듬해인 872년 7월에 9층(탑)을 필공하였다. 그러나 찰주가 움직이지 않아 11월 6일 찰주를 들어보았으며, 11월 25일 원래대로 해놓고 금동판에 이 사실을 기록하였다. 그런데 앞에서 언급한 바와 같이 『삼국사기』에서는 구층탑의 완성이 873년 9월이며, 9층의 높이가 22丈이라고 하였다. 높이가 22丈이라 한 것은 선덕대왕대의 창건 때보다 5척 낮아졌음을 말하는 것이겠지만, 완성시기 문제는 검토가 필요하다.

황룡사 9층탑은 872년 7월에 필공하였다. 그러나 刹柱不動이란 문제가 발생하였다. 찰주는 원래 움직일 수 있도록 되어야 하나 움직이지 않는 큰 문제가 발생한 것이다. 그래서 심주를 들어올려 주본사리를 확인하는 데도 11월 6일까지 3,4개월이 소요되었던 것이다.[103] 이후 부수적인 문제를 해결하기 위해 상당 기간 수리하였다고 하겠다. 거대한 목탑을 수리한다는 것은 창건 공사에 못지않은 공력이 필요하였을 것이다. 따라서 황룡사 9층탑을 873년 9월에 완성하였다고 한 것은 하자 보수 기간을 거쳐 최종 완성된 시점으로 이해하면 어떨까 한다. 그렇다면 872년 7월에 필공하였다는 사리함기와 873년 9월에 완성하였다는 『삼국사기』의 기록이 잘 맞아 들어가며, 이들 각각은 그 자체로 정확한 사실을 전하는 기록으로 이해될 수 있을 것이다.[104]

---

101) 李基白, 1978, 「皇龍寺와 그 創建」, 『新羅時代의 國家佛教와 儒教』, 한국연구원; 1986, 『新羅思想史研究』, 일조각, pp.64-65.

102) 기원사와 실제사는 '成'이라 하면서 황룡사의 경우는 '畢功'이라 하였다. 成과 畢功은 차이가 있었다고 하겠다. 한편 『삼국유사』 권3, 흥법3, 阿道基羅 조의 "皇龍寺畢成" 및 동 탑상4, 황룡사 구층탑 조의 "畢成其塔"의 '畢成'은 필공·완성의 뜻으로 보인다.

103) 권종남, 2006, 「황룡사 9층목탑의 구조와 의장」, 『皇龍寺九層塔』, pp.193-194.

끝으로 이 사리함기의 문체적 특징을 몇 가지 살피면 다음과 같다. 먼저 생략법이다. "善德大王代之所建也" "大王即位七年" "王之十二年癸卯歲"에서 보듯이 처음에는 '선덕여왕'이라 하다가 '대왕'으로 표기하고, 다시 '왕'이라고만 하였다. "今上即位十一年咸通辛卯歲" "雖然刹柱不動 上慮柱本舍利如何"라고 하여 '今上'을 다음에는 '上'으로만 표기하였다. '大王即位' 몇 년을 '王(之)' 몇년으로 표기하고, 鐫字인 '小連全'을 다음에는 '連全'으로 표기하였다. 같은 칭호나 연대·이름을 계속 쓸 경우 선덕대왕 → 대왕 → 왕으로, 금상 → 상으로, 대왕 즉위 몇 년 → 왕 몇 년으로, 소연전 → 연전으로 점차 줄여 썼던 것이다.[105)]

또한 "命親弟上宰相伊干魏弘爲令臣"이라 한 '令臣인 伊干 魏弘'을 뒤에서는 '令臣 伊干'으로만 표기하였다. '직명+관등+이름'이 거듭 나올 때는 이름을 생략하고 관직과 관등만 적었던 것이다. 崇文臺郎 春宮中事省臣 姚克一은 숭문대의 낭을 적었으므로 춘궁중사성에서의 관직은 생략하였다. 따라서 당시의 글쓰기 방법 또는 찬자 박거물의 글쓰기 관행을 여기서 엿볼 수 있다고 하겠다.

한편, 글자 새긴이를 나타내는 인명표기 '鐫字僧聰惠', '鐫字臣小連全', '鐫字助博士臣連全', '鐫法舍利臣忠賢'을 살펴보자. 이들은 '글자를 새긴 승려 총혜'나 '글자를 새긴 신하 소연전' 등으로 해석할 수 없다. '글자를 새긴이 승 총혜', '글자를 새긴이 신 소연전', '글자를 새긴이 조박사 신 연전', '법사리를 새긴이 신 충현'으로 읽어야 한다. 鐫字人(者)이나 鐫法舍利人(者)이 아니라 '鐫字'나 '鐫法舍利'만으로 '글자를 새긴이' '법사리를 새긴이'라는 직명으로 사용되었던 것이다.[106)] 이처럼 '동사+명사'의 형태로 직명을 나타내는 것 또한 신라 글쓰기의 한 방식이었다고 추측된다.

助博士 小連全은 그 자체 주목되는 인물이다. 신라 하대에는 다양한 성씨가 등장하고 있고, 황룡사 사리함기에도 金氏 외에 新金氏, 朴氏, 姚氏의 인물들이 나타나고 있다. 小連全의 '小'를 姓氏로 본다면, 그는 小氏 성을 사용한 최초의 인물이 되는 셈이다.[107)] 그러나 그가 鐫字로서 助博士인 것을 보면 小氏는 기술직에 종사하지 않았을까 추측된다.[108)]

이상 검토한 바를 바탕으로 사리함기 전문을 해석하면 다음과 같다.

---

104) 진홍섭은 찰주본기의 "明年七月九層畢功"이라 한 점이 『삼국사기』에 기록된 완성 연도인 경문왕 13년(873)과 일치한다고 보았으나(秦弘燮, 1987, 「三國遺事에 나타난 塔像」, 『三國遺事의 綜合的 檢討』, p.279), 착오인 듯하다. 우선 7월과 9월의 차이가 있고, 明年은 문맥상 경문왕 12년임이 확실하기 때문이다.

105) 1, 2, 3판 내면에서 인명은 모두 이름만 적고 있다. 성씨를 적지 않은 魏弘이나 堅其가 金氏인 것을 보면 神通도 金氏로 추정된다.

106) 한정호, 2019, 「황룡사 구층탑 창건기 사리장엄구와 경문왕대의 공정」, 『불교미술사학』 28, p.671에서 '鐫法舍利臣忠賢'을 '법사리를 새긴 사람은 신 충현이다'로 읽은 것은 옳은 해석이라고 하겠다.

107) 金律熙를 蘇律熙라 하듯이 小氏가 金氏나 蘇氏와 통칭되는 것은 아니었다고 생각된다. 小氏는 小氏 그 자체로 보이는 것이다.

108) 성덕대왕신종 명문에는 匠人으로 鑄鍾大博士 大奈麻 朴從鎰, 次博士 朴賓奈, 奈麻 朴韓味, 大舍 朴負缶 등이 나타나는바 박씨가 기술직에 종사하였다. 이들은 大博士, 次博士로서 小連全의 助博士와 비교된다. 소연전이 助博士인 것을 보면 그가 당대 최고의 새김 匠人은 아니었던 것 같다. 여러 군데 실수가 보이는 점도 이를 뒷받침한다.

(제1판 내면)

皇龍寺 刹柱本記. 侍讀이자 右軍大監으로 省公을 겸한 臣 朴居勿이 왕명을 받들어 짓다.

상고하건대, 皇龍寺 九層塔은 善德大王 때에 세운 것이다. 예전에 善宗郎이라는 진골 귀인이 있었다. 그는 어려서 殺生을 좋아하여 매를 놓아 꿩을 잡았는데, 꿩이 눈물을 흘리며 울자 이에 감동하여 마음을 일으켜 출가하여 불문에 들어갈 것을 청하고 법호를 慈藏이라 하였다. [선덕]대왕이 즉위한 지 7년째인 大唐 貞觀 12년, 우리나라 仁平 5년 무술년(638)에 우리나라 사신인 神通을 따라 당나라에 들어갔다. [선덕대]왕 12년 계묘년(643)에 본국으로 돌아오고자 하여 南山의 圓香禪師에게 머리 조아려 사직하니 선사가 말하길 "내가 觀心으로 그대의 나라를 보매, 황룡사에 9층탑을 세우면 海東의 여러 나라가 모두 그대의 나라에 항복할 것이다"라고 하였다. 자장이 이 말을 듣고 돌아와 보고하니, 이에 [선덕대왕은] 監君인 伊干 龍樹와 大匠인 백제의 阿非 등에게 명하여 小匠 200인을 거느리고 이 탑을 만들도록 하였다.

글자 새긴이(鐫字) 僧 聰慧

(제2판 내면)

선덕대왕 14년 을묘년(645)에 구조물을 세우기 시작하여 4월 8일에 刹柱를 세우고 이듬해에 畢功하였다. [탑의] 鐵盤 이상은 높이가 7보이고 그 이하는 높이가 30보 3척이다. 과연 三韓이 통합되어 一[家]가 되고 君臣이 안락하여 지금에 이른 것은 이에 힘입은 것이다. 195년을 지나 文聖王代에 이르자, 연월(세월)이 이미 오래되어 동북쪽으로 기울어졌다. 나라에서는 무너질까 염려하여 새로 지으려고 여러 재목을 모은 지 30여 년이 되었으나 아직 고쳐 세우지 못하였다. 지금의 왕이 즉위한 지 11년인 咸通 연간 신묘년(871)에 탑이 기울어진 것을 한스럽게 여겨 이에 命하기를, 왕의 친동생인 上宰相 이간 魏弘을 슈臣(왕의 명령을 받드는 신하)으로 삼고, 寺主인 惠興을 聞僧(아뢰는 승려)이자 脩監典(감독하는 이)으로 삼아, 其人인 전직 大統이자 政法和尙인 大德 賢亮과 [현직] 대통 겸 정법화상인 대덕 普緣, 그리고 康州輔인 중아간 堅其 등의 승려와 속인들이 그 해 8월 12일 처음으로 낡은 것을 없애고 새 것을 만들게 하였다.

글자 새긴이(鐫字) 臣 小連全

(제3판 내면)

그(탑) 안에 다시 『무구정경』에 의거 小石塔 99軀를 두고, 매 軀마다 사리 1매와 다라니 4종을 납입하여, 『[무구정]경』 1권의 두루마리 위에다 [이 같은] 사리 1구(세트)를 철반 위에 안치하였다. 이듬해 7월에 9층을 畢功하였다. 그러나 찰주가 움직이지 않아 왕께서 찰주에 봉안한 본래 사리가 어떠한지 염려하였다. 슈臣인 이간 [위홍]이 왕의 뜻을 받들어 임진년(872) 11월 6일에 여러 신하를 이끌고 가보았다. 찰주를 들게 하고 보았더니 柱礎의 구덩이 안에 금과 은으로 만든 高座가 있고 그 위에 사리가 든 유리병이 봉안되어 있었는데, 그 물건이 불가사의하였다. 다만 연월과 사유를 적은 기록이 없었다. 25일에 본래대로 해두고 사리 100매와 법사리 2종을 추가로 봉안하였다. 왕의 분부대로 사유를 적고 창건한 이유와 고쳐 세운 까닭을 간략히 기록하게 하여, 만겁에 나타내 보여줌으로써 후세의 미혹한 사람들에게 드러나도록 하였다.

咸通 13년 임진년 11월 25일 적다.

崇文臺 郎으로 春宮 中事省의 [관원]을 겸한 臣 姚克一이 왕명을 받들어 쓰다.

글자 새긴이(鐫字) 助博士 臣 連全

(제3판 외면)

成典

監脩成塔事 守兵部令 平章事 이간 신 김위홍

上堂 前 兵部大監 아간 신 김리신

倉府卿 일길간 신 김단서

赤位 대나마 신 신김현웅

青位 나마 신 신김평긍, 나마 신 김종유

나마 신 김흠선, 대사 신 김신행

黃位 대사 신 김긍회, 대사 신 김훈행

대사 신 김심권, 대사 신 김공립

道監典

(제2판 외면)

前 國統 승 혜흥

前 大統政法和尙 대덕 현량 前 大統政法和尙 대덕 보연

大統 승 담유 政法和尙 승 신해

普門寺上座 승 은전 當寺上座 승 윤여

승 영범, 승 양숭, 승 연훈, 승 흔방

승 온융

維那 승 훈필, 승 함해, 승 입종, 승 수림

俗監典

浿江鎭都護 중아간 신 김견기

執事侍郎 아간 신 김팔원

(제1판 외면)

內省卿 사간 신 김함희

臨關郡太守 사간 신 김욱영

松岳郡太守 대나마 신 김일

當寺大維那

승 향소, 승 □□, 승 원강 當寺都維那 □□□

感恩寺都維那 승 방무, 승 연숭

維那승 달마, 승 □□, 승 현의, 승 양수,

승 교일, 승 진숭, 승 우종, 승 효청,

승 윤교, 승 □□, 승 숭혜, 승 선유,

승 행림, 승 □□, 승 총혜, 승 태일.

法舍利를 새긴이(鐫法舍利) 臣 忠賢

V. 맺음말

석가모니의 진신사리를 모신 사리함은 고대부터 적지 않은 수가 발견되었다. 불교의 융성에 따라 백제와 신라에서 사리함이 발견되었고, 발해에서도 사례가 확인되었다. 사리와 이를 모신 사리함의 존재는 부처에 대한 숭배심과 당시 왕실 귀족들의 불교 신앙을 살펴볼 수 있는 좋은 자료가 되고 있다. 그 가운데서도 명문이 있는 것은 사리장치의 실태뿐만 아니라, 그 전후의 역사적 사실을 잘 알 수 있게 해준다는 점에서 중요하다. 여기서는 명문이 기록된 舍利函記가 백제에서 먼저 유행하였음을 밝힌 뒤 신라 사리함기 8종의 실태를 살펴보았다. 나아가 신라 사리함기 가운데서 가장 자세한 기록을 남기고 있는 皇龍寺 舍利函記를 주목하였다.

황룡사 사리함기는 9층목탑지 心礎石 舍利孔 안에 안치되었던 사리내함의 명문이다. 사리함기에 적힌 대로 흔히 皇龍寺刹柱本記라고 불린다. 이 자료는 도굴되었다가 회수되어 국립중앙박물관을 거쳐 현재는 국립경주박물관에 전시되어 있다. 이 자료는 1972년 황수영이 처음 학계에 소개하였고, 문헌에서 알 수 없는 많은 사실들이 밝혀져 황룡사 대한 이해를 한층 높일 수 있게 되었다.

이 금동 사리함에는 4개 면의 안쪽과 바깥쪽에 각각 그림과 글자가 새겨져 있다. 정면은 2장의 門扉이고, 나머지 3개 면 앞뒤에는 雙鉤體의 명문이 새겨졌다. 이 황룡사 사리함기는 안쪽 면에 9층탑의 창건과 중건의 사실을 적었고, 바깥 면에 성전, 도감전과 속감전, 그리고 유나의 승려들을 열거하였다. 여기서는 2018년 황룡사 특별전에서의 실물 사진과 연구를 바탕으로 문서의 서식과 기왕의 판독들을 재검토하였다. 글자를 밀착해서 쓰거나 띄어 쓴 경우, 생략법 등과 같은 서식을 살피고, 글자의 정확한 판독은 물론 글자의 위치까지도 바르게 표시한 모범 판독문을 작성하였다. 그리하여 935자(또는 932자)에 이르는 전문을 거의 확정할 수 있었다.

새 판독문에 근거한 내용 분석에서는 선덕대왕대의 창건 공사를 단계별로 이해하였다. 자장의 9층탑 건립 건의는 643년 3월 16일이었으므로, 2년간의 준비를 거쳐 645년 3월 始構建, 4월 8일 立刹柱, 그리고 이듬해에 畢功된 것으로 정리할 수 있었다. 더욱이 찰주를 세운 날이 사리함기에 의해 4월 8일임이 밝혀짐으로써 『삼국유사』 권3, 황룡사 9층탑 조의 백제인 아비지 설화에 사실성을 더할 수 있게 된 것은 큰 성과였다.

9층탑 건립 이후 195년이 지나 문성왕대가 되었다고 한 것도 중요한 사실이었다. 문성왕이 839년 즉위하였으므로 탑을 세운 것은 645년이었다. 이로써 건탑은 찰주를 세운 때로부터 헤아렸음을 알 수 있고, 나아가 문성왕 즉위 이전에 탑이 이미 기울었음을 추측할 수 있었다. 그래서 그의 즉위를 계기로 9층탑 개조를 준비하였지만, 헌안왕을 거쳐 경문왕대에 비로소 중수가 이루어졌음을 밝혔다.

9층탑 중수공사는 경문왕 11년인 871년 8월 12일에 廢舊造新을 시작하고, 이듬해 7월 필공하였다. 그러나 찰주가 움직이지 않는 문제가 발생하였으므로 11월 6일 심주를 들어올려 주본사리를 확인하고 11월 25일 본래대로 환원하였다. 그러나 『삼국사기』에서는 황룡사 9층탑을 873년 9월에 완성하였다고 전한다. 아마 거대한 목탑을 수리한다는 것은 창건 공사에 못지않은 공력이 필요하였을 것이다. 따라서 『삼국사기』의 기록은 하자 보수 기간을 거쳐 최종 완성된 시점으로 이해하여 보았다. 그렇게 할 경우 872년 7월에 필공하였다는 사리함기와 873년 9월에 완성하였다는 『삼국사기』의 기록이 잘 맞아 들어가며, 이들 각각은 그 자체로 정확한 사실을 전하는 기록으로 이해될 수 있기 때문이다.

또한 내용 분석에서 그간 모호하게 처리하였던 구절들에 대해서도 새로운 해석을 할 수 있었다. 大德 현량과 보연, 重阿干 김견기를 其人이라 한 점을 근거로 其人에 대한 해석을 새로이 할 수 있었고, 사리함기를 새긴 (小)連全을 통해 姓氏 小氏에 대해 주목하게 된 것도 이 글의 성과였다. 나아가 중요한 글자가 판독되어 학계에 보고되었는데도 이를 반영한 연구가 제대로 이루어지지 못한 사실도 알게 되었다.

투고일:2020. 10. 29　　심사개시일: 2020. 11. 03　　심사완료일: 2020. 11. 28

참/고/문/헌

1. 사료

『三國史記』, 『三國遺事』, 『續高僧傳』

2. 도록, 보고서, 자료집

국립경주박물관, 2018, 『(특별전) 皇龍寺』.

국립부여문화재연구소, 2017, 『(특별전) 百濟 王興寺』.

국립중앙박물관, 1991, 『佛舍利莊嚴』.

국립중앙박물관·대한불교조계종, 2009, 『불국사 석가탑 유물 2 -重修文書-』.

문화재관리국 문화재연구소, 1984, 『皇龍寺 遺蹟發掘調查報告書 I』.

金煐泰, 1992, 『三國新羅時代佛教金石文考證』, 民族社.

韓國古代社會研究所 編, 1992, 『譯註 韓國古代金石文(III)』, 駕洛國史蹟開發研究院.

許興植, 1984, 『韓國金石全文(古代篇)』, 아세아문화사.

黃壽永, 1976, 『韓國金石遺文』, 일지사.

황수영, 1999, 『黃壽永全集 4 -금석유문-』, 혜안.

3. 단행본

곽승훈, 2006, 『新羅金石文研究』, 한국사학.

권종남, 2006, 『皇龍寺九層塔』, 미술문화.

김상현, 1999, 『신라의 사상과 문화』, 一志社.

박남수, 1996, 『新羅手工業史研究』, 신서원.

신대현, 2003, 『한국의 사리장엄』, 혜안.

李基東, 1984, 『新羅 骨品制社會와 花郎徒』, 一潮閣.

李基白, 1986, 『新羅思想史研究』, 一潮閣.

이영호, 2014, 『신라 중대의 정치와 권력구조』, 지식산업사.

이재호, 1979, 『삼국사기(2)』, 한국자유교육협회.

4. 논문

金吉雄, 1990, 「雲門寺 鵲岬殿出土 舍利具에 대하여」, 『慶州史學』 9.

南武熙, 2009, 「자장의 생애 복원」, 『韓國學論叢』 32.

邊善雄, 1973, 「皇龍寺 9層塔誌의 研究-成典과 政法典 問題를 中心으로-」, 『國會圖書館報』 제10권 제10호.

李泳鎬, 1983, 「新羅 中代 王室寺院의 官寺的 機能」, 『韓國史研究』 43.

李泳鎬, 2016, 「蔚珍 聖留窟 巖刻 銘文의 검토」, 『木簡과 文字』 16.
李鎔賢, 2018. 「皇龍寺刹柱本記의 再檢討」, 『新羅文物硏究』 11.
임영애, 2017, 「봉화 축서사 석조비로자나불좌상과 목조광배 -축서사와 왕경 진골 귀족, 그리고 황룡사-」, 『梨花史學硏究』 55.
丁元卿, 1992, 「新羅 景文王代의 願塔建立」, 『박물관연구논집』 1, 부산시립박물관.
秦弘燮, 1987, 「三國遺事에 나타난 塔像 -皇龍寺塔像을 중심으로-」, 『三國遺事의 綜合的 檢討』, 한국정신문화연구원.
최경선, 2016, 「「영원사수철화상비」의 판독과 찬자(撰者)·서자(書者)에 대한 검토 -신라 말 당 관제의 수용과 정치운영과 관련하여-」, 『역사와 현실』 101.
최희준, 2011, 「『三國遺事』 皇龍寺九層塔條에 대한 재검토와 阿非의 출자」, 『한국학논총』 36, 국민대.
한정호, 2006, 「慶州 九皇洞 三層石塔 舍利莊嚴具의 再照明」, 『미술사논단』 22, 한국미술연구소.
韓政鎬, 2008, 「〈皇龍寺刹柱本記〉와 불사리장엄구 연구」, 『美術資料』 77.
한정호, 2011, 「통일신라시대 蠟石製舍利壺의 발생과 전개에 대한 고찰」, 『古文化』 77.
한정호, 2019, 「황룡사 구층탑 창건기 사리장엄구와 경문왕대의 공정」, 『불교미술사학』 28.
허인욱, 2014, 「『三國遺事』 皇龍寺九層塔條의 編年 검토」, 『史學硏究』 113.
黃壽永, 1972.10.28, 「新羅皇龍寺九層塔誌 -刹柱本記에 대하여-」, 『東洋學學術講演會鈔』 제2회 동양학학술강연회 자료집, 단국대 동양학연구소; 1973, 『東洋學』 3.
黃壽永, 1972, 「新羅 皇龍寺 九層塔誌 -刹柱本記에 대하여-」, 『考古美術』 116.
黃壽永, 1973, 「新羅 皇龍寺 九層木塔 刹柱本記와 그 舍利具」, 『東洋學』 3.
黃壽永, 1973, 「新羅 皇龍寺 刹柱本記 -九層木塔 金銅塔誌-」, 『美術資料』 16.

〈Abstract〉

The Inscription in the *Sarira* Case and the Hwangryong-sa Temple in the Silla Kingdom

Lee, Young-ho

This study has analyzed the inscription in the *sarira* (Buddhist bones) case contained in the nine-story wooden pagoda at the Hwangryong-sa temple, one of the inscriptions found in ancient Korea's *sarira* cases. As a prior literature review, it first reviewed the text deciphered and introduced by Hwang Su-yeong in 1972 and other subsequent texts, which has enabled the study to produce a model text that even shows the exact decoding and the right location of letters.

The nine-story wooden pagoda at the Hwangryong-sa temple was built at the suggestion of the Silla monk Jajang during the reign of Queen Seondeok (632~647). After two years of the preparatory period, the construction began in 645. In March of the year, its structure was set up, and on April 8 the pillar that would sustain the pagoda was put up. In 646, the entire construction work was finally completed. Specifically, this study has made clear that the day when the pillar was put up was the Buddha's Birthday and thereby proves the tale that the Baekje master craftsman Abiji supervised the construction work to be grounded on fact.

This study has presented an important fact that King Munseong (839~857) ascended the throne 195 years after the nine-story wooden pagoda was built. Before King Munseong's accession, the pagoda had already tilted. King Munseong prepared for the renovation of the pagoda, but he did not complete the project. King Kyeongmun (861—875), the successor to King Heonan (857~861), finally completed repairing of the pagoda. The king began the demolition of the pagoda on August 12, 871, which finished in July 872. Since the pagoda's pillar was immobilized, it went through a period of flaw repairs. The whole repairing was finally completed in September 873.

This study has provided a clear interpretation of passages that were vaguely understood in the past. Based on the definition of monks Hyeonryang and Boyeon, both on the Buddhist rank of *daedeok*, and Kim Gyeon-gi, on the official rank of *jungagan*, as *kiin*, it has reinterpreted the term *kiin*. By identifying the name of So Yeon-jeon inscribed in the *sarira* case, this study could confirm the existence of the family name So in the Silla period, which may be considered the study's major accomplishment.

▶ Key words: Chaljubongi, Hwangryong-sa temple, Inscription in a Sarira Case, Kiin, Kim Wi-hong, King Kyeongmun

중국 출토 구구표 자료 연구*

다이웨이홍**

〈국문초록〉

현재까지 중국에서 39종의 九九表와 관련된 자료가 출토되었고 이 중에 21종의 관련 九九表 竹簡·木牘이 포함되었다. 清華簡 「算表」는 九九乘法表를 기초로 함으로써 先秦 시기의 구구승법표가 이미 충분히 성숙해졌다는 것을 반영할 수 있다. 출토된 구구표의 연대는 기원전 4세기부터 10세기까지의 선진시기부터 오대까지이며 시간의 경간이 상당히 크다. 출토 지점은 서북의 甘肅·新疆에서 남부 지역의 廣東·湖南까지 이르러 공간 범위도 상당히 넓다. 서사 재료는 磚·簡牘(竹簡·木牘)·종이로 구분된다. 서사 형식은 2가지 종류로 구분되며 하나는 「算經」앞에 사서되며 北大藏秦簡「算書」甲篇의 제2부분과 같이 「九九術」이며 총 8매의 죽간으로 구성된다. 『孫子算經』 중의 「九九術」, 敦煌千佛洞 「立成算經」의 종이테스트 「九九術」은 算術을 배운 학습자의 필수 기초지식으로써 「算經」의 앞에 적어야 더 편리하게 열람할 수 있다. 다른 하나는 단독적으로 목간 혹은 종이 문서에 서사되는 경우이며 이것은 구구표를 抄寫·연습 혹은 암기하는 것에 사용된다. 서사 방향은 대부분 칸을 나누어 "九九八十一"로 시작한 9段부터 우측에서 좌측으로, 그다음은 위에서

* 이 논문 또는 저서는 2019년 대한민국 교육부와 한국연구재단의 지원을 받아 수행된 연구임(NRF-2019S1A6A3A01055801).

** 戴衛紅, 中國社會科學院 古代史所研究員, 경북대학교 HK+硏究敎授

아래로 적는다. 각 段의 사이에 의도적으로 구분해서 서사하거나 어떤 경우는 연속적으로 적는데 특정적인 규율과 규정이 없었다. 극히 일부의 習書簡에 위에서 아래로 연속 서사되는 경우가 있다. 관련 내용은 秦漢 九九乘法表 중에 '一一而一'·'一九而九'와 같은 1段의 口訣은 보이지 않았지만 樓蘭古城의 三間房에서 출토된 九九表의 잔존 테스트 중에 '一八而八'이 기록된 사실을 통해 추측할 수 있는 것은 3-4세기 무렵에 1段 口訣은 이미 사회적으로 전파된 九九表 중에 출현되었다. 당나라 시기까지 이르러 敦煌 테스트 중에 '九九八一'부터 시작하며 '一一如一'까지의 기록형식은 완전히 정형되었다. 출토 유물은 변경 요새의 城障유적·內地官署유적·기층 관리의 墓葬이었다. 이에 의해 사용 주체는 단지 문헌에서 흔히 볼 수 있는 아동일 뿐만 아니라 대부분은 변경 요새의 吏·卒, 기층 사회의 吏員 및 수작업 기공사들도 포함된다. 용도로 볼 때는 기본적으로 학습과 글자 연습에 사용되었다. 성격으로 볼 때 구구표는 단지 아동 계몽 교육의 교과서일 뿐만 아니라 또한 기층 관리 혹은 전문 기공사의 학습 교과서와 연습 참고자료이었기도 한다.

▶ **핵심어: 九九表, 九九乘法口訣表, 孫子算經, 立成算經**

I. 머리말

'九九表'는 일반적인 의미에서 1에서 9까지 곱셈 법칙에 따라 구성된 숫자의 산술 표를 가리키며, 또한 '九九乘法口訣表'라고 칭하기도 한다. 九九口訣은 이미 戰國 時代에 크게 유행하였으며, 『管子』·『戰國策』·『荀子』·『逸周書』·『穆天子傳』·『鶡冠子』·『呂氏春秋』 등의 문헌에서 '九九' 중 한 구절 혹은 몇 구절의 口訣을 인용한 사례가 종종 있다.[1)]

전세 문헌 중 '九九八十一'에서 '一九如九'까지 45마디로 된 '小九九' 口訣의 가장 이른 기록은 『孫子算經』이다. 『孫子算經』의 편찬 연대에 대해 錢寶琮 선생은 서적 중에 포함된 역사적인 의미를 지닌 일부의 자료를 근거해 해당 서적의 편찬 연대가 기원 400年 전후인 것으로 추정하였다.[2)]

그러나 『孫子算經』 중의 九九口訣은 九九表의 형식으로 단독적으로 출현한 것이 아니며 算經 중의 算題 앞에 기록된 것이었다. 수학사 연구자 杜石然은 『中國數學簡史』에서, "현존 자료에 따르면 '九九歌'는 원래 '九九八十一'에서 '二二而四'에 이르는 것으로서, 적어도 1·2세기에 이르기까지는 그와 같았다. '九九歌'가 '一一如一'까지 확장된 것은 대략 5세기에서 10세기 사이에의 일이었다"라고 하였다.[3)]

19세기 말, 甘肅省 敦煌 莫高窟에서 일련의 算經 문서가 발견되었는데, 12종의 '구구승법표'가 포함되며,

---

1) 『逸周書·武順』: "五五二十五, 曰元卒"; 『荀子·大略』: "六六三十六, 三丈六尺"; 『戰國策』 "九九八十一萬人"; 『呂氏春秋』 "三七二十一"; 『孔子家語·執轡』 "九九八十一, 一主日, 日數十"; 『素問·陰陽別論』: "凡陽有五, 五五二十五陽".

2) 錢寶琮校點, 『算經十書』, 中華書局, 1963, p.275.

3) 杜石然, 『數學·歷史·社會』, 遼寧教育出版社, 2003.

그 외에 티베트어 '구구승법표'도 3종이 있었다. 그것들은 모두 唐·宋 시기의 寫本으로, 중국에 현존하는 가장 오래된 종이 算表이다. 20세기 초, 스벤 헤딘(斯文赫定)은 樓蘭 古城에서 2매의 九九表 잔존 종이테스트를 발견하였고 아우렐 스타인(斯坦因)과 西北科學考察團 등은 서북 屯戍 지역에서 출토된 漢簡 중에는 '구구승법표'가 기재된 簡牘을 발견하였다. 敦煌漢簡 중에 2매, 居延漢簡 중에 5매, 居延新簡 중에 2매, 肩水金關漢簡 중에 2매가 있다. 1960~70년대, 투르판 아스타나 316號墓에서 대문자 숫자를 서사한 乘法訣의 殘本이 출토되며, 60TAM316:08/1(b) 殘片으로 編號되었다. 1980년대 말 湖南省 張家界 古人堤 유적에서 출토된 簡牘(張家界漢簡으로 약칭함) 중에도 1매가 출토되었다. 1981년에 深圳市 南頭 紅花園 漢墓M3에서는 上面에 구구승법표를 새긴 東漢 중후기의 九九乘法表가 기록된 장방형 흑청색 석회 墓磚이 발견되었다. 1990년에 甘肅省 懸泉置 유적에서 1매의 兩漢 시기의 九九表 木簡이 출토되었다. 2002년 湖南省 龍山縣 里耶 戰國古城에서 출토된 簡牘 중에 2매로 된 3편의 완전한 '구구승법표'가 발견되었는데, 이것은 현재 중국에서 가장 오래되고 가장 완전한 '구구승법표'라 할 수 있다. 2010년 北京大學은 해외에서 돌아온 귀중한 秦 簡牘을 입수하였데, 그중에 '구구승법표'를 기록한 木牘 1개가 있으며, 내용은 里耶秦簡의 記載와 완전히 일치한다. 2010년, 清華大學에서 수장 중인 戰國簡 중에 「算表」가 포함되어있으며 馮立升는 算表를 戰國 시기의 '大九九' 계산 도구로 분류하였다. 2013년에는 湖南省 益陽 兔子山 유적 J7에서 발굴을 진행하였는데, 출토 유물 중 구구승법표의 殘片이 있으며, 시대는 西漢 초기와 吳씨 長沙國 시기에 해당한다. 2014~2018년 四川 渠縣城垻津關 유적에서 兩漢 시기의 九九乘法表 殘簡이 출토되었다. 필자의 통계에 의해 현재까지 찾아볼 수 있는 출토 구구표자료는 총 39種이며 그중에 簡牘 자료가 21種이며 종이테스트 자료가 17種이고 墓磚이 1種이다.

중국 학계에서는 이미 출토된 구구승법표에 대한 심도 있는 연구를 진행해 왔다. 1991년 甌燕·文本亨·楊耀林은 深圳市 南頭紅花園 漢墓에서 출토된 東漢 시기의 구구승법구결 青磚을 기반으로 하여 '九九之術'의 기원까지 소급해 가며 구구 구결의 변화를 검토하였다.[4] 2003년에 劉金華는 발굴·보존된 출토 간독 자료 중에 총 4차례 7곳의 구구 자료를 수집하고, 구구승법표가 특히 변경 지역의 군인 관련 기록에 자주 출현함을 확인하여, 당시 구구승법표가 매우 광범하게 보급되어 있었으며 기본적 수학 상식에 속하였음을 입증하였다.[5] 2007년에 王煥林은 里耶秦簡 '九九乘法表'에 대하여 文字 校勘·수학적 의미·易學 관념의 세 방면에서 분석을 진행하였다. 나아가, 이 글에서 그는 또한 아무리 빨라도 魏晉 시기에 이르러서야 중국 수학가들이 곱셈의 정의를 겨우 확정할 수 있었을 것이라는 杜石然의 견해에 동의하였다.[6] 2012년에 韓巍는 北京大學 收藏 秦簡牘 중의 수학 문헌을 소개하면서, 算書 甲篇의 두 번째 부분이 '九九術'이며, 그 밖에도 '九九術' 木牘 M-025의 존재함을 언급하고, '九九術'이 사용한 표의 서식이 늦어도 戰國 晚期에는 이미 정형화되어, 이후 보급 과정에서 거의 변하지 않았음을 밝혔다. '九九術'의 表를 '算題彙編' 앞에 기록해 두었던 것에

4) 甌燕·文本亨·楊耀林, 「從深圳出土乘法口訣論我國"九九之術"」, 『文物』, 1991, 제9기, pp.78-95.

5) 劉金華, 「秦漢簡牘"九九殘表"述論」, 『文博』, 2003, 제3기.

6) 王煥林, 「里耶秦簡校詁」, 中國文聯出版社, 2007, p.177.

대하여, 그것이 당시 算術을 공부하는 이들에게 필수적인 기초지식이었으며, 수시로 쉽게 참조할 수 있게 하려는 의도였다고 설명하였다.[7] 2013년에 李均明·馮立升은 清華簡 중에의 算表를 전국시대의 '大九九' 계산 수단으로 파악하고, 清華「算表」와 里耶秦簡 九九表를 비교하였다.[8] 2016년에 司曉蓮과 曲元凱는 도판에 보이는 문자의 殘筆 및 '九九乘法表'의 계산 규칙을 근거로 『肩水金關漢簡(貳)』 중 '九九殘表'의 부분적 보충을 진행하였다.[9]

敦煌 출토 문헌 중에는 15종의 구구승법표가 있는데, 그중 12종은 한문본이며, 3종은 티베트어 구구승법 테스트로써, 프랑스 국가도서관 소장 펠리오 수집품 P.T.1070과 P.T.1256 및 敦煌 莫高窟 北區에서 출토된 테스트 B59:10이 그것이다. 이 3종의 티베트어 사본의 연대와 문자의 특징·내용·수학적 의미 등에 대해서는 학계에서 많은 검토가 이루어졌다. 1985년에 華侃은 「敦煌古藏文寫卷〈乘法九九乘法表〉的初步研究」에서 漢文과 티베트어를 비교하는 방법으로 敦煌의 고대 티베트어 寫卷 '구구승법표' 속에 나타나는 漢·티베트 文化·唐 語音 등의 문제를 연구하고 검토하였다.[10] 2010년에 傅千吉과 肖鵬은 敦煌의 고대 티베트어 寫卷 중 하나인 티베트어 '구구승법표'를 天文 曆算類로 분류하고 천문 연산법과의 관계를 검토하였다.[11] 2011년에 張小虎는 「敦煌算經九九乘法表探析」에서 敦煌 算經 문서에 포함된 구구승법표 12종의 문서를 분석하여, 이 구구승법표 중에 '都'·'文' 등의 글자가 특정적인 의미를 지니고 있었음을 확인하였다. 구구승법표의 記數 부호는 唐·五代 시기 敦煌 지역에서 널리 사용되었으며, 黑水城 文書 및 潛虛의 記數부호와 관련이 있다. 구구승법표 중에 일련의 대문자가 흔히 사용된 것은 唐·五代 시기로서, 敦煌·투르판 지역의 무역이 흥성하였고 사람들의 왕래가 끊이지 않았음을 보여 준다. 구구승법표의 句數와 배열 순서는 宋代 이전의 구구승법표가 비교적 완전한 내용과 순서를 갖추고 있었음을 보여 준다.[12] 2015년에 劉英華는 세 개의 티베트어 '구구승법 표'에 대한 복원·번역 및 분석을 진행하고 비교 연구를 수행하였다.[13] 2019년, 才項多傑는 敦煌 티베트어 구구승법 사본과 티베트 籌算 중의 구구승법 사본에 관한 연구를 한 걸음 더 진전시켜, 敦煌本 티베트어 구구승법 사본과 티베트 籌算 중의 구구승법 사본 간의 관계와 그 발전 과정을 정리하였다.[14]

---

7) 韓巍, 「北大秦簡中的數學文獻」, 『文物』, 2012, 제6기.

8) 李均明·馮立昇, 「清华简〈算表〉概述」, 『文物』, 2013, 제8기.

9) 司曉蓮·曲元凱, 「讀〈肩水金關漢簡(貳)〉劄記」, 『集美大學學報(哲社版)』, 2016, 제4기, pp.132-136.

10) 華侃, 「敦煌古藏文寫卷『乘法九九乘法表』的初步研究」, 『西北民族學院學報』(哲社版), 1985, 제3기, pp.174-185; 許康, 「敦煌算書透露的科學與社會信息」, 『敦煌研究』, 1989, 제1기; 李並成, 「從敦煌算經來看我國唐宋時代的初級數學教育」, 『數學教學研究』, 1991, 제1기; 王進玉, 「敦煌遺書中的數學史料及其研究」, 『數學史研究文集』 제2집, 內蒙古大學出版社, 臺灣九章出版社, 1991; 王渝生, 「敦煌算書」, 『中國科學技術典籍通匯』 數學卷(一), 河南教育出版社, 1993; 劉鈍, 「九九乘法表」, 『敦煌學大辭典』, 上海辭書出版社, 1998, p.601.

11) 傅千吉·肖鵬, 「敦煌吐魯番文獻中藏漢天文曆算文化關係研究」, 『西藏大學學報(科學版)』, 2010, 제4기.

12) 張小虎, 「敦煌算經九九乘法表探析」, 『溫州大學學報(自然科學版)』, 2011, 제2기. 修訂版見張小虎, 「敦煌算經九九乘法表探微」, 中共高臺縣委·高臺縣人民政府·甘肅敦煌學學會·敦煌研究院文獻所·河西學院編, 『高臺魏晉墓與河西歷史文化研究』, 2012.

13) 劉英華, 「敦煌本藏文算書研究」, 『西藏大學學報(社會科學版)』, 2015, 제1기, pp.74-81.

14) 才項多傑, 「敦煌出土藏文九九乘法寫本與西藏籌算中的九九乘法表的關係研究」, 『敦煌研究』, 2019, 제5기.

학계에서는 구구승법표의 명칭에 대해서도 논의하였다. 韓巍는 고대 중국에서 '隸首'가 '구구승법표'의 별칭이었다는 가능성을 제시하였다.[15] 또한, 程少軒은 北大秦簡 「魯久次問數於陳起」에서 '䣝首'가 '구구승법표'를 가리키는 고유명사라고 한 것이 중요한 단서를 제공한다고 생각하여, '隸首'가 '구구승법표'를 가리키는 고유명사라는 설을 공식적으로 제기하였다.[16]

2019년, 黃悅은 처음으로 漢語 韻律學의 관련 이론을 활용하여 '구구승법표' 속의 언어 현상을 분석하고, 운율 이론을 이용하여 여러 시대 '구구승법표'의 다양한 필사 방식에 관한 통시적 연구를 진행하며 漢語 韻律 유형의 발전과 변화 과정을 파악하였다. 그는 秦漢 簡牘의 '구구승법표'에서 '而'·'如'를 사용한 사례가 모두 30건에 달하며, 사용하지 않은 경우는 겨우 상술한 2건일 뿐인데, 이 2건은 西漢 中後期에 韻素 音步(운율)에서 音節 音步로 전환되는 상황을 매우 잘 설명해준 사례라고 하였다. 韻素 音步에서 音節 音步라는 전형적 추세 아래에서 대부분의 단음절 단어는 쌍음화 하여, '而一'·'如十'과 같이 音節 音步가 되어야 사용될 수 있게 되었다. 그런데 서한 중후기에는 '二五十'와 '二五而十', '二四八'과 '二四而八'이 공존하여, 해당 시기 韻素 音步에서 音節 音步로 변화하는 과도기적 양상의 중요한 예가 된다. 唐代에 이르면 漢語의 音步 유형이 거대한 대전환을 겪어 쌍음화가 漢語 발전의 대세를 이루는데, '구구승법표'에서도 쌍음절 '一十'의 사용례가 단음절 '十'의 사용례를 크게 초과하게 된다.[17] 이것은 우리의 구구표 연구에 새로운 학술적인 시각을 제공해 주었다.

본문은 중국에서 출토된 九九乘法表 木簡·墓磚·紙文書를 중심으로 中國에서 출토된 九九表의 글자와 용어·九九乘法表 중의 내용·九九乘法表의 사용자과 九九乘法表의 특징을 토론하고자 한다.

II. 戰國 중기의 「算表」竹簡

李均明·馮立昇이 소개한 바에 따르면, 清華 竹簡 중의 「算表」는 모두 21매의 簡으로서, 簡의 너비 1.2㎝, 두께 0.13㎝이며, 황갈색을 띠고 있다고 한다. 본래 세 줄의 끈으로 연결되어 있었으나, 원래의 연결 끈은 남아 있지 않고 그 흔적만 존재할 뿐이다. 위쪽 연결 끈(編繩)은 竹簡 상단에 서 2㎝, 아래쪽 연결 끈은 竹簡 하단에서 2㎝ 떨어져 묶였으며, 중간 연결 끈은 기본적으로 완정한 竹簡의 중앙에 위치한다. 또한, 竹簡에는 위에서 아래로 총 18개의 붉은 색 칸을 나누는 선이 있어 가로로 21매 죽간의 簡 표면을 횡단하고 있다. 최상단과 최하단의 붉은 색 칸을 나누는 선을 제외하면, 나머지 16개의 칸을 나누는 선은 모두 먼저 墨書한 뒤 주서(朱書)하는 식으로 두 번 칠해진 것이다. 18개의 칸을 나누는 선에 세 줄의 연결 끈을 더하면 총 21

15) 韓巍, 「北大藏秦簡〈魯久次問數于陳起〉初讀」, 『北京大學學報(哲學社會科學版)』, 2015, 제2기; 韓巍·鄒大海整理, 「北大秦簡〈魯久次問數于陳起〉今譯·圖版和專家筆談」, 『自然科學史研究』 제34권, 2015, 제2기.

16) 程少軒, 「也談"隸首"爲"九九乘法表"專名」, 『出土文獻研究』, 2016, 제15집.

17) 黃悅, 「從出土"九九乘法表"看漢語韻律類型演變」, 『韻律語法研究』 제4집, 2019, 12월.

개의 선으로, 「算表」를 가로로 20'列'로 구획하게 된다. 그리고 각 竹簡은 자연스럽게 세로 '行'을 이루어져 모두 21행이다. 이 죽간들에 대한 C14 측정 결과와 자체의 특징에 의해 해당 죽간은 전국시대 중기에서 조금 늦은 시기에 만들어졌다고 판단되었다.[18] 「算表」의 21매 竹簡은 하나의 20행·20열의 10진수 곱셈표로 구성된다. 이 「算表」는 2자릿수(그중에 1/2이 포함됨)의 곱셈·나눗셈을 연산할 수 있다. 대량의 先秦 문헌에서 '구구'의 한 구절이나 몇 구절을 인용하고 있기 때문에 학계에서는 춘추전국시대에는 완전한 구구승법 구결표가 이미 존재하고 있었을 것으로 추측하고 있지만, 아직 실물 증거는 발견되지 않았다. 清華簡 「算表」의 출토는 이러한 추측을 의심 없이 확정할 수 있게 해주었다. 馮立昇은 표를 만드는 연산법 형식이 중국 전통 수학과 曆算에서 중요한 형식이지만, 출현 시점은 확실하지 않았는데, 「算表」가 그 이른 시기의 연원을 발견하게 해 주었다고 하였다.[19] 이 표의 핵심은 9에서 1에 이르는 승수·피승수와 81에서 1에 이르는 곱으로 구성된 곱셈표이다. 피승수와 승수가 십 자릿수·분수와 승적은 모두 핵심 부분의 확장으로 여길 수 있다. 「算表」에 보이는 숫자의 배열은 九九術과 유사하며 모두 큰 수에서 작은 수로의 순서가 배열되어, 그것이 당시 광범하게 사용되던 구구술에서 파생된 계산 도구임을 알 수 있다.[20]

『算表』 중에 1×1부터 1×9까지의 곱셈 결과가 포함된 것이 이외에 1×½=½, ½×½=¼와 같은 곱셈의 결과도 포함되었다. 이와 같은 내용은 王煥林선생이 제기한 '乘法의 출현연대'라는 문제와 관련된다. 王煥林선생은 '중국 수학자들이 곱셈의 정의를 확정한 것은 아무리 빨라도 魏晉 시기에 이르러서일 것'이라고 덧붙였다. 清華『算表』는 乘法의 출현시간에 대해 새로운 긍정적인 인식을 할 수 있게 좋은 자료를 제공하였다. 확실한 것은 전국 시기에 사람들은 이미 '1×1=1……1×9=9'와 같은 곱셈 계산법을 사용하였을 것이다. 다른 한편, 『嶽麓秦簡(貳)』의 「算」 중에 "▨乘三分∟, 二參而六=, (六)分一也; 半乘半, 四分一也; 四分乘四分, 四=(四)十六=, (十六)分一也; 少半乘一, 少半也"[21]라는 기록이 있으며, 해당 간독과 『嶽麓秦簡·貳』簡 77/0778·78/0774에 기록된 分數의 乘法 계산방법은 『九章算術·方田』章에의 "乘分術曰: 母相乘爲法, 子相乘爲實, 實如法而一"과 일맥상통하는 것이다. 계산방법과 표현방식으로 보면, '승(곱셈)'과 같은 개념은 뚜렷하게 표현되고 있다. 또한, "少半乘一, 少半也"와 같은 계산도 승법 구결 중에의 1段의 연장으로 볼 수 있다.

III. 秦代의 九九簡

1. 里耶秦簡 중의 九九表

2002년 湖南省 龍山縣 里耶 戰國古城에서 출토된 簡牘 가운데 2매로 된 3편의 완전한 '구구승법표'가 발

18) 李均明·馮立昇, 「清华简〈算表〉概述」, 『文物』, 2013, 제8기.

19) 馮立昇, 「戰國時期的"大九九"計算工具——清華簡〈算表〉」, 『格致·考工·源流:中國古代科技發明創造』, 北京大學出版社, 2020.

20) 李均明, 「清華簡〈算表〉的文本形態與復原依據」, 『出土文獻研究』 제12집, 개인의 연구 능력이 부족해서 「算表」 중에 九九乘法 口訣表보다 더 복잡한 부분, 즉, 본문은 清華 竹簡「算表」의 연구를 언급하지 않겠다.

21) 도판과 석문은 朱漢民·陳松長, 『嶽麓書院藏秦簡(貳)』, 上海辭書出版社, 2011, p.74를 참조.

견되었다. 湖南省文物考古研究所·湘西土家族苗族自治州文物處(張春龍·龍京沙整理), 『湘西里耶秦代簡牘選釋』은 里耶秦簡 일부를 석독·표점 및 注解하고, 일부 秦簡의 사진을 첨부하였다. 이하 『選釋』으로 약칭한다. 『選釋』는 "이 牘의 앞면에 있는 문자는 구구승법표이다. 문장 마지막의 '凡千一百一十三'는 구구승법표 중 각 수의 곱을 모두 합한 것이다. 뒷면의 글자는 조잡하여 문장을 이루지 않는데, 당시 사용하던 사람이 낙서한 것으로 마치 오늘날의 어린 애가 교재에 사람을 그린 것과 비슷하다"라고 하였다.[22)]

馬怡의 釋讀은 다음과 같다.

J1(6)1A面:
□□八十一 □□□十二 七九六十三 六九五十四 五九卌五 四九卅六
三九廿七 二九十八 八=六十四 七八五十六 六八卌八 五八卌 四八卅二
三八廿四 二八十六 七=卌九 六七卌二 五七卅五 四七廿八 三七廿一
二七十四 六=卅六 五六卅 四六廿四 三六十八 二六十二 五=廿五 四五廿
三五十五 二五而十 四=十六 三四十二 二四而八 三=而九 二三而六
二=而四 一=而二 二半而一 凡千一百一十三字
J1(6)1B面:
行郵人視□以以郵行行守敢以以
小吏有□

里耶秦簡의 구구표 목간은 모두 6개 칸에 39개의 문구가 있는데, '九九八十一'에서 '二二而四'에 이르며, 1과 각 수의 곱은 나열하지 않으며 '小九九'에 속하는데, 다만 '一=而二'·'二半而一'과 '凡一千一百一十三字'의 세 문구가 추가되었다. 곱셈 결과가 40·30·20인 경우 '卌'·'卅'·'廿'과 같은 合寫 숫자를 사용하였다. 곱셈 결과가 한 자릿수일 때는 '二五而十'·'二四而八'·'二二而四'와 같이 어조사 '而'를 첨가하였다. 숫자가 같을 경우, 즉, 같은 인수를 서로 곱할 때와 '一一而二'에는 重文 부호 '='를 활용하였다. 9단에서 2단까지 각 단을 서사함에 있어서 특별한 의도적 구분은 없어서, 9단과 8단을 연결하여 2단까지 이어나가고 '一=而二'·'二半而一'·'凡一千一百一十三字'의 3 문구까지 모두 연속해서 서사되었다.

馮立昇은 「算表」와 里耶秦簡 「九九乘法表」의 공통점과 차이점을 정리하였다. 일치하는 점은 2가지로서, 하나는 모두 배열 순서가 큰 수에서 작은 수의 순서라는 점이다. 단, 「算表」는 90에서 1/2까지인 데 비해, 秦簡 「九九乘法表」는 9에서 1/2까지이다. 두 번째 일치점은 모두 '半', 즉 분수 1/2이 출현한다는 점이다. 차이점 또한 존재하는데, 「算表」에는 1×1과 그 곱 1이 있지만, 秦簡에는 없고 '一一而二', 즉 1+1=2가 있을 뿐이다. 「九九乘法表」에는 1/2×1/2=1/4이 없다. 더 분명한 차이는 「算表」에는 승수와 피승수를 연결하는 선이 있지만, 「九九乘法表」에는 없다는 점이다.[23)]

---

22) 湖南省文物考古研究所·湘西土家族苗族自治州文物處(張春龍·龍京沙整理), 「湘西里耶秦代簡牘選釋」, 『中國歷史文物』, 2003, 제1기.

이 簡의 어휘와 표현에 대해서는 학계에서 여러 논의가 있었다. 예컨대 『湘西里耶秦代簡牘選釋』(張春龍·龍京沙, 2003)에서는 '一=而二'가 곱셈이 아니라 덧셈이며, '一「一」而二'와 다음 문구 '二半而一'는 모두 덧셈 계산인데, 이 簡의 내용은 곱셈표이므로 '一二而二'로 고쳐야 한다고 보았다.[24] 그러나 王煥林은 이렇게 고쳐 읽는데 동의하지 않았다. 필자는 王煥林의 견해를 동의하여, 이 簡의 原文이 명확하며 '一'字 아래에는 重文號 '='이므로 '一一而二'로 읽어야 한다고 본다. 王煥林은 '一一而二'·'二半而一'은 실제로는 덧셈 계산이라고 보았다. '凡千一百一十三字'는 위 각 句 구결 계산 결과의 합계로서, 곧 81+72+63+……4+2+1=1113이다. 여기의 '字'는 衍字(쓸데없는 글자)가 아니라 算籌와 관련된 표시 혹은 단위일 것이다.[25] 필자는 王煥林의 의견을 동의하며 해당 簡文은 선명하고 '一'字 아래에 분명히 重文 부호 '='가 있기 때문에 응당히 '一一而二'일 것이다. '一一而二'·'二半而一'은 덧셈 계산이라고 보았다. 가법(加法)은 구구결반의 수리 기초이다.

里耶秦簡J1(6)1A面 · B面

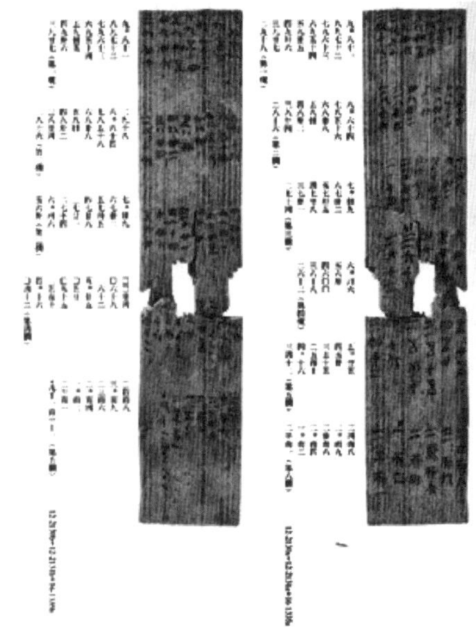

里耶秦簡博物館藏12-2130+12-2131+16-1335(ab面)

里耶秦簡 중에 앞뒷면에 모두 구구승법표가 기록된 목간도 있는데, 현재 里耶秦簡博物館에 소장되어 있다. 釋文은 다음과 같다.

12-2130+12-2131+16-1335a面(共六欄)[26]:
二九十八 三九廿七 四九卅六 五九卌五 六九五十四 七九六十三 八九七十二 九=八十一
二八十六 三八廿四 四八卅二 五八卌 六八卌八 七八五十六 八=六十四

---

23) 馮立昇,「清華簡〈算表〉的功能及其在數學史上的意義」,『科學』, 2014, 제3기.

24) 湖南省文物考古研究所·湘西土家族苗族自治州文物處(張春龍·龍京沙整理),「湘西里耶秦代簡牘選釋」,『中國歷史文物』, 2003, 제1기.

25) 王煥林,『里耶秦簡校詁』, 中國文聯出版社, 2007, p.177.

26) 圖版과 釋文은 里耶秦簡博物館·出土文獻與中國古代文明研究協同創新中心中國人民大學中心編著,『里耶秦簡博物館藏秦簡』, 中西書局, 2016, p.63.

二七十四 三七廿一 四七廿八 五七卅五 六七卌二 七=卌九

二六十二 三六十八 四六□□ 五六卅 六=卅六

三四十二 四=十六 二五而十 三五十五 四五廿 五=廿五

二半而一 一=而二 二=而四 二參而六 三=而九 二四而八

12-2130+12-2131+16-1335b面(共六欄):

三九廿七 四九卅六 五九卌五 六九五十四 七九六十三 八九七十二 九=八十一

二八十六 三八廿四 四八卅二 五八卌 六八卌八 七八五十六 八=六十四 二九十八

五六卅 六=卅六 二七十四 三七廿一 四七廿八 五七卅五 六七卌二 七=卌九

□四十二 四=十六 二五而十 □五十五 □五廿 五=廿五 二六十二 □六十八 □□四六

·凡千一百一十三 二半而一 一=而二 二=而四 二三而六 三=而九 二四而八

이 簡의 양면에 기록된 것은 모두 구구표로써 같은 내용이지만, 기재 방식은 조금 다르다. 각 단의 구분에 있어서, a면의 9단·8단·7단·6단은 구별되어 한 칸에 기재되었으나, 4단과 5단, 3단과 2단은 함께 기재되었다. 그런데 b면에서는 9단에서 2단까지 연속 서사되어, 각 단이 의도적으로 구분되지 않았다. 숫자의 서사에 있어서, a면 마지막 칸에서는 '二參而六'과 같이 대문자 '參'을 사용하였지만, b면의 동일 구절은 '二三而六'으로 되어 있다. b면은 a면보다 '·凡千一百一十三'의 한 문구가 더 있으며, J1(6)1의 A면과 비교하면 '凡'字 앞에 총결을 표시하는 墨點 '·'이 더해지고 '三' 다음에 '字'자가 빠졌지만 '字'가 계산에 영향을 미치지 않음을 알려준다. 里耶秦簡 J1(6)1 A면과 12-2130 +12-2131+16-1335 구구표는 모두 秦 遷陵縣 衙署의 고대 우물에서 출토되었으므로 그 사용자가 遷陵縣 縣吏이었음을 알 수 있다. J1(6)1 B면에는 習字의 흔적이 있어서, J1(6)1 A면의 구구표는 관리가 구구표에 숙달하기 위해서 베껴 쓴 習字일 가능성이 있다. 簡 12-2130+12-2131+16-1335의 a·b 양면은 모두 구구표를 초사(抄寫)한 것인데, 그 필적을 볼 때 평상시 학습과 대조·조사 확인하는 데에 사용한 것으로 추론할 수 있다.

2. 北京大學 소장 秦簡 중의 九九表 竹簡·木牘

北京大學 소장 秦簡牘 중에서는 수학 관련 내용이 가장 큰 비중을 차지하고 있다. 정리자 韓巍의 소개에 따르면, 수학 관련 竹簡이 모두 4권으로서, 권3·권7·권8 및 권4의 일부 총 400여 매에 달한다고 하였다. 竹簡 권3(82매)과 권4의 일부분(앞뒷면 총 250여 매)의 주요 내용은 각종 수학적 계산법과 예제를 모은 것으로, 정리자가 「算書」라고 명명하였다. 「算書」甲篇의 두 번째 부분이 '九九術'로서, 모두 8매의 簡으로 구성되어 있으며, 위아래 5개 칸을 나누어 초사(抄寫)되었는데, '九九八十一'부터 시작하여 '一一而二'로 끝난 형식이다. 또한, 北大 秦簡 중의 '九九術' 木牘 M-025는 체제와 내용에 있어서 竹簡 '九九術' 표와 다르며, 문장 끝에 '二半而一'이 추가되어 있어서, 그 곱의 총계도 '凡千一百一十三字'로 竹簡의 곱 총계보다 '一'이 더해졌다. 湖南省 里耶古城 J1에서 出土된 秦 '九九術' 木牘은 北大 木牘의 내용과 완전히 일치하며, 체제상 약간의 차이가 있을 뿐이다. 韓巍는 '九九術'이 채용한 표 형식이 늦어도 戰國 만기에는 정형화되어, 이후 유전 과정에

서 거의 변하지 않았다고 보았다. '九九術' 표가 '算題彙編' 앞에 기록된 것은 그것이 당시 산술을 공부하는 사람들에게 필수적인 기초지식이었으며, 언제든지 쉽게 참조할 수 있게 하였음을 알려 준 것이다.[27] 北京大學出土文獻研究所(朱鳳瀚·韓巍·陳侃理 執筆)의 『北京大學藏秦簡牘概述』에서는 이 간독의 抄寫 연대가 대략 秦始皇 시기라고 판단하였다. 竹簡 가운데 「從政之經」과 「道里書」 등의 문헌을 볼 때, 이 간독의 주인은 秦의 지방 관리이었다고 지적하였다. 과거에 秦簡이 출토된 墓葬은 주로 湖北 雲夢·荊州 두 지역(곧 秦代의 安陸과 江陵)에 집중되었다는 점을 고려하면, 해당 簡牘은 오늘날의 湖北省 중부 江漢平原 지역에서 나온 것으로 추정된다.[28] 아직 도판과 釋文이 공개되지 않았기 때문에, 이 두 건의 구구표는 논의의 범위에 포함 시키지 않겠다.

Ⅳ. 西漢-東漢 초기의 九九簡

張春龍은 『湖南益陽兔子山遺址J7發掘和出土文物保護整理』에서 湖南省 益陽 兔子山 유적 J7 출토 西漢 早期·吳씨 長沙國 시기의 簡 중에 구구표와 관련이 있는 깨진 簡 1매와 3조각의 殘片을 소개하였다.

1. 湖南省 益陽 兔子山 유적J7 출토 九九表木簡

釋文은 다음과 같다.

一一二九十八 八八六十四 七八五十六 六八卌八
一一三八廿四 二八十六 七=卌九 六七卌二
一一三七廿一 二七十四 六=卅六 五六卅
一一二 六 十 二 五=廿五 四五廿 三五十五
殘簡一:
七九六十 六九五
殘簡二:
三 四 十 二 二四而八 三=而九 二參而六[29]

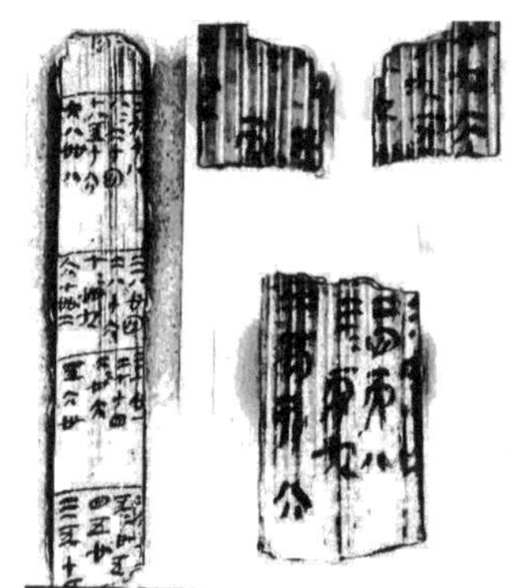

이 구구승법표는 절단된 것이지만, '二八十六 七=卌九'가 연속적으로 서사되고 '二四而八'에 '三三而九'이 바로 이어지고 있음을 보아 이 구구승법표에는 '一九而九'와 같은 표현이 없었음을 알 수 있다. 숫자 서사

27) 韓巍, 「北大秦簡中的數學文獻」, 『文物』, 2012, 제6기.

28) 北京大學出土文獻研究所(朱鳳瀚·韓巍·陳侃理執筆), 「北京大學藏秦簡牘概述」, 『文物』, 2012, 제6기.

29) 이 도판은 張春龍先生의 교시에 의한 것으로, 감사드린다. 釋文은 필자가 도판을 대조하여 처음 해석한 것이다.

가운데 殘簡二의 '二參而六'에 보이는 '參'의 서사는 里耶秦簡12-2130+12-2131+16-1335 a면의 '二參而六' 서사 방식과 같으나, 字形에는 조금 차이가 있다. 또한, 이 구구표에는 또 하나의 눈에 띄는 특징이 있는데, 墨綫으로 위아래의 칸을 나누고, 동일 칸 속에 9단과 8단, 8단과 7단, 7단과 6단, 6단과 5단이 연속해서 서사된 것이다. 이는 9단에서 2단까지 서사할 때 墨綫으로 나눈 칸에 맞추어 9단에서 2단까지 각 단을 나누어 서사한 것은 아님을 보여준다. 또한, 기타 출토 簡牘의 내용으로 추측하면 益阳兔子山 유적은 응당히 楚秦·两汉·六朝 더 나아가 唐宋까지 益阳縣 衙署의 소재지일 것이며 해당 간독의 사용자는 대부분 益陽縣의 관리일 것이다. 이 J7에서 출토된 九九表 木簡은 아마도 益陽 縣吏가 평상시에 구구표를 연습하거나 찾아볼 때 사용하였을 것이다.

2. 敦煌漢簡 중의 九九表

王國維의 『流沙墜簡』에는 스타인이 敦煌에서 발견한 천여 점의 목간이 수록되어 있는데, 그 가운데 敦煌 북쪽에서 발견된 구구표 목간이 있다. 해당 簡의 길이는 26.4㎝, 너비는 2.4㎝이며, 남은 글자는 6칸으로 서사되어 있다. 현재 일련번호 敦煌漢簡 2170호로 정리되었다.

九九八十一 八九七十二 七九六十三 (第一欄)
八八六十四 七八五十六 六八卌八 ……(第二欄)
五七卅五 四七廿八 三七廿一 (第三欄)
二六十二 五五廿五 四五廿 (第四欄)
二三而六 二二而四 一一而二(第五欄)
大凡千一百一十三(第六欄)[30)]
另外, 還有一枚敦煌漢簡1062:
六九五十四 五九卌□ 四九卅六 (第一欄)
五八卌 (第二欄)
四七廿八 三七廿一 (第三欄)
三六十八 二六十二 (第四欄)
二五而十 (第五欄)
三=而九 二三而六 二=而四(第六欄)[31)]

30) 白軍鵬, 『敦煌漢簡校釋』, 上海: 上海古籍出版社, 2018, pp.105-106. 도판은 甘肅省文物考古研究所編, 『敦煌漢簡』, 北京:中華書局, 1991, 도판 173을 참조.

31) 白軍鵬, 『敦煌漢簡校釋』, pp.105-106. 圖版見甘肅省文物考古研究所編, 『敦煌漢簡』, 도판 玖柒.

현재 일련번호 敦煌漢簡 2170호로 정리된 簡에 대하여, 王國維는 『流沙墜簡』에서 「孫子算經」의 구구표로 敦煌 구구표 殘簡을 校勘하여 명확히 밝힌 바가 있다. 당시 그가 본 자료가 제한적이었고, 사진이 명확하지 않았기 때문에 '而'字와 '大凡千一百一十'에 대한 견해는 제한적이었다.[32] 王國維는 "이 簡의 '二二而四'는 지금 방식으로는 '二二如四'라고 쓰는데, 고대 문헌을 참고해 보면 '二二如四'로 쓰는 방식이 비교적 늦어서, '而'를 '如'로 바꾸어 쓰게 된 것은 宋代부터였다고 생각된다."라고 하였다. 駢宇騫은 1987년에 湖南省 張家界 古人堤에서 출토된 東漢 木牘 「九九乘法表」에 '二五如十'이라고 되어 있으므로, 羅振玉 등이 '而'를 '如'로 쓰게 된 것이 宋代에 시작되었다는 설이 잘못되었음을 지적하였다. 駢宇騫선생의 의견은 확실한 것 같다. 현재의 새로운 釋文과 적외선 사진을 볼 때, 編號 敦煌漢簡2170에 기록된 구구표는 里耶秦簡 12-2130+12-2131+16-1335 b면에 기록된 것과 별 차이가 없으며, 단지 마지막의 '凡千一百一十三' 앞에 '大'字가 더 있을 뿐이다.

3. 居延漢簡 중의 九九表

1930년 西北科學考察團은 居延에서 출토된 漢簡 1만여 점을 정리하였는데, 그 가운데 구구표의 殘簡이 다수 존재했다. 비교적 완전한 것은 肩水塞 東部塞 유적에 해당하는 A32 지점에서 출토된 75.19로 일련번호를 정한 簡이다. 이 簡은 앞뒤 양면에 모두 글자 흔적이 있는데, 내용은 완전히 다르다. A면에 기재된 것이 구구표로서, 내용은 현재 3단이 남아 있다. 먼저 주목할 만한 것은 75.19A를 보면 선명한 墨綫으로 단을 나누었고, 이 단이 9단과 8단을 중간에서 나누어졌다는 점이다. 釋文은 다음과 같다.

> 九九八十一 八九七十二 七九六十三 六九五十四 五九卌十五(第一欄)
> 四九卅六 三九二十四 二九十八(第二欄) ——
> 八八六十四 七八五十六 六八卌十八 五八卌十 四八卅二 三八廿十四(第三欄)
> 陽 二八十六

여기에는 '三九二十四'와 같이 확실한 계산 착오가 있는데, 물론 서사 착오의 가능성은 배제할 수 없다. 또한 '卌' 다음에 다시 '十'을 쓴 경우가 있고, '卅'·'廿' 다음에도 '十'을 덧붙였다. '三八廿十四'와 같은 것은 매우 명확한데, '四八卅二'과 같이 '十'을 덧붙이지 않은 경우도 역시 존재한다. 이를 통해 이 구구표를 서사한 사람은 '卌'·'卅'·'廿'의 구체적 함의를 명확히 알지 못하고 기계적으로 공식을 외워 적거나 옮겨 적었을 것으로 볼 수 있다. 또한, 세 번째 칸의 빈 부분에는 구구표 숫자보다 큰 '陽' 字가 있는데, 작성자의 이름인지 다른 것인지 알 수 없지만, 뒷면에도 글씨가 있기 때문에 習書인 듯하다. 구구표가 '陽'字와 동시에 서사된 것인지, 전후의 시차를 두고 서사된 것일지도 확실하지 않다. 해당 簡과 함께 출토된 簡 중에 年號 簡의 연대가 기원전 82년에서 기원전 4년 사이에 집중되어 있으므로, 西漢 昭帝에서 哀帝까지의 시기에 해당한다.

---

32) 王國維, 『流沙墜簡』, 北京: 中華書局, 1963.

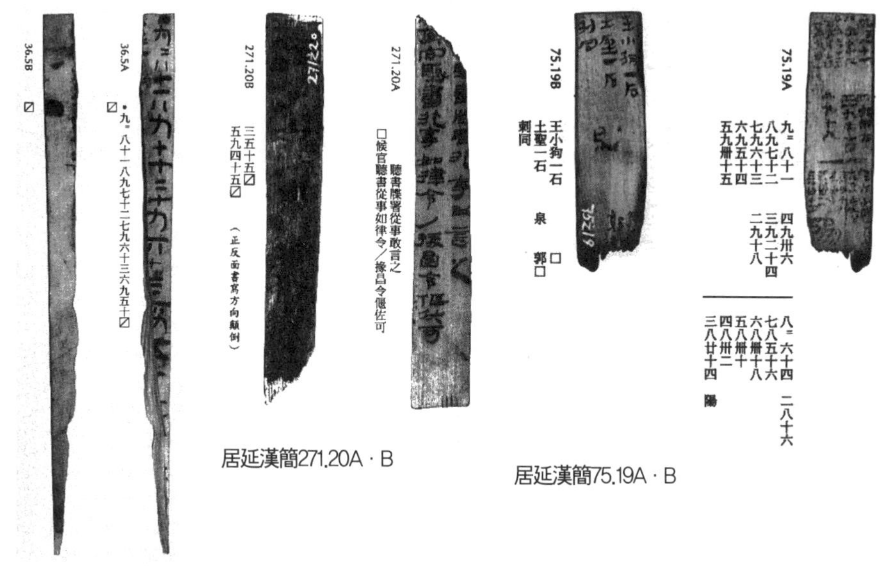

居延漢簡36.5A

居延漢簡271.20A · B

居延漢簡75.19A · B

* 居延漢簡75.19A · B[33]

따라서 이 구구 殘簡의 연대도 西漢 만기일 가능성이 크다.

居延의 다른 지점에서 출토된 구구간 가운데 36.5로 編號된 殘簡이 있는데, 이 잔간의 서사 방식은 기타 구구간과 달리 위에서 아래로 연속해서 서사된 것으로 다른 九九簡은 먼저 오른쪽에서 왼쪽으로 갔다가 다시 아래로 내려 적는 서사 방식과 같지 않다.

또한 居延漢簡 271.20A·B, 居延漢簡 351.3·居延漢簡 435.25 등 殘簡은 각각 A33(地灣城障 遺址)·A8(破城子)·A22(布肯托尼)·P9(卅井侯官)에서 출토되었는데, 함께 출토된 年號簡의 연호가 모두 西漢 昭帝에서 東漢 光武帝 연간에 해당한다. 이들 九九 殘簡은 대부분 서북 변방 요새의 城障 유적에서 출토되었으므로, 작성자는 변경을 지키는 戍卒이나 軍吏이며, 간독의 용도는 평상시에 구구표를 연습하거나 암기하기 위한 것일 수 있다.

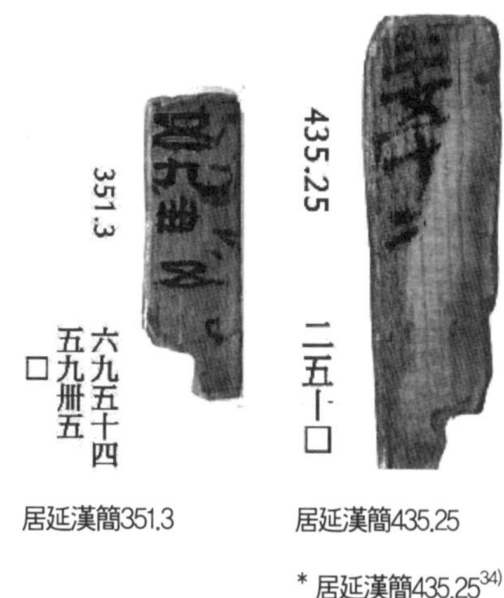

居延漢簡351.3

居延漢簡435.25

* 居延漢簡435.25[34]

---

33) 도판은 簡牘整理小組編, 『居延漢簡』(壹), 中研院史語所專刊一〇九, 2014, p.114·p.230 참조.

34) 도판은 簡牘整理小組編, 『居延漢簡』(叄), p.182, (肆), p.55·p.85 참조.

4. 居延新簡 중의 九九表

居延新簡 EPT52:189:

七卌二 五七卅五 廿八 (第一欄)

五六卅 四六廿四 三六十八 二六十二(第二欄)

二五十 四=十六 三四十二(第三欄)

二四 一二 □一 毋以□(第四欄)

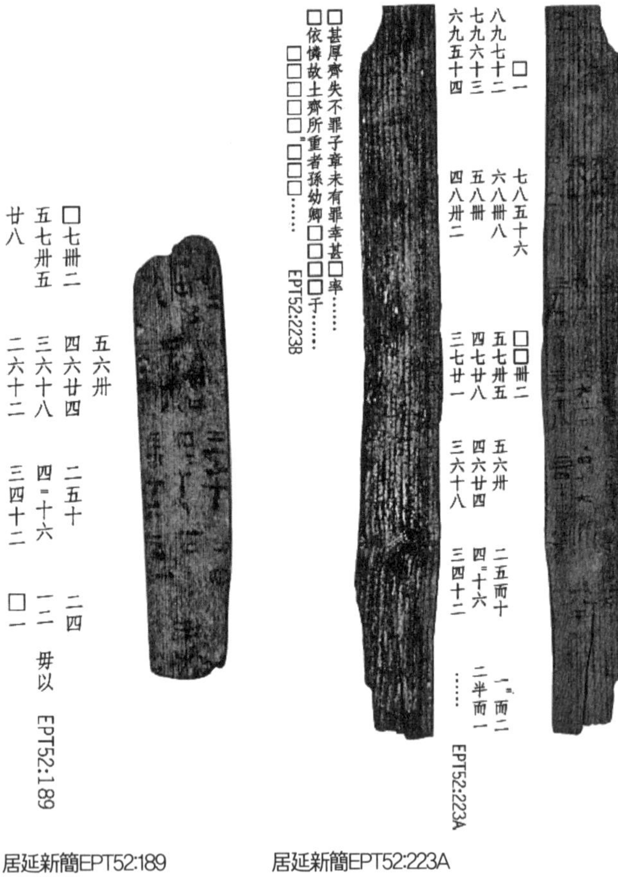

居延新簡 EPT52:189 구구표에는 이전의 구구간에 보이는 '二五而十'처럼 곱셈 결과가 한 자릿수일 때 어조사 '而'를 사용하여 접속하였던 것과 달리, 여기에는 '而'자를 생략하고 인수를 서로 곱한 뒤 바로 한 자릿수의 곱셈 결과를 표기한 것이며, 簡文 중에 '二五十'이라는 기록은 선명하게 보인다. 이와 같은 곱셈 결과가 한 자릿수일 경우 바로 접속어 '而'를 생략하는 용례는 전세 문헌 중에도 찾아볼 수 있다. 예를 들면, 『穆天子傳』卷2 중에의 "二五十", 董仲舒의 『春秋繁露·考功名』 중에의 "二四八", 『靈樞經』卷4 「脈度」 중에의 "三三九"; 『淮南子』, 『孔子家語』, 『大戴禮記』 중에의 "二三六" "二二四" 등 기록이 있다.[35] '二四 一二 □一' 줄 아래에 여백이 있지만, 구구표의 나열 순서를 감안하면 3단의 내용을 서사해야 함으로써 '二四' 다음은 '一二'의 두 글자가 아니라 '三'이 아닐까? 하지만 작성자는 구구표의 완전한 형태를 서사할 생각이 아니었던 듯하다. 3단과 2단을 서사해야 할 공백 부분에 '毋以□'이라고 쓰고 있기 때문이다.

居延新簡EPT52:189　　居延新簡EPT52:223A

35) 李儼, 『中國古代數學史料』, "古九九表", 中國科學圖書儀器公司, 1954, p.15.

居延新簡EPT52:223A:

□一 八九七十二 七九六十三 六九五十四 (第一欄)

七八五十六 六八卌八 五八卌 四八卅二(第二欄)

□□卌二 五七卅五 四七廿八 三七廿一(第三欄)

五六卅 四六廿四 三六十八(第四欄)

二五而十 四=十六 三四十二(第五欄)

一=而二 二半而一……(第六欄)[36]

이 簡에도 '一=而二 二半而一'이 여전히 나오고 있어, 秦에서 漢에 이르기까지 구구표의 형식이 큰 변화 없이 계속 유지되었음을 알 수 있다. 그리고 이 구구간도 軍中의 吏·卒 들이 구구표를 학습하고 연습하는 데 사용된 것이었다.

5. 肩水金關簡 중의 九九表

1973年, 甘肅省 居延考古隊는 金塔縣城 東北 방향 152킬로의 위치에 있는 黑河 東岸의 漢代 烽燧關城 肩水金關 유적에서 漢簡 11,577매를 발견하였다. 그중에 일련번호가 73EJT14:24A/B인 九九表 木簡의 내용은 다음과 같다.

『肩水金關漢簡』(貳) 중의 73EJT14:24A/B:

□□□ 五十四 九卌五 卅六(第一欄)

五八卌[37] 四八卅二 三八廿四 二八十六 (第二欄)

四六廿四 三六十八 二六十二 □ 73EJT14:24A

五十四 卌五 卅六 73EJT14:24B

상기한 간독의 뒷면 내용을 볼 때 앞면과 같은 단이 중복되고 있다고 추정된다.

또한, 『肩水金關漢簡(貳)』 중의 73EJT26:5A/B:

九九八十一 八九七十二

八=六十四 七八五十六 六八卌八

七=卌九 六七卌二

六=卅六 五六卅

36) 釋文과 圖版은 張德芳主編, 李迎春著, 『居延新簡集釋(三)』, 甘肅文化出版社, 2016, p.141·145 참조.

37) 卌, 『肩水金關漢簡(貳)』 "四十"으로 잘못 석독되었다. 73EJT14:24A·B, 73EJT26:5A의 도판은 모두 『肩水金關漢簡(貳)』 참조.

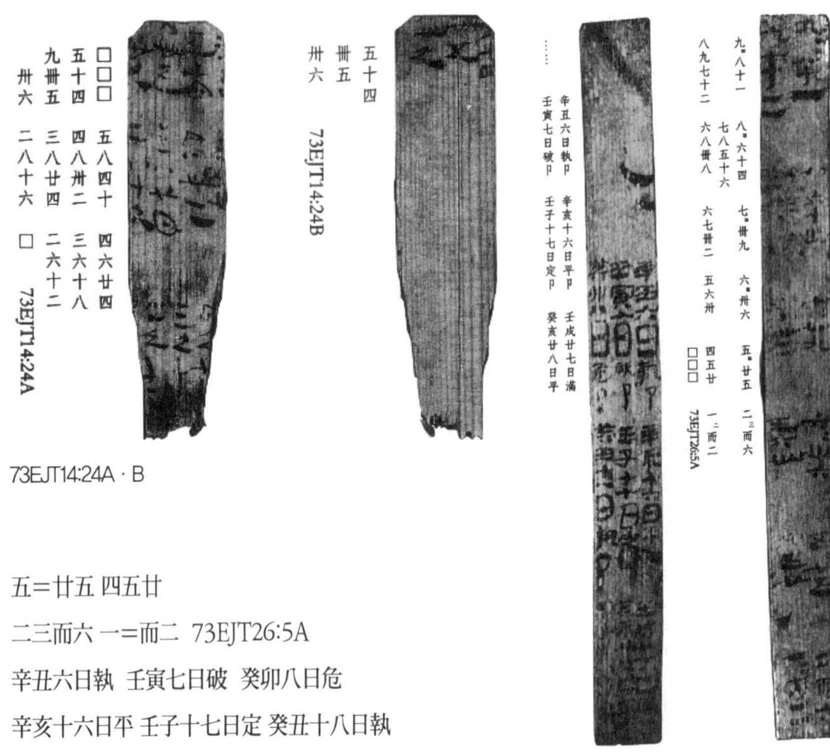

□□□ 五八四十 四六廿四
五十四 四八卅二 三六十八
九卌五 三八廿四 二六十二
卅六 二八十六 □
73EJT14:24A
五十四
卌五
卅六
73EJT14:24B
九=八十一 八=六十四 七=卌九 六=卅六 五=廿五 二=而六
七八五十六
八九七十二 六八卌八 六七卌二 五六卅 四五廿 一=而二
□□□
73EJT26:5A
辛丑六日執卩 辛亥十六日平卩 壬戌廿七日滿
壬寅七日破卩 壬子十七日定卩 癸亥廿八日平
……

73EJT14:24A · B

五=廿五 四五廿

二三而六 一=而二 73EJT26:5A

辛丑六日執 壬寅七日破 癸卯八日危

辛亥十六日平 壬子十七日定 癸丑十八日執

壬戌廿七日滿 癸亥廿八日平 甲子廿九日定

73EJT26:5B

73EJT26:5A · B

73EJT26:5A/B의 잔존 부분의 내용을 볼 때, A면에는 구구표를 쓰고 B면에는 建除 내용을 서사한 것으로 여겨지는데, 모두 당시 烽燧 關城 軍吏의 생활·업무와 밀접하게 관련된 내용이다. A면에 쓴 것은 9단·8단·7단·6단·5단으로, 중간에 4단과 3단의 내용이 빠져 있다. 9단·8단·7단·6단·5단의 같은 인수가 곱할 때(9×9·8×8·7×7·6×6·5×5) 우측에 서사된 것으로 볼 때, 원래 간에 서사된 9단-5단의 곱셈 결과는 응당히 한 칸을 차지했을 것이고 4단과 3단의 내용이 확실하기 때문에 아직 3·4단이 초사된 여부 혹은 5단의 뒤에 초사된 여부에 대해 단정하기 어렵다. 도판으로 볼 때 『견수금관한간(貳)』의 釋文인 '二三而六'의 '三'字는 重文부호 '='를 잘못 읽은 것으로 여겨지는데, 이 경우 '二=而六'에는 계산상 착오가 존재하는 것이 된다.

6. 四川 渠縣 城垻津關遺址에서 출토된 兩漢 시기의 九九簡

2014~2018년에 四川省文物考古研究院은 渠縣歷史博物館과 협력하며 城垻 유적에 대해 5년간의 체계적인 고고 조사·탐색과 발굴 작업을 진행하였다. 그중에 兩漢 시기에 해당 발굴 지점에 목재 건축물이 있었고 일련번호는 F8이며 이곳은 한 곳의 중요한 "津關"(곧 水陸 요충지에 설치된 關口)유적으로 추정된다. F8에서 竹·木 簡牘이 출토되었다. 간독 내용은 楬·書信·爰書·戶籍·簿籍·識字簡 교과서·九九術表·習字簡 등

으로 구분된다.[38] T3⑧:61 九九術表 간독은 잔결되며 남아 있는 길이는 7.6㎝·너비 2.8㎝이다. 간독의 양면에 모두 글자가 있으며 칸을 나누어 서사되었다. 위 칸의 4행은 "五六卅 四六廿四 三六十八 二六十二", 아래 1행은 "三四十二 二四而八 三三而九 二二而四"이다. "二四而八 三三而九"를 연이어서 서사되는 서식을 보면 城坝津關 유적에서 출토된 九九簡 중에 역시 1段의 口訣이 없었다. 그러나 "三三而九"와 "二二而四" 연속으로 나와 "二三而六"이 없는 상황으로 볼 때 해당 간독의 뒷면에 문자를 연습하였고 출토 동시에 "倉頡作書, 以教……" 등 글자가 남아 있는 習字簡을 보면 이 九九木簡은 津關의 관리가 평상시에 九九口訣을 연습하기 위해 서사된 것으로 추정된다.

7. 懸泉 漢簡 중의 九九表 簡牘

懸泉 漢簡 중에도 1매의 九九表 木牘이 포함되었다. 해당 목독은 소나무 재질로 된 목독이며 크기는 8.6×1.4×0.5㎝이다. 목독의 앞뒷면에 모두 墨書가 있으며 A面에 九九表 중의 7段·6段·4段과 3段의 총 8마디의 口訣이 남아있다. B面에 干支·御者 인원수 및 傳馬 수량이 기록되었다.[39]

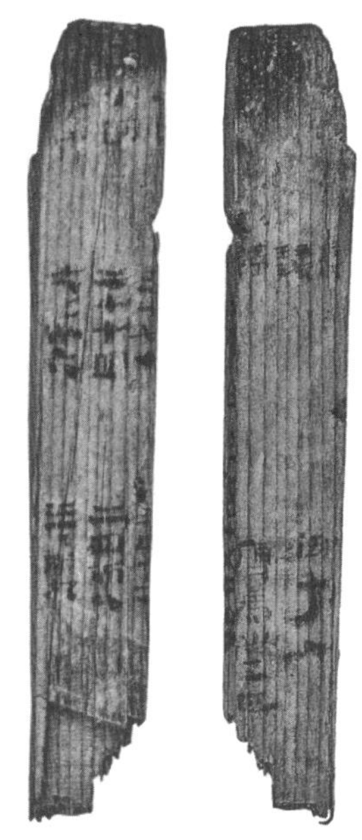

懸泉漢簡 I 90DXT0110①:114A/B

I 90DXT0110①:114A :

☑…… □□□□　三七廿一　三四十二

☑…… □□十四　二七十四　二四而八

☑……□□十六　六=卅六　三=而九

I 90DXT0110①:114B :

庚午

辛亥　　御九人

壬子　傳馬卅二匹☑

癸丑

甲寅

38) 鄭祿紅·陳衛東·周科華·趙寵亮·胡良鴻,「四川渠縣城垻遺址」,『考古』, 2019, 제7기, p.75, 그림 39 "九九術表".

39) 懸泉漢簡 I 90DXT0110①:114A/B 도판은 甘肅省簡牘博物館·甘肅省文物考古研究所·陝西師範大學人文社會科學高等研究院·清華大學出土文獻研究與保護中心『懸泉漢簡(壹)』, 上海: 中西書局, 2019, p.67.

敦煌 懸泉 유적에서 출토된 簡牘 중에 가장 이른 시기의 紀年簡은 漢 武帝 元鼎6年(기원전 111년)이며, 가장 늦은 紀年簡은 東漢 安帝 永初元年(107년)이다. 이 간독은 探方0110호의 최상층에서 출토되었고 곧 제① 층이다. 해당 층에서 출토된 125枚 簡牘 중에 20매의 간독에 紀年이 기록되며 그중에 漢 元帝 建昭3年(前36)·漢 成帝 建始元年(기원전 32년)·河平4年(기원전 25년)·陽朔4年(기원전 21년)·鴻嘉4年(기원전 17년) 등 기년이 포함되었다. 수직 방향의 아래에 위치한 제③층에서 역시 紀年인 漢 元帝 竟寧元年(기원전 33년)의 목간이 출토되었다. 그렇다면, 우리는 이 九九表 木簡의 시간을 대략 漢 元帝·成帝 사이인 것으로 추론할 수 있다. 또한, 이 九九表 木簡이 懸泉置에서 출토되었기 때문에 懸泉置의 성격은 政府가 전문적으로 설치한 경유한 관리와 官府 문서를 전달하는 郵驛署所이며, 목간 뒷면에 서사된 내용은 傳置 기구의 傳馬와 㯋者 인원수임으로 이 九九表 木簡의 서사자와 사용자는 곧 漢代 懸泉置에서 日常傳置 업무를 처리하는 小吏로 추론할 수 있다. 왜냐하면, 이들은 상시로 왕래 인원의 給食·傳馬 수량 및 각종 관련 데이터를 통계해야 하기 때문에 능숙하게 算學을 응용하는 것은 이들이 日常 행정업무를 수행하는 데에 있어서 필수적인 일이었고 算學의 기초인 九九表는 곧 이들이 학습하고 연습하는 참고재료가 된 것이다.

V. 東漢 중후기의 九九表

1. 東漢 전기 중간: 湖南 張家界 古人堤遺址 出土 九九簡

1987년 4월, 湖南省文物考古研究所와 湘西土家族苗族自治州文物工作隊·大庸市文物管理所가 공동으로 古人堤 유적의 발굴 작업을 진행하여, 그중의 探方1에서 일련의 簡牘을 발견하였다. 간독의 내용은 한율·醫方·관부 문서·서신·禮物謁·曆日表 및 구구표이다. 簡牘의 내용 중에 東漢의 永元·永初 연호가 확인되었고, 연호와 서예를 근거하여 대략 東漢 시기의 유물로 판단할 수 있다. 胡平生은 이 목간의 구구승법표는 樓蘭 文書의 前表와 표현상에 약간의 차이가 있지만, 형식은 기본적으로 일치한다고 보았다.[40] 釋文은 다음과 같다.

七九六十三 六九五十四 五九四十五四九卅六 三九廿七 二九十八(第一欄)
六八卌八 五八卌 四八卅二 三八廿四 二八十六(第二欄)
六七卌二 五七卅五 四七廿八 三七廿一 二七十四(第三欄)
四六廿四 三六十八 二六十二(第四欄)

40) 湖南省文物考古研究所·中國文物研究所(張春龍·胡平生·李均明執筆),「湖南張家界古人堤遺址與出土簡牘概述」,『中國歷史文物』, 2003, 제2기, p.71. 이 도판은 張春龍先生의 교시에 의한 것이다.

三五十五 二五如十(下端 잔결, 左側 부분적 破裂 不存)[41]

이 簡에서는 확실한 변화 하나를 볼 수 있다. 즉, 한 자릿수의 곱셈 결과를 연결하는 어조사가 秦·西漢의 '而'에서 '如'字로 바뀐 것이다. '而'의 자음은 'ȵ' (日母, 상고 한어의 자음) 이고 운모는 'i'이(日母之韵)며 '如'의 자음도 'ȵ'이고 운모는 'ü'이다(日母鱼韵). 두 글자의 자음이 같고 운모가 가까워 바꾸어 쓸 수 있어, 先秦 전적에서 두 글자가 호환되는 정황이 많이 확인된다. '如'는 '而'와 통용되었던 것이다. 『漢書』「五行志」에 인용된 『左傳』의 "星隕如雨"에 대한 註에서 "如, 而也. 星隕而且雨."라고 하였고, 王引之의 『經傳釋詞』 권7에 "而猶如也"·"如猶而也"라는 내용이 있다.[42] 古人堤 유적에서 출토된 구구간을 통해 적어도 東漢 전기 중간에는 '如'字를 구구표가 한 자릿수 곱셈 결과를 연결하는 어조사로 사용하기 시작했음을 알 수 있다.

2. 東漢 중·후기: 深圳 紅花園 墓磚 九九表

深圳博物館은 기초건설 사업에 부응하여 南頭 紅花園에서 9기의 漢墓를 정리하였는데, 그중의 3號 묘지에서 구구표가 새겨진 청색 벽돌(磚)이 발견되었다. 「簡報」에서는 묘실의 유형과 출토 유물에 근거하여 深圳市 南頭 紅花園 漢墓M3의 시대가 東漢 중·후기라고 판단하였다. M3에서 출토된 장방형 墓磚은 소성 온도가 지극히 높고, 길이 37㎝·너비 17㎝, 두께 4㎝이다. 磚의 표면에 마름모형 격자무늬가 찍혀졌는데, 한 면의 2/3는 마름모형 격자무늬이며, 나머지 1/3은 곱셈 구결을 새겼다. 오른쪽에서 반 행을 비우고 시작한 문장은 '三九二十七二九十八四九三十六'이다. 2행은 '九九八十一八九七十二七九六十三六九五十四五九四十五'이다. 글자는 전돌이 아직 건조되기 전에 새겨져 서사가 비교적 정교하고 필적이 깨끗하다.[43] 磚 표면의 배치를 볼 때, 마름모형 격자무늬가 2/3를 점유하고 나머지 부분에 '九九八十一'에서 '四九三十六'을 배치하여, 磚을 만든 사람이 의도적으로 새긴 것으로 여겨진다. 오른쪽 첫째 행은 '四九三十六'을 '三九'·'二九' 뒤에 위치시키고 있어, 磚의 제작자가 구구표를 새길 때 특별히 의식하여 배치하지 않고 마음대로 썼던 것 같다.

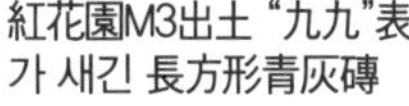

紅花園M3出土 "九九"表가 새긴 長方形青灰磚

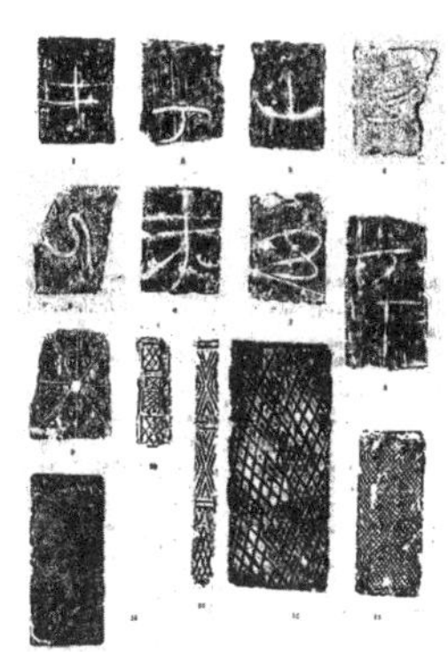

紅花園漢墓墓磚拓片

41) 张春龙, 「湖南张家界市古人堤汉简释文补正」, 『簡牘學研究』 제6집, 2016.

42) 王引之, 『經傳釋詞』, 長沙: 嶽麓書社, 1984, p.138·p.144.

43) 廣東省博物館·深圳博物館(楊豪·楊耀林執筆), 「深圳市南頭紅花園漢墓發掘簡報」, 『文物』, 1990, 제11기, 도판 p.33 그림 8, p.32 그림 7.

VI. 魏晉 · 十六國 高昌 · 唐 九九表 종이 문서

1901년 3월, 스벤 헤딘은 樓蘭古城의 '三間房' 혹은 '破城里의 衙門'이라고 칭한 곳에서 종이 문서를 발견하였다. 일련의 종이 문서 중에 절대적인 연대의 年號가 포함되었다. 가장 이른 시기의 연호는 曹魏 시기의 嘉平4年(252年, 孔紙16.1)이며, 가장 늦은 연호는 西晉의 永嘉4年(310年, 孔紙22.8)이다. 현재까지 파악된 상황으로 더 늦은 시기인 前涼(318~376年) 시기의 張濟逞의 개인 서신도 포함되었다. 이에 의해, 이곳에서 출토된 문서의 시간은 약 3~4세기인 것으로 추정된다. 그중에 2점의 잔존 종이 파편에 九九乘法表가 남아 있으며, 孔拉德 번호는 22.15와 22.16이다.[44] 22.16에는 '九＝八十一'이 남아 있고, 좌측에 매우 굵은 橫劃墨痕이 있다. 22.15에는 2행이 잔존된 상태이다.

三九廿七 二八十六
二九十八 一八而八

잔존된 2행에 '一八而八' 1段의 乘法口訣이 남아 있다. 만약 이곳에서 출토된 문서는 3~4세기인 것이면 22.15에 기록된 '一八而八'은 응당히 현재 중국에서 발견된 가장 이른 시기의 1段 九九表일 것이다. 杜石然선생은 앞에 인용한 저술에서 "'九九歌'를 '一一如一'까지 확장하는 것은 대략 기원 5-10세기 사이에의 일이었다."[45]라는 의견에 대해 해당 발생 시간을 좀 더 앞당길 수 있을 것이다.

胡平生선생은 잔존한 2행의 숫자 배열 규칙으로 해당 구구표를 복원하였고 이 구구표의 형식을 숫자 九·八·七·六·五·四·三·二·一의 순서로 배열된 거꾸로 된 계단식이라고 판단하였다.[46]

남아 있는 글자와 내용으로 볼 때, 두 편의 잔존 문서는 응당히 한 장의 종이에서 분리된 것으로 추정된다. 글자의 서사와 필적은 매끄럽지 않다. 비록 모두 간단한 숫자일 뿐이지만 필적은 균형에 잘 맞지 않는다. 특히 그중에의 '而'字가 길고 납작하게 서사되었고 위에의 3개 '九'자는 특별한 연관성이 없고 작성자가

---

44) 흑백사진은 August Conrady, *DIE CHINESISCHEN HANDSCHRIFTEN UND SONSTIGEN KLEINFUNDE SVEN HEDINS IN LOU LAN*, STOCKHOLM GENERALSTABENS LITOGRAFISKA ANSTALT,1920,Tafel XXV.(奧古斯都·孔拉德: 『斯文赫定在樓兰所得漢文文書與其他發現』, 斯德哥尔摩, 1920, 도판XXV) 참조. 칼라 도판은 侯燦·楊代欣, 『樓蘭漢文簡紙文書集成』, 天地出版社, 1999, p.222. 胡平生先生께서 제공해주신 자료정보, 또한 劉藝穎과 王彬이 찾아주신 자료에 대해 감사한 마음을 전해 드립니다.

45) 杜石然, 『數學·歷史·社會』, 沈陽:遼寧教育出版社, 2003.

46) 胡平生, 「讀里耶秦簡札記」, 『簡牘學研究』 第七輯, 2004.

문자를 서사한 것과 숫자를 사용한 것이 상당히 서툴다는 것을 알 수 있다. 이에 의해, 이 九九表의 작성자와 사용자는 문화 지식수준이 높지 않은 초보 학습자일 것이다. 이곳에서 출토된 기타 簡·紙 문서에는 西域長史·長史 아래에 설치된 일부의 기능 기구 및 해당 掾屬 吏士들이 흔히 볼 수 있는 것일 뿐만 아니라 군대屯墾·種植·領發器物·俸祿 등 상황을 반영하는 내용도 포함되었다. 侯燦선생은 해당 문서가 출토된 지점을 응당히 曹魏 西晉시기의 西域 長史府 治所와 주둔지인 것으로 추정하였다.[47] 그렇다면, 추측할 수 있는 것은 "九九表" 종이 문서를 서사하고 사용하는 주체는 西域 長史府의 小吏일 가능성이 크다. 小吏들은 평상시에 숫자·통계와 관련된 의물과 양식의 공급·봉록과 기물의 방출 등 실제 업무를 하기 위해 숫자로 계산하는 것을 숙지해야 하기 때문에, 산술의 기초인 구구표는 곧 그들이 학습하고 연습하는 자료가 된 것이다.

투르판과 敦煌 지역에서 대문자 숫자로 서사된 종이 테스트 九九乘法表가 출토되었다. 투르판 아스타나 316号 묘에서 출토된 일련번호 60TAM316:08/1(b) 九九乘法口訣 잔편은 대문자 숫자로 서사된 九九乘法表이다. 원래 표의 대부분은 잔결되고 겨우 6 구절만 남았는데, 그 가운데 '究(玖)拔(捌)拾壹'·'拔(捌)究(玖)柒拾貳'가 비교적 완전하게 확인되며, 뒷면은 '某人買田契'이다. 위에 있는 '玖'는 '究'로, '捌'은 '拔'로 서사되었다.[48] 이것은 현재까지 발견된 가장 이른 시기의 대문자로 서사된 九九表 종이테스트이다.

敦煌의 출토 문헌 중에 15점의 九九乘法表가 포함되었으며 12점은 漢文으로 서사되었고 번호는 S.19·S.930v[2]·S.4569[3]·S.6167v[4]·S.8336v[5]·P.3349[6](이 문서에 2개의 九九乘法表가 포함됨)·P.2502v[7]·P.3102v[8]·P.T.1256·俄Дx.2145v[9]·俄Дx.2904[10]·羽037R(敦散226) 및 3점의 티베트어 九九乘法 테스트가 있다. 또한, 프랑스 국가도서관 소장 펠리오 수집품 P.T.1070과 P.T.1256, 및 敦煌莫高窟 북구에서 출토된 테스트 B59:10이 있다. 이 12점의 九九乘法表는 S.930v·S.4569·P.3349의 보존상태가 완전하며 기타 9점은 모두 殘表로 남아 있다. 구체적으로 말하면, S.4569는 완형인데, 모두 7행으로, '九九八十一'에서 시작하여 '一一如一'에서 끝나 모두 45마디이다. S.6167v는 9행만 남은 殘表로서, '九九八十一'에서 '一九如九'까지가 남아 있다. S.8336v도 殘表인데, 거꾸로 서사되었으며 모두 5행이다. P.2502v도 殘表 9行으로, '九九八十一'에서 '一三如三'까지가 남아 있다. P.3349와 S.19는 하나의 문서에 속하여, 상호 보완이 가능하다. P.3349의 뒷면은 학생의 習字書로서, 10여 행이 남아 있는데, 예를 들면, '吾'·'及'·'在'·'也' 등 일상적으로 사용되는 글자가 많다. 구구승법표와 習字書가 1건에 함께 나와, 학교나 가정에서 교육하는 데 사용한 초급 수학 교본일 수 있음을 보여 준다. S.930v는 완형으로서, '九九八一'에서 '一一如一'에 이르며, 각 문장의 곱이 모두 算籌記數法을 사용하여 뒤에 표시되었으며, 표 마지막에 "都計得一千一百五十五文"이라는 구절이 있다는 중요한 특징을 가지고 있다. 12점의 구구승법표는 모두 唐宋 寫本으로, 붓으로 抄寫한 것이며, 글자체는 대부분 자유로운 行書를 사용하였고 草書로 쓴 것도 약간 있는데, 서

47) 侯燦·楊代欣, 『樓蘭漢文簡紙文書集成』, p.80.

48) 整理小組는 이 『古抄本乘法訣』殘本을 高昌 시기의 테스트로 추정하였다. 그러나 王素선생은 이것을 16國 北朝시기(317~439年)로 편년하였고, "十六國時期抄本乘法訣"로 명명하였다. 敦煌·吐魯番 문서 중에의 대문자 九九乘法表에 대해 다른 논문에서 토론할 것이다.

사 수준은 대부분 높지 않다.[49] 敦煌算經 文書 P.3102v는 4부분으로 나뉘는데, 네 번째 부분은 거꾸로 서사하였고, 卷末에 '貳玖拾捌·三玖貳拾柒·肆玖三拾陸·伍玖肆拾伍·陸玖伍拾肆·柒玖陸拾三·捌玖柒拾貳·玖玖捌拾壹'의 여덟 구절이 남아 있으며, 또한 대문자 숫자를 사용해 서사되었다. 이 문서의 앞면은 『開蒙要訓』인데, 『開蒙要訓』은 唐·五代에 敦煌 지역에서 유행한 초급 교재로서, 구구승법표를 『開蒙要訓』 뒷면에 抄寫한 것도 唐·五代 시기였을 것이다. 그리고 서사 목적은 구구표 학습을 위한 것이다.

VII. 맺음말: 중국 출토 구구표 자료의 특징

지금까지 중국의 구구표 관련 출토자료 39종을 간략히 소개하였다. 그중의 21종은 구구죽간·목독이었다. 그 밖에 清華簡 「算表」는 구구승법표를 기초로 하고 있어, 구구승법표가 先秦 시기에 이미 충분히 성숙해 있었음을 보여 준다. 출토된 구구표의 연대는 기원전 4세기에서 기원후 10세기까지로, 先秦 시기에서 五代에 이르기까지 시간 경간이 크다. 출토 지점을 보아도 서북쪽의 居延·敦煌·투르판에서 남방의 深圳·湖南에 이르기까지 공간 범위가 넓다. 서사 재료로는 磚·簡牘(竹簡과 木牘)·종이 등이 있었다.

서사 형식은 두 종류로 나뉘는데, 하나는 「算經」의 앞면에 쓴 것이다. 그러한 예로 총 8매의 죽간으로 구성된 北大藏 秦簡 「算書」甲篇 두 번째 부분의 '九九術', 『孫子算經』의 九九術, 敦煌 千佛洞 「立成算經」종이 문서 중의 九九術 등이 있으며, 산술을 공부하는 사람이 필수적인 기초지식을 열람하기 쉽게 하는 방법을 만든 것이다. 다른 종류로는 목간이나 종이 문서에 단독적으로 서사한 것으로서, 구구표의 抄寫·연습·암기에 사용되었다. 내용의 서사 방향은 절대다수가 '九九八十一'의 9단에서 시작하여 오른쪽에서 왼쪽으로 간 다음 아래로 진행하였으며, 칸을 나누어 썼다. 각 단은 의도적으로 구분하여 쓴 경우도 있고 연속해서 서사한 경우도 있어 특별한 규칙이나 규정이 없었다. 다만 위에서 아래로 연속해서 서사한 경우는 극소수이었다.

그 내용을 살펴보면, 구구승법표의 공식 표현에는 시간이 흐름에 따라 세부적인 변화가 발생하였다.

1) 구결의 문구 수에 대해 錢寶琮은 "지금의 곱셈 공식은 '一一如一'에서 시작하여 '九九八十一'에서 끝나 모두 45마디이다. 고대의 곱셈 공식은 '九九八十一'에서 시작하여 '二二如四'에서 끝나 36마디에 그친다"라고 지적한 바가 있다. 실제로 완전하게 보존된 湖南省 里耶秦簡의 구구표에는 '一九如九' 에서 '一一如一'의 9마디가 없지만, '一一而二'·'二半而一'·'凡千一百十三字'의 3마디가 더해져서 문장 수는 36마디나 45마디가 아니라 39마디이다.

2) 1단 구결의 출현. 秦漢代 九九簡의 첫 마디는 모두 9단인 '九九八十一'이며, 피승수가 점점 작아져 2에서 끝났다. 다음으로 8단·7단으로 이어져 '二二如四'이나 '一一如一'에서 끝난다. 연대가 戰國 중후기인 清華간의 算表에는 1×1~1×9일 뿐만 아니라 1×½=½, ½×½=¼와 같은 계산도 있지만, 秦漢代 구구승법표에는 '一二而二'에서 '一九而九'의 공식이 없다. 전해진 문헌에서 『孫子算經』에 이르러서야 '一二如二'에서

49) 張小虎, 「敦煌算經九九乘法表探析」, 『溫州大學學報(自然科學版)』, 2011, 제2기.

'一九如九'가 출현한다. 『孫子算經』의 성립 시기가 아직 확정되지 않았지만, 일반적으로 魏晉 시기로 보고 있다. 錢寶琮선생은 기원 400年 전후로 추정하였다. 그렇지만, 樓蘭古城"三間房"에서 출토된 九九表 잔존 종이테스트 중에의 "一八而八"로 볼 때 3~4世紀인 것으로 볼 수 있고 1段 口訣은 이미 사회에서 보급된 九九表 중에 존재한 것으로 추정할 수 있다. 唐代에 이르러 敦煌 테스트에 '九九八一'에서 '一一如一'에 이르는 완전한 형태가 나타나기 시작한다.

3) 구결 끝부분의 총계문(總計文). 里耶秦簡 구구승법표와 敦煌漢簡 구구승법표의 마지막에는 모두 곱셈 결과의 총합이 기록되었다. 예컨대 里耶秦簡 구구승 법표 마지막에는 '凡千一百一十三字'를 敦煌漢簡 2170號 九九殘表의 마지막에는 '大凡千一百一十三'가 기록되었고, 종이 문서 S.930v 구구승법표의 마지막에도 '都計得一千一百五十五文 '가 기록되었다.

출토 유적을 살펴보면, 邊塞의 城障 유적, 內地의 관서 유적·기층 관리의 묘장이며, 이에 의해 사용자는 단지 문헌에서 흔히 볼 수 있는 아동일 뿐만 아니라 대부분은 기층 관리, 변경 요새의 吏·卒, 기층 사회의 吏員 및 수작업 기공사들도 포함된다. 용도로 볼 때는 기본적으로 학습과 글자 연습에 사용되었다. 성격으로 볼 때 구구표는 단지 아동 계몽 교육의 교과서일 뿐만 아니라 또한 기층 관리 혹은 전문 기공사의 학습 교과서와 연습 참고자료이었기도 한다.

『周官』 保氏는 國子에게 六藝를 가르치며, "一曰五禮, 二曰六樂, 三曰五射, 四曰五禦, 五曰六書, 六曰九數", 이 중에 算數는 필수과목이다. 崔寔의 『四民月令』 중에 "十一月, 研水凍, 命幼童讀『孝經』, 『論語』, 『篇章』 小學"이라고 기재되며 이 중에의 '幼童'은 原書의 주에 의해 "9~14세이다.(謂九歲以上至十四)"라고 한다. '篇章'은 원서의 주에 의해 "謂『六甲』·『九九』·『急就』·『三蒼』之屬"이라고 하였다. 石聲漢은 "本注의 설명에 의해 篇章은 『六甲』·『九九』·『急就』·『三倉』에 속한 것이며 응당히 그중의 『急就』·『三倉』 등 字書를 서사하는 것을 학습하고 『九九』는 산술의 기초이며 단지 서사만으로 부족하고 필히 이해하고 숙지해야 한다."라고 지적하였다.[50] 그러나 우리가 출토된 구구표의 서사 재료를 통해 해당 성격을 파악할 때 알 수 있는 것은 구구표는 단지 계몽 교육의 교과서일 뿐만 아니라, 역시 기층 관리 혹은 기공사들이 학습한 교제와 연습한 조재가 되었다.

투고일: 2020. 10. 27	심사개시일: 2020. 11. 01	심사완료일: 2020. 11. 29

50) 石聲漢: 『四民月令校注』, 中華書局, 1965, p.10.

참/고/문/헌

『孔子家語·執轡』

『素問·陰陽別論』

『荀子·大略』

『逸周書·武順』

簡牘整理小組編, 『居延漢簡』(壹), 中硏院史語所專刊一〇九, 2014.

廣東省博物館·深圳博物館(楊豪·楊耀林執筆), 「深圳市南頭紅花園漢墓發掘簡報」, 『文物』, 1990, 제11기.

甌燕·文本亨·楊耀林, 「從深圳出土乘法口訣論我國“九九之術”」, 『文物』, 1991, 제9기.

杜石然, 『數學·歷史·社會』, 遼寧教育出版社, 2003.

劉金華, 「秦漢簡牘“九九殘表”述論」, 『文博』, 2003, 제3기.

劉鈍, 「九九乘法表」, 『敦煌學大辭典』, 上海辭書出版社,1998.

劉英華, 「敦煌本藏文算書研究」, 『西藏大學學報(社會科學版)』, 2015, 제1기.

李均明, 「清華簡〈算表〉的文本形態與復原依據」, 『出土文獻研究』 제12집.

李均明·馮立昇, 「清华简〈算表〉概述」, 『文物』, 2013, 제8기.

李並成, 「從敦煌算經來看我國唐宋時代的初級數學教育」, 『數學教學研究』, 1991, 제1기.

白軍鵬, 「敦煌漢簡校釋』, 上海: 上海古籍出版社, 2018.

傅千吉·肖鵬, 「敦煌吐魯番文獻中藏漢天文曆算文化關係研究」, 『西藏大學學報(科學版)』, 2010, 제4기.

北京大學出土文獻研究所(朱鳳瀚·韓巍·陳侃理執筆), 「北京大學藏秦簡牘概述」, 『文物』, 2012, 제6기.

司曉蓮·曲元凱, 「讀〈肩水金關漢簡(貳)〉劄記」, 『集美大學學報(哲社版)』, 2016, 제4기.

王國維, 『流沙墜簡』, 北京: 中華書局, 1963.

王引之, 『經傳釋詞』, 長沙: 嶽麓書社, 1984.

王進玉, 「敦煌遺書中的數學史料及其研究」, 『數學史研究文集』 제2집, 內蒙古大學出版社, 臺灣九章出版社, 1991.

王渝生, 「敦煌算書」, 『中國科學技術典籍通匯』 數學卷(一), 河南教育出版社, 1993.

王煥林, 『里耶秦簡校詁』, 中國文聯出版社, 2007.

張德芳主編, 李迎春著『居延新簡集釋(三)』, 甘肅文化出版社, 2016.

张春龙, 「湖南张家界市古人堤汉简释文补正」, 『簡牘學研究』 제6집, 2016.

才項多傑, 「敦煌出土藏文九九乘法寫本與西藏籌算中的九九乘法表的關係研究」, 『敦煌研究』, 2019, 제5기.

程少軒, 「也談“隸首”爲“九九乘法表”專名」, 『出土文獻研究』 제15집.

馮立昇, 「戰國時期的“大九九”計算工具——清華簡〈算表〉」, 『格致·考工·源流:中國古代科技發明創造』, 北京大學出版社, 2020.

韓巍, 「北大秦簡中的數學文獻」, 『文物』, 2012, 제6기.

韓巍,「北大藏秦簡〈魯久次問數于陳起〉初讀」,『北京大學學報(哲學社會科學版)』, 2015, 제2기.

韓巍·鄒大海整理,「北大秦簡〈魯久次問數于陳起〉今譯·圖版和專家筆談」,『自然科學史研究』 제34권, 2015, 제2기.

許康,「敦煌算書透露的科學與社會信息」,『敦煌研究』, 1989, 제1기.

湖南省文物考古研究所·湘西土家族苗族自治州文物處(張春龍·龍京沙整理),「湘西里耶秦代簡牘選釋」,『中國歷史文物』, 2003, 제1기.

湖南省文物考古研究所·中國文物研究所(張春龍·胡平生·李均明執筆),「湖南張家界古人堤遺址與出土簡牘概述」,『中國歷史文物』, 2003, 제2기.

華侃,「敦煌古藏文寫卷『乘法九九乘法表』的初步研究」,『西北民族學院學報』(哲社版), 1985, 제3기.

黃悅,「從出土"九九乘法表"看漢語韻律類型演變」,『韻律語法研究』 제4집, 2019, 12월.

〈Abstract〉

Studies on the Multiplication Table Unearthed in China

Dai Weihong

Abstract: There are 39 pieces of materials related to the Multiplication Table which have been unearthed in China, including 21 kinds of bamboo and wooden documents so far. The dates of the unearthed Multiplication Table materials are from the 4th century BC to the 10th century AD, and from the Pre-Qin Dynasty to the Five Dynasties. The sites of excavation are from Gansu and Xinjiang in the northwest to Guangdong and Hunan in the south. The writing materials are bricks, bamboo / wooden slips, and paper. There are two forms of writing, one is written in front of the Arithmetical Classic(算經) for easy reference as the basic knowledge necessary to learn arithmetic; Another is on bamboo and wooden documents or paper alone, used for copying or practicing, memorizing the Multiplication Table. From the excavated remains, there are the border fortress barrier sites, the official sites, and the local officials' tombs. Therefore, it can be speculated that the users were not only the children in the literature, but also the officials and soldiers in the frontier army, officials of the grass-roots society and handicraft technicians.

▶ Key words: Multiplication Table, bamboo and wooden documents, DunHuang Documents

논 문

고대 동아시아 목간자료를 통해 본 "參"의 이체자와 그 용법*

방국화**

〈국문초록〉

본고는 "參"자가 동아시아 각국에서 어떻게 사용되었으며 그 사용법, 사용 상황에는 어떠한 공통점, 차이점이 보이는지를 목간 자료를 통하여 검토함으로써 동아시아에 있어서의 한자 사용을 비교한 것이다.

일본 목간의 경우 734년 이후에는 "三"의 大字를 "叅", "가다" 또는 "오다"의 뜻을 "𠫭", "条"과 같은 형태로 갈라 썼으나 그전에는 혼용된 예가 많았으며 "三"의 大字를 "𠫭"과 같은 형태로 쓴 예도 적지 않았다.

한반도의 목간 자료를 보면 통일 신라 이후에는 "三"의 大字를 "叅" 형태로 서사하였는데 6세기의 月城垓子 목간의 "參"은 "𠫭"과 비슷한 형태로 쓰였다.

중국 간독에는 일본과 統一新羅 목간에 보이는 "叅"의 용례는 확인되지 않았다. 敦煌文書에 "叅"과 "三"의 차이점, 그리고 "条"의 용법에 대한 기재 내용이 보여 이러한 용법이 일본으로 전파된 것으로 추정된다. 또한 경주 월성 해자 목간에 보이는 "三"의 大字의 용례는 아마도 이러한 글자체의 분별이 이루어지기 전의 오래된 용법이었을 가능성이 있다고 추측한다.

▶ **핵심어: 목간, 參, 이체자**

* 이 논문은 2019년 대한민국 교육부와 한국연구재단의 지원을 받아 수행된 연구임(NRF-2019S1A6A3A01055801). 또한 2020년 11월 6일에 개최된 국제학술대회 『古代 東아시아 文字資料 硏究의 現在와 未來』(기간: 2020년 11월 4일~11월 7일. 장소: 경북대학교 인문한국진흥관)에서 발표한 "고대 동아시아 목간 자료로 본 "參"의 용법"을 바탕으로 수정·가필한 것이다. 원고 작성에 있어서 자료 제공, 및 수집에 도움을 주신 이용현 선생님, 이동주 선생님, 戴衛紅 선생님께 이 자리를 빌러 감사의 뜻을 표한다.

** 경북대학교 인문학술원 HK 연구교수

I. 머리말

한중일을 비롯한 고대 동아시아 각국에서는 한자를 사용하여 자기 나라 언어를 표현하였다. 언어 체계가 다르기때문에 많은 시행착오를 거쳐 오늘에 이르렀다는 것은 누구나 간단히 상상할 수 있을 것이다.

최근에는 고대인의 문자생활을 그대로 보여주는 목간자료가 많이 발견되어 주목을 받고 있다. 중국, 한국, 일본 3개국 모두에서 목간이 발견되었고 그 출토 매수도 나날이 늘어나고 있다. 그리하여 한중일 목간을 연구자료로 비교연구도 가능하게 되었다.

본고에서는 한중일 3개국의 목간을 기초자료로 "參"자가 각국에서 어떻게 사용되었으며 어떠한 공통점·차이점이 보이는지, 그 용법을 비교함으로써 동아시아 각국에서의 한자사용의 실태를 살펴보고자 한다.

"參"은 현대 한자음으로 하면 "삼"으로도 "참"으로도 읽을 수 있다. "삼"일 경우 숫자 "三"의 大字, 인삼 등의 뜻이 있으며 "참"의 경우 참여, 참가, 참견 등의 뜻으로 쓰인다. 즉 "參"에는 여러 의미가 있다는 것인데 한자 1자에 너무 많은 뜻이 부여될 경우 사용할 때 혼란을 일으킬 수 있다. 또한 "參"자에는 글자 형태를 다르게 쓴 異體字가 여러 종류 사용되었는데 형태가 다른 한자를 서로 다른 의미로 갈라 씀으로써 사용상의 혼란을 회피하려 했다는 사실을 목간 자료를 통해 알 수 있다.

일본 목간의 경우, "三"의 大字, 그리고 "參河國"의 "參"은 "叄"과 같이 아래 부분을 "三" 형태로 서사하였는데 "가다" 또는 "오다"의 뜻을 나타내는 "參向", "不參", "持參" 등의 "參"은 "叅", "叅"과 같이 아래 부분이 "小" 혹은 "小"의 오른 쪽에 점이 하나 더 있는 형태로 쓰이고, 인삼의 "參"도 "叅"과 같은 형태로 쓰였다는 지적이 있다.[1] 즉 글자 의미에 따라 글자 형태를 갈라 썼다는 것이다. 하지만 이러한 용법은 734년(天平6년) 이후에 확실해진 것이고 그전에는 "三"의 大字에도 "叅", "叅" 형태가 사용되는 등 混用되는 문제가 있었다. 이 문제에 관해서는 "參"의 글자체에 대해 논한 桑原씨도 금후의 과제로 하겠다고 하였다.

그런데 2018년에 경주 월성해자에서 출토된 6세기의 목간에 "三"의 大字가 보이는데 이는 "叅"에 비슷한 형태로 쓰였다. 일본의 734년 이전의 목간에도 이러한 용례가 많아 한일 양국의 "參"의 용법에 공통점이 보인다. 이 글자체의 사용이 일본에서는 7세기에서 8세기 초, 한국에서도 6세기의 목간에 그 용례가 확인되어 예스러운 용법으로 보이는데 이를 검증하기 위하여서는 중국의 간독자료와 비교 검토를 할 필요가 있다. 그럼 일본에서 8세기 전반기 이전에는 왜 혼용이 되었는지 하는 답도 찾게 될 것이다.

그런데 중국 간독의 경우 戰國시대로부터 시작되어 삼국시기까지 많이 사용되는데 6세기에서 8세기를 위주로 하는 한반도, 7·8세기를 위주로 하는 일본열도의 목간과는 시대적으로 큰 차이가 있다. 그래서 직접적인 비교 검토가 불가능한 것으로 보인다. 하지만 方國花(2016)에서 논증된 것처럼 일본의 7세기 목간에는 삼국시기 이후의 새로운 용법이 아닌 한나라시기의 오래된 용법이 남아있다.[2] 500년 이상의 시대 차

---

1) 桑原祐子, 2005,「文字の形と語の識別-「参」の二つの形」,『正倉院文書の国語学的研究』, 思文閣.

2) 方國花, 2016,「「并」字の使用法から文字の受容·展開を考える-「並」「合」との比較から-」, 榮原永遠男編,『正倉院文書の歴史學·國語學的研究-解移牒案を讀み解く-』, 和泉書院, pp.157-197.

이가 있지만 일본 7세기 목간과 漢簡에는 공통점이 있어 비교 대상으로 된다고 생각한다.

이와 같이 한나라 시기의 한자 용법이 중국에서는 시대의 변천에 따라 변화가 되나 주변 국가에서는 후세에까지 잔존되는 경우가 있다. 또한 편찬을 거치지 않은 일차자료로써 글자의 용법을 확인하는 것이 당시의 한자 사용의 실체를 파악함에 있어서 유효적이다. 목간 자료는 당시의 한자 사용의 모습을 그대로 전해주는 寶庫이고 비교 연구에는 같은 성격의 문자자료를 사용하는 것이 타당하므로 본고에서는 목간자료를 주요 연구대상으로 한다. 하지만 중국의 경우 남북조시기 이후에는 목간의 사용례가 많지 않으나 한반도와 일본열도의 목간과 비슷한 시기의 용법도 확인할 필요가 있으므로 금석문 혹은 문헌자료 상의 용법도 살펴보기로 하겠다.

II. 한반도의 용례

먼저 한반도의 목간 자료를 보면 일본 8세기 중엽 이후의 용례와 같이 "三"의 大字를 "叄" 형태로 쓴 예가 확인된다.

경주 안압지에서 출토된 통일신라 시기의 182번 목간(7세기 말 이후)를 보면 "壹貳參肆伍"가 다면체 목간의 한면에 적혀 있다.[3] 표 1-①를 보면 이 "參"자의 글자 형태는 "叄"에 가깝다는 것이 확인된다.

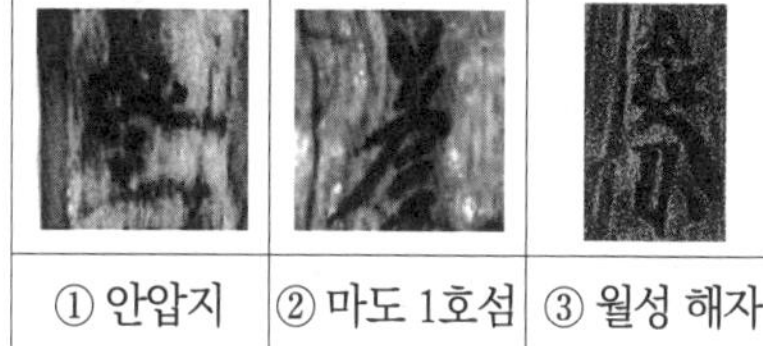

표 1. 한국 목간 중 "三"의 大字의 字形[5]

후세의 용례이지만 마도 1호섬에서 출토된 12번 목간(13세기 초)의 "參"도 아래 부분이 "三"으로 된 글자체로 쓰여 있다.[4] "粟參石"이라는 구절이 보이기에 "三"의 大字임이 분명하다. 글자 형태는 표 1-②를 보면 서체가 행초서체로 쓰여 있으나 아래 부분은 "三"이 확실하다.

하지만 시기가 좀 이른 경주 월성 해자 목간(6세기)의 "參"은 상기 2점의 목간과 다른 형태로 쓰여 있다. 2018년에 출토된 A, B, C 3면에 글씨가 쓰여져 있는 목간[6] B면에 "稻參石", "粺參石"이 보이는데 이 용례로 보아 "參"은 "三"의 大字임이 틀림없다. 글자 형태는 표 1-③에서 확인되다시피 아래 부분이 "小"와 비슷한 형태로 쓰여져 있다. 즉 월성 해자 목간의 "三"의 大字 "參"은 통일 신라 이후의 용법과도 734년 이후의 일본의 용법과도 다르다는 것이다. 그런데 자형을 잘 관찰해보면 "小"의 윗부분에 "一"획이 보인다. 이러한 자

---

3) 국립창원문화재연구소, 2006, 『[개정판]한국의 고대목간』, 국립문화재연구소.

4) 국립해양문화재연구소, 2010, 『태안 마도 1호선 수중발굴조사 보고서』.

5) ①과 ②의 "參"자의 이미지 출처는 국립가야문화재연구소, 2011, 『한국 목간자전』. ②목간의 『한국 목간자전』에서의 목간번호는 6번으로 되어 있다. ③의 이미지 출처는 국립경주문화재연구소·한성백제박물관 공동기획 특별전시회 도록, 2019, 『한성에서 만나는 신라 월성』, 문화재청 국립문화재연구소.

6) 국립경주문화재연구소·한성백제박물관 공동기획 특별전시회 도록, 앞의 책.

형에 관해서는 후술하겠지만 중국 후한시기의 간독에도 비슷한 형태가 보인다.

이와 같이 한반도의 목간으로서의 "參"의 용례는 "三"의 大字만이 확인되었다. 참고로 통일신라 시대의 금석문을 보면 참여, 참고의 뜻으로 "參"이 사용되었는데 그 글자체는 "叅" 혹은 "㕘"으로 되어 있다.[7] 이러한 사례로부터 통일신라 시대 이후에는 "三"의 大字와 참여, 참고 등의 "參"의 글자체를 갈라썼을 가능성이 높다고 생각된다. 한편 高句麗의 德興里古墳壁畫(408년)에 보이는 묵서 "參軍"의 "參"은 "㕘" 형태로 쓰여져 있다.[8] 6세기의 월성 해자 목간의 "三"의 大字도 같은 글자체로 쓰인 것으로 보아 6세기 이전에는 "三"의 大字와 참여, 참고의 "參"의 글자체를 나눠쓰지 않은 것으로 추측된다. 734년 이전의 일본의 용례와 같다고 볼 수 있는데 이는 필시 중국의 용법과도 관련이 있을 것으로 생각되므로 장을 바꾸어 고대 중국에서는 어떠했는지를 살펴보도록 하겠다.

III. 중국의 용례

중국에서의 "參"의 용례를 보면 "三"의 大字, 참여·참가 등 의미 외에 인삼, 3분의1, 별자리를 나타낼 때에도 쓰이며 한자음도 제각기 다르다. 여기서는 중국 간독에서 "參"자가 어떠한 의미로, 어떠한 형태로 쓰였는가에 대해 구체적으로 검토해 보겠다.

1. 전국시기 간독의 용례

현재 제일 이른 시기의 간독은 戰國 시기의 초나라 간독, 즉 楚簡이다. 초간의 용례를 보면 "三"의 大字가 표 2와 같이 여러 형태로 쓰여져 있다.

語叢(三)-67	語叢(四)-3	姑成家父1	三德1	三德5
①郭店楚簡	②郭店楚簡	③上博楚簡	④上博楚簡	⑤上博楚簡

표 2. 초간 중 "三"의 大字의 字形[9]

郭店楚簡은 호북성 荊門市 郭店 1號 楚墓(초나라시기 묘)에서 출토된

7) 한국고대금석문(http://db.history.go.kr/item/level.do?itemId=gskh)으로 검색해보면 참여, 참고의 뜻으로 쓰인 "參"의 용례가 많이 나타난다. 예를 들어 장흥 보림사 보조선사탑비(884)의 "參善知識", 양양 선림원지 홍각선사탑비(886)의 "參聞", 문경 봉암사 지증대사탑비(924)의 "加姓參釋"은 모두 "叅"에 가까운 형태로 쓰여져 있고 창원 봉림사지 진경대사탑비(924)의 "須參碩彦"은 "㕘"에 가까운 형태로 쓰여져 있다. 또한 보령 성주사지 낭혜화상탑비(890~897)의 "三"은 "弎" 형태로 쓰여져있다.

8) 조선민주주의인민공화국사회과학원 조선화보사, 1986, 『德興里高句麗壁畫古墳』, 강단사, p19.

9) 郭店楚簡 이미지 출처는 http://www.bsm.org.cn/zxcl. 上海博物館藏 楚簡의 이미지 출처는 馬承源主編, 2005, 『上海博物館藏戰國楚竹書(五)』, 上海古籍出版社. 용례에 관해서는 아래 문자편 자료도 참조하였다. 李守奎, 2003, 『楚文字編』, 華東師範大學出版社; 李守奎, 2007, 『上海博物館藏戰國楚竹書(一-五)文字編』, 作家出版社.

것이며 埋葬 연대는 기원전 4세기 중기부터 전 3세기 초로 판단되고 있다.[10] 郭店楚簡의 문자는 전형적인 초나라 문자로 소개되고 있으며 "語叢"은 격언과 같은 문구를 모은 것인데 3편의 "名弍(二), 勿(物)參(三)"이란 문구, 4편의 "參(三)殜(世)之福(富?)"이란 문구에 "參"이 사용되었다.[11] 판독문에 현재 사용되는 한자(자체)가 괄호 안에 표시되어 있는데 "參(三)"은 "參"과 "三"이 같다는 뜻이다. 3편의 상기 구절은 먼저 이름이 있었고 그후에 물체의 명칭이 생겼다는 뜻으로 풀이되고 있는데[12] "弍" 뒤에 "參"이 기재되어 있는 것으로 보아 "參"은 "三"의 大字로 사용되었음을 확인할 수 있다. 4편의 상기 구절은 三世의 福으로 풀이되고 있어[13] 마찬가지로 "三"의 大字로 사용되었음을 알 수 있다.

上博楚簡은 上海博物館藏 戰國 楚竹書를 줄인 것이다. 1994년에 홍콩 골동품 시장에서 구매한 간독군인데 시기는 전국시대 말기로 추측되고 있다.[14] "姑成家父"와 "三德"은 기재 내용을 근거로 간독을 정리한 팀에서 명명한 것이다. "姑成家父"편에는 "參郤"라는 단어가 자주 등장하는데 이는 "郤錡", "郤犨", "郤至" 3곳을 가르킨다고 하므로[15] "參郤"의 "參"은 "三"의 大字로 쓰였음을 알 수 있다. "三德"편의 두 용례는 제1간과 제5간에 보이는데 제1간은 天德, 地德, 人德의 三德을 뜻하는 "參悳"("三德"이란 편명도 이에 의함), 제5간은 "善=才=(善哉善哉)參(三)善才"로 판독된 문구에 "參"이 사용되어 마찬가지로 "三"의 大字로 사용되었음을 알 수 있다.

그럼 표 2의 용례는 모두가 "三"의 大字로 쓰였다는 것이 확인되는데 글자 형태는 제각기 다르다. 전체적으로 보아 윗부분은 "品" 또는 "晶" 형태로 쓰였다고 볼 수 있다. ②는 "品"의 結構를 변화시킨 형태이다. 문제는 아래부분인데 ①과 ④는 "彡"으로 볼 수 있다. ③과 ⑤는 "氺"에 가까운 형태로 볼 수 있는데 이러한 형태로부터 "人" 아래에 "小"를 쓰는 형태로 변화되었다고 생각된다. "姑成家父"편의 경우 상기 표 2 외에도 "參郤"의 용례가 확인되는데 모두 표2에 제시한 이미지와 비슷한 형태로 서사되어 있다. 하지만 "三德"편은 글자체가 다른 것으로 보아 書寫者의 서사 습관에 의한 것으로 추측된다.

2. 秦나라 시기 간독의 용례

진나라 시기의 간독, 즉 秦簡의 용례를 보면[16] "參"은 "三"의 大字 외에 3분의1, 별자리를 나타내는 의미로도 사용되었다. 여기서는 출토 매수가 가장 많고 "參"의 용례가 집중적으로 확인되는 수호지진간과 리야진간을 예로 살표보도록 하겠다.

10) 湖北省荊門市博物館編, 1997, 「荊門郭店1號楚墓」, 『文物』 7.

11) 荊門市博物館, 1998, 『郭店楚墓竹簡』, 文物出版社.

12) 劉釗, 2005, 『郭店楚簡校釋』, 福建人民出版社.

13) 劉釗, 2005, 앞의 책. 李零, 2007, 『郭店楚簡校讀記』(增訂本), 人民大學出版社에서는 4편의 해당 구절을 "三世之富"로 판독하고 삼세의 家産으로 해석하고 있다.

14) 馬承源主編, 2001, 『上海博物館藏戰國楚竹書』(一), 上海古籍出版社.

15) 馬承源主編, 『上海博物館藏戰國楚竹書(五)』, 앞의 책. 이하 "三德"에 관한 해석도 본서를 참고하였다.

16) 진한시기의 간독에 보이는 "三"의 大字의 용례에 관해서는 曾磊, 2015, 「出土文獻所見秦漢"多筆數字"」, 『簡帛硏究』(春夏卷), pp.76-88 참조.

호북성 雲夢縣에 있는 睡虎地 묘지에서 출토된 기원전 3세기의 간독으로 보이는 수호지진간의 경우 "參"은 별자리, 3분의 1의 두 가지 의미로 사용되었는데 그 글자 형태는 표 3과 같다.

①秦律十八種 59	②秦律十八種 59	③秦律十八種 80	④日書甲種 57	⑤日書乙種 99

표 3. 수호지진간의 "參"의 글자 형태[17]

표 3의 ①과 ②는 같은 간독(59호)의 앞뒤의 글자이다. "食男子旦半夕參, 女子參"이라고 판독되는 구절에 "參"자가 보이는데 이는 지급하는 식량이 남자는 아침에 半斗, 저녁에 3분의 1斗, 여자는 (아침 저녁 모두) 3분의 1斗라는 뜻[18]으로 여기서의 "參"은 3분의 1을 의미한다. ③은 "參辨券"이라는 구절에 사용되었는데 이는 "세 부분으로 나눌 수 있는 木券"으로 해석되어[19] 앞의 용례와 마찬가지로 "參"을 3분의 1이라는 뜻으로 풀이할 수 있다. ④는 "八月, 角、胃、參大凶", ⑤는 "十一月參十四日"이라고 판독되는 구절에 "參"이 사용되었는데 이는 별자리를 나타낸다.

표 3의 글자 형태를 보면 ①~③은 거의 비슷한 형태로 쓰여 있고 ④는 약간 다르긴 하나 아래부분이 "彡" 형태라는 것은 확인이 된다. 그런데 ⑤만은 "人"의 아래가 "小"로 되어 있어 글자체가 다르다. ①~③과 ④는 의미가 다름에도 불구하고 비슷한 형태로 쓰여 있다. 하지만 ④와 ⑤는 같은 뜻으로 쓰였음에도 불구하고 글자체가 다르다. 이로 인해 진나라 시기에는 일본의 용례와 같이 글자 의미에 따라 글자체를 바꿔쓴 것이 아니라 書寫者에 따라 사용된 글자체가 달랐음을 알 수 있다.

호남성 龍山 里耶古城 1號井에서 출토된 수호지진간과 같은 기원전 3세기의 간독으로 보이는 리야진간[20]에는 "三"의 大字, 3분의 1을 나타내는데 "參"자가 사용되었다. 그 형태는 표 4와 같다.

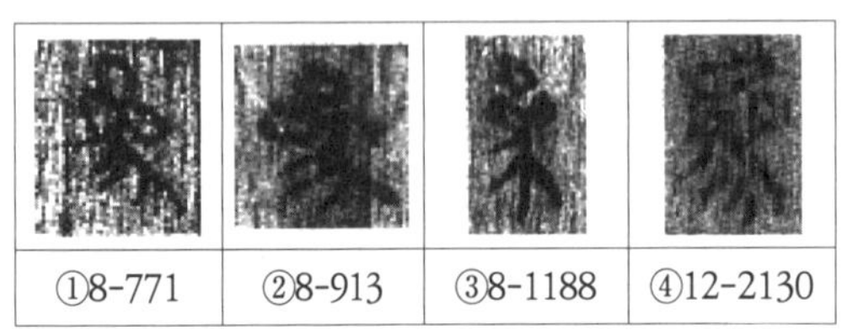

①8-771	②8-913	③8-1188	④12-2130

표 4. 리야진간의 "參"의 글자 형태[21]

표 4의 ①은 "五斗一參"이라고 판독되는 구절에 쓰여 있는데 이 "參"은 3분의 1을 의미한다. ②는 "枲參絇繊", ③은 "參絇枲繊"이라는 구절에 쓰였는데 이는 삼실을 3오리 꼬아 만든 끈으로 해석되고 있다.[22] 여기서의 "參"은 "三"과 같은 뜻이므로 "三"의 大字로 된다. ④12-2130 간독은 구구

17) 이미지 출처는 睡虎地秦墓竹簡整理小組編, 1990, 『睡虎地秦墓竹簡』, 文物出版社. 용례 조사 시 張守中, 1994, 『睡虎地秦簡文字編』, 文物出版社도 참조하였다.

18) 睡虎地秦墓竹簡整理小組編, 1978, 『睡虎地秦墓竹簡』, 文物出版社.

19) 睡虎地秦墓竹簡整理小組編(윤재석역주), 2010, 『睡虎地秦墓竹簡譯註』, 소명출판, pp.139-140.

20) 湖南省文物考古研究所, 2012, 『里耶秦簡』(一), 文物出版社.

21) 이미지 출처는 蔣偉男, 2018, 『里耶秦简文字編』, 學苑出版社. 표 4의 "8-771"과 같은 번호는 출토층위와 일련번호를 가리키는데 8은 간독이 출토된 층위, 771은 일련번호이다.

22) 陳偉, 2012, 『里耶秦簡牘校釋(第1卷)』, 武漢大學出版社.

표를 적은 간독인데 "二參而六"의 3만이 大字로 쓰여져 있다.[23)]

글자 형태를 보면 ①④의 아래부분은 "彡", ②는 그 간략체로 되어있는데 ③만이 "小"에 가까운 형태로 쓰여져 있다. 특히 ②와 ③은 같은 문맥상에 사용되었고 그 의미가 같음에도 불구하고 글자체가 다르다는 것은 이것도 서사자의 서사 습관에 의한 것으로 판단된다.

3. 漢나라 시기 간독의 용례

漢나라 시기의 간독은 많은 사례가 소개되고 있지만 여기서는 "參"의 용례가 비교적 많이 확인되고 도판과 석문이 모두 공개되어 있는 居延漢簡, 敦煌漢簡, 五一廣場東漢簡의 용례를 주로 살펴보도록 하겠다.

居延漢簡은 한나라 시기의 張掖郡 居延縣으로 추정되는 봉수유적에서 출토된 간독군을 말하는데 1930년대에 발굴된 간독을 居延舊簡으로, 1970년대, 80년대에 출토된 간독은 居延新簡으로 부르고 있다. 시기는 모두 기원전 2세기부터 기원 2세기 사이로 보이고 있고 성격과 내용도 같으므로 구간과 신간의 용례를 함께 살펴보도록 하겠다.

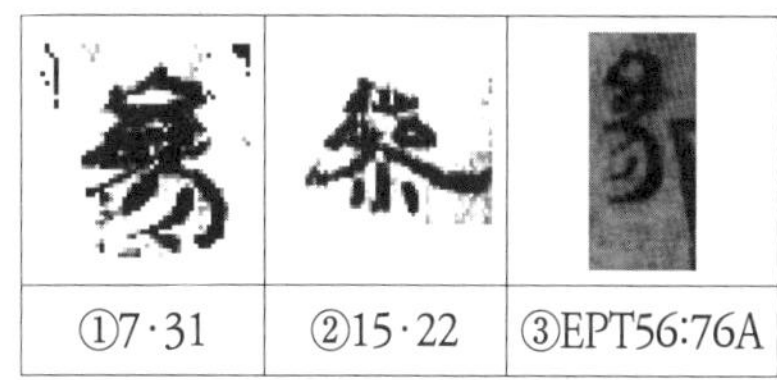

표 5. 거연한간의 "參"의 글자 형태[25)]

표 5의 ①과 ②는 구간의 용례이고 ③은 신간의 용례이다. ①은 "參辨券"이란 용어에 사용되어 3분의 1이라는 뜻으로 사용되었음을 알 수 있다. ②는 "李參"이라는 인명에 사용되었다. ③은 "黃米四參"으로 판독되는 석문 속에 보이는데 이는 쌀을 담는 용기로 해석되고 있다.[24)]

글자 형태를 보면 제각기 다른데 ①은 아래부분이 "勿"과 비슷한 형태로 보인다. 이는 "彡"으로부터 변화된 형태의 하나로 볼 수 있다. ②는 "人" 아래부분이 "小"자이다. ③은 진나라 이전의 간독에는 보이지 않는 새로운 형태인데 "豕"의 첫번째 획이 없는 형태로 보인다. 일단 여기서는 글자 의미가 서로 다르고 형태도 서로 달라 의미에 의해 글재 형태를 바꿔쓴 것처럼 보인다.

하지만 거연한간과 같이 서북지역 한간으로 불리고 있는 돈황한간을 보면 그렇지 않다는 것이 밝혀진다. 이 간독의 시기는 기원전 1세기로부터 기원 1세기로 보이고 있다.

---

23) 이 간독에 관한 상세한 내용은 戴衛紅, "중국 출토 구구표 자료 연구"(本誌 게재) 참조. 이 간독 외에 호남성 益陽 兔子山에서 출토된 구구단을 적은 간독에도 "參"만이 대자로 쓰여져 있다. 글자 형태는 "㗊" 아래가 "勿"로 되어 있다. 또한 岳麓秦簡에는 구구단을 적은 간독은 아니나 "二參而六"이 보이는데 다른 구구단 간독과 마찬가지로 이 문구 속의 "三"만이 대자로 쓰여 있다. 글자 형태는 "品" 아래에 "人"과 "氺"을 쓴 형태이다. 이는 모두 "二"와 "三"을 상하로 연이어 서사할 경우 같은 "一" 획이 이어져 있어 혼란을 일으킬 수 있기에 이를 방지하기 위하여 "三"을 大字로 쓴 것으로 생각된다. 상세한 것은 戴衛紅 논문 참조.

24) 吉林大學邊疆考古研究中心編, 2008, 『居延漢簡語詞匯釋』, 科學出版社 참조.

25) ①과 ②의 이미지 출처는 簡牘整理小組編, 2014, 『居延漢簡』(壹), 中央研究院歷史語言研究所. ③의 이미지 출처는 張德芳主編, 2016, 『居延新簡集釋』(四), 甘肅文化出版社. 舊簡의 경우, 中國社會科學院考古研究所編, 1980, 『居延漢簡甲乙編』, 中華書局에는 "參千九百一七十"(299.9A, 299.32B. 謝桂華, 李均明, 朱國炤, 1987, 『居延漢簡釋文合校』, 文物出版社에서 299.9B, 299.32B로 정정)의 판독문이 보여 "三"의 大字가 확인이 되나 『居延漢簡』(參)(簡牘整理小組編, 2016, 中央研究院歷史語言研究所)에 게재된 해당 간독의 판독문을 보면 "凡千五百一十七"로 변경되어 있어 "參"의 용례로는 간주할 수 없다.

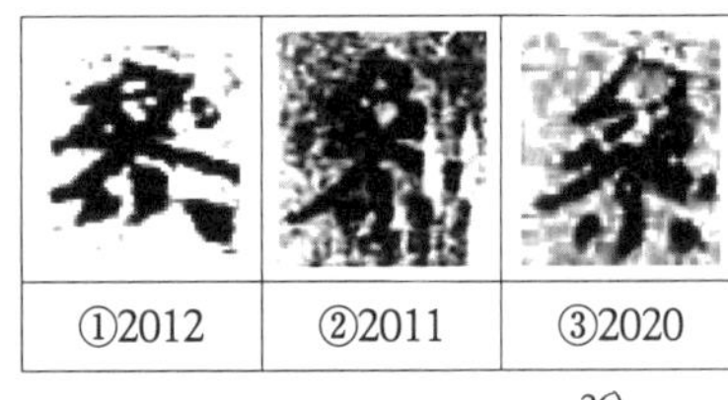

표 6. 돈황한간의 "參"의 글자 형태[26]

표 6의 용례는 모두 돈황한간 중 馬圈灣 봉수유적에서 출토된 것이다. ①은 약재 "人參"에 사용된 용례이다. 일본 고대 목간에 보이는 인삼의 參도 같은 글자체로 쓰여져 있다. ②는 "參分償和令少仲出錢"이라고 판독되는 구절에 사용되었는데 이는 돈을 내어 3분의 1을 배상한다는 뜻으로 해석되기에 "參"은 3분의 1이라는 뜻으로 된다. ③는 "始建國天鳳元年十二月甲午參"이라는 판독문에 사용되었는데 이 "參"은 별자리를 나타낸다. 글자 형태는 모두가 아래부분이 "小"자로 되어 있고 글자체가 같으므로 의미에 의해 글자체를 바꿔쓰지 않았다는 것을 알 수 있다.

거연한간과 돈황한간은 전한시기의 간독이 중심으로 되지만 아래에 후한 시기의 호남성 장사시 오일광장에서 출토된 五一廣場東漢簡의 용례를 살펴보도록 하겠다.

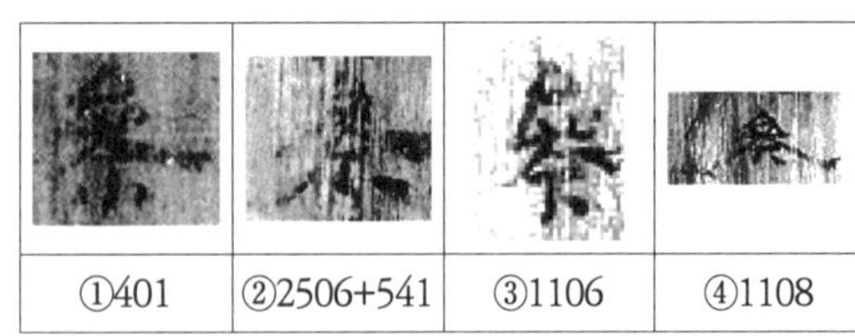

표 7. 오일광장동한간의 "參"의 글자 형태[28]

표 7의 "參"자는 ①이 "參驗", ③은 "參考"라는 단어 속에 쓰였고 다른 용례도 모두 고찰하고 검증하다는 뜻으로 쓰였다.[27] 글자 형태를 보면 ②~④는 모두 "人" 아래가 "下"로 되어 있는데 ①은 "人" 아래가 "小"이나 "小" 위에 "一"획이 하나 더 있다. 이 형태는 경주 월성해자 목간의 "參"과 같다.

이와 같이 한나라 시기에 있어서 전한시기 초기에는 "參"과 같이 아래 부분을 "彡" 형태로 쓰이는 경우가 많았다고 생각된다. 참고로 전한시기 초기의 張家山 한간을 보면 "三"의 大字에 "參" 형태와 "參" 형태가 보인다.[29] 비슷한 시기의 馬王堆 한간을 보면 "三"의 大字와 별자리를 나타내는 "參"이 모두 "參"과 같은 글자체로 쓰여 있고 이외에 "參" 형태로 서사된 "三"의 大字의 용례도 있다.[30] 같은 전한시기 초기의 銀雀山 漢簡의 "三"의 大字도 모두 "參"과 같은 형태로 쓰여 있다.[31] 전한 중기 이후에 "參"과 같이 아래 부분을 "小" 혹은 "小"와 비슷한 형태로 많이 쓰게 되었다고 생각된다. 또한 윗부분이 "品"과 같은 네모난 형태로부터 "厽"과

26) 甘肅文物考古研究所編, 1991, 『敦煌漢簡』, 中華書局.

27) ②간독의 판독문은 다음과 같다(長沙市文物考古研究所等, 2018-2019, 앞의 책).

〼□由賢　充尤武鰑等為家私使及對　　主等不問不知何自言

〼詐即疑　威態參內等證純以縣　　官事□賊毆人當以律削爵

④의 판독문은 다음과 같다(長沙市文物考古研究所等, 2018-2019, 앞의 책).

廷謁傳社興等解言府盡　力推辟妾逐召平孝等必　得參錯辭有後情正處

復言鄷純職事誠惶誠　恐叩頭死罪死罪敢言之

28) 이미지 출처는 長沙市文物考古研究所等, 2018-2019, 『長沙五一廣場東漢簡牘(貳-參)』, 中西書局.

29) 張家山二四七號漢墓竹簡整理小組編著, 2006, 『張家山漢墓竹簡[二四七號墓]』(釋文修訂本), 文物出版社; 張守中, 2012, 『張家山漢簡文字編』, 文物出版社.

30) 李正光, 1995, 『馬王堆漢墓帛書竹簡』, 湖南美術出版; 陳松長, 2001, 『馬王堆簡帛文字編』, 文物出版社.

31) 銀雀山漢墓竹簡整理小組編, 1985, 『銀雀山漢墓竹簡[壹]』, 文物出版社; 駢宇騫, 2001, 『銀雀山漢簡文字編』, 文物出版社.

같은 삼각형에 가까운 형태로 변화되는 것도 이 시기로 보인다.

"參"의 윗부분을 "品"과 같은 네모난 형태로 쓰는 글자체에 관해서는 후한시기에 편찬된 『說文解字』(許愼編)에도 보인다.[32] 『說文解字』에는 "參"의 小篆體가 수록되어 있는데 이는 "曑"과 비슷한 형태로 되어 있다. 윗부분이 "晶"인 형태는 앞서 서술한 초간의 용례와 거의 유사하다. 윗부분이 "品"인 형태는 『說文解字』에 "또한 이 형태로 생략한다"고 적혀 있다. 이러한 형태가 초간으로 부터 진간, 한간으로 이어지면서 오랜 세월 사용되었다는 것을 간독의 사용례를 통해 알 수 있고 『說文解字』의 기재 내용과도 일치되어 매우 흥미롭다. "品"이 "厽"으로 변화된 것은 隸辨에 의한 것이다.[33]

4. 삼국시기 간독의 용례

삼국시기의 간독으로는 吳나라 시기의 走馬樓吳簡이 대량으로 출토되었다. 공개된 주마루 삼국 오간 자료를 보면 "參"이 3예 확인되는데 모두 인명에 쓰였다.

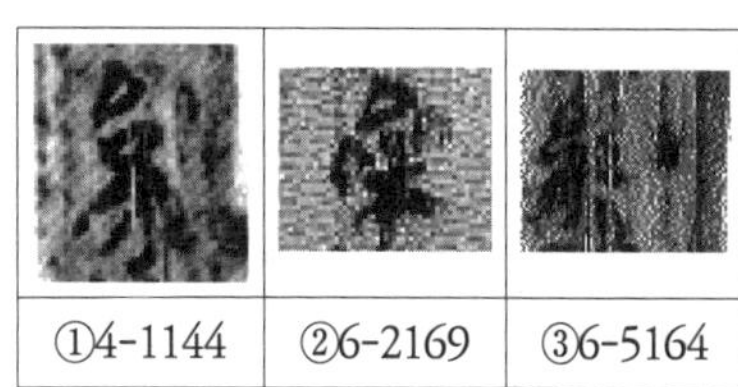

표 8. 주마루오간의 "參"의 글자 형태[34]

표 8의 ①은 李參, ②는 烝參, ③도 烝參이란 인명에 사용된 글자인데 글자 형태는 조금씩 다르다. 하지만 아래부분은 모두가 "小"에 가까운 형태로 쓰여져 있다.

그런데 삼국시기 후의 晉나라 시기의 간독에는 "參"의 용례가 보이지 않는다.

Ⅳ. 맺음말-한중일 목간의 용법 비교

이상 한중일의 목간·간독 자료 중 "參"의 용례를 검토함으로써 고대 한반도와 일본에 사용된 "參"의 "叅" 글자체는 중국에서는 진나라 시기에 이미 사용되었고 한나라 시기에 들어서서 그 용례가 많아졌다는 사례였음을 밝혔다. 또한 한나라 시기 이전에는 "參"을 의미에 따라 글자체를 변화시키는 사례가 확인되지 않았으므로 이러한 용법이 그 당시 중국의 보편적인 용법이었다고 생각된다. 즉 어떠한 의미로 사용되든 "參"을 "參"과 같은 형태로도 "叅"과 같은 형태로도 쓸 수 있었으며 다만 書寫者의 서사 습관에 의해 글자 형태가 달랐을 따름이라는 것이다.

그런데 앞부분에서는 한자의 3요소로 되는 形·義·音 중 形과 義를 위주로 살펴보았는데 音도 같이 검토해 보도록 하겠다. 고대의 한자음을 전하는 자료로는 『切韻』(陸法言, 601년)이 있는데 원본은 이미 遺失되

32) 許愼(徐鉉校訂), 1963, 『說文解字(附檢字)』, 中華書局. 이는 宋代(986년)에 勅命으로 徐鉉 등에 의해 校訂된 大徐本이라고 불리는 것이다. 本書에는 한자음을 나타내는 反切이 적혀 있는데 이는 원래 許愼에 의해 편찬된 『說文解字』에는 없었던 것이다.

33) 顧藹吉, 1743, 『隸辨』, 康熙57年項絪氏玉淵堂刻本(大孚書局), 卷二, 平聲, 二十一侵, p.308.

34) 이미지 출처는 走馬樓簡牘整理組, 2011, 『長沙走馬樓三國吳簡 竹簡[肆]』, 文物出版社.

어 『切韻』을 개정 및 增補한 北宋 시기에 편찬된 『廣韻』[35](陳彭年, 1008년. 정식 명칭은 『大宋重修廣韻』)으로 확인해 보도록 하겠다. 별자리를 뜻하는 "參"의 反切은 "所今" 또는 "蒼含", 參承·參觀의 "參"은 "倉含", 숫자 "三"과 "參"에는 "蘇甘", 또는 "七南", "所今"이 反切로 기재되어 있다. 숫자 "參"의 경우 이 뜻을 가진 음 "蘇甘"(중고음 sam[36]. 현대 한국어 한자음 삼, 중국어 병음 san에 해당) 외에 다른 음도 기재되어 있는데 이는 "三"의 뜻이 "七南"(중고음: tshʌm. 현대 한국어 한자음 참, 중국어 병음 can에 해당) 또는 "所今"(중고음: ʃjem. 현대 한국어 한자음 삼, 중국어 병음 shen에 해당)으로 표시되는 음으로도 읽을 수 있다고 하기보다는 단순히 "參"자에 이러한 음도 있다는 것을 설명하기 위하여 첨가한 것으로 생각된다. 또한 參觀의 "參"에는 "俗作叅"(叅은 俗字라는 뜻), 숫자 "參"에는 "俗作參"(參은 俗字라는 뜻)이 기재되어 있어 義·音에 따라 글자 형태를 바꿔 사용했다는 것을 알 수 있으며 이는 또한 앞서 서술한 7세기 말 이후의 한반도, 8세기 중엽 이후의 일본의 새로운 용법과도 일치하다.

7세기 말 이후의 한반도의 새로운 용법은 7세기 말로 추정되는 통일 신라시기의 안압지목간의 용례, 즉 "三"의 대자를 "參" 형태로 쓴 용례를 가리킨다. 이러한 형태의 "參"의 용례는 중국의 삼국시기 이전의 간독에는 확인되지 않는다. 반면 6세기로 추정되는 삼국시기 신라의 월성해자 목간의 "三"의 대자는 "叅" 형태로 쓰여 있는데 이를 오래된 용법으로 보고 있다. 중국 후한시기의 오일광장동한간에 보이는 "參"의 용례와 극히 비슷한 형태로 서사되었다는 점은 주목할만 하다.

한반도의 용례 뿐만 아니라 일본 고대 목간의 용례에 대해서도 새로운 용법과 오래된 용법으로 나눌 수 있다. "三"의 대자의 경우 734년(天平6년) 이전에는 "叅" 혹은 "叅" 형태로 쓴 용례가 "參"으로 쓴 용례보다 더 많았고 734년 이후에는 공문서에서의 숫자 大字 서사방식에 관한 규정으로 인해 "參"으로 통일하게 되었다고 지적되고 있는데[37] 후자를 새로운 용법, 전자를 오래된 용법으로 볼 수 있다.

이와 같이 한중일 삼개국의 목간 용례를 종합적으로 검토해보면 한나라의 용법이 한반도로 전해져서 신라에서는 6세기에도 같은 용법이 사용되고 있었다고 볼 수 있다. 또한 이러한 용법이 일본으로 전파되어 734년 이전에는 오래된 용법, 즉 "三"의 大字를 "叅" 형태로 쓰는 용법이 보편적이었던 것으로 생각된다. 한편 이 시기에 있어서 "叄"은 후세에 전파된 새로운 사례이고 보편적인 것이 아니기에 사례가 적었던 것으로 추정된다.

그럼 "叄" 형태의 기원은 어디에 있을까? 중국에서 "叄"을 "三"의 大字로 쓴 이른 용례로는 東魏시기의 李祈年墓誌(543)에 보이는데[38] 중국의 다른 금석문 용례를 보아도 "叄" 글자체의 용례 수는 많지 않다.[39] 하지만 돈황에서 발견된 편찬 당시의 이체자를 많이 수록한 『正名要錄』(郎知本 지음, 594~601년)[40]이라고 하

35) 余廼永, 2000, 『新校互註宋本廣韻(增訂本)』, 上海辭書出版社.

36) 董同龢, 1967, 『中國語音史』, 華岡出版部. 중고음에 관한 내용은 모두 본서 참조.

37) 桑原祐子, 앞의 책.

38) 毛遠明, 2014, 『漢魏六朝碑刻異體字典』, 中華書局.

39) 京都大學人文科學研究所「漢字字体變遷研究のための拓本データベース」(대표: 安岡孝一)(http://coe21.zinbun.kyoto-u.ac.jp/djvuchar)으로의 검색 결과.

는 자전에는 "垒"과 "三"을 병열하여 적고 "垒"은 古되고(오래되고) 전형적인 자체이며 "三"은 지금 사용되는 간요한 글자체라고 기재되어 있다. 또한 『正名要錄』과 같은 두루마리에 서사된 『群書新定字樣』[41]의 殘卷에는 "參詳"(자세한 사항은 참조하라는 뜻)의 "參"이 "叅" 형태로 쓰여져 있다. 이러한 자전이 서사된 6세기 말~7세기 초에 있어서 "三"의 大字와 참조의 參의 글자 형태를 나누어 썼음을 알 수 있다.

그런데 吐魯番문서를 보면 7세기 전반의 "高昌某年傳始昌等縣車牛子名及給價文書"는 "三"의 大字도 "參軍"의 "參"도 모두 "叅" 형태로 적혀 있다.[42] 7세기 후반의 "左憧憙生前功德及隨身錢物疏"(673)의 "三"의 大字는 "垒" 형태로 쓰여 있다.[43] 敦煌문서도 547년의 瓜州効穀郡(?)計帳의 "三"의 大字는 "叅" 형태로 쓰여 있다.[44] 이러한 사례로 보아 7세기 초기까지는 "三"의 大字를 "垒" 형태로 써야 한다는 개념이 확립되지 않은 것으로 추정된다. 『正名要錄』에 "垒"과 "三"에 관한 용법 규정이 기재된 것도 그 당시 이에 대한 인식이 부족했기에 명기할 필요가 있어서였다고 생각된다. 그 후, 7세기 말에 이르러 중국에서는 "三"의 大字와 그외의 "參"을 다른 글자체로 갈라쓰게 되었으며 중국의 이러한 새로운 용법이 한반도(통일신라)에 전파되고 일본에도 전파되었을 것이다.

투고일: 2020. 10. 31	심사개시일: 2020. 11. 03	심사완료일: 2020. 11. 30

---

40) 燉煌 莫高窟에서 발견된 英國圖書館에 소장되어 있는 整理番號 S.388의 돈황문서. 이 문서에서는 "垒"을 위에, "三"을 아래에 적고 뒷부분에 글자 형태에 관한 注를 기재하였는데 원문은 다음과 같다. "右字形雖別, 音義是同, 古而典者居上, 今而要者居下".

41) 大友信一·西原一幸, 1984, 『「唐代字樣」二種の研究と索引』, 櫻楓社, 解題·研究篇第 I 部. 『正名要錄』과 이어져 있는데 해당 문서는 앞부분에 서사되어 있다.

42) 唐長孺主編, 1992, 『吐魯番出土文書[壹]』, 文物出版社.

43) 唐長孺主編, 1996, 『吐魯番出土文書[參]』, 文物出版社.

44) 唐耕耦·陸宏基編, 1986, 『敦煌社會經濟眞蹟釋錄』, 書目文獻出版中心. 桑原祐子(2005, 앞의 책)에도 이 부분에 관해 언급되어 있다.

참/고/문/헌

1. 보고서 및 자료집

許愼(徐鉉校訂), 1963, 『說文解字(附檢字)』, 中華書局.

董同龢, 1967, 『中國語音史』, 華岡出版部.

睡虎地秦墓竹簡整理小組編, 1978, 『睡虎地秦墓竹簡』, 文物出版社.

中國社會科學院考古研究所編, 1980, 『居延漢簡甲乙編』, 中華書局.

銀雀山漢墓竹簡整理小組編, 1985, 『銀雀山漢墓竹簡[壹]』, 文物出版社.

조선민주주의인민공화국사회과학원 조선화보사, 1986, 『德興里高句麗壁畫古墳』, 강단사.

唐耕耦·陸宏基編, 1986, 『敦煌社會經濟眞蹟釋錄』, 書目文獻出版中心.

謝桂華, 李均明, 朱國炤, 1987, 『居延漢簡釋文合校』, 文物出版社.

睡虎地秦墓竹簡整理小組編, 1990, 『睡虎地秦墓竹簡』, 文物出版社.

甘肅文物考古研究所編, 1991, 『敦煌漢簡』, 中華書局.

唐長孺主編, 1992-1996, 『吐魯番出土文書』[壹]-[肆], 文物出版社.

張守中, 1994, 『睡虎地秦簡文字編』, 文物出版社.

李正光, 1995, 『馬王堆漢墓帛書竹簡』, 湖南美術出版.

湖北省荊門市博物館編, 1997, 「荊門郭店1號楚墓」, 『文物』 7.

荊門市博物館, 1998, 『郭店楚墓竹簡』, 文物出版社.

馬承源主編, 2001, 『上海博物館藏戰國楚竹書』(一), 上海古籍出版社.

陳松長, 2001, 『馬王堆簡帛文字編』, 文物出版社.

駢宇騫, 2001, 『銀雀山漢簡文字編』, 文物出版社.

李守奎, 2003, 『楚文字編』, 華東師範大學出版社.

馬承源主編, 2005, 『上海博物館藏戰國楚竹書(五)』, 上海古籍出版社.

劉釗, 2005, 『郭店楚簡校釋』, 福建人民出版社.

국립창원문화재연구소, 2006, 『[개정판]한국의 고대목간』, 국립문화재연구소.

張家山二四七號漢墓竹簡整理小組編著, 2006, 『張家山漢墓竹簡[二四七號墓]』(釋文修訂本), 文物出版社.

李守奎, 2007, 『上海博物館藏戰國楚竹書(一-五)文字編』, 作家出版社.

李零, 2007, 『郭店楚簡校讀記』(增訂本), 人民大學出版社.

吉林大學邊疆考古研究中心編, 2008, 『居延漢簡語詞匯釋』, 科學出版社.

국립해양문화재연구소, 2010, 『태안 마도 1호선 수중발굴조사 보고서』.

睡虎地秦墓竹簡整理小組編(윤재석역주), 2010, 『睡虎地秦墓竹簡譯註』, 소명출판.

국립가야문화재연구소, 2011, 『한국 목간자전』.

張守中, 2012, 『張家山漢簡文字編』, 文物出版社.

走馬樓簡牘整理組, 2011, 『長沙走馬樓三國吳簡 竹簡[肆]』, 文物出版社.
陳偉, 2012, 『里耶秦簡牘校釋(第1卷)』, 武漢大學出版社.
湖南省文物考古研究所, 2012, 『里耶秦简』(一), 文物出版社.
簡牘整理小組編, 2014, 『居延漢簡』(壹), 中央研究院歷史語言研究所.
毛遠明, 2014, 『漢魏六朝碑刻異體字典』, 中華書局.
張德芳主編, 2016, 『居延新簡集釋』(四), 甘肅文化出版社.
簡牘整理小組編, 2016, 『居延漢簡』(參), 中央研究院歷史語言研究所.
蔣偉男, 2018, 『里耶秦簡文子編』, 學苑出版社.
長沙市文物考古研究所等, 2018-2019, 『長沙五一廣場東漢簡牘(貳-參)』, 中西書局.
국립경주문화재연구소·한성백제박물관 공동기획 특별전시회 도록, 2019,『한성에서 만나는 신라 월성』, 문화재청 국립문화재연구소.

한국고대금석문 http://db.history.go.kr/item/level.do?itemId=gskh
武漢大學字形檢索數據庫http://www.bsm.org.cn/zxcl
京都大學人文科學研究所「漢字字体變遷研究のための拓本データベース」(대표 : 安岡孝一) http://coe21.zinbun.kyoto-u.ac.jp/djvuchar

2. 논저류
大友信一·西原一幸, 1984, 『「唐代字様」二種の研究と索引』, 櫻楓社, 解題·研究篇第Ⅰ部.
桑原祐子, 2005, 「文字の形と語の識別-「参」の二つの形」, 『正倉院文書の国語学的研究』, 思文閣.
曾磊, 2015, 「出土文獻所見秦漢“多筆數字”」, 『簡帛研究』(春夏卷).
方國花, 2016, 「「弁」字の使用法から文字の受容·展開を考える-「並」「合」との比較から-」, 榮原永遠男編, 『正倉院文書の歷史學·國語學的研究-解移牒案を讀み解く-』, 和泉書院.

〈Abstract〉

Variant Forms of Chinese Characters and the Usege of “參” in Ancient East Asian Wooden Documents

Fang, Guo-hua

This paper compares the use of Chinese characters in East Asia by examining how the “參” character was used in East Asian countries, and what commonalities and differences were seen in its usage and usage situation.

In the case of Japanese Wooden Documents, after 734, the 大字 of “三” was written in “叄”, The meaning of “go” or “come” was written in “叅” or “条”. But before that, there were also many examples of writing the 大字 of “三” in the form of “叅” or “条”.

In the case of Korean Wooden Documents, after the unitied Silla(統一新羅), the 大字 of “三” was written in the form of “叄”. But the “參” in the 6th century Wolseong Moat(月城 垓子) Wooden Documents was written in the form of “叅”.

Chinese Wooden Documents does not show the use of “叄”. The differences between “叄” and “三” and the usage of “条” are shown in the Dunhuang Documents(敦煌文書). It is estimated that these uses were introduced to Japan. It is also assumed that the usage of the Wolseong Moat(月城 垓子) Wooden Documents was probably an old usage before such a sense of character was made.

▶ Key words: Wooden Documents, 參, Variant Forms of Chinese Characters

문자자료 및 금석문 다시 읽기

「牟頭婁 墓誌」의 판독과 역주 재검토

「牟頭婁 墓誌」의 판독과 역주 재검토

이준성*

〈국문초록〉

모두루 묘지는 발견 이후 오랜 시기 동안 꾸준하게 관심을 받으며 연구에 활용된 사료이며, 여러 연구자들에 의해 판독안이 제시되어 왔다. 다만 모두루 묘지는 墨書이기 때문에, 여러 종의 탁본을 비교하여 판독을 할 수 있는 여타 금석문에 비해 참고할 수 있는 자료가 적을 수밖에 없다. 기존 판독안의 대부분은 『通溝』에 수록된 묘지 사진판에 의거하여 진행될 수밖에 없었다.

본고는 『통구』 사진판을 더욱 꼼꼼하게 살피면서 묘지 내의 동일 글자, 혹은 유사한 서체를 가진 여러 금석문의 글자들을 함께 제시하면서 약 120자에 대해 기존 판독안의 타당성을 검토하였다. 이를 통해 60여 자에 대해서는 묘지 내의 동일 글자 및 유사한 서체를 가진 여러 금석문의 글자들을 함께 제시하는 등의 방법을 통해 필자 나름대로 추정의 근거를 제시해 보았다. 그리고 일부 연구자들이 판독해 왔던 다른 60여 자에 대해서는 판독의 근거를 확인할 수 없는 미상자로 분류하였다. 향후 관련 연구자들이 모여 공동으로 다양한 과학적 판독 기법을 도입하여 모두루 묘지의 미판독 글자들을 살펴볼 수 있는 기회가 마련되길 기대한다.

▶ **핵심어: 모두루 묘지, 모두루묘, 수사, 대사자, 『통구』**

* 국사편찬위원회 편사연구사

I. 머리말

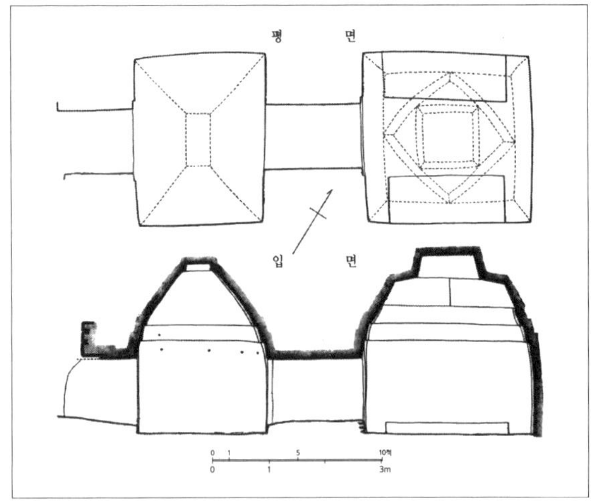

그림 1. 모두루묘 평면도 및 입면도 (『通溝』 卷下, 1940, 滿洲國通化省輯安縣高句麗壁畫墳 日滿文化協會)

모두루묘는 中國 吉林省 集安市 太王鄕 下解放村(舊地名: 下洋魚頭)에 있다. 이곳은 집안시 평야의 東北端으로서 龍山과 압록강 사이에 비교적 좁은 들이 강기슭을 따라 놓여 있고, 압록강을 사이에 두고 북한의 만포시와 마주한다. 이 지역에는 30여 기의 고구려 고분이 龍山 남쪽 강기슭의 대지 위에 분포해 있는데, 현재 모두루묘 주변은 논과 밭으로 개간되어 있다.

모두루묘 내에 墨書가 있다는 사실은 1935년 9월, 집안현중학교 王永璘 교사의 제보를 통해 알려졌다. 당시 집안분지의 벽화 고분을 조사하던 일본 학자 일행이 제보를 받고 무덤을 찾았지만, 내부로 들어가서 확인하지는 못했다. 일본 학자들이 떠난 후, 만주국 안동성의 장학관으로 있던 일본인 伊藤二八가 내부로 들어가는 데 성공하였다. 그는 墨書 명문을 발견하고 사진을 찍어 地內宏에게 보냈다. 당시 조선의 고고 조사를 주관하던 地內宏는 1년 뒤 현장을 방문하였고, 이때 조사한 내용이 일만문화협회에서 간행한 『通溝』에 실려 있다.

묘지는 전실 正面의 윗벽에 먹으로 쓰여 있다. 회칠한 벽면 위로 묘지 작성을 염두에 두고 황토색으로 덧칠한 부분이 확인된다(그림 2). 이 부분은 전실 정면 윗벽의 오른쪽 모서리로부터 36㎝ 가량 떤 곳에서 시작되어 왼쪽 끝까지 이어지고, 다시 왼편 벽면에 3행이 더 계속된다고 보고되었다. 묘지의 첫 2行은 글자의 옆에 縱線을 치지 않았는데, 이 부분은 題記로 파악된다. 3行 이후에는 먹으로 縱線이 每行 그어져 있고, 그리고 송곳 같은 것에 먹을 묻혀 그은 것 같은 橫線이 차례로 그어져 있다. 이 縱·橫線으로 구획된 세로 3~3.6㎝, 가로 2.7㎝의 네모칸 안에 글자가 쓰여 있다. 전체 묘지의 行數는 題記를 포함해 보고자는 83행이라고 했는데, 현재 사진 도판상으로는 正面에서 77행이 파악되고 왼편 벽면에 있다고 하는 3행을 포함하면 80행이 확인된다. 이에 전체 묘지는 대략 800여자로 구성됨을 알 수 있다. 다만, 현재까지 묘지의 일부만이 판독되고 있으며, 상당수는 묵흔만 남아 있는 상황이다.[1]

1) 한편 모두루묘 묘지의 서체는 당시 北朝에서 유행하던 寫經體의 영향을 받아서 예서, 해서, 행서의 다양한 필획 특징을 가진 新隸書의 경향이 있으며, 서예 역사상 과도기적 경향을 가지고 있다고 한다(김양균, 2013, 「牟頭婁墓 墨書墓誌와 北朝 寫經體」, 『강좌 미술사』 41권, pp.335-353).

II. 판독 및 교감

모두루 묘지는 발견 이후 오랜 시기 동안 꾸준하게 관심을 받으며 연구에 활용된 사료이며, 여러 연구자들에 의해 판독안이 제시되어 왔다. 현재까지 제시된 판독안은 다음과 같다.

① 池內宏, 1938 『通溝』 上
② 勞榦, 1944 「跋高句麗大兄冉牟墓誌兼論高句麗都城之位置」, 『歷史言語硏究集刊』第11本 (1976 『勞榦學術論文集』 甲篇 上冊 再收錄)
③ 崔南善, 1954 「高句麗 牟頭婁墓誌鈔」, 『增補 三國遺事』 附錄 所收(일부 판독)
④ 朴時亨, 1966 『광개토왕릉비』(일부 판독)
⑤ 佐伯有淸, 1977 「高句麗牟頭婁墓誌の再檢討」, 『史朋』7
⑥ 田中俊明, 1981 「高句麗の金石文-硏究の狀況と課題-」, 『朝鮮史硏究會論文集』18
⑦ 武田幸男, 1981 「牟頭婁一族と高句麗王權」, 『朝鮮學報』99·100 합집
⑧ 盧泰敦, 1992 「牟頭婁墓誌」, 『譯註 韓國古代金石文』제1권
⑨ 耿鐵華, 2000 「再牟墓及其墓誌」, 『高句麗歷史與文化』

그림 2. 모두루 묘지의 묵서 위치 (『通溝』 卷下, 1940, 滿洲國通化省輯安縣高句麗壁畫墳 日滿文化協會)

모두루 묘지는 墨書이기 때문에 여러 종의 탁본을 비교하여 판독을 할 수 있는 여타 금석문에 비해 참고할 수 있는 자료가 적을 수밖에 없다. 기존 판독안의 대부분은 『通溝』에 수록된 묘지 사진판에 의거하여 진행될 수밖에 없었다. 동일한 자료에 의해 판독을 진행했음에도 불구하고 판독 과정에서 이견이 있는 글자가 상당수 있다. 다만 각 연구자들이 이견이 있는 글자에 대해서 판독의 도출 근거를 제시한 경우는 많지 않다. 이에 대한 세밀한 검토가 재차 필요한 이유이다.

한편, 위에 제시한 9개의 판독안 중에서 모두루 묘지를 실견한 후 판독한 연구자는 池內宏, 勞幹, 耿鐵華 등이다. 특히 가장 최근인 1994년 모두루 묘지를 실견했다고 하는 耿鐵華는 지난 2000년 『高句麗歷史與文化』를 통해 기존에 판독하지 못했던 여러 글자들에 대한 판독안을 제시한 바 있다. 하지만, 새로운 묘지의 사진을 제시하지 않았으며, 새롭게 읽어낸 글자들이 어떤 근거를 통해 판독되었는지에 대해서 역시 자세하게 설명하지 않아 아쉬움이 남는다. 새롭게 판독한 부분 중에는 묵흔만 남아 기존에는 어떠한 글자인지 전혀 파악할 수 없었던 글자들도 다수 있다.

참고할 수 있는 자료가 제한적인 현재의 상황에서 관련 연구에 진전을 위해서는 『通溝』 사진판을 더욱 꼼꼼하게 살피면서 묘지 내의 동일 글자, 혹은 유사한 서체를 가진 여러 금석문의 글자들을 함께 제시하면서 기존 판독안의 타당성을 다시 검토해 보는 것이 필요하다고 판단된다. 이와 같은 과정을 거치면서 판단의 근거가 구체적으로 제시된다면, 이에 동의하는 연구자는 물론 그렇지 않은 연구자의 입장에서도 더 적절한 판독안을 도출해 낼 수 있는 계기로 삼을 수 있을 것으로 기대한다.

행	①	②	③	④	⑤	⑥	⑦	⑧	⑨	⑩
1	大使者牟頭婁△△									
2	△									
3	河	泊	之	孫	日	月	之	子	**鄒**	**牟**
4	聖	王	元	出	北	夫	餘	天	下	**四**
5	方	知	此	國	**郡**	最	聖	**亻**	▨	▨
6	治	此	**郡**	之	嗣	△	▨	▨	▨	**聖**
7	王	奴	客	祖	△	△	▨	▨	**北**	**夫**
8	餘	隨	聖	王	來	奴	客	△	▨	△
9	之	△	**造**	▨	▨	▨	▨	▨	▨	▨
10	世	遭	官	**恩**	▨	▨	▨	**國**	**罡**	**上**
11	聖	太	王	之	世	△	▨	▨	▨	**立**
12	**礼**	**亻**	**僨**	▨	▨	▨	▨	▨	▨	▨
13	非	**宀**	**枝**	▨	▨	▨	▨	▨	▨	▨
14	叛	**逆**	△	△	之	△	▨	▨	▨	△
15	冉	**牟**	▨	△	▨	▨	△	△	▨	▨
16	遣	招	▨	▨	▨	▨	▨	▨	▨	▨
17	拘	**雞**	▨	▨	▨	▨	▨	▨	▨	▨
18	暨	農	▨	▨	▨	▨	▨	▨	▨	▨
19	**忄**	▨	▨	▨	▨	▨	▨	▨	▨	▨
20	恩	**亻**	▨	△	▨	▨	▨	▨	▨	▨
21	官	客	**止**	▨	▨	▨	▨	▨	▨	冉
22	牟	令	**彡**	**靈**	▨	▨	▨	▨	▨	▨
23	慕	**容**	鮮	卑	▨	**氵**	**使**	人	▨	知
24	河	泊	之	孫	日	月	之	子	**所**	生
25	之	地	**來**	▨	北	夫	餘	大	兄	冉
26	牟	**扌**	▨	▨	**公**	△	彡	▨	▨	▨
27	△	△	▨	▨	▨	▨	▨	▨	▨	▨
28	牟	婁	▨	▨	△	▨	▨	▨	▨	▨
29	△	△	▨	▨	▨	**白**	▨	▨	▨	▨
30	▨	▨	▨	▨	▨	△	**宀**	▨	▨	▨
31	▨	▨	▨	▨	▨	**存**	▨	▨	▨	▨
32	▨	▨	▨	▨	▨	造	世	**人**	▨	▨
33	▨	▨	▨	▨	▨	△	**罡**	▨	▨	▨
34	▨	▨	▨	▨	▨	△	▨	▨	▨	▨
35	▨	▨	△	**人**	▨	▨	▨	▨	▨	▨
36	▨	△	△	▨	▨	▨	▨	▨	▨	▨
37	△	夫	**餘**	▨	▨	▨	▨	▨	▨	▨
38	▨	河	泊	日	月	之	△	▨	▨	▨
39	▨	▨	△	祖	大	兄	冉	牟	**壽**	盡
40	▨	▨	於	彼	喪	亡	**終**	**由**	祖	父
41	▨	▨	大	兄	慈	△	大	兄	▨	▨
42	▨	世	遭	官	恩	恩	**貝**	祖	**之**	△
43	道	城	民	谷	民	并	**飠**	前	王	▨
44	育	如	此	遝	至	國	罡	上	**廣**	▨
45	**土**	地	好	太	聖	王	緣	祖	父	亻
46	**恭**	恩	教	奴	客	牟	頭	婁	▨	▨
47	**牟**	教	遣	令	北	夫	餘	守	事	河
48	泊	之	孫	日	月	之	子	聖	王	▨
49	▨	△	**族**	昊	天	不	弔	奄	便	△
50	△	▨	奴	客	在	遠	**襄**	切	△	若
51	△	不	▨	▨	月	不	▨	明	△	△
52	**客**	▨	▨	▨	▨	▨	▨	▨	▨	▨
53	▨	▨	▨	▨	▨	△	▨	▨	▨	▨
54	知	▨	△	△	在	△	之	▨	▨	▨
55	遝	▨	▨	教	之	▨	**葵**	▨	▨	▨
56	▨	潤	太	隊	蛹	**躍**	▨	▨	▨	▨
57	△	**人**	教	老	奴	**客**	▨	▨	▨	▨
58	官	**恩**	**緣**	▨	▨	△	▨	▨	▨	▨
59	使	△	△	▨	▨	▨	▨	▨	▨	▨
60	寃	極	言	教	△	心	▨	▨	▨	▨
61	▨	▨	▨	**免**	▨	▨	▨	▨	▨	**逑**
62	▨	▨	▨	▨	▨	▨	▨	▨	▨	▨
63	▨	▨	▨	△	不	▨	▨	▨	▨	▨
64	▨	△	△	△	▨	▨	▨	▨	▨	▨
65	▨	▨	▨	一	▨	▨	▨	▨	▨	▨
66	▨	**公**	依	如	若	▨	△	▨	▨	▨
67	知	△	△	▨	△	**氵**	▨	▨	▨	▨
68	△	△	△	▨	如	△	▨	▨	▨	▨
69	▨	▨	▨	**朔**	月	▨	▨	▨	▨	▨
70	▨	▨	▨	△	△	▨	▨	▨	▨	▨
71~80	행 생략									

▨: 글자임에 분명하지만 판독이 불가능한 경우
△: 종래 일부 연구자가 판독해왔으나, 검토를 통해 판독이 어렵다고 판단한 글자
■(음영): 종래 일부 연구자가 판독해왔으며, 본고에서 검토를 통해 추정 혹은 확정한 글자

大使者牟頭婁 △△[2)]

△[3)]

河泊之孫日月之子[鄒][牟]聖王元出北夫餘天下[四][4)]方知此國[郡][5)]最聖[亻][6)]▨▨治此[郡][7)]之嗣△[8)]▨▨▨[9)][聖]王奴客祖△[10)]△[11)]▨▨[北][夫]餘隨聖王來奴客△[12)]▨[13)]△[14)]之△[15)][造][16)]▨▨▨[17)]▨▨▨▨[18)]世遭官[恩]▨▨▨[19)][國][20)]罡[上][21)]聖太王之世△[22)]▨▨▨[立][23)]礼[24)][亻][25)][儐][26)]▨▨▨▨▨▨▨[27)]非[宀][28)]枝[29)]▨▨▨▨▨▨▨叛逆[30)]△[31)]△[32)]之△[33)]▨▨▨[34)]△[35)]冉牟▨[36)]△[37)]▨[38)]▨[39)]△[40)]△[41)]▨▨[42)]遣招▨▨▨▨▨▨[43)]▨▨拘

---

2) 奴客(池, 佐, 勞, 耿). 이하 '판독 異見'에서 (池)는 池內宏, (勞)는 勞榦, (崔)는 崔南善, (朴)은 朴時亨, (佐)은 佐伯有淸, (田)은 田中俊明, (武)는 武田幸男, (盧)는 盧泰敦, (耿)는 耿鐵華 의 견해이다.

3) 文(池, 崔, 勞, 佐, 田, 耿), 乂(武)

4) 南(佐)

5) 郡(池, 佐, 盧, 耿), 鄉(崔, 朴, 田), 都(勞, 武)

6) 信(勞), 僂(田), 個(盧), 德(耿)

7) 郡(池, 勞, 佐, 盧, 耿), 鄉(崔, 朴, 田), 都(武)

8) 治(池, 勞, 佐, 武, 盧, 耿)

9) 乃好太(耿)

10) 先(池, 勞, 佐, 田, 盧, 耿)

11) 於(耿)

12) 冂(池), 回(勞, 佐), 田(田), 因(耿)

13) 基(耿)

14) 是(池, 勞, 佐, 田), 業(耿)

15) 放(武)

16) 造(池, 佐, 田, 耿), 坐(勞), 辶(武)

17) 聖[illegible]王(耿)

18) 奴客(耿)

19) 恩育滿(耿)

20) 國(武, 耿)

21) 罡上(武, 盧, 耿)

22) 辶(池, 武), 遭(佐), 隨(勞, 耿)

23) 立(田), 宜(耿)

24) 祀(池, 佐, 耿, 盧), 覗(武), 禮(勞)

25) [illegible](池, 佐, 田, 盧), 個(武), 儀(勞), 悅(耿)

26) 須(池, 佐, 田), 賓(勞), 儐(耿)

27) 民(耿)

28) 寵(勞), 宧(田), 靈(耿)

29) 技(勞), 枝(池, 勞, 佐, 田, 武, 盧), 祓(耿)

30) 逆(池, 佐), 逆(勞, 田, 武, 盧, 耿)

31) 綏(勞, 耿)

32) 順(耿)

33) 益(勞, 耿)

34) 大(耿)

雞▨[44]▨▨[45]▨▨▨▨▨暨農▨[46]▨▨▨▨▨▨▨[忄][47]▨▨[48]▨▨▨▨▨▨▨恩[亻][49]▨[50]△[51]▨▨▨▨▨▨官客[止][52]▨[53]▨▨▨▨▨冉牟令[彡][54][靈]▨▨[55]▨▨▨▨[56]慕容鮮卑▨[57][氵][58][使][59]人▨[60]知河泊之孫日月之子所生之地[來]▨[61]北夫餘大兄冉牟[扌][62]▨▨[公]△[63]彡▨▨▨[64]△△[65]▨▨▨▨▨▨▨▨牟婁▨▨△[66]▨▨▨▨▨△[67]△▨▨▨[68][白][69]▨▨▨▨▨▨[70]▨▨▨[71]△[72][宀][73]▨▨▨▨▨▨▨▨▨存[74]▨▨▨▨▨▨▨▨▨造世

---

35) 兄(勞, 耿)
36) 在(耿)
37) 世(勞, 耿)
38) 民(耿)
39) 無(耿)
40) 衣(勞), 困(耿)
41) 之(池, 勞, 佐)
42) 能(耿)
43) 舊部恩賜衣之(耿)
44) 鶴鵝(耿)
45) 采(耿)
46) 桑(耿)
47) 悅(池, 勞, 佐, 田, 耿)
48) 釋鞍(耿)
49) 信(勞), 德(耿)
50) 恒(耿)
51) 昌(勞, 耿)
52) 之(勞, 武, 盧), 止(耿)
53) 於(耿)
54) 冊(勞)
55) 經轉(耿)
56) 下(耿)
57) 韓(耿)
58) 氵(池, 佐, 田, 武, 盧), 濊(勞, 耿)
59) 個(武)
60) 喩(耿)
61) 自(耿)
62) 推(勞, 耿)
63) 公義(池, 勞, 佐), 公▨(田, 盧)
64) 無窮(耿)
65) 處省(勞, 耿)
66) 弘(武, 耿)
67) 命(勞, 盧, 耿)
68) 黃(耿)
69) 白(池, 勞, 佐, 田), 龍(耿)
70) 之(耿)
71) 忠(耿)

人[75]▨▨▨▨[76]▨▨▨△[77]罡[78]▨▨▨▨▨▨[79]▨▨△[80]▨▨▨▨▨▨△[81]人[82]△[83]△[84]▨▨▨▨▨△[85]△[86]▨▨▨▨▨▨▨▨▨[87]夫[餘][88]▨▨[89]▨▨▨▨▨▨河泊日月之△[90]▨▨▨[91]▨▨△[92]祖大兄冉牟壽盡▨▨於彼喪亡[終][93][由][94]祖父▨▨大兄慈△[95]大[96]兄[97]▨▨[98]▨[99]世遭官恩恩[貝][100]祖[之]△[101]道城民谷民并[飠][102]前王▨[103]育如此遝[104]至國罡[105]上廣[106]▨[107][土][108]地好太聖王緣祖父[亻][109][恭][110]恩教奴客牟頭婁▨▨[111]牟教遣

---

72) 世(勞), 義(耿)

73) 宀(池, 佐, 武), 守(勞, 盧, 耿), 宁(田)

74) 存(勞, 耿), 在(武)

75) 人(勞, 耿)

76) 之盛(耿)

77) 死(武)

78) 岡(勞), 罒(池, 佐)

79) 關岳望(耿)

80) 易(勞), 爲(耿)

81) 苑(勞), 殘(耿)

82) 命(勞, 耿)

83) 合(池, 佐)

84) 問(勞), 間(耿)

85) 三(勞, 耿)

86) 日(勞, 耿), 河(盧)

87) 北(耿)

88) 餘(勞, 耿)

89) 再牟(耿)

90) 孫(勞, 耿)

91) 一(田)

92) 在(勞, 耿)

93) 紗(池, 武, 盧), 終(勞, 耿), 鄉(佐)

94) 田(池, 佐, 田, 武), 曰(勞, 耿), 由(盧)

95) 惠(勞, 耿)

96) 太(佐)

97) 之(朴)

98) 明(耿)

99) 悲(勞)

100) 敗(池), 賜(勞, 佐, 耿), 販(盧)

101) 地(佐), 北(武)

102) (池), 命(勞), 領(佐, 田, 盧), 饋(耿)

103) 恩(耿)

104) 遝(池, 田, 武), 還(勞, 佐), 逮(耿)

105) 岡(勞), 罒(池, 佐)

106) 廣(佐, 田), 大(池, 朴), 太(耿)

107) 王(耿)

108) 聖(池, 勞, 耿), 土(佐, 田, 武, 盧)

令北夫餘守事河泊之孫日月之子聖王▨▨△[112][族][113]昊天不弔奄便△[114]△[115]▨[116]奴客在[117]遠[襄][118]切[119]△[120]若△[121]不▨▨[122]月不▨明△[123]△[124][客][125]▨▨▨▨▨[126]▨▨▨▨▨▨▨▨▨[127]△[128]▨[129]▨▨▨知▨[130]△△[131]在△之▨▨▨[132]逻[133]▨▨[134]教之▨[葵][135]▨▨▨▨[136]潤太隊[137]蛹[138][躍]▨▨▨▨△[139][人][140]教老奴[客]▨▨▨▨官[恩]緣▨▨△[141]▨▨▨▨使[142]△[143]△[144]▨▨▨[145]▨▨▨▨寃[146]極言教△[147]心▨▨▨▨▨▨

---

109) 仰(佐), 屡(耿), 個(盧)

110) 介(池, 田, 盧), 恭(佐, 武), 爾(勞), 忝(耿)

111) 憑再(耿)

112) 馬(耿)

113) 族(勞), 幟(耿)

114) 婁(田), 甍(耿)

115) 非(田), 殂(耿)

116) 老(耿)

117) 亏(朴)

118) 襄(池, 勞, 耿), 哀(佐, 田, 武, 老)

119) 助(耿)

120) 知(勞, 耿)

121) 日(武, 盧), 遇(耿)

122) 幸日(耿)

123) 肇(池, 勞, 佐, 耿)

124) 奴(田, 武)

125) 客(田, 武), 靈(耿)

126) 朝神(勞, 耿)

127) 苑(耿)

128) 固(勞), 國(佐, 田, 武, 盧), 關(耿)

129) 似(耿)

130) 老(耿)

131) 奴客(勞, 耿)

132) 職歸(耿)

133) 還(池, 勞, 佐, 田, 耿), 逻(武, 盧)

134) 酘(耿)

135) 葵(田, 武, 耿)

136) 滋(耿)

137) 隧(勞, 耿)

138) 踊(盧)

139) 使(勞, 耿)

140) 人(勞, 耿), 令(池, 佐, 田, 武, 盧)

141) 牟頭婁(耿)

142) 孰(耿)

143) 之(池, 佐, 田), 至(勞), 致(耿)

144) 西(池, 佐, 盧), 無(勞), 要(田), 迺(耿)

145) 贅涕零(耿)

▨[免][148)]▨▨▨[149)]▨▨述▨▨▨▨▨[150)]▨▨▨▨▨▨▨▨△[151)]不▨▨▨▨▨▨△△△[152)]▨▨▨▨▨▨▨▨▨一▨▨▨[153)]▨▨▨▨[154)][公][155)]依如若▨△[156)]▨[157)]▨▨[158)]知△[159)]△[160)]▨△[161)][氵][162)]▨▨▨▨△△△[163)]▨如△[164)]▨▨▨▨▨▨▨朔[165)]月▨▨[166)]▨▨▨▨▨▨△△[167)]▨▨▨▨▨

3-⑨: [鄒]

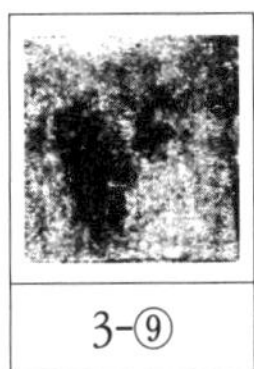
3-⑨

∴ 좌변의 자획은 묵흔이 번져 있고, 우변의 하단은 결락되어 있다. 다만, 문맥을 고려할 때 '鄒'牟聖王로 추정할 수 있다.

---

146) 寃(田), 勉(耿), 竈(池, 勞, 佐, 武, 盧)
147) 一(勞, 耿)
148) 兄(池, 佐, 田, 耿), 免(勞)
149) 難孰歸(耿)
150) 於(耿)
151) 喪(池, 勞, 佐), 意(耿)
152) 三人相(勞, 耿)
153) 嘗聚好太王聖地(耿)
154) 然(耿)
155) 公(池, 勞, 佐), 所(耿)
156) 拜(勞), 朝(耿)
157) 拜(耿)
158) 勤(耿)
159) 之(池, 勞, 佐, 田, 耿)
160) 垂支(池, 勞, 佐, 田), 敲(武), 獻(耿)
161) 之(耿)
162) 法(勞, 耿), 汨(佐, 武)
163) 知之(勞, 耿)
164) 我(池, 佐), 幾(勞, 耿)
165) 干月(池, 佐), 朔(勞, 田, 盧, 耿), 朋(武)
166) 平旦(耿)
167) 地海(池, 勞, 田, 耿)

3-⑩: [牟]

3-⑩	39-⑧	46-⑥

∴ 남아 있는 획이 불분명하지만, 세로획이 분명하게 보인다. 문맥을 고려할 때 鄒'牟'聖王로 추정할 수 있다.

4-⑩: [四]

4-⑩

∴ 문맥을 고려하면 '天下四方'의 '四'로 추정해 볼 수 있겠다. 현재 남아있는 획 역시 四자의 일부로 추정할 수 있다. 다만 四라고 한다면 격자 크기에 비해 글자 크기가 매우 작다는 점이 의문으로 남는다.

5-⑤: 郡

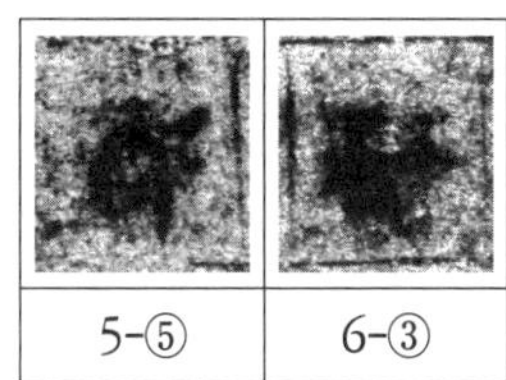

5-⑤	6-③

∴ 우변의 부수는 阝로 보는 것이 자연스럽다. 좌변의 일부가 불명확하여 기존에 鄉, 都로 판독하는 경우도 있다. 하지만 鄉으로 보기에는 좌변 아래쪽 모양이 많이 다르다. 都로 볼 가능성도 있으나, 5-④의 '國'字와 함께 國君으로 이해하는 것이 자연스럽다. 아울러 6-③ 郡자와 비교해보면 동일자로 판단된다.

5-⑧: [亻]

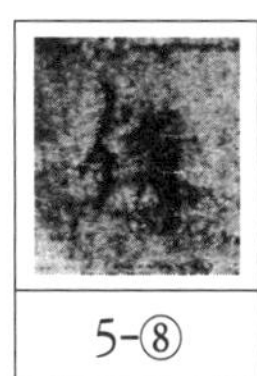

5-⑧

∴ 좌변 부수 亻은 명확하게 보이지만, 우변의 자획은 불확실하다. 信, 僂, 個, 德 등의 의견이 있었으나, 일단 亻만 판독하도록 한다.

6-③: 郡

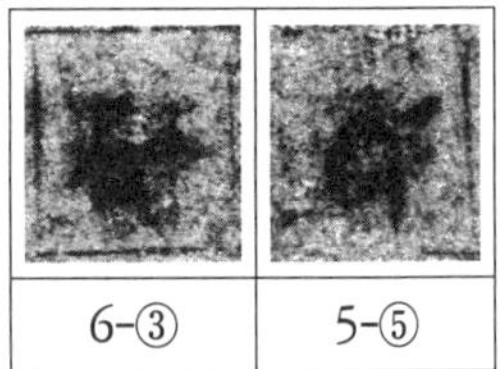

6-③ 5-⑤

∴ 기존에 郡, 鄕, 都 등의 의견이 있었으나, 郡으로 판독하는 데에 무리가 없다.

6-⑥: △

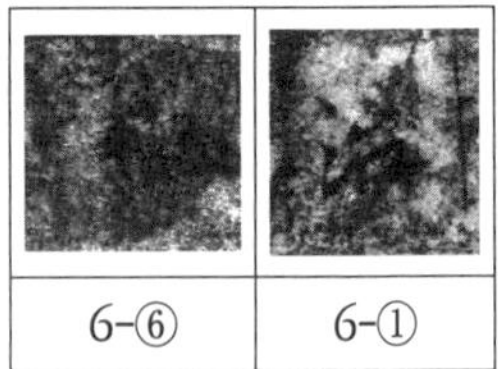

6-⑥ 6-①

∴ 기존에 대부분 治로 판독해 왔으나, 현재 남아있는 획만으로는 추정이 어렵다. 미상자로 둔다.

6-⑩: [聖]

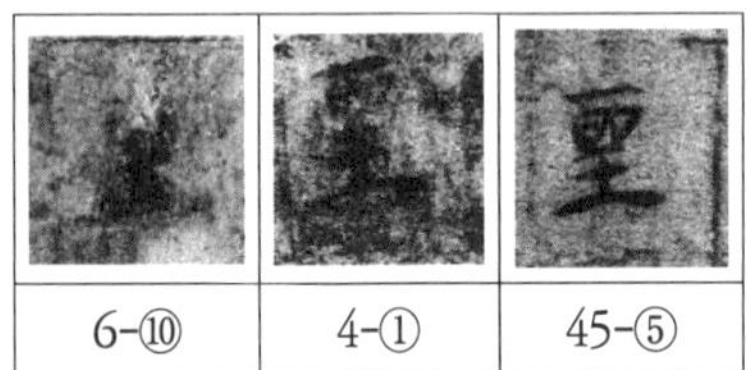

6-⑩ 4-① 45-⑤

∴ 상단부의 획을 파악하기 어렵다. 하단부 土의 획은 인정되며 문맥으로 보아 聖으로 추정한다.

7-⑤:△

7-⑤

∴ 기존에 대부분 先으로 판독해 왔으나, 남아있는 자획만으로는 先으로 추정하기는 어려우므로 미상자로 둔다. 다만, 7-④의 '祖'字와 함께 祖先으로 볼 가능성도 충분하다.

7-⑥: △

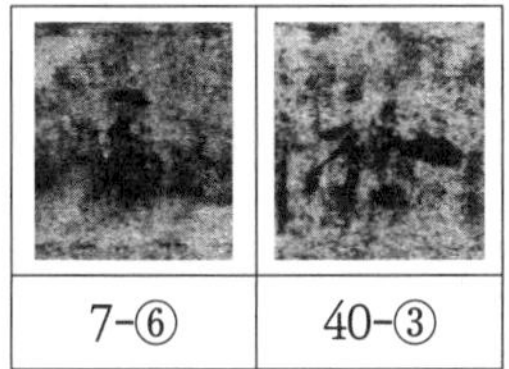

7-⑥	40-③

∴ 대부분 미상자로 보았는데, '於'로 본 견해가 있다. 40-③과 비교해 보았을 때 남아있는 자획만으로는 於로 추정하기는 어려우므로 미상자로 둔다.

7-⑨: [北]

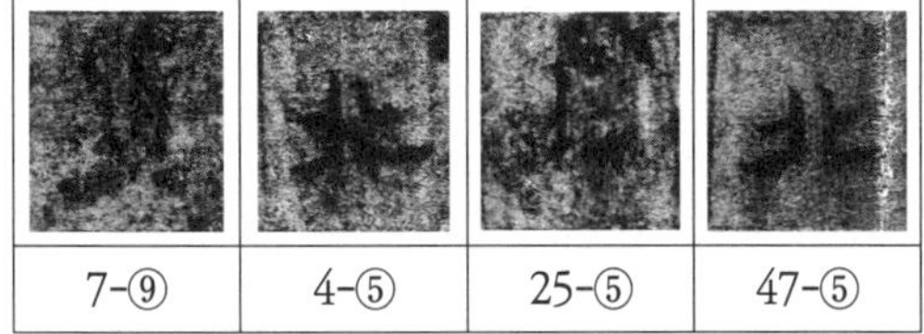

7-⑨	4-⑤	25-⑤	47-⑤

∴ 남아있는 묵흔만으로는 글자를 판독하기 어려우나, 8-①의 '餘'字를 토대로 '北'夫餘로 추정한다.

7-⑩: [夫]

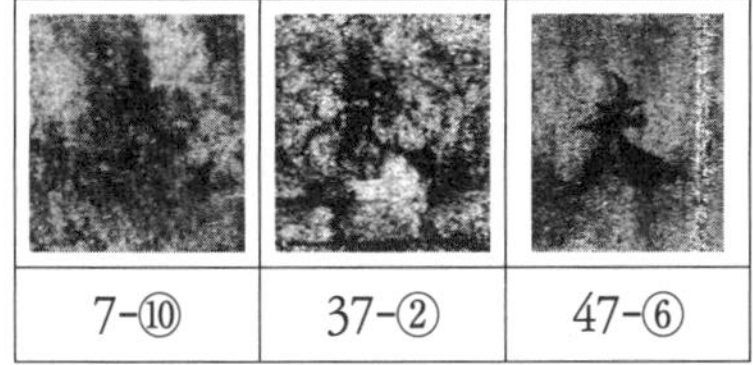

7-⑩	37-②	47-⑥

∴ 남아있는 묵흔만으로는 글자를 판독할 수 없으나, 8-①의 '餘'字를 토대로 北'夫'餘로 추정한다.

8-⑧: △

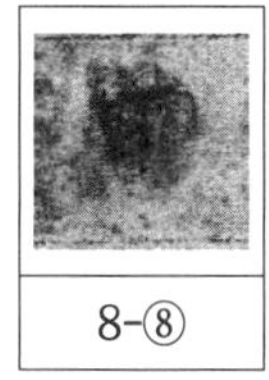

8-⑧

∴ 남아있는 자획으로는 田 혹은 因일 가능성이 있다. 하지만 더 이상의 추정이 어려우므로 미상자로 둔다.

8-⑩: △

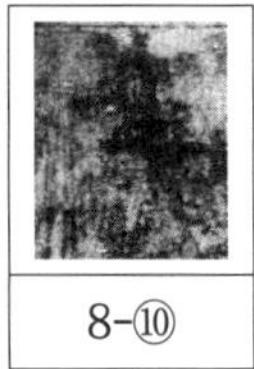

8-⑩

∴ 기존에 是 또는 業로 판독해왔으나, 남아있는 획만으로는 더 이상의 추정이 어려우므로 미상자로 둔다.

9-②: △

9-②

∴ 기존에 故 또는 放로 판독해왔으나, 남은 획으로 볼 때 두 글자 모두 가능성이 크지 않다고 판단된다. 미상자로 둔다.

9-③: [造]

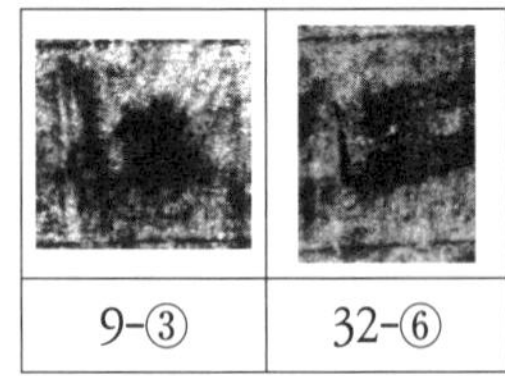

9-③	32-⑥

∴ 辶 부수는 비교적 명확하게 보이지만, 나머지 자획은 불명확하다. 다만 32-⑥의 '造'字와 비교하면 기존 판독안과 같이 '造'字로 추정해볼 여지가 있다.

10-④: [恩]

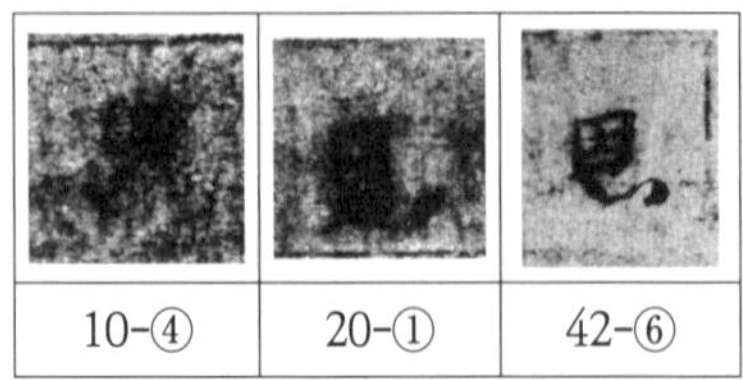

10-④	20-①	42-⑥

∴ 남아있는 획만으로 글자를 추정하기는 어렵지만, 문맥상으로는 10-③의 '官'字와 함께 官'恩'으로 읽는 것이 자연스럽기에 恩으로 추정한다.

10-⑧: [國]

10-⑧ | 5-④ | 44-⑥ | 53-⑥

∴ 좌측부분이 결락되었으나, 남아있는 획이 國과 유사하고, 문맥상 國罡上으로 보는 것이 자연스러우므로 國으로 추정한다.

10-⑨: 罡

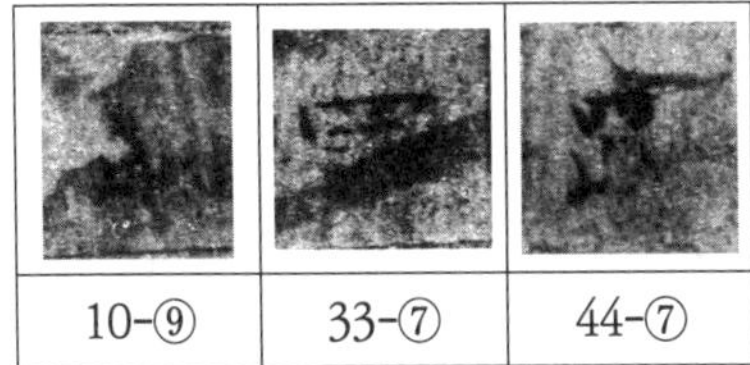

10-⑨ | 33-⑦ | 44-⑦

∴ 남아있는 자획으로 확정하기는 어려우나, 문맥상 國'罡'上으로 보는 것이 자연스럽다. 아울러 44-⑦의 '罡'字와 비교해보면 동일자로 파악하는 것이 자연스럽다.

10-⑩: [上]

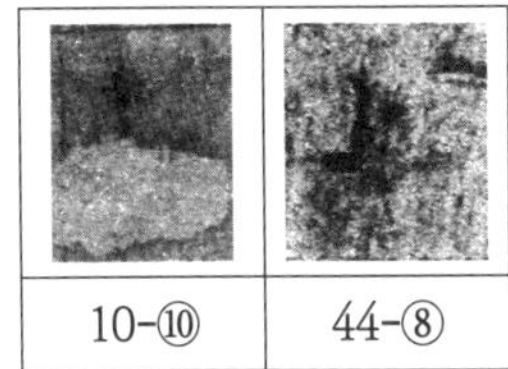

10-⑩ | 44-⑧

∴ 글자의 하단이 결락되어 있기에 추정하기 어렵지만, 문맥상 國罡'上'으로 보는 것이 자연스러우므로 上으로 추정한다.

11-⑥: △

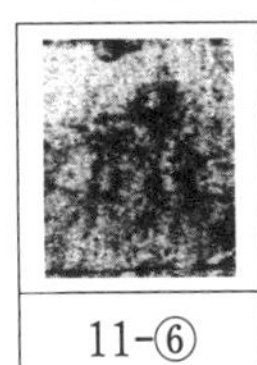

11-⑥

∴ 기존에 辶, 遭, 隨 등으로 판독해 왔으나 자획을 확인하기 어렵다. 미상자로 둔다.

11-⑩: [立]

11-⑩

∴ 宜로 보는 경우도 있으나 宀 부수를 확인하기는 어렵다. 남은 자획으로 보아 立으로 추정한다.

12-①: 礼

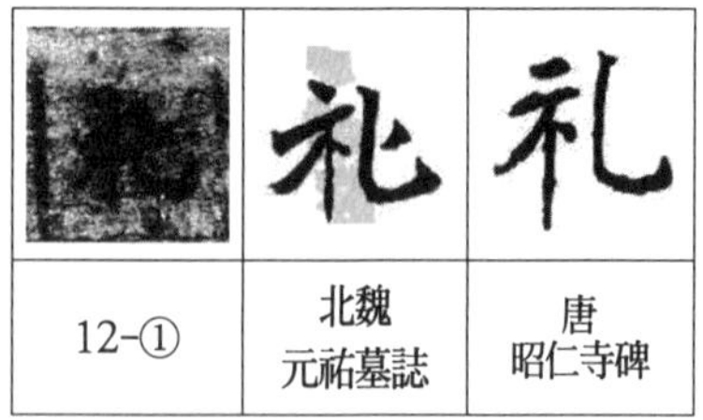

12-①	北魏 元祐墓誌	唐 昭仁寺碑

∴ 기존에 祀, 視 등으로 판독하기도 했으나, 礼로 판독하는 것이 자연스럽다.

12-②: [亻]

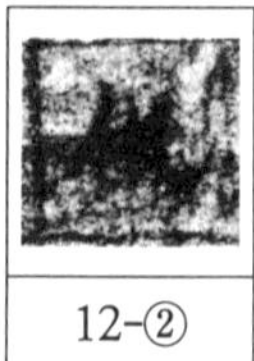
12-②

∴ 좌변 부수는 亻로 볼 수 있으나, 우변의 획은 확정이 어렵다. 일단 亻만 판독하도록 한다.

12-③: [儐]

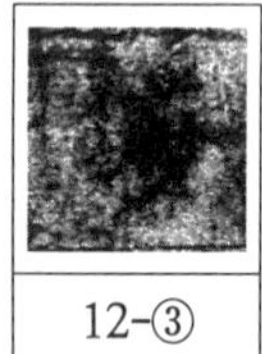
12-③

∴ 기존에 須, 賓, 儐 등으로 판독해왔다. 자획이 불분명하지만 좌변의 亻 부수는 희미하게 확인되며, 우변의 모양 역시 賓에 가장 가까워 보이기에 儐으로 추정한다.

13-②: [宀]

13-②

∴ 상단의 宀 부수는 확인되지만 나머지 자획은 확정하기 어렵다. 기존에 寵, 宦, 靈 등으로 판독해 왔으나, 宀만 판독한다.

13-③: 枝

13-③

∴ 기존에 技, 枝, 祓 등으로 판독해왔으나 좌변 부수는 木로 보는 것이 가장 자연스럽게 보인다. 이에 枝로 판독한다.

14-②: 逆

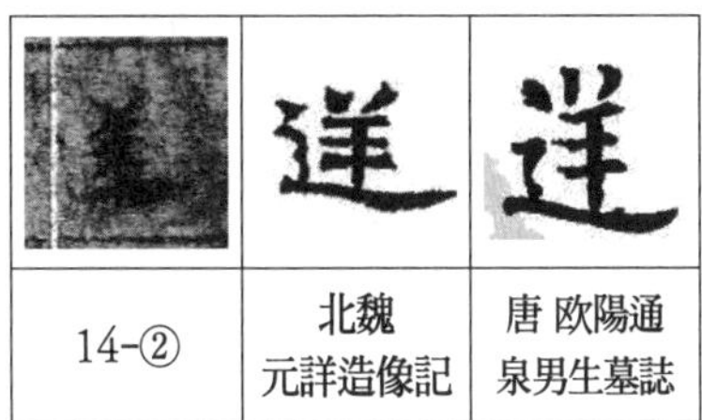

14-②	北魏 元詳造像記	唐 欧陽通 泉男生墓誌

∴ 辶 부수의 자획이 일부 마멸되었지만, 기존 견해에 따라 逆으로 판독할 수 있다.

14-③ △

14-③

∴ 綏으로 판독한 견해가 있지만, 남은 자획만으로는 판단하기 어렵다. 미상자로 둔다.

14-⑥: △

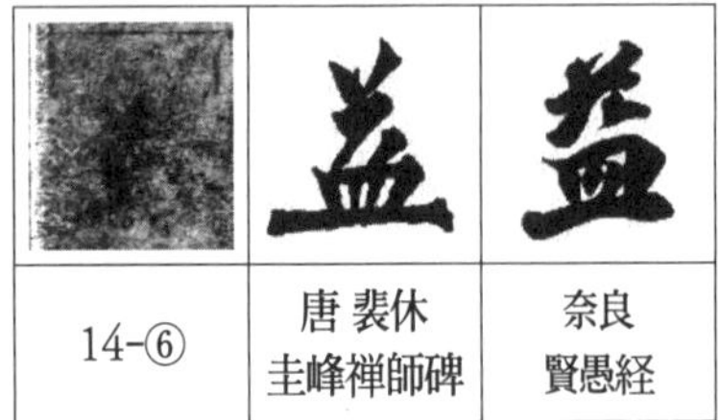

14-⑥	唐 裴休 圭峰禅師碑	奈良 賢愚経

∴ 益으로 판독한 견해가 있다. 남아있는 자획의 모양이 益과 유사한 측면이 있기는 하지만, 미상자로 둔다.

15-②: 卒

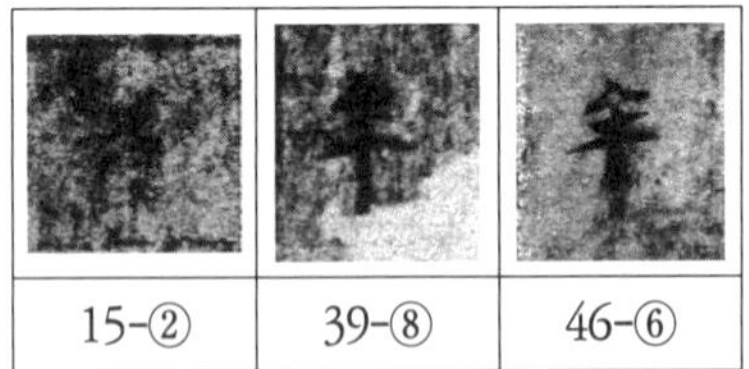

15-②	39-⑧	46-⑥

∴ 남아있는 자획이 불분명하지만, 39-⑧, 46-⑥ 등과 동일한 글자로 판단할 수 있고, 앞글자인 冉자와 연관시켜볼 때 卒로 판독하는 것이 자연스럽다.

15-⑦: △

15-⑦

∴ 기존에 衣 또는 困로 판독한 견해가 있지만, 남은 자획이 불분명하기에 미상자로 둔다.

17-②: 雞

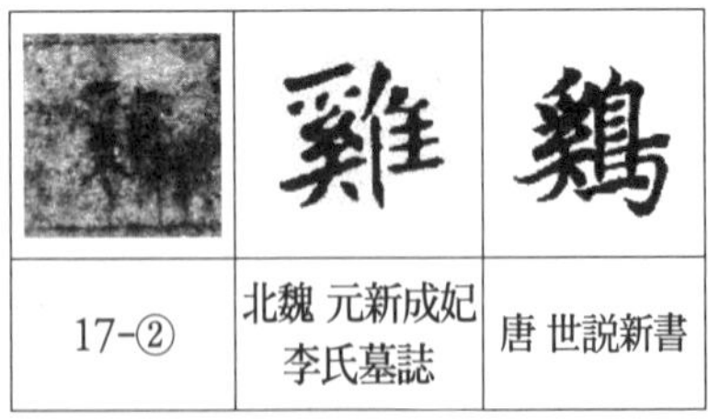

17-②	北魏 元新成妃 李氏墓誌	唐 世說新書

∴ 자획이 다소 불분명하지만 기존 견해에 따라 雞자로 판독한다. 다만, 우변의 글자를 鳥로 파악하여 雞와 동일자인 鷄로 볼 가능성도 있다.

19-①: [忄]

18-②

∴ 悅로 판독한 경우가 다수이지만, 좌변 부수 忄의 자획이 비교적 분명한 반면, 우변의 자획은 판별하기 어려우므로 忄만 판독한다.

20-②: [亻]

20-②

∴ 좌변의 부수 亻은 명확하지만 우변의 획을 판별하기는 어렵다. 기존에 信, 德 등의 견해가 있어 왔지만, 일단 亻만 판독한다.

20-④: △

20-④

∴ 기존에 昌으로 판독한 견해가 있다. 글자의 모양이 昌으로 추정할 만한 요소가 있기는 하지만 더 이상의 추정은 어렵기에 미상자로 둔다.

21-③: [止]

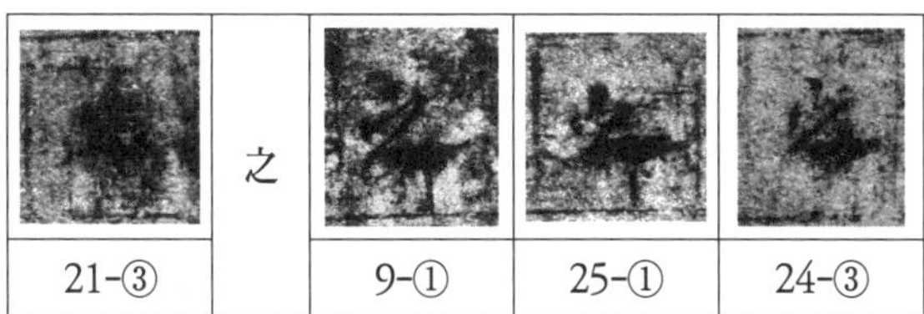

21-③	之	9-①	25-①	24-③

∴ 기존에 之, 止 등으로 보아왔는데, 之로 보기에 남은 자획에서 다소 차이를 보인다. 묵흔이 번져 있기는 하지만 두 개의 세로획이 비교적 분명하므로 止로 추정한다.

22-③: [彡]

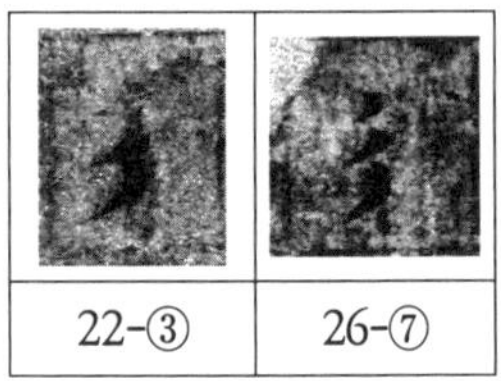

22-③ | 26-⑦

∴ 상단 부분이 결락되어 있지만 기존 견해에 따라 彡으로 볼 가능성이 높다. 26-⑦의 '彡'字와 비교해 보아도 유사한 자획을 확인할 수 있다.

22-④: [靈]

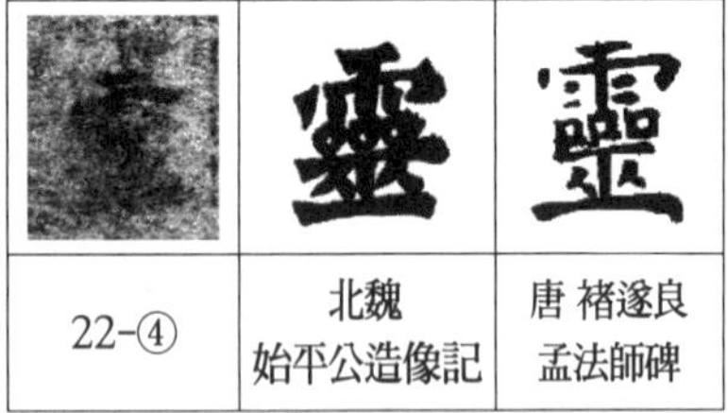

22-④ | 北魏 始平公造像記 | 唐 褚遂良 孟法師碑

∴ 전체적으로 흐릿하게 묵흔이 남아있지만, 확인 가능한 자획을 종합해보면 기존 견해처럼 靈으로 추정하는 것이 자연스럽다.

23-②: 容

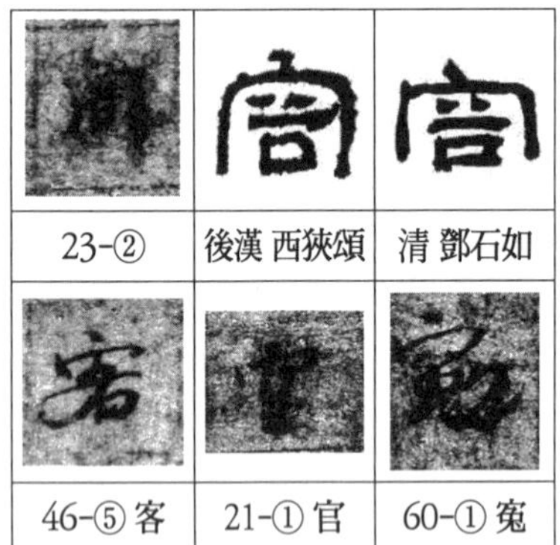

23-② | 後漢 西狹頌 | 清 鄧石如

46-⑤ 客 | 21-① 官 | 60-① 寃

∴ 좌측 상단 일부가 확인되지 않지만, 글자 모양이나 문맥상으로 보아 容으로 판독하는 것이 자연스럽다. 23-①의 '慕'字와 더하여 慕容으로 읽을 수 있다. 다만 46-⑤의 '客'이나 21-①의 '官', 60-①의 '寃' 등 모두루묘지 내 다른 글자들과 宀 부수를 쓰는 방식이 다르다는 것이 유의된다.

23-⑥: [氵]

23-⑥

∴ 기존에 汨 혹은 濊로 판독하였으나, 좌변 부수 '氵'字가 명확한 반면, 우변의 글자는 추정하기 어렵다. 이에 氵만 판독한다.

23-⑦: [使]

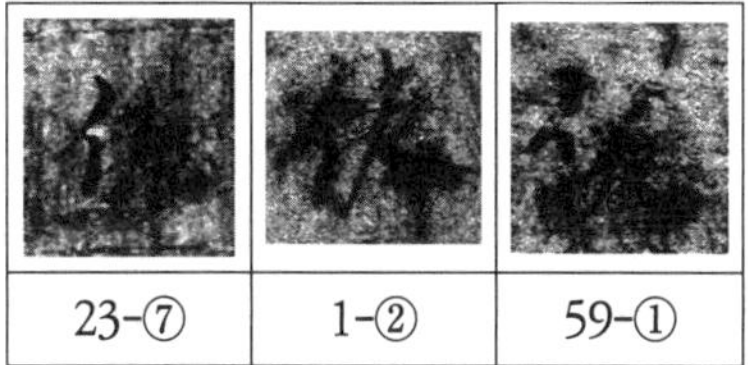

23-⑦	1-②	59-①

∴ 기존에 使 혹은 個으로 판독하였는데, 좌변 부수가 亻으로 명확한 반면 우변의 글자 모양은 확인하기 어렵다. 다만 個보다는 使에 가깝다고 판단하여 使로 추정한다.

24-⑨ :所

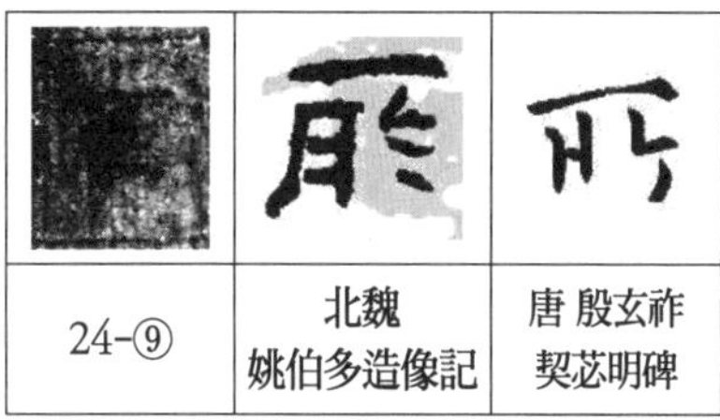

24-⑨	北魏 姚伯多造像記	唐 殷玄祚 契苾明碑

∴ 획이 불분명하지만 글자의 모양이나 문맥을 고려해보면 기존 견해에 따라 所로 판독하는 것이 자연스럽다.

25-③ [來]

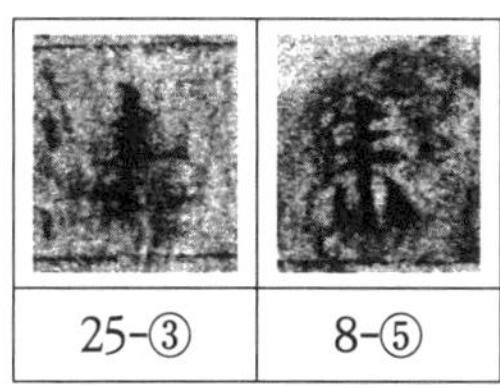

25-③	8-⑤

∴ 8-⑤와 동일 글자일 가능성을 상정하여 來로 추정한다.

26-②: [扌]

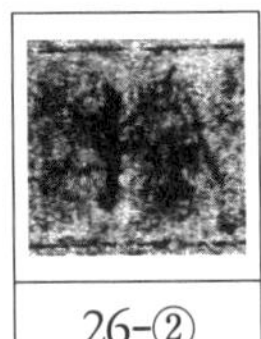

26-②

∴ 기존에 推로 추정하였으나 우변의 자획은 불분명하다. 좌변의 扌만 판독한다.

26-⑤: [公]

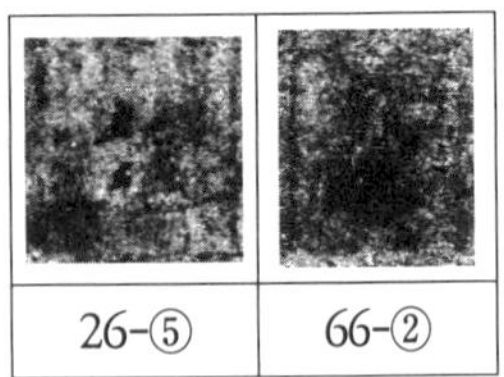

26-⑤	66-②

∴ 기존에 대체로 公으로 판독해왔다. 지워진 부분이 많지만 남은 부분은 '公'으로 추정하는 데에 크게 무리가 없다. 이에 '公'으로 추정한다.

26-⑥: △

26-⑥

∴ 義로 추정하기도 하나, 남아있는 자획만으로는 판독이 어렵다. 미상자로 둔다.

28-⑤: △

28-⑤

∴ 기존에 弘로 추정하기도 하였으나, 판독이 어렵다. 미상자로 둔다.

29-①: △

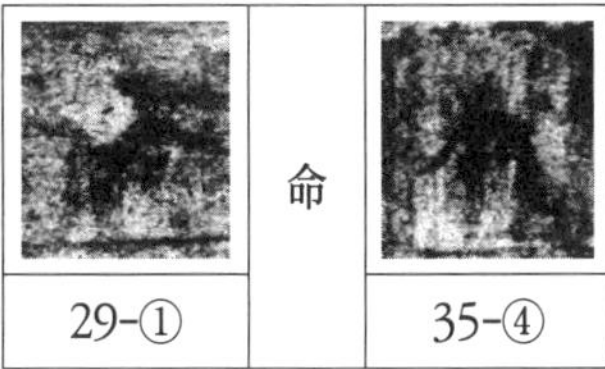

∴ 좌측 상단 부분이 결락되어 있다. 기존에 命으로 추정하는 경우가 많았으나, 35-④자와 비교했을 때 남아있는 부분의 자획이 유사하다고 보기 어렵다. 이에 미상자로 둔다.

29-②: △

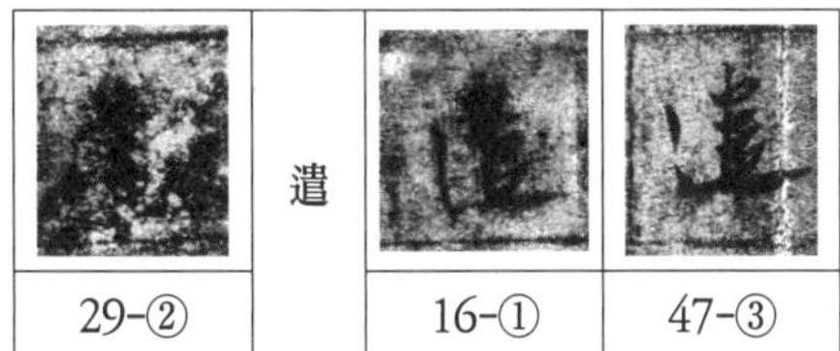

∴ 遣로 보는 견해도 있으나 16-① 및 47-③과 비교했을 때 부수 辶의 흔적을 찾기 어렵다. 이에 미상자로 둔다.

29-⑥: [白]

∴ 남아있는 자획으로는 白으로 판독할 개연성이 있지만, 지워진 부분을 고려하면 다른 글자로 판단할 변수도 많다.

30-⑦: [宀]

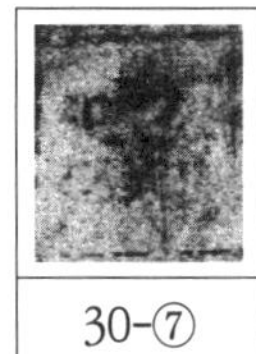

∴ 기존에 守 혹은 宁 등으로 판독해 왔으나 하변은 판독하기 어렵다. 이에 상변의 宀만 판독한다.

31-⑥: 存

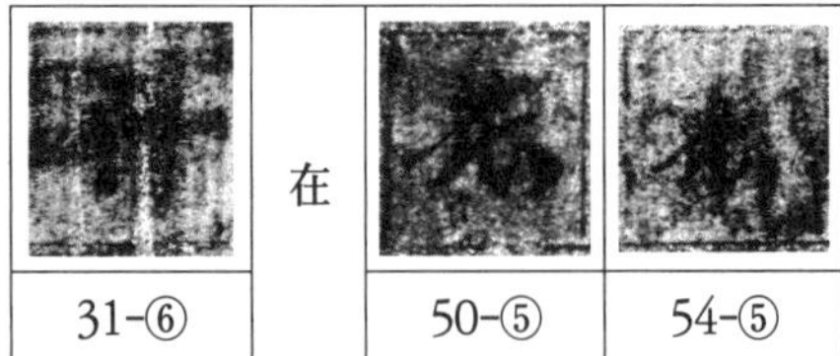

∴ 기존에 存 혹은 在로 판독해왔다. 두 글자 모두 가능성이 있지만, 50-⑤, 54-⑤의 在자와 비교해보면 우측 하단의 글자는 土의 자획과 차이가 있고 子로 보는 것이 자연스럽다. 이에 存로 판독한다.

32-⑧: [人]

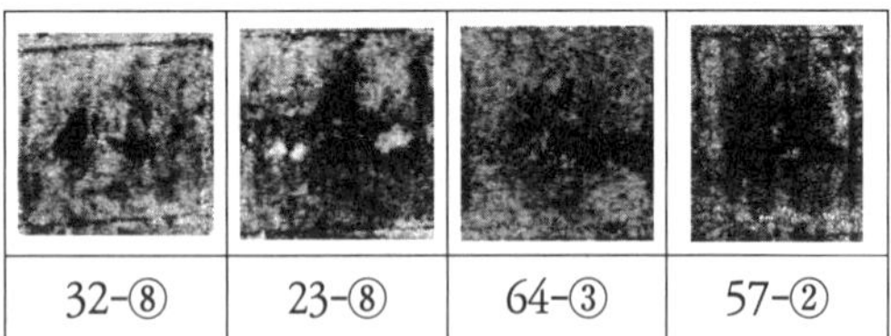

∴ 기존 견해에 따라 人으로 추정한다. 모두루묘지 내 다른 人자와 비교하면 남은 자획의 모양은 유사하지만, 글자 크기가 여타 글자에 비해 작기 때문에 다른 글자일 가능성도 없지 않다.

33-⑥: △

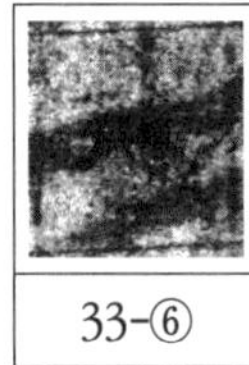

∴ 기존에 苑, 死 등으로 판독해왔으나, 남은 자획만으로는 판단하기 어렵다. 마상자로 둔다.

33-⑦: 罡

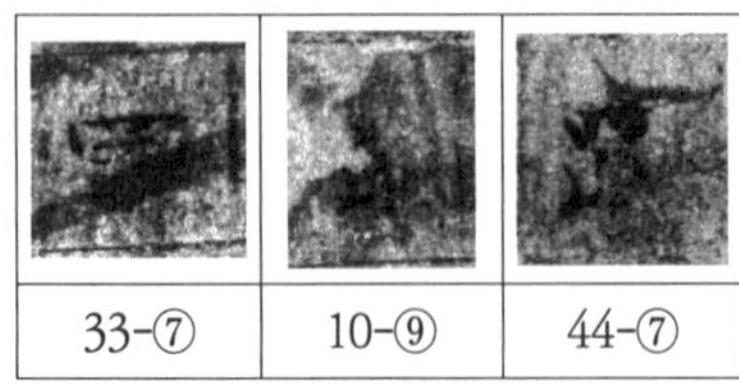

∴ 하단부 자획을 확인하기 어려우나 10-⑨, 44-⑦ 등과 동일한 글자로 판단할 수 있기에 罡으로 판독한다.

34-⑥: △

34-⑥

∴ 기존에 易, 爲 등으로 판독해왔으나, 남은 자획만으로는 판단하기 어렵다. 미상자로 둔다.

35-③: △

35-③

∴ 기존에 苑, 殘 등으로 판독해 왔다. 일부 획이 확인되지만 전체적인 글자의 형태를 파악하기는 어렵다. 미상자로 둔다.

35-④: [人+?]

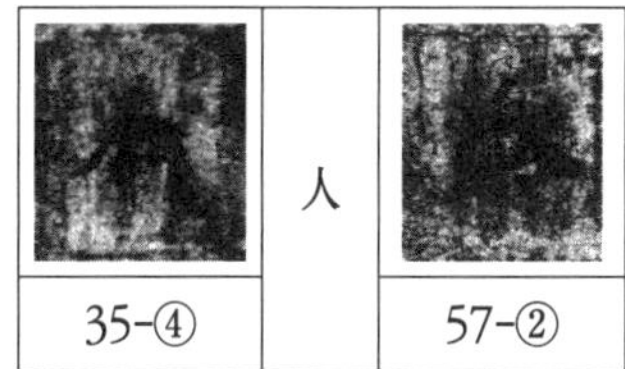

35-④	人	57-②

∴ 기존에 命으로 판독하기도 했다. 상변 부수 人이 비교적 명확한 반면, 하변의 글자는 추정하기 어렵다.

37-③: [餘]

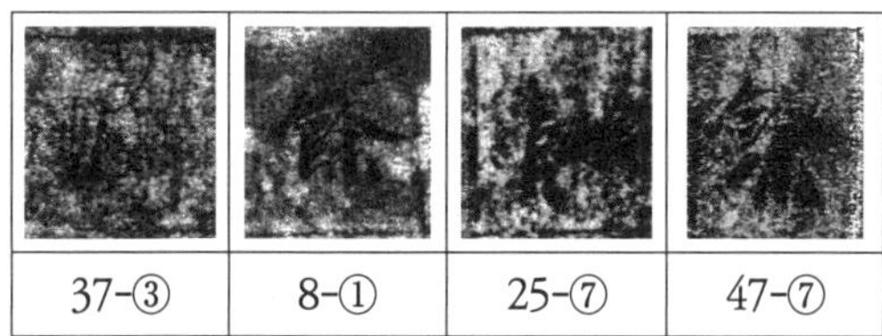

37-③	8-①	25-⑦	47-⑦

∴ 남아있는 자획만으로는 판단이 어렵지만 37-②의 '夫'字와 연결해볼 때 문맥상 餘로 추정해볼 수 있다.

39-⑨: [壽]

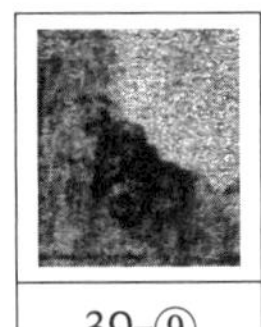

39-⑨

∴ 남아있는 자획만으로는 판단이 어렵지만 문맥상 39-⑩와 더하여 壽盡으로 보는 것이 자연스럽기에 壽로 추정한다.

40-⑦: [終]

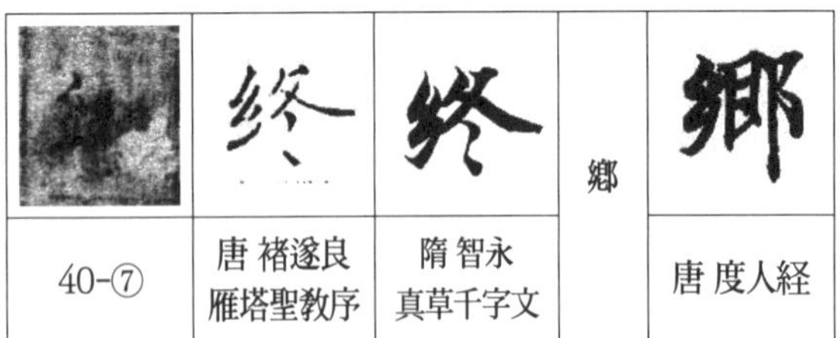

40-⑦	唐 褚遂良 雁塔聖教序	隋 智永 真草千字文	鄉	唐 度人経

∴ 기존에 紗로 판독한 경우가 많았으나 문맥으로는 終 혹은 鄉이 더 자연스러우며, 우변의 남아있는 자획이 비교적 유사한 終으로 추정한다.

40-⑧: [由]

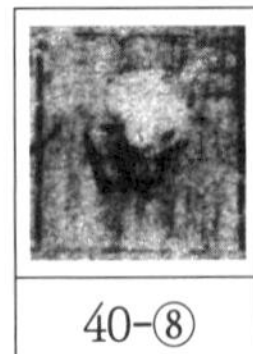

40-⑧

∴ 田자의 자획은 확실하지만 상단부의 결락으로 田인지 由인지 확정하기 어렵다. 문맥을 고려하여 由로 추정한다.

42-⑦: [貝]

42-⑦

∴ 기존에 敗, 賜, 販 등으로 판독해 왔으나 우변은 추정이 어렵다. 이에 좌변 貝만 판독한다.

42-⑨: [之]

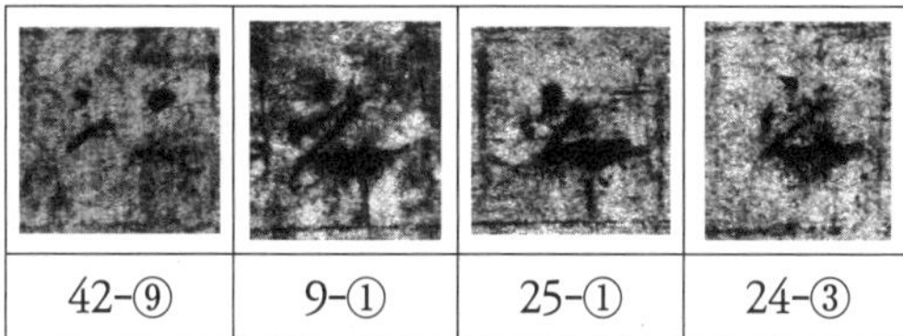

∴ 기존에 之로 판독한 경우가 대부분이다. 之로 판독하는 것이 가장 자연스러우나 묘지 내 다른 글자들과 비교했을 때 자형의 차이가 있음을 확인해 둔다.

42-⑩: △

∴ 기존에 미상자로 본 경우가 대부분이고 일부 地 혹은 北으로 판독해왔다. 문맥상 北으로 볼 여지가 있으나 남은 자획으로는 추정이 어렵기에 미상자로 둔다.

43-⑦: [飠]

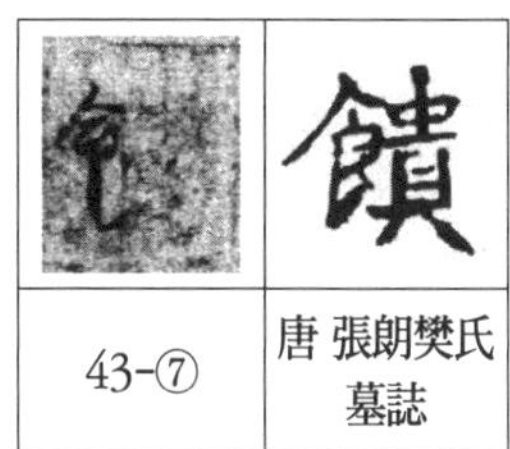

∴ 좌변을 飠으로 보는 것이 자연스럽지만 우변은 묵흔이 거의 남아있지 않아 추정할 수 없다. 이에 飠만 판독한다.

44-⑨: [廣]

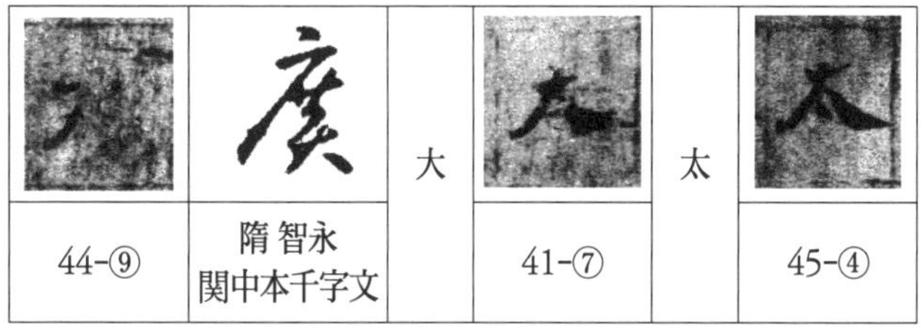

44-⑨
隋 智永 関中本千字文
大
41-⑦
太
45-④

∴ 남은 자획으로 보면 大 혹은 太로 보는 것이 자연스러우나 41-⑦의 大, 45-④의 太 등과 비교해보면 모두 첫 획을 짧게 쓰는 형태이므로 44-⑨와는 차이가 있다. 남아있는 자획 만으로는 판단이 어렵지만 문

맥을 고려하여 廣으로 추정한다.

45-①: [土]

45-① 聖 4-① 45-⑤

∴ 聖으로 본 경우가 많았으나 글자의 형태를 보면 聖의 하단부분이라고 하기에는 남아있는 '土'자의 자획이 크고 선명하다. 문맥을 고려하더라도 45-②의 '地'字와 더하여 '土'地로 보는 것이 자연스럽다.

45-⑩: [亻]

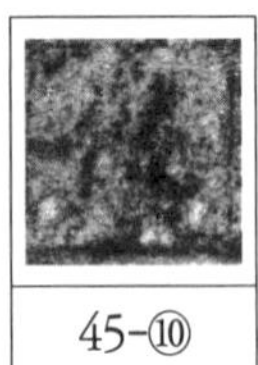

45-⑩

∴ 기존에 仰 혹은 個 등으로 추정해왔다. 좌변의 亻은 비교적 선명하지만 우변은 불분명하다. 이에 좌변의 亻만 판독한다.

46-①: [恭]

46-① / 唐 顔真卿 顔勤礼碑 / 唐 顔真卿 顔氏家廟碑 / 唐 柳公権 金剛経刻石

∴ 남아있는 자형으로만 보면 尒로 볼 수도 있겠지만, 격자의 크기와 비교해볼 때 상단부의 글자가 일부 지워진 것으로 보는 것이 자연스럽다. 기존 판독안과 같이 恭으로 추정한다.

47-①: 牟

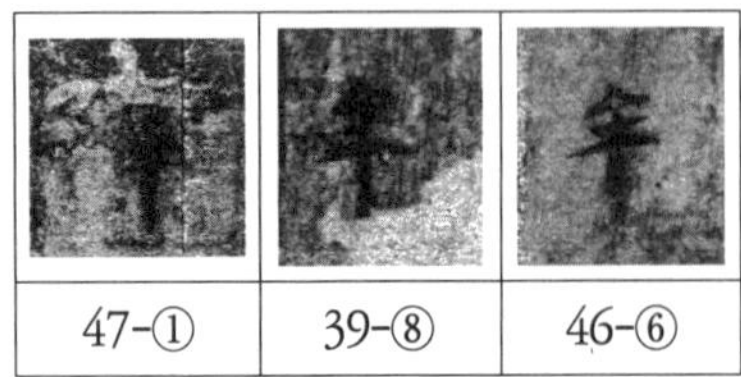

47-① 39-⑧ 46-⑥

∴ 상단부의 자획이 불분명하지만 세로획의 경우는 선명하게 남아있다. 기존 견해에 따라 牟로 판독하

는 데에 무리가 없다.

49-②: △

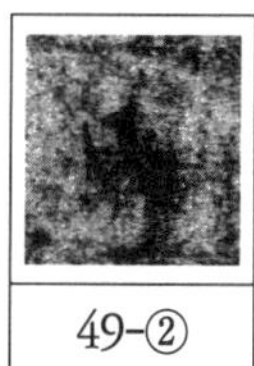

∴ 馬자로 본 경우가 있으나, 남아있는 자획만으로 추정하기는 어렵다. 미상자로 둔다.

49-③: [族]

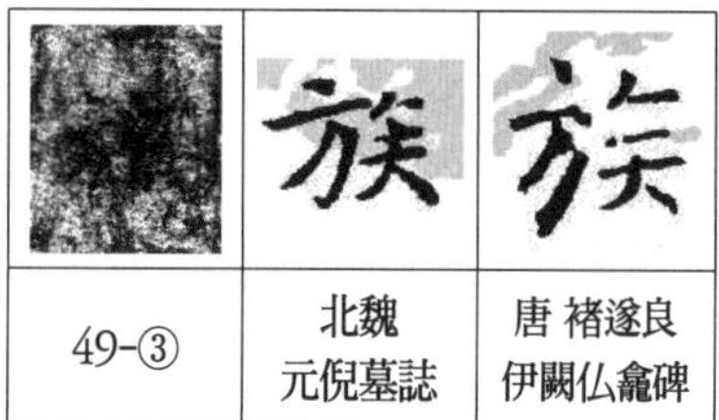

49-③
北魏
元倪墓誌
唐 褚遂良
伊闕仏龕碑

∴ 자획이 흐릿하고 불분명하지만, 남아있는 부분의 자형은 族에 가깝다고 판단된다.

49-⑩: △

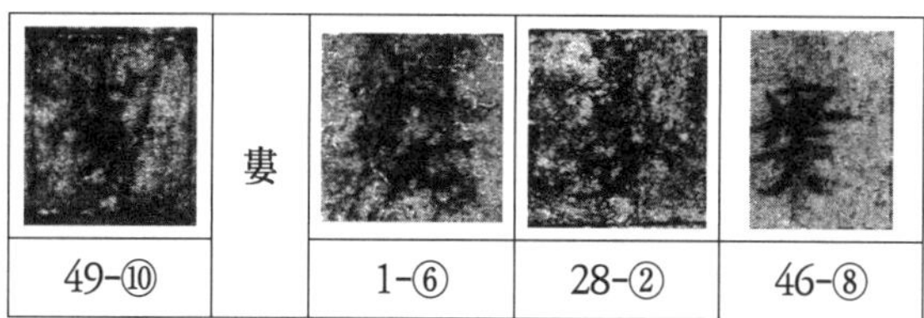

∴ 기존에 婁, 蔞 등으로 판독한 견해가 있다. 남은 자획을 보면 46-⑧ '婁'字와 유사한 측면이 많다고 판단되지만, 더 이상의 추정이 어려우므로 미상자로 둔다.

50-①: △

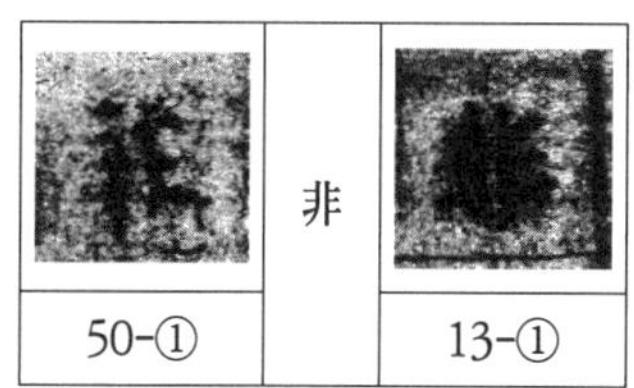

∴ 非 혹은 殂로 보는 견해가 있었다. 殂보다는 非와 자형이 유사해보이지만, 13-①과 비교했을 때 좌상변 쪽의 모양 등에서 차이가 크다. 주변 글자를 통해 문맥상 추정하기도 어려운 상황이므로 미상자로 둔다.

50-⑦: [襄]

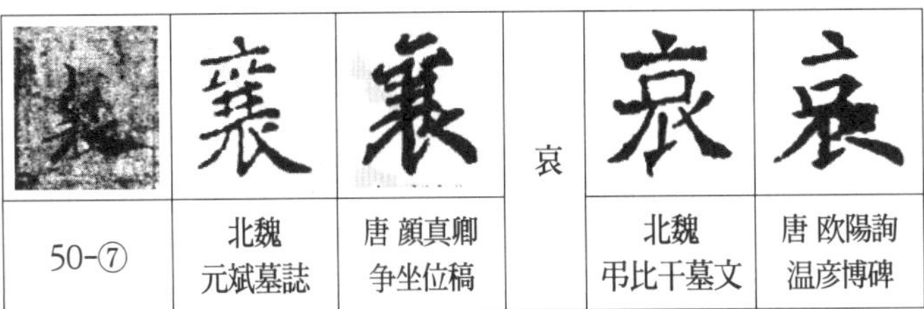

50-⑦	北魏 元斌墓誌	唐 顏真卿 争坐位稿	哀	北魏 弔比干墓文	唐 欧陽詢 温彦博碑

∴ 襄 혹은 哀으로 판독해왔다. 상단부의 자획이 불분명하지만, 남은 자획으로는 哀보다는 더 많은 획수가 표현된 것으로 보인다. 襄에 가깝다고 판단된다.

52-①: [客]

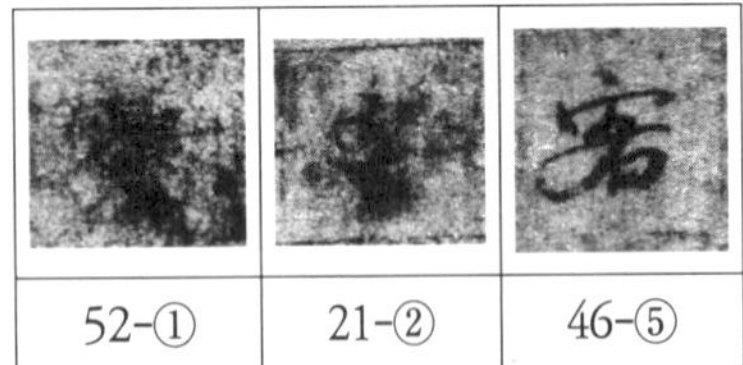

52-①	21-②	46-⑤

∴ 남아있는 자획은 불명확하지만 21-②, 46-⑤와 비교해볼 때 기존 견해에 따라 客으로 보는 것이 자연스럽다.

53-⑥: △

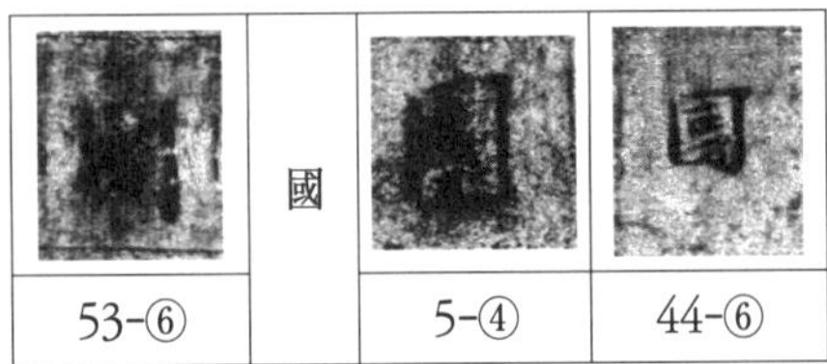

53-⑥	國	5-④	44-⑥

∴ 기존에 固, 國, 關 등으로 판독해왔다. 남아있는 중앙 부분의 자획이 뭉쳐있어 확인하기 어려운 상태이다. 특히 口의 아래 획이 명확하게 확인되지 않는다는 면에서 關자로 볼 수도 있다. 하지만 44-⑥의 경우도 口의 아래 획이 가늘게 표현되고 있고 口의 왼쪽 가로획에 비해 오른쪽 가로획이 조금 더 긴 형태로 53-⑥과 유사한 측면이 있기도 하다. 더 이상 추정하기 어려우므로 미상자로 둔다.

54-⑥: △

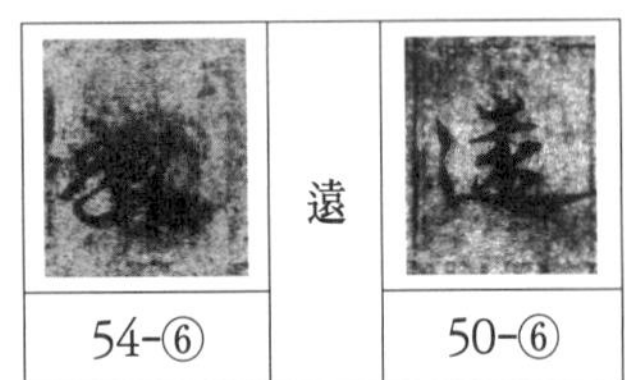

54-⑥	遠	50-⑥

∴ 기존에 遠로 판독해왔으나, 50-⑥와 비교했을 때 특히 좌변에서 동일자로 보기 어려우므로 미상자로

둔다.

55-⑦: [葵]

55-⑦ | 唐 文選 | 清 趙之謙

∴ 남아있는 자획이 불분명하지만, 기존 견해에 따라 葵으로 추정한다.

56-⑥: [躍]

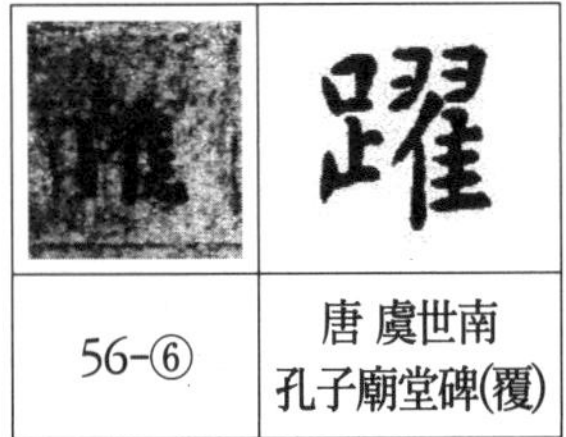

56-⑥ | 唐 虞世南 孔子廟堂碑(覆)

∴ 우변 하단의 隹는 명확하지만 나머지 부분은 불분명하다. 기존 견해에 따라 躍로 추정한다.

57-②: [人]

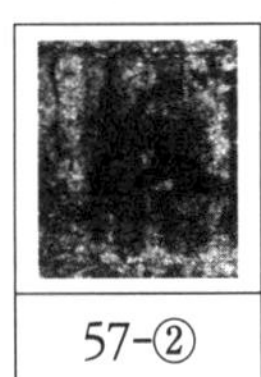

57-②

∴ 하단의 자획이 불분명하다. 兪으로 보는 견해가 다수이지만 격자 내에서 人의 글자 크기가 차지하는 비중을 고려할 때 하단에는 글자가 없는 것으로 판단된다.

57-⑥: [客]

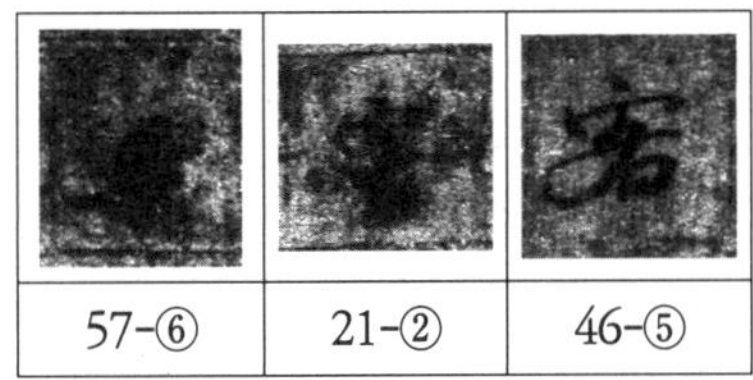

57-⑥ | 21-② | 46-⑤

∴ 기존에 '客'으로 추정해 왔다. 남아있는 자획 만으로는 21-② 및 46-⑤와 비교하여 상단의 '宀' 부수가 지워진 형태의 자형으로 볼 수 있다. 앞글자(57-⑤)인 '奴'字를 고려하여 '客'으로 추정한다.

58-②: [恩]

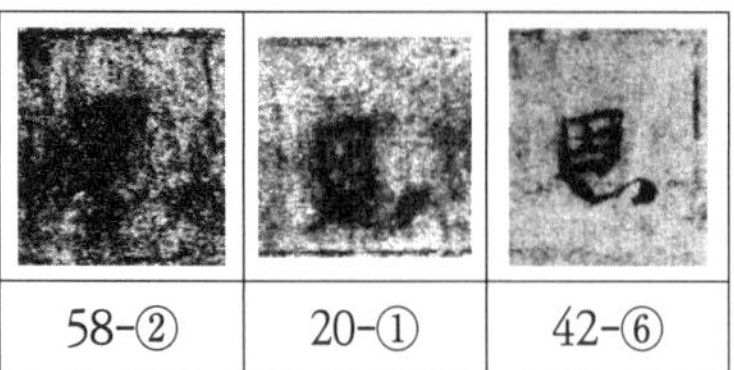

58-② | 20-① | 42-⑥

∴ 기존에는 앞글자인 官를 고려하여 恩으로 추정해 왔다. 남아있는 자획이 불분명하지만 자형이 유사함을 근거로 恩으로 추정한다.

58-③: [緣]

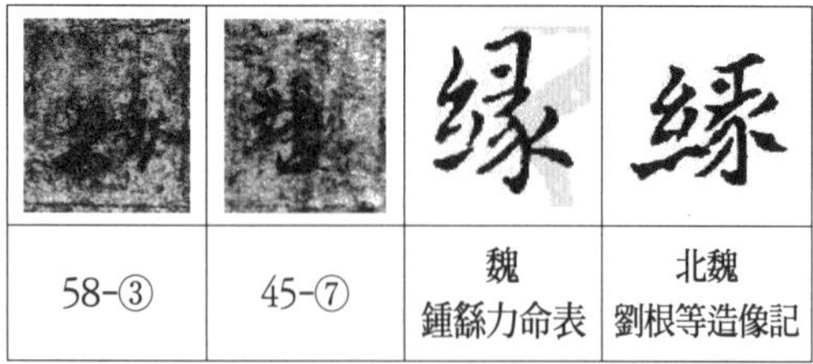

58-③ | 45-⑦ | 魏 鍾繇力命表 | 北魏 劉根等造像記

∴ 상단부 자획이 불명확하다. 기존에 대부분 緣으로 판독해왔다. 남은 자획만으로 볼 때에는 緣일 가능성이 가장 높아 보이지만 45-⑦ 등과 비교해보면 서로 다른 글자일 가능성도 있어보인다.

58-⑥: △

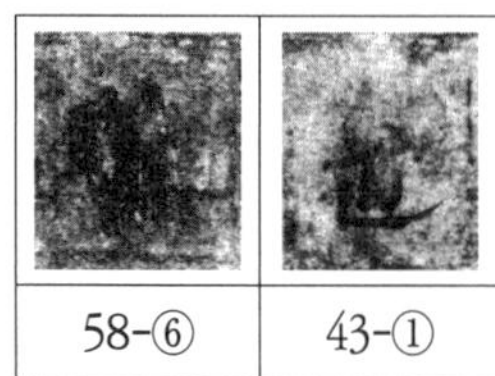

58-⑥ | 43-①

∴ 기존에 道로 판독한 경우가 많지만 자획이 불분명하여 추정이 어렵다. 미상자로 둔다.

59-②: △

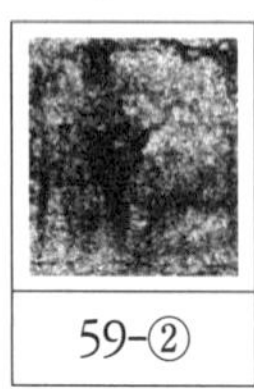

59-②

∴ 기존에 之, 至, 致 등으로 판독해왔다. 남아있는 자획만으로는 판단이 어려우므로 미상자로 둔다.

59-③: △

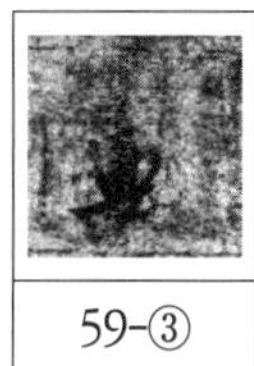
59-③

∴ 기존에 西, 無, 要, 迺 등으로 보았다. 남아있는 자획은 '西'字와 가장 유사해 보이지만 격자의 하단 부분만을 차지하고 있는 상황이기에 어떤 글자인지 추정하기 어렵다. 이에 미상자로 둔다.

61-④: [兔]

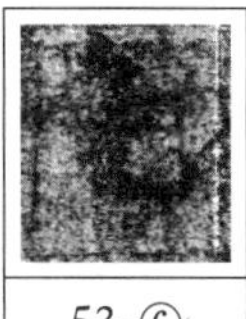
53-⑥

∴ 기존에 冗 혹은 兔으로 판독해온 경우가 많지만, 남아있는 자획으로 볼 때 冗으로 보기는 어렵다. '兔'으로 추정하기에도 글자의 균형이 잘 맞지 않는 것 같아 보이지만, 冗에 비해 상대적으로 가능성이 높기에 일단 '兔'으로 추정한다.

61-⑩: 述

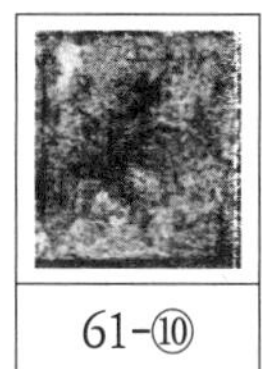
61-⑩

∴ 전체적으로 자획이 흐리지만 기존에 판독해왔던 '述'字의 자형이 대체로 확인된다. 기존 견해에 따라 述로 판독한다.

63-④: △

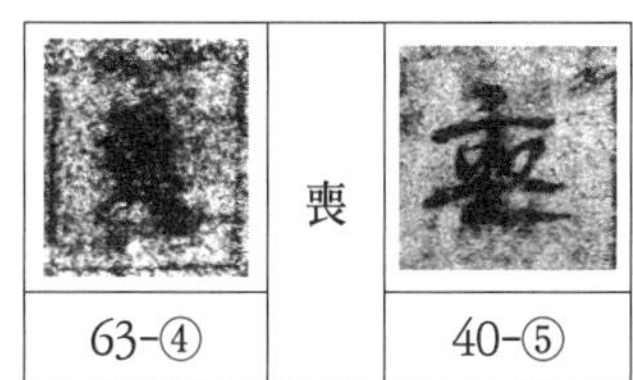

(image)	䘮	(image)
63-④		40-⑤

∴ 기존에 䘮 혹은 意으로 판독해왔으나, 남아있는 자획의 중심 부분이 뭉개져 있기에 남은 부분만으로는 추정이 어렵다. 미상자로 둔다.

66-②: [公]

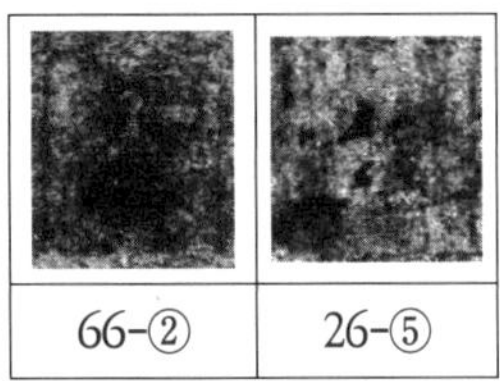

66-②	26-⑤

∴ 기존에 公 혹은 所로 판독해왔다. 전체적으로 자획이 흐리지만 公의 자형이 대체로 확인되므로 公으로 추정한다.

67-③: △

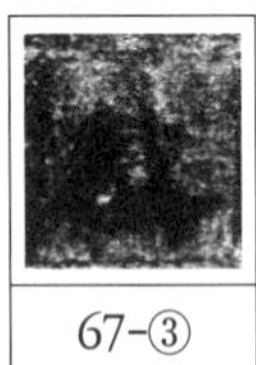

67-③

∴ 기존에 垂攴, 敲, 獻 등으로 판독해왔으나 남아있는 자획 만으로는 추정이 어려우므로 미상자로 둔다.

67-⑥: [氵]

67-⑥

∴ 기존에 法 혹은 汨으로 판독해왔다. 좌측 부수 氵는 인정되지만, 우측은 남아있는 자획 만으로는 추정이 어렵다. 氵만 판독한다.

68-①: △

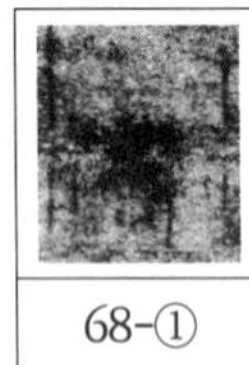

68-①

∴ 기존에 대부분 可로 판독왔으나 남아있는 자획 만으로는 추정이 어렵다. 미상자로 둔다.

69-④: 朔

69-④	北魏 孫秋生造像記	西晉 皇帝三臨 辟雍碑

∴ 干月 혹은 朋으로 판독한 경우도 있으나, 朔으로 판독하는 것이 자연스럽다.

70-④: △

70-④

∴ 상단부의 자획이 불분명하다. 기존에 地로 본 경우가 많았는데, 우변의 경우 地字와 일견 유사한 면이 있지만, 좌변로 土로 보기에는 무리가 있어보인다. 더 이상의 추정이 어렵기에 미상자로 둔다.

70-⑤: △

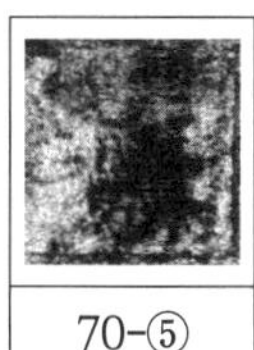

70-⑤

∴ 기존에 海로 본 견해가 많았으나, 남아있는 자획만으로는 추정이 어렵다. 좌변의 부수도 氵로 보기는 어렵다. 이에 미상자로 둔다.

III. 역주 및 해설

모두루묘지는 미판독자가 많아 그 전반적인 내용을 파악하는 데에 어려움이 있다. 2~11행, 23~26행, 38~50행에 상대적으로 판독할 수 있는 글자가 많지만, 이 부분 역시 개략적인 내용 파악 이상을 기대하기는 어려운 상황이다. 이에 기존 연구에서는 몇 개의 단락으로 구분하고 대략적인 내용만을 파악해 왔는데, 이마저도 편차가 크다. 기존 연구자들이 파악한 모두루 묘지의 내용구성을 정리하면 다음과 같다.

성명	행 구분	내용
勞幹	1~2행	노객 대사자 모두루의 題識
	3~6행	고구려의 개국과 건국 서술
	7~10행	모두루의 선조가 도성에 이르러 대형의 관직을 받은 선조들의 관은
	8~36행	선조에 대하여 당시 태왕이 叛逆을 진압할 때 대형 염모가 招撫農人을 보내고 아울러 모용선비족들을 다스린 것, 대대로 대형의 지위를 세세로 지켜 왔음을 서술
	37행 이하	대형 염모가 壽盡하여 호태성왕의 聖地에 장례. 당시 노객 모두루가 염모 옆을 지키지 못한 것. 공은을 매우 두텁게 받아 그 슬픈 뜻이 지극했음을 서술
武田幸男	1~2행	모두루묘지의 題記
	3~10행	모두루의 祖先의 事跡
	10~40행	모두루의 祖 冉牟의 事跡
	40~44행	모두루의 祖·父의 사적
	44행 이하	모두루의 사적
盧泰敦	1~2행	題記
	3~6행	고구려 국가의 내력 서술
	7~8행	모두루의 祖先이 북부여에서 부터 聖王을 隨行하여 왔음
	11~22행	모두루 조상들과 역대 고구려왕들의 관계. 반역에 관한 사항에 모두루의 조상인 冉牟가 공을 세웠음
	23~25행	冉牟가 고구려군을 이끌고 나가 慕容鮮卑를 물리침
	26~ 38행	大兄 冉牟의 공적 및 그의 죽음에 관한 내용 서술
	40~43행	모두루집안이 대대로 官恩을 입어 어떤 지역의 城民을 統領하는 지위를 누렸음
	44~48행	광개토왕대에 모두루가 관직을 받은 일을 서술
	49~54행	광개토왕의 죽음에 대한 모두루의 감회를 서술
	58행 이후	모두루의 행적
耿鐵華	(제기 제외) 1~8행	염모 선조의 事跡
	8~23행	염모의 功業
	24~34행	염모의 인격을 서술
	35~45행	모두루가 염모로부터 받은 은혜
	46~58행	염모의 죽음
	59~68행	염모에 대한 懷念과 祭悼
여호규	1~2행	題記(대사자 모두루)
	3~9행	모두루 집안 시조의 사적. 시조 추모성왕을 따라 북부여에서 남하.
	10~40행	모두루의 조부인 염모의 사적 기술. (고국원왕대) 반역 평정. 전연의 북부여 침공 격퇴.
	40~44행	모두루 바로 선대의 사적 기술. 염모의 공적을 이어 북부여 방면 백성을 다스림.
	44~81행	모두루 자신의 사적 기술. 광개토왕대에 북부여 지역 지방장관으로 파견 등.

1. 大使者 牟頭婁 △△△

大使者[168] 牟頭婁 □□

해설: 題記에 해당하는 부분이다. 모두루 이후 '奴客'두 글자를 판독하기도 한다. 아울러 2행의 첫글자를 '文'으로 파악하고, 이를 근거로 모두루를 피장자가 아닌 묘지명을 작성한 사람으로 이해하기도 하지만,[169] 대다수의 연구자들은 모두루를 묘주로 파악한다.

2-1. 河泊之孫 日月之子 [鄒][牟]聖王 元出北夫餘 天下[四]方知此國[郡]最聖[亻]▨▨治此[郡]之嗣△▨▨▨[聖]王 奴客祖△△▨▨[北][夫]餘隨聖王來 奴客△▨△之△[造]▨▨▨▨▨▨▨世遭官[恩]▨▨▨

河泊[170]의 손자이며 日月의 아들이신 추모[171]성왕은 본래 북부여[172]에서 출자하였다.[173] 천하 사방이 이 나라와 군(國郡)[174]이 가장 성스럽다는 것을 안다. (고구려의 왕들이) 계속하여 뒤를 이어 이 郡을 다스렸다 … 聖王 … 奴客[175]의 조상은 … 북부여에서 성왕을 따라왔다. 奴客은 … 대대로 관은을 입었다.

해설: 광개토왕 당대의 귀족 가문의 族祖 전승을 전하고 있다. 고구려 시조가 출자한 곳으로서 북부여를 지목하며, 모두루의 조상이 그러한 신성한 곳에서 출자한 시조 추모성왕을 따라 북부여에서 남하하였음을 강조한다.

---

168) 大使者: 고구려 6등급의 관등이다. 大奢 또는 從大相으로 표기된 경우도 있다(武田幸男, 1989, 「高句麗官位制の史的展開」, 『高句麗史と東アジア』).

169) 勞幹, 1944, 「跋高句麗大兄冉牟墓誌兼論高句麗都城之位置」, 『歷史言語研究集刊』 第11本.

170) 河泊: 광개토왕릉비에는 河伯으로 표기되어 있다.

171) 鄒牟: 추모의 이름은 朱蒙, 都慕, 中牟 등으로 표기되기도 한다.

172) 北夫餘: 고구려의 시조전승을 보면 각 전승의 계통에 따라 北夫餘出自 傳承, 東夫餘出自 傳承, 夫餘出自 傳承 등으로 나눌 수 있다. 그중 北夫餘出自 전승은 광개토왕비문, 모두루묘지 등 5세기 고구려 금석문에서 전하고 있다. 東夫餘出自 전승은 『삼국사기』, 『삼국유사』, 「구삼국사」 등 고려시대에 편찬된 史書에 전하고 있고, 夫餘出自 전승은 『魏書』 등 중국 史書에 전하고 있다. 모두루묘지를 통해 볼 때 고구려인은 시조의 출자지인 北夫餘를 설화 속의 세계가 아니라 현실의 특정 지역이나 그 지역과 관련된 어떤 역사적 실체로 인식하고 있음을 알 수 있다. 북부여는 5세기 고구려인에게 모용선비와 전쟁이 일어난 곳이며, 또 令北夫餘守事가 다스리는 지역으로 인식되었던 것이다(임기환, 2016, 「고구려 건국전승의 始祖 出自와 北夫餘 東夫餘」, 『고구려발해연구』 54).

173) 이상에서는 고구려 건국신화를 기술하고 있다. 「광개토왕릉비」의 도입부에 보이는 '惟昔始祖鄒牟王之創基也出自北夫餘天帝之子母河伯女郎'라는 기술이나 「집안고구려비」에 보이는 '(天帝之子)河伯之孫神靈祐護'라는 기록과 궤를 같이 한다.

174) 國郡: 國郡에 대해서는 세가지 견해가 있다. 하나는 고구려라는 국가를 지칭하는 것이라는 견해이다(노태돈, 1999, 『고구려사연구』, 사계절, p.272). 두번째는 國郡을 고구려가 일부 영유하고 있는 옛 북부여 지역을 동시에 지칭하는 것으로 이해하는 것이다(李東勳, 2019, 「고구려 중·후기 지배체제 연구」, 서경문화사, p.113). 마지막으로 國과 郡으로 분리하여 國은 고구려, 郡은 북부여를 지칭한 표현으로 보는 것이다(최일례, 2017, 「牟頭婁墓誌銘에 투영된 5세기 고구려의 정치세력」, 『韓國古代史研究』 85, 한국고대사학회).

175) 奴客: 노객이라는 표현은 서기 3세기경부터 널리 사용되었으며 본래 노비와 같은 비천한 존재나 그와 비슷한 지위에 있는 신복을 지칭했다. 이후 의미가 변하여 5세기경에는 고구려왕과의 관계에서 무덤 주인의 지위를 낮추어 칭한 표현으로 사용되었다고 볼 수 있다. 아울러 노객이라는 표현은 묘주가 고구려왕의 신하라는 주종관계의 측면을 포함한 용어라 할 수 있다. 「광개토왕릉비」에는 백제왕과 신라왕을 奴客으로 표현하고 있다.

2-2. [國]罡[上]聖太王之世△▨▨▨[立]礼[亻][儐]▨▨▨▨▨▨▨[非][宀]枝▨▨▨▨▨▨▨叛逆△△之△▨▨▨△冉牟▨△▨▨△△▨▨遣招▨▨▨▨▨▨▨▨拘雞▨▨▨▨▨▨▨▨暨農▨▨▨▨▨▨▨▨[忄]▨▨▨▨▨▨▨▨▨恩[亻]▨△▨▨▨▨▨▨▨官客[止]▨▨▨▨▨▨ 冉牟令[彡][靈]▨▨▨▨▨▨慕容鮮卑▨[氵][使]人▨知 河泊之孫日月之子所生之地[來]▨北夫餘 大兄冉牟[扌]▨▨[公]△彡▨▨▨△△▨▨▨▨▨▨▨▨牟婁▨▨△▨▨▨▨▨[命]△▨▨▨[白]▨▨▨▨▨▨▨▨▨▨△[宀]▨▨▨▨▨▨▨▨存▨▨▨▨▨▨▨▨▨造世人▨▨▨▨▨▨▨△罡▨▨▨▨▨▨▨▨▨△▨▨▨▨▨▨▨△人△△▨▨▨▨▨▨△△▨▨▨▨▨▨▨▨夫[餘]▨▨▨▨▨▨▨▨河泊日月之△▨▨▨▨▨▨△祖大兄冉牟壽盡▨▨於彼喪亡[終]

國罡上聖太王[176] 치세에는 … 반역 … 冉牟 … 를 보내 … 拘雞 …暨農 …[忄] … 恩[亻] … 官客止 … 염모가 삼령으로 하여 … 慕容鮮卑[177]▨[氵]使人▨ 河泊의 자손이고 日月의 아들이 태어난 곳임을 알고 北夫餘로 왔다.[178] 大兄 冉牟 [扌]▨▨公△彡 … 牟婁 … 命 …白 … [宀] …存 … 造世人 … 罡 … 人 … 夫[餘] … 하백과 日月의 … 祖 大兄 冉牟가 목숨이 다하니 … 장사를 치렀다.

해설: 모두루의 조상에 대한 기술이 이어지는 부분이다. 모두루 가문의 중요한 인물인 大兄 염모가 고국원왕대 반역을 평정하고 모용선비의 북부여 침공시 어떠한 공훈을 세웠음이 주된 내용이다. 이는 그 뒤 광개토왕대의 奴客 모두루가 '令北夫餘守事'로 파견되는 이유를 설명하는 기능을 한다.

2-3. [由]祖父▨▨ 大兄慈△ 大兄▨▨▨世遭官恩 恩[貝]祖[之]△道城民谷民并[食]前王▨育如此

祖父 ▨▨로 연유하여 大兄 慈△와 大兄 ▨▨가 대대로 官恩을 입었다. 恩[貝] 祖의 △道 城民 谷民을 아울러 … 前王 이와 같이 길렀다.

해설: 모두루의 조상에 대한 기술이 이어진다. 앞서 기술된 大兄 염모의 공적을 이어 조부인 대형 慈□와 父 大兄 □□가 전왕의 은덕으로 대대로 어느 지역의 城民과 谷民을 다스리는 관은을 입었다는 내용이다.

3. 遝至國罡上廣▨[土]地好太聖王 緣祖父[亻][恭]恩教 奴客 牟頭婁 ▨▨牟 教遣令北夫餘守事 河泊之孫 日月之子 聖王▨▨△[族]昊天不弔奄便△△▨奴客在遠[襄]切△若△不▨▨月不▨明△△[客]▨▨▨▨▨▨▨▨▨▨▨▨▨▨▨[國]▨▨▨▨知▨△△在△之▨▨▨遝▨▨教之▨[葵]▨▨▨▨潤太隊蛹[躍]▨▨▨▨△[人]教老奴[客]▨▨▨▨官[恩]緣▨▨△▨▨▨▨使△△▨▨▨▨▨▨▨寃極言教△心▨▨▨▨▨▨▨[免]▨▨▨▨▨述▨▨▨▨▨▨▨▨▨▨▨▨▨▨△不▨▨▨▨▨▨△△△▨▨▨▨▨▨▨▨▨▨一▨▨▨▨▨▨▨[公]依如若▨△▨▨▨知

176) 國罡上聖太王: 대부분 고국원왕으로 비정한다.

177) 慕容鮮卑: 선비족의 일파 중 하나로 원래 요서지방에 본거지를 두었다. 3세기 후반에 흥기하였으며, 285년에는 부여국을 공격하였다. 4세기에 들어서 더 강성해져 337년에는 모용황이 燕王이라 칭한 후 342년에는 고구려를 공격해 丸都城을 공략했으며, 4년 후인 346년에는 夫餘를 공격하였다. 전연의 멸망 이후 모용선비는 후연, 서연, 남연 등의 나라를 세웠다.

178) 北夫餘: 이 무렵 부여국의 수도는 장춘·농안 방면에 있었다. 부여국의 수도는 鹿山 즉 지금의 吉林市地域에 있었으나, 4세기 초 무렵 고구려에 밀려 서쪽으로 옮겼다. 아마도 346년 모용선비가 장춘 농안방면의 부여를 공략하고 여세를 몰아 길림방면 즉 북부여지역으로 침공해왔던 것으로 여겨진다(武田幸男, 1981, 「牟頭婁一族と高句麗王族」, 『朝鮮學報』 99·100합집).

△△▨△[氵]▨▨▨▨△△△▨如△▨▨▨▨▨▨▨朔月▨▨▨▨▨▨▨▨△△▨▨▨▨▨

國罡上廣▨土地好太聖王[179)]에 이르러 (모두루의) 祖父와의 연으로 [亻]恭 은혜롭게 奴客 牟頭婁와 ▨▨牟에게 에게 교를 내려 令北夫餘守事[180)]로 보내셨다. 河泊의 자손에고 日月의 아들인 聖王 ▨▨△[族] 昊天이 불쌍히 여기지 아니하고 奄便 △△▨ 奴客은 멀리 있어 襄切△若△不▨▨月不▨明△△客 … 國▨▨▨▨知▨△△在△之▨▨▨遝▨▨教之▨葵 … 潤太隊蛹躍 … [人] 나이든 노객에게 교를 내리시어 … 관은을 입어 緣 … 使 … 寃極言教△心 … 免 … 逑 … 不 … 一 … 公依如若 … 知 … 如 … 朔月 …

해설: 모두루에 대한 직접적인 언급이 시작된다. 모두루가 은덕을 입어 令北夫餘守事로 파견되었다는 사실과 함께, 광개토왕이 승하하였지만 멀리 있어 매우 슬퍼할 뿐 가볼 수 없음을 안타까워 하는 내용이 이어진다. 이하 내용은 모두루가 광개토왕 사후에도 멀리에서 있으면서 교를 받았다는 표현으로 이해된다. 즉 장수왕대에도 여전히 令北夫餘守事로서 임무를 수행했음을 암시한다. 아울러 장수왕대 이후에도 나이든 노객으로서 교를 받아 군사 활동을 하였던 것으로 여겨진다.

Ⅳ. 맺음말

모두루 묘지는 고구려사 연구에서 차지하는 비중이 매우 큰 사료이기 때문에 판독 과정에서 더 세밀한 근거가 꾸준하게 제시될 필요가 있다. 본고에서는 현재까지 판독에 활용할 수 있는 유일한 자료인 『통구』의 사진판을 재차 확인하면서 그동안 판독안이 제시된 글자 중 이견이 있는 120여 자를 점검하고 관련 근거들을 제시하고자 했다.

이를 통해 60여 자에 대해서는 묘지 내의 동일 글자 및 유사한 서체를 가진 여러 금석문의 글자들을 함께 제시하는 등의 방법을 통해 필자 나름대로 추정의 근거를 제시해 보았다. 그리고 일부 연구자들이 판독해 왔던 다른 60여 자에 대해서는 판독의 근거를 확인할 수 없는 미상자로 분류하였다. 특히 3~29행 및 37~56행 사이의 글자들은 앞뒤 글자를 통해 문맥상 유추할 수 있는 글자도 일부 있으나, 여타 부분에서는

---

179) 國罡上廣▨土地好太聖王: 광개토왕으로 보는 것이 일반적이다. 광개토왕의 諡號는 사서에 따라 조금씩 차이가 있다. 『三國史記』에서는 '廣開土王'또는'開土王'으로, 『三國遺事』 王曆에선 '廣開王'으로, 경주에서 출토된 「壺杅銘」에서는 '國罡上廣開土地好太王', 「광개토왕릉비」에서는 '國罡上廣開土境平安好太王'으로 표기되어 있다. 특히'好太'는 광개토왕에게만 사용한 고유명사적 존칭이었다고 한다(조법종, 2006, 『고조선 고구려사 연구』, 신서원, p.427).

180) 令北夫餘守事: 守事는 고구려의 지방관직명이다. 「中原高句麗碑」에는 '古牟婁城守事'가 보인다. 한편, 모두루의 조선들이 북부여에 파견되던 당시는 '北夫餘大兄冉牟', '大兄慈□', '大兄□□' 등과 같이 '관등+이름'의 형식으로 소개되었다. 특히 염모의 경우를 보면 통치를 담당한 지역인 북부여와 담당자의 관등 그리고 이름의 형식이다. 즉 '관할 지역+관등+이름'의 형식이다. 반면 모두루가 북부여에 파견된 당시에는 '北夫餘守事牟頭婁'가 명확하게 보인다. '관할 지역+관직명+이름'으로 이전의 관등과는 달리 관직을 칭한다는 점에서 분명 모두루의 전대와는 다른 형식이다. 모두루가 북부여에 파견되기 전 지방제도의 정비가 있었고 수사는 그로 인한 관직일 것으로 이해할 수 있다(최일례, 2017, 「牟頭婁墓誌銘에 투영된 5세기 고구려의 정치세력」, 『韓國古代史研究』 85, 한국고대사학회).

판독의 근거가 매우 희박한 경우가 많았다. 이 경우 무리한 판독을 통해 글자를 제시하기보다는 미상자로 두면서 추후 다른 방안을 통한 판독을 기대하는 것도 하나의 방법이라고 생각하였다.

최근 한국에서는 여러 과학적 기법을 활용하여 비문을 새롭게 판독하고 관련 연구자들이 이에 대하여 논의하는 기회를 마련하고 있다. 이처럼 향후 한국과 중국을 비롯한 여러 나라의 관련 연구자들이 모여 공동으로 다양한 과학적 판독 기법을 도입하여 모두루 묘지의 미판독 글자들을 살펴볼 수 있는 기회가 마련되길 기대한다.

투고일: 2020. 10. 31　　심사개시일: 2020. 11. 03　　심사완료일: 2020. 11. 26

참/고/문/헌

池內宏, 1938, 『通溝』 上.

勞幹, 1944, 「跋高句麗大兄冉牟墓誌兼論高句麗都城之位置」, 『歷史言語硏究集刊』 第11本.

崔南善, 1954, 「高句麗 牟頭婁墓誌鈔」, 『增補 三國遺事』 附錄 所收.

朴時亨, 1966, 『광개토왕릉비』.

佐伯有清, 1977, 「高句麗牟頭婁墓誌の再檢討」, 『史朋』 7.

田中俊明, 1981, 「高句麗の金石文-硏究の狀況と課題-」, 『朝鮮史硏究會論文集』 18.

武田幸男, 1981, 「牟頭婁一族と高句麗王權」, 『朝鮮學報』 99·100합집.

武田幸男, 1989, 「高句麗官位制の史的展開」, 『高句麗史と東アジア』.

盧泰敦, 1992, 「牟頭婁墓誌」, 『譯註 韓國古代金石文』 제1권.

김미경, 1996, 「고구려의 낙랑·대방지역 진출과 그 지배형태」, 『학림』 17.

김현숙, 1997, 「고구려 중·후기 중앙집권적 지방통치체제의 발전과정」, 『한국고대사연구』 11.

노태돈, 1999, 『고구려사연구』, 사계절.

耿鐵華, 2000, 「再牟墓及其墓誌」, 『高句麗歷史與文化』, 吉林文史出版社.

조법종, 2006, 『고조선 고구려사 연구』, 신서원.

백미선, 2013, 「5세기 고구려 지방제도와 守事」, 『진단학보』 119.

임기환, 2016, 「고구려 건국전승의 始祖 出自와 北夫餘 東夫餘」, 『고구려발해연구』 54, 고구려발해학회.

최일례, 2017, 「牟頭婁墓誌銘에 투영된 5세기 고구려의 정치세력」, 『韓國古代史硏究』 85, 한국고대사학회.

李東勳, 2019, 「고구려 중·후기 지배체제 연구」, 서경문화사.

〈Abstract〉

Reexamination of Moduru Epitaph

Lee, Jun-sung

Moduru Epitaph(牟頭婁 墓誌), steadily attracting attention since its discovery, has been used in various researches and several researchers have suggested deciphering plans. However, since it was written in ink, there are inevitably fewer materials that can be referenced compared to other epigraph that can be deciphered by comparing it with several types of rubbing. Most of the existing deciphering plans had to be carried out based on the photographs of the epitaph included in the book titled *Tonggu(通溝)*.

By examining the photographs of *Tonggu* more closely, this paper aims at examining the validity of the existing deciphering plans for about 120 letters by presenting the same letters on the epitaph, or several letters of other epigraph with similar style of handwriting. Through this examination, this article presents its own basis for the estimation for about 60 letters through methods such as presenting the same letters on the epitaph and several letters of other epigraph with similar style of handwriting. In this article, the other 60 letters that some researchers have deciphered are classified as unknown letters, whose basis for deciphering could not be confirmed. There should be an opportunity to gather related researchers and jointly introduce various scientific deciphering techniques to examine the undeciphered letters of the Moduru Epitaph in the near future.

▶ Key words: Moduru Epitaph, Moduru Tomb, Susa(守事), Daesaja(大使者), Tonggu(通溝)

신출토 문자자료

2017年 중국 대륙 秦漢魏晉 간독 연구 概述

2017年 중국 대륙 秦漢魏晉 간독 연구 概述*

魯家亮 著**
方允美 譯***

<국문초록>

이 글은 2017년 중국 대륙의 秦漢魏晉간독 연구현황을 간략히 소개한 것이다. 글의 서술 형식, 분류 기준 및 수록 원칙은 대체로 이전의 개술 논문과 같으나, 일부 누락된 작년의 주요 성과를 보충하였다. 필자의 졸고가 秦漢魏晉간독연구에 흥미 있는 학자들에게 약간이나마 편의를 제공할 수 있기를 바라며, 누락된 부분이나 부족한 부분에 대해서도 독자 여러분에게 양해를 구한다.

▶ **핵심어: 진(秦), 한, 위, 진(晉), 간독**

Ⅰ. 머리말

이 글은 2017년 중국 대륙의 秦漢魏晉간독 연구현황을 간략히 소개한 것이다. 秦漢魏晉간독연구에 관심

---

* 본고는 2016년 國家社會科學基金重大項目 "雲夢睡虎地77號西漢墓出土簡牘整理與硏究"(16ZDA115)의 지원을 받아 작성한 것이다.

** 武漢大學簡帛硏究中心 敎授

*** 서울대학교 동양사학과 박사과정

있는 학자에게 졸고가 조금이나마 편의를 제공할 수 있기를 바라며, 누락된 부분이나 부족한 점이 있을지라도 독자 여러분의 양해를 구한다.

1. 秦簡牘

1) 雲夢睡虎地11號秦墓竹簡

雷海龍[1]은 殘2-4를 〈爲吏之道〉簡46과 철합하고 아울러 "就"字를 보충하여 석독하였다.[2]

范常喜는 〈語書〉 중 "惡吏" 부분 簡文에 해석을 덧붙였다.[3] 李家浩는 〈秦律十八種·田律〉簡4-5 중 "夜草爲灰"의 "夜"는 응당 "炙"로 읽어야 하며 그 의미는 '불태우다(燒)'라고 하였다.[4] 雷海龍은 〈秦律十八種〉簡14 중 "治(笞)卅"의 "卅"字는 "廿"으로, 〈法律答問〉簡72 "官"字는 "宦"으로 고쳐 읽어야 하며, 簡148 중 뒤에서 두 번째 글자는 "鼠"로 석독할 수 있다고 하였다. 또 〈封診式〉簡22의 앞부분 "一"字를 보충하여 석독하고, 簡23 "曼"字는 "完"으로, 簡54 "到" 다음 글자는 "骨"로 석독하고, 簡66 "吻"字는 "吵〈吻〉"으로 고쳐 읽었다. 簡71의 첫 글자는 "解"일 가능성과 簡75의 "與鄕" 이후 석독되지 않은 2글자는 "史某"로, 簡90의 마지막 글자는 "告"로 석독할 수 있다는 의견을 제시하였다.[5] 中國政法大學中國法制史基礎史料硏讀會는 〈秦律雜抄〉를 集釋하고 번역문을 실었다.[6] 鄔佩玲은 〈法律答問〉簡51 중 "生戮"이 먼저 죄인을 능욕한 이후 다시 죽이는 것을 말한다고 설명하였다. 또 簡121의 "定殺"은 "刑殺"로 읽을 수 있는데 이는 죄인을 질식시켜 사망에 이르게 하는 일종의 사형 방식이다.[7] 水間大輔는 〈法律答問〉簡104-105 중 "非公室告"와 "子告父母", "臣妾告主"는 병렬관계로 모두 "勿聽"의 대상이라고 설명하였다.[8]

2) 甘肅天水放馬灘秦簡牘

羅小華는 〈日書〉簡3의 "虫"을 (역자주: 다른 글자로 고쳐 석독하거나 잘못 쓴 글자로 보지 않고) 본래의 글자에 근거하여 분석하였다. 그에 따르면 이 글자("虫")는 12干支 중 "龍"의 형상이 풍뎅이의 유충인 "지충(蠐螬)"에서 기원한 것과 관련이 있다.[9] 程少軒은 乙種日書〈鐘律式占〉 중 "投"字는 "取"의 뜻이라고 설명하였다.[10]

---

1) 역자주: 원문은 본문에 각 서지사항이 저자와 병기되어 있으나 가독성을 위해 각주로 처리하였다.

2) 雷海龍, 「睡虎地秦墓竹簡〈爲吏之道〉試綴一則」, 簡帛網2017年1月26日.

3) 范常喜, 「睡虎地秦簡〈語書〉中有關"惡吏"的一段簡文疏釋」, 『中國文字學報』 第七輯, 北京:商務印書館, 2017.

4) 李家浩, 「談睡虎地秦簡"夜草爲灰"的"夜"——兼談戰國中山胤嗣壺銘文的"炙"」, 『出土文獻』 第十輯, 上海:中西書局, 2017.

5) 雷海龍, 「睡虎地秦墓竹簡法律簡字詞補釋」, 『簡帛硏究二〇一七(春夏卷)』, 桂林:廣西師範大學出版社, 2017.

6) 中國政法大學中國法制史基礎史料硏讀會, 「睡虎地秦簡法律文書集釋(六):〈秦律雜抄〉」, 『中國古代法律文獻硏究』 第十一輯, 北京:社會科學文獻出版社, 2017年

7) 鄔佩玲, 「睡虎地秦簡〈法律答問〉所見之死刑——有關"戮"與"定殺"的討論」, 『簡帛』 第十五輯, 上海:上海古籍出版社, 2017.

8) 水間大輔, 「睡虎地秦簡"非公室告"新考」, 『出土文獻與法律史硏究』 第六輯, 北京:法律出版社, 2017.

9) 羅小華, 「放馬灘秦簡甲種〈日書〉簡34中的"虫"」, 『出土文獻硏究』 第十六輯, 上海:中西書局2017.

3) 湖北雲夢龍崗秦簡牘

周波는 簡244의 "令" 다음 글자를 "撟"로 읽을 수 있다고 하였다.[11]

4) 湖北江陵周家臺秦簡

湯志彪는 簡320의 "醞"은 酒의 대체어로 보았다. 簡338-339 "某波"는 "某疲"로 읽고 簡340 "繘"의 앞글자를 "縮"으로 보고, 簡345-346 "高郭"는 "高綡"으로 고치고 "高京"으로 읽어야 한다고 하였다. 또 簡368-370은 끊어 읽기를 다시 하고서 그중 "辟"는 "睥"로 읽어야 하며, 簡373 "餘"은 "粖"로, 簡373의 "椆"는 "瓶"로 읽어야 한다는 의견을 제시했다.[12]

5) 湖南龍山里耶古城秦簡牘

湖南省文物考古研究所는 『里耶秦簡(貳)』을 출판하여 J1호 우물 제9층에서 출토된 3,423매 간독의 도판과 석문을 공개하였다.[13]

謝坤은 8-837과 8-1627을 철합하고 8-459은 8-2035와 직접적으로는 아니지만 연결할 수 있다고 보았다.[14] 또 다른 논문에서는 8-254+8-518, 8-867+8-1722, 8-202+8-912, 8-424+8-1196, 8-1806+8-1693, 8-127+8-423, 8-1719+8-2003 등으로 철합하였다.[15] 簡帛網에 게재한 논문에서는 8-1063+8-1642, 8-24+8-331, 8-92+8-753, 8-916+8-1188, 8-120+8-381, 8-911+8-1377, 8-978+8-1044 등을 철합하고,[16] 이외 8-1131+8-2031,[17] 8-439+8-519+8-537+8-1899를 철합하였다.[18] 土口史記는 8-42+8-55+8-739을 철합하였다.[19] 周波는 8-1040과 8-1329이 직접적으로는 아니지만 연결된다고 보았다.[20] 陶安은 현재까지의 里耶秦簡 철합 사례 중 14개에 대해 의문을 제기하면서 이들 철합을 부정하는 동시에 철합이 잘못된 원인을 분석하였다.[21]

何有祖는 戍卒 "寄"를 傭으로 삼은 일을 둘러싸고 관련 簡册을 복원하고 해석하였다.[22] 魯家亮은 8-31, 8-59, 8-471, 8-1636, 8-1677 등이 동일한 簡册에 속한다고 보았다.[23]

---

10) 程少軒, 「小議秦漢簡中訓爲"取"的"投"」, 『中國文字學報』 第七輯.

11) 周波, 「張家山漢簡〈二年律令〉與秦簡律令對讀札記」, 『出土文獻與法律史研究』 第六輯.

12) 湯志彪, 「關沮秦漢墓簡牘字詞釋讀七則」, 『簡帛研究二〇一七(春夏卷)』.

13) 湖南省文物考古研究所, 『里耶秦簡(貳)』, 北京:文物出版社, 2017.

14) 謝坤, 「里耶秦簡牘校讀札記(六則)」, 『出土文獻研究』 第十六輯.

15) 謝坤, 「里耶秦簡綴合七則」, 『出土文獻』 第十輯.

16) 謝坤, 「讀〈里耶秦簡(壹)〉札記(四)」, 簡帛網2017年8月31日.

17) 謝坤, 「〈里耶秦簡(壹)〉綴合(五)」, 簡帛網2017年10月30日.

18) 謝坤, 「里耶秦簡所見逃亡現象——從"繚可逃亡"文書的復原説起」, 『古代文明』 2017年第1期.

19) 土口史記, 「里耶秦簡8-739+8-42+8-55綴合」, 簡帛網2017年9月15日.

20) 周波, 「里耶秦簡醫方校讀」, 『簡帛』 第十五輯.

21) 陶安, 「里耶秦簡綴合商榷」, 『出土文獻研究』 第十六輯.

22) 何有祖, 「里耶秦簡"取寄爲傭"諸簡的復原與研究」, 『出土文獻』 第十一輯, 上海:中西書局, 2017.

周波는 『里耶秦簡(壹)』에 보이는 "沂陽"은 모두 "泥陽"으로 고쳐 읽어야 한다고 보았다.[24] 何有祖는 8-135簡의 "到今"는 "至今"으로 고쳐 읽어야 한다고 하였다.[25] 魯家亮은 里耶秦簡8-145+8-2294의 문자를 보충하고 일부를 고쳐 읽은 뒤, 이를 기초로 이 간독과 관련된 秦代 徒隸 노동의 감독관리와 "徒簿"분류 및 기록 양식과 매체 등의 문제를 논의하였다.[26] 周波는 醫方簡 5개조의 석문과 주석에 補注를 달았다.[27] 何有祖는 8-1369+8-1937에 적힌 藥方과 『金匱要略』에 기록된 解毒方이 밀접한 관련이 있다고 보았다.[28] 劉自穩은 7-304正面의 사망률 수치에 오류가 있고 背面의 중문부호는 구두부호(갈고리부호)의 잘못임을 지적하고 아울러 당시 徒隸의 규모는 약 340인이었다고 추정하였다.[29] 遊逸飛와 陳弘音은 里耶秦簡博物館이 소장한 제10-16층 출토 간독을 校釋하였다.[30]

劉自穩은 睡虎地秦簡 律文 중 "追之"를 "문서를 다시 발송하여 회답을 재촉하라"는 뜻으로 이해하고 이를 기초로 里耶秦簡 중 追書가 적용된 상황과 문서 양식을 정리하였다.[31] 單印飛는 秦代 封檢題署(역자주: 封檢 위에 쓴 글) 중 소위 "출발지"에 대한 기존 이해가 잘못되었음을 지적하고 "목적지"가 "소속된 상급기관"라고 설명하였다.[32] 何有祖는 6건의 지명수배 문서를 체계적으로 정리하고 아울러 "謏"과 관련 문제를 분석하였다.[33] 戴衛紅은 簡10-15가 某人의 재직 경력 및 功勞와 관련된 정식문서임을 지적하고 그 내용을 분석하여 秦漢시기 功勞제도를 검토하였다.[34] 吕靜은 里耶秦簡에 보이는 개인 서신 10건을 모아서 이를 기초로 이들 서신의 내용적 특징과 양식, 전달 등의 문제를 정리하였다.[35] 羅見今은 『里耶秦簡(壹)』의 紀年과 月朔 자료를 고증하고 秦始皇30-35년의 曆譜를 복원하였다.[36] 李蘭芳과[37] 謝坤은[38] 里耶秦簡에 기록된 농작물 자료를 체계적으로 정리하였다.

---

23) 魯家亮, 「再讀里耶秦簡8-145+8-2294號牘」, 『簡帛研究二〇一七(春夏卷)』.
24) 周波, 「張家山漢簡〈二年律令〉與秦簡律令對讀札記」, 『出土文獻與法律史研究』 第六輯.
25) 何有祖, 「里耶秦簡8-135"至今"補說」, 簡帛網2017年10月2日.
26) 魯家亮, 「再讀里耶秦簡8-145+8-2294號牘」, 『簡帛研究二〇一七(春夏卷)』.
27) 周波, 「里耶秦簡醫方校讀」, 『簡帛』 第十五輯.
28) 何有祖, 「里耶秦簡所見古藥方與後世解毒方"地漿"水」, 『簡帛』 第十五輯.
29) 劉自穩, 「里耶秦簡7-304簡文解析——兼及秦遷陵徒隸人數問題」, 『簡帛研究二〇一七(春夏卷)』.
30) 遊逸飛·陳弘音, 「里耶秦簡博物館藏第十至十六層簡牘校釋」, 『法律史譯評』 第四卷, 上海:中西書局, 2017.
31) 劉自穩, 「里耶秦簡中的追書現象——從睡虎地秦簡一則行書律說起」, 『出土文獻研究』 第十六輯.
32) 單印飛, 「秦代封檢題署新探——以里耶秦簡爲中心」, 『出土文獻研究』 第十六輯.
33) 何有祖, 「里耶秦簡所見通緝類文書新探」, 簡帛網2017年1月30日.
34) 戴衛紅, 「秦漢功勞制度及其文書再探」, 『出土文獻研究』 第十六輯.
35) 吕靜, 「里耶秦簡所見私人書信之考察」, 『簡帛』 第十五輯.
36) 羅見今, 「〈里耶秦簡(壹)〉紀年簡月朔簡研究」, 『中原文化研究』 2017年第6期.
37) 李蘭芳, 「里耶秦簡所見秦遷陵一帶的農作物」, 『中國農史』 2017年第2期.
38) 謝坤, 「里耶秦簡所見秦代農作物考略」, 『農業考古』 2017年第3期.

6) 湖南岳麓書院藏秦簡

『岳麓書院藏秦簡(伍)』의 출판을 통해 3개조로 분류된 합계 337매의 秦令簡 자료 전체가 공개되었다.[39] 陳松長은 이 권에 수록된 죽간의 상태에 대해서도 소개하였다.[40]

程少軒은 〈數〉에서 원래 "救"로 석독한 글자를 "投"로 고쳐 석독하고 그 의미는 "取"라고 하였다.[41]

水間大輔는 〈爲獄等狀四種〉의 案例1-7과 案例8-13을 나누어 마지막 간을 중심으로 돌돌 말아 卷으로 만들고 새로운 案例가 발생할 때마다 冊書의 머리 부분에 부가하였는데, 이러한 방식은 사법실무 시 새로운 안례를 참조 및 열람하기 편리하였다고 설명했다.[42] 施謝捷은 "學爲僞書案" 簡211의 첫 번째 "毋擇"은 "毋澤"으로 고쳐 석독해야 한다고 하였다.[43]

周海鋒은 〈置吏律〉의 텍스트를 해석하고 睡虎地秦簡, 張家山漢簡 중 관련 내용과 비교하였다.[44] 陳松長은 현재 岳麓秦簡에 보이는 令名은 두 종류로 분류할 수 있고 합계 26종이라고 밝혔다.[45] 彭浩는 "執法"의 관장 업무, 기구설치 및 연원 등의 문제를 초보적으로 정리하였다.[46]

朱紅林은 여러 논문에 걸쳐 『岳麓書院藏秦簡(肆)』 내 다수의 조문에 補注를 달았다.[47] 王偉는 『岳麓書院藏秦簡(肆)』 簡84-85 중 "沂陽"의 "沂"는 "泥"字를 잘못 쓴 것이라고 밝혔다.[48] 李洪財는 簡68 "當", 簡317 "巴"의 석독에 대해 설명을 보충하였다.[49] 齊繼偉는 簡290의 "重", 簡341의 "番"字를 보충하여 석독하였다.[50] 李洪財는 처음 岳麓秦簡에 붙여진 簡號의 중복 상황을 정리하였다.[51]

7) 北京大學藏秦簡牘

『北京大學學報(哲學社會科學版)』에는 北大秦簡 연구논문이 게재되었는데 여기에는 정리자가 관련 篇章에 덧붙인 석문과 주석이 포함되어 있다. 구체적으로는 朱鳳瀚의 「北大藏秦簡〈公子從軍〉再探」, 李零의 「北大藏秦簡〈禹九策〉」, 田天의 「北大藏秦簡〈醫方雜抄〉初識」, 劉麗의 「北大藏秦簡〈製衣〉釋文注釋」, 楊博의 「北大藏秦簡〈田書〉初識」 등이다.[52]

---

39) 陳松長 主編, 『岳麓書院藏秦簡(伍)』, 上海:上海辭書出版社, 2017.

40) 陳松長, 「〈岳麓書院藏秦簡(伍)〉的内容及分組略說」, 『出土文獻研究』 第十六輯.

41) 程少軒, 「小議秦漢簡中訓爲"取"的"投"」, 『中國文字學報』 第七輯.

42) 水間大輔, 「張家山漢簡〈奏讞書〉與岳麓書院藏秦簡〈爲獄等狀四種〉之形成過程」, 『中國古代法律文獻研究』 第十一輯.

43) 施謝捷, 「說岳麓秦簡的人名"毋澤"」, 『中國文字學報』 第七輯.

44) 周海鋒, 「岳麓書院藏秦簡〈置吏律〉及相關問題研究」, 『出土文獻與法律史研究』 第六輯.

45) 陳松長, 「岳麓秦簡中的秦令令名訂補」, 『出土文獻與法律史研究』 第六輯.

46) 彭浩, 「談〈岳麓書院藏秦簡(肆)〉的"執法"」, 『出土文獻與法律史研究』 第六輯.

47) 朱紅林, 「〈岳麓書院藏秦簡(肆)〉補注(一)」, 『出土文獻與法律史研究』 第六輯; 「〈岳麓書院藏秦簡(肆)〉補注(二)」, 『簡帛』 第十五輯; 「〈岳麓書院藏秦簡(肆)〉補注(三)」, 『中國古代法律文獻研究』 第十一輯.

48) 王偉, 「〈岳麓書院藏秦簡(肆)〉札記(二則)」, 『簡帛』 第十四輯, 上海:上海古籍出版社, 2017.

49) 李洪財, 「關於岳麓肆1992(068)簡"當"字釋讀問題」, 簡帛網2017年2月13日; 「岳麓肆中"蜀巴"問題補正」, 簡帛網2017年1月6日.

50) 齊繼偉, 「〈岳麓書院藏秦簡(肆)〉補釋二則」, 簡帛網2017年2月23日.

51) 李洪財, 「岳麓秦簡簡號問題」, 簡帛網2017年2月11日.

史傑鵬은 〈魯久次問數于陳起〉 簡04-132의 "斬離"는 인위적인 격리작업을 말하고, "色契羨杼"는 올바르지 못한 것(邪曲)으로 인해 생겨나는 결손과 잉여를 말한다고 지적했다.[53] 陳鏡文과 曲安京은 〈魯久次問數于陳起〉에 보이는 "三方三圓"의 우주모형을 재구성하고 그 천문적 의의를 탐색하였다.[54] 王寧은 각각의 논문에서 〈禹九策〉, 〈祝祠之道〉, 〈隱書〉의 석문과 주석을 보충하였다.[55] 宋華强은 〈雜祝方〉M-002의 "之"를 "出"로 고쳐 석독하고, M-005의 "令"과 M-010의 "令某"를 뒷부분에 붙여 이어 읽었다.[56]

8) 湖南益陽兔子山遺址簡牘

陳偉는 〈秦二世元年十月甲午詔書〉 중 "流"를 "故"로, "今"을 "令"으로, "縣"을 "繇"로, "援"을 "擾"로 고쳐 읽고 "吏"를 "實"로, "箸"를 "書"로 읽었다.[57]

II. 漢簡牘

1) 居延漢簡

何有祖는 68·41+65, 85·20+18+8, 85·34+43을 철합하였다.[58] 黃浩波는 13·6과 124·25를 철합하였다.[59] 姚磊는 77·39와 241·19를 철합하였다.[60] 劉釗과 譚若麗는 16·4와 16·10의 석문을 교정하고, 이들이 모두 동일한 簡册에 속함을 밝혔다.[61] 邢義田은 典籍簡을 5종류로 나누고 이번에 정리를 하면서 석문과 내용의 성질을 판단하여 얻은 새로운 성과를 소개하고, 漢代 河西 문화의 확장 문제를 논의하였다.[62]

2) 湖南長沙砂子塘西漢墓封泥匣

趙敏敏은 41호 封泥匣의 "北"字를 "卵"로 고쳐 석독하였다.[63]

---

52) 朱鳳瀚, 「北大藏秦簡〈公子從軍〉再探」; 李零, 「北大藏秦簡〈禹九策〉」; 田天, 「北大藏秦簡〈醫方雜抄〉初識」; 劉麗, 「北大藏秦簡〈製衣〉釋文注釋」; 楊博, 「北大藏秦簡〈田書〉初識」, 이상 모두 『北京大學學報(哲學社會科學版)』 2017年第5期刊에 수록.

53) 史傑鵬, 「北大藏秦簡〈魯久次問數于陳起〉"色契羨杼"及其他」, 『簡帛』 第十四輯.

54) 陳鏡文·曲安京, 「北大秦簡〈魯久次問數于陳起〉中的宇宙模型」, 『文物』 2017年第3期.

55) 王寧, 「北大秦簡〈禹九策〉補箋」, 復旦網2017年9月27日; 「北大秦簡〈祝祠之道〉補箋」, 復旦網2017年9月30日; 「北大秦簡〈隱書〉讀札」, 簡帛網2017年11月17日.

56) 宋華强, 「北大秦簡〈雜祝方〉札記」, 簡帛網2017年12月27日.

57) 陳偉, 「〈秦二世元年十月甲午詔書〉通釋」, 『江漢考古』 2017年第1期.

58) 何有祖, 「讀〈居延漢簡(壹)〉札記(三則)」, 『出土文獻研究』 第十六輯.

59) 黃浩波, 「居延漢簡綴合一則」, 簡帛網2017年8月9日.

60) 姚磊, 「〈居延漢簡〉綴合(一)」, 簡帛網2017年11月27日.

61) 劉釗·譚若麗, 「漢簡所見竇融時期"治所書"新探——建武初年河西官文書研究之一」, 『簡帛』 第十四輯.

62) 邢義田, 「中研院歷史語言研究所所藏居延漢簡整理的新收穫——以典籍簡爲例」, 『簡帛』 第十五輯.

63) 趙敏敏, 「讀西漢遺册札記三則」, 簡帛網2017年4月17日.

3) 山東臨沂銀雀山1號漢墓簡牘

張海波는 簡157의 缺文에 대해서 33글자를 보충하여 새로운 석문을 제시하였다.[64] 馬楠은 〈唐勒〉을 唐勒과 宋玉 2개의 大節로 분류하고 매 大節에는 각 2개의 小節이 포함된다고 설명하였다.[65]

4) 湖北荊州鳳凰山漢墓簡牘

趙敏敏은 8號墓 출토 遣册簡1-35가 단독의 册을 구성하고 있음을 지적하고, 簡36-51의 순서를 조정하였다.[66] 다른 논문에서는 167號墓 출토 簡59 禾와 雨가 결합된 글자를 禾와 而가 결합된 글자로 고쳐 석독하고 "糯"로 읽었다. 또 168號墓 출토 簡63의 "串"은 "束"로 고쳐 석독하였다.[67]

5) 湖南長沙馬王堆漢墓簡帛

鄔可晶은 〈經法·六分〉의 "䫉"는 "頪"으로 석독하고 "傾"으로 읽어야 한다고 보았다.[68] 鄭健飛는 다수의 醫書를 철합하고 석문을 수정하였다. 예를 들어 〈房内記〉의 12-13, 25-26행, 〈五十二病方〉의 21, 171, 228, 234-237, 263, 336, 426, 429, 439행, 〈養生方〉의 15-16, 66-69, 161행, 〈胎産書〉의 9-10, 15-16행 등이다.[69] 劉建民은 〈房内記〉의 11행 중 "揾"字를 "揗"字로 고쳐 석독하고 12-15행의 "去", "入絨" 등을 보충하여 석독하였다. 또 〈五十二病方〉 19행의 "挐"와 〈養生方〉 157행의 "利" 등의 글자도 보충하였다.[70] 孫飛燕은 〈春秋事語〉가 통치자에게 감계하기 위한 목적으로 저술되었으며 사상적으로 특정 학파의 주장한 것이 아님을 지적하고 그 실용성을 강조하였다.[71]

6) 居延新簡

林宏明은 다수의 논문을 통해 일련의 居延新簡을 철합하는 성과를 거두었는데 이렇게 철합된 간독은 총 69개이다.[72] 許名瑲은 EPT52:420+418,[73] EPT40:107+45,[74] EPT31:3+16, EPT40:176+68, EPT40:111+134, EPT40:190+EPT43:389, EPT51:260+517,[75] EPT51:523+355, EPT57:36+7 등을 철합

---

64) 張海波, 「淺談出土簡帛文獻中的計字尾題——兼補銀雀山漢簡157號簡缺文」, 『出土文獻研究』 第十六輯.

65) 馬楠, 「銀雀山漢簡〈唐勒〉篇章結構芻議」, 『簡帛研究二〇一七(春夏卷)』.

66) 趙敏敏, 「江陵鳳凰山8號墓遣册編聯小議」, 『珞珈史苑(2016年卷)』, 武漢:武漢大學出版社, 2017.

67) 趙敏敏, 「讀西漢遣册札記三則」, 簡帛網2017年4月17日.

68) 鄔可晶, 「讀簡帛古書札記二則」, 『出土文獻研究』 第十六輯.

69) 鄭健飛, 「馬王堆醫書釋文校讀及殘片綴合札記」, 『文史』 2017年第1輯.

70) 劉建民, 「馬王堆古醫書殘字考釋札記」, 『中國文字學報』 第七輯.

71) 孫飛燕, 「論馬王堆帛書〈春秋事語〉的創作意圖、主旨及思想」, 『簡帛研究二〇一七(春夏卷)』.

72) 林宏明, 「漢簡試綴第16則」; 「漢簡試綴第18-19則」; 「漢簡試綴第20~79則組別號碼表」; 「漢簡試綴第80-83則; 「漢簡試綴第84則」; 「漢簡試綴第86則」, 이상 先秦史網站2017年5月25日-8月28日에 게재; 「漢簡試綴第85則」, 簡帛網2017年8月19日.

73) 許名瑲, 「甲渠候官漢簡綴合二則」, 簡帛網2017年7月11日.

74) 許名瑲, 「甲渠候官漢簡綴合之四」, 簡帛網2017年7月28日.

75) 許名瑲, 「甲渠候官漢簡綴合之五」, 簡帛網2017年8月17日.

하였고,[76] 아울러 〈始建國天鳳六年曆日〉의 복원을 시도하였다.[77] 張俊民은 EPT43:82+83, EPT43:84+132를 철합하였다.[78]

張顯成과 張文建은 73EJT4:182+64, 73EJT5:30+40, 73EJT9:5+15, 73EJT9:223+154, 73EJT10:277+174, 73EJT10:339+480, 73EJT10:418+415 등을 철합하였다.[79] 張文建은 또 73EJT4:197+136, 73EJT6:173+175, 73EJT9:214+210,[80] 73EJT9:288+287, 73EJT10:211+238,[81] 73EJT4:121+119, 73EJT4:84+69, 3EJT6:180+183,[82] 73EJT9:202+183,[83] 73EJT3:31+20, 73EJT3:104+105, 73EJT8:36+55,[84] 73EJT6:71+72, 73EJT6:45+79, 73EJT6:140+95, 73EJT7:13+100,[85] 73EJT10:481+507,[86] 73EJT1:246+316(역자주: 원문은 346으로 되어있으나 張文建 논문에 근거하여 수정),[87] 73EJT6:73+109, 73EJT9:252+290 등을 철합하였다.[88] 姚磊는 73EJT3:110+112, 73EJT4:130+142, 73EJT4:199+143,[89] 73EJT5:30+40, 73EJT7:33+11, 73EJT7:50+73EJT3:557, 73EJT7:67+157,[90] 73EJT9:5+15, 73EJT9:268+264, 73EJT10:318+351, 73EJT10:345+496,[91] 73EJT7:106+20, 73EJT7:183+155+193, 73EJT8:102+82,[92] 73EJT1:144+141,[93] 73EJT6:107+156,[94] 73EJT7:205+73EJT28:78,[95] 73EJT1:50+294,[96] 73EJT10:311+260 등을 철합하였다.[97] 伊强은 73EJT10:168+106, 73EJT10:342+471을 철합하였다.[98] 林宏明은 73EJT21:458+464을 철합하였다.[99] 姚

---

76) 許名瑲, 「甲渠候官漢簡綴合之六」, 簡帛網2017年9月29日.

77) 許名瑲, 「甲渠候官漢簡〈始建國天鳳六年曆日〉簡冊復原綴合之六」, 簡帛網2017年7月20日.

78) 張俊民, 「居延新簡綴合二則」, 簡帛網2017年9月12日.

79) 張顯成·張文建, 「〈肩水金關漢簡(壹)〉綴合七則」, 『出土文獻』 第十一輯.

80) 張文建, 「肩水金關漢簡綴合三則」, 簡帛網2017年1月22日.

81) 張文建, 「〈肩水金關漢簡(壹)〉再綴三則」, 簡帛網2017年1月22日.

82) 張文建, 「〈肩水金關漢簡(壹)〉綴合四則」, 簡帛網2017年3月2日.

83) 張文建, 「〈肩水金關漢簡(壹)〉綴合一則」, 簡帛網2017年3月3日.

84) 張文建, 「〈肩水金關漢簡(壹)〉綴合(一)」, 簡帛網2017年6月18日.

85) 張文建, 「〈肩水金關漢簡(壹)〉綴合(二)」, 簡帛網2017年6月19日.

86) 張文建, 「〈肩水金關漢簡(壹)〉綴合(三)」, 簡帛網2017年6月19日.

87) 張文建, 「〈肩水金關漢簡(壹)〉綴合(四)」, 簡帛網2017年7月24日.

88) 張文建, 「〈肩水金關漢簡(壹)〉綴合(五)」, 簡帛網2017年8月7日.

89) 姚磊, 「〈肩水金關漢簡(壹)〉綴合(一)」, 簡帛網2017年1月18日.

90) 姚磊, 「〈肩水金關漢簡(壹)〉綴合(二)」, 簡帛網2017年1月20日.

91) 姚磊, 「〈肩水金關漢簡(壹)〉綴合(三)」, 簡帛網2017年1月20日.

92) 姚磊, 「〈肩水金關漢簡(壹)〉綴合(四)」, 簡帛網2017年1月20日.

93) 姚磊, 「〈肩水金關漢簡(壹)〉綴合(五)」, 簡帛網2017年6月15日.

94) 姚磊, 「〈肩水金關漢簡(壹)〉綴合(六)」, 簡帛網2017年6月16日.

95) 姚磊, 「〈肩水金關漢簡(壹)〉綴合(七)」, 簡帛網2017年9月8日.

96) 姚磊, 「〈肩水金關漢簡(壹)〉綴合(八)」, 簡帛網2017年9月20日.

97) 姚磊, 「〈肩水金關漢簡(壹)〉綴合(九)」, 簡帛網2017年9月21日.

98) 伊强, 「〈肩水金關漢簡(壹)〉綴合補遺二則」, 簡帛網2017年5月12日.

99) 林宏明, 「漢簡試綴第17則」, 先秦史網站2017年6月28日.

磊는 73EJT23:110+222, 73EJT23:119+116, 73EJT23:166+195, 73EJT23:321+294+663, 73EJT23:341+813, 73EJT23:351+452, 73EJT23:491+492+525+947+1038+515, 73EJT23:503+925, 73EJT23:570+575, 73EJT23:696+725 등을 철합하였다.[100] 이외에도 73EJT22:75+73EJT21:88, 73EJT23:354+478,[101] 73EJT23:141+133, 73EJT24:79+84,[102] 73EJT24:333+73EJT23:818,[103] 73EJT23:489+73EJH2:27,[104] 73EJT23:1048+1056,[105] 73EJT24:97+73EJT30:64+73EJT30:11,[106] 73EJT24:367+509,[107] 73EJT21:60+73EJT24:304,[108] 73EJT24:135+128[109] 등을 철합하였다. 姚磊는 또한 73EJT32:45+22, 73EJT32:59+66, 73EJT28:51+49, 73EJT25:86+17,[110] 73EJT24:887+909,[111] 73EJT24:523+521,[112] 73EJT26:245+26,[113] 73EJT24:681+658,[114] 73EJT24:900+691,[115] 73EJT24:941+73EJC:492, 73EJT30:46+73EJT25:175,[116] 73EJT24:908+73EJC:498,[117] 73EJT24:932+802,[118] 73EJT30:133+73EJT24:102,[119] 73EJT37:355+56, 73EJT37:427+298, 73EJT37:436+380, 73EJT37:485+544, 73EJT37:491+482, 73EJT37:608+683, 73EJT37:825+535, 73EJT37:862+136, 73EJT37:1027+186, 73EJT37:276+1501, 73EJT37:1271+1340,[120] 73EJT37:473+507, 73EJT37:484+481, 73EJT37:533+1579, 73EJT37:634+1030, 73EJT37:662+613, 73EJT37:671+1009, 73EJT37:1022+314+359, 73EJT37:1468+347, 73EJT37:177+687, 73EJT37:798+643,[121] 73EJT37:1240+1311+1233, 73EJT37:581+1261,[122] 73EJH2:15+83+34,[123]

100) 姚磊,「〈肩水金關漢簡(貳)〉綴合及考釋十則」,『出土文獻與法律史研究』第六輯.
101) 姚磊,「〈肩水金關漢簡(貳)〉綴合(九)」, 簡帛網2017年2月28日.
102) 姚磊,「〈肩水金關漢簡(貳)〉綴合(十)」, 簡帛網2017年4月16日.
103) 姚磊,「〈肩水金關漢簡(貳)〉綴合(十一)」, 簡帛網2017年7月31日.
104) 姚磊,「〈肩水金關漢簡(貳)〉綴合(十二)」, 簡帛網2017年8月23日.
105) 姚磊,「〈肩水金關漢簡(貳)〉綴合(十三)」, 簡帛網2017年10月7日.
106) 姚磊,「〈肩水金關漢簡(貳)〉綴合(十四)」, 簡帛網2017年10月21日.
107) 姚磊,「〈肩水金關漢簡(貳)〉綴合(十五)」, 簡帛網2017年11月2日.
108) 姚磊,「〈肩水金關漢簡(貳)〉綴合(十六)」, 簡帛網2017年12月16日.
109) 姚磊,「〈肩水金關漢簡(貳)〉綴合(十七)」, 簡帛網2017年12月21日.
110) 姚磊,「〈肩水金關漢簡(叁)〉綴合(八)」, 簡帛網2017年1月1日.
111) 姚磊,「〈肩水金關漢簡(叁)〉綴合(九)」, 簡帛網2017年2月17日.
112) 姚磊,「〈肩水金關漢簡(叁)〉綴合(十)」, 簡帛網2017年3月17日.
113) 姚磊,「〈肩水金關漢簡(叁)〉綴合(十一)」, 簡帛網2017年7月28日.
114) 姚磊,「〈肩水金關漢簡(叁)〉綴合(十二)」, 簡帛網2017年7月29日.
115) 姚磊,「〈肩水金關漢簡(叁)〉綴合(十三)」, 簡帛網2017年8月3日.
116) 姚磊,「〈肩水金關漢簡(叁)〉綴合(十四)」, 簡帛網2017年8月23日.
117) 姚磊,「〈肩水金關漢簡(叁)〉綴合(十五)」, 簡帛網2017年9月24日.
118) 姚磊,「〈肩水金關漢簡(叁)〉綴合(十六)」, 簡帛網2017年10月6日.
119) 姚磊,「〈肩水金關漢簡(叁)〉綴合(十七)」, 簡帛網2017年10月9日.
120) 姚磊,「〈肩水金關漢簡(肆)〉綴合及釋文訂補(十一則)」,『出土文獻研究』第十六輯.
121) 姚磊,「〈肩水金關漢簡(肆)〉拾遺」,『簡帛』第十四輯.

73EJT37:1242+20,[124] 73EJT37:877+73EJT21:392 등을 철합하였다.[125] 謝坤은 73EJT37:701+36, 73EJT37:706+33, 73EJT37:852+712, 73EJT37:1324+1192, 73EJT37:1476+730, 73EJT37:1477+1053, 73EJT37:275+248+7+301, 73EJT37:180+666+879 등을 철합하였다.[126] 姚磊는 『肩水金關漢簡(肆)』 중 일부 간독의 서사특징을 분석하여 14건의 簡册을 분류 및 복원하였다.[127] 王錦城 역시 肩水金關漢簡 중 3건의 簡册을 복원하였다.[128] 雷海龍은 73EJF3:338+201+205+73EJT7:148, 73EJH1:69+73EJF3:286, 73EJF2:43+73EJF3:340, 73EJT21:145+73EJF3:463 등을 철합하였다.[129] 姚磊는 73EJF3:470+564+190+243+438, 73EJF3:337+513, 73EJF3:441+616, 73EJF3:54+512, 73EJF3:229+542+528, 73EJF3:482+193+508, 73EJF3:628+311, 73EJF3:41+77, 73EJD:247+199, 73EJF3:627+308,[130] 73EJC:482+73EJT25:124,[131] 73EJC:481+73EJT10:308,[132] 73EJC:527+73EJT10:146 등을 철합하였다.[133] 尉侯凱는 73EJT1:243+273, 73EJT1:111+18, 73EJT:110+62, 73EJT7:38+10, 73EJT8:32+71, 73EJT9:258+358, 73EJT9:310+51, 73EJT10:365+283, 73EJF3:524+209+200, 73EJF3:116+208, 73EJD:164+103, 73EJC:183+138, 73EJC:369+672 등을 철합하였다.[134]

張俊民은 『甘肅秦漢簡牘集釋』에 보이는 居延新簡의 석문을 수정 및 보충하였다.[135] 姚磊는 肩水金關漢簡 중 다수의 석문을 교정 및 보충하였다.[136] 丁義娟은 73EJT10:314에 기재된 수치 문제를 추론하였다.[137] 또 丁義娟은 73EJT37:653의 "市"字를 "命"字로 고쳐 석독하였다.[138] 雷海龍은 73EJF3:28의 "顧"을 "顔"으로, 73EJF3:135의 "怒"를 "奴"로, 73EJF3:288+541의 "六"을 "九"로, 73EJF3:554의 "富田"을 "富"로 고쳤다.[139] 何茂活은 73EJF3:480+282+514+430+263의 석문을 수정 및 보충하였다.[140] 李洪財는 73EJF3:3, 11+4,

---

122) 姚磊, 「〈肩水金關漢簡(肆)〉綴合(三十八)」, 簡帛網2017年6月6日.
123) 姚磊, 「〈肩水金關漢簡(肆)〉綴合(四十)」, 簡帛網2017年7月24日.
124) 姚磊, 「〈肩水金關漢簡(肆)〉綴合(三十九)」, 簡帛網2017年7月22日.
125) 姚磊, 「〈肩水金關漢簡(肆)〉綴合(四十一)」, 簡帛網2017年9月1日.
126) 謝坤, 「〈肩水金關漢簡(肆)〉綴合及考釋八則」, 『簡帛』 第十四輯.
127) 姚磊, 「論〈肩水金關漢簡(肆)〉的簡册復原——以書寫特徵爲中心考察」, 『出土文獻』 第十輯.
128) 王錦城, 「肩水金關漢簡校讀札記(三)」, 簡帛網2017年10月15日.
129) 雷海龍, 「〈肩水金關漢簡(伍)〉釋文補正及殘簡新綴」, 『簡帛』 第十四輯.
130) 姚磊, 「〈肩水金關漢簡(伍)〉綴合札記」, 『珞珈史苑(2016年卷)』.
131) 姚磊, 「〈肩水金關漢簡(伍)〉綴合(七)」, 簡帛網2017年8月2日.
132) 姚磊, 「〈肩水金關漢簡(伍)〉綴合(八)」, 簡帛網2017年9月14日.
133) 姚磊, 「〈肩水金關漢簡(伍)〉綴合(九)」, 『簡帛網2017年9月21日.
134) 尉侯凱, 「肩水金關漢簡綴合十三則」, 『出土文獻』 第十一輯.
135) 張俊民, 「〈甘肅秦漢簡牘集釋〉校釋之一」 등 10편의 시리즈를 簡帛網2017年9月1日-12月29日에 게재.
136) 姚磊, 「讀〈肩水金關漢簡〉札記(十一)-(三十二)」, 簡帛網2017年3月2日-12月14日.
137) 丁義娟, 「〈肩水金關漢簡(壹)〉73EJT10:314簡簡文試解」, 簡帛網2017年8月31日.
138) 丁義娟, 「〈肩水金關漢簡〉(肆)73EJT37:653簡釋文訂正一則」, 簡帛網2017年7月9日.
139) 雷海龍, 「〈肩水金關漢簡(伍)〉釋文補正及殘簡新綴」, 『簡帛』 第十四輯.

47, 415+33 등의 "關"을 "闌"로 고쳐 석독하고, 73EJF3:104의 "掖"를 "液"으로 고쳐 석독하였다.[141] 鄔文玲은 居延新舊簡 文書楬 및 기타 문서에 적힌 18개의 "算"을 "真"으로 고쳐 석독하였다.[142] 陳晨은 肩水金關漢簡 중 『詩』와 관련된 簡文을 집록 및 보충하였다.[143] 方勇과 張越은 73EJF2:47, 73EJF3:339+609+601, 73EJD28, 73EJC:88 및 73EJC:116 등 5매와 醫藥과 관련된 석문을 교정하였다.[144] 許名瑲은 肩水金關漢簡에 보이는 曆日簡을 전면적으로 정리하고 철합 및 月朔의 복원, 曆日의 보정, 簡册의 복원 등의 문제를 다루었다.[145] 黃浩波는 73EJT37:1225의 "騎", "承" 2글자를 고쳐 석독하고 이를 기초로 이 문서가 『漢書』에 기재된 甘延壽와 관련이 있음을 밝히고 이를 근거로 甘延壽 등이 烏孫으로 出使하는 구체적 일자가 甘露2년 2월 丁卯일임을 고증하였다.[146] 또 黃浩波는 肩水金關漢簡에 보이는 "右平郡", "茂縣與陽縣", "奉明", "盧氏", "鹵" 등 5개의 지명을 고증하였다.[147] 郭偉濤는 漢代 肩水候가 늦어도 地節5년 정월부터는 地灣(A33)에서 주재하였고 陽朔원년 9월까지 줄곧 이곳에 있었다고 보았다. 그리고 마지막에는 陽朔4년에 A32遺址로 이동하여 居攝2년 3월까지 줄곧 A32에 주재하였으나, 중간에 宣帝 甘露2년에도 A32遺址駐에 주재하였을 가능성이 있다고 보았다.[148] 郭偉濤는 또한 漢代 肩水金關 關嗇夫와 關佐의 재직 연표를 정리하였다.[149]

7) 甘肅敦煌馬圈灣漢代烽燧遺址簡牘

劉樂賢은 敦煌馬圈灣漢簡 簡125의 "念□"을 "全活"로 고쳐 석독하였다.[150] 孫濤는 簡639 "美"字를 "筭"字로 고쳐 석독하였다.[151] 張麗萍과 張顯成은 『敦煌馬圈灣漢簡集釋』에 보이는 10곳의 잘못된 석독을 수정 및 보충하였다.[152]

8) 湖北江陵張家山247號漢墓竹簡

郭洪伯은 〈秩律〉 簡465와 466 사이에 缺簡이 있음을 지적하고 簡467은 2개로 나누어 467-2를 465의 앞에, 467-1를 466의 뒤에 두어야 한다고 하였다.[153] 周波는 簡445가 450 뒤에 와야 하며 446은 464의 뒤에,

140) 何茂活, 「〈肩水金關漢簡(伍)〉綴合補議一則」, 簡帛網2017年2月20日.
141) 李洪財, 「〈肩水金關漢簡〉(伍)校讀記(一)」, 簡帛網2017年2月25日.
142) 鄔文玲, 「簡牘中的"真"字與"算"字——兼論簡牘文書分類」, 『簡帛』 第十五輯.
143) 陳晨, 「肩水金關漢簡所見〈詩〉類文獻輯證」, 簡帛網2017年10月20日.
144) 方勇·張越, 「讀金關漢簡醫類簡札記五則」, 『魯東大學學報(哲學社會科學版)』 2017年第1期.
145) 許名瑲, 「〈肩水金關漢簡(肆)〉曆日綜考」, 『簡帛』 第十四輯.
146) 黃浩波, 「〈肩水金關漢簡(肆)〉所見甘延壽相關簡文考釋」, 『出土文獻研究』 第十六輯.
147) 黃浩波, 「〈肩水金關漢簡(伍)〉釋地五則」, 『簡帛』 第十五輯.
148) 郭偉濤, 「漢代肩水候駐地移動初探」, 『簡帛』 第十四輯, 수정본을 다시 簡帛網2017年7月9日에 게재.
149) 郭偉濤, 「漢代肩水金關關吏編年及相關問題」, 『出土文獻』 第十輯.
150) 劉樂賢, 「敦煌馬圈灣漢簡第125號補釋」, 『出土文獻綜合研究集刊』 第六輯, 成都:巴蜀書社, 2017年.
151) 孫濤, 「敦煌馬圈灣漢簡〈蒼頡篇〉中的人名用字"筭"」, 簡帛網2017年10月7日.
152) 張麗萍·張顯成, 「〈敦煌馬圈灣漢簡集釋〉釋讀訂誤」, 『簡帛』 第十四輯.
153) 洪伯, 「張家山漢簡〈二年律令·秩律〉遍聯商兌(續)」, 『簡帛研究二〇一七(春夏卷)』.

467은 465의 앞에 와야 한다고 보았다. 또 散簡X4는 〈秩律〉에 속하며 편련순서는 466의 뒤라고 설명하였다.[154] 水間大輔는 〈奏讞書〉 案例1-5의 마지막 간을 중심으로 말아 권으로 만들고 매번 새 案例가 생길 때마다 册書의 앞머리에 덧붙였다고 설명하였다. 墓主가 은퇴 혹은 사망한 이후 재직 기간 내 사용한 여러 권의 册書를 한 권으로 합편하고 〈奏讞書〉의 첫머리 간을 중심으로 말아 권으로 만든 것이다.[155]

周波는 簡414-415의 "輿" 다음 字를 "繇(徭)"로 석독할 수 있다고 하였다.[156] 劉樂賢은 里耶秦簡의 기록을 종합하여 〈奏讞書〉 簡112, 119에 보이는 "譺"을 "譔"의 이체자(異構)로 보고, 아울러 "詑", "譔" 2字가 秦漢行政文書 내에서 대체되어 가는 상황을 체계적으로 정리하였다.[157] 程少軒은 〈算數書〉 簡164에서 "救" 혹은 "扱"로 석독된 글자를 "投"로 고쳐 석독하고 그 뜻은 "取"로 보았다.[158]

9) 甘肅金塔地灣漢簡

甘肅簡牘博物館과 甘肅省文物考古研究所 등이 편찬한 『地灣漢簡』이 출판되었다. 1986년 地灣遺址 제2차 고고발굴을 통해 획득한 간독 778매와 같은 해 肩水金關遺址에서 채집한 散簡 25매 등 합계 803매 간독이 공개되었다.[159]

10) 湖南張家界古人堤遺址簡牘

周琦는 古人堤簡牘의 醫方名 중 논쟁이 되고 있는 글자는 "散"으로 고쳐 읽어야 하며 아울러 이 醫方은 〈千金方〉에 보이는 "華佗赤散方"의 기원이라고 하였다.[160]

11) 甘肅敦煌懸泉置遺址簡牘

初昉, 初世賓은 『敦煌懸泉漢簡釋粹』 중 155-187호 簡文을 석독하였다.[161]

12) 内蒙古額濟納漢簡

劉樂賢은 2000ES7SF1:15, 58, 79 3개 簡의 "賫"를 "瞢"로 고쳐 석독하고 이 3개 簡은 占夢과 관련이 있음을 밝혔다.[162]

---

154) 周波, 「説張家山漢簡〈二年律令·秩律〉的遍聯及其相關問題」, 『簡帛研究二〇一七(春夏卷)』.

155) 水間大輔, 「張家山漢簡〈奏讞書〉與岳麓書院藏秦簡〈爲獄等狀四種〉之形成過程」, 『中國古代法律文獻研究』 第十一輯.

156) 周波, 「張家山漢簡〈二年律令〉與秦簡律令對讀札記」, 『出土文獻與法律史研究』 第六輯.

157) 劉樂賢, 「秦漢行政文書中的"譔"字及相關問題」, 『簡帛』 第十五輯.

158) 程少軒, 「小議秦漢簡中訓爲"取"的"投"」, 『中國文字學報』 第七輯.

159) 甘肅簡牘博物館·甘肅省文物考古研究所·出土文獻與中國古代文明研究協同創新中心中國人民大學分中心編, 『地灣漢簡』, 上海: 中西書局, 2017.

160) 周琦, 「張家界古人堤醫方木牘"治赤散方"新證」, 『出土文獻研究』 第十六輯.

161) 初昉·初世賓, 「懸泉漢簡拾遺(八)」, 『出土文獻研究』 第十六輯.

162) 劉樂賢, 「漢簡中的占夢文獻」, 『文物』 2017年第9期.

13) 湖北隨州孔家坡8號漢墓簡牘

李天虹, 凡國棟, 蔡丹은 周家寨漢簡을 가지고 孔家坡漢簡 〈日書〉의 "嫁女"篇을 교정하고 殘7+殘8+173下, 176壹+殘48+174下, 174上+殘16+176貳, 殘32+177를 완전한 4매의 簡으로 철합하였다. 또 173上, 182壹과 183壹을 "嫁女"篇에서 삭제하였다.[163)]

14) 湖南長沙走馬樓8號井西漢簡牘

羅小華는 『簡牘名蹟選2』에 실린 走馬樓西漢簡 簡4를 보충하여 석독하고 "繒"과 관련된 문제를 중점적으로 논의하였다.[164)]

15) 湖南長沙東牌樓東漢簡牘

徐俊剛은 簡2 "騶郢亭"의 "郢"을 보충하여 석독하고, 簡110의 "一籠" 앞 1글자를 "莒(筥)"으로, 簡157 "昌孖"를 "昌友"로 고쳐 석독하였다.[165)]

16) 安徽天長安樂紀莊西漢墓木牘

何有祖는 도판 26-28에 보이는 서신 2건의 문자를 보충하여 석독하였다.[166)]

17) 北京大學藏西漢竹簡

許文獻은 〈蒼頡篇〉 簡5의 "女+冤"은 "女+鬼"로 고쳐 읽고 이 "媿"는 "愧"字와 이체자(異構)일 수 있다고 하였다.[167)] 李家浩는 〈蒼頡篇〉 簡15의 "稨"를 "秭"로 고쳐 석독하였다.[168)] 楊振紅과 單印飛는 〈蒼頡篇·闊錯〉의 문자를 정리하고 이를 기초로 이 章은 諸侯(君)의 母親의 장례의식을 서술하는 방식을 통해 상장의례에서 사용되는 글자를 〈蒼頡篇〉에 수록한 것이라고 하였다.[169)] 楊振紅은 〈蒼頡篇·顓頊〉 중 "柖榣奮光" 등 5개 어휘에 대해 새로운 의견을 제시하였다.[170)] 蘇建洲는 〈周馴〉의 초사 연대의 상한선은 漢武帝 太始연간 전후임을 밝히고, 이 편은 戰國시대에 底本이 있었는데 秦漢시기를 거치면서 개작되었다고 보았다.[171)] 張傳官은 〈妄稽〉의 문자를 전면적으로 교정하고 편련과 병합에 관해 다수의 의견을 제시하였다. 예컨대 簡45과 46, 52와 53, 70과 72를 직접 연결하고 簡61과 62는 연결이 되지 않음을 밝혔고, 簡42는 26+41과 27 사이에

---

163) 李天虹·凡國棟·蔡丹, 「隨州孔家坡與周家寨漢簡〈日書〉"嫁女"篇的編次與綴合」, 『考古』 2017年第8期.

164) 羅小華, 「走馬樓西漢簡中的"繒"」, 簡帛網2017年6月19日.

165) 徐俊剛, 「長沙東牌樓漢簡校釋拾遺」, 『簡帛研究二〇一七(春夏卷)』.

166) 何有祖, 「讀安徽天長市紀莊漢墓書信牘札記」, 『楚學論叢』 第六輯, 武漢:湖北人民出版社, 2017.

167) 許文獻, 「北大漢簡〈蒼頡篇〉讀札——簡5"媿姆"試解」, 復旦網2017年11月21日.

168) 李家浩, 「北大漢簡〈蒼頡篇〉中的"秭"字」, 『出土文獻研究』 第十六輯.

169) 楊振紅·單印飛, 「北大漢簡〈蒼頡篇·闊錯〉的釋讀與章旨」, 『歷史研究』 2017年第6期.

170) 楊振紅, 「北大藏漢簡〈蒼頡篇·顓頊〉補釋」, 『簡帛』 第十五輯.

171) 蘇建洲, 「論〈北大漢簡(叁)·周馴〉的抄本年代、底本來源以及成篇過程」, 『出土文獻』 第十一輯.

넣어야 한다고 하였다. 또 簡85+86는 71+50와 연결할 수 있고 簡84+86는 87과 직접적으로는 아니지만 연결시킬 수 있으며 簡46의 뒤에 온다고 하였다.[172] 劉建民과 漆雕夢佳는 〈妄稽〉 簡29 "㦤訾"를 "據貲"로 읽을 수 있으며 錢財를 보유, 지킨다는 의미로 이해하였다. 또 簡85+86+71+50에 보이는 "遂"字 3개는 모두 "逐"라고 지적하였다.[173] 陳美蘭은 〈妄稽〉에 보이는 "毗休"와 〈楚居〉의 "比隹" 및 전래문헌의 "仳倠"가 동일 인물임을 밝혔다.[174] 鄔可晶은 〈反淫〉 簡48-49 중 "处大廓之宄"의 "宄"를 "寬"로 읽고 일종의 宫室을 가리킨다고 하였다.[175] 洪德榮은 〈節〉篇 "十二勝"의 "夷"를 "泥"로 읽을 수 있다고 하였다.[176]

18) 湖南長沙五一廣場東漢簡牘

楊小亮은 『五一廣場東漢簡牘選釋』에 게재된 간독 석문 중 누락되거나 잘못된 석독을 수정, 보충하였다.[177] 李蘭芳은 簡131의 "夾"을 "來"로 고쳐 석독하였다.[178] 劉樂賢은 簡58와 146에 보이는 "箬"은 모두 "謾"을 잘못 쓴 것이라고 하였다.[179] 孫濤는 簡22의 "漢丘"를 "滍丘"로 고쳐 석독하였다.[180] 陳偉는 簡108과 135 중 "免"은 人名으로 이해해서는 안 되고 뒷부분과 붙여 읽어야 함을 지적하였다.[181] 孫濤는 簡24와 37에 나오는 "栱" 및 "栱船"은 문헌사료에 나오는 "舼"으로 南楚江湘 일대에서 유행하던 크기는 작지만 깊이가 깊은 배의 일종이라고 하였다.[182] 또 다른 논문에서는 簡77의 "檞"는 "艀"로 읽어야 하며, 南楚江湘 일대에서 유행하던 선체가 길고 얕은 배의 일종이라고 설명하였다. 더불어 簡52와 65의 "熹"는 "憙"로 고쳐 읽어야 한다고 하였다.[183] 王朔은 簡106를 簡54와 직접 연결시킬 수 있음을 밝히고 이 2개 簡과 簡48의 석문에 주석을 덧붙였다.[184] 丁義娟과 張煒軒은 각각의 논문에서 관련 간독의 注解를 보충하였다.[185] 吴雪飛는 簡1, 12, 55, 92 및 145 등에 나오는 법률용어에 해설을 덧붙였다.[186]

李均明은 五一廣場漢簡에 보이는 "留事"란 처리를 기다리는 특수 업무를 일컫는 것으로, 통상 상급기관이 하급기관에 "留事"를 배분하여 처리를 지시하고 또 처리할 사항과 관련하여 구체적인 요구와 기한이 있

172) 張傳官, 「北大漢簡〈妄稽〉校讀與復原札記」, 『出土文獻』 第十一輯.
173) 劉建民·漆雕夢佳, 「西漢竹書〈妄稽〉補釋札記二則」, 『出土文獻』 第十一輯.
174) 陳美蘭, 「近出戰國西漢竹書所見人名補論」, 『出土文獻研究』 第十六輯.
175) 鄔可晶, 「讀簡帛古書札記二則」, 『出土文獻研究』 第十六輯.
176) 洪德榮, 「北大漢簡〈節〉篇"十二勝"中的"夷"地小考」, 復旦網2017年1月16日.
177) 楊小亮, 「〈五一廣場東漢簡牘選釋〉釋文補正」, 『出土文獻』 第十輯.
178) 李蘭芳, 「〈長沙五一廣場東漢簡牘選釋〉札記數則」, 簡帛網2017年5月2日.
179) 劉樂賢, 「秦漢行政文書中的"謾"字及相關問題」, 『簡帛』 第十五輯.
180) 孫濤, 「釋五一廣場漢簡第22號簡的"滍丘"」, 簡帛網2017年12月16日.
181) 陳偉, 「五一廣場東漢簡108、135號小考」, 簡帛網2017年10月11日.
182) 孫濤, 「長沙五一廣場東漢簡牘"栱船"釋義補正」, 簡帛網2017年4月24日.
183) 孫濤, 「讀〈長沙五一廣場東漢簡牘選釋〉札記兩則」, 簡帛網2017年5月7日.
184) 王朔, 「讀〈長沙五一廣場東漢簡牘選釋〉札記二則」, 『簡帛』 第十四輯.
185) 丁義娟, 「五一廣場簡CWJ1③:281-5簡注釋小議」, 簡帛網2017年5月30日; 張煒軒, 「讀〈長沙五一廣場東漢簡牘選釋〉札記——以CWJ1①:113及CWJ1③:172木兩行爲中心」, 簡帛網2017年8月9日.
186) 吴雪飛, 「長沙五一廣場簡牘法律用語續探」, 『出土文獻研究』 第十六輯.

다고 설명하였다.[187]

19) 湖南長沙尚德街東漢簡牘

陳笑笑는 簡88+98, 199+213를 철합하였다.[188] 廣瀨薰雄는 簡104+114, 199+213+222를 철합하고 석문에 注解를 덧붙였다.[189] 周艷濤와 張顯成은 簡84 제3행에 보이는 詔書의 석문은 "詔書: 民再産滿五子, 復卒一人. 家無所復, 得□□□"라고 하였다.[190] 程少軒은 재앙을 대신 받는 인형 간독(解除木人)인 簡261의 석문 중 "不", "央" 등의 글자를 고쳐 읽고, 기존에 "五"字로 석독된 것은 의복의 무늬장식이지 글자가 아니라고 설명하였다. 또 簡181의 "治百病通明丸方"에 "風"字를 보충하고 "芩", "冶" 등의 글자를 고쳐 읽었다. 아울러 이 醫方을 읽는 방법과 잔결 문제를 논의하였다.[191] 周海鋒, 李洪財, 吴雪飛, 雷海龍 등 또한 각각의 논문에서 尚德街東漢簡牘의 석문을 보충하였다.[192]

20) 山東青島土山屯墓地漢墓木牘

青島市文物保護考古研究所와 黃島區博物館은 土山屯墓地M6과 M8에서 출토된 목독의 컬러 사진을 공개하고 그 내용은 遣册에 해당한다고 발표하였다.[193] 青島市文物保護考古研究所는 M147號墓에서 출토된 목독의 기본 정보를 소개하였다.[194] 彭峪, 衛松濤는 M147號墓에서 출토된 木牘 2매의 사진을 공개하고 衣物牘의 석문을 더하였다.[195] 羅小華는 M147 출토 목독에 보이는 "襌衣", "襜褕", "被" 등 7개 사물명칭에 注解를 덧붙였다.[196] 伊强은 이 목독에 보이는 "素紱一", "布紱一"의 "紱"을 "徧"으로 고쳐 읽었다.[197] 宋華强은 이 목독의 "襜褕"는 일종의 短衣라고 설명하고 기존에 "㡊"라고 석독된 글자를 "綷"로 고쳐 석독하였다.[198]

21) 甘肅永昌水泉子8號漢墓竹木簡

甘肅省文物考古研究所는 「甘肅永昌縣水泉子漢墓群2012年發掘簡報」를 출간하여 水泉子M8號漢墓에서 출

187) 李均明, 「五一廣場東漢簡牘"留事"考」, 『出土文獻』 第十一輯.
188) 陳笑笑, 「長沙尚德街東漢簡牘綴合二則」, 簡帛網2017年12月1日.
189) 廣瀨薰雄, 「長沙尚德街東漢簡牘拼綴二則」, 『出土文獻研究』 第十六輯.
190) 周艷濤·張顯成, 「〈長沙尚德街東漢簡牘〉所見詔令商補一則」, 『出土文獻』 第十一輯.
191) 程少軒, 「長沙尚德街東漢簡牘研究二題」, 『出土文獻研究』 第十六輯.
192) 周海鋒, 「〈長沙尚德街東漢簡牘〉校讀記(一)」, 簡帛網2017年2月22日; 李洪財, 「〈長沙尚德街東漢簡牘〉補釋」, 簡帛網2017年2月23日; 吴雪飛, 「長沙尚德街東漢簡牘補釋兩則」, 簡帛網2017年3月1日; 雷海龍, 「〈長沙尚德街東漢簡牘〉釋文商補」, 簡帛網2017年3月3日.
193) 青島市文物保護考古研究所·黃島區博物館, 「山東青島市土山屯墓地的兩座漢墓」, 『考古』 2017年第7期.
194) 青島市文物保護考古研究所, 「青島土山屯墓群考古發掘獲重要新發現」, 『中國文物報』 2017年12月22日第4版.
195) 彭峪·衛松濤, 「青島土山屯墓群147號墓木牘」, 復旦網2017年12月27日.
196) 羅小華, 「〈堂邑令劉君衣物名〉雜識(一)」, 簡帛網2017年12月26日.
197) 伊强, 「青島土山屯墓群147號墓木牘中的"徧"字」, 簡帛網2017年12月27日.
198) 宋華强, 「青島土山屯衣物名木牘小札」, 簡帛網2017年12月27日.

토된 죽·목간의 기본정보를 소개하고 2매 간의 사진을 공개하였다.[199]

22) 四川成都天回鎭老官山漢墓簡牘

成都文物考古研究所와 荊州文物保護中心은 成都 天回鎭 老官山漢墓에서 출토된 간독 일부의 석문과 컬러사진을 공개하였다. 그러나 사진의 상태가 좋지는 않다.[200] 中國中醫科學院中國醫史文獻研究所와 成都文物考古研究院, 荊州文物保護中心은 「四川成都天回漢墓醫簡整理簡報」에서 출토 간독의 정리 현황을 전면적으로 소개하고 14매 簡의 적외선사진과 깎여나간 간(刮削簡)의 일부 사진을 공개하였다.[201] 이 밖에 成都文物考古研究所는 老官山醫簡 8매의 도판을 공개하였다.[202] 劉長華 등은 18매 簡의 적외선 사진을 공개하고 아울러 관련 篇章에 붙인 제목과 醫簡의 학술적 바탕 및 가치를 설명하였다.[203] 索德超와 謝濤는 M1 출토 목독 4매의 적외선 도판을 출간하고 석문을 보충하였다.[204] 趙懷舟 등은 〈六十病方〉에 보이는 15매의 題名簡을 전체 문서의 "目錄"이라고 보았다.[205] 楊華森 등은 〈醫馬書〉의 기본 정보와 가치를 소개하였다.[206]

23) 湖北隨州周家寨8號漢墓簡牘

湖北省文物考古研究所와 隨州市曾都區考古隊는 湖北 隨州市 周家寨墓地M8에서 출토된 간독의 기본 정보를 소개하고 木牘과 竹簽牌 및 간문의 컬러사진과 석문을 공개하였다.[207]

賀璐璐는 "辛亥、辛卯、壬午不可以寧人及問疾, 人必反代之. 利以賀人, 人必反賀之, 此報日"은 〈死失〉篇에서 가져온 것이며 가제를 "報日"이라고 붙일 수 있다고 하였다.[208] 劉大雄은 簡184의 "橫"은 "僨"으로 고쳐 읽어야 한다고 하였다.[209] 馮西西는 簽牌77-1의 "婢"을 "奴"로, 77-2의 "求"를 "來"로 고쳐 읽었다.[210] 高一致는 〈禹湯生子占〉 간문과 秦漢〈日書〉 중 관련이 있는 문헌을 정리하였다.[211]

---

199) 甘肅省文物考古研究所, 「甘肅永昌縣水泉子漢墓群2012年發掘簡報」, 『考古』 2017年第12期.

200) 成都文物考古研究所·荊州文物保護中心, 「成都天回鎭老官山漢墓發掘簡報」, 『南方民族考古』 第十二輯, 北京:科學出版社, 2016.

201) 中國中醫科學院中國醫史文獻研究所·成都文物考古研究院·荊州文物保護中心, 「四川成都天回漢墓醫簡整理簡報」, 『文物』 2017年第12期.

202) 成都文物考古研究所, 「成都天回鎭老官山漢墓醫簡」, 『出土文獻研究』 第十六輯.

203) 劉長華 等, 「四川成都天回漢墓醫簡的命名與學術源流考」, 『文物』 2017年第12期.

204) 索德超·謝濤, 「老官山M1木牘與西漢蜀商」, 『南方民族考古』 第十二輯.

205) 趙懷舟 等, 「四川成都老官山漢墓出土〈六十病方〉題名簡的初步研究」, 『南方民族考古』 第十二輯.

206) 楊華森 等, 「老官山〈醫馬書〉淺識」, 『中醫文獻雜志』 2017年第1期.

207) 湖北省文物考古研究所·隨州市曾都區考古隊, 「湖北隨州市周家寨墓地M8發掘簡報」, 『考古』 2017年第8期.

208) 賀璐璐, 「讀周家寨M8漢簡札記」, 簡帛網2017年9月14日.

209) 劉大雄, 「說周家寨日書〈入官〉篇的"僨"字」, 簡帛網2017年10月30日.

210) 馮西西, 「周家寨8號漢墓出土偶人簽牌小識」, 簡帛網2017年10月1日.

211) 高一致, 「周家寨漢簡日書〈禹湯生子占〉試解」, 簡帛網2017年10月1日.

24) 江西南昌海昏侯墓出土簡牘

王意樂과 徐長青은 「海昏侯劉賀墓出土的奏牘」에서 劉賀墓에서 출토된 奏牘의 기본정보를 소개하고 문자가 변식 가능한 奏牘 38版의 釋文과 일부 사진을 게재하였다.[212]

III. 魏晉簡牘

1. 長沙走馬樓三國吳簡

鄔文玲은 간문의 내용, 필체, 간독 재료의 형태, 편철한 흔적, 간독의 분리위치도면(揭剝圖, 역자주: 출토 당시 뭉치로 되어 있던 간독을 1매씩 분리할 때 그 떼어 낸 순서를 나타낸 그림) 상의 위치 등의 방면에서 시작하여 17개조의 완정한 간독과 13개조의 불완정한 出米記錄을 복원하였다.[213] 陳榮傑은 "朱表割米自首案"이라고 명명된 안건 관련 죽간을 복원 및 해석하고 이를 "許迪割米案"와 비교하였다.[214] 凌文超는 "户品出錢" 간독을 복원하고 아울러 여기에 나오는 "八億錢"의 함의를 논의하였다.[215] 또 凌氏는 "嘉禾四年隱核州、軍吏父兄子弟簿"를 복원하고 吏와 民의 分籍 등 문제를 논의하였다.[216]

沈剛은 吳簡에 보이는 어휘를 전면적으로 정리하였다.[217] 李均明은 吳簡의 簿籍에 나오는 批注文字(역자주: 간문 내 앞의 내용에 대해 "완료함", "정확함" 등의 평가 내용을 付記한 글자) "𢀳"와 "𠁧"를 각각 "已入"과 "中入"의 合文이라고 보았다.[218] 凌文超는 吳簡의 서명(簽署), 심사기록(省校)과 줄 표시(勾畫符號, 역자주: 실제 간문에는 붉은색의 기다란 선이 있음)를 각각 분류하여 예증을 통해 분석하였다.[219] 黎石生은 卷7, 8의 석문과 주석을 보충, 수정하였는데 그 수량은 모두 45건이다.[220]

徐暢은 각각의 문서에 나오는 "曹"의 성질과 등급을 분류하고 이를 縣級이라고 판단하는 동시에, 長沙吳簡은 臨湘侯國의 檔案이라는 결론을 내렸다.[221] 侯旭東은 長沙走馬樓22號井 출토 吳簡은 臨湘侯國의 主簿와 主記史가 보관하던 文書 및 簿册의 일부이며, 주로 倉曹·户曹가 올린 것으로 田曹가 올린 문서가 소량 있으며 기타 曹의 문서는 극히 적다고 지적하였다.[222]

---

212) 王意樂·徐長青, 「海昏侯劉賀墓出土的奏牘」, 『南方文物』 2017年第1期.

213) 鄔文玲, 「〈長沙走馬樓三國吳簡·竹簡(捌)〉所見州中倉出米簿的集成與復原嘗試」, 『出土文獻研究』 第十六輯.

214) 陳榮傑, 「走馬樓吳簡"朱表割米自首案"整理與研究」, 『中華文史論叢』 2017年第1期.

215) 凌文超, 「走馬樓吳簡三鄉户品出錢人名簿整理與研究——兼論八億錢與波田的興建」, 『文史』 2017年第4輯.

216) 凌文超, 「走馬樓吳簡隱核州、軍吏父兄子弟簿整理與研究——兼論孫吳吏、民分籍及在籍人口」, 『中國史研究』 2017年第2期.

217) 沈剛, 『〈長沙走馬樓三國吳簡〉語詞匯釋』, 北京:中國社會科學出版社, 2017.

218) 李均明, 「走馬樓吳簡所見"已入"及"中入"合文試析」, 『出土文獻』 第十輯.

219) 凌文超, 「走馬樓吳簡中的簽署、省校和勾畫符號舉隅」, 『中華文史論叢』 2017年第1期.

220) 黎石生, 「走馬樓吳簡〈竹簡[柒]〉、〈竹簡[捌]〉釋文、注釋補正」, 『簡帛研究二〇一七(春夏卷)』.

221) 徐暢, 「走馬樓簡牘公文書中諸曹性質的判定——重論長沙吳簡所屬官府級別」, 『中華文史論叢』 2017年第1期.

222) 侯旭東, 「湖南長沙走馬樓三國吳簡性質新探——從〈竹簡[肆]〉涉米簿書的復原說起」, 簡帛網2017年12月11日.

陳榮傑은 走馬樓三國吴簡의 "傍人"은 "旁人"이며 증인을 말한다고 하였다.[223] 陳氏는 또한 吴簡의 "賊黃勳"은 "賊帥黃勳"의 약칭일 수 있다고 지적하였다.[224] 連先用은 吴簡의 "黃簿民"과 "新占民"을 비교하여 분석한 결과, 전자는 원래 현지 호적에 등록되어 있던 고유의 民户이며, 후자는 호적에 새로 등록한(新占) 民임을 밝혔다.[225] 莊小霞는 吴簡의 "腫(踵)+兩(左、右)+足(手)" 형식의 簡文은 손발에 모종의 장애나 질병이 있음을 기록하면서 구체적으로 묘사한 것이고, "腫(踵)病"은 이를 통칭하는 용어라고 보았다.[226]

투고일: 2020. 10. 26	심사개시일: 2020. 11. 01	심사완료일: 2020. 11. 29

223) 陳榮傑, 「走馬樓三國吴簡"傍人"考論」, 『簡帛』 第十四輯.

224) 陳榮傑, 「走馬樓吴簡"賊黃勳"考論」, 『出土文獻』 第十一輯.

225) 連先用, 「試論吴簡所見的"黃簿民"與"新占民"」, 『文史』 2017年第4輯.

226) 莊小霞, 「走馬樓吴簡所見"腫足""腫病"再考」, 『魯東大學學報(哲學社會科學版)』 2017年第3期.

참/고/문/헌

1. 문자와 텍스트

常燕娜·李迎春, 「略論居延書籍簡的文獻學價值」, 『出土文獻綜合研究集刊』 第六輯.

陳榮傑·賈利青, 「論走馬樓吴簡親屬稱謂詞語在辭書編纂上的價值」, 『簡帛研究二○一七(春夏卷)』.

陳斯鵬, 「說"買""賣"」, 『中國文字學報』 第七輯.

陳松長·李洪財·劉欣欣 等, 『岳麓書院參秦簡(壹-叁)文字編』, 上海:上海辭書出版社, 2017.

陳送文, 「漢代簡帛零札(八則)」, 『考古與文物』 2017年第6期.

陳偉, 「"奴妾""臣妾"與"奴婢"」, 『出土文獻與法律史研究』 第六輯.

陳偉, 「秦漢簡牘"居縣"考」, 『歷史研究』 2017年第5期.

陳偉, 「秦漢簡牘中的"隸"」, 簡帛網2017年1月24日.

程鵬萬, 『簡牘帛書格式研究』, 上海:上海古籍出版社, 2017.

高智敏, 「論吴簡許迪案中的"考實竟"與"傅前解"」, 『魯東大學學報(哲學社會科學版)』 2017年第3期.

宫宅潔, 「里耶秦簡"訊敬"簡册識小」, 『簡帛』 第十五輯.

何有祖, 「讀北京大學藏秦簡牘札記」, 『出土文獻與法律史研究』 第六輯.

洪德榮, 「〈銀雀山漢墓竹簡[壹]·官一〉考釋三則」, 『中國文字學報』 第八輯, 北京:商務印書館, 2017.

洪颺·王紅岩, 「北大簡〈趙正書〉"蒙容"解」, 『中國文字研究』 第二十五輯, 上海:上海書店, 2017.

洪颺, 「簡本〈晏子〉"進師以戰"句辨」, 『中國文字學報』 第七輯.

胡永鵬, 『西北邊塞漢簡編年』, 福州:福建人民出版社, 2017.

紀婷婷, 「秦簡札記四則」, 『珞珈史苑(2016年卷)』.

冀小軍, 「說〈二年律令〉的"偏"字——兼談與之相關的幾個問題」, 『中國文字學報』 第七輯.

蔣魯敬, 「〈岳麓書院藏秦簡(三)〉札記」, 『楚學論叢』 第六輯.

蔣偉男, 「益陽兔子山遺址九號井簡牘文字補釋」, 『中國文字學報』 第八輯.

李龍俊, 「放馬灘秦簡〈丹〉篇所涉年代新考」, 『珞珈史苑(2016年卷)』.

李園, 「秦漢習字簡研究」, 『古籍整理研究學刊』 2017年第1期.

連劭名, 「銀雀山漢簡叢釋」, 『中原文物』 2017年第3期.

廖名春·李程, 「〈老子〉篇序的新解釋」, 『歷史研究』 2017年第6期.

劉信芳, 「秦簡法律文獻用語"柀"補釋」, 『中國文字學報』 第八輯.

劉征·鄭振峰, 「銀雀山漢簡具體筆形變化探析」, 『中國文字學報』 第七輯.

寧鎮疆, 「漢簡本"積正督"與〈老子〉十六章古義臆詁」, 『出土文獻』 第十輯.

單曉偉, 「秦系文字發展史概述」, 『中國文字學報』 第七輯.

沈澍農, 「張家山漢簡〈脈書〉"六痛"段考辨——兼論〈難經·二十二難〉"氣主呴之"的解讀」, 『出土文獻綜合研究集刊』 第六輯.

史大豊, 「〈銀雀山漢墓竹簡[貳]〉校讀札記四則」, 『中國文字研究』 第二十五輯.
陶磊, 「讀岳麓書院藏秦簡(四)札記」, 簡帛網2017年1月9日.
王博凱, 「讀戰國秦簡札記四則」, 『出土文獻研究』 第十六輯.
王錦城·魯普平, 「肩水金關漢簡釋文校補舉隅」, 『出土文獻』 第十一輯.
王錦城, 「西北漢簡所見“强落”考論」, 『中國文字研究』 第二十六輯, 上海:上海書店, 2017.
王素, 「“畫諾”問題縱橫談——以長沙漢吴簡牘爲中心」, 『中華文史論叢』 2017年第1期.
謝翠萍·王保成, 「説三國吴簡中的“秫粻”與“萲米”」, 『考古與文物』 2017年第6期.
邢義田, 「再論三辨券——讀岳麓書院藏秦簡札記之四」, 『簡帛』 第十四輯.
徐學炳, 「居延新簡所見“濟南劍”考」, 『四川文物』 2017年第1期.
伊强, 『秦簡虛詞及句式考察』, 武漢:武漢大學出版社, 2017.
尉侯凱, 「“外人”解詁」, 『古籍整理研究學刊』 2017年第3期.
于淼, 「漢代實物文字校釋六則」, 『中國文字學報』 第八輯.
張俊民, 「簡牘文書中有關印章的相關問題探析」, 『隴右文博』 2017年第1期.
張雷, 「周家台秦簡“馬心”考」, 『中國文字學報』 第八輯.
張再興·黃艷萍, 「肩水金關漢簡校讀札記」, 『中國文字研究』 第二十六輯.
鄭邦宏, 「北大漢簡〈妄稽〉、〈反淫〉的訛字整理」, 『出土文獻』 第十輯.
莊小霞, 「張家山漢簡〈二年律令〉校讀札記」, 『出土文獻綜合研究集刊』 第六輯.

2. 경제와 사회

陳偉, 「秦與漢初律令中馬“食禾”釋義」, 簡帛網2017年1月29日.
馮聞文, 「秦漢時期的女爵和女户」, 『簡帛研究二〇一七(春夏卷)』.
高士榮, 「簡牘文獻中秦及漢初奴婢制度的特征」, 『敦煌學輯刊』 2017年第1期.
高智敏, 「秦及西漢前期的墾田統計與田租徵收——以墾田租簿爲中心的考察」, 『簡帛研究二〇一七(春夏卷)』.
賈麗英, 「西北漢簡所見民爵分布與變遷」, 『簡帛研究二〇一七(春夏卷)』.
慕容浩, 「新出簡牘所見秦與漢初的田租制度及相關問題」, 『社會科學研究』 2017年第2期.
齊繼偉, 「秦漢“訾税”補論——從岳麓秦簡“識劫娩案”説起」, 『簡帛研究二〇一七(春夏卷)』.
琴載元, 「從“秦人”到“漢人”的轉換——漢初南郡編户問題之一」, 『唐都學刊』2017年第2期.
蘇俊林, 「走馬樓吴簡所見“還民”及相關問題」, 『出土文獻綜合研究集刊』 第六輯.
王子今, 「漢代河西的蜀地織品——以“廣漢八稯布”爲標本的絲綢之路史考察」, 『四川文物』 2017年第3期.
王子今, 「里耶秦簡“捕鳥及羽”文書的生活史料與生態史料意義」, 『西部考古』 第十二輯, 北京:科學出版社, 2016.
魏學宏·侯宗輝, 「肩水金關漢簡中的“家屬”及其相關問題」, 『敦煌研究』 2017年第4期.
吴方基, 「秦代縣級財務監督機制與日常運作」, 『地方財政研究』 2017年第2期.
吴方基, 「里耶秦簡“校券”與秦代跨縣債務處理」, 『中國社會經濟史研究』 2017年第4期.

肖燦·唐夢甜,「從岳麓秦簡"芮盜賣公列地案"論秦代市肆建築」,『湖南大學學報(社會科學版)』 2017年第5期.
肖從禮,「西北漢簡所見駱駝資料輯考」,『出土文獻綜合研究集刊』 第六輯.
臧知非,「"算賦"生成與漢代徭役貨幣化」,『歷史研究』 2017年第4期.
曾磊,「秦漢神祕意識中的紅色象征」,『史學月刊』 2017年第1期.
張榮强,「"小""大"之間——戰國至西晉課役身分的演進」,『歷史研究』 2017年第2期.
張榮强,「甘肅臨澤晉簡中的家產繼承與户籍制度——兼論兩晉十六國户籍的著錄内容」,『中國史研究』 2017年第3期.
鍾良燦,「西北漢簡所見吏卒家屬研究」,『簡帛研究二〇一七(春夏卷)』.
朱德貴,「簡牘所見秦及漢初"户賦"問題再探討」,『深圳大學學報(人文社會科學版)』 2017年第4期.
莊小霞,「西北漢簡所見漢代邊塞居室什物考」,『中國國家博物館館刊』 2017年第5期.

3. 법률과 행정

陳迪,「"覆獄故失"新考」,『出土文獻與法律史研究』 第六輯,『社會科學』 2017年第3期에도 게재.
陳偉,『秦簡牘校讀及所見制度考察』, 武漢:武漢大學出版社, 2017.
符奎,「秦簡所見里的拆並、吏員設置及相關問題——以〈岳麓書院藏秦簡(肆)〉爲中心」,『安徽史學』 2017年第2期.
高村武幸,「秦漢地方行政中的決策過程」,『法律史譯評』 第四卷.
宫宅潔,「秦代遷陵縣志初稿——里耶秦簡所見秦的佔領支配與駐屯軍」,『法律史譯評』 第五卷, 上海:中西書局, 2017.
勞武利,「秦的刑事訴訟案例匯編:爲獄等狀」,『法律史譯評』 第四卷.
劉太祥,「簡牘所見秦漢行政獎勵制度」,『南都學壇(人文社會科學學報)』 2017年第1期.
陸德富,「"毋憂案"確是冤案——兼論漢代的"内臣齊民化"嘗試」,『出土文獻研究』 第十六輯.
馬碩,「可計量的犯罪與刑罰-早期中華帝國非官方執法的量化與正當性」,『法律史譯評』 第五卷.
南玉泉,「兩漢刑事訴訟的審級與權限」,『出土文獻與法律史研究』 第六輯.
南玉泉,「秦漢的乞鞫覆獄」,『上海師範大學學報(哲學社會科學版)』 2017年第1期.
石原遼平,「"收"的原理與淵源」,『法律史譯評』 第四卷.
唐俊峰,「秦漢劾文書格式演變初探」,『中國古代法律文獻研究』 第十一輯.
吴方基,「秦代地方日常行政的權責關係——以縣令丞行政權責爲中心的考察」,『求索』 2017年第4期.
温俊萍,「秦遷刑考略」,『出土文獻與法律史研究』 第六輯,『湖南大學學報(社會科學版)』 2017年第5期에도 게재.
温俊萍,「秦"讞獄"補疑——以"岳麓書院藏秦簡"爲視角」,『上海師範大學學報(哲學社會科學版)』 2017年第6期.
下倉涉,「一位女性的告發:岳麓書院藏秦簡"識劫婏案"所見奴隸及"舍人""里單"」,『法律史譯評』 第五卷.
徐世虹,「出土簡牘法律文獻的定名、性質與類別」,『古代文明』 2017年第3期.
徐世虹 等,『秦律研究』, 武漢:武漢大學出版社, 2017.
楊振紅·王安宇,「秦漢訴訟制度中的"覆"及相關問題」,『史學月刊』 2017年第12期.

張斌, 「簡牘所見戰國時期秦國官農具的管理」, 『中國農史』 2017年第1期.
張馳, 「〈里耶秦簡(壹)〉所見"往來書"的文書學考察」, 『出土文獻』 第十輯.
張夢晗, 「"新地吏"與"爲吏之道"——以出土秦簡爲中心的考察」, 『中國史研究』 2017年第3期.
支强, 「秦漢律所見"群盜"犯罪的構成」, 『出土文獻與法律史研究』 第六輯.
周海鋒, 「從岳麓書院藏〈司空律〉看秦律文本的編纂與流變情況」, 『出土文獻』 第十輯.
周海鋒, 「秦律令效力問題淺探」, 『出土文獻研究』 第十六輯.
周海鋒, 「岳麓書院藏秦簡〈金布律〉研究」, 『簡帛研究二〇一七(春夏卷)』.
朱德貴, 「岳麓秦簡所見〈戍律〉初探」, 『社會科學』 2017年第10期.
朱紅林, 「史與秦漢時期的決獄制度」, 『社會學科輯刊』 2017年第1期.
朱錦程, 「秦對新征服地的特殊統治政策——以"新地吏"的選用爲例」, 『湖南師範大學社會科學學報』 2017年第2期.
朱瀟, 「秦漢司法職務犯罪及其救濟措施初探」, 『出土文獻與法律史研究』 第六輯.
莊小霞, 「"失期當斬"再探——兼論秦律與三代以來法律傳統的淵源」, 『中國古代法律文獻研究』 第十一輯.

4. 지리와 교통

郭濤, 「文書行政與秦代洞庭郡的縣際網絡」, 『社會科學』 2017年第10期.
郭偉濤, 「漢代肩水塞東部候長駐地在A32遺址考」, 『簡帛研究二〇一七(春夏卷)』.
郭偉濤, 「漢代張掖郡廣地塞部隧設置考」, 『出土文獻研究』 第十六輯.
黃浩波, 「西漢左馮翊"徵"本作"澂邑"補證——兼論"澄城"的得名」, 『出土文獻』 第十一輯.
雷長巍, 「走馬樓吴簡所見交州與長沙的交通」, 『出土文獻綜合研究集刊』 第六輯.
李勉·俞方潔, 「秦即墨郡的設置與變遷——以里耶8-657號秦簡爲據」, 『中國歷史地理論叢』 2017年第3輯.
李銀良, 「漢代"過所"考辨」, 『簡帛研究二〇一七(春夏卷)』.
林獻忠, 「里耶秦簡道路里程簡所見"燕齊道路"」, 『中國歷史地理論叢』 2017年第1輯.
沈剛, 「也談漢代西北邊亭——以張掖太守府轄區爲中心」, 『簡帛』 第十五輯.
孫聞博, 「商鞅縣制的推行與秦縣、鄉關係的確立——以稱謂、祿秩與吏員規模爲中心」, 『簡帛』 第十五輯.
孫兆華·蔣丹丹, 「說"鉼庭"」, 『魯東大學學報(哲學社會科學版)』 2017年第2期.
王彦輝, 「聚落與交通視閾下的秦漢亭制變遷」, 『歷史研究』 2017年第1期.
吴良寶, 「出土秦文字與政區地理研究舉例」, 『中國文字研究』 第二十五輯.
晏昌貴, 『秦簡牘地理研究』, 武漢:武漢大學出版社, 2017.
袁金平, 「據漢代簡帛校讀〈史記·趙世家〉一例」, 『簡帛』 第十四輯.
張朝陽, 「長沙五一廣場東漢簡所見交趾——長沙商道」, 『出土文獻與法律史研究』 第六輯.
張夢晗, 「楚國政權的東遷與秦對南郡的統治」, 『簡帛研究二〇一七(春夏卷)』.
鄭威, 『出土文獻與楚秦漢地理研究』, 北京:科學出版社. 2017.

5. 작위와 관직

華楠, 「里耶秦簡所見"冗佐"芻議」, 『楚學論叢』 第六輯.

李超, 「秦漢養狗官制考」, 『農業考古』 2017年第1期.

馬智全, 「漢簡"學師"小考」, 『魯東大學學報(哲學社會科學版)』 2017年第2期.

沈剛, 「簡牘所見秦代地方職官選任」, 『歷史研究』 2017年第4期.

湯志彪, 「略論里耶秦簡中令史的職掌與升遷」, 『史學集刊』 2017年第2期.

吴方基, 「簡牘所見秦代縣尉及與令、丞關係新探」, 『中華文化論壇』 2017年第2期.

徐暢, 「長沙出土簡牘中的"丞掾"」, 『文物』 2017年第12期.

于振波·朱錦程, 「出土文獻所見秦"新黔首"爵位問題」, 『湖南社會科學』 2017年第6期.

鄒水杰, 「秦簡"有秩"新證」, 『中國史研究』 2017年第3期.

6. 역법과 수술(數術)

董濤, 「擇日術的起源——以〈日書〉爲中心的考察」, 『簡帛研究二〇一七(春夏卷)』.

顧漫·劉長華, 「張家山〈引書〉中的"彭祖之道"」, 『出土文獻研究』 第十六輯.

黃儒宣, 「馬王堆帛書〈上朔〉總論」, 『文史』 2017年第2輯.

孫占宇·魯家亮, 『放馬灘秦簡及岳麓秦簡〈夢書〉研究』, 武漢:武漢大學出版社, 2017.

田旭東, 「秦簡中的"祠五祀"與"祠先農"」, 『西部考古』 第十二輯.

王化平, 「略論戰國秦漢簡牘數術文獻與〈周易〉」, 『出土文獻綜合研究集刊』 第六輯.

王寧, 「北大簡〈揕輿〉"大羅圖"的左行、右行問題」, 簡帛網2017年3月12日.

王寧, 「北大簡〈揕輿〉十二辰、二十八宿排列淺議」, 簡帛網2017年3月24日.

王寧, 「北大秦簡〈禹九策〉的占法臆測」, 簡帛網2017年9月21日.

王寧, 「尹灣漢簡〈神龜占〉占法考辨」, 簡帛網2017年10月1日.

許名瑲, 「甲渠候官漢簡曆日新研」, 簡帛網2017年9月6日.

7. 총론, 목록과 기타

草野友子·中村未來·海老根量介, 「2015年日本學界中國出土簡帛研究概述」, 『簡帛』 第十四輯.

蔡萬進, 「出土簡帛整理的若干理論問題」, 『鄭州大學學報(哲學社會科學版)』 2017年第5期.

戴衛紅, 『韓國木簡研究』, 桂林:廣西師範大學出版社2017年.

吉永匡史·金珍·梅凌寒·施可婷, 「2016年度國外中國法律史研究論著目錄」, 『中國古代法律文獻研究』 第十一輯.

金慶浩, 「出土文獻〈論語〉在古代東亞社會中的傳播和接受」, 『史學集刊』 2017年第3期.

劉國勝·王谷, 「楚地出土戰國秦漢簡牘再整理的學術反思」, 『鄭州大學學報(哲學社會科學版)』 2017年第5期.

劉國忠, 「流散簡帛資料的整理及學術價值」, 『鄭州大學學報(哲學社會科學版)』 2017年第5期.

劉欣寧, 「2016年度台灣地區中國法律史研究論著目錄」, 『中國古代法律文獻研究』 第十一輯.

魯家亮, 「2016中國大陸秦漢魏晉簡牘研究概述」, 『簡帛』 第十五輯.

沈剛, 『秦漢魏晉簡帛論文目錄-集刊、論文集之部:1955-2014』, 上海:中西書局, 2017.

宋少華, 「關於長沙走馬樓吳簡前期整理方法的觀察與思考」, 『鄭州大學學報(哲學社會科學版)』 2017年第5期.

蘇俊林, 「走馬樓吳簡研究方法述評」, 『簡帛研究二〇一七(春夏卷)』.

吳方基, 「秦簡所見地方行政制度研究的新進展」, 『簡帛研究二〇一七(春夏卷)』.

徐暢, 「長沙走馬樓三國吳簡整理研究二十年特點選評」, 『簡帛』 第十五輯.

張德芳, 「西北漢簡整理的歷史回顧及啟示」, 鄭州大學學報(哲學社會科學版)』 2017年第5期.

張國艷, 「簡牘日書研究論著目錄」, 簡帛網2017年1月17日.

鄒水杰, 「2016年的秦漢史研究」, 『中國史研究動態』 2017年第4期.

〈Abstract〉

Summary of the study bamboo slips of Qin–han–wei–jin by 2017

Lu, Jia–liang

This paper is mainly about the brief introduction of the research on bamboo slips in the Qin, Han, Wei and jun Dynasties in the year of 2017. The style, classification and collecting principle are basically the same as those summarized in previous years, and a few important achievements of the past year have alsa been added. Wei and jin bamboo slips research scholars interested in providing a little convenience.

▶ Key words: Qin, Han, Wei, Jin, Jiandu

휘보

학술대회, 자료교환

학술대회, 자료교환

1. 학술대회

제14회 국제학술대회

■ 일시: 2020년 11월 26일(목)~27일(금)
■ 장소: 인천 계양산성박물관 교육실
■ 주최: 계양산성박물관, 경북대학교 HK+사업단, 한국목간학회
■ 후원: 한국연구재단

《11월 26일-1일차》
□ 14:00~18:00
계양산성 논어목간 조사 및 계양산성 답사
□ 18:00~
참석자 초청 만찬

《11월 27일-2일차》
□ 1부 개회식 9:30~10:00-사회 : 안정준(서울시립대)
개회사 및 환영사
〈기조강연〉 동아시아의 문자교류와 논어 - 李成市 (일본, 와세다대)

□ 2부 논어의 형성과 전파 10:10~12:00- 사회 : 방국화(경북대)
제1주제: 前漢代 儒教의 國教化와 『論語』의 傳播 -김경호(성균관대)
제2주제: 从先秦礼典的角度中审《论语》中两处'将命'的理解问题 -宁镇疆(중국, 上海大)

제3주제: 海昏汉简《论语》初读-兼谈西汉中期的《论语》学 - 陈侃理(중국, 北京大)

제4주제: 吐鲁番文书中《论语》习书与抄写 -戴卫红(경북대)

제5주제: 平壤출토 竹簡 《論語》의 文本 -윤용구(경북대)

ㅁ 3부 계양산성과 논어목간 13:30~15:20- 사회 : 윤선태(동국대)

제1주제: 계양산성의 발굴과 문자자료 -서봉수(백두문화재연구원)

제2주제: 한국고대 산성의 집수시설과 용도 -백종오(한국교통대)

제3주제: 한국출토 論語 목간의 원형복원 -橋本繁(경북대)

제4주제: 古代日本における論語木簡の特質 -三上喜孝(일본, 國立歷博)

제5주제: 신라의 유가 교육과 『論語』 -채미하(경희대)

ㅁ 4부 종합토론 15:40~17:30- 좌장 : 주보돈(경북대)

김병준(서울대), 이영호(경북대), 권인한(성균관대), 김진우(경북대), 양정석(수원대)

2. 자료교환

日本木簡學會와의 資料交換

*日本木簡學會 『木簡研究』 수령

* 韓國木簡學會 『木簡과 文字』 24호 일본 발송

부록

학회 회칙, 간행예규, 연구윤리규정

학회 회칙

제 1 장 총칙

제 1 조 (명칭) 본회는 한국목간학회(韓國木簡學會, The Korean Society for the Study of Wooden Documents)라 한다.

제 2 조 (목적) 본회는 목간을 비롯한 금석문, 고문서 등 문자자료와 기타 문자유물을 중심으로 한 연구 및 학술조사를 통하여 한국의 목간학 발전에 이바지함을 목적으로 한다.

제 3 조 (사업) 본회는 목적에 부합하는 다음의 사업을 한다.

1. 연구발표회
2. 학보 및 기타 간행물 발간
3. 유적·유물의 답사 및 조사 연구
4. 국내외 여러 학회들과의 공동 학술연구 및 교류
5. 기타 위의 각 사항의 사업을 수행하기 위해 필요한 사업

제 4 조 (회원의 구분과 자격)

① 본회의 회원은 본회의 목적에 동의하여 회비를 납부하는 개인 또는 기관으로서 연구회원, 일반회원 및 학생회원으로 구분하며, 따로 명예회원, 특별회원을 둘 수 있다.

② 연구회원은 평의원 2인 이상의 추천을 받아 평의원회에서 심의, 인준한다.

③ 일반회원은 연구회원과 학생회원이 아닌 사람과 기관 및 단체로 한다.

④ 학생회원은 대학생과 대학원생으로 한다.

⑤ 명예회원은 본회의 발전에 크게 기여한 회원 또는 개인 중에서 운영위원회에서 추천하여 평의원회에서 인준을 받은 사람으로 한다.

⑥ 특별회원은 본회의 활동과 운영에 크게 기여한 개인 또는 기관 중에서 운영위원회에서 추천하여 평의원회에서 인준을 받은 사람으로 한다.

제 5 조 (회원징계) 회원으로서 본회의 명예를 손상시키거나 회칙을 준수하지 않았을 경우 평의원회의 심의와 총회의 의결에 따라 자격정지, 제명 등의 징계를 할 수 있다.

제 2 장 조직 및 기능

제 6 조 (조직) 본회는 총회·평의원회·운영위원회·편집위원회를 두며, 필요한 경우 별도의 위원회를 구성할 수 있다.

제 7 조 (총회)

① 총회는 정기총회와 임시총회로 나누며, 정기총회는 2년에 1회 정기적으로 개최하고 임시총회는 필요한 때에 소집할 수 있다.

② 총회는 회장이나 평의원회의 의결로 소집한다.

③ 총회는 평의원회에서 심의한 학회의 회칙, 운영예규의 개정 및 사업과 재정 등에 관한 보고를 받고 이를 의결한다.

④ 총회는 평의원회에서 추천한 회장, 평의원, 감사를 인준한다. 단 회장의 인준이 거부되었을 때는 평의원회에서 재추천하도록 결정하거나 총회에서 직접 선출한다.

제 8 조 (평의원회)

① 평의원은 연구회원 중 평의원회의 추천을 받아 총회에서 인준한 자로 한다.

② 평의원회는 회장을 포함한 평의원으로 구성한다.

③ 평의원회는 회장 또는 평의원 4분의 1 이상의 요구로써 소집한다.

④ 평의원회는 아래의 사항을 추천, 심의, 의결한다.

1. 회장, 평의원, 감사, 편집위원의 추천
2. 회칙개정안, 운영예규의 심의
3. 학회의 재정과 사업수행의 심의
4. 연구회원, 명예회원, 특별회원의 인준
5. 회원의 자격정지, 제명 등의 징계를 심의

제 9 조 (운영위원회)

① 운영위원회는 회장과 회장이 지명하는 부회장, 총무·연구·편집·섭외이사 등 20명 내외로 구성하고, 실무를 담당할 간사를 둔다.

② 운영위원회는 평의원회에서 심의·의결한 사항을 집행하며, 학회의 제반 운영업무를 담당한다.

③ 부회장은 회장을 도와 학회의 업무를 총괄 지원하며, 회장 유고시에는 회장의 권한을 대행한다.

④ 총무이사는 학회의 통상 업무를 담당, 집행한다.

⑤ 연구이사는 연구발표회 및 각종 학술대회의 기획을 전담한다.

⑥ 편집이사는 편집위원을 겸하며, 학보 및 기타 간행물의 출간을 전담한다.

⑦ 섭외이사는 학술조사를 위해 자료소장기관과의 섭외업무를 전담한다.

제 10 조 (편집위원회) 편집위원회는 학보 발간 및 기타 간행물의 출간에 관한 제반사항을 담당하며, 그 구성은 따로 본회의 운영예규에 정한다.

제 11 조 (기타 위원회) 기타 위원회의 구성과 활동은 회장이 결정하며, 그 내용을 평의원회에 보고한다.

제 12 조 (임원)

① 회장은 본회를 대표하고 총회와 각급회의를 주재하며, 임기는 2년으로 한다.

② 평의원은 제 8 조의 사항을 담임하며, 임기는 종신으로 한다.

③ 감사는 평의원회에 출석하고, 본회의 업무 및 재정을 감사하여 총회에 보고하며, 그 임기는 2년으로 한다.

④ 임원의 임기는 1월 1일부터 시작한다.

⑤ 임원이 유고로 업무를 수행할 수 없게 된 때에는 평의원회에서 보궐 임원을 선출하고 다음 총회에서 인준을 받으며, 그 임기는 전임자의 잔여임기가 1년 미만인 경우는 잔여임기에 규정임기 2년을 더한 기간으로 하고, 잔여임기가 1년 이상인 경우는 잔여기간으로 한다.

제 13 조 (의결)

① 총회에서의 인준과 의결은 출석 회원의 과반수로 한다.

② 평의원회는 평의원 4분의 1 이상의 출석으로 성립하며, 의결은 출석한 평의원 과반수의 찬성으로 한다.

제 3 장 출판물의 발간

제 14 조 (출판물)

① 본회는 매년 6월 30일과 12월 31일에 학보를 발간하고, 그 명칭은 "목간과 문자"(한문 "木簡과 文字", 영문 "Wooden documents and Inscriptions Studies")로 한다.

② 본회는 학보 이외에 본회의 목적에 부합하는 출판물을 발간할 수 있다.

③ 본회가 발간하는 학보를 포함한 모든 출판물의 저작권은 본 학회에 속한다.

제 15 조 (학보 게재 논문 등의 선정과 심사)

① 학보에는 회원의 논문 및 본회의 목적에 부합하는 주제의 글을 게재함을 원칙으로 한다.

② 논문 등 학보 게재물은 편집위원회에서 선정한다.

③ 논문 등 학보 게재물의 선정 기준과 절차는 따로 본회의 운영예규에 정한다.

제 4 장 재정

제 16 조 (재원) 본회의 재원은 회비 및 기타 수입으로 한다.

제 17 조 (회계연도) 본회의 회계연도 기준일은 1월 1일로 한다.

제 5 장 기타

제 18 조 (운영예규) 본 회칙에 명시하지 않은 운영에 필요한 사항은 따로 운영예규에 정한다.

제 19 조 (기타사항) 본 회칙에 규정되지 않은 사항은 일반관례에 따른다

부칙

1. 본 회칙은 2007년 1월 9일부터 시행한다.
2. 본 회칙은 2009년 1월 9일부터 시행한다.
3. 본 회칙은 2012년 1월 18일부터 시행한다.
4. 본 회칙은 2015년 10월 31일부터 시행한다.

편집위원회에 관한 규정

제 1 장 총칙

제 1 조 (명칭) 본 규정은 '편집위원회에 관한 규정'이라 한다.

제 2 조 (목적) 본 규정은 한국목간학회 편집위원회의 조직 및 편집 활동 전반에 관한 세부 사항을 규정하는 것을 목적으로 한다.

제 2 장 조직 및 권한

제 3 조 (구성) 편집위원회는 회칙에 따라 구성한다.

제 4 조 (편집위원의 임명) 편집위원은 세부 전공 분야 및 연구 업적을 감안하여 평의원회에서 추천하며, 회장이 임명한다.

제 5 조 (편집위원장의 선출) 편집위원장은 편집위원 전원의 무기명 비밀투표 방식으로 편집위원 중에서 선출한다.

제 6 조 (편집위원장의 권한) 편집위원장은 편집회의의 의장이 되며, 학회지의 편집 및 출판 활동 전반에 대하여 권한을 갖는다.

제 7 조 (편집위원의 자격) 편집위원은 다음과 같은 조건을 갖춘자로 한다.

1. 박사학위를 소지한 자.
2. 대학의 전임교수로서 5년 이상의 경력을 갖추었거나, 이와 동등한 연구 경력을 갖춘자.
3. 역사학·고고학·보존과학·국어학 또는 이와 관련된 분야에서 연구 업적이 뛰어나고 학계의 명망과 인격을 두루 갖춘자.

4. 다른 학회의 임원이나 편집위원으로 과다하게 중복되지 않은 자.

제 8 조 (편집위원의 임기) 편집위원의 임기는 2년으로 하되, 연임할 수 있다.

제 9 조 (편집자문위원) 학회지 및 기타 간행물의 편집 및 출판 활동과 관련하여 필요시 국내외의 편집자문위원을 둘 수 있다.

제 10 조 (편집간사) 학회지를 비롯한 제반 출판 활동 업무를 원활히 하기 위하여 편집간사 약간 명을 둘 수 있다.

제 3 장 임무와 활동

제 11 조 (편집위원회의 임무와 활동) 편집위원회의 임무와 활동 내용은 다음과 같다.

1. 학회지의 간행과 관련된 제반 업무.
2. 학술 단행본의 발행과 관련된 제반 업무.
3. 기타 편집 및 발행과 관련된 제반 활동.

제 12 조 (편집간사의 임무) 편집간사는 편집위원회의 업무와 활동을 보조하며, 편집과 관련된 회계의 실무를 담당한다.

제 13 조 (학회지의 발간일) 학회지는 1년에 2회 발행하며, 그 발행일자는 6월 30일과 12월 31일로 한다.

제 4 장 편집회의

제 14 조 (편집회의의 소집) 편집회의는 편집위원장이 수시로 소집하되, 필요한 경우에는 3인 이상의 편집위원이 발의하여 회장의 동의를 얻어 편집회의를 소집할 수 있다. 또한 심사위원의 추천 및 선정 등에 필요한 경우에는 전자우편을 통한 의견 수렴으로 편집회의를 대신할 수 있다.

제 15 조 (편집회의의 성립) 편집회의는 편집위원장을 포함한 편집위원 과반수의 출석으로 성립된다.

제 16 조 (편집회의의 의결) 편집회의의 제반 안건은 출석 위원 과반수의 찬성으로 의결하되, 찬반 동수인 경우에는 편집위원장이 결정한다.

제 17 조 (편집회의의 의장)　편집위원장은 편집회의의 의장이 된다. 편집위원장이 참석하지 아니한 경우에는 편집위원 중의 연장자가 의장이 된다.

제 18 조 (편집회의의 활동)　편집회의는 학회지의 발행, 논문의 심사 및 편집, 기타 제반 출판과 관련된 사항에 대하여 논의하고 결정한다.

부칙

제1조 이 규정은 운영위원회의 의결을 거쳐 2007년 11월 24일부터 시행한다.

제2조 이 규정은 운영위원회의 의결을 거쳐 2009년 1월 9일부터 시행한다.

제3조 이 규정은 운영위원회의 의결을 거쳐 2012년 1월 18일부터 시행한다.

학회지 논문의 투고와 심사에 관한 규정

제 1 장 총칙

제 1 조 (명칭) 본 규정은 '학회지 논문의 투고와 심사에 관한 규정'이라 한다.

제 2 조 (목적) 본 규정은 한국목간학회의 학회지인 『목간과 문자』에 수록할 논문의 투고와 심사에 관한 절차를 정하고 관련 업무를 명시함에 목적을 둔다.

제 2 장 원고의 투고

제 3 조 (투고 자격) 논문의 투고 자격은 회칙에 따르되, 당해 연도 회비를 납부한 자에 한한다.

제 4 조 (투고의 조건) 본 학회에서 발표한 논문에 한하여 투고하는 것을 원칙으로 한다.

제 5 조 (원고의 분량) 원고의 분량은 학회지에 인쇄된 것을 기준으로 각종의 자료를 포함하여 20면 내외로 하되, 자료의 영인을 붙이는 경우에는 면수 계산에서 제외한다.

제 6 조 (원고의 작성 방식) 원고의 작성 방식과 요령 등에 관하여는 별도의 내규를 정하여 시행한다.

제 7 조(원고의 언어) 원고는 한국어로 작성함을 원칙으로 하되, 외국어로 작성된 원고의 게재 여부는 편집회의에서 정한다.

제 8 조 (제목과 필자명) 논문 제목과 필자명은 영문으로 附記하여야 한다.

제 9 조 (국문초록과 핵심어) 논문을 투고할 때에는 국문과 외국어로 된 초록과 핵심어를 덧붙여야 한다. 요약문과 핵심어의 작성 요령은 다음과 같다.

1. 국문초록은 논문의 내용과 논지를 잘 간추려 작성하되, 외국어 요약문은 영어, 중국어, 일어 중의 하나로 작성한다.
2. 국문초록의 분량은 200자 원고지 5매 내외로 한다.
3. 핵심어는 논문의 주제 및 내용을 대표할 만한 단어를 뽑아서 요약문 뒤에 행을 바꾸어 제시한다.

제 10 조 (논문의 주제 및 내용 조건)　논문의 주제 및 내용은 다음에 부합하여야 한다.
1. 국내외의 출토 문자 자료에 대한 연구 논문
2. 국내외의 출토 문자 자료에 대한 소개 또는 보고 논문
3. 국내외의 출토 문자 자료에 대한 역주 또는 서평 논문

제 11 조 (논문의 제출처)　심사용 논문은 온라인투고시스템을 이용한다.

제 3 장　원고의 심사

제 1 절 : 심사자

제 12 조 (심사자의 자격)　심사자는 논문의 주제 및 내용과 관련된 분야에서 박사학위를 소지한 자를 원칙으로 하되, 본 학회의 회원 가입 여부에 구애받지 아니한다.

제 13 조 (심사자의 수)　심사자는 논문 한 편당 2인 이상 5인 이내로 한다.

제 14 조 (심사 의뢰)　편집위원장은 편집회의에서 추천·의결한 바에 따라 심사자를 선정하여 심사를 의뢰하도록 한다. 편집회의에서의 심사자 추천은 2배수로 하고, 편집회의의 의결을 거쳐 선정한다.

제 15 조 (심사자에 대한 이의)　편집위원장은 심사자 위촉 사항에 대하여 대외비로 회장에게 보고하며, 회장은 편집위원장에게 이의를 제기할 수 있다. 심사자 위촉에 대한 이의에 대하여는 편집회의를 거쳐 편집위원장이 심사자를 변경할 수 있다. 다만, 편집회의 결과 원래의 위촉자가 재선정되었을 경우 편집위원장은 회장에게 그 사실을 구두로 통지하며, 통지된 사항에 대하여 회장은 이의를 제기할 수 없다.

제 2 절 : 익명성과 비밀 유지

제 16 조 (익명성과 비밀 유지 조건)　심사용 원고는 반드시 익명으로 하며, 심사에 관한 제반 사항은 편집위원장 책임하에 반드시 대외비로 하여야 한다.

제 17 조 (익명성과 비밀 유지 조건의 위배에 대한 조치)　위 제16조의 조건을 위배함으로 인해 심사자에게 중대한 피해를 입혔을 경우에는 편집위원 3인 이상의 발의로써 편집위원장의 동의 없이도 편집회의를 소집할 수 있으며, 다음 각 호에 따라 위배한 자에 따라 사안별로 조치한다. 또한 해당 심사자에게는 편집위원장 명의로 지체없이 사과문을 심사자에게 등기 우송하여야 한다. 편집위원장 명의를 사용하지 못할 경우에는 편집위원 전원이 연명하여 사과문을 등기 우송하여야 한다. 익명성과 비밀 유지 조건에 대한 위배 사실이 학회의 명예를 손상한 경우에는 편집위원 3인의 발의만으로써도 해당 편집위원장 및 편집위원에 대한 징계를 회장에게 요청할 수 있으며, 이 경우 그 처리 결과를 학회지에 공지하여야 한다.

1. 편집위원장이 위배한 경우에는 편집위원장을 교체한다.
2. 편집위원이 위배한 경우에는 편집위원직을 박탈한다.
3. 임원을 겸한 편집위원의 경우에는 회장에게 교체하도록 요청한다.
4. 편집간사 또는 편집보조가 위배한 경우에는 편집위원장이 당사자를 해임한다.

제 18 조 (편집위원의 논문에 대한 심사)　편집위원이 투고한 논문을 심사할 때에는 해당 편집위원을 궐석시킨 후에 심사자를 선정하여야 하며, 회장에게도 심사자의 신원을 밝히지 않는 것을 원칙으로 한다.

제 3 절 : 심사 절차

제 19 조 (논문심사서의 구성 요건)　논문심사서에는 '심사 소견', 그리고 '수정 및 지적사항'을 적는 난이 포함되어야 한다.

제 20 조 (심사 소견과 영역별 평가)　심사자는 심사 논문에 대하여 영역별 평가를 감안하여 종합판정을 한다. 심사 소견에는 영역별 평가와 종합판정에 대한 근거 및 의견을 총괄적으로 기술함을 원칙으로 한다.

제 21 조 (수정 및 지적사항)　'수정 및 지적사항'란에는 심사용 논문의 면수 및 수정 내용 등을 구체적으로 지시하여야 한다.

제 22 조 (심사 결과의 전달)　편집간사는 편집위원장의 지시를 받아 투고자에게 심사자의 논문심사서와 심사용 논문을 전자우편 또는 일반우편으로 전달하되, 심사자의 신원이 드러나지 않도록 각별히 유의하여야 한다. 논문 심사서 중 심사자의 인적 사항은 편집회의에서도 공개하지 않는다.

제 23 조 (수정된 원고의 접수)　투고자는 논문심사서를 수령한 후 소정 기일 내에 원고를 수정하여 편집위원장에게 송부하여야 한다. 기한을 넘겨 접수된 수정 원고는 학회지의 다음 호에 접수된 투고 논문과

동일한 심사 절차를 밟되, 논문심사료는 부과하지 않는다.

제 4 절 : 심사의 기준과 게재 여부 결정

제 24 조 (심사 결과의 종류)　심사 결과는 '종합판정'과 '영역별 평가'로 나누어 시행한다.

제 25 조 (종합판정과 등급)　종합판정은 ①揭載 可, ②小幅 修正後 揭載, ③大幅 修正後 再依賴, ④揭載 不可 중의 하나로 한다.

제 26 조 (영역별 평가)　영역별 평가 기준은 다음과 같다.

1. 학계에의 기여도
2. 연구 내용 및 방법론의 참신성
3. 논지 전개의 타당성
4. 논문 구성의 완결성
5. 문장 표현의 정확성

제 27 조 (게재 여부의 결정 기준)　심사용 논문의 학회지 게재 여부는 심사자의 종합판정에 의거하여 이들을 합산하여 시행한다. 게재 여부의 결정은 최종 수정된 원고를 대상으로 한다.

제 28 조 (게재 여부 결정의 조건)　게재 여부 결정의 조건은 다음과 같다.

1. 심사자의 2분의 1 이상이 위 제25조의 '①게재 가'로 판정한 경우에는 게재한다.
2. 심사자의 2분의 1 이상이 위 제25조의 '③게재 불가'로 판정한 경우에는 게재를 불허한다.

제 29 조 (게재 여부에 대한 논의)　위 제28조의 경우가 아닌 논문에 대하여는 편집회의의 토의를 거친 후에 게재 여부를 확정하되, 이 때에는 영역별 평가를 참조한다.

제 30 조 (논문 게재 여부의 통보)　편집위원장은 논문 게재 여부에 대한 최종 확정 결과를 투고자에게 통보하여야 한다.

제 5 절 : 이의 신청

제 31 조 (이의 신청)　투고자는 심사와 논문 게재 여부에 대하여 이의를 신청할 수 있다. 이 때에는 200자 원고지 5매 내외의 이의신청서를 작성하여 심사 결과 통보일 15일 이내에 편집위원장에게 송부하

여야 하며, 편집위원장은 이의 신청 접수일로부터 15일 이내에 이에 대한 처리 절차를 완료하여야 한다.

제 32 조 (이의 신청의 처리)　이의 신청을 한 투고자의 논문에 대해서는 편집회의에서 토의를 거쳐 이의 신청의 수락 여부를 의결한다. 수락한 이의 신청에 대한 조치 방법은 편집회의에서 결정한다.

제 4 장　게재 논문의 사후 심사 및 조치

제 1 절 : 게재 논문의 사후 심사

제 33 조 (사후 심사)　학회지에 게재된 논문에 대하여는 사후 심사를 할 수 있다.

제 34 조 (사후 심사 요건)　사후 심사는 편집위원회의 자체 판단 또는 접수된 사후심사요청서의 검토 결과, 대상 논문이 그 논문이 수록된 본 학회지 발행일자 이전의 간행물 또는 타인의 저작권에 귀속시킬 만한 연구 내용을 현저한 정도로 표절 또는 중복 게재한 것으로 의심되는 경우에 한한다.

제 35 조 (사후심사요청서의 접수)　게재 논문의 표절 또는 중복 게재와 관련하여 사후 심사를 요청하는 사후심사요청서를 편집위원장 또는 편집위원회에 접수할 수 있다. 이 경우 사후심사요청서는 밀봉하고 겉봉에 '사후심사요청'임을 명기하되, 발신자의 신원을 겉봉에 노출시키지 않음을 원칙으로 한다.

제 36 조 (사후심사요청서의 개봉)　사후심사요청서는 편집위원장 또는 편집위원장이 위촉한 편집위원이 개봉한다.

제 37 조 (사후심사요청서의 요건)　사후심사요청서는 표절 또는 중복 게재로 의심되는 내용을 구체적으로 밝혀야 한다.

제 2 절 : 사후 심사의 절차와 방법

제 38 조 (사후 심사를 위한 편집위원회 소집)　게재 논문의 표절 또는 중복 게재에 관한 사실 여부를 심의하고 사후 심사자의 선정을 비롯한 제반 사항을 의결하기 위해 편집위원장은 편집위원회를 소집할 수 있다.

제 39 조 (질의서의 우송)　편집위원회의 심의 결과 표절이나 중복 게재의 개연성이 있다고 판단된 논문에 대해서는 그 진위 여부에 대해 편집위원장 명의로 해당 논문의 필자에게 질의서를 우송한다.

제 40 조 (답변서의 제출)　위 제39조의 질의서에 대해 해당 논문 필자는 질의서 수령 후 30일 이내 편집위원장 또는 편집위원회에 답변서를 제출하여야 한다. 이 기한 내에 답변서가 없을 경우엔 질의서의 내용을 인정한 것으로 판단한다.

제 3 절 : 사후 심사 결과의 조치

제 41 조 (사후 심사 확정을 위한 편집위원회 소집)　편집위원장은 답변서를 접수한 날 또는 마감 기한으로부터 15일 이내에 사후 심사 결과를 확정하기 위한 편집위원회를 소집한다.

제 42 조 (심사 결과의 통보)　편집위원장은 편집위원회에서 확정한 사후 심사 결과를 7일 이내에 사후 심사를 요청한 이 및 관련 당사자에게 통보하여야 한다.

제 43 조 (표절 및 중복 게재에 대한 조치)　편집위원회에서 표절 또는 중복 게재로 확정된 경우에는 회장에게 지체 없이 보고하고, 회장은 운영위원회를 소집하여 다음 각 호와 같은 조치를 집행할 수 있다.

1. 차호 학회지에 그 사실 관계 및 조치 사항들을 기록한다.
2. 학회지 전자판에서 해당 논문을 삭제하고, 학회논문임을 취소한다.
3. 해당 논문 필자에 대하여 제명 조치하고, 향후 5년간 재입회할 수 없도록 한다.
4. 관련 사실을 한국연구재단에 보고한다.

제 4 절 : 제보자의 보호

제 44 조 (제보자의 보호)　표절 및 중복 게재에 관한 이의 및 논의를 제기하거나 사후 심사를 요청한 사람에 대해서는 신원을 절대적으로 밝히지 않고 익명성을 보장하여야 한다.

제 45 조 (제보자 보호 규정의 위배에 대한 조치)　위 제44조의 규정을 위배한 이에 대한 조치는 위 제17조에 준하여 시행한다.

부칙

제1조(시행일자) 본 규정은 2007년 11월 24일부터 시행한다.

제2조(시행일자) 본 규정은 2009년 1월 9일부터 시행한다.

제3조(시행일자) 본 규정은 2015년 10월 31일부터 시행한다.

제4조(시행일자) 본 규정은 2018년 1월 12일부터 시행한다.

학회지 논문의 투고와 원고 작성 요령에 관한 내규

제 1 조 (목적) 이 내규는 본 한국목간학회의 회칙 및 관련 규정에 따라 학회지에 게재하는 논문의 투고와 원고 작성 요령에 대하여 명시하는 것을 목적으로 한다.

제 2 조 (논문의 종류) 학회지에 게재되는 논문은 심사 논문과 기획 논문으로 나뉜다. 심사 논문은 본 학회의 학회지 논문의 투고와 심사에 관한 규정에 따른 심사 절차를 거쳐 게재된 논문을 가리키며, 기획 논문은 편집위원회에서 기획하여 특정의 연구자에게 집필을 위촉한 논문을 가리킨다.

제 3 조 (기획 논문의 집필자) 기획 논문의 집필자는 본 학회의 회원 여부에 구애받지 아니한다.

제 4 조 (기획 논문의 심사) 기획 논문에 대하여도 심사 논문과 동일한 절차의 심사를 시행하는 것을 원칙으로 하되, 편집위원회의 의결을 거쳐 심사를 면제할 수 있다.

제 5 조 (투고 기한) 논문의 투고 기한은 매년 4월 말과 10월 말로 한다.

제 6 조 (수록호) 4월 말까지 투고된 논문은 심사 과정을 거쳐 같은 해의 6월 30일에 발행하는 학회지에 수록하며, 10월 말까지 투고된 논문은 같은 해의 12월 31일에 간행하는 학회지에 수록하는 것을 원칙으로 한다.

제 7 조 (수록 예정일자의 변경 통보) 위 제6조의 예정 기일을 넘겨 논문의 심사 및 게재가 이루어질 경우 편집위원장은 투고자에게 그 사실을 통보해 주어야 한다.

제 8 조 (게재료) 논문 게재의 확정시에는 일반 논문 10만원, 연구비 수혜 논문 30만원의 게재료를 납부하여야 한다.

제 9 조 (초과 게재료) 학회지에 게재하는 논문의 분량이 인쇄본을 기준으로 20면을 넘을 경우에는 1

면 당 2만원의 초과 게재료를 부과할 수 있다.

제 10 조 (원고료) 학회지에 게재되는 논문에 대하여는 소정의 원고료를 필자에게 지불할 수 있다. 원고료에 관한 사항은 운영위원회에서 결정한다.

제 11 조 (익명성 유지 조건) 심사용 논문에서는 졸고 및 졸저 등 투고자의 신원을 드러내는 표현을 쓸 수 없다.

제 12 조 (컴퓨터 작성) 논문의 원고는 컴퓨터로 작성함을 원칙으로 하며, 문장편집기 프로그램은 「한글」을 사용할 것을 권장한다.

제 13 조 (제출물) 원고 제출시에는 온라인투고시스템을 이용하며, 연구윤리규정과 저작권 이양동의서에 동의하여야 한다.

제 14 조 (투고자의 성명 삭제) 편집간사는 심사자에게 심사용 논문을 송부할 때 반드시 투고자의 성명과 기타 투고자의 신원을 알 수 있는 표현 등을 삭제하여야 한다.

제 15 조 (출토 문자 자료의 표기 범례 등 기타) 출토 문자 자료의 표기 범례를 비롯하여 위에서 정하지 않은 학회지 논문의 투고와 원고 작성 요령 및 용어 사용 등에 관한 사항들은 일반적인 관행에 따르거나 편집위원회에서 결정한다.

부칙

제1조(시행일자) 이 내규는 2007년 11월 24일부터 시행한다.
제2조(시행일자) 이 내규는 2009년 1월 9일부터 시행한다.
제3조(시행일자) 이 내규는 2012년 1월 18일부터 시행한다.
제4조(시행일자) 이 내규는 2015년 10월 31일부터 시행한다.
제5조(시행일자) 이 내규는 2018년 1월 12일부터 시행한다.

韓國木簡學會 研究倫理 規定

제 1 장 총칙

제 1 조 (명칭) 이 규정은 '한국목간학회 연구윤리 규정'이라 한다.

제 2 조 (목적) 이 규정은 한국목간학회 회칙 및 편집위원회 규정에 따른 연구윤리 등에 관한 세부사항을 규정하는 것을 목적으로 한다.

제 2 장 저자가 지켜야 할 연구윤리

제 3 조 (표절 금지) 저자는 자신이 행하지 않은 연구나 주장의 일부분을 자신의 연구 결과이거나 주장인 것처럼 논문이나 저술에 제시하지 않는다.

제 4 조 (업적 인정)

1. 저자는 자신이 실제로 행하거나 공헌한 연구에 대해서만 저자로서의 책임을 지며, 또한 업적으로 인정받는다.
2. 논문이나 기타 출판 업적의 저자나 역자가 여러 명일 때 그 순서는 상대적 지위에 관계없이 연구에 기여한 정도에 따라 정확하게 반영하여야 한다. 단순히 어떤 직책에 있다고 해서 저자가 되거나 제1저자로서의 업적을 인정받는 것은 정당화될 수 없다. 반면, 연구나 저술(번역)에 기여했음에도 공동저자(역자)나 공동연구자로 기록되지 않는 것 또한 정당화될 수 없다. 연구나 저술(번역)에 대한 작은 기여는 각주, 서문, 사의 등에서 적절하게 고마움을 표시한다.

제 5 조 (중복 게재 금지) 저자는 이전에 출판된 자신의 연구물(게재 예정이거나 심사 중인 연구물 포함)을 새로운 연구물인 것처럼 투고하지 말아야 한다.

제 6 조 (인용 및 참고 표시)

1. 공개된 학술 자료를 인용할 경우에는 정확하게 기술하도록 노력해야 하고, 상식에 속하는 자료가

아닌 한 반드시 그 출처를 명확히 밝혀야 한다. 논문이나 연구계획서의 평가 시 또는 개인적인 접촉을 통해서 얻은 자료의 경우에는 그 정보를 제공한 연구자의 동의를 받은 후에만 인용할 수 있다.

2. 다른 사람의 글을 인용하거나 아이디어를 차용(참고)할 경우에는 반드시 註[각주(후주)]를 통해 인용 여부 및 참고 여부를 밝혀야 하며, 이러한 표기를 통해 어떤 부분이 선행연구의 결과이고 어떤 부분이 본인의 독창적인 생각·주장·해석인지를 독자가 알 수 있도록 해야 한다.

제 7 조 (논문의 수정)　저자는 논문의 평가 과정에서 제시된 편집위원과 심사위원의 의견을 가능한 한 수용하여 논문에 반영되도록 노력하여야 하고, 이들의 의견에 동의하지 않을 경우에는 그 근거와 이유를 상세하게 적어서 편집위원(회)에게 알려야 한다.

제 3 장 편집위원이 지켜야 할 연구윤리

제 8 조 (책임 범위)　편집위원은 투고된 논문의 게재 여부를 결정하는 모든 책임을 진다.

제 9 조 (논문에 대한 태도)　편집위원은 학술지 게재를 위해 투고된 논문을 저자의 성별, 나이, 소속 기관은 물론이고 어떤 선입견이나 사적인 친분과도 무관하게 오로지 논문의 질적 수준과 투고 규정에 근거하여 공평하게 취급하여야 한다.

제 10 조 (심사 의뢰)　편집위원은 투고된 논문의 평가를 해당 분야의 전문적 지식과 공정한 판단 능력을 지닌 심사위원에게 의뢰해야 한다. 심사 의뢰 시에는 저자와 지나치게 친분이 있거나 지나치게 적대적인 심사위원을 피함으로써 가능한 한 객관적인 평가가 이루어질 수 있도록 노력한다. 단, 같은 논문에 대한 평가가 심사위원 간에 현저하게 차이가 날 경우에는 해당 분야 제3의 전문가에게 자문을 받을 수 있다.

제 11 조 (비밀 유지)　편집위원은 투고된 논문의 게재가 결정될 때까지는 심사자 이외의 사람에게 저자에 대한 사항이나 논문의 내용을 공개하면 안 된다.

제 4 장 심사위원이 지켜야 할 연구윤리

제 12조 (성실 심사)　심사위원은 학술지의 편집위원(회)이 의뢰하는 논문을 심사규정이 정한 기간 내에 성실하게 평가하고 평가 결과를 편집위원(회)에게 통보해 주어야 한다. 만약 자신이 논문의 내용을 평가하기에 적임자가 아니라고 판단될 경우에는 편집위원(회)에게 지체 없이 그 사실을 통보한다.

제 13 조 (공정 심사)　심사위원은 논문을 개인적인 학술적 신념이나 저자와의 사적인 친분 관계를 떠

나 객관적 기준에 의해 공정하게 평가하여야 한다. 충분한 근거를 명시하지 않은 채 논문을 탈락시키거나, 심사자 본인의 관점이나 해석과 상충된다는 이유로 논문을 탈락시켜서는 안 되며, 심사 대상 논문을 제대로 읽지 않은 채 평가해서도 안 된다.

제 14 조 (평가근거의 명시)　심사위원은 전문 지식인으로서의 저자의 인격과 독립성을 존중하여야 한다. 평가 의견서에는 논문에 대한 자신의 판단을 밝히되, 보완이 필요하다고 생각되는 부분에 대해서는 그 이유도 함께 상세하게 설명해야 한다.

제 15 조 (비밀 유지)　심사위원은 심사 대상 논문에 대한 비밀을 지켜야 한다. 논문 평가를 위해 특별히 조언을 구하는 경우가 아니라면 논문을 다른 사람에게 보여주거나 논문 내용을 놓고 다른 사람과 논의하는 것도 바람직하지 않다. 또한 논문이 게재된 학술지가 출판되기 전에 저자의 동의 없이 논문의 내용을 인용해서는 안 된다.

제 5 장　윤리규정 시행 지침

제 16 조 (윤리규정 서약)　한국목간학회의 신규 회원은 본 윤리규정을 준수하기로 서약해야 한다. 기존 회원은 윤리규정의 발효 시 윤리규정을 준수하기로 서약한 것으로 간주한다.

제 17 조 (윤리규정 위반 보고)　회원은 다른 회원이 윤리규정을 위반한 것을 인지할 경우 그 회원으로 하여금 윤리규정을 환기시킴으로써 문제를 바로잡도록 노력해야 한다. 그러나 문제가 바로잡히지 않거나 명백한 윤리규정 위반 사례가 드러날 경우에는 학회 윤리위원회에 보고할 수 있다. 윤리위원회는 윤리규정 위반 문제를 학회에 보고한 회원의 신원을 외부에 공개해서는 안 된다.

제 18 조 (윤리위원회 구성)　윤리위원회는 회원 5인 이상으로 구성되며, 위원은 평의원회의 추천을 받아 회장이 임명한다.

제 19 조 (윤리위원회의 권한)　윤리위원회는 윤리규정 위반으로 보고된 사안에 대하여 제보자, 피조사자, 증인, 참고인 및 증거자료 등을 통하여 폭넓게 조사를 실시한 후, 윤리규정 위반이 사실로 판정된 경우에는 회장에게 적절한 제재조치를 건의할 수 있다.

단, 사안이 학회지 게재 논문의 표절 또는 중복 게재와 관련된 경우에는 '학회지 논문의 투고와 심사에 관한 규정'에 따라 편집위원회에 조사를 의뢰하고 사후 조치를 취한다.

제 20 조 (윤리위원회의 조사 및 심의)　윤리규정 위반으로 보고된 회원은 윤리위원회에서 행하는 조

사에 협조해야 한다. 이 조사에 협조하지 않는 것은 그 자체로 윤리규정 위반이 된다.

제 21 조 (소명 기회의 보장) 윤리규정 위반으로 보고된 회원에게는 충분한 소명 기회를 주어야 한다.

제 22 조 (조사 대상자에 대한 비밀 보호) 윤리규정 위반에 대해 학회의 최종적인 징계 결정이 내려질 때까지 윤리위원은 해당 회원의 신원을 외부에 공개해서는 안 된다.

제 23 조 (징계의 절차 및 내용) 윤리위원회의 징계 건의가 있을 경우, 회장은 이사회를 소집하여 징계 여부 및 징계 내용을 최종적으로 결정한다. 윤리규정을 위반했다고 판정된 회원에 대해서는 경고, 회원자격정지 내지 박탈 등의 징계를 할 수 있으며, 이 조처를 다른 기관이나 개인에게 알릴 수 있다.

제 6 장 보칙

제 24 조 (규정의 개정)

1. 편집위원장 또는 편집위원 3인 이상이 규정의 개정을 發議할 수 있다.
2. 재적 편집위원 3분의 2 이상의 찬성으로 개정하며, 총회의 인준을 얻어야 효력이 발생한다.

제 25 조 (보칙) 이 규정에 정해지지 않은 사항은 학회의 관례에 따른다.

부칙

제1조(시행일자) 이 규정은 2007년 11월 24일부터 시행한다.

Wooden Documents and Inscriptions Studies No. 25. **December. 2020**

[Contents]

The Korean Society for the Study of Wooden Documents

* 이 책의 일부에는 함초롬체가 사용되었습니다.

- 함안 성산산성과 출토 목간의 연대
- 함안 성산산성 목간의 고유명사 표기자 분석
- 「集安高句麗碑」의 建立 목적과 守墓制
- 백제 미륵사지 서탑 출토 사리봉안기의 정치적 성격
- 계양산성 발굴과 문자자료
- 한국고대 산성의 집수시설과 용도
- 古代 日本 論語 木簡의 特質
- 청화간 『晉文公入於晉』의 역주와 신빙성 문제
- 新羅 舍利函記와 皇龍寺
- 중국 출토 구구표 자료 연구
- 고대 동아시아 목간자료를 통해 본 "參"의 이체자와 그 용법
- 「牟頭婁 墓誌」의 판독과 역주 재검토
- 2017年 중국 대륙 秦漢魏晉 간독 연구 概述

木簡과 文字 연구 24

엮은이 | 한국목간학회
펴낸이 | 최병식
펴낸날 | 2021년 2월 1일
펴낸곳 | 주류성출판사
서울시 서초구 강남대로 435
전화 | 02-3481-1024 / 전송 | 02-3482-0656
www.juluesung.co.kr
e-mail | juluesung@daum.net

책 값 | 20,000원
ISBN 978-89-6246-435-1 94910
세트 978-89-6246-006-3 94910

* 이 책은 『木簡과 文字』 25호의 판매용 출판본입니다.